装备发展部领域基金重点基金项目
军科委前沿创新项目联合资助出版

泵类推进器振动
和噪声控制机理

Vibration and Radiation Noise Control for
Surface Warship and Submarine Pumpjets

杨琼方　王永生　吴杰长　著

上海交通大学出版社
SHANGHAI JIAO TONG UNIVERSITY PRESS

内容提要

本书介绍了以喷水推进器和泵喷推进器为代表的舰艇泵类推进器设计及其直接辐射噪声控制技术,从泵类推进系统的应用现状以及泵与桨的差异和联系入手,首次呈现了泵类推进系统方案选型设计的"六步法"实施步骤和基于单一几何参数控制的进水流道参数化设计方法,分析了转子叶梢间隙流动特征和 7 叶大侧斜螺旋桨的非定常力控制要素,详细阐述了大功率等级无轴泵喷的抗空化和降噪设计成效、小功率等级无轴泵喷的降噪优化设计历程以及小功率等级机械式泵喷的线谱和宽带谱噪声控制效果,通过设计叶型、分析力到控制直接辐射噪声以及非定常力诱导的结构振动噪声这一桥梁,完整呈现了泵类推进器当前所达到的设计技术状态。

本书可供船舶与海洋工程设计人员,尤其是船舶推进系统设计人员、舰船总体设计制造以及海军官兵参考使用,也可作为船舶动力装置与噪声控制专业的参考书。

图书在版编目(CIP)数据

泵类推进器振动和噪声控制机理/杨琼方,王永生,
吴杰长著.—上海:上海交通大学出版社,2021.11
ISBN 978 - 7 - 313 - 25487 - 0

Ⅰ.①泵… Ⅱ.①杨… ②王… ③吴… Ⅲ.①喷水推
进器-振动-研究 ②喷水推进器-噪声控制-研究 Ⅳ.
①U664.34

中国版本图书馆 CIP 数据核字(2021)第 198395 号

泵类推进器振动和噪声控制机理

BENGLEI TUIJINQI ZHENDONG HE ZAOSHENG KONGZHI JILI

著　　者:	杨琼方　王永生　吴杰长			
出版发行:	上海交通大学出版社	地　　址:	上海市番禺路 951 号	
邮政编码:	200030	电　　话:	021-64071208	
印　　制:	上海万卷印刷股份有限公司	经　　销:	全国新华书店	
开　　本:	710 mm×1000 mm　1/16	印　　张:	25.5	
字　　数:	471 千字			
版　　次:	2021 年 11 月第 1 版	印　　次:	2021 年 11 月第 1 次印刷	
书　　号:	ISBN 978 - 7 - 313 - 25487 - 0			
定　　价:	98.00 元			

前言

　　泵类推进技术的应用是舰艇推进系统设计与发展的必经之路。从认识到要用泵类推进器，过渡到自行设计泵类推进器，最后发展为用好泵类推进器，这个过程充满艰辛。除了研制过程中历来先总体、后推进的框架定式约束外，叶型设计理论仍有不足，从叶型几何参数到空化初生、非定常力和辐射噪声性能之间的显示关联机制理论尚为空白，显著制约了泵类推进器的自主设计研发进程。

　　喷泵和泵喷两者共同构成了泵类推进器的应用基石。从2008年第一次接触某鱼雷引进泵喷，利用CFD计算背靠背复核其敞水性能曲线开始，到2012年第一次背靠背数值预报泵喷直接辐射噪声且接受试验测量考核，再到近十年来一直围绕泵喷开展学术研究，直至今天多型模型样机通过试验测量考核以及接受湖试测量的"打擂"检验，泵喷俨然成了本人精神家园的全部寄托和不解心结。纵使"为伊消得人憔悴"，不见应用心不回。

　　泱泱之言，跃然纸上，是为传承。2016年初，本人略显仓促地完成了《泵喷推进器的低噪声设计机理与设计应用》，阐述了泵喷的结构组成、水动力工作原理、叶片设计方法、后置定子式泵喷、前置定子式泵喷以及无轴驱动式集成电机泵喷（简称无轴泵喷）水力模型的设计应用与性能评价、拖曳线列阵声呐追踪典型特征信号的方法，将泵喷纳入了船舶泵类推进器的研究范畴，涵盖了泵喷与螺旋桨的水动力性能差异以及泵喷与喷泵之间的差异和联系，揭开了泵喷的神秘面纱，属于破冰之作。其焦点在于解剖了泵喷这一推进器部件，引入了叶型参数化三元逆向设计方法，完成了泵喷的水力设计和性能预报，是从无到有的阶段性成果。

　　从泵喷力争替换7叶桨推进的角度来看，必须首先回答艇尾构型是否需要改变、泵喷如何布局、泵喷轴系结构振动是否依然为痛点、推力轴承是否需要改变这四个问题,这是推进器进化到推进系统的必经之路。并且,不论泵喷布置于艇尾外部、舷侧还是内部通道,核心问题都聚焦于究竟该设计什么样的叶型、能够起到多大的降噪效果、叶型设计方法是否通用这些本质。经过四年的核心技术攻关,在"十三五"装备预研重点领域基金项目、前沿创新项目和军内科研项目同时针对泵喷推进系统进行设计与试验验证的积累和沉淀下,本书得以进一步梳理完成。

本书从学术研究和工程应用的角度出发,从泵喷的选型设计入手,到进水流道的匹配设计,重点关注叶梢间隙流动,引鉴 7 叶大侧斜螺旋桨的非定常力控制要素,最后聚焦大功率等级无轴泵喷的抗空化和降噪设计成效、小功率等级无轴泵喷的降噪优化设计历程以及小功率等级机械式泵喷的线谱和宽带谱噪声控制效果,在建立有效设计样本、满足工程应用需求这一主线上逐步展开,理论、数据、成果齐全,展示了拥有知识产权的多个设计样本的主要测量数据,期望能够与领域内专家前辈们一起打开泵喷型号应用的大门。

作为一名学术后辈,热情和兴趣诠释着执着,心愿和质疑注释着动力。在专著撰写、修改审定和泵喷设计过程中,承蒙上海交通大学华宏星教授、黄修长副教授,华中科技大学侯国祥教授,江苏大学张德胜研究员,武汉大学季斌教授,哈尔滨工程大学王超副教授,武汉理工大学丁江明副教授,中船集团 702 所熊紫英高工、719 所刘敏研究员,海装武汉局刘水根工程师和驻武汉地区第三军代室范明军高工和李生工程师,以及海军工程大学曾凡明教授、张明敏教授、张志宏教授等多位专家的热情帮助和大力支持,在此深表谢意!

由于作者水平有限,错误和不当之处在所难免,谨请读者批评指正。

目 录

第1章　概述 ………………………………………………………… 1

1.1　泵类推进系统及其应用现状 ………………………………… 1

1.2　推进泵与螺旋桨在"形"和"神"上的差异 …………………… 2

1.3　泵类推进技术当前理论聚焦与应用拓展 …………………… 16

1.4　泵类推进器振动和噪声控制的技术从属范围 …………… 17

第2章　泵类推进系统方案选型设计 ………………………… 20

2.1　选型设计需求与基本理论 …………………………………… 20

2.2　选型设计实施步骤 …………………………………………… 50

2.3　本章小结 ……………………………………………………… 58

第3章　泵类推进系统进水流道参数化设计与性能分析 …… 61

3.1　进水流道作用与设计背景 …………………………………… 61

3.2　平进口式进水流道的参数化设计 …………………………… 63

3.3　存在船尾上扬角和喷口下倾角时进水流道的参数化设计 … 78

3.4　泵类推进系统进水流道流体动力性能的评价指标 ……… 88

3.5　本章小结 ……………………………………………………… 94

第4章　推进泵叶梢间隙流场和空化流动的数值模拟与校验 …… 96

4.1　螺旋桨梢涡精细流场的数值模拟与校验 ………………… 96

4.2　单转子梢涡精细流场的数值模拟与校验 ………………… 105

4.3　推进泵叶梢泄漏涡空化流动的数值模拟与校验 ………… 108

4.4　本章小结 ……………………………………………………… 128

第 5 章 军辅船 7 叶大侧斜螺旋桨低噪声设计启示与应用 ⋯⋯⋯⋯⋯⋯ *130*

   5.1 军辅船 7 叶大侧斜桨设计需求与设计效果 ⋯⋯⋯⋯⋯⋯⋯ *130*

   5.2 军辅船 7 叶大侧斜桨低噪声设计关键措施与试验验证环节 ⋯⋯ *131*

   5.3 7 叶大侧斜桨低噪声设计启示与设计应用 ⋯⋯⋯⋯⋯⋯⋯ *134*

   5.4 本章小结 ⋯⋯⋯⋯⋯⋯⋯⋯⋯⋯⋯⋯⋯⋯⋯⋯⋯⋯⋯ *151*

第 6 章 水下无轴泵喷主推抗空化改进设计与降噪控制 ⋯⋯⋯⋯⋯⋯ *153*

   6.1 无轴泵喷模型样机对象与设计输入 ⋯⋯⋯⋯⋯⋯⋯⋯⋯ *153*

   6.2 无轴泵喷叶型抗空化改进优化设计 ⋯⋯⋯⋯⋯⋯⋯⋯⋯ *155*

   6.3 无轴泵喷模型样机加工与试验测量条件 ⋯⋯⋯⋯⋯⋯⋯ *162*

   6.4 无轴泵喷模型样机试验测量结果分析 ⋯⋯⋯⋯⋯⋯⋯⋯ *167*

   6.5 本章小结 ⋯⋯⋯⋯⋯⋯⋯⋯⋯⋯⋯⋯⋯⋯⋯⋯⋯⋯⋯ *176*

第 7 章 潜器低速重载型泵喷非定常力控制及其降噪优化设计 ⋯⋯⋯ *177*

   7.1 潜器阻力预报及其泵喷推进方案选型设计 ⋯⋯⋯⋯⋯⋯ *177*

   7.2 无轴泵喷叶型三元逆向设计及其水动力和空化性能评估 ⋯⋯ *181*

   7.3 内置式无轴泵喷进水流道参数化设计与校核分析 ⋯⋯⋯⋯ *186*

   7.4 内置式无轴泵喷系统推进和空化性能数值预报 ⋯⋯⋯⋯⋯ *188*

   7.5 内置式无轴泵喷非定常力和辐射噪声的数值预报与分析 ⋯⋯ *203*

   7.6 内置式无轴泵喷降噪优化设计 ⋯⋯⋯⋯⋯⋯⋯⋯⋯⋯⋯ *212*

   7.7 舷侧外置式无轴泵喷降噪优化设计 ⋯⋯⋯⋯⋯⋯⋯⋯⋯ *241*

   7.8 本章小结 ⋯⋯⋯⋯⋯⋯⋯⋯⋯⋯⋯⋯⋯⋯⋯⋯⋯⋯⋯ *259*

第 8 章 艇尾主推机械式泵喷设计及其辐射噪声控制 ⋯⋯⋯⋯⋯⋯⋯ *261*

   8.1 艇尾 7 叶桨水动力及直接辐射噪声的定量评估分析 ⋯⋯⋯ *261*

   8.2 艇尾构型水动力优化设计及其阻力预报 ⋯⋯⋯⋯⋯⋯⋯ *292*

   8.3 艇尾机械式泵喷设计及其推进和空化性能预报 ⋯⋯⋯⋯⋯ *311*

   8.4 艇尾机械式泵喷非定常力和辐射噪声控制 ⋯⋯⋯⋯⋯⋯⋯ *327*

   8.5 泵喷非定常力激励轴系艇尾结构振动噪声分析 ⋯⋯⋯⋯⋯ *361*

   8.6 本章小结 ⋯⋯⋯⋯⋯⋯⋯⋯⋯⋯⋯⋯⋯⋯⋯⋯⋯⋯⋯ *389*

参考文献 ⋯⋯⋯⋯⋯⋯⋯⋯⋯⋯⋯⋯⋯⋯⋯⋯⋯⋯⋯⋯⋯⋯⋯ *391*

索引 ⋯⋯⋯⋯⋯⋯⋯⋯⋯⋯⋯⋯⋯⋯⋯⋯⋯⋯⋯⋯⋯⋯⋯⋯⋯ *397*

第1章 概　　述

当前,世界海军强国的主战舰艇濒海战斗舰(littoral combat ship,LCS)采用全套喷水推进器(waterjet,简称喷泵,核心是喷水推进泵),"弗吉尼亚"级、"机敏"级和"北风之神"级核潜艇采用泵喷推进器(pumpjet,简称泵喷),标志着以喷泵和泵喷为主的泵类推进器(pump-type propulsor)在舰艇高性能推进器应用方面走上了快车道,尤其以泵喷在国之重器——水下推进器上的应用引人注目。

1.1　泵类推进系统及其应用现状

从泵类推进器当前位于舰艇尾部的结构布局来看,无论是内部嵌入的典型艉板式喷泵还是外挂集成的先进浸没式喷泵,其结构部件中通常都包含进水流道和喷口,辅助产生喷射流,如图 1.1 所示。当泵喷外置于艇体尾部时,因艇体尾锥段可以提供自然进流,且为了抑制喷口射流噪声大小,通常会取消进水流道和喷口结构;当泵喷内嵌于艇体尾部成为内置式泵喷推进系统时,还需要为泵推进单元配置独特的进流和出流管道,形成与喷泵类似的结构外形。出于描述简便的考虑,可将

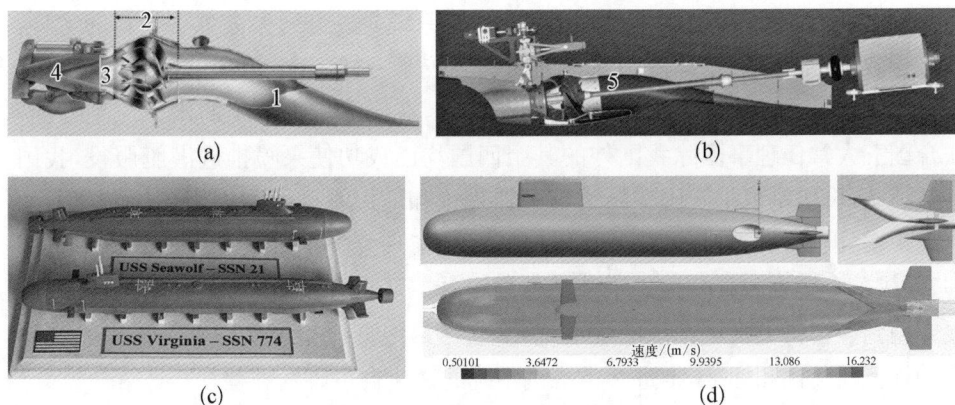

1—进水流道;2—喷水推进泵;3—喷口;4—转向倒车装置;5—集成进水流道。

图 1.1　典型泵类推进器结构布置

(a) 典型艉板式喷泵;(b) 典型浸没式喷泵;(c) 艇尾外置式泵喷;(d) 艇尾两流道内置式泵喷

以艉板式喷泵、浸没式喷泵、艇尾外置式泵喷以及内置式泵喷为代表的舰艇推进器统称为泵类推进系统,其核心推进单元均是推进泵。

当前,国际推进器厂商(如 KaMeWa 公司)所研发的大型喷泵已经能够达到水力效率 92%～93% 的设计水平,设计方法已经较为完善,装船后的喷水推进系统实船快速性预报也已经控制在 1～2 kn 航速的误差范围内,即使是短暂产生不同程度空化后的寿命周期都已经能够精确预报到小时。这在给我方自主创新设计带来巨大挑战的同时,也提供了技术发展方向的参考。目前,其技术突破主要集中于:少量牺牲效率的条件下尽可能改善泵的空化性能、扩展空化区界限,适应更高的推进航速,实现小型化、轻型化的设计突破,与当前我方水面与水下泵喷设计和应用过程中重点关注的抗空化设计不谋而合,相当于间接给我方的自主研发提供了佐证案例。

大量公开文献和报道表明,在喷水推进器国际化市场应用的过程中,以 KaMeWa 和 MJP 公司为代表的喷泵厂商已经建立了完整的选型设计程序、泵设计与性能评估数值计算方法、喷水推进器装船后推进和空化性能数值预报方法、泵和进水流道模型试验测量以及喷水推进系统实尺海试的规程和标准,已经能够做到与传统的螺旋桨推进系统并驾齐驱。但是,无论是喷水推进系统还是泵喷推进系统,国内当前都还处于起步阶段。唯一已经装船应用的某快艇喷水推进系统,从其喷水推进器选型设计、喷泵产品和设计图纸引进、装船后快速性和空化性能预报,到喷水推进系统的操纵与控制集成,当时全都依赖于外方厂商完成,致使某外商掌握的该船战技术性能指标较我方众多设计与使用人员更加清楚、全面,极大限制了该船的作战使用以及对该推进系统核心技术自我攻关的进展历程。并且,该公司还多次在相关学术会议场合以我方装船喷水推进系统为载体,展示、宣传其设计产品与技术实力,进一步加剧了我方在喷水推进系统研发方面失去源头创新的劣势,间接导致了"十年过后,即使当前水面船像下饺子一样下水,但依然没有一型自我研发的喷水推进系统装船问世"的窘况。此外,在泵喷推进系统的水下应用方面,联合国五大常任理事国除我国外的其余四国均已成功使泵喷推进潜艇服役,我国已经掉队,再次呈现了我国在泵类推进器理论和应用基础研究方面还比较薄弱的严峻现实,因此,有必要从选型设计开始,系统梳理泵类推进器设计的理论分析流程,完成单套喷泵和泵喷推进系统的性能设计。并且,待检验其工程适用性后,扩展应用到多套泵类推进系统的集成优化设计,最终形成指导实际泵类推进系统研发的规范性文件和标准,推进泵类推进系统的快速自主研发进程。

1.2 推进泵与螺旋桨在"形"和"神"上的差异

学术专著《泵喷推进器的低噪声设计机理与设计应用》阐述了泵喷与螺旋桨在

水动力性能方面所表现出的"径向环量分布规律不同、敞水效率曲线规律不同、轴向进流速度分布不同以及出流速度分量的能量头占比不同"等差异[1],分析了后置定子式泵喷与典型舵板式喷泵在结构和外形上所具有的差异,但并未系统呈现出泵类推进器作为特种推进器相比于螺旋桨所具有的共性和特性,对于深入理解泵推进与桨推进在"形"和"神"上的差异尚且不够,也不利于从顶层把握最优推进器的选择和设计优化,因此,需要更加全面、深入地梳理从螺旋桨到喷泵再到泵喷的发展脉络,总结其在命名、结构组成、外形、流动特征以及性能特点上的内在关联和外在差异,从而真正把握舰艇推进器设计的本质内涵。

舰艇推进系统设计的核心在于推进器定型。推进器的本质任务是在指定功率限制条件下产生足够的推力,并且尽可能延迟空化产生、控制脉动压力、降低辐射噪声。从功能层次来看,推进器设计又可以细分为四个层次:水动力设计、抗空化设计、低噪声设计和声学设计。水动力设计是在给定航速和转速条件下产生尽可能大的推力、消耗尽可能小的轴功率,同时使无空化运转范围尽可能大,主要考核指标是效率;抗空化设计除了满足效率指标外,主要考核空化性能,尤其是关注延迟空化初生的设计要素应用以及抗空化裕度;低噪声设计通常将主要关注点集中于空化性能和非定常力性能,包括空化初生点、推力突降点(thrust breakdown)、空蚀强度、空化诱导的脉动压力幅值,以及轴向和侧向非定常力幅值,主要考核指标是临界空化数(或称空化斗曲线)、脉动压力和非定常力幅值;声学设计除了满足尽可能高效、尽可能延迟空化初生、尽量减小脉动压力以及推力和力矩脉动幅值外,还需要评估无空化和空化状态下低频线谱噪声谱源级以及宽带声压级的大小,以实现船体总体的声学指标目标分配。对于现代推进器设计来说,水动力设计、抗空化设计和低噪声设计三者通常交融在一起,并且当前舰艇推进器设计往往直接给定总噪声指标,使得设计本身在试凑费效比方面难度剧增、对母型设计样本的依赖剧增、对设计理论的指导及其边值问题的认识需求剧增,需要系统梳理相关设计知识。在当前水下大侧斜 7 叶桨设计难题仍未完全攻克以及泵喷设计仍聚焦于克服叶梢泄漏涡空化初生的现状下,直接实现声学设计仍有较长的路要走。

专著《泵喷推进器的低噪声设计机理与设计应用》在比较泵喷与 7 叶桨的差异时,阐述了"推进效率可以略高、辐射噪声更低、设计难度更大、操纵性能评估更复杂"[1],已经从总体上给出了泵喷性能特征的形象。但是,对于不太熟悉船舶推进的学者而言,该描述仍显得过于笼统,需要进一步细化。

当前,水面船主要采用 5 叶大侧斜调距桨。大侧斜调距桨的螺距可调,使得一个螺旋桨相当于多个定距桨,将单桨的单个高效点扩展为一段高效区的同时,正、负螺距的转换使得在原动机转向不变且无倒车齿轮的条件下可以实现从正车到倒车的转变。调距的根本目的是在不同航态下保证原动机与螺旋桨之间的最佳匹配,如同一航速可以由大螺距、低转速或者是小螺距、高转速来实现,变螺距等于改变螺旋桨的做功能力或者说是需求功率,从而最大限度地发挥主机的做功能力。但是,尽管螺距可调,但车令表中正常工作制显示的调距桨通常仍用作定距桨,除了考虑桨毂中液压调距机构的安全外,更重要的是桨叶偏离设计螺距后,无论是低频线谱噪声还是宽带谱噪声都会显著增加,如图 1.2 中实测某驱逐舰辐射噪声随调距桨螺距变化的曲线所示。因此,应用调距作为推进器降噪措施显然是不可取的,无论是对于螺旋桨还是泵类推进器来说均是如此。

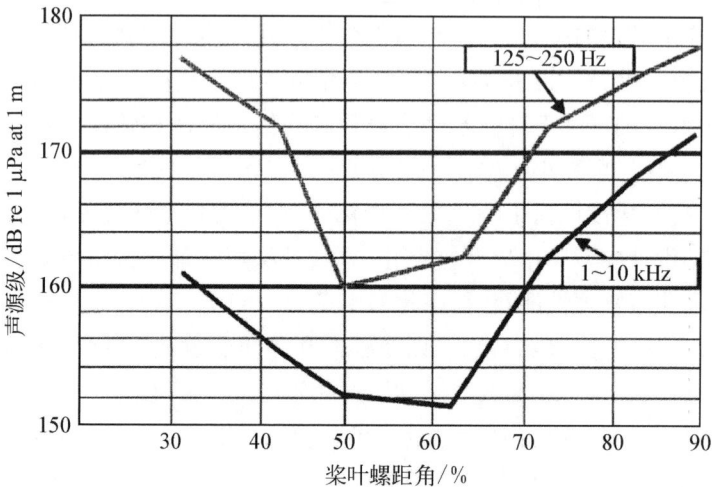

图 1.2 某驱逐舰螺旋桨调距过程中辐射噪声

从结构外形上看,螺旋桨可以视为简化轴流叶轮,比转速(用于描述泵类型的参数)非常大,可以根据流动控制的需求增加前置定子、后置定子、前后定子、翼型导管、肥厚型导管,甚至是非对称前置定子或诱导轮等结构部件。随着设计与加工制造技术的发展,当前国际推进器市场中水面船舶、无人潜器、水中兵器以及潜艇的主流推进器主要集中于螺旋桨、喷泵和泵喷三类,喷泵和泵喷又可以统称为泵类推进器。典型螺旋桨仅有单个转子部件,泵类推进器通常包含导管或轮缘、转子和定子部件。螺旋桨和泵类推进器可以联用,称为泵桨混合推进系统,如图 1.3 中南非海军 MEKO A200 护卫舰采用的 5 叶调距桨-喷泵以及某船模采用吊舱式螺旋桨-喷泵所示。

喷泵的性能特点由其结构组成和工作原理所决定。典型的艉板式喷泵由进水流道、推进泵、喷口和操舵倒航机构(也称为转向倒车装置)组成,如图 1.4 所示,国际推进器市场中著名的 KaMeWa S 系列喷泵即采用了该布置结构。推进泵是喷

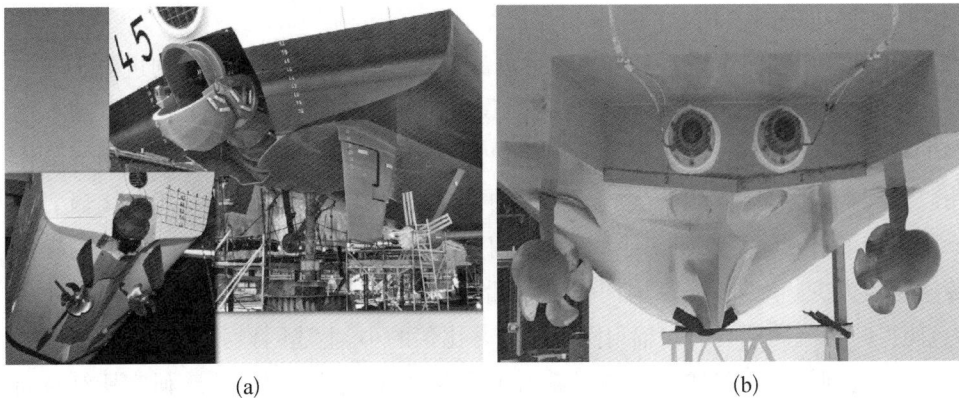

(a)　　　　　　　　　　　　　　(b)

图 1.3　水面船舶泵桨混合推进系统

（a）MEKO A200 护卫舰 5 叶桨-喷泵；（b）某船模吊舱式螺旋桨-喷泵

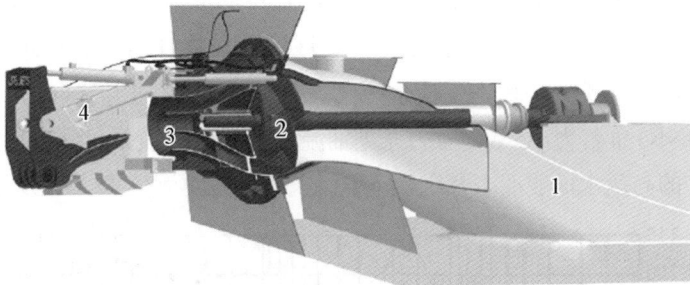

1—进水流道；2—喷水推进泵；3—喷口；4—操舵倒航机构。

图 1.4　典型舣板式喷水推进器结构

泵中的核心部件，直接影响着喷泵的水动力和声学性能，由叶轮和导叶体组成。现代船用推进泵主要为单级混流泵或者是比转速更高的轴流泵。其中，喷口因与导叶体整体铸造，通常指定推进泵时也将喷口包含在内。进水流道为推进泵叶轮提供进流，可以在一定程度上改善进流的均匀性，也是船体外部绕流与推进泵叶栅内部流动之间的桥梁。转向倒车装置的作用是转向和倒车，通常在分析喷泵直航推进性能时不予考虑。从设计原理来看，喷泵是一种产生的推力等于通过其水流动量差的推进器，选型设计时尤其适合于动量定理。推进泵中，叶轮、导叶体和喷口三者配合设计后，可以保证喷泵具有高速、高效以及优越的抗空化性能。若与常见的单个 5 叶螺旋桨部件相比，喷泵的显著性能优势在于中高航速下效率高、抗空化能力强、辐射噪声低。首先，对于抗空化性能而言，除叶轮产生轴向推力外，导叶体和喷口也会分担推力载荷，一定程度上减小了旋转叶片承受的负载，再加上叶轮叶片数通常不少于 6 叶，综合表现为可以有效延迟旋转叶片的空泡产生，如设计航速为 40 kn 时,如图 1.4 所示的喷泵仍远离空化区,推进泵的水力效率约为 89%。其次,对于低噪声性能来说,一方面,在进水流道的整流作用下,推进泵的进流不均匀度比桨叶小,同时,在导叶体和喷口的回收周向速度分量作用下,喷泵出流的不均匀度也显著比桨的小,产生的湍流噪声更小。另一方面,在喷泵轮缘的周向屏蔽作用以及艉板式喷泵喷口射流位于空气中的自然屏蔽作用的影响下,其直接辐射的噪声主要沿进水流道反向向船底下方辐射,较螺旋桨向水中任意方向辐射的噪声传递路径更少。此外,喷泵周向轮缘与船体结构固连,质量刚度远比单个桨叶更大,使得叶片流固耦合二次辐射噪声也显著比桨的小,上述因素共同使得喷泵辐射的噪声明显低于螺旋桨的。如图 1.5 所示的瑞典 Akustikbyran 水声研究所针对同一条船、同一主机、同一转速测试得到的喷泵与螺旋桨辐射噪声曲线比较结果,可知整个频率范围内喷泵声压级都要比螺旋桨推进约小 10 dB。此外,对于叶型设计本身来说,近十年内见著报道的最为先进的轴流外形混流式大功率密度喷泵如图 1.6 所示[2],可视为最先进的设计样本之一。该推进泵具有轴流泵的外形和混流泵的性能特点,是紧凑式大功率密度喷泵的代表,被美国海军研究署(Office of Naval Research,ONR)命名为 AxWJ,意为先进轴流外形混流式喷泵,当前已先后应用于航速为 50 kn 的高速水面舰船 JHSS 上,可以在短期内引领喷泵技术的发展方向。

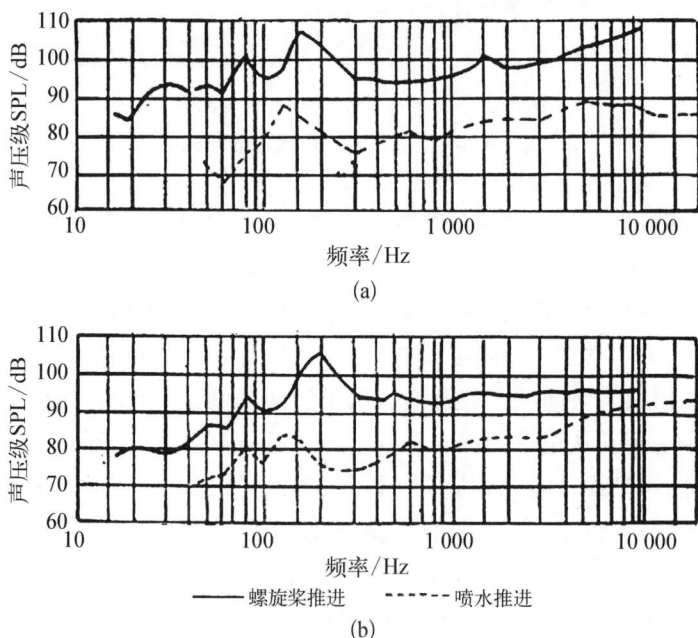

(a)

——— 螺旋桨推进　　----- 喷水推进

(b)

图 1.5　喷水推进与螺旋桨噪声实船测试结果比较

(a) 主机 1 500 r/min 时的声压;(b) 主机 1 700 r/min 时的声压

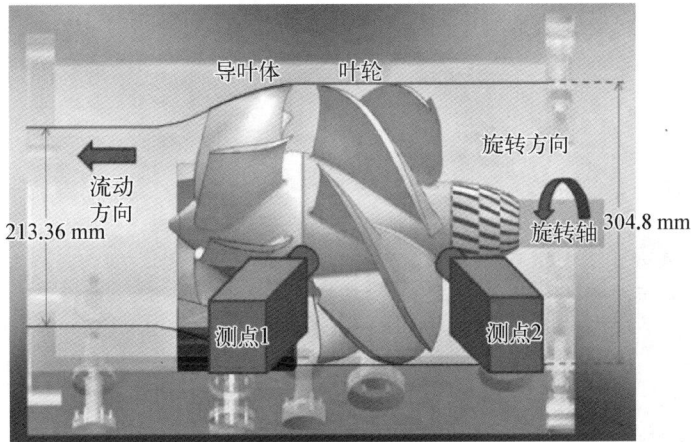

图 1.6　先进轴流外形混流式喷泵

此外,若仅从外形上直观来看,泵喷类似于导管桨,但却是同时带有定子和转子叶栅的导管推进器。根据当前泵喷已经成功应用于重型鱼雷(如 MK48 鱼雷)、核潜艇(如"弗吉尼亚"级、"机敏"级和"北风之神"级核艇)和常规潜艇(俄 B‑871 常规潜艇)主推以及核潜艇辅推("弗吉尼亚"级核潜艇)的实际,泵喷的技术发展和工程应用的基调已经较为明确。若再结合泵喷曾经在反潜驱逐舰上的应用(见图 1.7)、泵喷出现在美国军方近水面潜艇战斗部[SSLW(X)项目,2003 年]的设计方案中(见图 1.8)以及泵喷拟用于多型水下无人潜器、蛙人运载器等部分案例,可知泵喷推进技术已经成为一项共性技术,其应用领域甚至可以覆盖整个船舶与海洋工程专业中的推进平台。

根据设计需求的差异,可从总体上将泵喷设计归为四大类,分别为无人水下航行器(unmanned underwater vehicle,UUV)泵喷、自主水下航行器(autonomous underwater vehicle,AUV)泵喷、鱼雷泵喷、潜艇泵喷和驱护舰泵喷。四类泵喷的考核指标权重各不相同,与之对应的关键设计要素也需要进行适应性调整。潜器泵喷的核心指标是效率和轻量化设计,通常严格限定尺寸、推力和功率,设计航速一般不超过 15 kn;鱼雷泵喷核心指标是效率和抗空化性能,并因原动机和减速比限制,通常需要限定较高的转速,且设计航速一般高于 30 kn;潜艇泵喷核心指标是辐射噪声,同时包含线谱噪声和总噪声,设计难度最大;驱护舰泵喷的核心指标是效率和中高航速下无空化,设计航速多为 25～30 kn,甚至有可能实现全航速范围内无空化产生。

当前,鱼雷和潜艇采用的传动泵喷(简称机械式泵喷)主推进器代表了泵喷叶型设计技术的极致方向,临界航速高和辐射噪声低是其显著性能特征。同时,潜艇无轴驱动式集成电机泵喷(简称无轴泵喷)辅推进器代表了泵喷水力模型与环状集成电机融合的发展方向,该集成技术甚至可以辐射到无轴喷泵方面进而应用至水

(a)

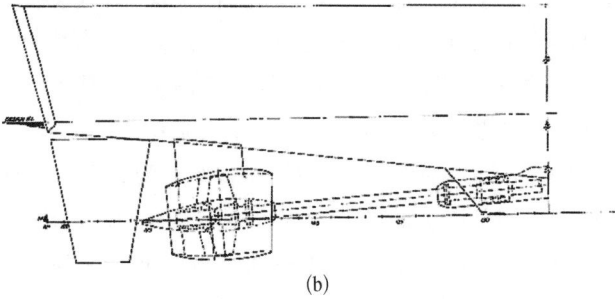

(b)

图 1.7　水面舰艇驱护舰泵喷推进应用

（a）美国驱逐舰 USS Witek（DD‐848，排水量 3 400 余吨，设计航速 36.8 kn）；（b）美国反潜护卫舰 USS Glover（FF‐1098，设计航速 27.5 kn）

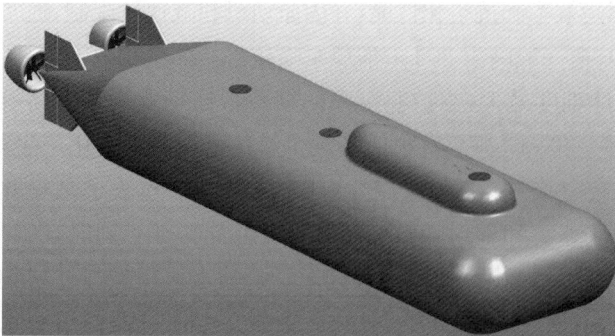

图 1.8　近水面潜艇战斗部双无轴泵喷推进〔SSLW(X)、设计航速 12 kn〕

面舰船。从工程实现上看,长期浸泡于海水中的可反转集成电机,因受限于体积、重量、绝缘密封、泥沙吹除等适装性和可靠性方面的技术障碍,短期内兆瓦级功率取得突破性进展的难度巨大,但上述局限性并不能限制百千瓦级以下中小功率等级的无轴泵喷在多样化平台上的推广应用。经过近二十年的应用经验积累,美国集成电机无轴泵喷正逐步向主推进器发展,并且很有可能直接作为下一代"俄亥俄"级改进型战略导弹核潜艇的主推进器,我国还有较长的自主设计之路要走。总的来看,无论是机械式泵喷还是无轴泵喷,两者在与艇尾构型的匹配方面都具有一定的灵活度,既可以外置于艇尾,也可以内置于艇尾,具体取决于艇体总体结构布置。泵喷内置后,无论是流场还是声场性能上的匹配,泵喷均与尾翼附体在流场和声场上解耦,但也会随之带来维修管理不便的问题,需要综合考虑。

将喷泵与泵喷两者聚焦泵类推进器后,综合结构组成、工作原理与应用特点来看,喷泵与泵喷两者之间既联系紧密,形、神皆相似,但又存在一定的差异,无论是在方案选型设计还是在具体技术设计过程中都应区别对待,以达到最佳推进系统设计的目的。例如,在相似性方面,两者都是由定子和转子叶栅结构构成的组合式推进器,都适用于涡轮机械理论,都由流经叶栅通道的流体动量差来决定推进力大小,实现推进器功能时都需要满足快速性指标、抗空化和控制辐射噪声的要求。此外,两者应用都常安装于推进载体尾部,无论是水动力还是结构方面,都与载体尾部几何存在强烈的相互作用,需要进行匹配设计。再者,两者设计叶型时都可以采用桨叶设计时用到的升力线理论/涡格升力线理论、升力面理论,或者是泵叶片设计时采用的一元升力法设计理论、S1/S2 流面二元设计理论、准三元/全三元设计理论来实现。并且,叶型设计完成后,都可以引入侧斜、增加叶片数、增加定转子之间的轴向距离、控制叶顶间隙、改变几何进流角等措施,来达到降噪优化设计的目的。而在差异性方面,已得到大量学者研究关注的,如舾板式喷泵在一定航速范围内推力减额系数为正值,与螺旋桨差异明显;再如,"海狼"级和"弗吉尼亚"级泵喷推进潜艇均采用木字形艇尾,法国"凯旋"级泵喷推进潜艇采用工字形艇尾,某型潜艇采用米字形艇尾,船坞中"弗吉尼亚"级潜艇 SSN - 789 尾锥段的小端与大端直径比大于 0.35,明显区别于国内 7 叶桨推进的常规艇典型艇体尾锥段及尾翼结构配置方案。在此基础上,两者之间更多的共性与特性分析尚有待深入挖掘。结合已有工程应用和现有认识,可从应用场合、结构部件、叶型差异以及设计细节四个层面,对喷泵与泵喷两种推进器进行更为细致、准确的刻画,归纳如下:

(1) 应用场合的不同直接决定了设计理念的不同。喷泵的突出优势集中在高速高效、抗空化,如美军采用的 4 套喷泵的濒海战斗舰单体船的设计航速 47 kn、三体船的设计航速 44 kn 均远离空化区,采用 4 套喷泵的 TSV-1X 支援舰设计航速 48 kn、HSV-2 高速多用途舰设计航速 45 kn 同样无空化,甚至采用 6 套喷泵的超高速海上补给三体船 VHSST 设计航速 60 kn 也无空化产生,这些例子将喷泵水动力效率显著高于螺旋桨的特点体现得淋漓尽致。此时,喷泵实现高效率、大功率密度以保证高速状态下的快速性指标是第一位的,对其辐射噪声大小的限制降为其次。此外,泵喷当前主要应用于鱼雷和核潜艇推进,尽管鱼雷设计航速通常大于 45 kn,但其有效功率较小,使得泵喷的功率密度并不大;并且,即使核潜艇设计航速维持在 20～25 kn,但其 80% 的巡弋航速介于 10～16 kn,辐射噪声考核航速甚至仅有 6～8 kn,使得泵喷在推进应用方面的焦点由高速、高效地满足快速性转变为满足辐射噪声性能。因此,喷泵设计的第一原则是高效和抗空化,其次是低噪声;而泵喷的设计原则主次排序是低噪声、抗空化,最后才是高效,甚至可通过适当地降低效率来优化其声学性能。当然,因实际应用中通常设计任务书给出的几项指标都必须同时达到才能满足要求,无法进行主次取舍,也不能绝对地说"喷泵就一定效率高,泵喷就一定噪声低",显然还与使命任务、使用环境、结构布局等限制因素有关,那么该区分的主要意义更多在于推进系统水力参数选型设计时关键参数的倾向性赋值不同,如推力减额系数、伴流系数、喷口能量损失系数、喷口射流轴向抬升高度、泵水力效率、喷速比等取值差异,从而更好地完成设计。

(2) 喷泵通常包括精细化设计的进水流道和喷口,无论是内部嵌入的典型艉板式喷泵还是外挂集成的先进浸没式喷泵,均是如此。其中,进水流道的核心作用是维持泵所需的体积流量、改善推进泵的进流品质。进水流道的效率直接影响喷泵水动力效率,对其流动性能的认识不足以及设计效果不佳正是导致喷水推进器在很长一段时间内应用发展缓慢的主要原因。喷口是出口面积可调、能够用于喷泵功率系列化产品的收缩截面,通常与导叶体轮缘集成在一起,共同用于增加轴向推进力。此外,泵喷外挂于艇体尾部时通常要取消进水流道和喷口。原因是艇体尾锥段能够实现自然进流,并且泵喷出流喷速比需要进行控制,以抑制泵喷出口射流噪声大小;当泵喷内嵌入艇体尾部时,需要为推进泵配置专门的进水流道和出流管道(见图 1.9),此时,该概念图中的进流管道设计要求与喷水推进器进水流道类似,但出流管道设计要比喷水推进器中喷口截面设计更加简单,可以视为等截面喷口。因此,无法简单地用是否包含进水流道和喷口几何部件来区分喷泵和泵喷,还应结合应用需求来看。

此外,喷水推进器结构部件中通常包含操舵倒航机构,属于舵桨合一推进器,并且操舵倒航机构可以获得转向、调整倒车力的大小以及发挥操纵性能,相对于推进泵来说比较独立,设计结构时仅仅体现为推进泵的总体尺寸约束着操舵倒航机

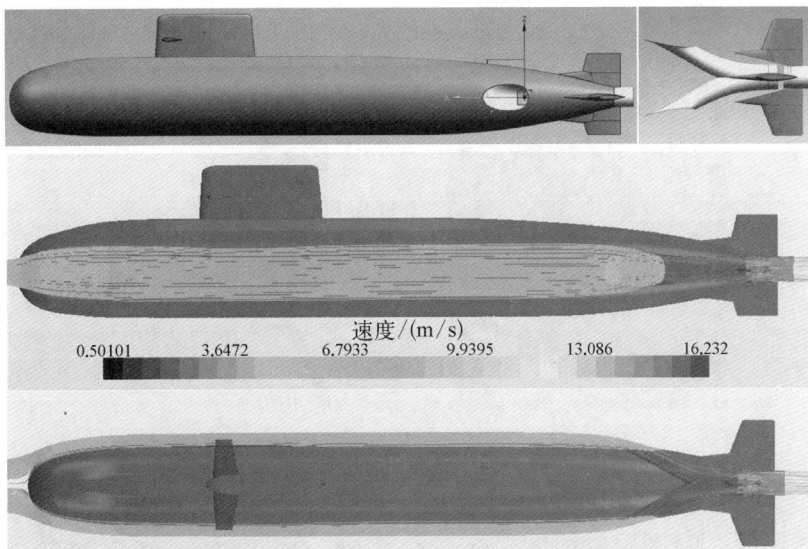

图 1.9　两流道内置式泵喷概念图及流经泵喷的速度流线

构的空间尺寸(见图 1.10)。因此,通常可以先完成推进泵设计,再考虑操舵倒航机构的设计。但是,泵喷推进器结构中无操舵倒航机构,无论是常见的鱼雷泵喷还是艇用泵喷,其操纵和机动性能保障都由艇体舵翼结构完成。因艇尾外置泵喷进流通常位于舵翼结构的尾流场中,舵翼线型以及结构位置布局均会直接影响泵喷水动力和噪声性能,因此设计时应该考虑呈螺旋迭代递进,而不能将这些因素完全割裂开来,例如,弗吉尼亚理工大学在设计新型弹道导弹核潜艇 SSBMD 的过程中,评估采用 7 叶导管桨能够获得的快速性指标后,即分析围壳舵/类星形尾翼组合结构能够获得的机动和操纵性能,并且针对舵翼尾流产生的桨叶非均匀进流对导管桨推进性能的影响进行了修正[3]。可以说,喷泵中推进泵与操舵倒航机构两者是解耦的,推进泵可以单独用作加速时的助推器而不含操舵倒航机构;但艇尾外置式泵喷推进系统中推进泵的水动力和噪声性能直接受舵翼结构、线型以及空间布局的影响,评估泵喷推进和噪声性能时需要综合考虑,或适当考虑修正量。

(3) 转子叶型差异明显。喷泵叶轮叶片通常表现为轴向"长"叶片,而泵喷转子叶片一般为"短"叶片。具体表现如下:泵喷转子轴向长度与桨相当,明显小于喷泵叶轮,使得泵喷转子叶片的径向与轴向长度之比明显大于喷泵叶轮叶片,或者说泵喷转子叶片的叶栅稠密度明显要小、叶片扭曲程度更小。原因是,一方面,泵喷转子叶片数通常多于喷泵叶轮的,且转子叶片数通常大于 7 叶,一般为 9 叶,而叶轮叶片数通常不大于 6 叶,如 KaMeWa S 系列喷泵第二代和第三代的叶轮叶片

(a)

(b)

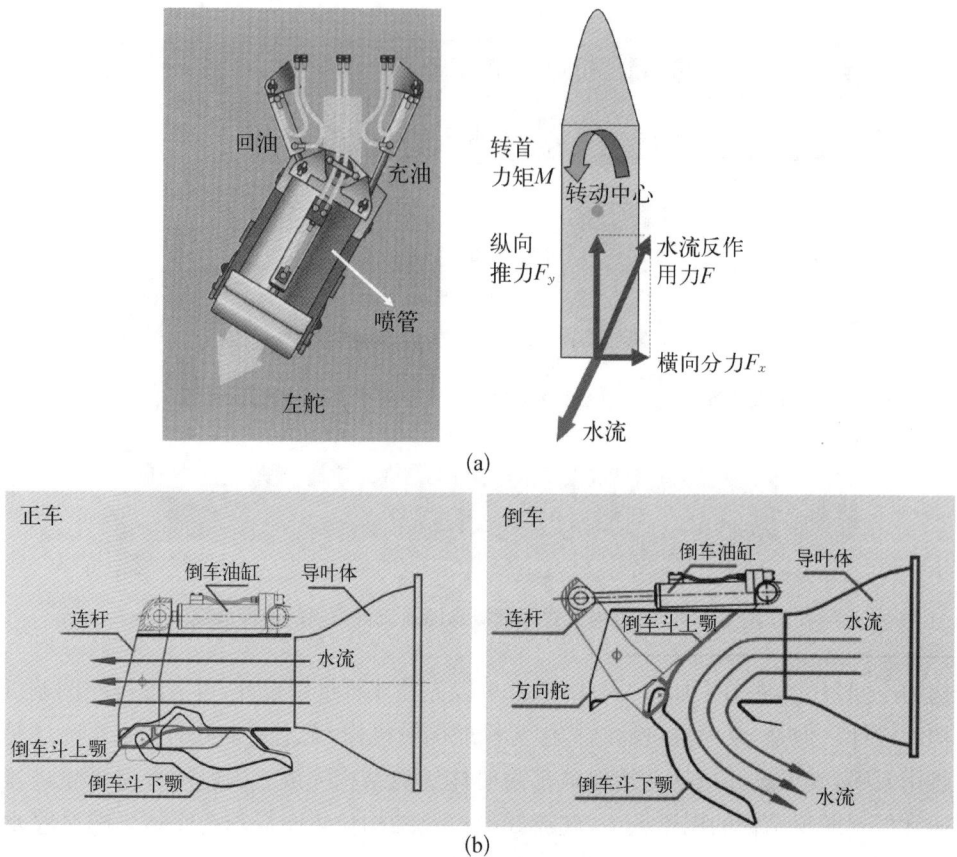

图 1.10　喷泵转向和倒车操纵原理图

(a) 喷泵左舵转向原理；(b) 喷泵倒车原理

数均为 6 叶,先进喷泵 AxWJ‑2 的叶轮叶片数也为 6 叶。另一方面,在严格限制径向尺寸的情况下,为了有效增加叶片承载面积,充分发挥高速、大功率密度时的抗空化性能,喷泵叶轮叶片在扭转程度适中的情况下可以尽情地向轴向扩展,而泵喷转子叶片无论是径向还是轴向长度都会受到严格约束,如图 1.11 所示。换句话说:泵喷转子在轴向长度尺寸上的约束更严,而喷泵叶轮在径向安装尺寸上的约束更严。特别是对于艇尾外置式泵喷来说,应严格控制泵喷轴向长度,以减小纵向弯曲力矩、减轻配重难度以及对总体操纵性能的影响。因此,从设计经验来看,泵喷轴向长度通常取为泵喷最大直径的 85%～100%。而对于艉板式喷泵来说,其径向安装法兰直径将直接决定船体尾部线型以及能够安装喷泵的台套数,进而影响喷水推进系统的总体设计参数。例如,CDI 船舶公司系统研发部通过统计得出的结论[4]是,在相同直径和相同推力单元下,喷水推进混流泵安装法兰直径约为泵进口直径的 1.7～1.8 倍,而轴流泵法兰直径仅为泵进口直径的 1.2～1.25 倍,比混流泵的小约 30%,如图 1.12 中所示。也就是说,在相同船体尾板安装条件和泵进口直径下,安装 3 台轴流泵比安装 2 台混流泵能够多提供约 50% 的推力,更能适应当前高速化和大型化瘦长型船体在艉板面积有限时对喷泵的安装要求,为喷泵的紧凑型应用指明了方向。

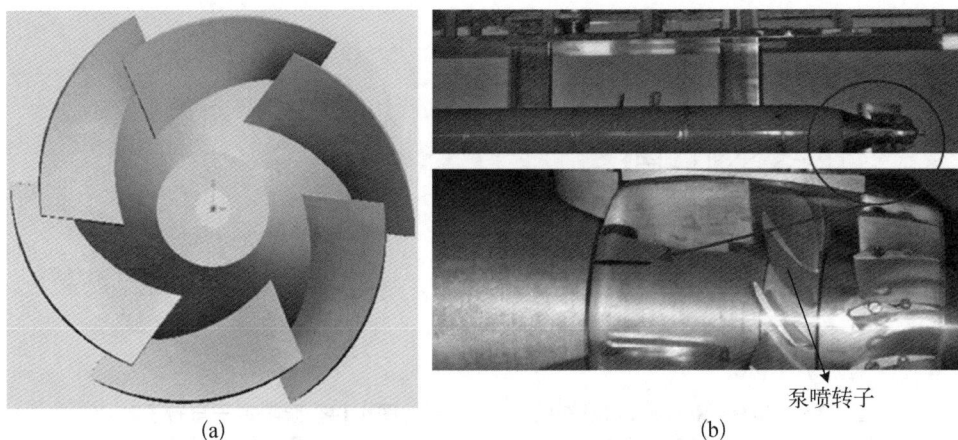

(a) (b)

图 1.11　喷泵叶轮和泵喷转子叶型比较

(a) KaMeWa 71SII 型喷水推进泵叶轮;(b) 印度海军研究所设计的鱼雷泵喷转子

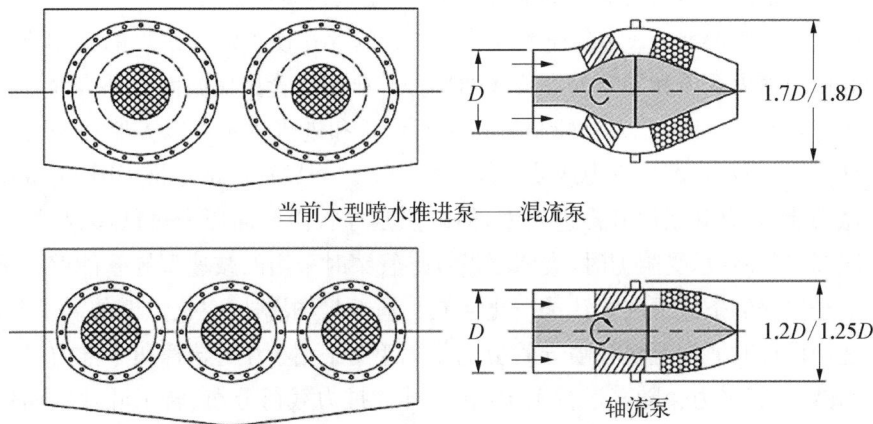

当前大型喷水推进泵——混流泵

轴流泵

图 1.12　轴流式和混流式喷泵尺寸比较(D:直径)

　　(4) 转子、定子叶片设计细节有所差异。一方面,为了最大限度地弱化动-静叶相互作用噪声,泵喷中转子与定子叶片之间的轴向距离明显要大于喷泵中叶轮和导叶间距离。例如,"机敏"级潜艇泵喷制造商 Rolls-Royce 公司 2012 年发布的潜艇泵喷专利[5]中,定子与转子之间的轴向距离甚至达到了与定子轴向长度相当的地步(见图1.13)。另一方面,为了使得降噪效果最大化,泵喷叶栅在侧斜要素上的设计较喷泵更加多样化和精细化,如定子与转子叶片可以采用反向侧斜设计技术(见图1.14)。但对于喷泵来说,因叶轮和导叶叶片均表现为"长矮"叶片,大侧斜设计要素一般较少引入,叶轮与导叶叶片反向侧斜设计就更为少见了。

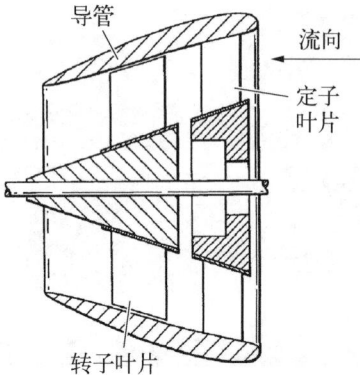

图 1.13　Rolls‐Royce 公司发布的
潜艇泵喷专利结构图

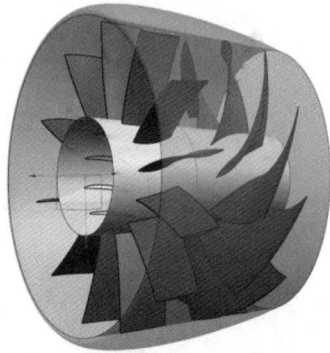

图 1.14　泵喷定子与转子叶片
反向侧斜设计

　　在上述总结喷泵与泵喷两者相似和差异的基础上,还需要陈述两者在命名称谓以及概念描述时易出现混淆的地方,以更好地做到知其然且知其所以然。

　　(1) 泵喷并非绝对采用减速型导管。导管的存在使得流经泵喷的流体流动被分为叶栅通道内流体和导管外部流体两部分。典型导管翼型截面内外表面存在一定的压差,会产生轴向分力。控制翼型截面形状和进流攻角可以控制在设计点附近的导管承受阻力、产生推力或使轴向受力为零。当导管产生正推力时,能够增加泵喷做功能力,有利于提升推进效率,但缺点是导管内壁面压力过低,泵喷抗空化性能减弱;当导管承受阻力时,类似于设计导管桨时采用的减速型导管能够在适当降低推进效率的条件下改善转子空化性能。基于此,根据抗空化性能的需求差异,泵喷选型设计时通常可将泵喷导管分为推力型导管、阻力型导管和零推力导管三类。当然,导管受力会随着运行工况、转子叶片推力载荷分布、转子叶片轴向位置等要素的改变而改变,并非固定不变。而且,无轴泵喷肥厚型导管受力还受到集成电机气隙大小以及截面形状的影响,合理的转子叶片设计也可以抵消一部分推力型导管带来的空化性能下降的负面作用,因此,导管受力仅仅是作为一个子部件设计的结果,而不适宜成为设计时的一个约束参数。从理论上讲,设计优良的泵喷通常会使设计点附近的导管轴向受力为零或产生小推力,以兼顾快速性和抗空化性能的要求。

（2）不宜简单地用水面推进或水下推进应用来区分喷泵和泵喷。艉板式喷泵通常用于水面推进，浸没式喷泵也可以用于水下推进。泵喷常见于水下潜器推进，但也可以用于水面驱护舰推进。

（3）不能简单地用内、外流场来区分喷泵和泵喷。艉板式喷泵仅有内流场，但浸没式喷泵也同时包含内、外流场。此外，无论是艇尾外置式泵喷，还是两侧悬挂式泵喷，均同时包含内、外流场，仅当泵喷完全内置于艇体尾部成为内置式泵喷推进系统时才只有内流场。

（4）不宜直接根据叶片数来区分喷泵和泵喷。虽然当前国际主流的喷泵叶轮叶片数为 6 叶或者更少，而现役泵喷的转子叶片数通常至少为 7 叶，但并不能由此说明喷泵叶轮的叶片数就一定比泵喷转子的少。当喷泵用作扫雷舰艇推进器时，除了对机动和操纵性能要求严格外，对其低噪声性能的要求同样严格。此时，就可以考虑增加叶片数这一技术途径，如将喷泵叶轮叶片数增加为 8 叶甚至更多。

（5）不宜将泵喷归属于螺旋桨。尽管泵喷在"形"和"神"上都从属于泵类推进器，但桨叶设计过程中引入的大侧斜、尾纵倾、叶根和叶梢截面降载等设计要素同样可以在泵喷转子叶片上采用，即便是更加复杂的可调螺距桨叶设计技术、复合材料桨叶设计技术、长短叶片设计技术、仿生叶片前缘和尾缘设计等技术途径，同样可以移植使用，不会使得泵喷渐变为螺旋桨。如果仅将泵喷看作为特殊的导管桨，叶型和叶片设计仍然沿用螺旋桨设计理论，则在当前缺乏叶片几何参数、水动力负载、空化初生和辐射噪声相互内在关联机制的条件下，短期内泵喷设计难以取得显著突破，依然将处于难点众多、顾此失彼的局面。

综上所述，以喷泵和泵喷为代表的泵类推进器发展至今，其具体结构形式和应用场合已十分多样：既有内流场，也有内外流场；既有定子在前、转子在后，也有转子在前、定子在后；既可以包含进水流道，也可以无进水流道；既有外置式，也有内置式；既有空气中喷射，也有水下喷射；既可用于水面舰船推进，也可用于鱼雷和潜艇推进，还可用于水下航行器推进。在选型设计和推进应用时应做到摸清边界、量体裁衣、精准施为，以便充分发挥喷泵与泵喷各自的优势，满足推进系统设计的最佳需求。泵类推进器可以视为螺旋桨为了发挥出特定优势性能而在结构和型值上产生的演变和发展的产物，和桨同属于船舶推进器大家族，在效率、空化和噪声等共性性能需求下，不仅不会排斥大侧斜、长短叶片、精细载荷控制、仿生前缘和尾翼、叶梢纵向折转、复合材料利用等前沿技术，反而会不遗余力地吸收上述精细设计要素，而且因本身具有多结构部件，反而具有更大的发挥空间。因此泵推进和桨推进不仅不能独立甚至对立，反而应从推进系统总体层面出发，顶层把握、聚焦核心、精准施为，以全面促进船舶推进系统的理论发展，提高工程应用水平。

1.3　泵类推进技术当前理论聚焦与应用拓展

　　泵类推进技术应用已经是舰艇推进系统设计与发展的必经之路。但是，从要用泵类推进系统到用好泵类推进系统，其中仍充满艰辛。除了舰艇研制过程中历来先总体、后推进的框架定式约束外，叶型设计理论的不足以及从叶型到空化初生、非定常力与辐射噪声性能之间显示的关联机制尚为理论空白，显著制约了泵类推进器的自主设计研发进程。为了尽快迈过这一道坎，设计出不同功率等级、不同应用场合需求的泵类推进器样本并经历试验测量的考核检验，挖掘当前可达的降噪潜力，显然是良好的助推剂之一。

　　学术专著《泵喷推进器的低噪声设计机理与设计应用》系统阐述了泵喷的结构组成、水动力工作原理、叶片典型设计方法、后置定子式泵喷、前置定子式泵喷以及无轴驱动式集成电机泵喷（简称无轴泵喷）水力模型的设计应用与性能评价、拖曳线列阵声呐追踪典型特征信号的方法，将泵喷纳入了船舶泵类推进器的研究范畴，涵盖了泵喷与螺旋桨的水动力性能差异以及与喷泵之间的差异和联系，揭开了泵喷的神秘面纱，能够自成体系，属于破冰之作。

　　该专著的核心价值在于深入解剖了泵喷这一推进器部件，引入了叶型参数化三元逆向设计方法、完成了泵喷水力设计和性能预报，是从无到有的阶段。尽管预报泵喷性能时引入了艇尾非均匀伴流，关注焦点也是艇后泵喷性能，但落脚点主要是泵喷自身的水动力性能、空化性能和辐射噪声性能，没有涵盖泵喷与艇尾构型之间的匹配设计、艇尾构型优化设计、艇尾推进器布局优化以及艇体-泵喷轴系振动控制等内容，还达不到推进系统总体设计的层面。并且，其所展示设计案例的性能评价方法主要是数值计算，尽管其中包含了某鱼雷泵喷敞水性能曲线和辐射噪声谱的第三方校验结果作为间接验证，但水下平台设计案例本身并无直接试验测量验证，包括快速性能、精细流场特征、空化初生性能以及辐射噪声性能，给泵喷推进技术的演示验证以及加改装工程应用留下了一个不容忽视的缺口，相当于设计本身并未完全托底，较大地困扰了泵喷推进技术的应用决策，必须尽快加以弥补。

　　从着重关注泵喷部件本身的水力设计与性能延伸到泵喷推进系统的顶层设计后，不论总体需求要求将泵喷布置于艇尾外部、舷侧还是内部通道，核心问题都聚焦于"究竟该设计什么样的叶型、能够起到多大的降噪效果、叶型设计方法是否通用"这一本质。为了能够在理论框架和应用基础上立起支点，经过四年的核心技术攻关，在"十三五"装备预研重点基金项目、前沿创新项目和军内科研项目同时针对泵喷推进系统设计与试验验证的积累和沉淀下，本书从泵喷的选型设计入手，到进水流道的匹配设计,重点关注叶梢间隙流动和引鉴 7 叶大侧斜桨的非定常力控制要素,最后聚焦于大功率等级无轴泵喷的抗空化和降噪设计成效、小功率等级无轴泵喷的降噪优化设计历程以及小功率等级机械式泵喷的线谱和宽带谱噪声控制效果,在建立有效设计样本、满足工程应用需求这一主线上逐步展开,展示了拥有知识产权的多个设计样本的主要测量数据,期望能够与同行们一起打开泵喷型号应用的大门,力争为泵喷推进技术的工程应用扫清主要技术障碍,成为支撑泵类推进器快速自主研发的理论基石。

1.4　泵类推进器振动和噪声控制的技术从属范围

振动和噪声控制与结构、材料和实际安装使用密切相关。完整的推进系统振动和噪声特征评估必须落实到实际舰艇应用、测试和使用管理上来才能有效反馈指导和提升设计成效。鉴于我国当前舰艇泵类推进器从设计到装船应用的一体化进程中还存在两点硬伤,一是缺乏实尺装船有效样本,泵类推进器的振动和噪声评测数据就无从谈起,即使拥有某快艇引进喷水推进器的使用经验以及某鱼雷引进泵喷推进器的使用和噪声专项测试数据,但极小的知悉范围并不能有效反哺泵喷自主设计的研发进程;二是模型尺度推进器的辐射噪声试验测量有效频率至多只能低至约 450 Hz(国内最大的消声循环水槽),最为关键的低频线谱噪声信息无法有效获取,直接导致叶型设计及其辐射噪声数值预报存在缺口,从根本上阻碍了泵类推进器声学理论的发展与完善,从而使得泵类推进器振动和噪声控制当前仍极大程度上处于“摸着石头过河”的状态。之所以将本书命题为“泵类推进器振动和噪声控制机理”,更多的是呈现在现有约束条件下,课题组针对上述课题持续研究的最新结果、积极思考以及期望攻克相关瓶颈问题的美好愿景,而并非意味着上述科学问题已经得到解决,若有不足之处敬请读者批评指正。

鉴于本书展示的泵类推进器噪声测试数据均处于铝制模型样机层次,其噪声测试频段也仅为 1 kHz 以上,大量篇幅将集中于选型设计实施、叶型设计、水动力、空化和推进性能数值预报、激振力、非定常力和线谱噪声优化改进、推进器与艇尾结构之间的匹配优化等内容,而对于结构振动,尤其是叶片流固耦合振动特性阐述较少,读者难免会感觉振动和噪声控制这一终极目标尚未点透,振动控制内容失衡,甚至产生文题有失协调的想法。但是,从作者当前的专业认知来看,上述环节均是泵类推进器这一特殊对象实现振动和噪声控制必不可少的中间流程和细节要素,加上已有试验测量证明了金属材质模型样机叶片在运转过程中的形变为极小量的事实,因此,将对振动的控制转移为对其激励力(脉动压力和非定常力)的约束从理论上讲也是合理的,至少在设计过程中更易把控。这也正是作者将书名从最初的"泵类推进系统振动和噪声控制"改回至"泵类推进器振动和噪声控制机理"的原因之一。

既然回归到机理层次,那么不可回避的问题是"泵喷为什么能够降噪,泵喷相比于螺旋桨能够降噪的根本原因是什么,当前有没有定量公式能够直接指导泵喷声学设计"。从噪声控制必不可少的三要素(声源、传播路径和接收场点)来看,如果测量评估手段一致,那么噪声有差异就必然是在声源特征以及传播路径上有所不同。从开式螺旋桨单一旋转叶片到喷泵和泵喷的轮缘/导管包裹动、静叶栅组合部件,显然,无论是声源分布还是传播路径阻隔方面都出现了差异。根据经典著作《船舶螺旋桨与推进》中的阐述,螺旋桨水下辐射噪声的机理[6]主要对应为,桨叶旋转时排开一定体积的水(通常称为厚度噪声),叶背和叶面之间存在压差(通常称为负载噪声,既包括均匀来流条件下几乎恒定的推力,也包括周向非均匀进流条件下显著的脉动推力),非均匀进流条件下空化体积的周期性脉动和进流湍流与桨叶导边相互作用,随边涡脱落以及空化气泡发展和溃灭时的随机辐射发声。从类别上来看,桨叶辐射噪声包括无空化噪声和空化噪声两类,无空化噪声主要包括厚度噪声、负载噪声和湍流随机噪声三部分。其中,厚度噪声和空化体积脉动辐射发声从声源上可等价于单极子声源,负载噪声可等价于偶极子声源,而具有宽带谱特征的随机声源可等价于四极子声源。国际海洋工程期刊中已有高被引学术论文通过计算证明了在非均匀进流条件下桨叶厚度噪声分量相对于非定常负载噪声而言为可忽略不计的小量,因此,对于极低马赫数流动的船后螺旋桨辐射噪声而言,在设计状态无空化条件下,抓住了桨叶壁面积分力载荷(壁面脉动压力的积分量)的脉动规律就等于控制了其直接辐射噪声的大小。可以说,在结构形变为极小量的情况下,受力直接决定了金属材质螺旋桨(镍铝青铜或锰铜合金)的辐射噪声大小,包括线谱和宽带谱噪声量级以及指向性分布。

与之类比,泵类推进器的叶轮或转子叶片在周向旋转过程中,无论是叶片排开水诱导的单极源厚度噪声,还是叶片表面脉动力诱导的偶极源负载噪声,都与桨叶噪声源特征类似,主要差异只是增加了静止叶栅以及导管壁面的屏蔽作用。当然,船后伴流场中的静止叶栅和导管壁面同样受力,也对应着负载噪声的贡献量。为了更好地理解泵类推进器多结构部件的主要低频离散线谱噪声源,可以借鉴NASA针对航空气动对转螺旋桨的研究结果[7]:航空气动对转桨的线谱噪声声源机理主要包括非均匀进流与前桨导边相互作用发声、后桨抽吸作用形成的非定常压力场与前桨相互作用发声、前桨梢涡脱落与后桨导边相互作用发声、前桨随边尾涡脱落与后桨导边相互作用发声和前桨桨毂尾涡及边界层流与后桨相互作用发声。也就是说,在非均匀进流条件下,前、后桨表面脉动压力是对转桨线谱噪声源项的集中体现,这与单个桨叶捕捉壁面脉动压力的思路是一致的。类比可知,定子与转子叶片表面的脉动压力是动、静叶栅结构线谱噪声的主要来源,控制叶栅叶片受力就等于控制其低频线谱噪声。再根据管道声学理论,泵喷有限长导管的存在通常仅能少量影响线谱噪声的指向性范围、改变径向测点的线谱噪声幅值,而并不能消除线谱声纹特征,美国海军研究署资助的刚性导管内螺旋桨噪声测量结果已经证明了上述结论[8],具体为"刚性导管内螺旋桨主要离散线谱噪声频率位于桨叶叶频和 2 倍叶频处"。刚性导管对桨叶声场的屏蔽和反射作用极为接近泵喷有限长导管对转子声场的影响作用,具有可移植性,因此,完全可以说,控制了转子和定子叶片受力就直接控制了金属材质泵喷在无空化状态下的直接辐射噪声,这也正是后文通过优化转子叶片轴面流动方向和径向方向的载荷分布规律,进而抑制泵喷非定常力和低频线谱噪声的理论基础所在。所以,泵喷相比于 7 叶桨能够降噪的本质原因就在于:在转子和定子叶片参数化三元逆向设计过程中,叶型几何参数与推力载荷分布直接关联,通过直观控制叶片在轴面和径向方向的受力分布,进而显示调整泵喷线谱噪声幅值以及指向性分布,再加上多叶片数和单叶片更大的有效承载区间,最终能够整体抑制叶片推力载荷密度,实现直接辐射噪声控制的目标。

　　至于泵喷叶片流固耦合振动噪声分量的贡献量,因尚缺乏相关直接校核数据,因而本书并未呈现。该内容与复合材料泵喷叶片设计、加工工艺影响、预变形技术应用以及振动噪声特征评估将是课题组接下来重点攻关的内容,并力争尽早呈现。

第 2 章　泵类推进系统方案选型设计

泵类推进系统选型设计是在几何尺寸、体积、重量和性能指标约束下,依据喷水推进相关理论和船舶推进的基础知识,总体评价核心技术指标的可达性、关键性能指标的匹配合理性(如推力密度、功率密度和空化裕度等)、系统方案设计的难度、研发周期以及可能存在的技术风险等,再加上关键件控制节点、主要试验验证内容以及拟采取的试验方案确认。可以说,选型设计的完整性和深度直接决定了整个泵类推进系统向纵深推进的质量和设计水平,是推进总设计师尤其要关注的顶层问题。

2.1　选型设计需求与基本理论

2.1.1　总体输入参数与典型设计需求

推进系统是机电系统的核心分支,从属于舰船总体。随着船体吨位与航速需求的增加,以及以组合式推进器为代表的多种新型推进方式的引入和集成,推进系统在总体设计中所占的权重以及推进系统与总体螺旋迭代递进的设计需求日益突出,特别是当临界航速(推进器空化初生时的航速)和水下辐射噪声成为决定设计成败的顶层技术指标后,推进系统已经成为决定整个动力装置从属类别、布置方式、结构特点以及核心技术指标的关键。当作战单元从机电扩展到单舰甚至整个编队后,推进,尤其是其航速、振动和噪声性能,甚至成了影响指控系统集成以及多舰协同发挥的瓶颈性问题,需要从技术革新的角度加快推进模式的转变,并快速推广其工程应用。

国内现有主战驱护舰及潜艇全部采用螺旋桨推进方式。依据环量定理,当建立升力与几何参数之间的关联后,螺旋桨叶片设计的着力点就在于建立满足给定推力条件下的桨叶表面径向和弦长方向的环量分布,然后确定满足需求环量分布的桨叶表面形状。伴随这一过程的通常是螺旋桨全局参数选型设计,包括叶片数 Z、直径 D 和转速 N 三者的最佳组合及其能够达到的理论最大敞水效率。麻省理工学院的 Epps 教授采用 Lerbs 非最优螺旋桨理论和 Coney 最佳环量分布理论,编制完成了开源程序 OpenProp,在完成螺旋桨全局参数优化以及选型设计的基础上,将螺旋桨涡格升力线方法由初始设计应用扩展到了设计与非设计工况下的敞水性能预报以及需求推进功率预报,为螺旋桨推进应用提供了极大的便利。如图2.1 所示为典型叶片数时,螺旋桨敞水效率随直径和转速的变化关系。确定叶片数和直径上限后,可择优选择不同直径与转速的最优组合,兼顾尺寸限制和噪声控制的设计需求。

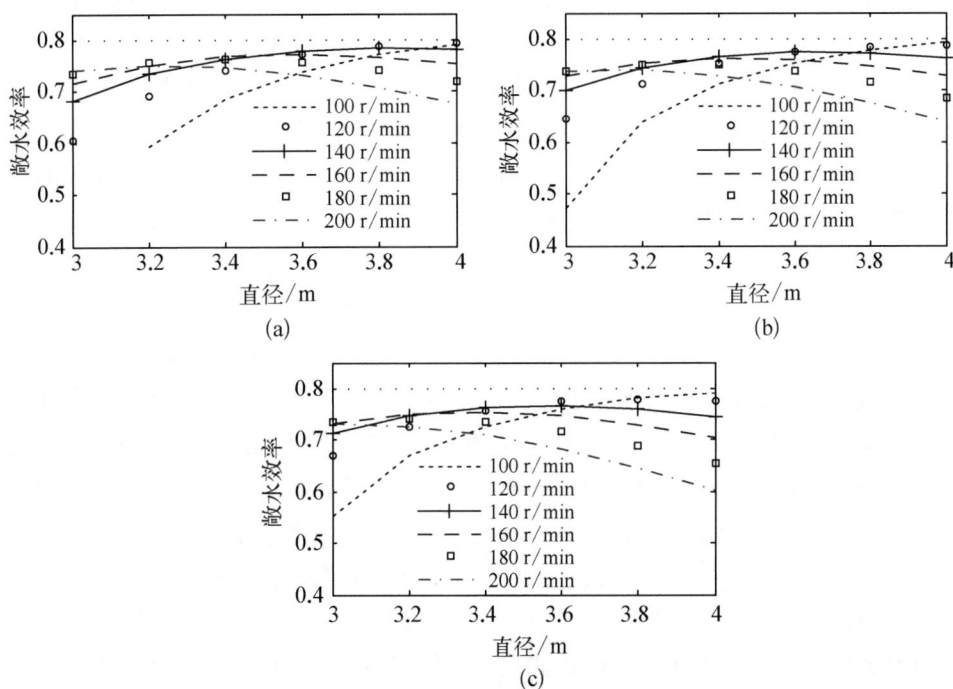

图 2.1　典型螺旋桨设计参数组合结果

(a) $z = 4$；(b) $z = 5$；(c) $z = 6$

以喷泵和泵喷为代表的泵类推进器与螺旋桨的显著差异在于从外流为主转变为以内流为主。当存在进水流道时,泵转速与船体航速之间的解耦更是将泵类推进器优越的机动性和操纵性发挥得淋漓尽致。但也正因如此,泵工作点从对速度敏感转变为对流量敏感,泵内流动性能与其推进性能之间的对应关系以及泵与船体之间的相互作用,都不再像螺旋桨那样直接、熟悉,分析理论也各自有所侧重,选型设计需要考虑的约束条件更多,可选样本更少,系统性更强,实施时需要更加仔细、谨慎。

与现代螺旋桨设计类同,泵类推进系统应用时典型的几类设计需求如下:

(1) 给定裸船阻力曲线、设计航速、额定功率,直接限制泵直径几何尺寸或者安装尺寸,要求设计泵类推进系统,考核总推进效率,同时期望辐射噪声尽可能低。

(2)给定设计航速下需求推力、额定功率,直接限制泵转速,要求设计泵类推进系统,考核总推进效率和临界航速(水下推进时给定最小水深),同时期望辐射噪声尽可能低。

(3)给定需求推力及推力裕度,给定功率上限,要求设计泵类推进系统,考核低航速工况(通常为4 kn或6 kn)辐射噪声总声级及线谱噪声谱源级,同时期望临界航速尽可能高。

(4)给定船体线型、设计航速,给定功率上限,要求设计泵类推进系统,考核临界航速达到设计航速,甚至实现全航速范围无空化产生。

上述四类设计需求课题组均已遇到。从设计经验来看,它们在性能参数的设计权重各有所偏重,直接决定了选型设计时方案总体以及局部细节有所不同。其中,第一类的核心指标是效率和轻量化设计,在效率寻优时功率密度成为最主要的约束参数,空化和噪声无定量要求,通常对应为水下航行器(UUV、AUV)的泵喷推进系统,并且可以作为单泵或者双泵推进方案,既可以是外置式泵喷推进,也可以是内置式泵喷推进,设计航速通常不超过15 kn。第二类的核心指标是效率和抗空化性能,并且因原动机和减速比的限制直接对转速上限提出了要求,该需求下设计航速通常较高,如36 kn速制和50 kn速制,典型例子为鱼雷推进用的泵喷推进系统一般为单泵推进方案。需求阻力曲线可近似满足二次方曲线关系,由设计航速下需求推力求取。第三类的核心指标要求最高,其直接量化考核低转速工况的辐射噪声,并且同时针对线谱噪声和总噪声。因推进器未定型之前,艇总体方案,特别是艇尾局部线型可能需要迭代修改,故需要在需求推力的基础上考虑一定的推力裕度。该需求通常对应为潜艇主推泵喷推进系统,推进电机通过轴系驱动泵喷,电机的额定功率限制了泵喷能够收到的功率上限。一般采用单泵推进方案,需求阻力曲线同样可近似满足二次方曲线关系,但设计航速(通常为18~25 kn)下需求推力值需要包括推力裕度,并且若总体给出的推力需求没有包括附体阻力,则选型设计时输入的需求推力还应该加上约30%的附体阻力成分。临界航速核算时通常对应为最小水深25~30 m,与海试测量时一致。参照螺旋桨辐射噪声考核的国军标要求,线谱噪声预报时限定在低频段200 Hz以内,总声级预报时考虑5 kHz以内频带宽度,可以大大减少计算声学工作量。第四类的核心指标是效率和中高航速下无空化,通常对应为驱护舰喷水推进系统或者是泵喷推进系统。泵喷推进时多为双泵推进方案,直接在螺旋桨部位原位换装(见图2.2),对轴系附体进行适应性修改即可,设计航速多为28~30 kn。喷泵推进时多为双泵或者是四泵推进方案,典型设置为外侧两小泵巡航推进,带转向倒车装置,中间两大泵仅用作加速推进,无转向倒车机构(见图 2.3),中高航速时四泵同时推进,设计航速多为 30～40 kn。从上述分析可知,泵类推进系统的急切应用需求当前已经涵盖主战舰艇和多用途辅助舰艇,充分做好泵类推进系统选型设计时的共性和个性化定制,对于充分挖掘泵类推进系统的性能优势、最小化研制费效比、最大化作战效能意义重大,值得重点关注。

图 2.2　美国驱逐舰(试验舰)USS Witek(DD‐848)泵喷推进

图 2.3　典型驱逐舰四泵推进方案

根据性能需求的侧重点的不同,定性分析四类设计需求可知,第一类设计的转子叶片推力密度相对较小,第三类设计的转子叶片非定常力幅值的控制要求最高,均首选前置定子式泵喷推进方案。两者的差异在于,第一类设计的定子叶片弦长相对较小,定、转子叶片之间的轴向距离适当即可;第三类设计时定子叶片的进出流角要仔细调整、严格控制,以适应不同艇尾附体的伴流特点,如木字形翼、X 形翼和星形翼,存在局部差异,并且定、转子叶片之间的轴向距离要尽可能大,通常不小于转子叶片叶梢截面弦长的 80%;第二类设计因航速需求高,第四类设计因推力载荷控制严,均首选后置定子式泵喷推进方案。当允许船尾线型做出大的调整时,第四类设计也可采用喷泵推进方案,叶轮在前、导叶在后,叶轮进流由进水流道提供。后置定子式泵喷与喷泵推进方案的共同点在于均把快速性和抗空化性能作为第一考核指标,对脉动力的控制则是其次,因此转子或叶轮的叶片数不宜过多,转子叶片数多为 7 叶,至多 9 叶,叶轮叶片数多为 6 叶。此外,泵喷通常在其轴向方向的几何尺寸约束更严,而喷泵通常在其径向方向的安装尺寸约束更多,因此两者在设置轴面轮廓投影曲线时应有所区别。其中,泵喷多采用小角度锥形轴流式轴面投影轮廓,以匹配水滴形艇尾线型;而喷泵多采用混流式轴面投影轮廓,或是直接采用最新型的轴流外形混流式轴面投影轮廓,以减小安装法兰直径。

综上所述,应用泵类推进器时尽管其核心部件推进泵单元在叶片成型、叶面载荷控制、叶顶间隙布置、随边尾涡控制、动静叶片数配合、运行工作点调节、相似设计以及模型试验验证等方面具有共性,但更多的由于外部工作环境、考核要求、约束条件甚至是研发周期的不同,导致泵类推进系统更多地表现为个性,加上国内当前有效样本数寥寥无几,进一步加剧了泵类推进系统神秘、复杂的印象,使得其快速研发雪上加霜,无形中增加了较多障碍。但无论最终选择的是喷泵还是泵喷推进方案,设计者和使用者都期望其具有比螺旋桨推进更为优越的性能,以更好地佐证和推动其工程应用。

2.1.2　选型设计基本理论和关键变量

以舯板式喷泵、浸没式喷泵、艇尾外置式泵喷以及内置式泵喷推进系统为代表的泵类推进系统主要包括进水流道、泵和喷口部件。喷泵系统通常三样都有。内置式泵喷通常包括流道和推进泵,而典型泵喷,包括机械式泵喷和无轴泵喷,通常只含有推进泵,且将泵轮缘改变为同时具有内外流场的导管。此时,泵进口相当于和流道进口统一,泵出口相当于和喷口统一。与泵喷相比,喷水推进器的结构部件更具一般性,应用场合的敏感度有所下降,公开的技术文献相对更多,国际拖曳水池会议(International Towing Tank Conference, ITTC)甚至在多届会议中专门发布了喷水推进专家委员会报告,形成的基本理论也更为完善,因此本研究以喷水推进系统为基本载体,如图 2.4 所示(图中 v 为特征速度),总体阐述选型设计时运用的基本理论以及采用的关键变量,加强通用性,扩展适用范围。分析过程涵盖上述四类系统。

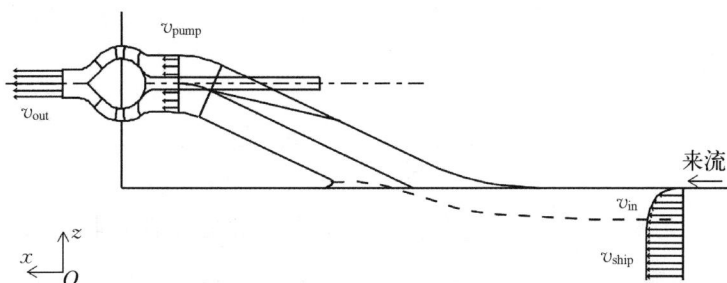

图 2.4　典型喷水推进系统流体流动

2.1.2.1　泵的基本理论与推进应用

泵类推进系统的核心部件是推进泵单元。显然,它首先是一个泵,然后才是一个推进泵。因此,阐述清楚泵的基本理论对于不太熟悉叶轮机械的螺旋桨设计人员来说,将有利于加深其对螺旋桨和推进泵的内在联系以及主要差异的理解,以更好地牵引和指导选型设计工作。

对泵的认识可以从"泵是如何工作的""不同类型泵之间有何显著差异"两方面入手。显然,这两个问题的答案直接服务于泵的典型性能需求:一是泵与管道系统之间如何匹配,即给定管道系统后,如何选配最合适的泵尺寸和类型;二是泵内流体流动具有的能量究竟如何转换,如何衡量能量转换的效率;三是如何来量化决定泵的需求功率。这三个问题既是一般水力机械泵所关注的理论设计问题,也是推进泵同样需要阐述清楚的焦点性问题。

泵内流体在流经叶栅通道的过程中获得能量,而表述流体能量头与转子运转之间内在联系的经典理论为欧拉方程,即单位质量的流体所获得的能量头(扬程)为

$$H = \frac{1}{g}(V_{\theta_2}U_2 - V_{\theta_1}U_1) \tag{2.1}$$

式中,V_{θ_2} 和 V_{θ_1} 分别为流体在转子(叶轮)出口与进口的绝对速度周向分量;U_2 和 U_1 分别为转子(叶轮)出口与进口的圆周速度。显然,泵内流体在获得能量的过程中所消耗的功率为 $\rho g Q H$,其中 Q 为体积流量。在已知泵对流体做功的过程中实际消耗的功率 P 后,即可得到泵的水力效率,一般简称泵效率 η_{pump},则有

$$\eta_{\text{pump}} = \frac{\rho g Q H}{P} \tag{2.2}$$

泵效率与泵类型、尺寸、运转参数以及工作点有关,通常所说的泵效率特指设计工况下的效率,类似于螺旋桨敞水效率通常指最高点或者是近最高点效率。敞水效率的定义式为

$$\eta_0 = \frac{T_0 V_a}{2\pi n Q_{\text{p}_0}} = \frac{J_0}{2\pi} \cdot \frac{K_{T_0}}{K_{Q_0}} \tag{2.3}$$

式中,V_a 为均匀来流条件下螺旋桨轴向进速;T 为螺旋桨轴向推力;Q_p 为消耗力矩;下标 0 代表敞水条件(均匀来流);n 为转速,单位为 r/s;J 为表征螺旋桨工作点的进速系数;K_T 和 K_Q 分别为推力系数和力矩系数,定义式为

$$J = \frac{V_a}{nD}, \quad K_T = \frac{T}{\rho n^2 D^4}, \quad K_Q = \frac{Q_{\text{p}}}{\rho n^2 D^5} \tag{2.4}$$

式中,D 为螺旋桨直径。显然,敞水效率表征的是均匀来流条件下螺旋桨轴向推力做功的能力,是轴向利用推进能量的效率。泵效率不同于敞水效率,其表述的是泵转子对泵内流体做功时总的能量转换效率,测量时通常也为均匀进流条件。但是,泵内流体所具有的能量并非全在轴向,也并非所有有效能量都能用于轴向推进。泵效率通常较高(现代泵效率一般为 $0.85 \sim 0.92^{[9]}$),主要用于衡量转子(叶轮)叶片控制通道内流体能量损失的能力,并未与轴向推力直接联系起来。

常见的泵类型有离心泵、混流泵和轴流泵,三者在几何上差异明显,容易区分,如图 2.5 中泵转子(叶轮)的轴面投影图所示。图中 r_1、r_2 分别为进、出口半径。

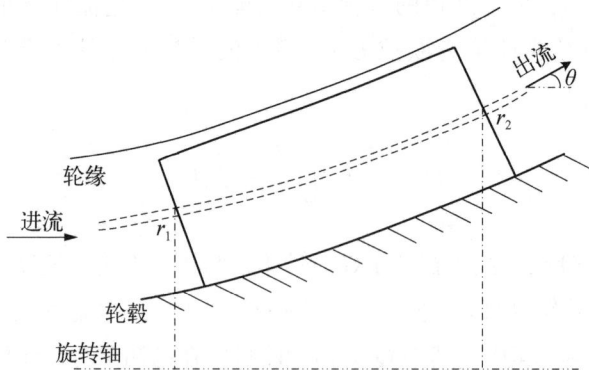

图 2.5　泵转子(叶轮)轴面投影

当出流与轴向夹角 θ 呈 90° 时为离心泵,平行于轴向时为轴流泵,$0° < \theta < 90°$ 时为混流泵。定性上看,离心泵具有大扬程、小流量的特点,而轴流泵具有大流量、小扬程的特点,其内部流动形式类似于管内螺旋桨。混流泵的扬程和流量均介于两者之间,理论可达的高效区相对最广。正因如此,喷泵多采用混流泵和轴流泵,而泵喷更多采用的是轴流泵。如果仅从几何外形和性能特点上来区分不同类型泵,是较为清晰、明确的,但泵类推进系统选型设计时往往较难以实施,若设计人员缺乏经验则更难以着手。原因在于,一方面,当前水利机械行业领域内用于区分混流泵和轴流泵的特征参数临界点并不十分明确,不同设计单位取值也不相同,当作为推进泵应用时,其临界值更是还没有统一结论;另一方面,选型设计时,泵的运转参数和工作点均具有较大变化范围,如果不能将作为部件的泵的性能融入泵类推进系统性能中进行综合寻优,往往将无法挑选出最为合适的泵类型,使得选型设计在大方向上偏离真值较远,给设计工作带来极大的困难。因此,有必要从性能曲线的角度来定量描述典型泵的性能特点,以加深理解。

　　螺旋桨敞水性能曲线表征的是均匀来流条件下螺旋桨轴向推力和消耗力矩随工作点的变化关系,典型螺旋桨敞水性能曲线如图2.6所示。因力矩系数值较小,放大 10 倍后取值。可见,螺旋桨桨叶几何参数确定后(螺距不变),敞水性能唯一确定;工作点改变时仅具有单一高效点,且高效区很窄。

　　类同于螺旋桨敞水性能曲线唯一由螺旋桨几何参数确定,泵转子(叶轮)与定子(导叶)叶型确定

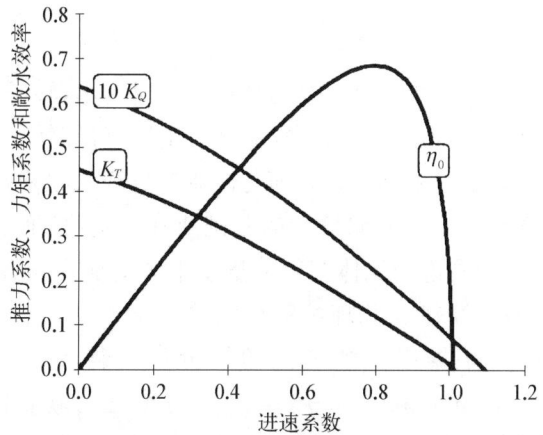

图 2.6　典型螺旋桨敞水性能曲线

后,其性能曲线同样唯一地确定。如果能够建立叶型几何参数与性能参数之间的直接联系,则泵性能曲线可以定量再现叶型对流体的做功能力,从而反过来指导叶型设计。参照螺旋桨叶截面受力分析时速度三角形的分解思路,取转子(叶轮)叶片半径 r 处的叶截面进行分析,如图 2.7 所示。定义流动角 $\beta(r)$ 为轴面图中相对速度与垂直于轴向的横截面之间的夹角,下标 1 和 2 分别代表进流与出流;叶片安放角 $\beta_b(r)$ 为轴面图中叶截面拱线切线方向与垂直于轴向的横截面之间的夹角,由叶片几何决定,与螺旋桨叶截面分析时螺距角对应;入射角 $\alpha(r)$ 为叶片安放角与进流角之间的差值,即

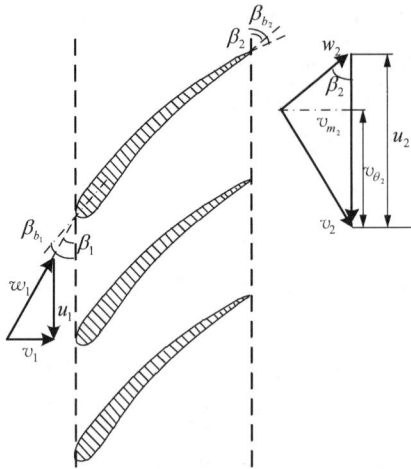

图 2.7 转子(叶轮)叶截面进出口特征角与速度三角形

$$\alpha(r) = \beta_{b_1}(r) - \beta_1(r) \qquad (2.5)$$

入射角与螺旋桨叶截面分析时攻角对应。v、u 和 w 分别为绝对速度、牵连速度和相对速度；v_m 和 v_θ 分别为轴面速度分量和周向速度分量。理论分析和设计时通常假定转子进流仅有轴向速度分量，即 $\tan\beta_1(r) = v_1(r)/r_1\Omega$，$\Omega$ 为转子角速度。当流量和转速已知时，进流角即可确定，从而可直接确定入射角，并可借助翼型升阻力曲线来分析叶截面受力。同时，当转子轴面投影进一步特殊化为轴流通道时，式(2.1)可转化为

$$gH = u(v_{\theta_2} - v_{\theta_1}) = \frac{\Omega z}{2\pi}\left[(2\pi r v_{\theta_2} - 2\pi r v_{\theta_1})/z\right] = \frac{\Omega z}{2\pi}\Gamma_2 \qquad (2.6)$$

式中，z 为叶片数；Γ 为环量。可以看出，转子叶型做功能力由叶片出口的环量分布唯一确定。再根据翼型升力定理，可知转子叶片受力同样由叶片出口环量分布确定。这既将叶片几何与性能参数联系起来，也是后文转子叶型由性能到几何的参数化三元逆向设计的基础所在。若将轴面几何投影还原为混流式通道，则式(2.6)右边的流体获得能量项中应增加径向方向能量，变为 $gH = \Omega^2(r_2^2 - r_1^2) + (\Omega z/2\pi)\Gamma_2$，物理意义不变。

根据出口速度三角形分解可得 $v_{\theta_2} = u_2 - v_{m_2}\cot\beta_2$ 和 $v_2^2 = v_{\theta_2}^2 + v_{m_2}^2$，与式(2.6)联立且假定进口周向速度分量为零，可得 $H = aN^2 + bNQ - cQ^2$，式中，N 为泵转速，单位为 r/min；Q 为体积流量，单位为 m³/s；a、b 和 c 为转子几何形状决定的常系数。可知：当转速一定时，转子扬程随流量增加而呈二次方减小，这也是泵行业中熟知的理想 H-Q 曲线，显然，理想 P-Q 曲线表现为功率随流量增加呈三次方非线性减小。当考虑泵内流动能量损失后，典型推进泵在转速一定时，其扬程、功率和效率随流量的变化曲线如图 2.8 所示，理想工作点位于效率最高点处。与螺旋桨敞水效率曲线不同的是，泵

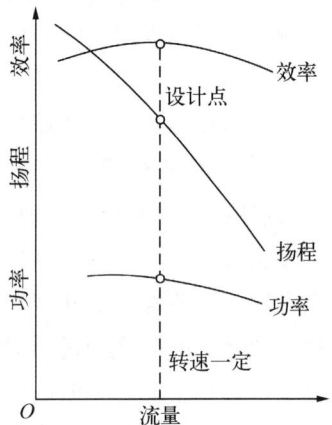

图 2.8 某推进泵转速一定时扬程、功率和效率随流量变化曲线

高效区较宽,能够适应较大的航速区间变化需求。与螺旋桨一致的是,泵推系统的真实工作点同样位于近高效点的左前方,以考虑流体流动能量损失系数随航速的变化,并留出一定的安全空间。

2.1.2.2　泵的相似理论与应用

即使考虑能量损失,泵效率也仅仅是单个部件的性能,在独立性上与桨敞水效率类似。当泵与管道系统匹配时,或者是推进泵与进水流道及船体边界层流匹配时,泵的运转性能显然会较大地偏离理想工作条件,既要保证工作点不能偏离最佳效率点(best efficiency point,BEP)太远,还要保证泵能够自吸、能够正常地运送流体、具有克服流体汽化所需的最小能量头以及较大的安全工作裕度。这些性能需求将泵从一个部件扩展到了整个流动系统,也给泵性能的试验评估提出了原则性的要求。比如,模型尺度泵和实尺泵之间必须同时满足几何条件相似、流动相似和动力学相似,最后才能保证性能相似,才能进行性能曲线的相似转换,与模型桨敞水性能试验时换算方法类似。

依据布金汉 π 定理,以来流速度、转速和直径为基本特征参数,定义 4 个量纲一的参数——进速系数 J、空化数 σ、雷诺数 Re(基于转速参量)和傅汝德数 Fr 后,可通过模型试验测量模型桨的推力系数和力矩系数,并依据相似关系换算得到实尺桨的推力系数和力矩系数。量纲一的参数表达式为

$$J = \frac{V_a}{nD}, \quad \sigma = \frac{p - p_v}{\frac{1}{2}\rho V_{ref}^2}, \quad Re = \frac{VD}{\nu}, \quad Fr = \frac{V}{\sqrt{gD}} \tag{2.7}$$

式中,p 为流场局部压力;p_v 为汽化压力;V_{ref} 为参考速度,可以是来流速度,也可以是叶梢线速度;V 为来流速度;ν 为运动黏度。显然,在实际应用中,模型与实尺同时满足四个量纲一的参数相等是不可能的,特别是雷诺数和傅汝德数难以同时满足。因此,在几何条件相似的前提下,首先要保证进速系数相等,使桨的工作点不变;其次,因空化对流体流动和受力均影响显著,故需要保持空化数相等;最后,测量表明当雷诺数高于临界雷诺数时,可以忽略傅汝德数不相等带来的影响。所以,当前在模型桨敞水性能试验测量实施时,通常采用的量纲一的相似参数为

$$J = \frac{V_a}{nD}, \quad \sigma_n = \frac{p - p_v}{\frac{1}{2}\rho(nD)^2}, \quad Re_{0.7R} = \frac{c_{0.7R}\sqrt{(nD)^2 + V_a^2}}{\nu} \tag{2.8}$$

式中，σ_n 为基于叶梢线速度的空化数；$c_{0.7R}$ 为 $0.7R$ 叶截面弦长；$Re_{0.7R}$ 为 $0.7R$ 叶截面处合速度对应的雷诺数。在上述三个相似参数的控制下，一方面认为几何相似的不同尺度桨其敞水性能曲线以及空化性能相同，另一方面，依据工作点不变可以调整推进系统中航速和转速的匹配，如车令表中正常工作制的制订。从理论上讲，泵与桨都是旋转叶片机械，上述相似应用可以直接类推到推进泵的分析中。但是，因为流体流动从以外流为主转变为以内流为主，基本特征参数将发生变化，尚不能直接全盘应用。

再次应用布金汉 π 定理，并且以密度、转速和直径作为基本特征参数，可以得到 5 个量纲一的参数，分别对应为比流量、比扬程、比功率、雷诺数和相对粗糙度，表达式为

$$\pi_1 = \frac{Q}{ND^3}, \quad \pi_2 = \frac{gH}{N^2D^2}, \quad \pi_3 = \frac{P}{\rho N^3 D^5}, \quad \pi_4 = \frac{\rho ND^2}{\mu_1}, \quad \pi_5 = \frac{k}{D}$$

(2.9)

式中，N 为转速，单位为 r/min；Q 为体积流量，单位为 m^3/s；D 为泵进口直径，单位为 m；H 为扬程，单位为 m；P 为功率，单位为 W；μ_1 为动力黏度，单位为 $N \cdot s/m^2$；k 为粗糙度，单位为 m。与螺旋桨类同，模型泵与实尺泵雷诺数相等也难以满足，而且由于雷诺数正比于直径的平方，偏差量比 $Re_{0.7R}$ 更大，表现出来的尺度效应对性能曲线的影响也更大，这也是通常实尺泵比模型泵效率高 $2\% \sim 4\%$ 的原因所在。相对粗糙度一般由加工精度给予保证，相似换算时暂不考虑。5 个量纲一的参数中并未包含空化数，原因是泵作为组合式推进器，其空化产生、发展以及对性能的影响更加复杂，而且与泵和系统的抗空化性能同时相关，因此通常给予单独分析讨论。同样，在实际工程应用中，在几何参数相似的基础上，当比流量、比扬程和比功率分别相等时，模型泵与实尺泵之间满足动力学相似，从而可以进行相似换算。

那么，随之而来的问题是，选型设计时如何来判断是否满足几何参数相似呢？特别是在当前国内成功的推进泵样本非常少的情况下，是否能仅凭几何尺寸和泵功率等级进行判断？如果不能，不熟悉泵产品的设计师又该如何选择最为合适的推进泵？

针对这些问题，将比流量和比扬程量纲一的参数经过变化后统一起来，重新引入一个量纲一的参数，以便在不考虑泵几何尺寸的条件下将泵过流能力与做功能力同时界定，达到直接通过性能来选用泵的目的，这就是比转速，其定义式为

$$\pi_6 = \frac{N\sqrt{Q}}{(gH)^{3/4}}$$

(2.10)

显然,比转速是一个形状参数,是可以直接衡量泵几何参数相似的量纲一的参数。需要注意的是,因为推进泵的应用是从水利泵过渡而来,加上当前普及推进泵应用的主要是欧美海军,使得比转速在不同使用习惯驱使下,无论是变量形式还是单位组合都有较大的差异,导致具体数值相差巨大,进而使得相关公开文献中的技术与试验数据必须经过转换处理后才能应用,给选型设计的有效实施增添了障碍。为了解决这一问题,将典型比转速 n_ω 的变量表达式、单位以及换算系数陈述如下:

$$n_\omega = \frac{\Omega \sqrt{Q}}{(gH)^{3/4}}$$

$$n_{\omega 1} = \frac{N \sqrt{Q}}{(gH)^{3/4}} = \frac{30}{\pi} n_\omega = 9.549 n_\omega$$

$$n_{\omega 2} = \frac{N \sqrt{Q}}{H^{3/4}} = \frac{30}{\pi} g^{3/4} n_{\omega 1} = 52.931 n_\omega \tag{2.11}$$

$$n_{\omega 2}(\text{US}) = \frac{N \sqrt{Q}}{H_{\text{US}}^{3/4}} = 51.64 n_{\omega 2} = 2\,733.357 n_\omega$$

式中, Q 的单位为 m^3/s; Ω 的单位为 r/s; H 的单位为 m; H_{US} 的单位为 ft(英尺, $1\,\text{ft}=3.048\times10^{-1}\,\text{m}$); N 的单位为 r/min。其中,课题组常用表达式 n_ω 与经典泵教材 $Hydrodynamics\ of\ Pumps$[10] 是统一的。选型设计时,根据比转速值,不仅可以确定泵类型,而且可以直接定位泵产品几何,甚至还可以将其与性能参数直接关联起来,如效率和功率密度,可供推进泵选用与设计直接参考。不过,实际应用该参数时,还需要注意不同单位给出的推荐值有所不同,如专著《泵喷推进器的低噪声设计机理与设计应用》中推荐的"当 $1.46 < n_\omega < 3.66$ 时为混流泵, $n_\omega > 3.66$ 时为轴流泵",文献[11]中推荐的"$5\,000 < n_{\omega 2}(\text{US}) < 10\,000$ 时为混流泵, $10\,000 < n_{\omega 2}(\text{US}) < 15\,000$ 时为轴流泵",以及 KaMeWa 公司推荐的"通常 $n_\omega > 3.4$ 时认为是轴流泵, $1.0 < n_\omega < 3.4$ 时为混流泵,且高质量的喷泵比转速 $n_{\omega 2}(\text{US})$ 约为 $8\,000$"。课题组常用的泵效率随比转速的变化规律曲线如图 2.9 所示,代表了 2005 年来推进泵的设计水平,选型设计时可根据该图查找比转速后直接给定泵效率初始值。从比转速的表达式可知,当扬程和流量一定时,比转速增加意味着泵转速增加,功率一定时相当于力矩减小,从而可以在一定程度上减小体积和重量,这对于水下航行器以及中小型船舶等特别关注轻型化设计的泵类推进系统选型设计来说,是一个顶层设计问题,尤其需要关注。

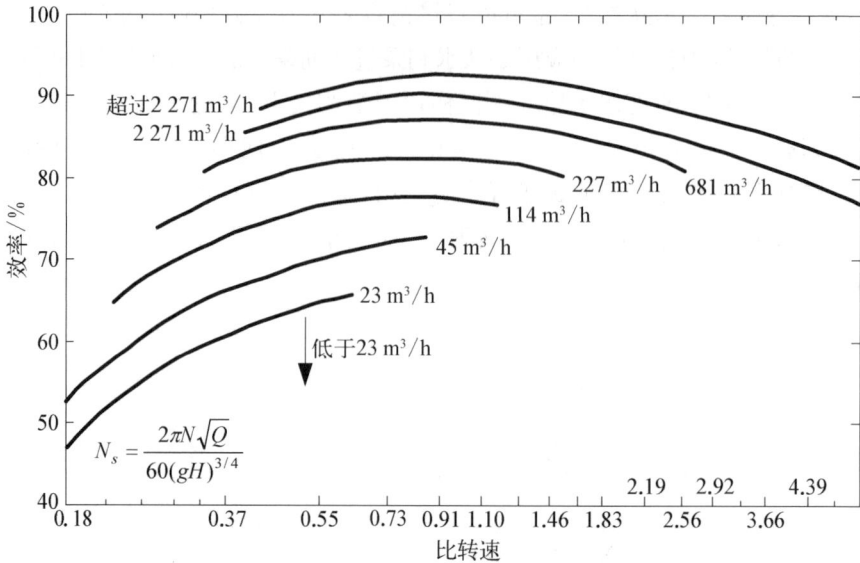

图 2.9　泵效率随比转速的变化规律经验取值

解决了选泵的问题后,接下来需要考虑的问题是,泵厂商通常发布的泵性能曲线默认为工作于额定转速,但选型设计时往往考核点并不在设计点上,或者说除了设计航速外,其他考核点的性能曲线同样受到关注,如巡航航速。那么,如何才能实现像螺旋桨一样通过控制工作点不变来保持航速与转速的匹配,进而使得推进器始终位于高效区呢?尽管比流量参数有点类似于螺旋桨进速系数,根据比流量不变,可以得出转速改变后的对应流量,但仅靠该参数还难以得出变工况后的扬程和功率值,还需要借助其他参量。

为了满足这一需求,利用前述定义的量纲一的参数,重新引入三个常用系数,即流量系数、扬程系数和功率系数,以定量控制泵的工作点,并且功率系数可以由流量系数和扬程系数推导得出,然后将泵性能曲线表述为扬程系数、功率系数和效率分别随流量系数的变化关系,进而可以直接类比于螺旋桨敞水性能曲线图中的推力系数、力矩系数和敞水效率,以实现泵和桨两者同样作为推进器的统一。其中,流量系数 φ、扬程系数 ψ 和功率系数 P^* 的表达式分别为

$$\varphi = \frac{Q}{\Omega D^3}, \ \psi = \frac{gH}{\Omega^2 D^2}, \ P^* = \frac{P_{\text{shaft}}}{\rho \Omega^3 D^5} = \frac{\varphi \psi}{\eta_{\text{pump}}} \tag{2.12}$$

式中,Q 为流量,单位为 m³/s;Ω 为角速度,单位为 rad/s;H 为扬程,单位为 m;D 为直径,单位为 m;P_{shaft} 为轴功率,单位为 W。图 2.8 中典型推进泵的量纲一的性

能曲线如图 2.10 所示。注意,该图中量纲一的系数的定义式与式(2.12)略有不同。可以看出,流量系数 φ 就相当于螺旋桨进速系数 J,直接控制泵的工作点。当工作点改变后,可以直接读取扬程系数、功率系数和效率,进而根据转速的变化求取新的流量、扬程、功率和效率值,实现多工况下泵类推进系统性能参数的选型设计。并且,当保持工作点不变时,如同车令表中工作制的制订,可以直接得出:泵流量正比于转速,扬程正比于转速的平方,功率正比于转速的三次方。显然,当流量系数和扬程系数均保持不变时,比转速 $n_\omega = \sqrt{\varphi}/\psi^{3/4}$ 同样保持不变。这也正是KaMeWa 公司在展示其同一系列、不同进口直径的喷泵产品时,直接表述为 $P = C(N/1\,000)^3$ 的原因所在。式中,N 为转速,单位为 r/min;C 为功率系数,意为转速 $1\,000$ r/min 时喷泵所吸收的功率,单位为 kW,该值可由测量或者数值计算得到的不同尺寸喷泵的功率-转速曲线求取,如图 2.11 中所示。

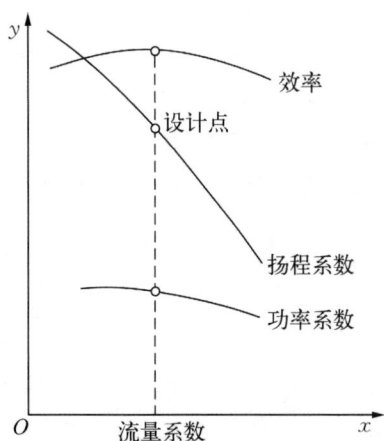

图 2.10　某推进泵扬程系数、功率系数和效率随流量系数的变化曲线

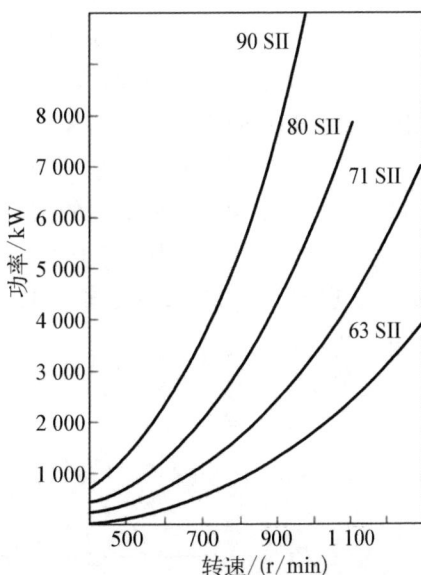

图 2.11　KaMeWa 公司 SII 系列、不同进口直径的喷泵功率随转速变化曲线

综上所述,泵类推进系统选型设计时,以比转速作为泵几何相似的衡量参数,确定泵类型的同时直接定位母型泵产品;引入流量系数、扬程系数和功率系数三个量纲一的系数后,将扬程系数、功率系数和泵效率随流量系数的变化曲线作为泵的量纲一的性能曲线,类同于螺旋桨敞水性能曲线,既可以描述不同尺度但几何参数相似的泵的性能参数,也可以描述相同泵在转速变化后的性能曲线;流量系数类比

于螺旋桨进速系数,直接控制泵工作点;当转速改变但保持工作点不变时,流量正比于转速,扬程正比于转速的平方,功率正比于转速的三次方,由此可以实现新的运转参数配合,但泵依然工作于高效点,可以用于泵类推进系统车令表的制订。

2.1.2.3　泵的空化理论与应用

螺旋桨空化仍然是当今船舶推进领域的前沿性和热点性问题,尤其是螺旋桨空化初生、空化诱导的脉动压力、辐射噪声、推力突降以及空化腐蚀等问题,还存在较多的理论盲点。空化一般分为附着型空化和游离型空化两大类,如图 2.12 所示。附着型空化一般起始于导边,通常也称为导边空化,典型的包括梢涡空化、片空化、云空化和超空化;游离型空化通常表现为游离的泡空化或涡空化,包括空化后的卡门涡街。螺旋桨空化通常呈现为梢涡空化、毂涡空化、片空化、泡空化和云空化当中的一种或多种形态共存,如图 2.13 所示。其中,片空化通常起始于桨叶导边,且常见于桨叶吸力面(叶背),此时叶截面入射角为正值;当入射角为负值时,片空化通常出现于压力面(叶面);并且,随着入射角幅值的增加,空化数减小,片空化范围沿弦长和径向方向迅速增长直至覆盖桨叶较大壁面区域,甚至可能形成超空化。片空化的稳定性通常较好,且辐射噪声一般远高于梢涡空化和毂涡空化,已有大量研究集中于螺旋桨片空化的试验测量以及数值模拟方面,美国海军在研发水面舰艇 5 叶桨的过程中甚至已经形成了定量评估空化初生和推力突降的经验标准,如图 2.14 所示。其中,5168 桨为 DDG1000 驱逐舰的桨模。图 2.14 中,横坐标与纵坐标变量表达式为

$$\sigma_{0.7R} = \frac{p - p_v}{\dfrac{1}{2}\rho\left[(0.7\pi nD)^2 + V_a^2\right]}$$

(2.13)

$$\tau_c = \frac{T}{\dfrac{1}{2}\rho A_0\left[(0.7\pi nD)^2 + V_a^2\right]} = \frac{8K_T}{\pi\left[J^2 + (0.7\pi)^2\right]}$$

式中,0.7R 叶截面处空化数 $\sigma_{0.7R}$ 与式(2.8)中雷诺数对应;桨盘面积 $A_0 = \pi D^2/4$。当进速系数和空化数已知时,求取推力负载系数后,可查图得到桨叶空化面积比,并且判断螺旋桨是否产生空化以及分析其空化程度。在此基础上,利用经验公式,可初步由空化面积比预估水面船用螺旋桨的空化噪声谱源级,表达式为

$$SL(\mathrm{dBre1}\ \mu\mathrm{Pa},\ 1\ \mathrm{Hz},\ 1\ \mathrm{m}) = 163 + 10\lg(zD^4n^3/f^2) + 10\lg(E_c/A_0)$$

(2.14)

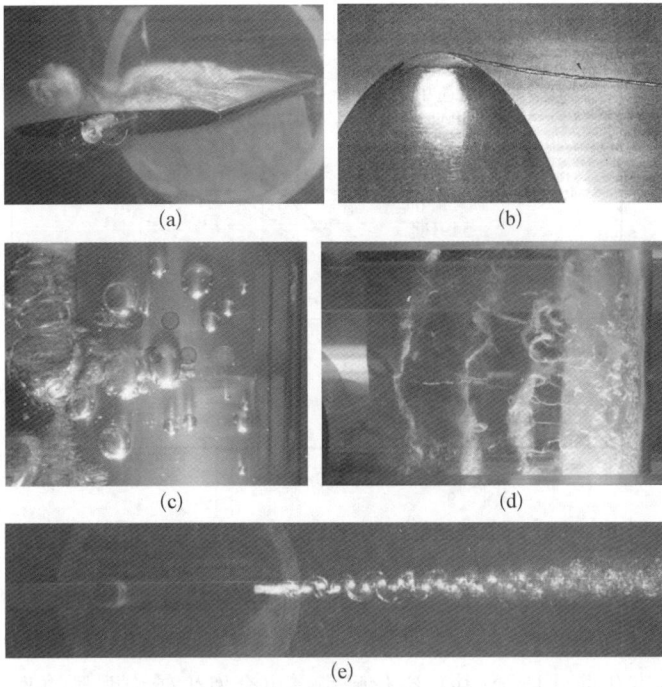

图 2.12　典型空化形态

（a）导边空化；（b）梢涡空化；（c）泡空化；（d）游离涡空化；（e）空化卡门涡街

图 2.13　典型螺旋桨空化形态

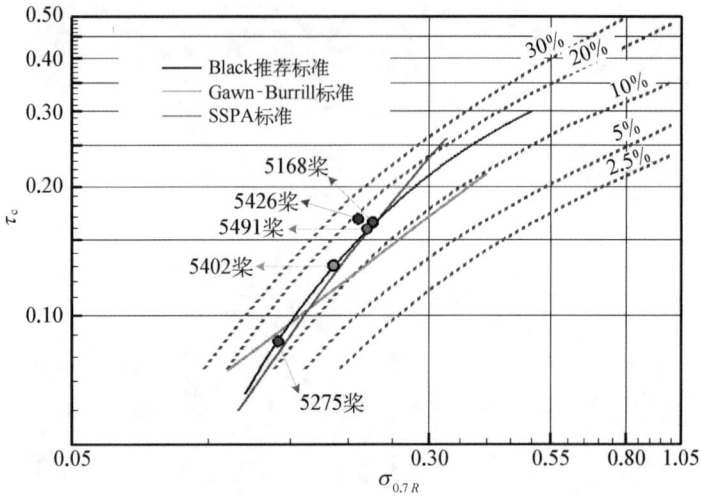

图 2.14　水面舰艇螺旋桨空化初生和推力突降限制标准

式中，z 为叶片数；f 为频率；E_c 为空化面积。当空化发展到一定程度时，螺旋桨推力会显著下降直至达到崩溃点，如图 2.15 中某实船测量螺旋桨推力和推力系数随转速增加的变化曲线所示，并且空化噪声谱也会发生较为明显的改变，如图 2.16 所示。由上述分析可知，随着工程应用的不断深入，水面船舶传统的开式螺旋桨的空化已经得到较为细致深入的研究，无论是空化形态、空化受力、空化噪声，还是空化初生判断，都已经深入设计与应用的各个环节。

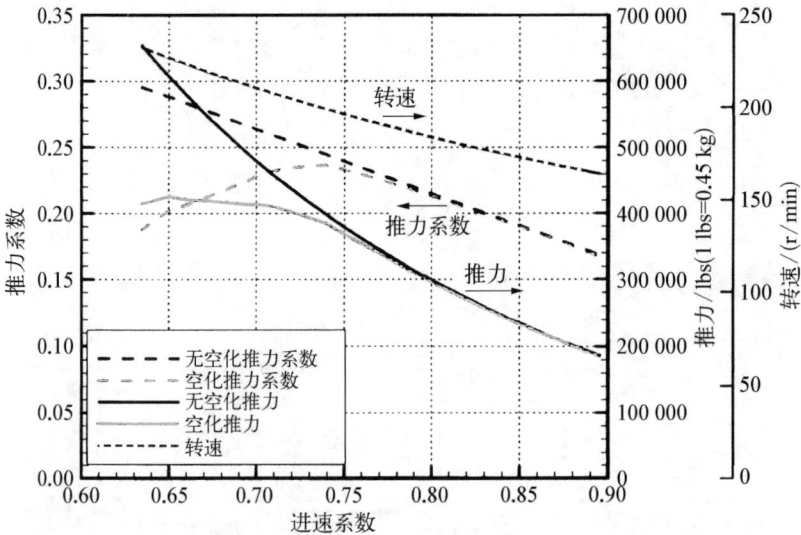

图 2.15　某实船测量螺旋桨推力和推力系数随转速增加的变化曲线

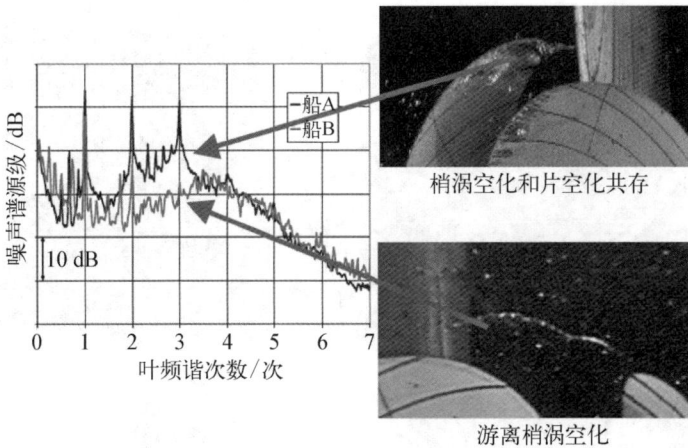

梢涡空化和片空化共存

游离梢涡空化

图 2.16　螺旋桨不同空化形态时空化噪声谱

当导管螺旋桨扩展应用后,导管对螺旋桨水动力和空化性能的影响,尤其是在导管壁面限制叶顶间隙梢涡流动的情况下,导管对桨叶空化初生性能的影响,引起了设计和使用者的极大关注。试验测量表明,导管螺旋桨叶梢截面的初生空化形态由典型梢涡空化演变为以叶梢泄漏涡空化为主,且通常与随边脱落的梢涡空化并存[12],如图 2.17 所示,涡间流动干扰以及对转子叶片性能的影响比开式螺旋桨更加复杂,其叶型抗空化设计的难度也相应增加。

无论是喷泵还是泵喷,从结构部件的外形上看,都可以认为是导管螺旋桨的发展演变。限于当前非常缺乏推进泵的空化试验数据,从开式螺旋桨和导管推进器的空化视角切入,显然是十分有必要的。但也要清醒地认识到,从推进泵到推进系统,比螺旋桨多出了泵类推进器这样一个环节,推进泵与流道系统的匹配进而扩展到与船体进流之间的匹配,成了影响推进系统最终性能的关键一环。可以说,泵类推进系统的空化性能将包括推进泵空化性能、流道空化性能以及流道与泵之间的匹配三个环节。理论分析时,通常将泵空化性能及其与流道系统之间的匹配性统一考虑,并且以净正吸头 NPSH 这样一个能量概念将两者有机结合起来。一方面,NPSH 是泵阻止流经流体产生空化的量化指标;另一方面,NPSH 也是流道系统出流在进入泵之前所具有的抗空化能力的量化指标。为了便于理解,分别将两者命名为需求净正吸头 $\mathrm{NPSH_r}$ 和供给净正吸头 $\mathrm{NPSH_a}$。显然,需求净正吸头与泵设计相关,且随着流量的增加而增加,属于泵的一个性能参数;而供给净正吸头与流道系统设计相关,或者说与泵工作的外部环境相关,属于系统的性能参数。推进泵与流道系统匹配后,能够正常运转、阻止空化产生的一个必要条件是需求净正吸头不大于供给净正吸头,即

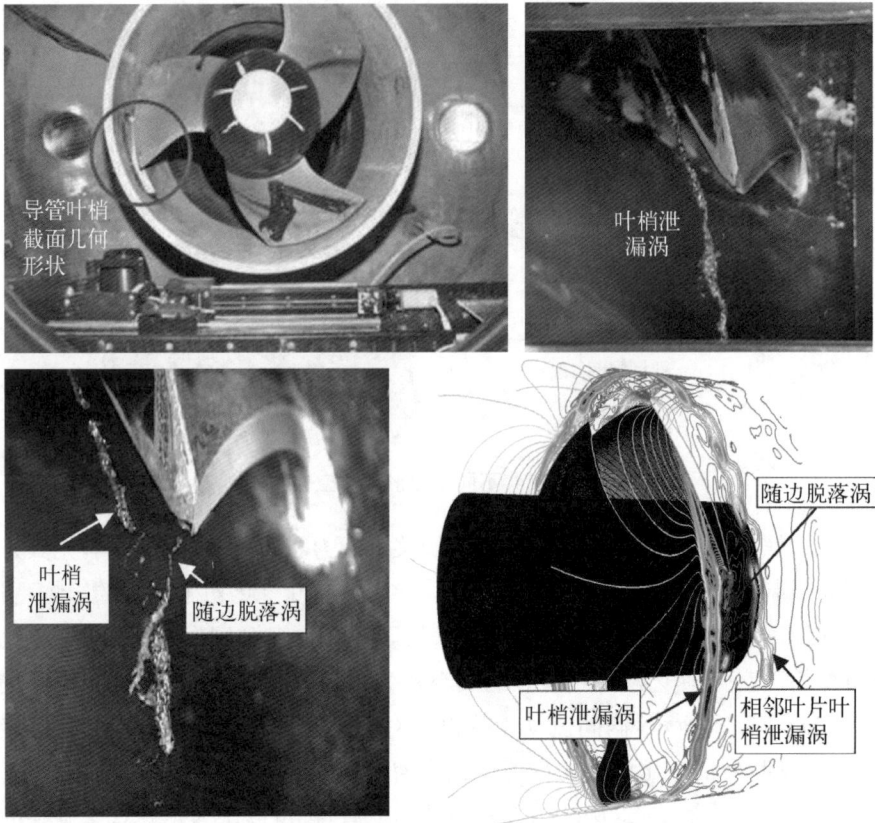

图 2.17　导管推进器梢涡空化流动形态

$$\mathrm{NPSH_r} \leqslant \mathrm{NPSH_a} \tag{2.15}$$

从物理意义上看，$\mathrm{NPSH_a}$描述的是泵进口流体所具有的能量，而$\mathrm{NPSH_r}$描述的是流过泵叶栅通道的流体所允许下降的最小能量，类同于泵扬程H计算时所取的渐变流截面，两者又都与汽化压力联系起来，因此，当给定泵进口平均速度V_{pump}后，即可得到$\mathrm{NPSH_a}$表达式

$$\mathrm{NPSH_a} = \frac{P_{\mathrm{pump}}^{\mathrm{T}} - p_{\mathrm{v}}}{\rho g} = \frac{p_{\infty} - p_{\mathrm{v}}}{\rho g} + \frac{V_{\mathrm{pump}}^2}{2g} \tag{2.16}$$

式中，$P_{\mathrm{pump}}^{\mathrm{T}}$为泵进口处总压。该式的物理意义非常明确，数值计算时可以直接在结果后处理中读取$P_{\mathrm{pump}}^{\mathrm{T}}$，进而求取泵类推进系统的供给净正吸头。但是，若将推进泵回归到泵类推进系统作为一个部件时，鉴于试验测量和理论分析时泵进口速度均不易求取，再引入流道进口的平均速度V_{in}以及流道进口的能量损失系数ε，则$\mathrm{NPSH_a}$表达式可转化为

$$\mathrm{NPSH_a} = \frac{p_\infty - p_v}{\rho g} + \frac{V_{in}^2}{2g}(1-\varepsilon) - h_j = \frac{p_\infty - p_v}{\rho g} + \frac{V_{ship}^2}{2g}(1-\varepsilon)(1-\omega)^2 - h_j$$

$$(2.17)$$

式中，h_j 为喷口中心高度，通常也等于流道出口中心高度，当流道水平放置时 $h_j = 0$，如艇体内置式泵喷推进系统；ω 为伴流系数；V_{ship} 为航速。很明显，供给净正吸头作为一个与流道几何和航速相关的系统参数，可以用于选型设计时对空化性能进行初步衡量。出于习惯，通常将其简写为 NPSH，且简称为净正吸头。当航速和转速一定时，净正吸头为定值；当转速一定、航速改变时，净正吸头随之以同样的趋势发生改变。若只是针对推进泵部件，当转速和流量一定时，只要泵进口处静压不变，则净正吸头为一常数。同时，该值将随着进口静压的减小而减小，类似于空化数的控制效果，因此可直接以泵能量头随净正吸头的变化规律来描述泵空化性能，包括判定空化初生点和扬程下降约 2%、3% 或取值 5% 的空化崩溃点，如图 2.18 所示。

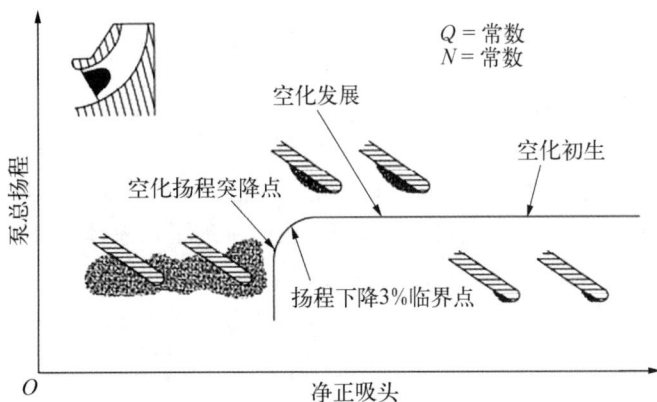

图 2.18　典型泵空化现象

当供给侧的净正吸头定量阐述后，等于界定了需求侧净正吸头的上限，如果能进一步量化控制其下限，或者是将其与推力密度或功率密度等级甚至是形状参数比转速直接联系起来，则可以直观判断泵的抗空化设计难度，或者说对推进与空化性能需求的权重提前做到心中有数，有助于完成选型设计时优化方案。基于此，直接将需求净正吸头替代比转速表达式中的扬程，引入新的吸口比转速 $n_{\omega s}$ 量纲一的参数：

$$n_{\omega s} = \frac{\Omega \sqrt{Q}}{(g \mathrm{NPSH_r})^{3/4}}$$

$$(2.18)$$

$$n_{\omega s}(\mathrm{US}) = \frac{N \sqrt{Q}}{\mathrm{NPSH_r^{3/4}}} = 2\,733.357 n_{\omega s}$$

式中,Q 的单位为 m^3/s 或加仑;Ω 的单位为 r/s;$NPSH_r$ 的单位为 m 或英尺;N 的单位为 r/min。显然,吸口比转速的单位匹配与比转速一致。对于多级泵来说,$NPSH_r$ 取值为第一级泵的转子(叶轮)。测量表明,$n_{\omega s}$ 越大,相当于泵的做功能力越小,泵临近 BEP 的安全工作范围就越窄。根据经验,$n_{\omega s}$(US)通常位于 3 000~20 000 的工作范围内,并且大多数泵将其设计吸口比转速值控制在 8 000~11 000 的范围内,以便能将泵的无故障工作寿命尽可能延长。KaMeWa 公司推荐推进泵的 $n_{\omega s}$ 取值一般为 3.5,该值可直接作为选型设计时的上限,也就等于界定了需求净正吸头的下限。可以说,吸口比转速就是泵安全工作范围的一个衡量参数,也可以直接看作是泵的设计状态参数。因此,结合式(2.15)和式(2.18),可将与流道几何和航速相关的性能参数直接和泵设计状态参数关联起来,得到比转速和吸口比转速之间的关联,即

$$n_\omega = n_{\omega s}\left(\frac{NPSH_r}{H}\right)^{3/4} \leqslant n_{\omega s}\left(\frac{NPSH_a}{H}\right)^{3/4}$$

同时,再结合如图 2.4 所示的喷水推进系统,扬程表达式为

$$H = \frac{V_{out}^2}{2g}(1+\phi) - \frac{V_{in}^2}{2g}(1-\varepsilon) + h_j$$

式中,V_{out} 为喷口出口面的平均速度;ϕ 为喷口能量损失系数。再联立式(2.17),可以得到满足设计航速需求的最大比转速,从而实现了从总体性能需求直接定位到推进泵几何参数的选型设计目的。其表达式为

$$n_\omega \leqslant n_{\omega s} \cdot \left[\frac{\dfrac{2(p_\infty - p_v)}{\rho V_{ship}^2(1-\omega)^2} + (1-\varepsilon)}{\dfrac{(1+\phi)}{\mu^2} - (1-\varepsilon)}\right]^{3/4} \tag{2.19}$$

式中,喷速比 $\mu = V_{in}/V_{out}$ 定义为流道进口速度与喷口速度的比值,部分文献描述时与该定义互为倒数,或者是定义为喷口速度与航速的比值,使用时应注意。从该式可知,给定设计航速后,一旦确定喷速比,即可得出最大比转速值,进而确定泵类型,并由此约束泵的量纲一的性能曲线。同时,也可以由此得到不同喷速比下的比转速推荐值,进而作为总体选型设计方案的比较择优对象,完成多方案设计。

此外,因净正吸头和扬程均直接与泵性能相关,经典泵教材将两者关联起来,且将两者的比值定义为托马空化数(Thoma cavitation number)

$$\sigma_{Th} = \frac{NPSH}{H} = \frac{P_{pump}^T - p_v}{P_{out}^T - P_{pump}^T}$$

式中，P_{out}^{T} 为泵喷口处总压。借助该变量可以描述泵空化现象，如图 2.19 所示，类似于图 2.18 以 NPSH 为自变量的效果。图 2.19 清晰展示了泵空化初生时其辐射噪声显著增加的现象。

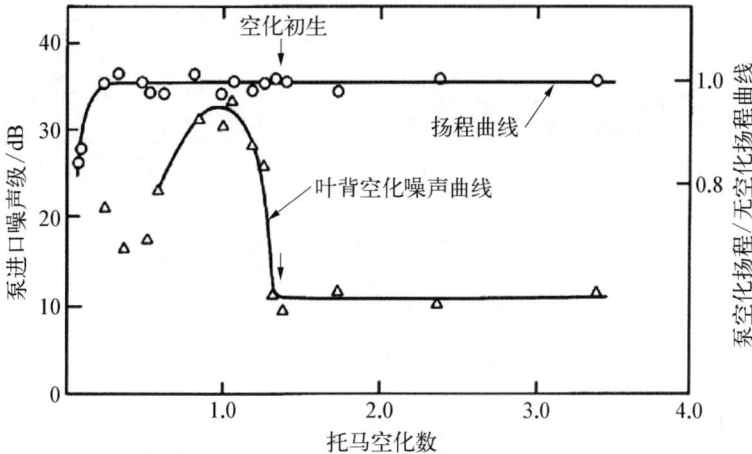

图 2.19　典型离心泵的扬程和进口处噪声随托马空化数的变化曲线

当然，类同于螺旋桨空化数定义，泵空化性能分析时更加常用的空化数表达式为

$$\sigma = \frac{p - p_{v}}{\dfrac{1}{2}\rho R_{T1}^{2}\Omega^{2}} \tag{2.20}$$

式中，$R_{T1}\Omega$ 为泵转子进口处叶梢线速度。在进行空化试验测量时，通常采用泵进口处压力作为空化数的控制压力，对应于喷泵转子空化常起始于吸力面近导边处，或者是泵喷导管的进口内壁面处，如图 2.20 所示的印度鱼雷泵喷空化试验结果[13-14]。显然，空化数与泵转速直接相关，即转速变化时泵的空化性能曲线会随之改变，即扬程曲线同时与流量系数和空化数相关，表述为 $\psi(\varphi, \sigma)$。结合上节中分析得到的"无空化状态下，泵的量纲一的性能曲线几乎与转速无关"（见图 2.21，表述为 V_{m}/U 和 $2gH/v^{2}$）的结论，可以完整呈现泵的性能曲线，如图 2.22 所示。图 2.21 中横坐标为轴面速度与叶梢周向速度的比值，等同于流量系数，纵坐标即等同于扬程系数。从图 2.22 可知，随着空化数减小，首先达到初生空化数 σ_{i}，其次达到扬程下降一定比例（如 3%）的临界空化数，最后到达空化突降点（如扬程下降 5%）空化数，类同于螺旋桨出现推力突降。在该过程中，尤其要关注 σ_{i}，因其直接与临界航速总体考核指标相关，所以较多的试验测量集中于泵空化初生的影响因素，如尺度效应、含气量、非均匀进流速度分布等这类螺旋桨空化初生同样关注的要素，

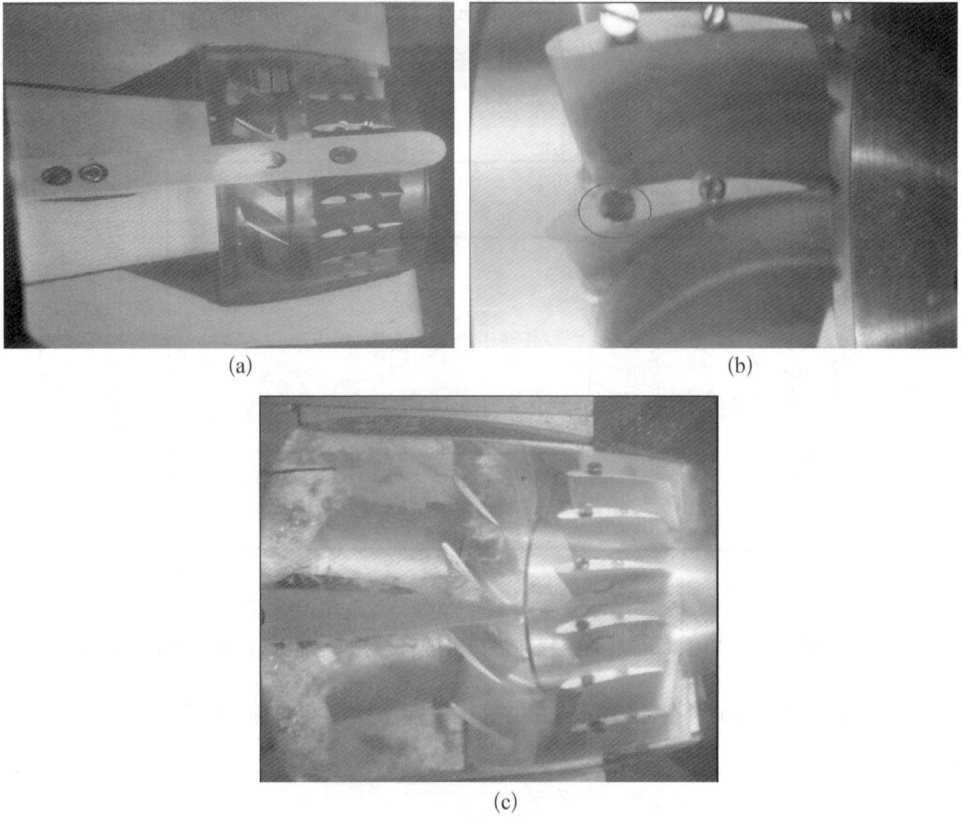

(a)

(b)

(c)

图 2.20　印度海军某鱼雷泵喷空化试验结果

（a）转子叶片吸力面片空化；（b）定子叶片叶根前缘泡空化；（c）导管进口和转子叶片吸力面泡空化

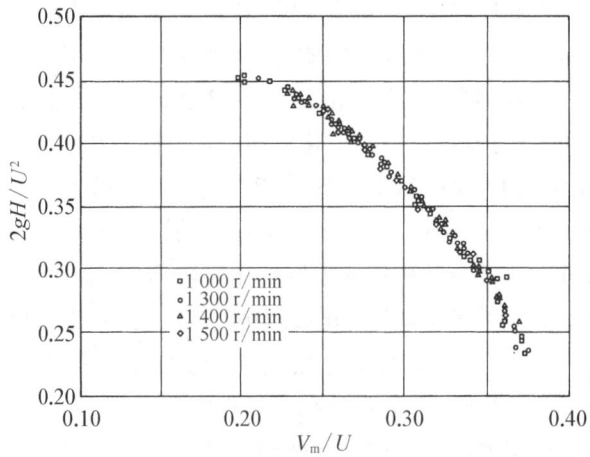

图 2.21　典型泵无空化量纲一的性能曲线和空化性能曲线

以及进速比 IVR、流道倾角、流道进口截面形状和尺寸等喷泵系统所特有的要素。部分测量结果表明,泵的最佳空化初生性能位于设计流量处,如图 2.23 所示。因此,通常将实际工作点设定于 BEP 的近前方,以同时给效率和空化初生留出一定的安全裕度。甚至有少量测量结果指出:存在着最佳叶顶间隙临界值,使得泵空化初生性能最佳(见图 2.24)。但该结论的普适性尚有待证明,或者说如何找到最佳叶顶间隙临界值与当前加工精度之间的平衡点,使得喷泵和泵喷的空化初生性能最佳,尚有大量的研究工作待深入推进。上述分析中所提及的图 2.21 至 2.24 均引用自专著 $Hydrodynamics\ of\ Pumps$[10]。鉴于推进泵空化的相关文献报道远少于螺旋桨的,并且分析对象通常与厂品相关,几何要素不可知,给数值计算和试验测量复核带来了极大的困难,明显制约了推进泵的研发进程,因此有必要建立完整的泵类推进系统空化试验平台,不断研发设计样本,完善相关推进泵空化理论,以加快推进泵类推进系统的工程应用。

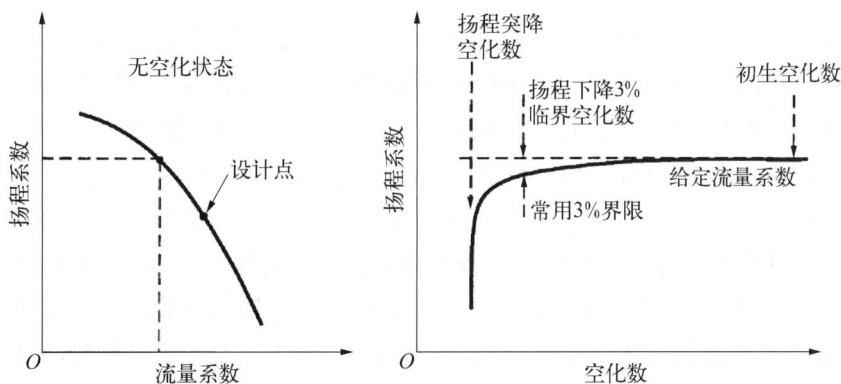

图 2.22　典型泵无空化无量纲性能曲线和空化性能曲线

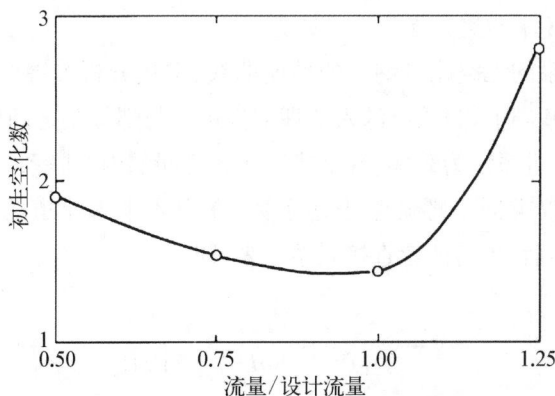

图 2.23　典型离心泵初生空化数随流量的变化曲线

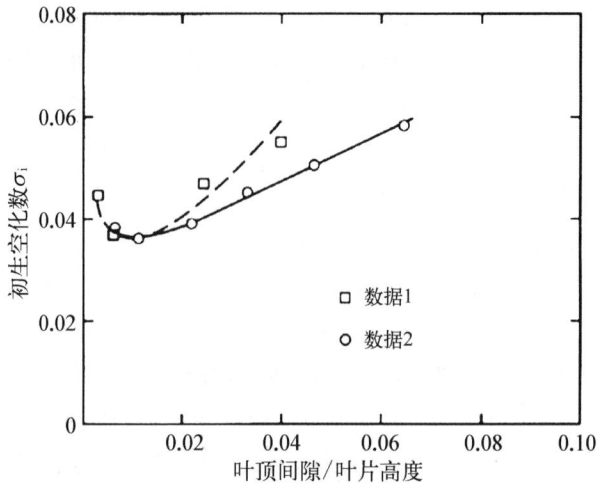

图 2.24 某轴流诱导轮初生空化数随叶顶间隙的变化曲线

综上所述,存在叶顶间隙时,叶梢截面的初生空化形态由以典型梢涡空化为主演变为以叶梢泄漏涡空化为主,且通常与随边脱落的梢涡空化并存。需求净正吸头与泵设计相关,且随着流量的增加而增加,属于泵的性能参数;供给净正吸头与流道系统设计相关,或者说与泵工作的外部环境相关,属于系统的性能参数;推进泵与流道系统匹配后,能够正常运转、无空化产生的一个必要条件是"需求净正吸头不大于供给净正吸头"。吸口比转速是泵安全工作范围的一个衡量参数,也可以直接看作是泵的设计状态参数,推进泵一般取 3.5。给定设计航速后,一旦确定喷速比,即可得出泵最大比转速值。泵的空化性能曲线与流量和转速相关,尤其要关注推进泵初生空化时机及其影响因素,以便在泵类推进系统选型设计时留出足够的空化裕度。

2.1.2.4 泵效率和桨效率的内在联系

在阐述清楚泵的无空化量纲一的性能曲线、空化分析关键变量以及典型空化性能曲线特征的基础上,为了更深入地理解推进泵与螺旋桨之间的差异,再以如图 2.4 所示的喷水推进系统为载体,着重找出两者之间的内在联系。

因泵流量系数类同于螺旋桨进速系数,在引入进水流道的特征参数进速比 $IVR = V_{ship}/V_{pump}$ 后,可将两者直接联系起来,即

$$\varphi = \frac{Q}{\Omega D^3} = \frac{V_{pump}}{8nD} = \frac{J}{8IVR} \tag{2.21}$$

显然,流量系数作为泵类推进的工作点时受到流道的过流能力影响,这也正是泵推

进转变为以内流为主的特征所在。依据螺旋桨促动盘理论,如果将转子(叶轮)简化为促动盘,可以等效于理想螺旋桨,如图 2.25 所示,则进、出口面的总压差为 $\rho g H$,流管内流体产生的推力为 $\rho g H A_{disk}$,A_{disk} 为促动盘面积,由此可类比得到扬程系数的表达式

$$\varphi = \frac{gH}{\Omega^2 D^2} = \frac{gH}{4\pi^2 n^2 D^2} = \frac{K_T}{\pi^3} \tag{2.22}$$

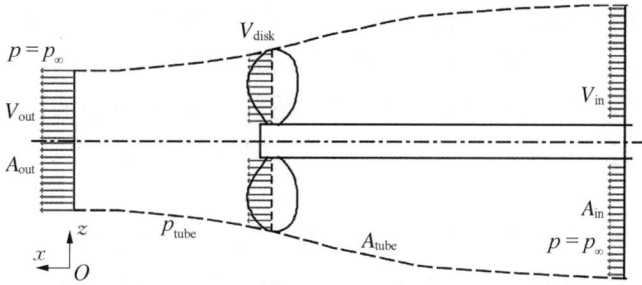

图 2.25　理想螺旋桨促动盘

清晰表达了泵扬程系数可类同于桨推力系数的观点。促动盘推力可进一步表述为

$$T = \rho g A_{disk}(V_{out}^2 - V_{in}^2)/(2g) = \frac{1}{2}\rho A_{disk} V_{in}^2 \left(\frac{1}{\mu^2} - 1 \right)$$

借用螺旋桨推力负载系数的定义,得到理想螺旋桨促动盘的推力负载系数

$$C_{Tdisk} = \frac{T}{\frac{1}{2}\rho A_{disk} V_{in}^2} = \frac{1}{\mu^2} - 1$$

同时,理想螺旋桨促动盘的虚拟流管的进速比还可以与喷速比联系起来,即

$$IVR_{disk} = \frac{V_{in}}{V_{disk}} = \frac{2V_{in}}{V_{in} + V_{out}} = \frac{2\mu}{\mu + 1}$$

显然,理想螺旋桨工作时虚拟流管的进速比 IVR_{disk} 始终小于 1。由此,可将理想螺旋桨促动盘的推力负载系数转变为

$$C_{Tdisk} = \frac{T}{\frac{1}{2}\rho A_{disk} V_{in}^2} = \left(\frac{1}{\mu} + 1 \right)\left(\frac{1}{\mu} - 1 \right) = \frac{2}{IVR_{disk}}\left(\frac{1}{\mu} - 1 \right) \tag{2.23}$$

当促动盘还原为推进泵后,依据动量定量可得喷水推进泵的推力表达式

$$T = \rho Q(V_{\text{out}} - V_{\text{in}}) = \rho Q V_{\text{out}}(1 - \mu) \tag{2.24}$$

进一步可得喷水推进泵的推力负载

$$C_{T\text{pump}} = \frac{T}{\dfrac{1}{2}\rho A_{\text{pump}} V_{\text{ship}}^2} = \frac{2(1-\mu)(1-\omega_{\text{pump}})}{\text{IVR}_{\text{pump}} \cdot \mu} \tag{2.25}$$

当伴流系数 $\omega_{\text{pump}} = 0$ 且进速比 $\text{IVR}_{\text{pump}} = \text{IVR}_{\text{disk}}$ 时,推进泵的推力负载系数 $C_{T\text{pump}}$ 可特殊化为促动盘的推力负载系数 $C_{T\text{disk}}$。因喷水推进系统真实进水流道在设计航速下的进速比通常介于 $1.3\sim1.8$,明显大于螺旋桨虚拟流管的进速比,即使两者喷速比相同,也可以实现喷泵系统推力负载系数比螺旋桨的小的设计目标,并且航速越高该目标实现越容易,从而阐明了中高航速下喷泵系统效率要高于螺旋桨效率的结论。

当应用泵喷推进系统时,尽管艇尾外置泵喷的进水流道结构没有了,但导管壁面对流体流动的限定作用依然要强于开式螺旋桨的虚拟流管,此时流道进速 V_{in} 即为泵进速 V_{pump},则进速比转化为 $\text{IVR} = V_{\text{ship}}/V_{\text{pump}} = 1/(1 - \omega_{\text{pumpjet}})$,进一步可得泵喷的推力负载系数为

$$C_{T\text{pumpjet}} = \frac{2(1-\mu)(1-\omega_{\text{pumpjet}})^2}{\mu} \tag{2.26}$$

因艇尾尾翼附体的干扰作用,外置式泵喷的伴流系数通常大于喷泵以及开式螺旋桨,甚至为 $0.25\sim0.3$,而滑行艇喷泵的伴流系数一般为 $0.1\sim0.15$,驱护舰开式螺旋桨的伴流系数一般为 $0.1\sim0.13$。由此,当取值喷速比 $\mu = 0.65$(通常对应于设计航速约 30 kn),喷泵进速比 $\text{IVR}_{\text{pump}} = 1.5$,伴流系数 $\omega_{\text{pumpjet}} = 0.25$,$\omega_{\text{pump}} = 0.12$,$\omega_{\text{disk}} = 0.1$ 时,可分别得到泵喷、喷泵与理想螺旋桨的推力负载系数为 0.606、0.632 和 1.367,可知在相同的喷速比要求下,喷泵与泵喷两者的推力载荷相当,但均明显小于理想螺旋桨的,因此具有更高的效率和更强的抗空化能力。如果直接应用促动盘的理想推进效率表达式

$$\eta_{\text{i}} = \frac{2}{1 + \sqrt{1 + C_T}}$$

可以得到泵喷、喷泵和理想螺旋桨的理论效率分别为 0.882、0.878 和 0.787。泵推进效率比桨推进效率理论上可高出约 10%,加上推力负载系数更小,抗空化性能更优,促使泵类推进系统在世界海军强国得到了快速扩展应用。当然,要想充分发挥泵类推进系统高效、抗空化的潜在优势,则喷泵进水流道和泵喷导管的高性能设

计必不可少,这也符合"当分析对象增加结构部件,变得更为复杂后,理论上会获得相应的性能收益,但真实收益还取决于具体设计"的事物发展客观规律,给泵类推进系统的工程应用提供了理论支撑。

2.1.2.5　泵类推进器系统推力和总推进效率

陈述泵性能参数的理论后,落脚点回归到泵类推进系统的总推进效率指标,以全面衡量泵类推进系统和桨推进系统的推进性能。分析载体仍然是如图 2.4 所示的喷水推进系统,其中,基于质量流量平均的四个特征速度为航速 V_{ship}、流道进口平均速度 V_{in}、泵进口平均速度 V_{pump}(流道出口平均速度)、喷口平均速度 V_{out},两个关键特征参数:流道进速比 $IVR = V_{ship}/V_{pump}$ 和喷水推进系统喷速比 $\mu = V_{in}/V_{out}$,特征直径为流道出口直径 D(泵进口直径)和喷口直径 D_n(泵出口直径),特征面积为流道进流面积 A_{in}(不同于流道进口面积 A_{inlet})、泵进口面积 A_{pump} 和喷口面积 A_n,借用桨推进分析时的推力减额系数 t 和伴流系数 ω,则有

$$R = T(1-t), \ V_{in} = V_{ship}(1-\omega)$$

式中,R 和 T 分别为单泵对应的裸船阻力和泵推力。引入两个能量损失系数:流道进口能量损失系数 ε 和喷口能量损失系数 ϕ,则流道效率可以近似表示为 $1-\varepsilon$。

根据动量定理,喷泵系统的推力表达式为

$$T = \rho Q(V_{out} - V_{in}) = \rho Q V_{out}(1-\mu) = \rho \frac{Q^2}{A_n}(1-\mu) \tag{2.27}$$

代入总推进效率的定义式,且不考虑喷口中心高度 h_j,可化简为

$$\eta_d = \frac{R \cdot V_{ship}}{P_{shaft}} = \frac{1-t}{1-\omega} \cdot \eta_{pump} \cdot \frac{TV_{in}}{\rho g Q H} = \frac{1-t}{1-\omega} \cdot \eta_{pump} \cdot \frac{2\mu(1-\mu)}{(1+\phi) - \mu^2(1-\varepsilon)} \tag{2.28}$$

与桨推进系统的总推进效率 $\eta_D = \eta_H \cdot \eta_0 \cdot \eta_R$ 表达式对应,同样可将 $(1-t)/(1-\omega)$ 看作为船身效率,则泵效率在形式上与桨敞水效率对应,另一项随喷速比变化的变量与船后桨的相对旋转效率对应,为便于描述,较多文献将其称为喷射效率 η_j。由该式可知,对于典型泵类推进系统而言,其总推进效率由泵效率和喷速比共同决定,在设计水平相对固化的一定阶段,如泵效率约为 90%,则泵类推进系统的总推进效率仅由喷速比决定,并且存在最高效率点 BEP,如图 2.26 所示,另外的影响因素为进口能量损失系数,由进水流道的设计水平决定。可知,一方面,最佳喷速比的推荐范围为 $0.5 \sim 0.75$,以获得尽可能高的总推进效率;另一方面,当进水流道的设计质量有所下降时,总推进效率随之下降。因此,也有文献将喷射效率称为

流道效率,以从结构部件上区分总效率。图 2.26 对应的其他参数取值如下:泵效率为 0.9,推力减额系数为 −0.02,伴流系数为 0.12,喷口能量损失系数为 0.02。

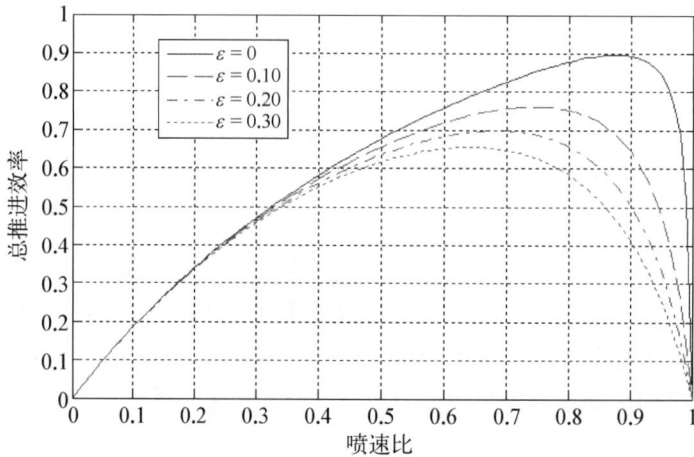

图 2.26 泵类推进系统总推进效率随喷速比和流道进口能量损失系数变化曲线

当能量损失系数 $\varepsilon = \phi = 0$ 时,喷射效率成为理想喷射效率

$$\eta_{ji} = \frac{2\mu}{1+\mu}$$

从图 2.26 还可以得出:当进水流道的设计质量一定时,在最佳喷速比的范围内,应相对选择喷速比更大的方案,以提高效率。再根据喷速比的定义式 $\mu = V_{in}/V_{out} = V_{ship}(1-\omega)/V_{out}$,可知在一定设计航速需求下,大尺寸泵对应更大的喷口面积,从而能相对选择更大的喷速比。但随之带来的问题是,泵的体积、重量会随之增加,这对于严格要求轻型化设计的舰艇推进器来说是难以允许的。因此,设计时,一方面,一定存在着最小泵尺寸,同时满足推进、空化、体积、重量的需求;另一方面,在来不及全新设计泵产品的情况下,可以通过改变母型泵的喷口尺寸,调整喷速比,进而改变泵类推进系统的工作点和推进性能,以满足新的推进性能需求。

需要注意的是,改变泵的喷口面积不同于前文相似设计时所述的"同一系列、不同进口直径的喷泵产品性能相似"的情况。泵转子(叶轮)和定子(导叶)叶片不变,理论上泵在额定工况运转参数下的性能曲线不变。当仅增加喷口直径时,如果轴系转速不变,则泵本身的流量变化很小。当需求航速不变时,泵类推进系统需求的能量头随喷口速度的减小而近似呈平方关系减小,即

$$H_R = \frac{V_{out}^2}{2g}(1+\phi) - \frac{V_{in}^2}{2g}(1-\varepsilon) + h_j$$

则系统需求的能量头与泵能够提供的扬程性能曲线的交点会随之下降[15]，如图 2.27 所示，进而改变泵的工作点，强迫泵的扬程、流量和效率均发生改变。也就是说，变喷口调节的是泵类推进系统的工作点，并不是泵本身的设计点，相当于使母型泵从原先的近 BEP 工作点调整到了新的工作点，泵效率可能减小，也可能会在牺牲安全工作裕度的情况下略微增加，从而满足新的推进系统的性能需求。

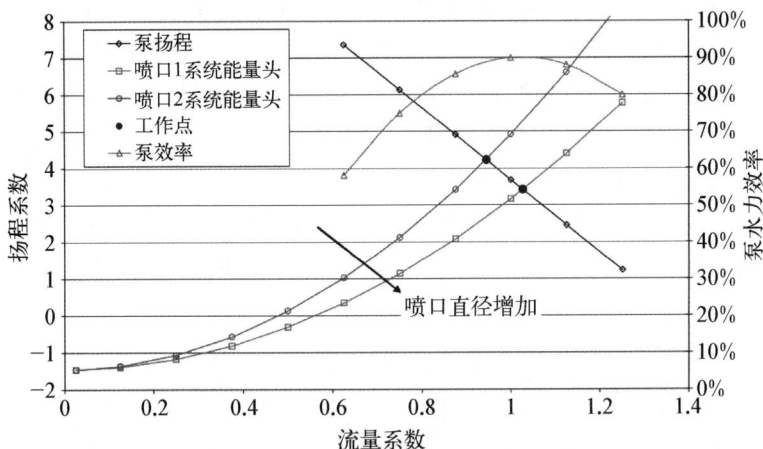

图 2.27　喷口直径变化时泵类推进系统需求能量头和工作点变化

同上节中所述，当泵喷推进系统应用时，真实的进水流道退化为导管，流道进口速度 V_{in} 变为泵进口速度 V_{pump}，进速比与喷速比均因伴流系数较为显著的变化而改变，则有

$$\text{IVR} = V_{ship}/V_{pump} = 1/(1 - \omega_{pumpjet}), \ \mu = V_{in}/V_{out} = V_{ship}(1 - \omega_{pumpjet})/V_{out}$$

因此，选型设计时，若直接将喷水推进系统的喷速比移植到泵喷推进系统，因伴流系数增加，则喷口速度减小，与上述增加喷口直径的效果类似，在航速需求一定时，相当于要采用更大的推进泵，理论上会具有更高的效率。并且，从总推进效率表达式也可以得知，当伴流系数增加且流道进口能量损失系数减小时，均有利于总推进效率的提升。可以说，泵喷作为螺旋桨与喷泵之间的发展产物，所具有的理论效率甚至略高于喷泵。但随着航速的增加，非均匀进流因缺少真实进水流道的整流作用，对泵性能的不利影响越来越明显，所以外置式泵喷的设计航速通常要低于喷水推进系统，一般不能高于 30 kn。从这点来看，增加进水流道后的内置式泵喷推进系统完全可以等同于喷水推进系统，只是因对两者效率与噪声性能需求的权重不同，导致了最终的叶型设计会发生改变。可以看出，上述所建立的泵类推进系统理论分析框架同时适用于喷泵和泵喷系统，具有通用性。待下述选型设计实施完成

后，即可完整地构建泵类推进系统的选型设计方法与理论。

2.2 选型设计实施步骤

2.2.1 推进泵轻型化设计考虑

长期以来，在"船老大"的惯性思维牵引下，舰艇推进器设计通常滞后于船总体设计。尽管当前也存在两者螺旋迭代设计的需求和步骤，但推进器的总体性能还是服从和服务于船总体的，无论是对快速性和噪声性能的指标要求还是对尺寸、重量的约束，往往都是总体分配给推进器的。特别是当前对尺寸、重量的要求越来越严格，甚至适装性已经成为型号设备研制过程中的关键环节，因此，有必要对泵推进单元的轻型化设计进行单独讨论。

首先，推进器的直径与转速之间的选择是存在着权衡的。降低转速时，在功率需求的作用下体积、重量会增加；反之，控制推进器尺寸时需要适当增加转速，此时又需要考虑空化限制以及原动机和驱动轴系的匹配关系。那么，如何决定降低转速和控制直径的优先级呢？或者说，能不能根据给定的功率限额和尺寸限制，直接给出合理的样本选择范围，以从顶层设计上直观评估设计方案实现的难度？

经典声学专著 *Mechanics of Underwater Noise*[16] 中有如下阐述：螺旋桨线谱噪声声强与转速的 6 次方成正比、与直径的 8 次方成正比、与脉动推力系数的平方成正比，伴流一定时，影响桨叶脉动推力系数的主要因素为叶片数和叶片导边形状。从上述结论可知，直径对开式螺旋桨噪声的影响比转速更强，选择减小直径比控制转速在降噪时可能获得的收益更大，这也是当前常规潜艇 7 叶桨直径逐步减小的原因所在。因此，下文在讨论轻型化设计的过程中，同样把减振降噪摆在十分重要的位置，主要聚焦于泵直径要素，便于综合选择最有利的设计方案。

KaMeWa 公司公开的同一系列、不同进口直径的相似喷泵，其适宜航速与功率需求的对应曲线如图 2.28 所示。可知，同一设计航速可由不同直径的泵来推进，不同泵的设计功率不相同，但显然存在最小直径泵，以满足推进需求。为了量化功率与直径的选择要素，引入功率密度 P_{shaft}/D^2（单位为 kW/cm^2）和推力密度 T/D^2（单位为 kN/cm^2）参数后，喷泵推进器厂商甚至还根据使用经验推导出了不同航速需求下推力密度和功率密度的对应关系，如图 2.29 所示，选型设计时可以直接用于初步参考，以减少试凑范围。例如，当设计航速为 40 kn 时，满足无空化工作区的推进泵功率密度不宜大于 0.4 hp/cm^2（1 hp＝0.735 kW），同时推力密度约为 2.0 lbf/cm^2（1 lbf＝4.5 N）。

在有了基本参照设计样本后，可以直接考虑功率密度对空化性能的影响，进而决定最小直径和最高临界转速，确定设计参数的上、下边界范围。分析功率密度的

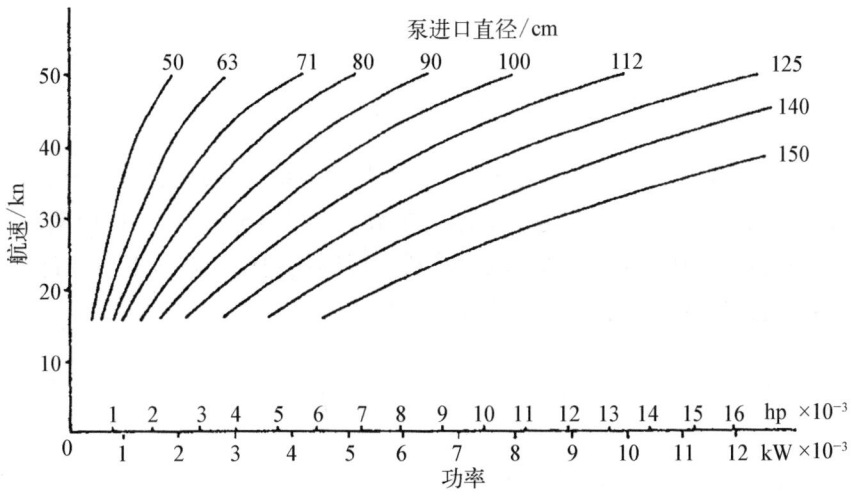

图 2.28　KaMeWa 公司同一系列、不同进口直径的推进泵功率特性曲线

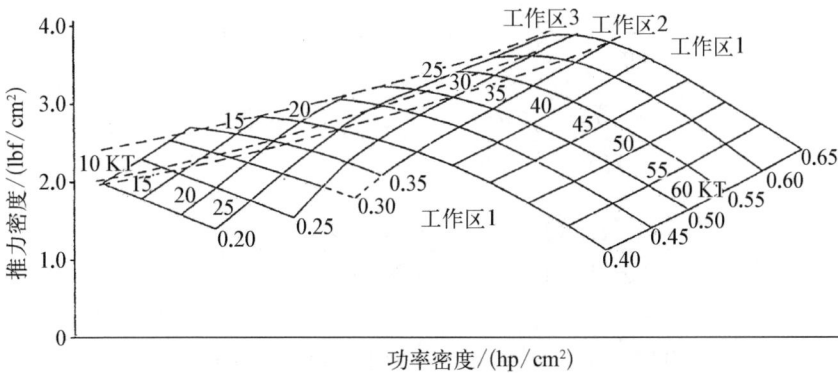

图 2.29　典型推进泵推力密度、功率密度随航速的变化关系

表达式如下：

$$\frac{P_{\text{shaft}}}{D^2} = \rho P^* (\Omega D)^3 = 8\rho P^* V_{\text{tip}}^3$$

式中，V_{tip} 为叶梢周向速度。显然，当泵扬程系数和流量系数一定时，推进泵的功率密度正比于转子叶梢线速度的 3 次方，功率密度的增加将可能直接导致叶梢空化初生，必须加以限制。但遗憾的是，在目前极度缺乏成功设计样本的基础上，还无法做到直接将叶梢线速度与空化限制线以及航速需求联系起来，也做不到量化指导选型设计。为了解决这一问题，回顾前文泵的空化理论与应用中所介绍的：推进泵与流道系统匹配后，能够正常运转、阻止空化产生的一个必要条件是"需求

净正吸头不大于供给净正吸头",即

$$\text{NPSH}_r \leqslant \text{NPSH}_a$$

式中,供给净正吸头是一个与流道几何和航速相关的系统参数,而另一侧的需求净正吸头又可以通过吸口比转速这个泵状态参数来加以界定,相当于将功率密度、航速需求和吸口比转速三者有机联系起来,从而可以找到设计航速下所允许的最小功率密度,进而确定最小泵直径。具体过程为

$$\frac{P_{\text{shaft}}}{D^2} = \rho P^* (\Omega D)^3 = \rho P^* \left(\frac{gH}{\psi} \right)^{3/2}$$

$$P^* = \frac{P_{\text{shaft}}}{\rho \Omega^3 D^5} = \frac{\varphi \psi}{\eta_{\text{pump}}}$$

$$H = \frac{V_{\text{ship}}^2}{2g} \left[\frac{1+\phi}{\mu^2} - (1-\varepsilon) \right] (1-\omega)^2 + h_j$$

$$n_\omega = \frac{\Omega \sqrt{Q}}{(gH)^{3/4}} = \frac{\varphi^{1/2}}{\psi^{3/4}}$$

$$n_{\omega s} = \frac{\Omega \sqrt{Q}}{(g\text{NPSH}_r)^{3/4}} \geqslant \frac{\Omega \sqrt{Q}}{(g\text{NPSH}_a)^{3/4}}$$

$$\text{NPSH}_a = \frac{p_\infty - p_v}{\rho g} + \frac{V_{\text{ship}}^2}{2g} (1-\varepsilon)(1-\omega)^2 - h_j$$

将上式经过组合变换可得功率密度随航速的变化关系式

$$\frac{P_{\text{shaft}}}{D^2} \leqslant 30.725\,8 \cdot \frac{\rho}{\eta_{\text{pump}}} \cdot \frac{n_{\omega s}^2}{n_\omega^{4/3}} \cdot \varphi^{2/3} \cdot \left[\frac{p_\infty - p_v}{\rho g} + \frac{V_{\text{ship}}^2}{2g} (1-\varepsilon)(1-\omega)^2 \right]^{3/2}$$

$$\text{(2.29)}$$

由此可知,当泵效率和吸口比转速这两个状态参数一定时,并且确定比转速和工作点流量系数后,确保推进泵不产生空化所允许的最大功率密度由设计航速唯一决定,而且随需求航速的增加近似呈 3 次方规律增加。在给定泵效率为 0.9、吸口比转速为 3.5、比转速为 3.0、流量系数为 0.2、流道进口能量损失系数为 0.2、伴流系数为 0.12 的条件下,典型推进泵最大功率密度随航速的变化曲线如图 2.30 所示,可知,当设计航速为 35 kn 时,所允许的最大功率密度约为 2 000 kW/m²。因上述参

数取值都非常具有代表性,所以可以直接将 2 000 kW/m² 这个经验常数作为当前水面船舶泵推系统选型设计时的一个总体限定参数。在设计航速相当的情况下,若设计方所提出的功率限额和直径限制导致的功率密度明显高于该上限值,则表明设计输入参数不尽合理,强行推进时有可能产生较大的技术风险,需提前加以防范。此外,遵循所允许的最大功率密度不仅有效防范了泵空化风险,而且直接限定了泵的最小进口直径,可谓是选型设计时的一道重要门槛,务必加以重视。

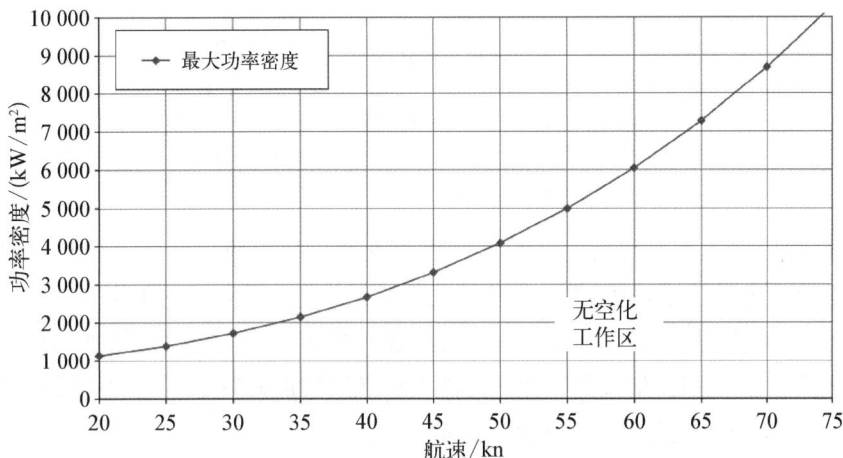

图 2.30　典型推进泵功率密度随设计航速的变化关系

2.2.2　泵类推进系统方案"六步法"选型设计

通过前述理论分析与应用讨论,泵类推进系统方案选型设计的基础性工作已经完成。下面将结合课题组近六年来的工程设计经验,系统阐述如何由"六步法"来完成泵类推进系统方案完整的选型设计研究工作。分析载体仍为一般化的喷水推进系统,特征速度如图 2.31 所示。该"六步法"系国内首次公开,具有唯一性,现归纳如下:

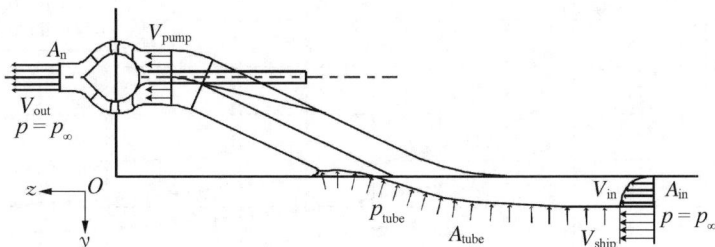

图 2.31　泵推系统选型设计时的通用分析对象

(1) 合理给定量纲一的系数取值。包括给定推力减额系数(可取 0)、伴流系数(水面船可取 0.15、水下船可取 0.25)、喷口能量损失系数 0.01、进口能量损失系数

0.1～0.2(航速 20 kn 以下时取 0.2、以上时取 0.1)。

(2) 确定首选喷速比。具体为给定泵效率 0.9 和泵吸口比转速 3.5(极限可到 4.3),由总推进效率最佳预估最高效率的同时选定喷速比。首选喷速比通常位于最高效率点 BEP 前方的曲线平缓段,但应大于给定比转速下的最小允许值。

$$\eta_d = \frac{1-t}{1-\omega} \cdot \eta_{\text{pump}} \cdot \frac{2\mu(1-\mu)}{(1+\phi)-\mu^2(1-\varepsilon)} \tag{2.30}$$

$$n_\omega \leqslant n_{\omega s} \cdot \left[\frac{\dfrac{2(p_\infty - p_v)}{\rho V_{\text{ship}}^2 (1-\omega)^2} + (1-\varepsilon)}{\dfrac{(1+\phi)}{\mu^2} - (1-\varepsilon)} \right]^{3/4} \tag{2.31}$$

(3) 确定最大允许比转速和最小允许喷速比。给定吸口比转速值后,根据式 (2.31),首先由吸口比转速、航速和喷速比得出最大允许比转速,如图 2.32 所示,并选定合理的比转速。航速一定时,最大允许比转速随首选喷速比的增加而增加;首先选择喷速比一定时,最大允许比转速随设计航速增加而减小。其次,由设计航速和选定的比转速确定最小允许喷速比,即

$$\mu \geqslant \sqrt{\frac{(1+\phi)}{\dfrac{\dfrac{2(p_\infty - p_v)}{\rho V_{\text{ship}}^2 (1-\omega)^2} + (1-\varepsilon)}{(n_\omega/n_{\omega s})^{4/3}} + (1-\varepsilon)}} \tag{2.32}$$

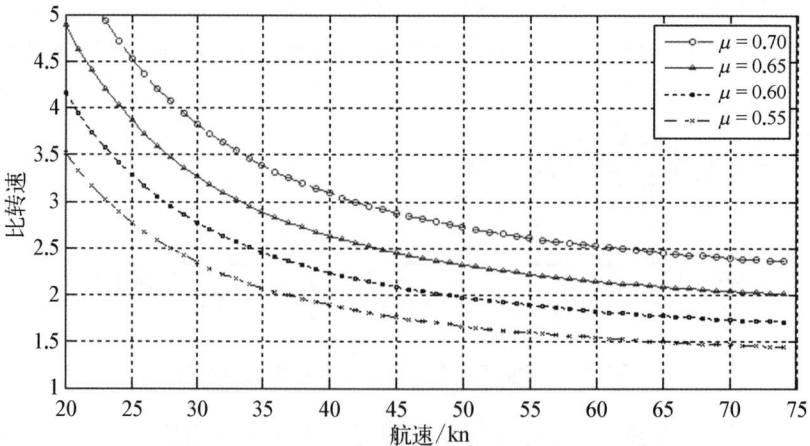

图 2.32 典型推进泵最大允许比转速随设计航速和喷速比的变化关系

显然,该值应大于第二步中的首选喷速比。典型推进泵最小允许喷速比随设计航速和选定比转速的变化曲线如图 2.33 所示。航速一定时,最小允许喷速比随选定比转速的增加而增加;比转速选定后,最小允许喷速比随设计航速的增加而增加。

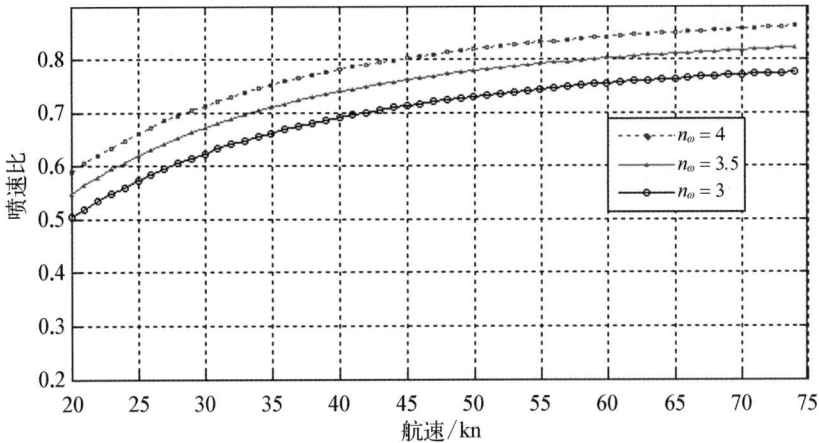

图 2.33　典型推进泵最小允许喷速比随设计航速和选定比转速的变化关系

(4) 确定满足推力需求和功率限制的水力参数,包括泵扬程、轴功率、流量、喷口面积、转速和最小吸口比转速。其中,扬程计算时可忽略喷口中心高度 h_j。 最小吸口比转速应不大于第二步中初始给定的吸口比转速值。

$$H = \frac{V_{ship}^2}{2g} \left[\frac{1+\phi}{\mu^2} - (1-\varepsilon) \right] (1-\omega)^2 + h_j \tag{2.33}$$

$$\eta_d = \frac{R \cdot V_{ship}}{P_B} = \frac{R \cdot V_{ship}}{P_{shaft}/\eta_m}$$

$$\eta_{pump} = \frac{\rho g Q H}{P_{shaft}}$$

$$T = \rho \frac{Q^2}{A_n} (1-\mu) \tag{2.34}$$

$$n_\omega = \frac{\Omega \sqrt{Q}}{(gH)^{3/4}}$$

$$n_{\omega s} = \frac{\Omega \sqrt{Q}}{(g\,NPSH_r)^{3/4}} \geqslant \frac{\Omega \sqrt{Q}}{(g\,NPSH_a)^{3/4}}$$

$$\mathrm{NPSH_a} = \frac{p_\infty - p_\mathrm{v}}{\rho g} + \frac{V_\mathrm{ship}^2}{2g}(1-\varepsilon)(1-\omega)^2 - h_\mathrm{j} \tag{2.35}$$

（5）确认泵水力参数，复核泵效率。当水力参数选定后，首先，由选定比转速和流量值按经验公式复核泵效率

$$\eta_\mathrm{pump} = 0.95 - \frac{0.05}{Q^{1/3}} - 0.125\left[\lg(n_\omega)\right]^2 \tag{2.36}$$

其次，由选定比转速和流量系数确定设计航速对应的最小泵尺寸

$$\frac{P_\mathrm{shaft}}{D^2} \leqslant 30.725\,8 \cdot \frac{\rho}{\eta_\mathrm{pump}} \cdot \frac{n_{\omega s}^2}{n_\omega^{4/3}} \cdot \varphi^{2/3} \cdot \left[\frac{p_\infty - p_\mathrm{v}}{\rho g} + \frac{V_\mathrm{ship}^2}{2g}(1-\varepsilon)(1-\omega)^2\right]^{3/2} \tag{2.37}$$

当船体阻力曲线中存在驼峰阻力时，应适当增加泵尺寸，以留出安全工作余量，最后确认水力参数。

（6）确定泵进口直径，完成选型设计。当确定泵的水力参数后，需要为泵选配最优进水流道。给定流道进速比，当存在真实进水流道时，进速比位于最佳取值范围 1.3～1.8 内，水下船仅有导管时的初始进速比可取约 1.5 进行分析，结合泵进口毂径比经验值，求取泵进口直径。该直径显然应该大于第（5）步中得出的最小泵进口直径。最终完成泵类推进系统方案的选型设计。

从前文泵类推进系统的效率分析中可知，伴流系数是量化表征喷泵真实进水流道、泵喷导管和螺旋桨虚拟流管对性能影响的关键参数。该值越真实，选型设计方案的针对性越强，需要迭代修改的次数越少。尽管可以依据设计经验给定初值，但同时也需要由理论分析和数值计算结果给予校验，从而为优化设计找到正确的切入点。经过大量的工程应用，KaMeWa 公司给出了水面船喷水推进系统伴流系数的半经验估算方法，可以直接借鉴。泵喷推进系统可以由此进行类比分析，具体过程如下：

根据伴流系数的定义，结合图 2.31 所示特征速度，可知

$$\omega = 1 - V_\mathrm{in}/V_\mathrm{ship}, \ V_\mathrm{in} = \frac{1}{Q}\int_{A_\mathrm{in}} v(y)\mathrm{d}A_\mathrm{in}$$

式中，A_in 为真实流进进水流道的进流面积。可知，求取伴流系数的关键是求取真实的进流面积，该面积由轴向位置、横向进流宽度和垂向进流高度三者决定。测量表明，喷水推进系统真实进流的截面形状多为半椭圆形，因半椭圆形的长半

轴和短半轴均不易确定,可以将其等效为矩形[17-18]。ITTC 喷水推进专家委员会报告推荐进流矩形截面的宽度可取值为 $1.3D$,并且进流轴向位置取于流道进口切点上游一倍直径 D 处较为合理,因此,确定伴流系数的核心变量转变为等效进流高度。

　　进水流道吸入进流由船体边界层流和部分自由来流组成。根据平板边界层流理论,KaMeWa 公司推荐边界层内流体的轴向速度为

$$\frac{v(y)}{V_{\text{ship}}} = \left(\frac{y}{\delta}\right)^{1/n}, \; n = \lg Re(L_{\text{in}}), \; Re(L_{\text{in}}) = \frac{V_{\text{ship}} \cdot L_{\text{in}}}{\nu} \qquad (2.38)$$

式中,y 为流体高度;δ 为边界层厚度;n 为经验指数,δ 和 n 均由进流截面处的雷诺数决定;L_{in} 为进流截面处距离船首的长度。在典型雷诺数量级下,边界层内流体速度分布如图 2.34 所示,当流体高度等于边界层厚度时,流体速度等于自由来流速度。在不同雷诺数量级下,边界层厚度的推荐计算表达式如下:

$$\delta \bigg|_{5 \leqslant n \leqslant 7} = 0.37 \cdot L_{\text{in}} \cdot Re(L_{\text{in}})^{-1/5}$$
$$\delta \bigg|_{7 < n \leqslant 9} = 0.27 \cdot L_{\text{in}} \cdot Re(L_{\text{in}})^{-1/6} \qquad (2.39)$$

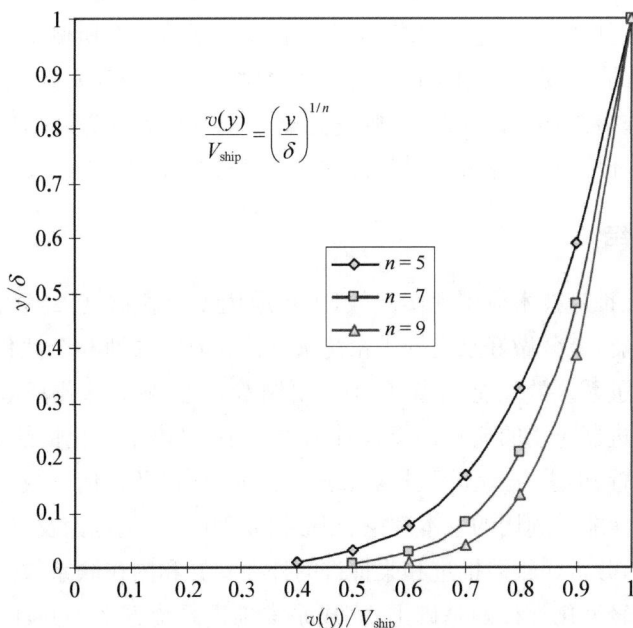

图 2.34　典型船体边界层流速度分布

由此可确定进流矩形截面的面积 $A_{in} = \delta \cdot 1.3D$，进而求取平均进流速度 V_{in} 后可以得到伴流系数。此外，当数值计算或者是试验测量得到最大进流厚度 y_{max} 后，也可直接由经验公式确定伴流系数

$$\omega = 1 - \frac{n+1}{n+2}, \quad \frac{y_{max}}{\delta} \leqslant 1$$

$$\omega = 1 - \frac{\left(\dfrac{y_{max}}{\delta} - 1\right) + \dfrac{n}{n+2}}{\dfrac{y_{max}}{\delta} - \dfrac{1}{n+1}}, \quad \frac{y_{max}}{\delta} > 1 \tag{2.40}$$

原则上，这两种方法计算得到的伴流系数值不应偏差过大。偏差明显时，应校核分析等效进流高度取为边界层厚度是否合理。不合理时，应求取真实的半椭圆形截面面积，以获得真实有效的伴流系数。

综上所述，在采用"六步法"完成泵类推进系统方案选型设计共性定制的过程中，既综合考虑了效率、推力需求和功率限额的要求，也兼顾了抗空化设计和轻型化设计的需求，得出的选型设计方案在理论上也是较优且合理可行的。但鉴于"六步法"没有直接考虑泵类推进器的噪声控制，还是需要在最终的转速控制上留出一些余量，以提升整个方案设计的工程应用价值。此外，结合上节中分析得出的典型四类设计需求对应的个性定制要求，应在关键参数取值上有所侧重，如泵喷比转速可略高于喷泵的，主要采用轴流式过流通道；泵喷初始吸口比转速值可略大于喷泵的，以适应工作潜深环境；泵喷首选喷速比略小于喷泵的，以考虑艇尾伴流系数通常更大的伴流环境，从而完成相对最优的泵类推进系统方案选型设计。

2.3 本章小结

当前，泵类推进技术应用现实严峻，工程应用需求急切，已经涵盖主战舰艇和多用途辅助舰艇，充分做好泵类推进系统选型设计时的共性和个性化定制，对于充分挖掘泵类推进系统的性能优势、最小化研制费效比、最大化作战效能意义重大。本章从泵类推进器应用的典型四类设计需求入手，聚焦个性化性能需求使泵类推进器在结构布置、推进方式、叶型特点、载荷分布规律以及几何参数上产生的差异，阐述推进泵单元能量利用的基本理论、相似换算理论、空化理论及其在泵类推进器上的具体应用，分析比较泵推进和桨推进的外在差异和内在联系，在重点考虑系统总推进效率和轻型化设计的基础上，完成泵类推进系统方案的共性选型设计。主要结论如下：

（1）归纳泵类推进器应用的典型四类设计需求，分别对应为水下航行器（UUV、AUV）泵喷推进系统、鱼雷推进泵喷推进系统、潜艇主推泵喷推进系统和驱护舰喷水推进系统或者泵喷推进系统，核心技术指标分别对应为效率和轻量化设计、效率和抗空化性能、量化考核低转速工况的辐射噪声、效率和中高航速下无空化，针对不同权重的性能需求，应在泵类推进系统选型设计过程中体现个性定制。

（2）泵效率不同于螺旋桨敞水效率。敞水效率表征的是均匀来流条件下螺旋桨轴向利用推进能量的效率，而泵效率表述的是泵叶栅通道对泵内流体做功时总的能量转换效率，并未与轴向推力直接联系起来。泵性能曲线描述均匀来流时泵扬程、功率和效率随流量的变化规律，与螺旋桨敞水效率曲线不同的是高效区较宽，能够适应更大的航速区间。真实工作点通常位于近高效点的左前方，与螺旋桨的一致。

（3）螺旋桨相似换算的控制参数是进速系数相等、空化数相等、雷诺数高于临界雷诺数。泵几何相似的衡量参数是比转速，确定泵类型的同时直接定位母型泵产品。泵量纲一的性能曲线描述泵扬程系数、功率系数和效率随流量系数的变化规律类同于螺旋桨敞水性能曲线，既可以描述不同尺度但几何参数相似泵的性能参数，也可以描述同一泵在转速变化后的性能曲线。流量系数类比于螺旋桨进速系数，直接控制泵工作点。当泵转速改变但保持工作点不变时，流量正比于转速、扬程正比于转速的平方、功率正比于转速的三次方，由此可在高效区实现新的运转参数配合。

（4）螺旋桨空化形态通常呈现为梢涡空化、毂涡空化、片空化、泡空化和云空化中的一种或多种共存。存在叶顶间隙时，导管推进器与泵叶梢截面的初生空化形态均由典型梢涡空化演变为以叶梢泄漏涡空化为主，且通常与随边脱落的梢涡空化并存。维持泵正常运转的需求净正吸头与泵设计相关，随着流量的增加而增加，属于泵的性能参数；系统净正吸头与流道系统设计和泵工作的外部环境相关，属于系统的性能参数。推进泵与流道系统匹配后，能够正常运转、无空化产生的一个必要条件是"需求净正吸头不大于系统净正吸头"。泵吸口比转速是衡量其安全工作范围的设计状态参数，推进泵一般取值 3.5。泵的空化性能曲线与流量和转速相关，尤其要关注推进泵初生空化时机及其影响因素，以便在泵类推进系统选型设计时留出足够的空化裕度。

（5）喷速比相同时，喷泵与泵喷两者的推力载荷相当，均明显小于理想螺旋桨的，具有更高的效率和更强的抗空化能力。泵喷可以看作是螺旋桨与喷泵之间的发展产物，理论效率甚至略高于喷泵，但艇尾外置式泵喷的设计航速通常要低于喷泵系统,一般不高于 30 kn,增加进水流道后的内置式泵喷可以等同于喷泵,只因对效率与噪声需求的权重不同,导致最终叶型设计会发生改变。泵类推进系统的总推进效率由泵效率和喷速比共同决定,存在最高效率点 BEP,泵效率相当时,总推进效率主要受喷速比和进水流道的设计质量影响。改变推进泵喷口直径时,调节的是泵类推进系统的工作点,不是泵本身的设计点,相当于使母型泵从原先的近 BEP 工作点调整到了新的工作点。

(6) 推进泵轻型化设计时要着重关注推力密度和功率密度限额,抗空化性能需求决定了推进泵随航速变化所允许的最大功率密度和最小直径。在采用"六步法"完成泵类推进系统方案选型设计的过程中,既综合考虑了效率、推力需求和功率限额的要求,也兼顾到了抗空化设计和轻型化设计的需求,得出的选型设计方案理论上较优且合理可行。

第 3 章　泵类推进系统进水流道
参数化设计与性能分析

单套泵类推进系统的水动力和推进性能指标是舰艇总体推进装置性能发挥的基础。与泵单元一样,匹配泵单元的进水流道同样是泵类推进系统中的核心部件之一,其设计质量的好坏不仅直接影响泵空化和系统总推进效率,而且影响系统重量、约束泵类推进系统的装船应用。准确地说,进水流道中的能量损失不仅会减小总推进效率,而且会降低泵进流的净正吸头,减小泵推进时的空化裕度。正因如此,对流道内流动性能的认识不足以及设计效果不佳,导致了泵类推进系统(如喷泵)在很长一段时间内应用发展缓慢。

3.1　进水流道作用与设计背景

典型艉板式喷泵、浸没式喷泵以及内置式泵喷推进系统均包括进水流道部件。泵类推进系统进水流道的关键作用在于为泵提供进流的同时改进进流品质,维持其高效率、抗空化和低噪声性能,保障其运转性能平稳。换句话说,进水流道的设计目标是在保证泵产生额定推力所需足够进流(流量和速度分布)的条件下,使得位能提升能量损失尽可能小,并且在消除流道自身流动分离和空化的基础上,尽可能阻止或者是延迟泵空化初生,以改善泵类推进系统的推进性能。带有检查孔的流道还能够可视化分析吸入泵体的流动状态,清除水流中的大尺寸杂物,辅助泵体的维修检查,如图 3.1 所示。

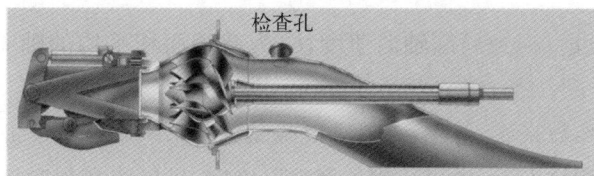

图 3.1　带有检查孔的喷泵进水流道

从功能上看,进水流道是连接船体外部流动和泵叶栅内部流动的桥梁。以喷泵为例,所有进入泵叶轮(转子)的水流必须流经进水流道,那么,理想流道的品质衡量标准就在于能量损失是否小、出口轴向速度均匀度是否高。然而,水流从吸入流道进口到进入泵进口的过程中,流动方向发生多次 S 形偏转,加上位于流道上部的驱动轴对流动的明显干扰作用,使得流经流道的流体动压能在摩擦损失和水力损失作用下的能量损失为 15%~20%(据 MJP 公司设计经验),极大限制了系统总推进效率的提升,必须多次仔细设计。因此,轮机工程师在选用泵推系统的过程中,不仅要对进水流道设计给予足够的重视,而且要认识到高品质流道设计极具挑战性,须慎重对待。

从流动细节来看,一部分水流从流道背部与船底相切点进入流道进口后,将主要填充泵进口面的上部区域;而另一部分从流道唇部进入的水流将主要填充泵进口面的下部区域。只要喷口相对于船底具有一定的轴向抬升高度,那么从相切点进入的水流不仅在流道内的流动路径明显较从唇部进入的水流更长,而且受驱动轴的影响作用更大,将使得流道出口的轴向速度在垂向方向一定会存在速度梯度,明显增加了速度不均匀度(见图 3.2),这也正是流道效率难以提升的关键要素之一。该不均匀进流速度不仅会使得泵叶轮在周向旋转的过程中产生明显的推力和力矩脉动,加剧泵体振动,而且会降低其抗空化性能,增加其水下辐射噪声,必须严格控制。

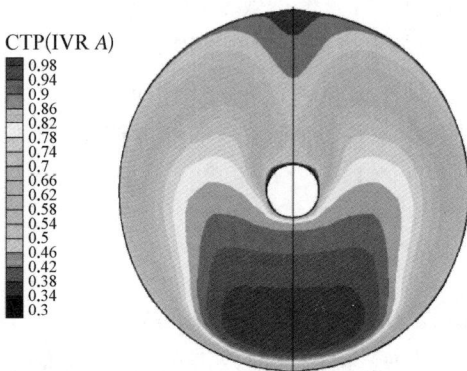

图 3.2 进速比 IVR=1.68 时某进水流道出口面总压分布

因此,流道出口的轴向速度不均匀度也将是衡量流道设计品质的关键参数之一,其数学表达式为

$$\xi = \frac{1}{Q} \int_A \sqrt{\left[v_x(r, \theta) - U \right]^2} \, \mathrm{d}A \tag{3.1}$$

式中,Q 为体积流量;v_x 为局部轴向速度;U 为基于面积平均的轴向速度;A 为流道出口面积。

从流道几何参数来看,首先,流道进口截面显著影响泵推系统进流。在确定流道唇部和背部的相切点后,进口几何长度得以确定,进口宽度和形状将直接改变进口面积,进而在泵体积流量一定的情况下改变进口平均速度。依据动量定量,泵轴向推力将发生改变,从而直接改变总推进效率(泵转速几乎不变)。因此,流道进口宽度及形状将是流道几何设计的关键参数之一。从设计经验来看,流道进口通常采用椭圆、方形及其形状组合,进口宽度通常取流道出口直径大小,能够较好地满足不同航速区间的进流要求。其次,流道背部的圆弧段能够使得上游的船底边界层流平缓、顺畅地流入流道,避免流动分离,对于流道流体动力性能的发挥也至关重要。再次,水流在进口处经 S 形转向后最终要为泵进口提供轴向进流,还必须具备一定的直管段过渡以及再次改变流动方向的弯管段,如图 3.3 所示。直管段倾角越陡,流道总长越小,有利于减小流道体积和重量,但是随之而来的流道背部的流动分离风险也越高,对于高航速船舶来说尤其如此[19-21]。因此,做好流道倾角与航速之间的匹配设计将是保证整个流道系统减重设计的关键,也将成为流道几何控制的关键参数之一。

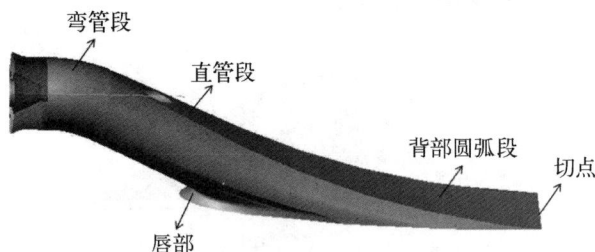

图 3.3 典型进水流道几何部件

综上所述,进水流道水动力性能是保证泵推系统总推进效率的关键,其总的设计目标是在满足进流流量的条件下使流道的体积、重量、能量损失以及出口轴向速度的不均匀度尽可能小。若喷口存在抬升高度,则流道出口截面在垂直方向一定具有速度梯度,加上驱动轴对流道内流体流动的干扰作用,以及要兼顾低航速与高航速应用的使用要求,使得流道性能设计的难度较高。要想充分挖掘其高效潜能,在几何参数控制方面,应尤其关注流道进口截面尺寸和形状、背部圆弧段曲率半径以及流道倾角。通过综合控制多个几何参数,并对性能参数进行多次迭代设计,便能设计出性能优异的进水流道,如 KaMeWa 公司已成功设计出航速高达 44 kn 但并无流动分离和空化产生的喷泵进水流道,非常值得借鉴。在此基础上,只有单个进水流道设计性能优秀,多套泵类推进系统的并列优化布置以及多个进水流道的共用进流优化设计才有可能。在这一进程中,采用尽可能少量的控制参数个数实现单流道几何参数化设计,是舰艇泵类推进系统真正得到推广应用的关键。

3.2 平进口式进水流道的参数化设计

3.2.1 轴面轮廓曲线几何控制参数选取

平进口式进水流道是当前喷泵系统应用最广泛的一种流道,也是泵类推进系统流道设计的基础。当船尾线型存在上扬角或者是布置时要求喷口轴线具有向下的俯仰角时(见图 3.4),进水流道均可由平进口式流道通过几何变换得到。因此,平进口式流道的几何参数化设计将是整个流道系统设计的基础。在已知流道出口截面曲线为泵进口圆形、流道进口截面曲线为宽 $D \sim 2D$(D 为泵进口直径)的方形、椭圆或两者形状组合曲线的条件下,平进口式流道三维几何参数由其二维轴面曲线型值决定。

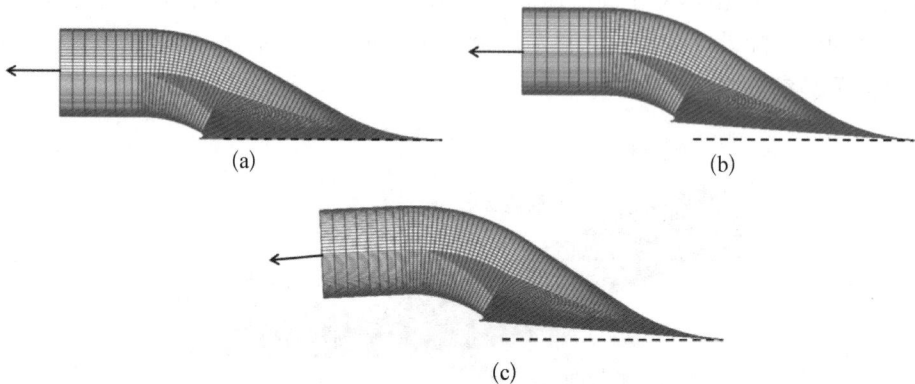

图 3.4 典型喷泵系统进水流道

(a) 平进口式流道;(b) 船尾上扬角流道;(c) 喷口下倾角流道

给定典型平进口式进水流道轴面轮廓曲线的几何描述如图 3.5 所示,由背部圆弧段、直管段、弯管段和唇部组成。图中,点 A_0 为流道出口截面中心点,点 A_{10} 和点 A_{11} 分别为弯管段和背部圆弧段圆心,点 A_4 为唇部圆弧圆心,点 A_9 为背部圆弧段与船底相切点。点 A_0 与 A_9 之间的水平距离即为流道总长 L。弯管段扇形角、直管段水平倾角以及背部圆弧段扇形角均为流道倾角 α_D。直管段 A_1A_8 的两端同时与弯管段 $A_{17}A_1$ 和背部圆弧段 A_8A_9 相切。曲线 $A_0A_2A_5$ 为流道中轴线。点 A_{13} 为唇部圆弧上相切点,点 A_{12} 为唇部圆弧与水平线的相切点。通过上述几何参数定义以及五个全局参数的控制,平进口式进水流道的二维轴面曲线可以唯一确定。其中,五个全局参数分别为流道出口直径 D(泵进口直径)、流道出口中心高度 Dh、流道倾角 α_D、流道总长 L 和流道上壁面弯管段半径 R_1。

3.2.2　轴面轮廓曲线型线绘制

当图 3.5 所示的点 $A_0 \sim A_{15}$ 的二维坐标确定后,该轴面曲线几何参数即可唯一确定。以点 $A_0(0,0)$ 为坐标原点,点 A_9 与 A_{17} 方向分别对应为 x 轴和 y 轴正方向。根据几何参数代数换算,得到 $A_1 \sim A_{17}$ 点的坐标值如下所示:

$$X_1 = R_1 \sin \alpha_\mathrm{D}, \ Y_1 = R_1 \cos \alpha_\mathrm{D} - (R_1 - D/2) \tag{3.2}$$

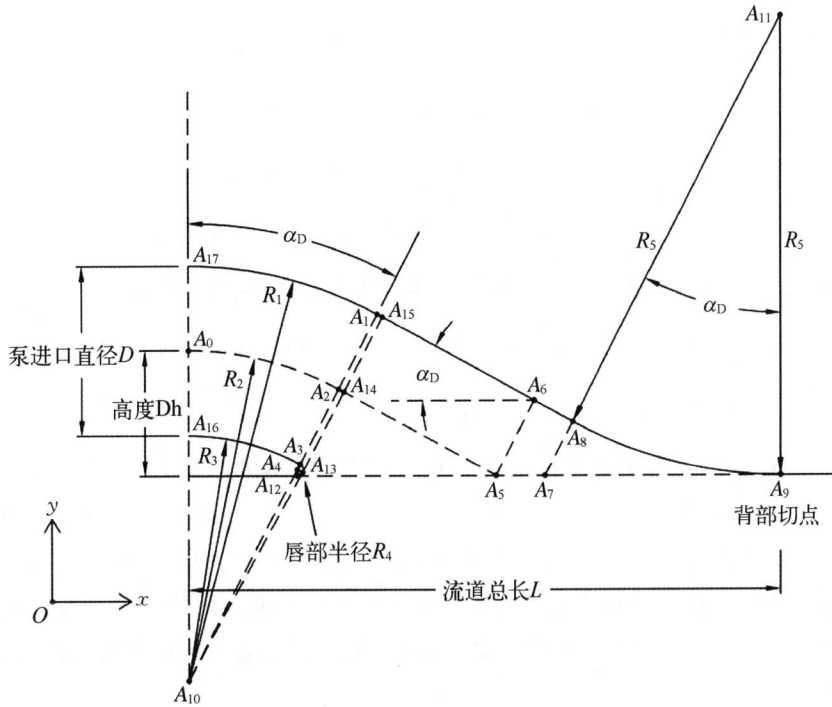

图 3.5　典型平进口式进水流道轴面轮廓曲线几何描述

$$X_2 = (R_1 - D/2)\sin \alpha_D,\ Y_2 = -(R_1 - D/2)(1 - \cos \alpha_D) \tag{3.3}$$

$$X_3 = (R_1 - D)\sin \alpha_D,\ Y_3 = -\left[(R_1 - D/2) - (R_1 - D)\cos \alpha_D\right] \tag{3.4}$$

$$X_4 = \left[(R_1 - D) - R_4\right]\sin \alpha_D,$$
$$Y_4 = -\left[(R_1 - D/2) - (R_1 - D)\cos \alpha_D + R_4 \cos \alpha_D\right] \tag{3.5}$$

$$X_5 = X_2 + (\mathrm{Dh} + Y_2)/\tan \alpha_D,\ Y_5 = -\mathrm{Dh} \tag{3.6}$$

$$X_6 = X_5 + (D/2)\sin \alpha_D,\ Y_6 = -\mathrm{Dh} + (D/2)\cos \alpha_D \tag{3.7}$$

$$X_7 = L - R_5 \tan \alpha_D,\ Y_7 = -\mathrm{Dh} \tag{3.8}$$

$$X_8 = L - R_5 \sin \alpha_D,\ Y_8 = -\mathrm{Dh} + R_5(1 - \cos \alpha_D) \tag{3.9}$$

$$X_9 = L,\ Y_9 = -\mathrm{Dh} \tag{3.10}$$

$$X_{10} = 0,\ Y_{10} = -(R_1 - D/2) \tag{3.11}$$

$$X_{11} = L,\ Y_{11} = R_5 - \mathrm{Dh} \tag{3.12}$$

$$X_{12} = [(R_1 - D) - R_4] \sin \alpha_D, \ Y_{12} = -Dh \tag{3.13}$$

$$X_{13} = X_4 + R_4 \cos \alpha_D, \ Y_{13} = Y_4 - R_4 \sin \alpha_D \tag{3.14}$$

$$X_{14} = X_2 + R_4 \cos \alpha_D, \ Y_{14} = Y_2 - R_4 \sin \alpha_D \tag{3.15}$$

$$X_{15} = X_1 + R_4 \cos \alpha_D, \ Y_{15} = Y_1 - R_4 \sin \alpha_D \tag{3.16}$$

$$X_{16} = 0, \ Y_{16} = -D/2; \ X_{17} = 0, \ Y_{17} = D/2 \tag{3.17}$$

式中,唇部半径 R_4 和背部圆弧段半径 R_5 与全局控制参数的关系如下:

$$R_4 = [(R_1 - D) \cos \alpha_D - (R_1 - D/2) + Dh]/(1 + \cos \alpha_D)$$
$$R_5 = [L \sin \alpha_D + (R_1 - D/2 - Dh) \cos \alpha_D - R_1]/(1 - \cos \alpha_D) \tag{3.18}$$

由上述表达式可知,弯管段、唇部和直管段三者是相互影响的。当泵设计完毕后,泵进口直径已知,则流道中轴曲线 $A_0 A_2 A_5$ 由上壁面弯管段半径 R_1、流道倾角 α_D 和流道出口中心高度 Dh 三者共同确定。背部圆弧段主要影响流道总长,与前述三部分几何参数相比较为独立,因此在暂不考虑圆弧段的条件下可以将流道总长从全局控制参数变为局部控制参数,以减少流道设计时几何控制参数的数量,增强实用性。

3.2.3 基于单一几何参数控制的轴面曲线型线绘制

尽管已经由上述几个全局控制参数完成了平进口式进水流道二维轴面曲线的几何参数化设计,但几个全局控制参数之间的相互约束机制还不明确,配合取值是否合理,或者说配合取值后实现的进水流道的性能是否优秀还不清楚。并且,在给定船尾总体安装尺寸限制的情况下,如何来取到一组相对最优的参数值,以适应泵的推进单元设计,或者说在方案设计阶段就完成泵推系统总推进效率的评估,仅凭这样一组全局控制参数在几何上进行试凑约束显然是无法实现的。为此,还需要进一步精简全局控制参数,并且从流道小型化和轻型化设计的角度明确控制参数的实用取值范围,以增强进水流道几何参数化设计的可操作性和实用性。

为了合理选取相对较少的关键几何控制参数,需要将几何约束与性能表现结合起来衡量。KaMeWa 公司的设计经验表明,变量进速比 IVR(航速与流道出口平均速度的比值)可以综合反应喷泵进水流道内的流动状态。当航速相对较低时,IVR 小于1,流道进口处虚拟流管分界面的驻点位于唇部外侧,将导致唇部内侧区域出现流动分离甚至产生空化(见图 3.6);当泵类推进系统在设计航速工作时,典型喷泵的进水流道 IVR 介于 1.3~1.8。与低速流道相比,流道内的流动状态发生显著改变,特别是当 IVR 大于 1.5 时,流道出口速度明显小于航速,意味着管道内流体存在明显的减速作用。此时,虚拟流管分界面的驻点将上移至唇部内侧(见图 3.7),一方面,唇部外侧区域因为流体的局部加速有可能产生空化;另一方面,管道内逆压梯度的存在将使得上壁面背部区域发生较为明显的流动分离,均对系统总推进效率和抗空化性能不利。可以说,应用需求的差异直接决定了流道几何参数的差异。从外形上看,高航速进水流道的流道倾角更小,流道总长相对更长;而低航速进水流道在直管段更陡,总体更短,以适应进流大角度吸入的基本特征。需要注意的是,鉴于喷水推进船能够快速、便捷地实现低航速到高航速之间的切换,甚至在设计转速下也可以方便地实现零航速驻航,使得进水流道设计必须要尽可能兼顾设计航速和低航速需求,尽可能扩大其无空化和流动分离的航速工作区间,以最优化其流动性能。

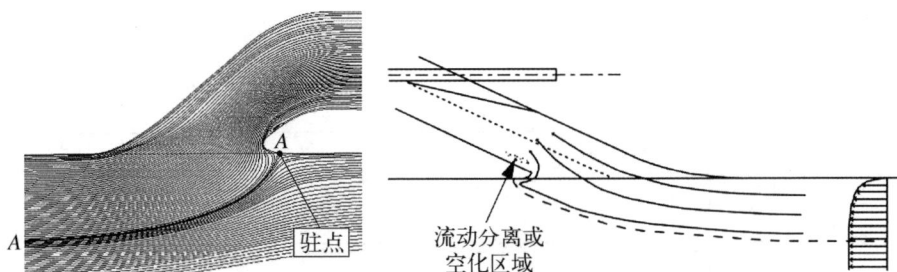

图 3.6　低航速进水流道内流动状态

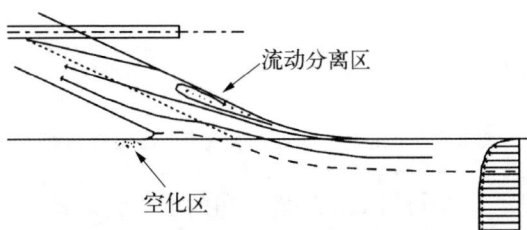

图 3.7　高航速进水流道内流动状态

　　从上述设计经验可知,航速需求总体上决定了流道倾角的选取范围,航速越高,倾角越小,反之,航速越低,倾角越大;同时,倾角范围也总体限制了流道总长,小倾角流道相对更为紧凑,总长更小;流道唇部半径不能太小,要同时适应低航速和高航速推进应用的流道更是如此。因唇部半径由弯管半径、出口高度和倾角三者共同决定,在暂不考虑背部圆弧段几何参数的条件下,流道倾角既能直接影响另外两个全局参数(弯管半径 R_1 和出口高度 Dh,其出口直径 D 已知)的取值,又与流道的流动性能密切相关,正是关键几何控制参数的理想选择。

　　基于此，首先将泵进口直径归一化为单位直径 1 m，然后取消唇部半径 R_4 和背部圆弧段半径 R_5 参数，再将弯管半径 R_1 和流道出口高度 Dh 转换为相对尺寸 R_1/D 和 Dh/D，最后由流道倾角来全局控制二维流道的轴面曲线，看能否实现归一化流道的单一参数化设计。归一化流道的轴面曲线坐标点定义与图 3.5 中一致，简化后轴面曲线仅由 A_1、A_2、A_3、A_5、A_6、A_9 和 A_{10} 7 个点决定，如图 3.8 所示。

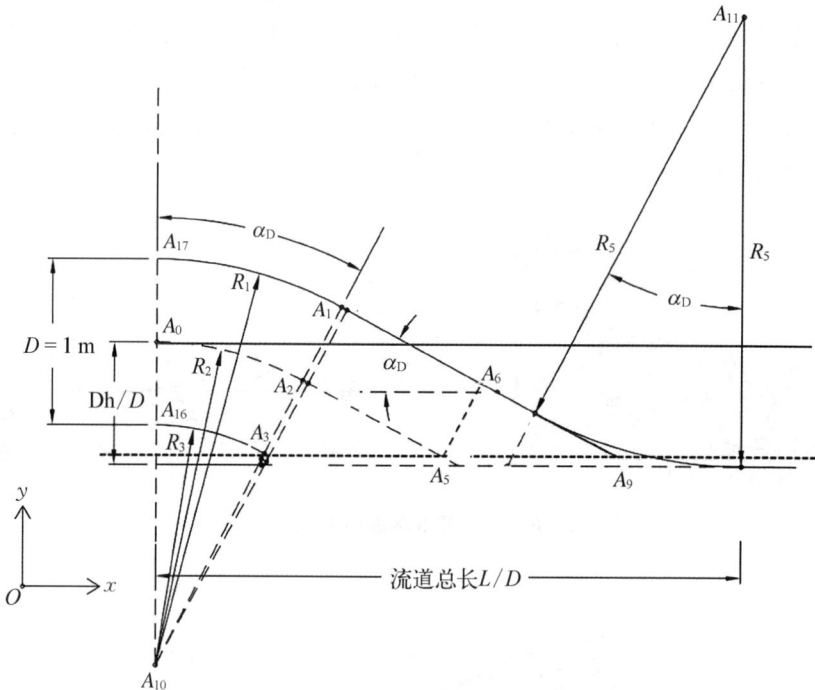

图 3.8　简化平进口式进水流道二维轴面曲线

　　令式(3.18)中 $R_4 = 0$，可得 R_1/D 随倾角的变化关系式为

$$R_1/D = \frac{\text{Dh}/D - 1/2}{(1 - \cos \alpha_\text{D}) + 1} \tag{3.19}$$

可知，当出口高度已知时，弯管半径由流道倾角唯一决定。出口高度越小，流道的位能抬升能量损失越小。依据常见安装尺寸限制和设计经验，当采用混流泵推进时，泵安装法兰的根部直径通常为泵进口直径的 1.4 倍(见图 3.9)，则出口高度的最小取值为 $(\text{Dh}/D)_\text{min} = 0.7$；若采用轴流泵推进，出口高度的最小取值可以进一步减小为 $(\text{Dh}/D)_\text{min} = 0.6$。由此，可将 Dh/$D$ 的优选取值固化为 0.7，当安装尺寸较为宽松时，可适当将该值放大至 0.85 甚至是 1.0。再次根据几何参数代数关系得到特征点的坐标值如下：

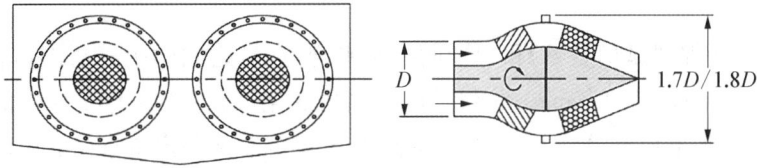

图 3.9　典型喷泵安装尺寸

$$X_2/D = (R_1/D - 1/2)\sin\alpha_D, \ Y_2/D = -(R_1/D - 1/2)(1 - \cos\alpha_D)$$

$$\text{(3.20)}$$

$$X_5/D = X_2/D + (\text{Dh}/D + Y_2/D)/\tan\alpha_D \qquad \text{(3.21)}$$

$$X_6/D = X_5/D + (1/2)\sin\alpha_D \qquad \text{(3.22)}$$

$$X_9/D = X_5/D + (1/2)/\sin\alpha_D \qquad \text{(3.23)}$$

式(3.23)中, X_9 即为简化流道总长 L_j。由上述表达式可知,特征点 A_2、A_5、A_6、A_9 和 A_{10} 均由流道倾角唯一确定,至此实现了简化平进口式归一化流道的单一几何参数控制。

为了增强流道参数化设计的工程实用性,先将唇部半径 R_4/D 还原,仍然取消背部圆弧半径 R_5/D,则此时唇部半径和弯管半径表达式分别为

$$R_1/D = (\text{Dh}/D - 1/2)/(1 - \cos\alpha_D) + 1$$

$$R_4/D = [(R_1/D - 1)\cos\alpha_D - (R_1/D - 1/2) + \text{Dh}/D]/(1 + \cos\alpha_D)$$

$$\text{(3.24)}$$

可知,当流道出口高度确定后,无论是弯管半径还是唇部半径,均由流道倾角唯一确定,与是否存在唇部无关。并且,轴面曲线的特征点 A_2、A_5、A_6、A_9 和 A_{10} 的坐标值与简化流道完全相同,不因增加唇部而改变。至此,只需还原背部圆弧几何形状,并且实现背部圆弧半径 R_5/D 由倾角确定,即可完成真实平进口式进水流道基于单一几何参数控制的参数化设计,并且能够总体保证流道的品质效能。

再次分析如图 3.5 和图 3.8 所示的轴面曲线,根据外圆相切性质,可得背部圆弧半径的表达式为

$$R_5/D = 0.5/[\tan\alpha_D \cdot \tan(\alpha_D/2)] \qquad \text{(3.25)}$$

则真实流道总长 L 相对于简化流道总长 L_j 所增加的长度为 $\Delta L = 0.5/\tan\alpha_D$,最终流道总长随倾角的单一变化关系式为

$$L/D = X_5/D + 0.5(1/\sin\alpha_D + 1/\tan\alpha_D) \quad (3.26)$$

该式表明,背部圆弧切点 A_9 和中轴曲线水平交点 A_5 之间的距离与出口直径的比值为 $0.5(1/\sin\alpha_D + 1/\tan\alpha_D)$,仅随流道倾角变化,而与流道出口中心高度无关。再结合唇部水平切点 A_{12}(见图 3.5)和点 A_5 之间的距离与出口直径的比值

$$\Delta A_{12}A_5/D = \frac{1/2 + (1 + \sin\alpha_D\cos\alpha_D)R_4/D}{\sin\alpha_D} \quad (3.27)$$

可得进水流道进口截面长度 L_{in} 表达式为

$$L_{in}/D = \frac{1/2 + (1 + \sin\alpha_D\cos\alpha_D)R_4/D}{\sin\alpha_D} + \frac{1}{2}\left(\frac{1}{\sin\alpha_D} + \frac{1}{\tan\alpha_D}\right) \quad (3.28)$$

至此,依据工程设计经验给定流道出口高度值后,弯管段上壁面半径、唇部半径、背部圆弧段半径、流道总长和流道进口长度均由流道倾角唯一确定,完成了平进口式归一化流道(出口直径为 1 m)基于单一几何参数控制的轴面曲线参数化设计工作。

3.2.4 流道进口截面型线绘制与改进设计

据前文所述,当前实船应用的典型进水流道进口截面曲线为宽 $D \sim 2D$(D 为泵进口直径)的方形、椭圆或两者形状的组合,均能较好地满足流道设计要求,如图 3.10 所示。考虑到前文所述的流道设计时要尽量兼顾设计航速和低航速使用工况,进一步将进口截面曲线一般化为梯形、方形与半椭圆曲线的组合(见图 3.11),梯形短边 $B_1 = k_1 D$,梯形长边 $B_2 = k_2 D$,即 $2 \geqslant k_2 \geqslant k_1 \geqslant 1$,轴面曲线图中背部圆弧切点 A_9 位于梯形短边中点,梯形长边同时为方形宽度和椭圆短轴长,方形长度和椭圆长半轴由轴面曲线上 $A_{12}A_9$ 之间的距离综合决定。很明显,绘制进口截面曲线型线时虽然又引入了两个尺度系数 k_1 和 k_2,但特征尺度 D 作为主控制参数并没有改变。方案设计阶段,这两个尺度系数可以根据经验赋值,如设计航速高于 30 kn 时优先采用 $k_1 = 1$、$k_2 = 1.4$,设计航速低于 20 kn 时优先采用 $k_1 = 1$、$k_2 = 1.2$,再结合轴面曲线型值,即可唯一确定进口截面形状与尺寸,从而补全进水流道的三维几何参数化设计所需的全部条件。

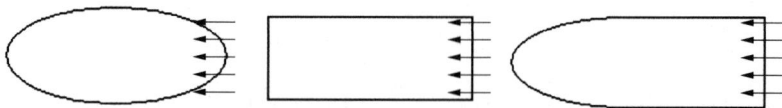

图 3.10 进水流道典型进口截面曲线(椭圆、方形、方形与椭圆组合)

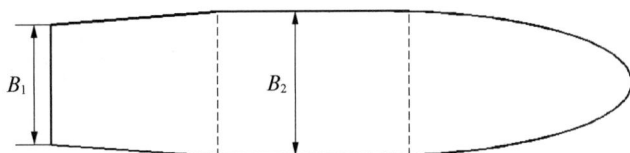

图 3.11　进水流道进口截面参数化曲线

以 $k_1 = k_2 = 1$ 对应的方形与椭圆组合而成的进口截面曲线为例,椭圆短半轴为 $D/2$、长半轴可取为 $0.5D(1/\sin\alpha_D + 1/\tan\alpha_D)$,即中轴曲线的水平交点 A_5 就是椭圆中心点,那么方形长度即为如式(3.27)所示的 $\triangle A_{12}A_5$,由此明确了进口截面曲线的型值。当 $1.4 \geqslant k_2 > 1$ 时,可保持椭圆中心点 A_5 和长轴长度不变,短轴增加为 $k_2 D$ 即可。需要说明的是,将进水流道与泵匹配计算后,通常需要依据计算结果对 k_2 给予小量优化调整,以使流道设计达到最优。如图 3.12 所示为设计航速为 12 kn 的某低速流道在设计工况下的内部速度流线及其涡量分布,可见无流动分离产生,流道出流品质也非常好,不足之处在于进口宽度略显不足,导致流体吸入时流动卷曲产生了两组对旋涡,直接诱导涡管吸入部位的泵转子叶梢局部成为空化初生部位,一定程度上降低了推进泵的抗空化性能。该进口截面为方形与椭圆的组合曲线,且 $k_2 = 1$,与船体壁面相交后得到图 3.12 所示的截面形状。

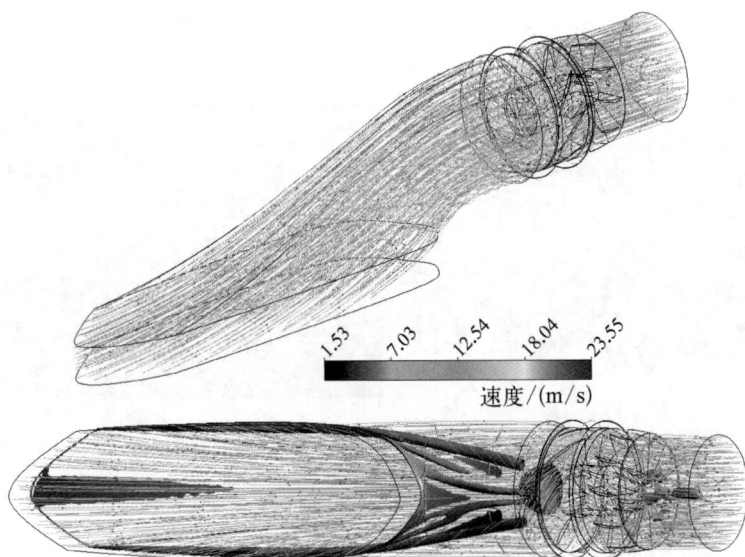

图 3.12　伴流场中内置式无轴泵喷子系统定常计算速度和涡量场

此外,考虑到梯形、方形与半椭圆曲线组合而成的通用曲线中几何形状在周向上不连续,容易诱导产生小尺度涡,通常采用相切过渡,或者直接将进口截面曲线改变为"鸡蛋形"进口(见图 3.13),特别是在多套泵推系统并排安装,且横向安装空间极其有限的情况下尤其如此。在此基础上,要想将设计方案做到极致,可进一步探索两种设计思路,一是着重考虑高速状态的性能优化,将单舷两组进水流道的进口截面合二为一(见图 3.14),一定程度上可以减小少量的船体阻力;二是着重考虑低速巡航状态,通过减小不工作流道对工作流道进流的干扰作用,使两组进水流道的进流"抢水"现象最小化,从而维持单组进水流道的最优性能,如图 3.15 中 LCS 单体船后续舰的结构布置所示。哪种设计方案的综合性能更优,则需要根据设计需求和船体线型量身定制。

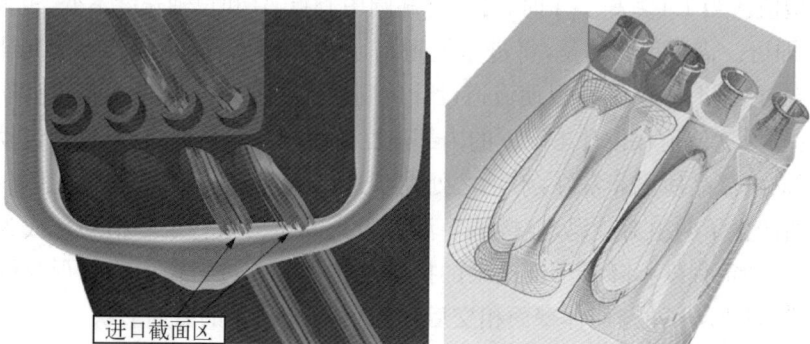

图 3.13　喷泵进水流道"鸡蛋形"进口截面

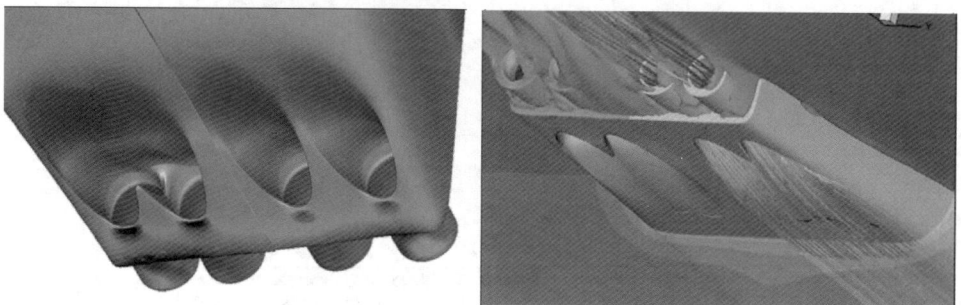

图 3.14　喷泵系统两组进水流道的"鸡蛋形"进口截面合二为一

3.2.5　流道上壁面辅助曲线和上壁面截面型线绘制

在明确进水流道出口截面型线、进口截面型线、轴面曲线型线和中轴曲线型线的基础上,理论上已经能够在三维 CAD 软件中通过曲面放样得到进水流道的三维几何形状。鉴于进口截面型线为组合曲线时较为复杂,为了避免曲面放样过程中流道壁面出现较大扭曲和变形,并且精确控制流道横截面积随中轴

图 3.15　LCS 单体船喷泵系统单舷两组进水流道轴向错落布置

曲线的变化规律,如图 3.16 所示(图中 S
为不同截面处的横截面积),实现整个进水
流道系统体积和重量控制的目标,建议增
加上壁面特征截面型线和壁面辅助曲线,
如图 3.17 中 KaMeWa 公司 SII 系列喷泵
进水流道(流道倾角 22.5°)的三维几何图
形所示。

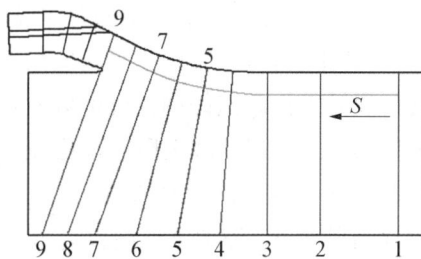

图 3.16　进水流道横截面积沿中轴曲线变化

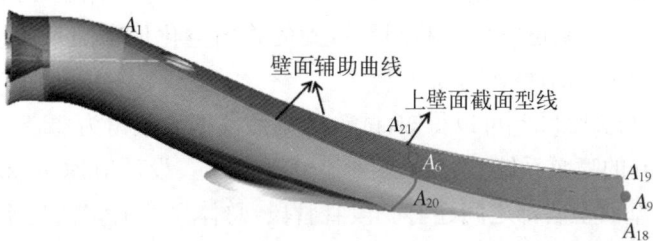

图 3.17　KaMeWa 公司 SII 系列喷泵进水流道三维几何图形

　　再次分析如图 3.5 所示的轴面曲线,显然点 A_1、A_3 所在截面为弯管段端面圆
形,只需确定点 A_5、A_6 所在的截面型线或者是点 A_7、A_8 所在的截面型线,即可实
现流道上壁面曲面的准确控制。当然,截面型线数量越多,流道壁面的控制精度就
越高。从操作方便的角度来看,建议选取点 A_5、A_6 所在的截面型线。通过分析已
有喷泵进水流道的几何特征,如 KaMeWa 公司和 MJP 公司设计的流道,推荐上壁
面截面型线为椭圆与直线段组合而成的曲线(见图 3.18),直线两端分别与 1/4 椭

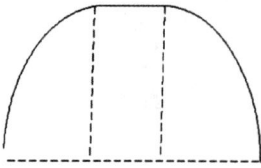

图 3.18　典型平进口式进水流道上壁面截面型线

圆线相切,切点 A_{20} 和 A_{21} 位于图 3.17 所示的壁面辅助曲线上。两条壁面辅助曲线均由直线段和圆弧段连接而成,起点位于轴面 A_1 点,终点分别位于流道进水口与船底的切线两端,切线中点即为轴面曲线图中背部圆弧段切点 A_9。给定系数 k_1 后,即可确定流道进口切线 $A_{18}A_{19}$,进而构建壁面辅助曲线 $A_1A_{20}A_{18}$ 和 $A_1A_{21}A_{19}$,最后根据点 A_5、A_6、A_{20} 和 A_{21} 确定上壁面截面型线即可。至此,完成了进水流道上壁面曲面放样时的控制曲线绘制,进而实现了进水流道三维几何参数的设计与绘图,可以用于进水流道流体动力性能的试验测量或 CFD 计算分析。

3.2.6　流道下壁面增加直管段时轴面曲线及三维几何图形绘制

前文已经完成了进水流道从二维轴面曲线绘制到三维几何构造的工作,实现了平进口式进水流道基于单一几何参数控制的参数化设计。所设计的流道满足垂向和轴向尺寸最小、最紧凑的总体设计需求,也能够兼顾高航速和低航速的应用需求,总体来看,可以应用于水面船舶喷泵、浸没式喷泵以及水下内置式泵喷推进系统的设计工作。但仔细比较可以发现,前文的设计为了使得流道的垂向位能抬升能量损失最小以及最大限度地限制流道垂向尺寸,采用了流道出口中心高度 Dh/D 相对最小这一设计原则,取值约为 0.7,且将其取值范围总体限制在 $0.65\sim0.85$。设计结果如下:流道下壁面仅为弯管段和唇部的组合,没有直管段,轴面曲线图中 A_1A_8 直管段只是位于流道上壁面,与图 3.17 所示的 KaMeWa 公司 SII 系列喷泵流道有较为明显的差异,与文献[22]中公开的某试验用进水流道几何参数同样有差异(见图 3.19),该流道空化试验测量得到的管内空化形态随来流速度、进速比 IVR 和空化数变化的结果如图 3.20 所示。

从图 3.19 与文献[22]可以得知,试验用流道模型的倾角为 22.5°,适用于设计航速大于 30 kn 的喷泵系统,与 SII 系列流道倾角 25°、设计航速 40 kn 较为一致,并且该流道下壁面至唇部之间还有一段直管段,总体尺寸的特征是流道出口相对高度 $Dh/D>1$,也与 SII 系列流道 $(Dh/D\approx1.45)$ 类同。那么,随之而来的问题是,该下壁面直管段的几何特征是否为流道设计所必需?该几何特征对于高航速流道来说是否性能更佳?前文所述的单一参数控制的流道三维几何参数设计能否扩展为包含该几何特征?在垂向安装空间尺寸和自由液面吃水高度(注:静态时,喷泵喷口中心通常位于自由液面)要求的情况下,增加流道出口相对高度带来的流道总长增加是否值得?为了回答上述问题,有必要将图 3.5 中的平进口式进水流道的轴面曲线在垂向方向进行扩展(见图 3.21),最后探究该轴面曲线是否依然受控于流道倾角这单一的几何参数,从而推动该设计工作真正走向产品应用阶段。

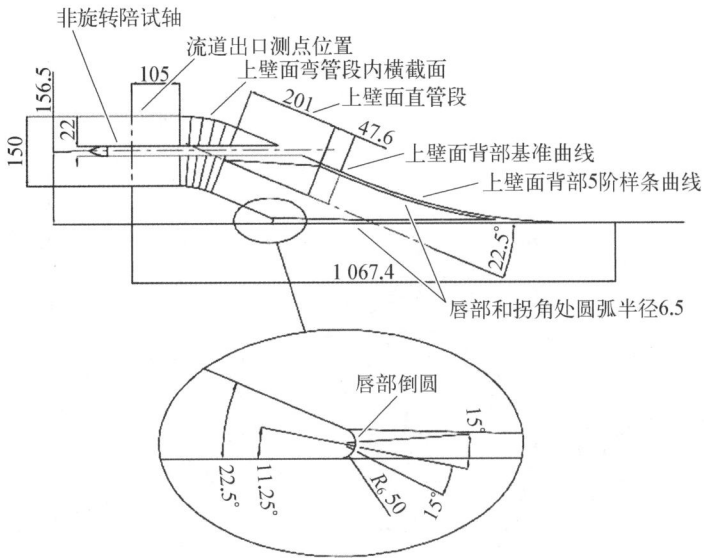

图 3.19　某空化试验用进水流道(单位: mm)

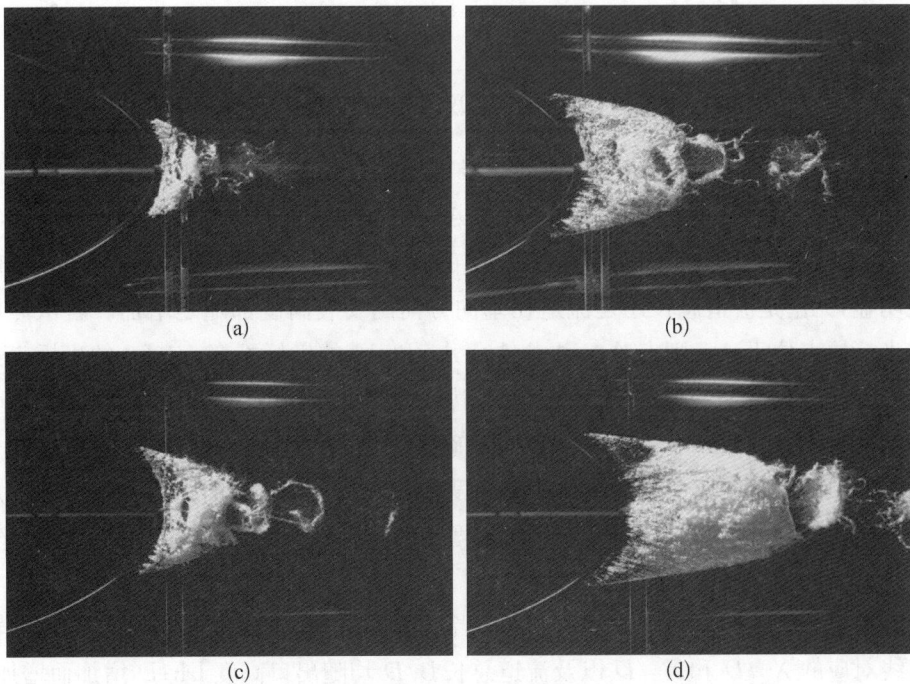

图 3.20　某空化试验用进水流道典型空化形态

(a) 下壁面唇部空化,空化数 1.0,进速比 1.5,来流雷诺数 1.0×10^6;(b) 下壁面唇部空化,空化数 0.6,进速比 1.75,来流雷诺数 1.0×10^6;(c) 下壁面唇部空化,空化数 0.6,进速比 1.5,来流雷诺数 1.5×10^6;(d) 下壁面唇部空化,空化数 0.3,进速比 1.5,来流雷诺数 1.5×10^6

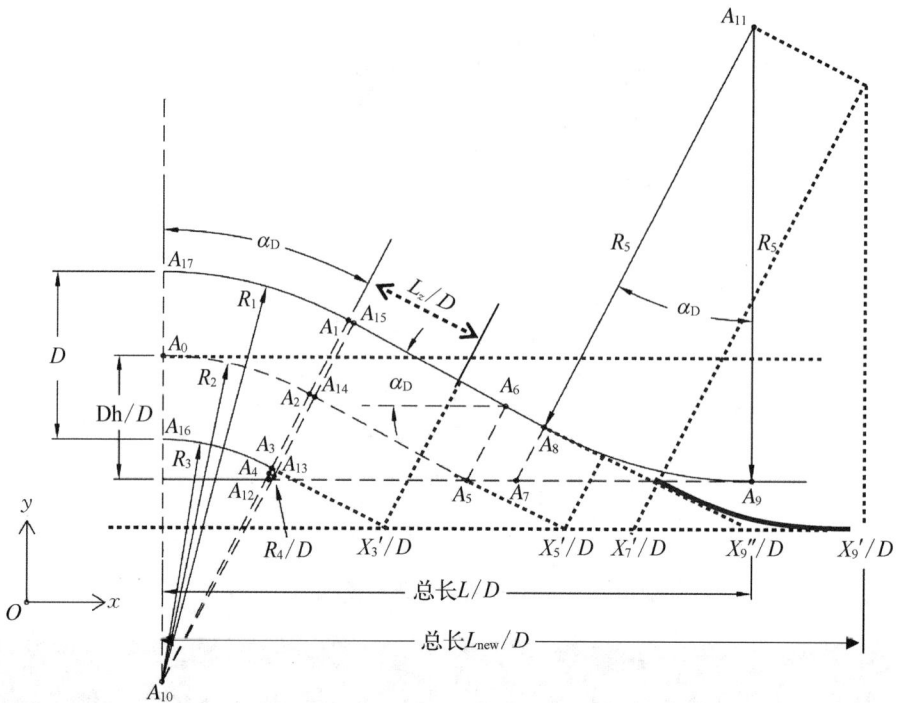

图 3.21　流道下截面包含直管段的平进口式进水流道轴面曲线

比较图 3.21 和图 3.5 可知,流道下壁面增加直管段 L_{zd} 后,上壁面直管段也随之延长 L_{zd},相当于轴面曲线中 $A_1A_3A_4A_{12}A_9A_1$ 形成的封闭区域整体沿中轴曲线 A_2A_5 方向平移了 L_{zd},同时包含了上壁面直管段、背部圆弧段以及下壁面唇部。很明显,无论是流道总长还是流道在垂向方向的安装高度都随之增加。若依然保持坐标原点位于 A_0,则点 A_1、A_2、A_3、A_{16} 和 A_{17} 的坐标不变,点 A_{10} 的坐标表达式不变,点 $A_4 \sim A_9$、$A_{11} \sim A_{15}$ 的坐标表达式中横坐标均增加 $(L_{zd}/D)\cos\alpha_D$、纵坐标均减少 $(L_{zd}/D)\sin\alpha_D$,同样可以唯一确定轴面曲线型线。那么,回答前述四个问题的关键就转变成了流道出口相对高度 Dh/D 增加到多少时需要在下壁面增加直管段,该直管段究竟取多长相对最佳、增加的直管段长度能不能与增加的出口安装高度之间建立对应关系这几个问题。

通过分析式(3.2)至式(3.18)可知,当流道倾角一定时,弯管半径 R_1/D、中轴曲线对应的 X_2/D 和 X_5/D 以及流道总长 L/D 均随出口高度 Dh/D 增加而增加;同时,当 Dh/D 一定时,R_1/D、X_2/D、X_5/D 以及流道总长均随唇部半径 R_4/D 增加而减小。依据实践经验,给定合理的唇部半径值 $R_4/D = 3.5\%$ 后,若能找到典型最大流道倾角时弯管半径允许增加的极限量,则可以得出下壁面无直管段时对应的流道出口高度能够增加的最大量,也就是回答了"流道出口相对高度 Dh/D 增加到多少时需要在下壁面增加直管段"的问题。这里,先解决第一个下边界问题,然后再分析其上边界优化问题。

前文已述,现有喷泵系统的进水流道倾角通常位于 $20°\sim30°$ 范围内,且以 $25°$ 以内居多。如 KaMeWa 公司 SII 系列流道倾角 $25°$、MJP 公司 MJP750 流道倾角 $23°$、某试验用流道倾角 $22.5°$ 以及美国海军水面战研发中心为高速运输补给船 Sealift 配置的先进喷泵系统流道倾角 $23°$。取流道倾角为 $30°$ 时,能够与最为紧凑的流道设计原则一致,也可以兼顾到设计航速低于 30 kn 甚至更低的使用工况需求。出口高度的增加意味着流道更高、更长,也等同于位能抬升能量损失更多、重量更大,因此,分析前文给出的流道出口相对高度 Dh/D 的典型使用范围,当弯管半径 R_1/D 增加到极限时所允许的出口高度增加量,就是下壁面需要增加直管段的临界条件。

再次分析图 3.5,显然,当 A_1 点扩张到水平状态时,半径 R_1 增加到极限,也就是现有 A_1 点的横坐标值 $X_1/D = R_1\sin\alpha_D$ 逼近于 $R_1\tan\alpha_D$。此时,相当于 R_1 增大了 1.15 倍。再由式(3.24)变换可得

$$\mathrm{Dh}/D = (R_4/D + R_1/D - 1/2) + (R_4/D - R_1/D + 1)\cos\alpha_D \tag{3.29}$$

代入 $R_4/D = 3.5\%$ 且将 R_1/D 放大 1.15 倍后,可得到倾角范围 $20°\sim30°$ 内、原流道出口相对高度 Dh/D = 0.7 ~ 0.85 内的新出口高度值二维矩阵。从计算结果可知,最大倾角为 $30°$ 条件下,原出口相对高度为 0.7 时,新出口相对高度的边界值为 1.000 8;原出口相对高度 0.85 时,新出口相对高度的边界值为 1.32。由此,可以将流道下壁面增加直管段的出口相对高度最小临界值取为 Dh/D = 1.0,该值既能包含如图 3.19 所示的试验用流道(出口相对高度为 1.04),也能涵盖 MJP750 流道(出口相对高度为 1.23)和 SII 系列流道(出口相对高度为 1.45),这显然是合理的,从而表明流道下壁面需要增加直管段的下边界就是出口高度等于出口直径。

在寻找下壁面直管段最小长度上边界之前,目测 LCS 单体船流道出口的相对高度值约为 1.17,如图 3.22 所示,再结合 SII 系列流道的出口相对高度高达 1.45,从而可将下壁面增加直管段后的出口相对高度最大值限定为 1.5。此时,流道在垂向上的尺寸达到最大,并且随着流道倾角的减小而增加。依据流道总体几何尺寸在轴向和垂向上变化的表达式

$$\Delta h/D = (L_{zd}/D)\sin\alpha_D, \quad \Delta L/D = (L_{zd}/D)\cos\alpha_D \tag{3.30}$$

即 $(\Delta h/D)_{max} = 0.65$(注：这里是相对于范围上限 0.85 的增量,表示当出口相对高度为 1 时需要增加下壁面直管段,且其直管段长度为 $0.15/\sin\alpha_D$）。可知,当流道

图 3.22　LCS 单体船尾部喷泵的空间几何布置

出口高度达到当前工程应用的最大范围 $1.5D$ 时,下壁面所增加直管段的长度为 $L_{zd}/D=0.65/\sin\alpha_D$,此时流道总长增加量为 $0.65/\tan\alpha_D$。当流道倾角取应用范围的上限 $30°$ 时,所增加直管段的相对长度为 1.3,流道总长增加的相对长度为 1.13;同理,当倾角取下限 $20°$ 时,所增加直管段的相对长度为 1.90,流道总长增加的相对长度为 1.79。

　　上述研究表明,当流道出口的相对安装高度不大于 1 时,流道下壁面不需要增加直管段;当出口的相对安装高度大于 1 但不超过 1.5 时,下壁面宜增加直管段,且直管段的最小长度应综合考虑航速需求和流道总长限制。航速较低时,流道倾角可取 $25°$ 以上,航速较高时倾角推荐范围为 $20°\sim23°$,下壁面直管段长度可由流道出口相对高度和倾角确定,从而可以完成下壁面增加直管段时平进口式进水流道轴面曲线的绘制。在此基础上,因流道进口截面曲线和上壁面截面型线均未发生变化,上壁面辅助曲线仅有因其直线段延长了所增加直管段的长度,结合新的轴面曲线、进口截面型线、出口圆形、上壁面辅助曲线和截面型线,可以再次便捷地完成进水流道的三维几何构造,进而完成整个流道的几何形状设计工作。

3.3　存在船尾上扬角和喷口下倾角时进水流道的参数化设计

3.3.1　船尾上扬角对流道几何参数的影响

　　上节中已经完成了流道出口安装高度(即喷口中心高度)典型取值范围 $0.65\sim0.85$ 和 $1.0\sim1.5$ 内的平进口式进水流道参数化设计,并且是基于流道倾角这一单一几何参数控制完成,实用性强,可操作性好,可直接应用于泵推系统中泵推进单元的流道匹配设计。但是,在实际船尾安装时,船尾型线相对于船底基线通常具有

一个 $2°\sim3°$ 的上扬角,并且浅 V 字形船尾还使得流道进口截面具有一个小的侧向偏移角,使得前述单纯的平进口式进水流道无法完全适应船尾型线的安装要求,进而无法实现泵推系统的性能最优化。为此,必须少量调整原平进口式进水流道几何参数,最好是在不改变原参数化几何设计的基础上实现,从而有效扩展原设计工作。

首先考虑船尾上扬角,而暂不考虑侧向偏移角对进水流道的影响。在图 3.5 的基础上增加船尾上扬角 α_R 后的二维轴面曲线如图 3.23 所示。图 3.23 中的流道不包含下截面直管段,对应于流道出口相对高度范围 $0.65\sim0.85$。增加船尾上扬角后流道出口仍然为轴向方向,对应驱动轴保持水平方向不变。

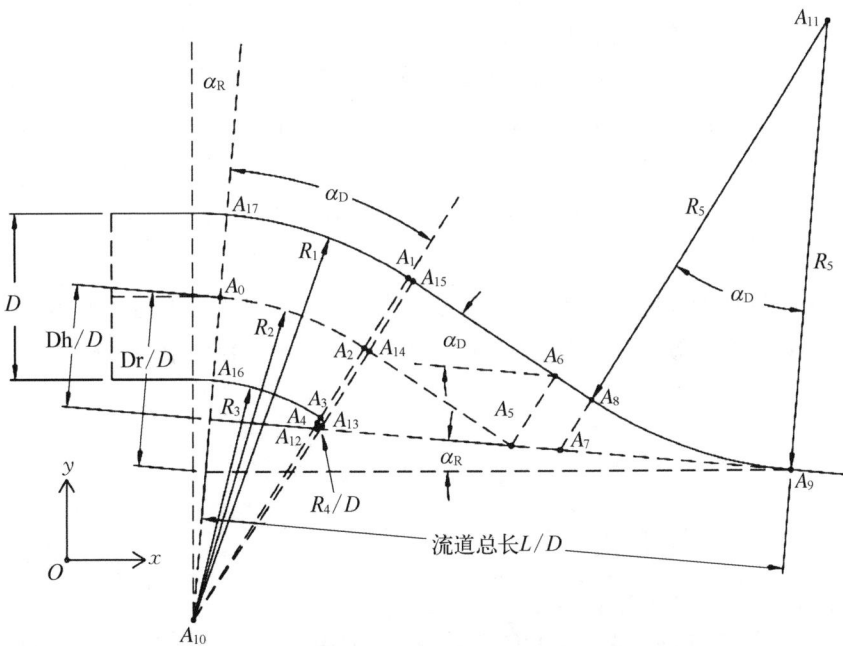

图 3.23　存在船尾上扬角时进水流道轴面曲线几何形状

从图 3.23 可以明确看出,流道进口处增加船尾上扬角后,相当于原流道几何形状整体绕进口边切点 A_9 顺时针(左侧为船尾方向)旋转了角度 α_R,使得中轴曲线 $A_0A_2A_5$ 的起点 A_0 不再与水平方向相切,流道出口也具有了上扬角 α_R,而不再是水平方向。喷口的上扬角将使得喷射流反作用力产生向前和向下的分力,减小有效推力的同时加重了船尾纵倾,进而又增加了船体阻力,这样势必会降低总的推进效率,不可取。解决措施是以弯管段中心 A_{10} 点为圆心,在弯管段 A_0 所在端面左侧延伸补充一段楔形弯管,楔形弯管上壁面半径依然为 R_1、下壁面半径也保持 (R_1-D) 不变,相当于将旋转后弯管段补充还原。

从图 3.23 可知,增加船尾上扬角后,流道出口相对高度由 Dh/D 增加至 Dr/D,流道倾角增加为 $\alpha_D + \alpha_R$,流道总长也相应增加。显然,增加船尾上扬角前后流道出口高度满足明确的表达式关系

$$Dr/D = Dh/D + (L/D)\tan\alpha_R \tag{3.31}$$

由式(3.31)可知,当原流道相对长度为 5、船尾上扬角为 2°时,流道出口相对高度仅增加 0.17,不会出现"原来下壁面无直管段,增加船尾上扬角后因出口高度显著增加导致下壁面需要增加直管段"的情况,轴面曲线图仅旋转上扬角且补充楔形弯管即可满足要求。

3.3.2 喷口下倾角对流道几何参数的影响

同理,在特殊应用场合下,如两栖装甲车喷泵系统,因受限于车体航速低、阻力大、安装空间十分狭小、明显尾倾难以调节等特征,总体设计师往往希望喷泵系统的喷口轴线具有向下的一个倾角 α_N,这样射流反作用力具有向前、向上的分量,能够在一定程度上减小车体尾吃水量,从而减小阻力,获得比导管螺旋桨方案更高的推进效率。

与进口截面增加船尾上扬角类似,进水流道甚至可以在增加船尾上扬角 α_R 的同时使喷口具有下倾角 α_N,其轴面曲线如图 3.24 所示。很明显,在补全因增加船

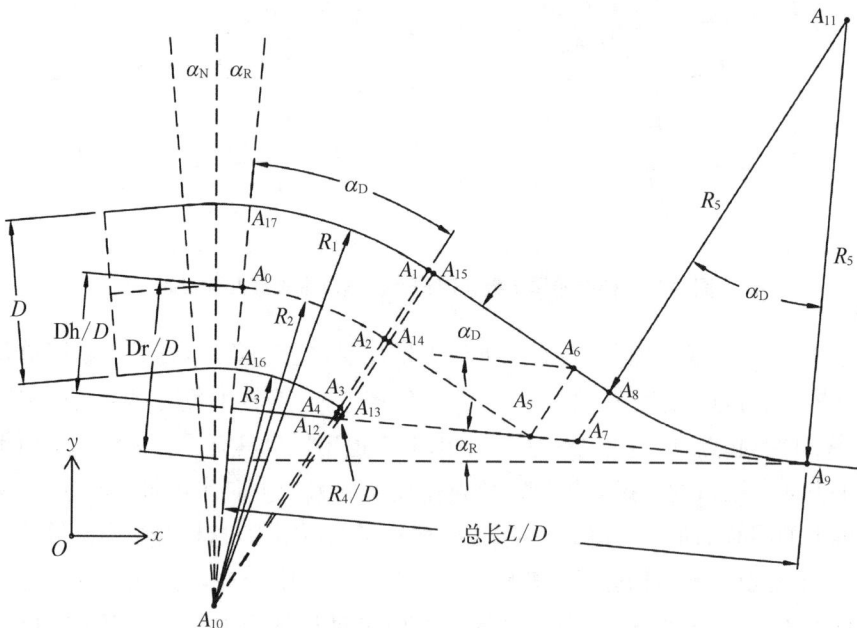

图 3.24 存在船尾上扬角和喷口下倾角时进水流道轴面曲线几何形状

尾上扬角产生的楔形弯管后,可以进一步将弯管向船尾方向延伸,以产生喷口下倾角 α_N。此时,流道出口的中心高度与存在船尾上扬角时保持一致,若为平进口式进水流道,则出口高度同样与变化前保持一致。由此可知,无论是增加船尾上扬角还是喷口下倾角,都可以通过基础的平进口式进水流道几何形状变换得到。可以说,实现了平进口式进水流道基于单一几何参数控制的参数化设计,就等于实现了诸多典型泵推系统进水流道的参数化设计,据此可以进一步开展流道性能的测试与数值计算和分析等研究工作。

3.3.3 进水流道轴面轮廓曲线改进设计与讨论

前文已经完成进水流道的参数化设计,尽管还没有从性能分析与检验的角度对所设计的流道做出性能评价,但并不妨碍进一步优化设计的探索。分析轴面曲线图,从流道改变流动方向的基本功能来看,背部圆弧段、唇部和弯管段必不可少,而且直接决定流道的性能指标。从式(3.24)可知,弯管上壁面半径仅由唇部半径和流道倾角决定,而唇部半径与出口直径的比值多为一常量,流道倾角又是关键性控制参数,因此唇部和弯管段的可优化设计余地很小。那么,背部圆弧段在完成水流高效吸入的过程中是否对应进口能量损失最小?该圆弧曲率控制是否能够适应较宽的航速范围?有没有其他曲线规律能够替代圆弧段,比如多次样条曲线,又该如何来实现参数化控制?

仔细观察如图 3.19 所示的某试验用进水流道,其背部区域标示为 5 次样条曲线而并没有采用圆弧。此外,另一试验用进水流道在优化分析过程中明确比较了背部区域采用圆弧和多次样条曲线对流道性能的影响,如图 3.25 所示,该流道倾角同样为 22.5°,且唇部半径与出口直径的比值为 4.3%,较前文所述 3.5% 略大。该设计采用多次样条替代传统的圆弧曲线是因为多次样条上点的压力增加沿曲率变化更加平缓,压力梯度较圆弧段更小。

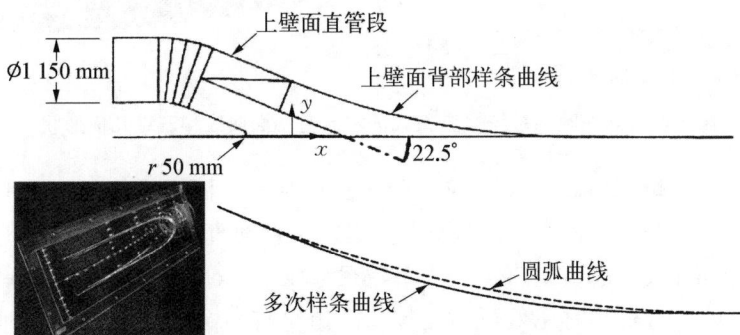

图 3.25 某试验用平进口式进水流道型线

从上述两种试验用进水流道背部区域均采用多次样条曲线可以看出,分析比较多次样条曲线作为轴面曲线中进流型线的优势是有必要的,将压力系数沿上壁面的变化规律作为分析变量来定量讨论也是合理的。存在的问题是,当阶次不同时,多次样条曲线型线变化较大,与流道具体几何值存在较强的适应性,需要根据具体情况进行调整,若无法实现参数化控制,则不利于后续进行流动性能评估。有专家建议采用三阶贝塞尔曲线来替代圆弧,且在以点 A_6 和 A_9 为两端点的情况下通过两个形状参数来控制曲线规律。尽管该方式可以实现背部型线参数化控制,但形状参数仍然与轴面曲线中的具体几何值相关,还属于单一设计,难以推广应用,仅适合于完成方案设计后进行小的优化设计调整。

3.3.4　进水流道参数化设计应用与可信性校验

为真实检验上述进水流道参数化设计方法的工程实用性,首先以美国海军水面战研究中心委托交通运输部(Center for the Commercial Development of Transportation Technologies, CCDoTT)为其高速瘦长型运输补给船 Sealift 特制研发的先进轴流外型混流式喷泵系统为例进行对比分析。该船设计航速为 50 kn、泵进口直径为 2 286 mm、喷口直径为 1 483.36 mm,单泵额定功率为 57 330 hp、额定转速为 406.9 r/min、泵流量为 68.128 m³/s、扬程为 56.144 m,泵吸口比转速为 15 005(美制单位)。该泵匹配的进水流道轴面曲线和三维几何形状如图 3.26 所示,由图示数据可知,流道出口的相对安装高度 Dh/D 不大于 0.7,流道总相对长度 L/D 约为 3.75,流道倾角未知。流道下壁面无直管段,与前述设计结论一致。

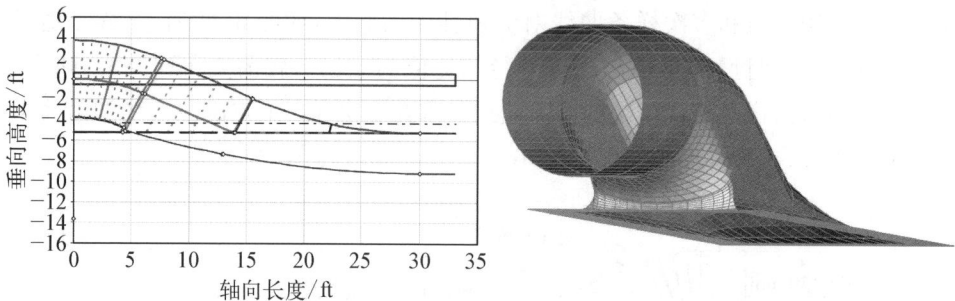

图 3.26　高速喷泵系统平进口式进水流道轴面曲线和三维几何形状

根据前述分析,取流道出口相对高度 Dh/D = 0.7、流道倾角 $\alpha_D = 23°$,设计下壁面无直管段的归一化进水流道,包括弯管段、上壁面直管段、背部圆弧区域、唇部以及进口截面曲线。流道出口直径为单位尺寸 1 m,取唇部半径 $R_4/D = 3.5\%$。由式(3.24)可得弯管半径 $R_1/D = 2.670\ 3$,由坐标点表达式可得中轴曲线端点 $X_5/D = 2.090\ 7$,由式(3.25)可得背部圆弧段半径式 $R_5/D = 5.789\ 7$,由式(3.26)

可得流道总长 $L/D=4.548\,2$，由式(3.28)可得流道进口截面长度 $L_{in}/D=3.859$。在确定控制点 $A_1 \sim A_{17}$ 的坐标值后，可确定二维轴面曲线型线。进口截面取为方形与椭圆形的组合，即长度系数 $k_1=k_2=1$。在生成上壁面两条辅助曲线和一组截面型线后，即可得到该进水流道的三维几何参数。

将流道总长、出口高度、唇部长度、弯管上壁面半径、唇部半径以及背部圆弧半径等关键参数值与 CCDoTT 发布的进水流道设计报告中取值(见图 3.27)进行比较，分析两者之间的偏差，比较结果如表 3.1 所示。可知除背部圆弧半径偏小约 5% 外，其余总体参数之间的偏差均小于 4%。此外，课题组还找到了该机构为该船所设计的短流道方案，方案显示流道倾角增加、流道总长减小、船尾上扬角 $3.4°$，并且设计方案明确表述了考虑船尾上扬角时出口高度应减小，如图 3.28 所示，再次用于定量校核本设计方法。结果显示，流道总长与弯管半径这两个关键参数的偏差均小于 1%，且除了唇部长度偏差约 5% 外，其余设计参量的偏差均控制在 2% 以内，由此表明本设计方法完全适用于中高航速下泵推系统进水流道的设计要求。更重要的是，无论是长流道还是短流道，CCDoTT 在完成流道设计时都采用了流道总长 L、流道出口直径 D、弯管上壁面半径 R_1、出口中心高度 Dh 和流道倾角 α_D 5 个全局控制参数，并且这 5 个全局参数相互之间并未表现出相关联系，新流道设计时无法直接借鉴参考。本设计方法基于流道倾角这一单一控制参数来完成整个参数化设计，在方法和可操作性上有着显著改进，具有明显的工程实用价值。

表 3.1　两种方法设计某高速喷泵进水流道关键几何参数比较

几 何 变 量	CCDoTT 长流道	本设计	偏差/%	CCDoTT 短流道	本设计	偏差/%
流道倾角 α_D	$23°$	$23°$	—	$26°$	$26°$	—
流道总长 L/D	4.533 3	4.548 2	+0.33	4	4.021	+0.53
出口高度 Dh/D	0.71	0.7	−1.41	0.696	0.7	+0.57
唇部长度 X_{13}/D	0.681	0.671 2	−1.44	0.563	0.594	+5.51
弯管半径 R_1/D	2.778	2.670 3	−3.88	2.317	2.32	+0.13
唇部半径 R_4/D	0.035	0.035	—	0.033	0.035	—
背部圆弧半径 R_5/D	5.789 7	5.508 7	−4.85	4.387	4.44	+1.21

此外，为了充分检验本设计方法的有效性，再次针对国际一流喷泵推进厂商 MJP 公司的 MJP750 流道(出口直径 750 mm)进行设计检验。该流道下壁面拥有直管段。保持流道倾角 $23°$ 和出口中心相对高度 1.227 与原设计一致，取下壁面无直管段时母型流道的出口中心相对高度为 0.65，参数化设计得到流道关键几何参

CCDoTT-06	Version :	Rectangular Footprint, Long Inlet			Inlet - 4		
Waterjet Inlet Design Program					START >		END OK
GEOMETRY	Geometry INPUTS in Blue Box's		INPUTS	Units	Names	Values	Units

INLET POINTS & SECTIONS

INLET LENGTH (Lin)=	408	inch	XINL =	34.0000	feet
INLET DIAMETER (Dpump)=	90	inch	DP	7.5000	feet
CENTER DEPTH(R) Estimate =	63.78	inch	0.0 deg	63.7800	inch
Center Depth without ROCKER ANGL	63.7800	inch	H	5.3150	feet
LIP LENGTH =	61.2839	inch	XLIP =	5.1070	feet
LIP BOTTOM from AXIS (0,0) =	63.7800	inch	ZLIP =	5.3150	feet
TOP DUCT RADIUS (R1) =	250	inch	R1 =	20.8333	feet
AXIS DUCT RADIUS =	205	inch	R2 =	17.0833	feet
LIP DUCT RADIUS=	160	inch	R3 =	13.3333	feet
LIP CENTERLINE RADIUS (R4) =	3.1558	inch	R4 =	0.2630	feet
ENTRANCE RAMP RADIUS=	495.7786	inch	R5 =	41.3149	feet
SIDE EDGE BASE RADIUS (R6)=	13	inch	R6 =	1.0833	feet
DUCT ANGLE (Alpha D) =	23	degs	Duct Angle	0.40143	radians

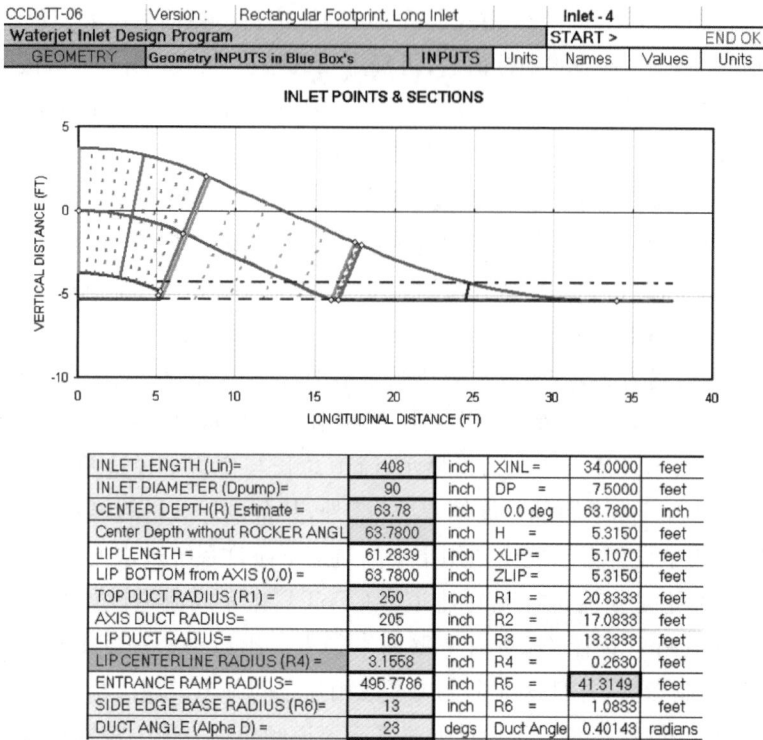

图 3.27 CCDoTT 设计的某高速喷泵系统平进口式长进水流道

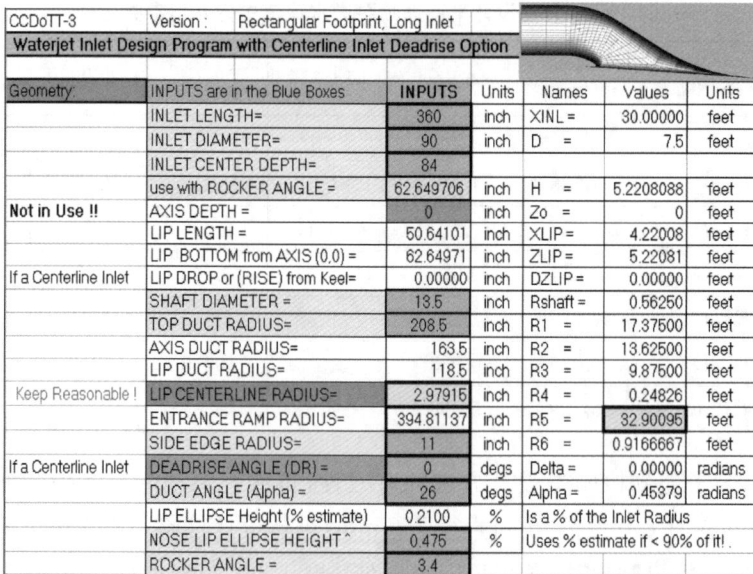

CCDoTT-3	Version :	Rectangular Footprint, Long Inlet					
Waterjet Inlet Design Program with Centerline Inlet Deadrise Option							
Geometry:	INPUTS are in the Blue Boxes	INPUTS	Units	Names	Values	Units
	INLET LENGTH=	360	inch	XINL =	30.00000	feet
	INLET DIAMETER=	90	inch	D =	7.5	feet
	INLET CENTER DEPTH=	84				
	use with ROCKER ANGLE =	62.649706	inch	H =	5.2208088	feet
Not in Use !!	AXIS DEPTH =	0	inch	Zo =	0	feet
	LIP LENGTH =	50.64101	inch	XLIP =	4.22008	feet
If a Centerline Inlet	LIP BOTTOM from AXIS (0,0) =	62.64971	inch	ZLIP =	5.22081	feet
	LIP DROP or (RISE) from Keel=	0.00000	inch	DZLIP =	0.00000	feet
	SHAFT DIAMETER =	13.5	inch	Rshaft =	0.56250	feet
	TOP DUCT RADIUS=	208.5	inch	R1 =	17.37500	feet
	AXIS DUCT RADIUS=	163.5	inch	R2 =	13.62500	feet
	LIP DUCT RADIUS=	118.5	inch	R3 =	9.87500	feet
Keep Reasonable !	LIP CENTERLINE RADIUS=	2.97915	inch	R4 =	0.24826	feet
	ENTRANCE RAMP RADIUS=	394.81137	inch	R5 =	32.90095	feet
	SIDE EDGE RADIUS=	11	inch	R6 =	0.9166667	feet
If a Centerline Inlet	DEADRISE ANGLE (DR) =	0	degs	Delta =	0.00000	radians
	DUCT ANGLE (Alpha) =	26	degs	Alpha =	0.45379	radians
	LIP ELLIPSE Height (% estimate)	0.2100	%	Is a % of the Inlet Radius		
	NOSE LIP ELLIPSE HEIGHT ^	0.475	%	Uses % estimate if < 90% of it!		
	ROCKER ANGLE =	3.4				

图 3.28 CCDoTT 设计的某高速喷泵系统平进口式短进水流道

数与原流道几何值(型值测量)的比较如表 3.2 所示。可知,除流道总长更短、唇部下缘更长(两者均偏差约 20%)外,弯管上壁面半径偏差小于 6%、下壁面和上壁面的直管段长度均偏差小于 1%,非常贴近于原流道几何参数。流道总长和唇部下缘长度出现较为明显偏差的原因是,原几何形状背部区域和唇部区域均采用三阶贝塞尔曲线,并没有采用圆弧方案,且均由两个形状参数来控制其型值,如图 3.29 所示,使得轴面曲线图中的进口切点 A_9 右移、唇部下缘端点 A_{12} 左移,进而与本设计采用圆弧方案出现了较大偏差。该变化对流道性能的影响主要体现在影响进口截面进流,进而影响进口能量损失系数,属于局部参数优化,在方案设计阶段可以将其与流道几何参数设计解耦。注意,该图中 L_1 直管段是在弯管段的下游方向水平延伸的一段直管,便于进行流道试验测量。由上述比较分析可知,本设计提出的基于流道倾角单一几何参数控制来完成进水流道参数化设计同样满足"出口安装高度较高、流道下壁面需增加直管段"的应用需求,结合前述下壁面无直管段时的应用检验,很好地证明了本设计方法的工程适用性。至于"出口安装高度带来的流道下壁面是否需要增加直管段以及直管段最小长度"与设计航速之间的关联机制,或者说同一流道倾角时下壁面增加直管段前后所最优适应的航速区间是否有所变化,还需要系列化分析流道的流体动力性能。

表 3.2　本方法设计某高速喷泵进水流道关键几何参数与原厂几何参数比较

几 何 变 量	MJP750 原几何参数	本设计母型值	本设计值	偏差/%
流道倾角 α_D	23°	23°	23°	—
流道总长 L/D	6.405 3	4.302 5	5.191	−18.96
出口高度 Dh/D	1.227	0.65	1.227	
唇部下缘长度 X_{12}/D	1.049	0.393 2	1.281	22.12
弯管半径 R_1/D	1.927 3	2.041 4	2.041 4	5.92
唇部半径 R_4/D	—	0.035	0.035	
背部圆弧半径 R_5/D	—	5.508 7	5.508 7	—
下壁面直管段长度 L_{zd}/D	0.957 3	0	0.965	0.80
上壁面直管段长度 L_{zu}/D	2.217 3	1.243	2.208	−0.42

　　最后,既然该参数化设计方法同时适用于艉板安装的长流道、短流道、高流道和矮流道设计,完全可以称之为基于单一几何参数控制的通用化流道设计,那么,能否适用于浸没式喷泵的进水流道设计呢? 仔细观察美军试验用 AWJ - 21 浸没式喷泵,可知,一方面存在喷口下倾角,且该下倾角等于轴系倾角;另一方面流道下

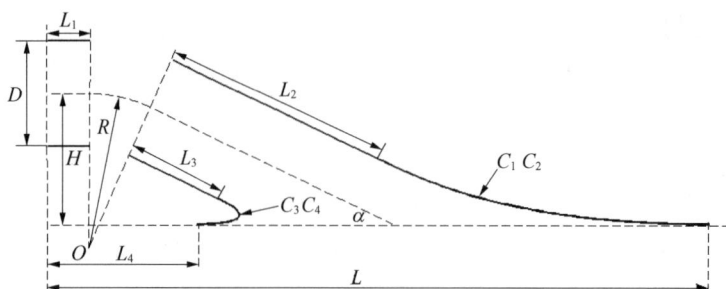

图 3.29　MJP750 进水流道轴面曲线

壁面不仅没有直管段,而且流道出口的高度几乎减小至极限,如相对安装高度取值 0.6,甚至更小。结合上节分析可知,无论是否考虑船尾上扬角影响,前文得出的轴面投影曲线建立方法同样适用于浸没式流道设计。那么,最后的问题就转化为了如何来确定相对最优的进口截面。再次参照 AWJ - 21 的流道截面图,一方面可以看出流道倾角较小,甚至可能不足 20°;另一方面流道进口截面已经由常见的平进口式变为了内凹的复杂曲面,以保证未流入进水流道的流体能够顺畅地流向船尾下游,减小流动阻塞。在尚未进行流动性能校核的条件下,可初步选取如图 3.5 所示轴面投影图中的 A_5A_8 中点为特征点 A_c,相当于为流道的轴面投影曲线增加两段圆弧,一段为过 A_c 和 A_9 点且与水平面相切,另一段为过 A_{12} 和 A_c 点且与前一段圆弧外切,如图 3.30 所示,在保持进口截面四周边缘曲线同样为方形与半椭圆组合曲线不变的情况下,即可精确确定内凹式进口截面的三维曲面,由此完成了基于单一几何参数控制的浸没式喷泵进水流道参数化设计,证明了本设计方法的通用性价值。

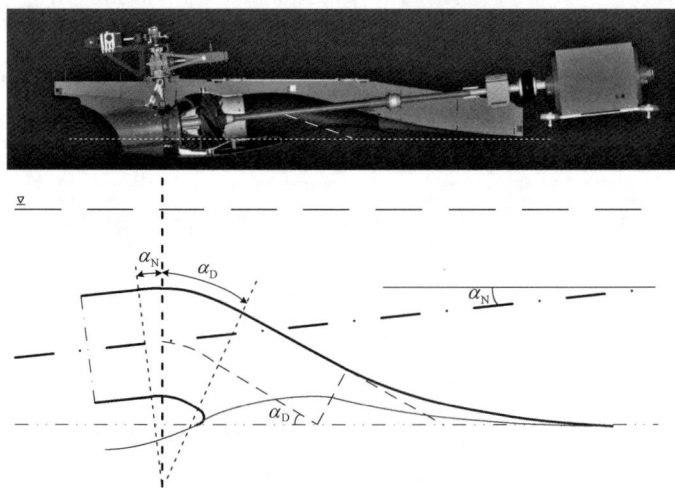

图 3.30　浸没式喷泵进水流道的参数化设计

3.3.5　汇聚式进水流道参数化设计扩展应用

在上述完成单泵-单进水流道基于单一几何参数控制的参数化设计与可靠性校验的基础上,潜艇内置式泵喷推进系统还涉及单泵-汇聚式多进水流道的设计,有必要进一步讨论在保持流道流体动力性能不变的情况下,如何将单进水流道扩展为汇聚式多进水流道设计方案,以适应锥形艇尾型线的安装要求。

依据设计经验,汇聚式进水流道的轴面曲线有两种结构形式,一种是直接将单流道轴面曲线镜像操作后径向叠加,主管直径等于支管直径的两倍,即泵进口直径等于单流道出口直径的 2 倍,如图 3.31(a)所示;另一种是将单流道轴面曲线中的上壁面弯管段去掉后,再进行镜像操作与径向叠加,如图 3.31(b)所示,此时主管直径介于支管直径和 2 倍直径之间。这两种结构形式的轴向长度以及单边径向安装高度都可以通过流道下壁面增加直管段来进行调节,其参数化控制方法与前述分

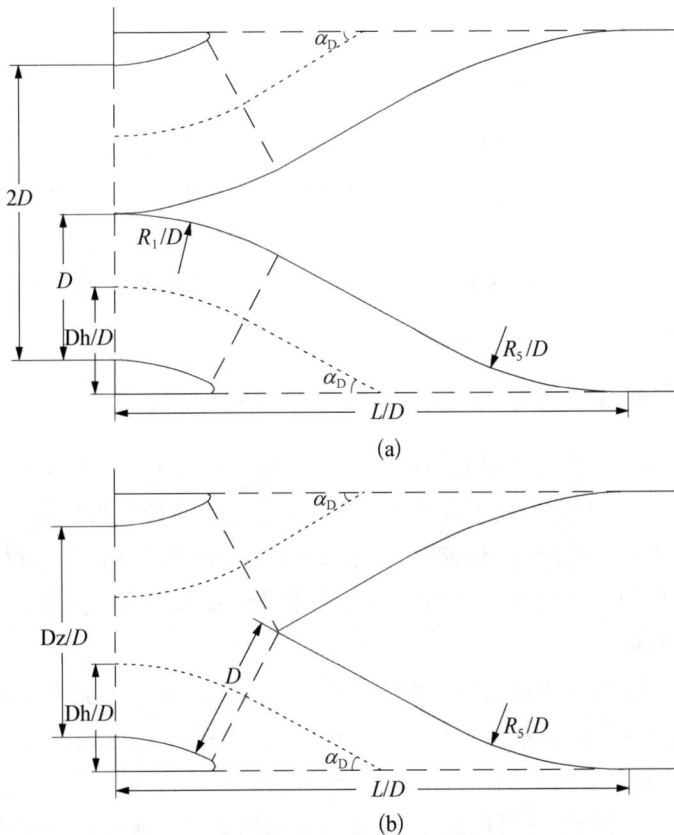

图 3.31　汇聚式多进水流道的参数化设计

(a) 单流道镜像后叠加;(b) 单流道去上壁面弯管段后镜像再叠加

析相同。从减小艇尾结构强度破坏程度的角度来看,第二种结构形式更加适应于锥形艇尾型线的有限安装空间需求,更加合理。

根据几何换算关系可得主管直径表达式为

$$\mathrm{D}z/D = 2\left[1 - R_1/D \cdot (1 - \cos \alpha_\mathrm{D})\right] \tag{3.32}$$

因潜用低速进水流道的流道倾角推荐范围为 $20° \sim 26°$,可知,一方面,汇聚式流道直径由流道倾角和单边流道的径向安装高度唯一确定。另一方面,单边径向安装高度一定时,流道倾角越小,主管直径越大,与流道适应高航速的变化趋势一致;流道倾角一定时,单边径向安装高度越大,主管直径越小,表明单流道出流汇合可以更快地完成。由此可得,在单边流道径向安装高度 $0.65 \leqslant \dfrac{\mathrm{Dh}}{D} \leqslant 0.7$ 范围内,汇聚式流道主管直径的典型取值范围为 $1.531 \leqslant \dfrac{\mathrm{Dz}}{D} \leqslant 1.695$,或者说在确定泵进口直径 D_pump 后,单边进水流道的出口直径范围为 $0.589 \leqslant \dfrac{D}{D_\mathrm{pump}} \leqslant 0.653$。将前述设计好的归一化单进水流道直径缩放至该范围内后,不仅可以保持单流道的流体动力性能不变,而且流体汇聚后能够满足推进泵的进流品质要求。从设计经验来看,因单边流道缺少了上壁面弯管段的整流作用,在单边流道出流径向速度分量的扰动下,主管出口中心区域的速度不均匀度将有所增加,不利于泵性能的发挥,因此,主管出口直径宜取值偏大一点为佳。

3.4 泵类推进系统进水流道流体动力性能的评价指标

当前,进水流道性能评估通常采用试验测量或黏性 CFD 计算分析,或者将两者结合使用。为了更清晰地体现进水流道在整个泵推系统发挥优异性能过程中的作用和地位,有必要系统地归纳进水流道的性能评估指标,并将其按权重高低进行排序,从而更好地指导流道本身的几何参数化设计及其与泵推进单元之间匹配时的优化改进设计。

如前文所述,进水流道的核心功能是在满足泵推进单元进流流量的基础上,尽可能发挥泵推系统高效率、抗空化和低噪声的性能特点。与之对应,进水流道的设计目标是在满足进流流量的条件下使得流道的体积、重量、能量损失以及出口轴向速度不均匀度尽可能小。可以看出,泵推进单元的关键性能参数如流量、扬程和抗空化净正吸头都在流道的设计目标中得以体现,保证流道性能、匹配泵使用需求,进而发挥泵推系统的推进性能,三者在本质上是一致的。

3.4.1　进水流道效率

上节已经完成了流道出口安装高度(也即喷口中心高度)典型取值范围 0.65~0.85 和 1.0~1.5 内的平进口式进水流道参数化设计,并且是基于流道倾角这一单一几何参数。总体上看,决定进水流道是否选用的第一标准是流道效率,而满足流量这一基本要求直接包含在效率表达式中,其定义为

$$\eta_i = \frac{E_{\text{out}}}{E_{\text{in}}} = \frac{V_{\text{pump}}^2/(2g) + \text{Dh}}{V_{\text{in}}^2/(2g)} = \frac{P_{\text{pump}}^{\text{T}}}{P_{\text{in}}^{\text{T}}} \tag{3.33}$$

式中, E_{out} 和 E_{in} 分别为流道出口和进口能量; V_{pump} 为泵进口平均速度,亦为流道出口平均速度; V_{in} 为流道进口平均速度; $P_{\text{pump}}^{\text{T}}$ 和 P_{in}^{T} 分别为流道出口与进口总压。

依据喷泵系统总推进效率表达式

$$\eta_d = \frac{1-t}{1-\omega} \cdot \eta_{\text{pump}} \cdot \frac{2\mu(1-\mu)}{(1+\phi) - \mu^2(1-\varepsilon)} \tag{3.34}$$

式中, t 和 ω 分别为推力减额系数和伴流系数; ε 和 ϕ 分别为流道进口能量损失系数和喷口能量损失系数; η_{pump} 为泵水力效率; μ 为喷速比,定义为 $\mu = V_{\text{in}}/V_j$,其中 V_j 为泵喷口平均速度。由式(3.34)可知,当常系数一定时,喷速比位于 0.6~0.75 范围内时喷泵系统的总推进效率最高。此时,用于匹配泵单元的进水流道的期望进速比 IVR (IVR= $V_{\text{ship}}/V_{\text{pump}}$, V_{ship} 为航速)位于 1.3~1.8 范围内。将进速比和喷速比变量代入式(3.33)可得流道效率为

$$\eta_i = \frac{1}{2g} \cdot \frac{V_{\text{ship}}^2}{V_j^2 \mu^2 \text{IVR}^2} + \frac{2gh_j}{V_j^2 \mu^2} \tag{3.35}$$

其中,不考虑喷口下倾角时,喷口中心高度 h_j 与流道出口中心高度 Dh 相同。泵选型设计完成后,喷速比、喷口面积、喷口平均速度均确定,则流道效率近似反比于进速比的二次方。当进速比为 1.8 时,设计航速通常达到 50 kn,此时因管道内流动分离和空化产生,流道效率通常难以保证。因此,众多研究机构在单独试验测量流道的流体动力性能时,通常将进速比 IVR 作为关键控制参数,以分析流道出口轴向速度分布、流道壁面压力分布、空化形态以及空化初生时机等变量随进速比的变化规律,以定量描述流道性能。

此外,从式(3.34)可以看出,流道进口的能量损失系数会直接拉低总推进效率。鉴于准确确定进口能量损失系数的前提是捕捉虚拟流管来真实获取进入流道的水流截面,如图 3.32 所示,无论是采用试验测量还是 CFD 计算都难以实现,因此该系数多用于理论分析、建模仿真或者是在泵选型设计时直接给定为经验系数。

CFD 计算时可以在结果后处理中直接提取流道真实进口面和出口的总压,进而求取流道效率。根据经验和 ITTC 会议推荐,真实进流面通常取在进口切点 A_9 上游一倍的出口直径处,真实进流面的垂向范围可用半椭圆来限定。需要注意的是,采用 CFD 计算进水流道的流体动力性能时,为了尽可能合理地与循环水槽试验测量时相对应,在上游面设置为速度进口边界条件后,船底下游面建议设置为等静压力出口边界条件,速度分布为求解量,并且流道出口设置为流量出口边界条件,该流量匹配泵需求流量,且出口截面的非均匀速度分布为求解量,如图 3.33 所示。

图 3.32　某进水流道虚拟流管面

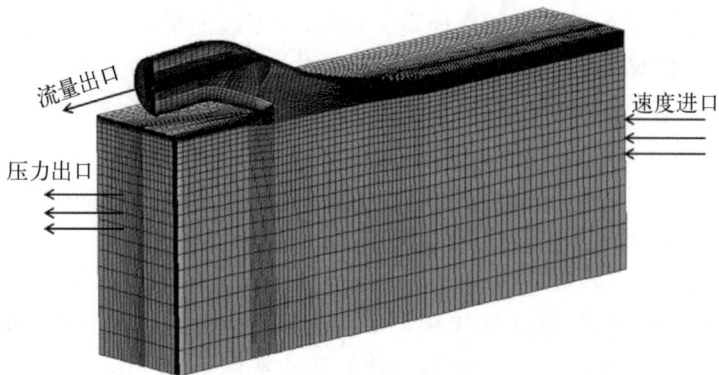

图 3.33　某进水流道流体性能 CFD 计算时离散网格及进出口边界条件

3.4.2　进水流道截面速度分布

效率是进水流道性能的一个全局衡量参数。从式(3.33)可知,计算效率时聚焦的是基于质量流量平均的流道进、出口截面平均速度,是从流体能量的角度进行描述。但是,流道的核心功能除了体现在积分流量和平均速度外,还体现在与泵效率密切相关的截面速度场分布上,尤其是流道进口面的垂向速度分布(平进口式流道)和出口面的轴向速度分布。对于流道出口面的速度分布来说(暂不考虑喷口下倾角），无论是垂向方向的速度梯度，还是叶轮旋向、驱动轴旋转带来的左右舷速度不对称度，以及反应轴向速度分量能量占比的速度不均匀度，都应该是流道内部沿中轴曲线不同截面的速度分布的分析对象，而且还应总结轴向速度分量分布随进速比的变化规律，反过来从性能的角度对进水流道几何参数化设计做出调整设计。

此外，尤其需要对流道出口截面的速度分量在二维平面上的分布特征进行量化分析，如图 3.34 所示。不同半径处的轴向速度分量沿周向角的分布规律及其平均值与转子叶片叶截面的进流角和入射角直接相关，如图 3.35 所示，不仅直接影响转子叶片受力和空化性能，而且有助于找到临界最佳侧斜角，值得细化分析。图 3.34 中，$v_x(r, \theta)$ 为轴向速度分量。图 3.35 中，偏离角为泵进口真实进流角 β_{real} 与均匀来流条件下理想进流角 β_{ideal} 之间的偏差角度，分别定义为

$$\delta(r, \theta) = -\int_A \arctan \frac{v_x(r, \theta)}{R\Omega + v_\theta(r, \theta)} \, \mathrm{d}A / A_{\text{pump}}$$

$$\beta_{\text{ideal}} = \arctan \left(\frac{V_{\text{pump}}}{R\Omega} \right), \quad \beta_{\text{real}}(r, \theta) = \arctan \frac{v_x(r, \theta)}{R\Omega + v_\theta(r, \theta)} \tag{3.36}$$

$$\delta(r, \theta) = \beta_{\text{ideal}} - \beta_{\text{real}}(r, \theta)$$

式中，A_{pump} 为泵进口面积，也是流道出口面积。显然，真实进流角和偏离角都与径向位置和周向角度有关。当偏离角为 0 时，泵进口对应为理想的垂直入射进流，无周向速度分量。偏离角越小，表明进水流道的出流品质越高。为了更加直观地描述流道出流品质，引入平均轴向速度分量的正则度系数

$$\lambda = \frac{\int_A \beta_{\text{real}}(r, \theta) \mathrm{d}A / A}{\beta_{\text{ideal}}} = \frac{\int_A \arctan \dfrac{v_x(r, \theta)}{R\Omega + v_\theta(r, \theta)} \mathrm{d}A / A_{\text{pump}}}{\arctan \left(\dfrac{V_{\text{pump}}}{R\Omega} \right)} \tag{3.37}$$

当 $\lambda = 1$ 时，泵进口为理想的垂直入射进流。再联合流道出口的轴向速度分量不均匀度系数

$$\xi = \frac{1}{Q} \int_A \sqrt{[v_x(r, \theta) - V_{\text{pump}}]^2} \, \mathrm{d}A$$

则可以从流道出口速度的幅值和角度两个维度来综合评价出流品质，进而为泵转子叶片设计提供充分信息。

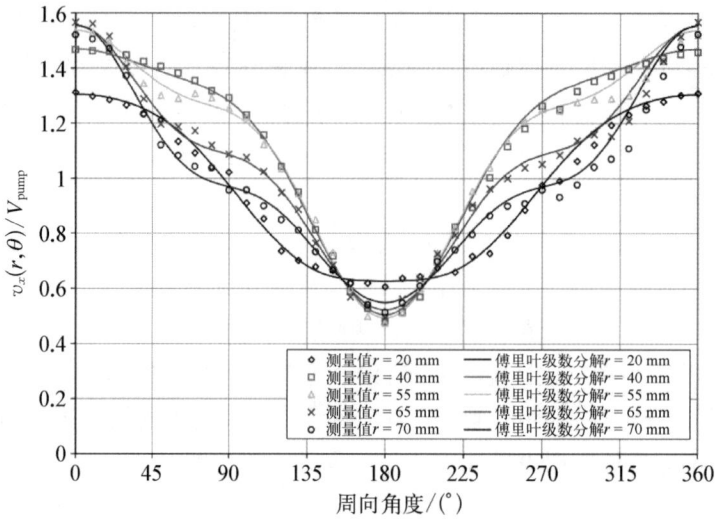

图 3.34　某进水流道给定进速比时出口不同半径处轴向速度分量沿周向分布示意

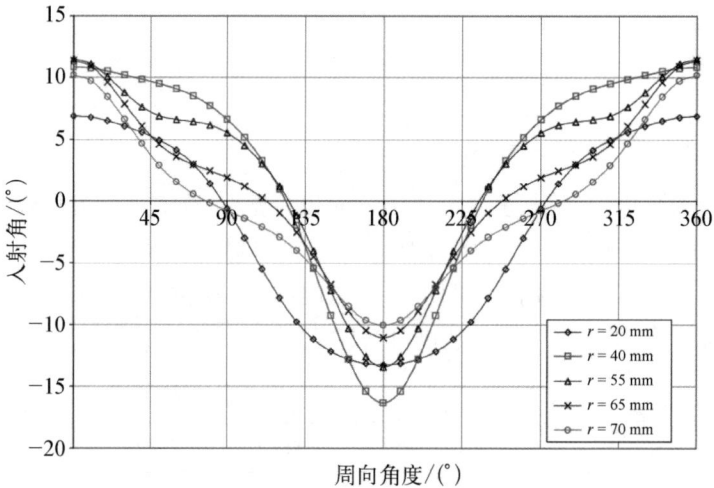

图 3.35　某进水流道给定进速比时出口不同半径处沿周向分布的入射角

3.4.3　进水流道壁面压力分布和空化

与流道内部沿中轴曲线的截面速度分布对应的是流道壁面压力分布。壁面压力分布是衡量进水流道流体动力性能最直接、最本质的物理量,不仅与流道几何参数和壁面粗糙度相关,而且与流动工况、是否有驱动轴以及轴是否旋转、是否产生流动分离、是否出现空化及空化形态密切相关。典型的某进水流道在不同进速比条件下流道壁面压力系数分布如图 3.36 所示。可以看到,压力系数分布不仅可以直观反映最小压力点,而且可以捕捉到压力变化剧烈点,进而可以由此对应流动驻

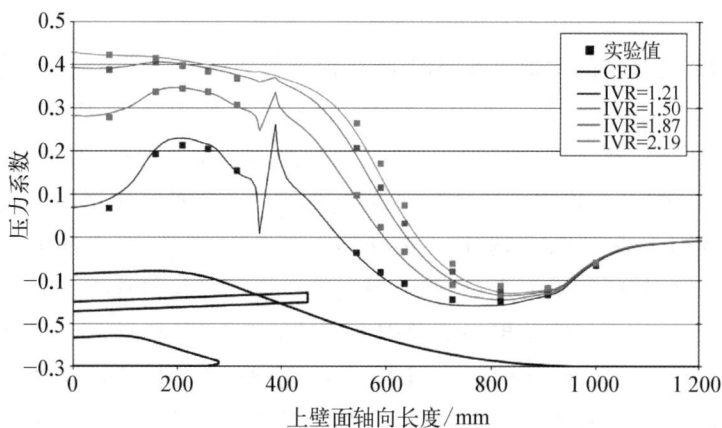

图 3.36 某进水流道不同进速比时流道壁面压力系数分布

点、流动分离、空穴区等现象。

图 3.36 中,压力系数定义式为

$$C_p = \frac{p - p_{\text{ref}}}{\frac{1}{2}\rho V_\infty^2} \tag{3.38}$$

式中,p_{ref} 为参考压力;V_∞ 为与试验测量时水槽来流速度对应的进流速度。在此基础上,空化既可以通过压力系数分布中的低压区来描述,如图 3.37 所示的某进水流道唇部低压区位置清晰可见,也可以更准确地通过多相流 CFD 模拟来捕捉空化形态和空穴位置。

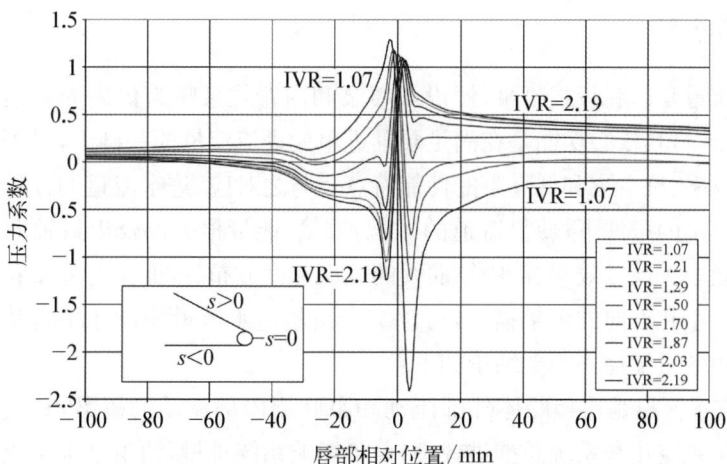

图 3.37 某进水流道不同进速比时唇部压力系数分布

3.4.4　进水流道壁面轴向力和垂向力

与导管螺旋桨中的导管部件类似,进水流道作为固体壁面,也存在受力及其分量。大量研究表明,泵类推进系统与船体之间的相互作用系数,如推力减额系数,表现出不同于传统螺旋桨的规律,这正是泵类推进系统高速高效的原因之一[23]。在部分中高航速区间,推力减额系数为负值,即因为进流抽吸作用以及流道壁面受力,使得船体阻力甚至比相同航速下的裸船阻力更小。尽管泵类推进系统中负推力减额具体的作用机制尚未十分明确,但文献[11,15,17]通常将其原因之一聚焦于中高航速下流道不仅能够更好地利用来流动能,而且流道壁面表现出较强的垂向力,能够减小船体尾倾,从而减小阻力。该分析说明,分析流道在轴向和垂向方向上的积分力的大小和方向是有必要的,对于保证泵类推进系统整体推进性能的发挥是有利的。

3.4.5　进水流道航速适应范围

前文已述,KaMeWa 公司当前已经成功设计出航速高达 44 kn 且并无流动分离和空化产生的喷泵进水流道。经过实践,KaMeWa 公司还推荐给出了"设计航速时典型喷泵进水流道 IVR 值位于 1.3~1.8 范围内时性能最佳"的经验。其中,IVR 定义为航速与流道出口平均速度的比值。显然,给定进速比后,可由需求设计航速估算泵进口面积以及流道出口直径。由此,进速比就成了匹配流道几何参数与泵几何参数的一个桥梁。流道设计首先要满足设计航速性能,但也要兼顾低航速需求,特别是船体存在驼峰阻力时,还需要以该驼峰阻力航速为设计点进行校核。因此,对于同一流道来说,尽可能扩大其无空化和流动分离的航速适应范围也是其性能的一种表现,也需要定量分析讨论。

3.5　本章小结

进水流道是以艉板式喷泵、浸没式喷泵和内置式泵喷为代表的泵推系统中的关键部件之一,其核心功能是在满足泵推进单元进流流量的基础上,尽可能发挥泵推系统高效率、抗空化和低噪声的性能特点。与之对应,进水流道的设计目标是在满足进流流量的条件下,使得流道的体积、重量、能量损失以及出口轴向速度不均匀度尽可能小。通过效率、沿中轴曲线的截面速度分布、壁面压力分布和空化以及壁面受力大小和方向的定量描述,可以综合衡量进水流道的设计品质及其与泵推进单元之间的适配性。主要结论如下:

(1)进水流道是连接船体外部流动和泵叶栅内部流动的桥梁,其设计质量不仅直接影响泵空化和系统总推进效率,而且影响系统重量,约束泵推系统的装船应用。理想流道性能的标志是能量损失小、出口轴向速度均匀度高。工程应用中流道的能量损失不可避免,流道效率不仅与流道几何参数和流动工况相关,而且受设计航速高低、安装空间大小、体积、重量约束等要素影响,应对进水流道高品质设计给予足够的重视。

(2) 建立了基于流道倾角单一几何参数控制的进水流道参数化设计方法,既适用于低航速紧凑型的流道设计,也适用于中高航速保持体积、重量尽可能小的流道设计,还适用于浸没式喷泵的流道设计。轴面曲线型线以平进口式进水流道参数化设计为基础,可以变换实现增加船尾上扬角以及喷口存在下倾角时的流道设计。流道进口截面曲线为梯形、方形和半椭圆的组合曲线,浸没式流道的进口截面由平进口改变为内凹的复杂曲面。构造流道上壁面辅助曲线和截面型线后,可以较准确地完成流道三维曲面几何形状的绘制。在合理确定支管与主管直径比后,单泵-单进水流道系统可扩展为单泵-汇聚式多进水流道系统,其支管与主管的直径比由流道倾角和单边流道的径向安装高度唯一确定。

(3) 采用单一几何控制参数设计的高速进水流道,与 CCDoTT 采用 5 个全局控制参数完成的长流道设计相比,除背部圆弧半径偏小约 5% 外,其余总体参数偏差均小于 4%;与短流道设计相比,除了唇部长度偏大约 5% 外,流道总长与弯管半径的偏差均小于 1%,且其余设计参量的偏差均控制在 2% 以内;再次完成的某中高航速进水流道,与国际一流喷泵推进厂商 MJP 公司的 MJP750 流道原几何参数相比,除流道总长更短、唇部下缘更长(两者均偏差约 20%)外,弯管上壁面半径偏差小于 6%,下壁面和上壁面的直管段长度均偏差小于 1%,非常贴近于原流道几何参数。流道总长和唇部下缘长度存在偏差的原因是 MJP 几何形状背部区域和唇部区域均采用贝塞尔曲线,并未采用圆弧方案。两种流道设计校验很好地证明了本设计方法的工程适用性。

(4) 当流道出口相对安装高度位于 0.6～0.85 范围内时,流道下壁面无直管段,弯管段直接与唇部相连,上壁面由弯管段、直管段和背部圆弧段组成;当出口安装高度比位于 1.0～1.5 范围内时,流道下壁面增加直管段且控制直管段长度最小,唇部采用圆弧段,流道上壁面由弯管段、直管段和背部圆弧段组成,直管段所增加的长度为下壁面最短直管段,流道总长和总体垂向安装高度相应增加。

第 4 章 推进泵叶梢间隙流场和空化流动的数值模拟与校验

泵和桨在"形"上的最大差异是从单一部件变成组合部件,关键在于增加了叶梢间隙流动,且整个叶梢截面弦长对应的间隙值通常保持不变,与导管桨有所不同。叶顶间隙的存在不仅直接改变了转子叶型,而且改变了叶片表面的载荷分布规律,随之而来的变化是泵叶片不仅具备了高速抗空化的性能,而且转子叶片的直接辐射噪声指向性也不再是传统螺旋桨的"∞"形。不仅如此,有限长导管内单个转子的空化试验结果还表明,转子空化初生形态已经由典型的螺旋桨梢涡空化演变为以叶梢截面泄漏涡空化为主,且通常与随边脱落的梢涡空化并存,可见涡间流动干扰以及间隙流动对转子叶片水动力性能的影响要比桨叶复杂得多。可以说,叶梢间隙流动是从桨到泵过渡演变的升华之处,梢涡间隙流场流动的数值计算与迭代求解不仅是推进泵水动力性能预报的关键和难点,更是其空化性能模拟以及抗空化叶型设计的基石,务必要重视。

4.1 螺旋桨梢涡精细流场的数值模拟与校验

螺旋桨梢涡精细流场模拟是与梢涡空化初生判定密切相关的热点课题,也是桨叶水动力性能预报的进一步深化应用。桨叶周向旋转过程中,叶尖梢涡流管通常呈漩涡状持续稳定地向下游延伸。鉴于叶梢部位的极小弦长几何参数以及压力面和吸力面之间的压差存在特征,梢涡流管内的流体流动与桨叶主要承载叶截面的流动差异显著,使得其数值模拟难度增加。加之叶梢部位的承载非常小,对桨叶力积分量的影响较弱,使得较多学者在桨叶水动力性能分析时直接将叶梢几何参数进行切割处理,以减小计算难度。从定性分析来看,要想准确、可信地分析螺旋桨梢涡精细流场,除了要保证叶梢几何参数真实外,还必须在原有主要关注桨叶力积分量的数值模型基础上,同时对湍流模型和网格离散加以改进[24-26]。

水动力性能数值预报时,通常采用定常 RANS 模拟方法,且湍流模型多采用鲁棒性和求解精度均非常好的 SST 湍流模型,其湍流黏度项 μ_t 为

$$\mu_t = \frac{\alpha_1 \rho_m k}{\max(\alpha_1 \omega, \; SF_2)} \tag{4.1}$$

式中，$\alpha_1 = 5/9$；S 为应变率；混合函数 $F_2 = \tanh\left\{\left[\max\left(\dfrac{2\sqrt{k}}{\beta' \omega y}, \dfrac{500\nu}{y^2 \omega}\right)\right]^2\right\}$，$\beta' = 0.09$，$\nu$ 为流体运动黏度，y 为近壁面距离。在自由流动区域时，$F_1 = 0$；而在近壁面区域时，$F_1 = 1$，由低雷诺数公式进行求解。数值模拟时，对这两个区域的界定同时取决于真实的物理流动特征和近壁面离散网格的空间布置。计算经验表明，若将 μ_t 修正为

$$\mu_t = \rho_m k / \omega \tag{4.2}$$

则在局部网格加密控制的前提下，可以适当扩大低雷数求解的范围，利用 SST 湍流模型中 ω 方程对曲率变化的适应性和 ε 方程对来流涡频率的不敏感性特征，更好地求解梢涡精细流动。

　　分别采用上述修正 SST 模型和基于 ω 方程的雷诺应力模型（BSL-RSM）计算标准 4 叶桨 E779A 的梢涡流场特征如图 4.1 所示。该图中，分析工况为进速系数 0.77，涡管同时以速度梯度的第二不变张量和旋转强度 λ_{ci} 来可视化描述，其中，第二变张量表达式为

$$Q^* = Q_\lambda / n^2, \quad Q_\lambda = \left(\frac{\partial u_i}{\partial x_j} - \frac{\partial u_j}{\partial x_i}\right)^2 - \left(\frac{\partial u_i}{\partial x_j} + \frac{\partial u_j}{\partial x_i}\right)^2 \tag{4.3}$$

式中，Q_λ 为涡量；n 为转速；$\partial u / \partial x$ 为速度分量对坐标方向的偏导数。可以看出，来流、叶梢边界层流与由逆压梯度引起的二次流相互作用促使梢涡卷曲起始，形成梢涡流动，并且主涡涡束对梢涡涡核具有明显的包裹作用。此时，桨叶周围结构化离散网格与该桨用于水动力性能预报时的网格比较如图 4.2 所示，可见叶梢径向区域、周向螺旋区域和尾流轴向区域均进行了局部加密处理，以适应梢涡流动模拟。两种湍流模型求解的梢涡流动形态效果相当，因 SST 模型计算耗时明显少于 RSM，后续推进泵梢涡流动模拟时仍首选修正 SST 湍流模型。

　　其中，BSL-RSM 湍流模型求解雷诺应力张量 τ_{ij} 的表达式对应为

$$\frac{\partial(\rho \tau_{ij})}{\partial t} + \frac{\partial(U_k \rho \tau_{ij})}{\partial x_k} = -\rho P_{ij} + \frac{2}{3} \beta' \rho \omega k \delta_{ij} - \rho \Pi_{ij} + \frac{\partial}{\partial x_k}\left[\left(\mu + \frac{\mu_t}{\sigma^*}\right) \frac{\partial \tau_{ij}}{\partial x_k}\right] \tag{4.4}$$

式中，i、j 和 k 为坐标变量；U_k 和 x_k 分别为 k 方向速度分量和位置信息；δ_{ij} 为克罗狄克算子，当 $i = j$ 时 $\delta_{ij} = 1$，否则为 0。

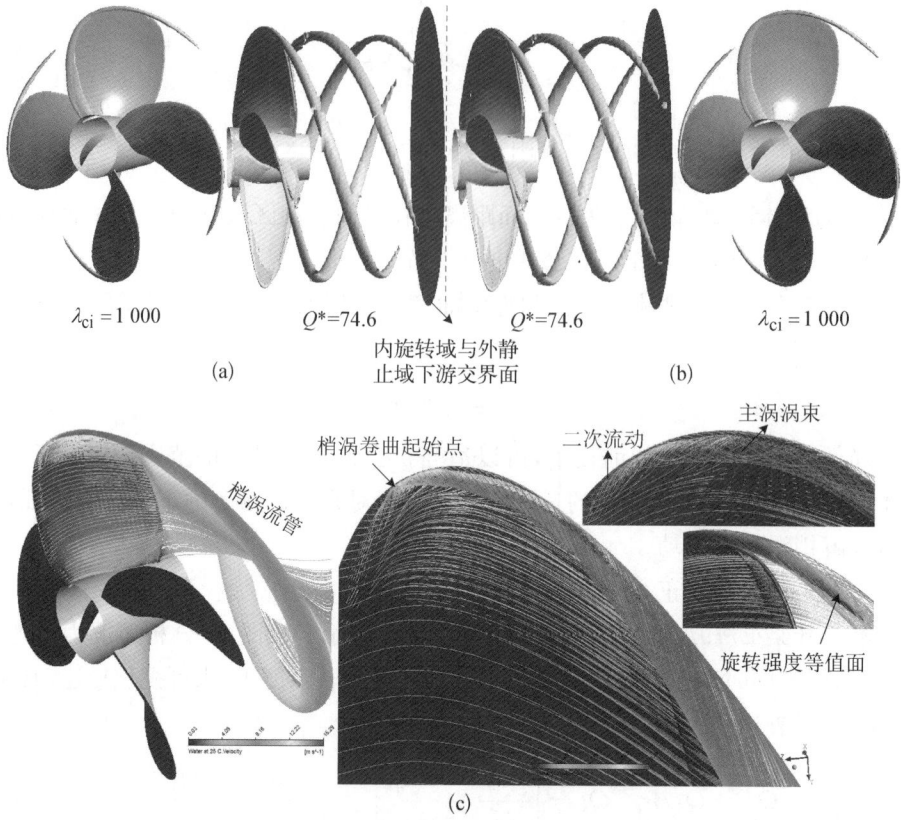

$\lambda_{ci} = 1\,000$ $Q^*=74.6$ $Q^*=74.6$ $\lambda_{ci} = 1\,000$

(a)

内旋转域与外静
止域下游交界面

(b)

梢涡流管

梢涡卷曲起始点

二次流动

主涡涡束

旋转强度等值面

(c)

图 4.1　E779A 桨梢涡流动模拟

（a）修正 SST 湍流模型；（b）BSL RSM 湍流模型；（c）修正 SST 模型模拟梢涡流动细节

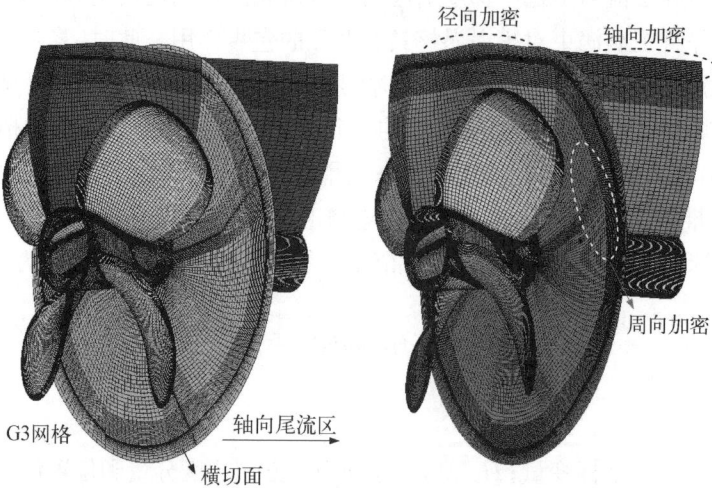

径向加密

轴向加密

周向加密

G3网格

轴向尾流区

横切面

图 4.2　E779A 桨梢涡流动模拟时局部网格加密控制

包含的 ω 输运方程为

$$\frac{\partial(\rho\omega)}{\partial t}+\partial(\boldsymbol{U}_k\rho\omega)=\alpha_3\frac{\omega}{k}P_k-\beta_3\rho\omega^2+\frac{\partial}{\partial x_k}\left[\left[\mu+\frac{\mu_t}{\sigma_{\omega3}}\right]\frac{\partial\omega}{\partial x_k}\right]$$

$$+(1-F_1)2\rho\frac{1}{\sigma_2\omega}\frac{\partial k}{\partial x_k}\frac{\partial\omega}{\partial x_k} \tag{4.5}$$

式中，P_k 为黏性力诱导的流体湍动。与 SST 湍流模型一样，该模型也采用过渡函数使流动求解由基于 ω 的模型转变为基于 ε 的模型。在基于 ω 的模型求解时，参数取值为 $\sigma_1^*=2.0$，$\sigma_1=2.0$，$\beta_1=0.075$，$\alpha_1=0.553$；基于 ε 的模型求解时，参数取值为 $\sigma_2^*=1.0$，$\sigma_2=0.856$，$\beta_2=0.082\,8$，$\alpha_2=0.44$。式(4.4)中压应力修正项表达式为

$$\Pi_{ij}=\beta'C_1\omega\left(\tau_{ij}+\frac{2}{3}k\delta_{ij}\right)-\hat{\alpha}\left(P_{ij}-\frac{2}{3}P\delta_{ij}\right)$$

$$-\hat{\beta}\left(D_{ij}-\frac{2}{3}P\delta_{ij}\right)-\hat{\gamma}k\left(S_{ij}-\frac{1}{3}S_{kk}\delta_{ij}\right) \tag{4.6}$$

式中，雷诺应力源项对应为

$$P_{ij}=\tau_{ik}\frac{\partial\boldsymbol{U}_j}{\partial x_k}+\tau_{jk}\frac{\partial\boldsymbol{U}_i}{\partial x_k};\ P=\frac{1}{2}P_{kk} \tag{4.7}$$

张量 D_{ij} 表达式为

$$D_{ij}=\tau_{ik}\frac{\partial\boldsymbol{U}_k}{\partial x_j}+\tau_{jk}\frac{\partial\boldsymbol{U}_k}{\partial x_i} \tag{4.8}$$

对应湍流黏度表达式为

$$\mu_t=\rho\frac{k}{\omega} \tag{4.9}$$

与修正 SST 湍流模型中采用表达式相同，由此也间接证明了修正湍流模型的合理性。式(4.6)中参量取值为 $\beta'=0.09$，$\hat{\alpha}=(8+C_2)/11$，$\hat{\beta}=(8C_2-2)/11$，$\hat{\gamma}=(60C_2-4)/55$，$C_1=1.8$，$C_2=0.52$。

为了定量评估螺旋桨梢涡精细流场，再以水面舰艇常用母型桨 DTMB5168 为对象进行校验，美国海军水面战研究中心（Naval Surface Warfare Center Carderock Division，NSWCCD）公开了该桨敞水性能、空化初生性能曲线、尾流速度分布以及梢涡流场特征的众多试验数据，具有足够的信服力。该桨设计直径为 402.7 mm，5 叶，设计螺距下设计进速系数为 1.27，梢涡流动测量主要针对进速系数 1.1 工况进行。

　　螺旋桨几何形状以及全结构化网格离散如图 4.3 所示。梢涡流动网格节点密度同时由沿桨叶径向方向、周向方向和轴向方向、桨叶壁面法向方向和叶截面弦长方向以及尾流轴向方向的节点进行控制。在桨叶导边区、随边区和叶梢区进行单独拓扑块关联并加密的基础上，为提高梢涡涡核运动轨迹的模拟精度，将桨叶 $0.8R$ 叶截面以上径向空间均进行局部加密处理，一直到内旋转域径向分界面处为止。桨叶近壁面仍采用 O 形网格以提高网格正交性。计算时未考虑毂涡流动，直接采用贯穿轴来模拟。

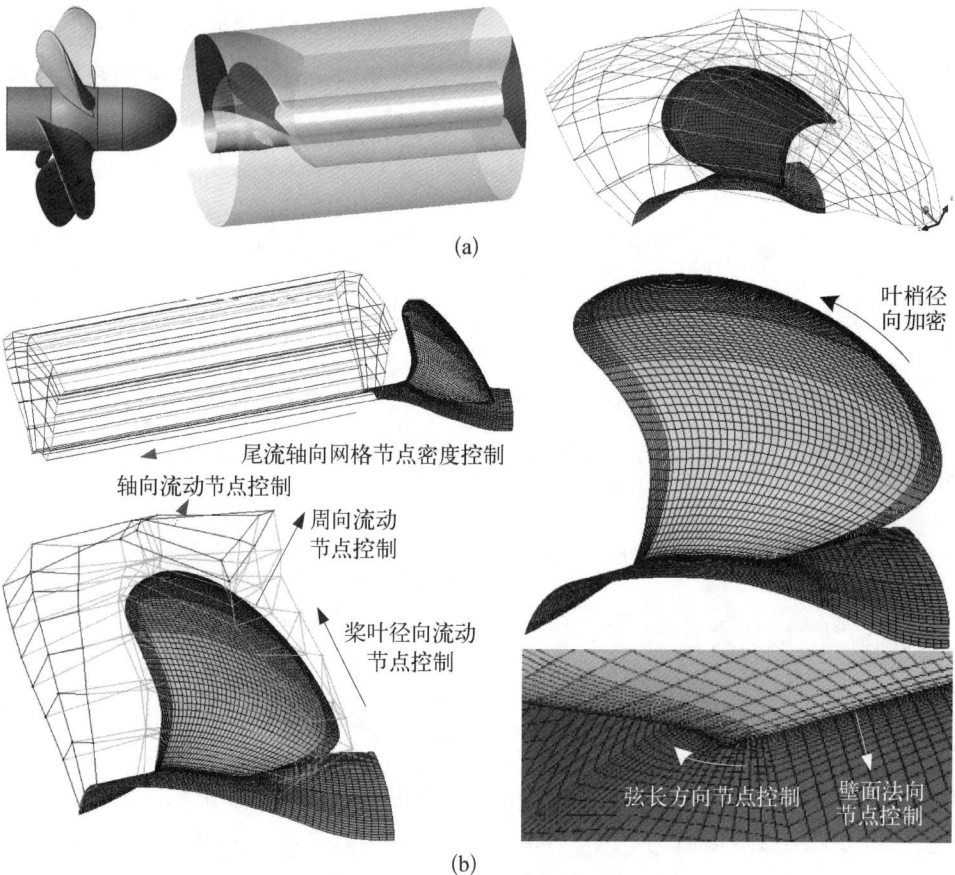

(a)

(b)

图 4.3　DTMB5168 桨几何形状、网格拓扑结构及壁面网格

(a) 桨叶几何和网格拓扑结构；(b) 梢涡流动区网格局部控制

　　计算时将桨叶缩小为标模直径 250 mm，以将计算资源集中用于模拟梢涡流动特征。转速取 20 r/s。计算得到螺旋桨敞水性能曲线与试验值比较如图 4.4 所示。除因几何尺度缩小使得推力和力矩系数略偏小外，在 0.95～1.55 进速系数区间内

预报得到的推力和力矩系数均与试验值吻合较好。计算得到近尾流轴向横切面
$0.238\,6R$ 轴向、周向和径向速度分量以及湍流速度脉动量分布与试验值比较如图
4.5 所示。图 4.5 中,湍流速度脉动量与湍动能之间的对应关系为 $q=\sqrt{2k}$ 。可以
看出,在进速系数 $J=1.1$ 工况下,近尾流面的三个速度分量以及湍流速度脉动量
均与试验值能吻合较好,特别是在叶梢径向位置能够定性模拟出梢涡的旋转特征。
需要注意的是,图中速度分量 $(v_\mathrm{a}, v_\mathrm{t}, v_\mathrm{r})$ 均对应为旋转坐标系中的变量,其与绝
对坐标系中速度分量 $(u_\mathrm{a}, u_\mathrm{t}, u_\mathrm{r})$ 的对应关系为

$$v_\mathrm{a}=u_\mathrm{a}, \ v_\mathrm{t}=u_\mathrm{t}-2\pi rn, \ v_\mathrm{r}=u_\mathrm{r} \tag{4.10}$$

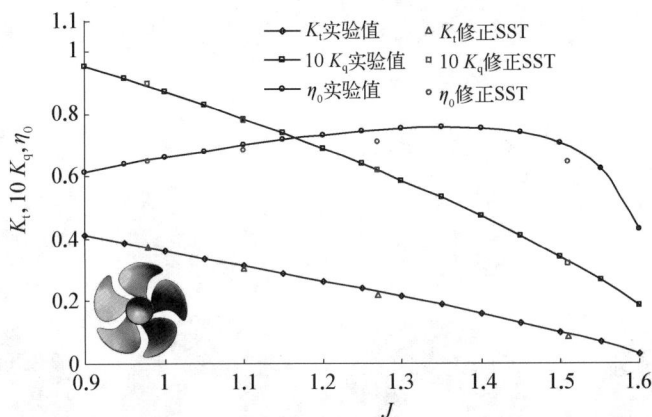

图 4.4 DTMB5168 桨敞水性能计算与校验

此时,该设计工况下桨叶梢涡流管形态以及涡核湍流速度脉动量分布如图 4.6 所
示,与前述 4 叶桨有一定的相似性。

计算得到该横切面上周向平均速度分量沿径向分布如图 4.7 所示。可以看
出,四种进速系数工况下,不同半径处轴向和周向速度分量均与试验值吻合很好,
径向速度分量在 $0.9R$ 叶截面以下部位与试验值之间存在较明显的偏差。计算得
到该平面上 $0.7R$ 和 $0.92R$ 径向位置处的速度分量沿周向分布如图 4.8 所示。图
中同时给出了两个径向位置处的试验值,但因无法得知测点布置周向角度,所以未
迭加在一起进行比较。可知,速度分量沿周向变化特征能够与试验值吻合。两个
径向位置处周向速度和径向速度分量的峰值均较试验值略小,存在一定的偏差。
计算得到的涡核中心距旋转轴距离随轴向位置变化与试验值比较如图 4.9 所示。
可以看出,在尾流轴向 $0.3R$ 距离以内,计算得到的涡核中心与试验值吻合较好。
但随着向下游方向移动,因网格节点数量的总体控制要求,在轴向方向上网格逐渐
稀化,使得预报涡核的径向距离较试验值稍大。

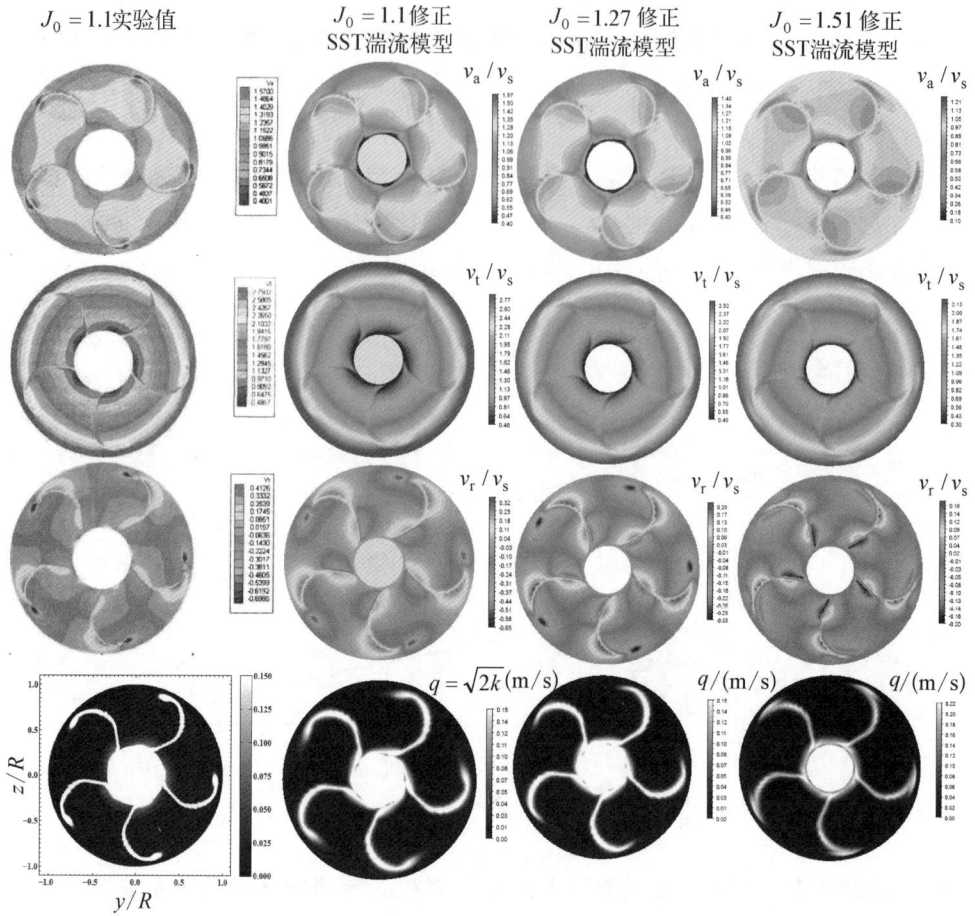

图 4.5 螺旋桨近尾流速度分量与湍流速度脉动量预报

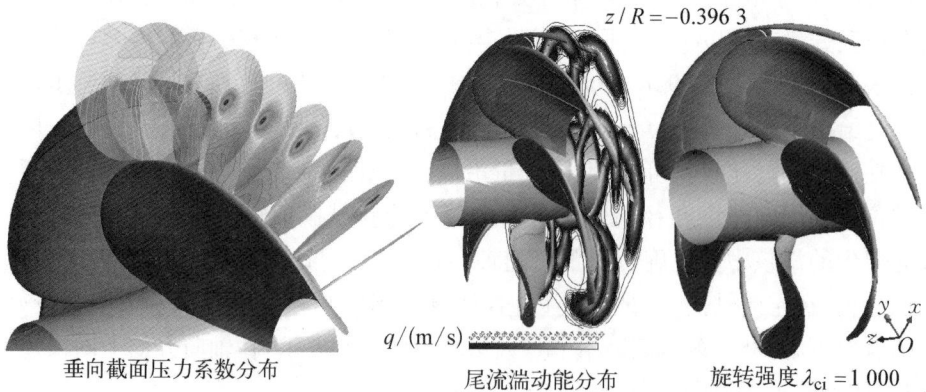

垂向截面压力系数分布　　　尾流湍动能分布　　　旋转强度 $\lambda_{ci} = 1\,000$

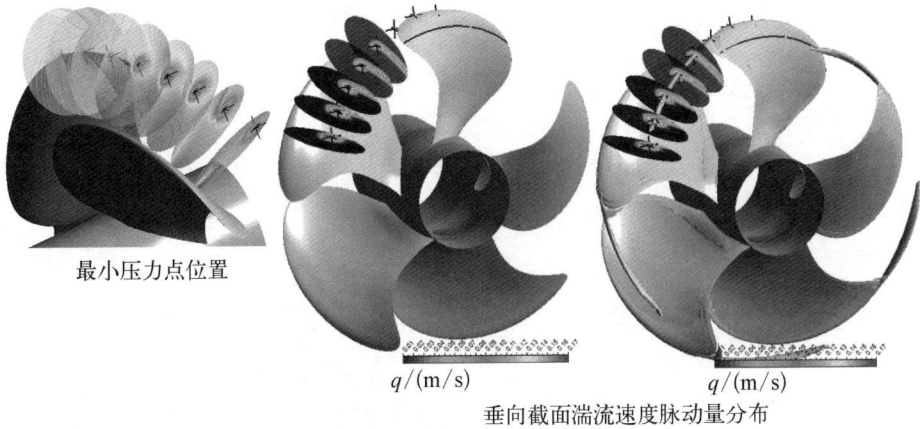

最小压力点位置

$q/(\text{m/s})$　　　$q/(\text{m/s})$

垂向截面湍流速度脉动量分布

图 4.6　螺旋桨梢涡运动轨迹、涡核压力和湍动能分布

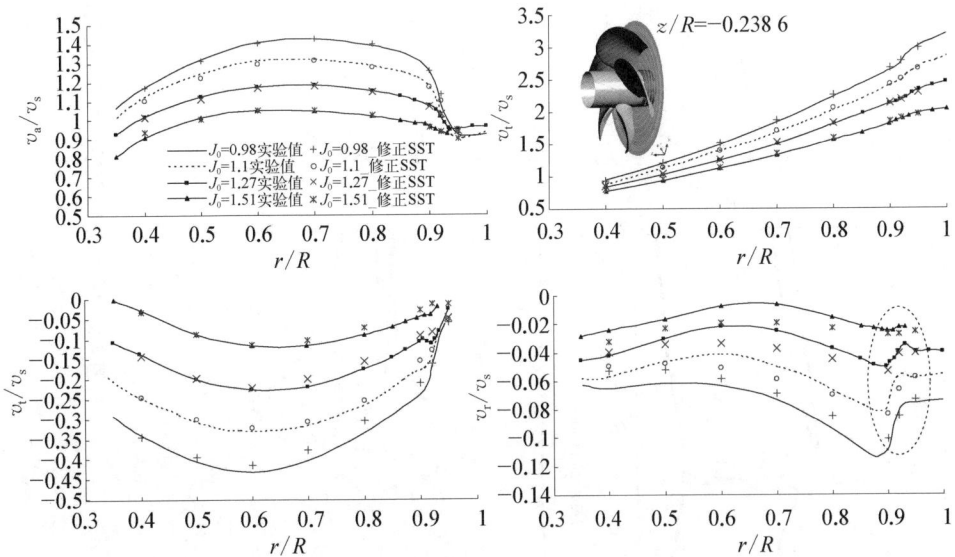

图 4.7　螺旋桨近尾流周向平均速度分量

　　由上述定量比较校验可知,所采用的修正 SST 湍流模型以及所建立的梢涡流场数值模型对于螺旋桨梢涡精细流动模拟来说是适用的、可信的,可以进一步用于推进泵叶梢间隙流场的数值模拟与分析。

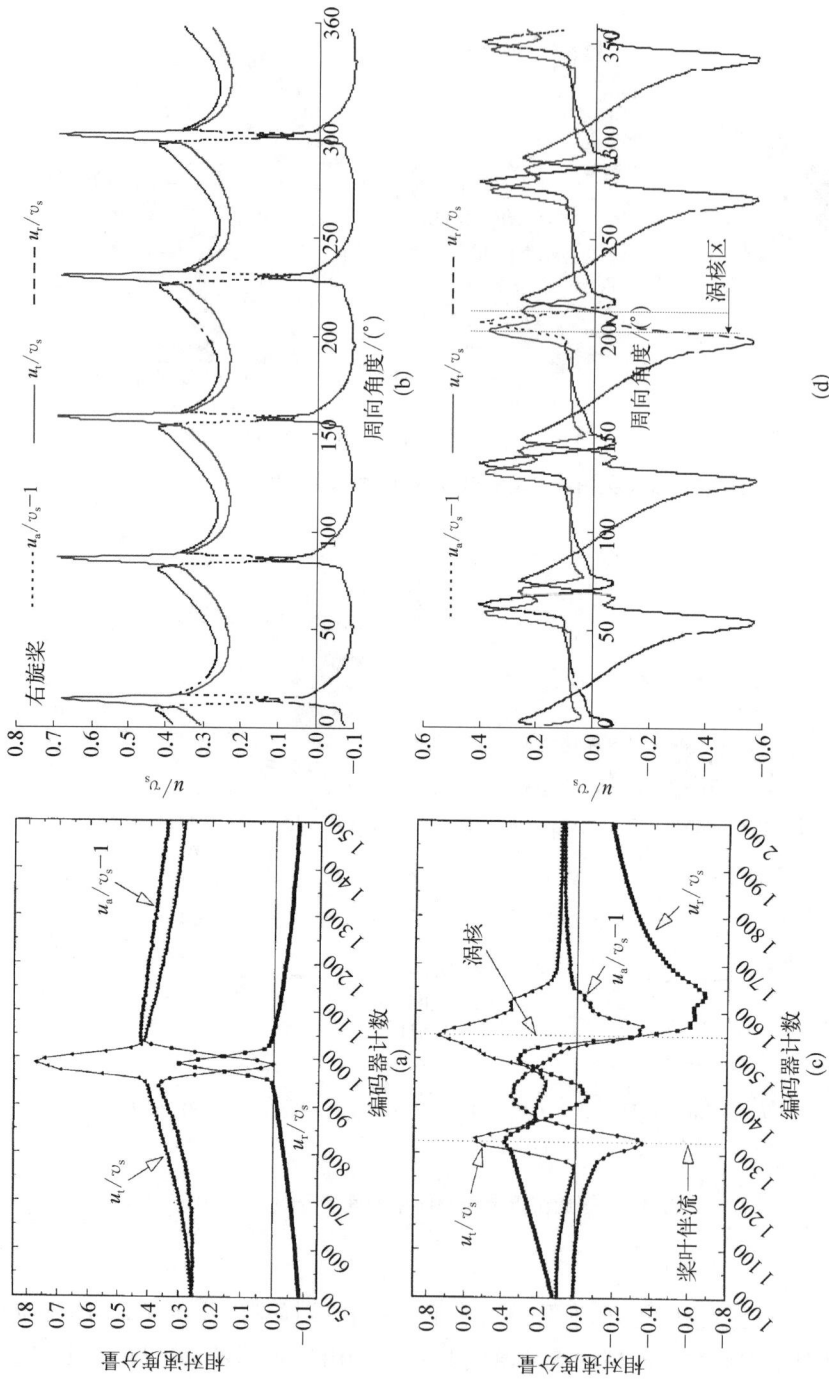

图 4.8 螺旋桨近尾流面速度分量随周向位置变化规律

(a) 左旋桨，$z = -0.238\,6R$，$r = 0.7R$_实验值；(b) 右旋桨，$z = -0.238\,6R$，$r = 0.7R$_计算值；(c) 左旋桨，$z = -0.238\,6R$，$r = 0.92R$_实验值；(d) 右旋桨，$z = -0.238\,6R$，$r = 0.92R$_计算值

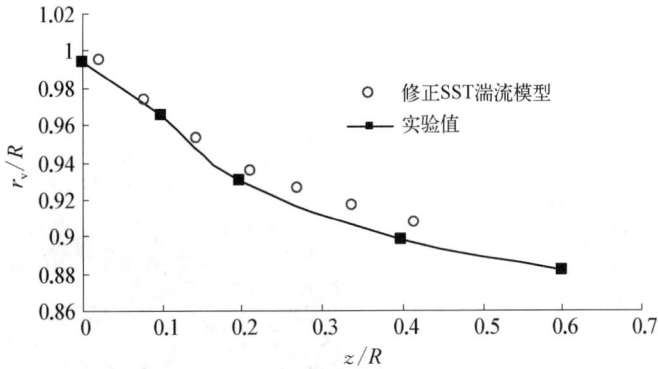

图 4.9　螺旋桨梢涡涡核运动轨迹

4.2　单转子梢涡精细流场的数值模拟与校验

从几何部件来说，单转子是介于螺旋桨和推进泵之间的过渡产物。当桨叶叶梢截面弦长不再明显减小，且增加叶梢间隙和导管壁面后，螺旋桨演变为单转子几何形状。NSWCCD 同样公开了 3 叶单转子 DTMB5206 的几何数据及其叶梢泄漏涡试验数据，可以用于定量校验数值模拟精度。

由上述试验数据可知，单转子直径为 850.265 mm（33.475 in），导管直径为 863.6 mm，叶梢截面弦长比 c/D 为 0.446，固定叶梢间隙为 6.667 5 mm。试验布置与单转子几何形状如图 4.10 所示。数值模拟时导管延伸至桨毂端面处，较试验测量时更长，主要是考虑后续推进泵分析时定子安装的空间需求。

转子叶片全结构化网格如图 4.11 所示，壁面首层网格节点距离直接采用目标 Y^+ 值 30 进行控制，与 Rolls‑Royce 公司推荐的"工程应用 CFD 计算时壁面 Y^+ 值取 30～60 时费效比最佳"保持一致。叶梢间隙内布置网格节点 36 层，叶梢截面边缘网格局部加密控制，以充分捕捉间隙流动细节。数值计算时边界条件为总压进口 45 Pa、转子转速 500 r/min，与试验测量时相同。计算得到转子推力为 11.776 kN，力矩为 1.716 kN·m，转换为推力系数 $K_T = 0.324$，力矩系数 $10K_q = 0.556$，与试验值比较可知，推力系数误差 +3.2%、力矩系数误差 −0.7%，可以进一步用于梢涡流动的校核分析。

计算得到的转子叶梢间隙流动的涡量场分布如图 4.12 所示，可知叶梢泄漏涡和随边脱落涡共存的现象清晰可见，与试验测量结果一致，并且叶梢泄漏涡作为主涡束，形成螺旋涡管后一直向下游延展，与单个桨叶的梢涡涡管向下游延展存在差异。试验测量时，梢涡流动测量面位于轴向切向并与涡管相交，数值计算时与之相同，如图 4.13 所示。其中，周向角度系数 S 定义为

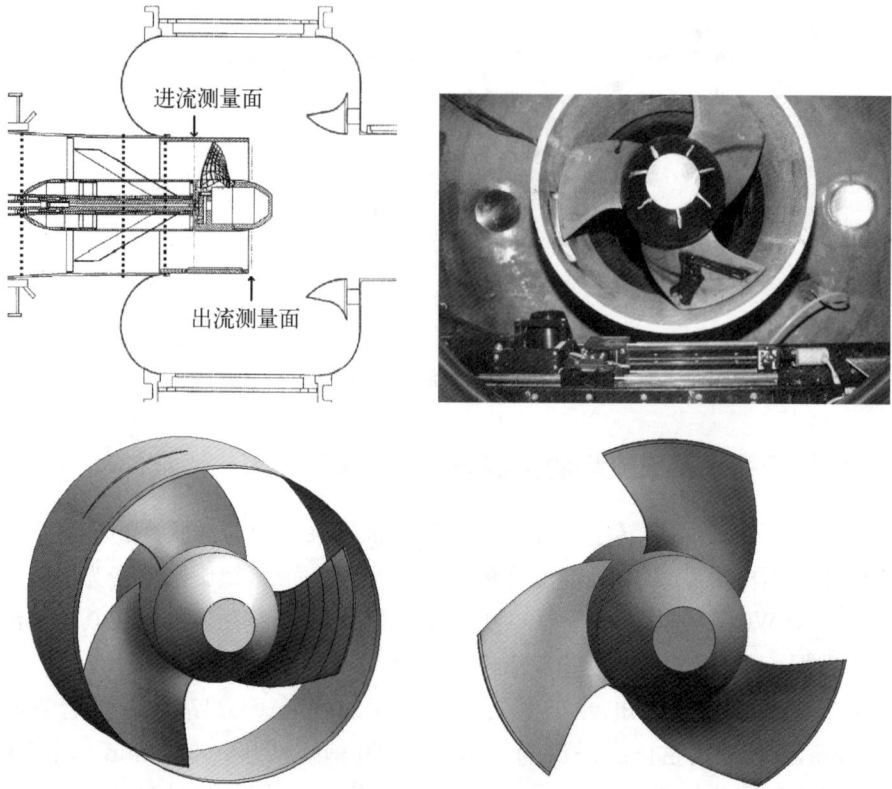

图 4.10　单转子几何形状及其试验测量布置

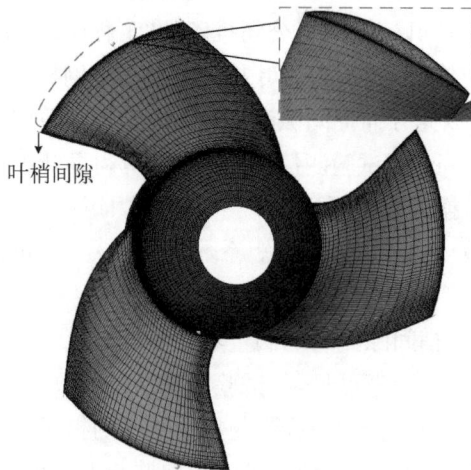

图 4.11　3叶单转子叶片全结构化网格离散

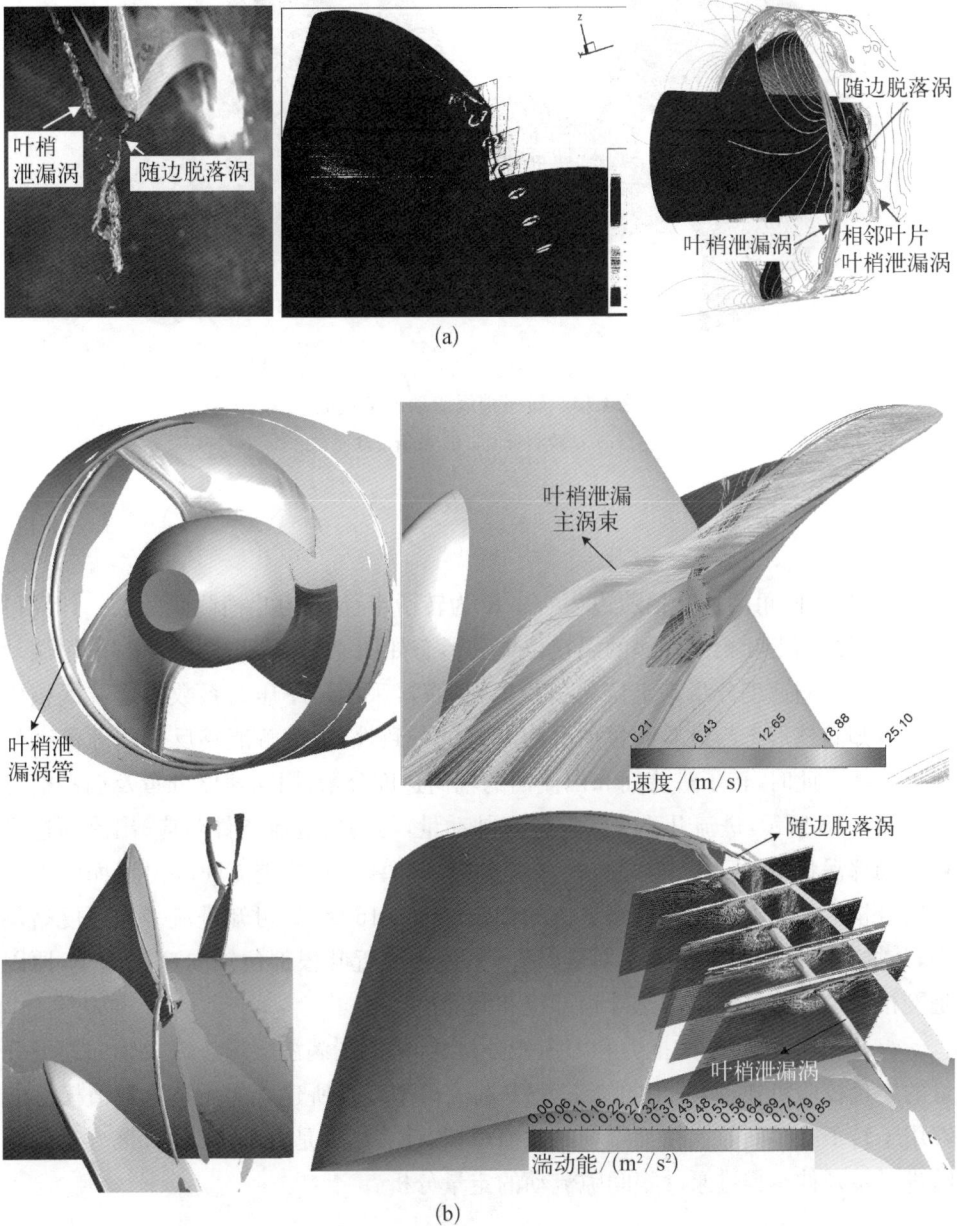

(a)

(b)

图 4.12　单转子叶梢间隙流动涡量场分布

（a）试验测量和文献计算值；（b）本文数值计算值

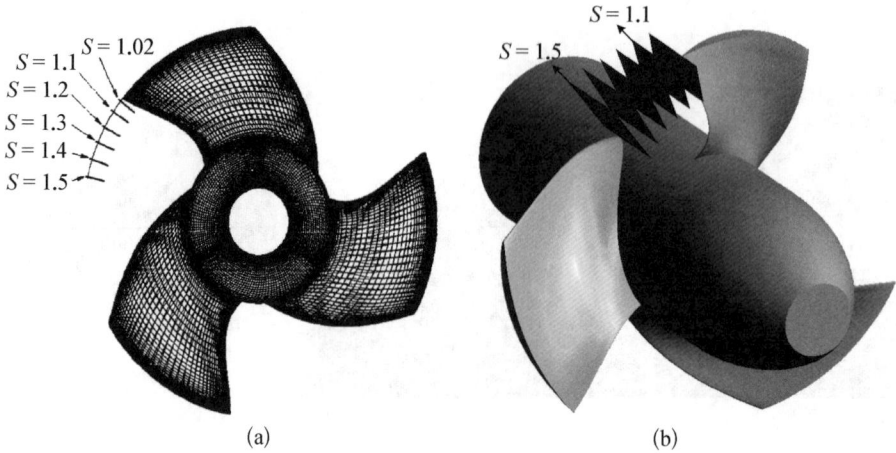

图 4.13　转子梢涡流动测量截面

(a) 试验测量面；(b) 数值计算面

$$S = \frac{\theta R}{c} \tag{4.11}$$

式中，θ 为周向角度且叶梢随边 $\theta = 0$；R 为转子半径；c 为叶梢截面弦长。计算得到的特征截面上叶梢泄漏涡的涡核位置和形态如图 4.14 所示，图中同时采用湍动能分布和周向速度分量来定位涡核位置，且直接采用最小压力系数来定位涡核中心。可知涡核形态与试验测量值具有较好的一致性，数值解能够反应间隙流动的主要特征。此时，转子进流面和出流面的轴向速度分量、周向速度分量及湍动能分布如图 4.15 所示，进流几乎无湍流速度脉动量，与均匀进流条件对应；出流面边缘存在局部涡量集聚现象，与间隙梢涡流对应。计算得到的进流面和出流面的轴向速度分量沿径向方向分布与测量值的比较如图 4.16 所示，可知进流平均速度略偏小，与推力系数误报为正误差对应；转子出流面靠近叶根部位轴向速度偏小，原因是网格加密控制主要集中于叶梢部位和间隙流。

综合上述，单转子的推力和力矩积分量、叶梢泄漏涡涡核形态以及轴向速度分量的定量校验可知，所采用的修正 SST 湍流模型以及所建立的无空化数值模型能够用于转子叶梢间隙涡精细流场的数值模拟，计算结果是合理可信的，该方法也能够进一步延伸至推进泵叶梢间隙流动的定量分析。

4.3　推进泵叶梢泄漏涡空化流动的数值模拟与校验

空化流动数值模拟通常以无空化流动数值模拟结果为初值，通过引入多相流模型和空化模型，定义相变临界压力阈值后，继续迭代收敛后求解得到。为了能够

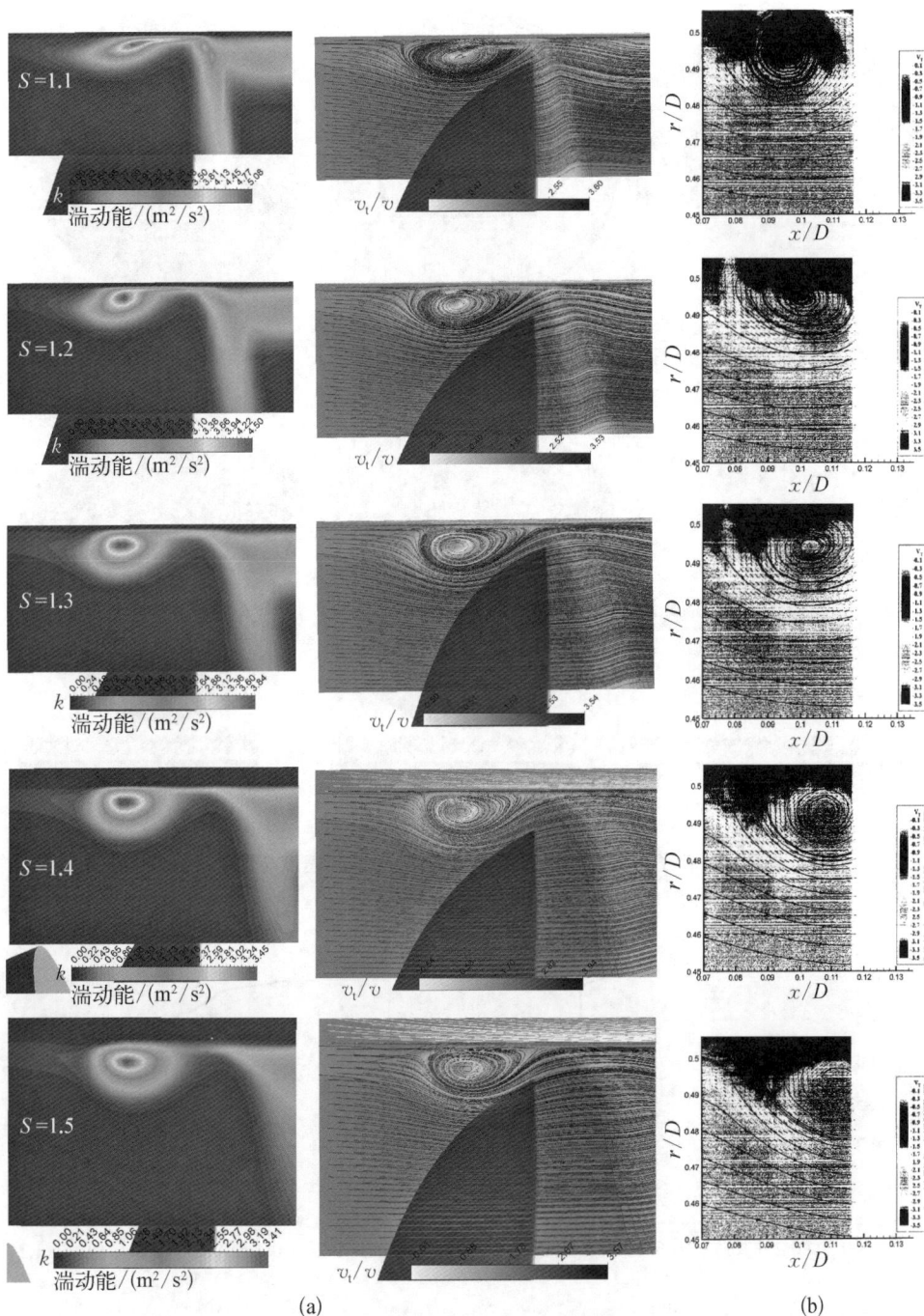

图 4.14　单转子叶梢泄漏涡涡核形态

(a) 本书数值计算涡核；(b) 试验测量涡核

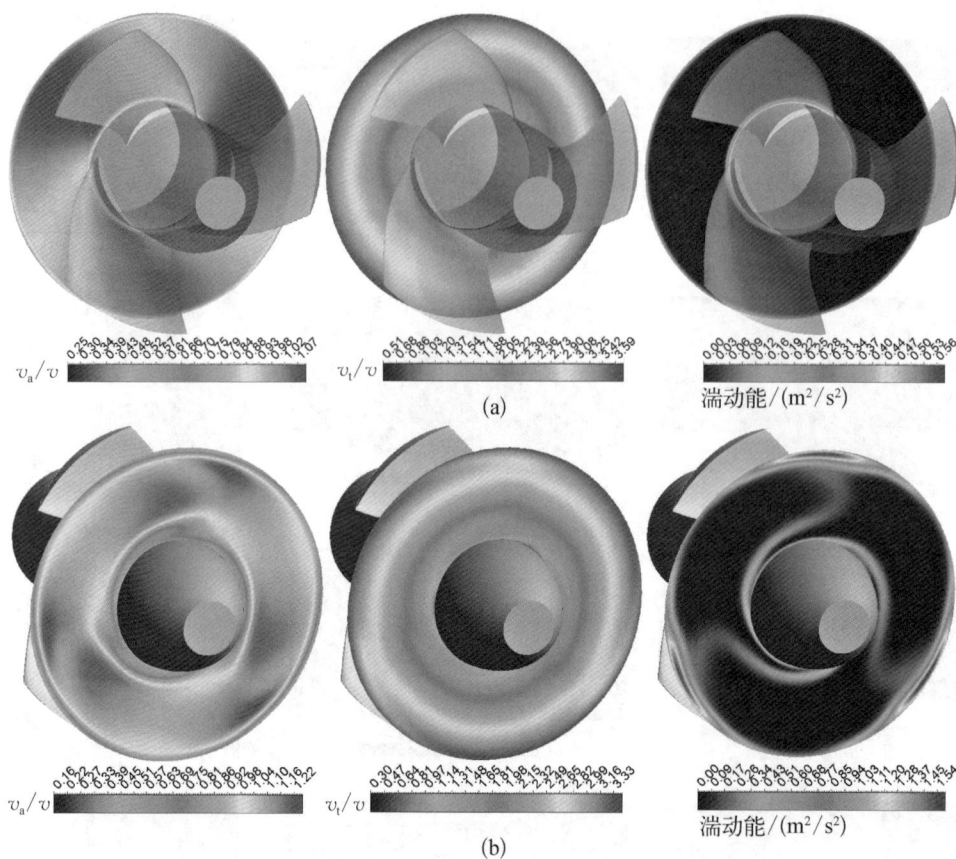

图 4.15　转子进流面和出流面的轴向速度、周向速度与湍动能分布

(a) 转子进流面；(b) 转子出流面

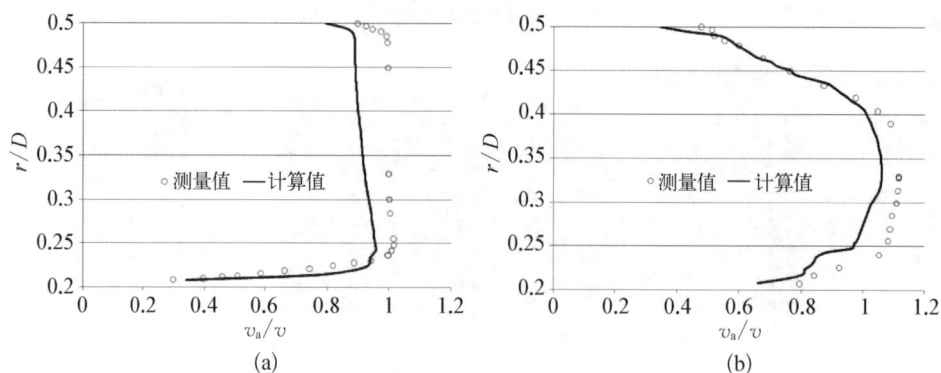

图 4.16　转子进流面和出流面的轴向速度分量沿径向方向分布

(a) 进流面；(b) 出流面

保证数值计算结果的合理性、准确性和快速性,通常首先需要对数值计算的每个环节进行控制,然后针对主要影响因素进行不确定度分析,即通常所述的校验和确认(vertification and validation,V&V)校验过程。但是,严格意义上的不确定度分析并不仅仅是指学术文献中通常可见的网格节点数量不确定度分析(grids code information,GCI),作者认为至少还应包括求解程序/软件以及网格节点空间分布规律,如同物理试验测量过程中的测试仪器、试验大纲和数据采集与信号分析系统三者缺一不可,任一环节的改变都会导致试验结果变化,甚至有可能出现错误结果。而且,网格节点数量完全可以借助分析对象的计算经验直接控制,如同不是每一次物理测量都需要对仪器进行校准。可以说,在没有试验数据的前提下,目前较多学术论文中采用的两种分析思路都是不够充分的,一是只分析网格节点数量的影响,如通常采用粗、中、细三组网格,若解单调收敛,则认为达到网格无关性的要求;二是说明 CFD 计算可信性时采用他例间接证明的方式,即对象 A 的预报精度满足要求,用于间接说明对象 B 的预报精度也满足要求。严格来说,这两种分析思路都无法实现"在没有试验数据的情况下,让读者相信计算值即真值,或者趋向于真值"的目的,难以达到数值计算与物理试验两者背靠背校验的效果。实质上,这两种推论都是确认可信度的必要条件,但还不足以构成充分条件。如第一种分析思路中,若网格拓扑结构以及网格节点疏密分布规律均发生明显改变,则很难通过三组网格得到单调收敛解;再如第二种分析思路中,若两种分析对象的几何形状与物理流动特征差异显著,比如特征雷诺数相差 1~2 个量级,或者是从以平动为主改变为以转动为主,那么无论是网格拓扑结构还是网格节点空间分布规律都不通用,不具有可类比性,甚至有时求解程序还发生了改变,则该他例间接证明没有任何说服力,至多只能说明计算人员具有一定的实践经验而已,需要慎重对待其数值计算结果。

鉴于以上分析,作者一方面借助十多年的分析经验梳理了 CFD 计算可信性确认的关键要素,将网格拓扑、网格节点空间分布规律和求解软件/程序三个主要环节分别与测试仪器(如传感器)、试验大纲和数值采集与信号分析系统对应起来,并且给出了相应推荐取值,以供参考,如图 4.17 所示;另一方面尽力查找国际权威机构针对同类对象数值计算的相关操作规程或者是相应建议,运用到本研究中,以使推进泵系统的数值模拟应用真正具备工程实用性和推广价值。

其中,在数值求解程序/软件方面,本研究全部基于 ANSYS CFX 软件完成。选择理由主要有如下三方面:一是在第 24 届国际拖曳水池会议 ITTC 喷水推进专家委员会报告中,在阐述喷泵水动力性能试验测量方面,既展示了三家试验单位对同一个推进泵的测试结果,也给出了 CFX 软件的数值计算结果,如图 4.18 所示为喷泵扬程系数、力矩系数和效率随流量系数的变化曲线。可见不同单位的测试结

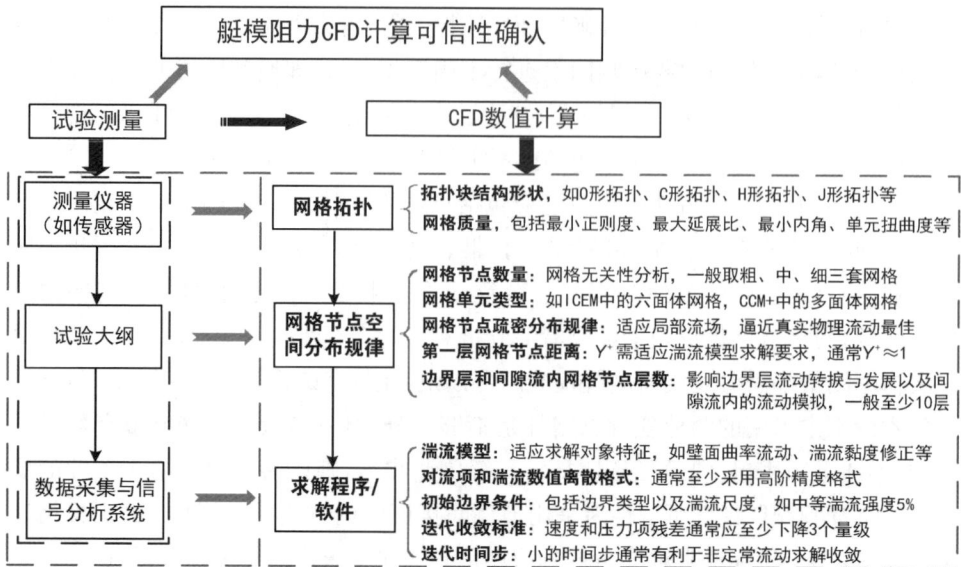

图 4.17　典型 CFD 计算可信性确认过程中的主要影响因素及其推荐取值

果一致性较好,CFX 软件预报得到的泵性能曲线与测量值拟合曲线同样吻合较好。二是加拿大国防研发中心一直将 CFX 软件作为水下潜用技术开发的指定平台,从 CFX10.0 版本开始已将其深入应用到了潜艇水动力性能分析、操纵性能模拟、艇桨自航模拟以及低噪声艇型研发等方面。三是 ANSYS 德国总部的技术人员借助 CFX 软件平台,在水翼及螺旋桨梢涡空化模拟、螺旋桨脉动压力预报方面已经取得了相当显著的研究成果,如图 4.19 所示,可以直接推广至推进泵应用。此外,CFX 软件平台还具备良好的二次开发功能,便于不同湍流模型和空化模型的嵌入求解,前文所述的修正 SST 湍流模型以及接下来将要采用的改进 Sauer 空化模型都是通过 CCL 编译完成。程序语句嵌入后,不会影响到计算求解的鲁棒性。图 4.18 中,流量系数、扬程系数、力矩系数的表达式分别为

$$K_{QJ} = \frac{Q_J}{\rho n D^3}, \ K_{H35} = \frac{g H_{35}}{n^2 D^2}, \ K_Q = \frac{Q}{\rho n^2 D^5}$$

现在,在上节单转子叶梢间隙精细流场数值模拟的基础上,真正过渡到推进泵分析上来。以混流泵为代表的喷泵常见安装于中高速船体艉板,简称艉板式喷水推进。随着舰船大型化和高速化的发展,推进功率需求日益增加,但适应高速航行的瘦长型船体的艉板面积相对于船体主尺度来说却并未显著增加,这对喷泵紧凑型安装和大功率密度设计提出了更高要求。紧凑型意为在相同功率情况下,船体艉板需要的泵安装法兰直径更小。CDI 船舶公司系统研发部通过统计给出的建议

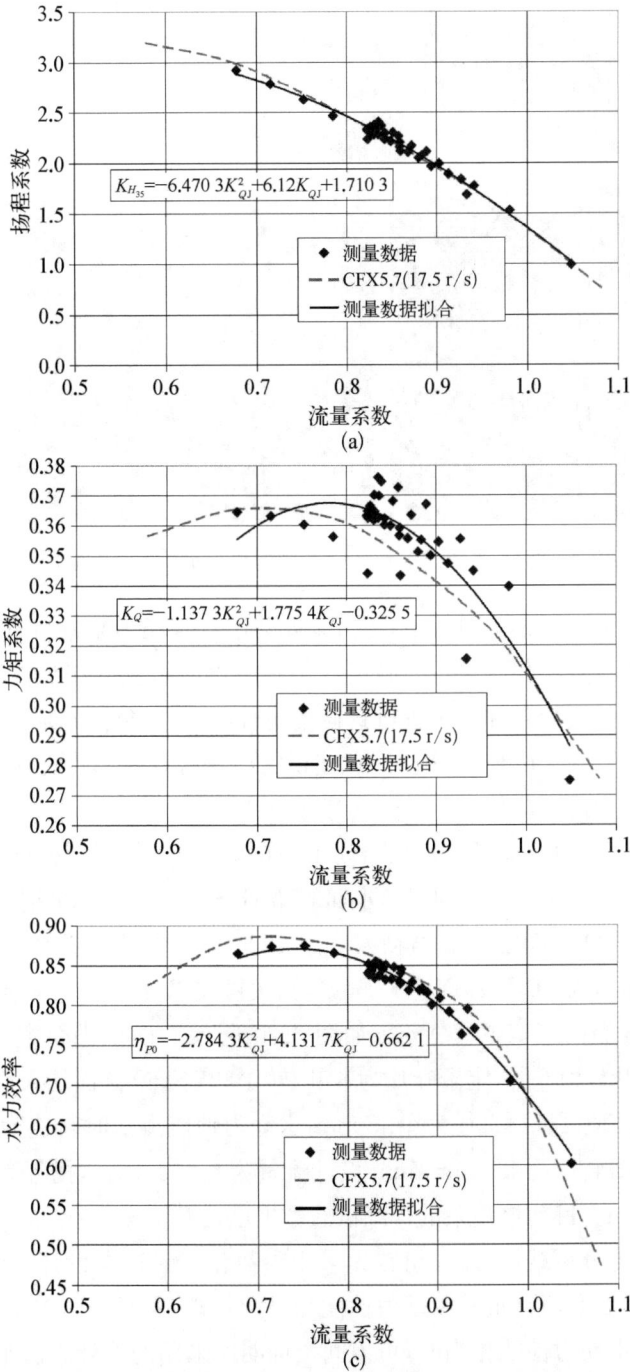

图(a)中公式：$K_{H_{35}} = -6.470\ 3K_{QJ}^2 + 6.12K_{QJ} + 1.710\ 3$

图(b)中公式：$K_Q = -1.137\ 3K_{QJ}^2 + 1.775\ 4K_{QJ} - 0.325\ 5$

图(c)中公式：$\eta_{P0} = -2.784\ 3K_{QJ}^2 + 4.131\ 7K_{QJ} - 0.662\ 1$

各图图例：测量数据；CFX5.7(17.5 r/s)；测量数据拟合

图 4.18　第 24 届 ITTC 喷水推进专家委员会报告中喷泵试验测量与数值计算结果

（a）扬程系数；（b）力矩系数；（c）泵水力效率

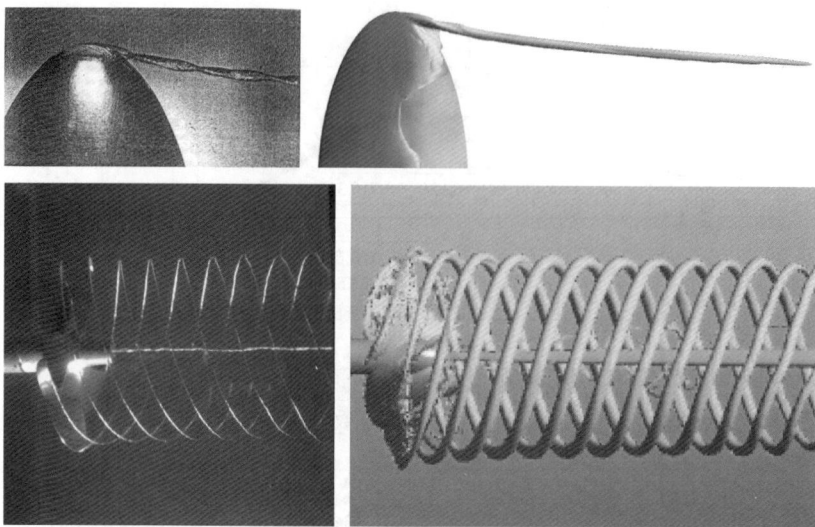

图 4.19　ANSYS 德国技术人员 CFX 数值模拟水翼和螺旋桨梢涡形态

是,在相同直径和相同推力单元下,混流泵安装法兰直径为泵进口直径的 1.7～1.8 倍,而轴流泵法兰直径仅为泵进口直径的 1.2～1.25 倍,比混流泵小约 30%。换句话说,在船体艉板安装条件和泵进口直径相同时,安装 3 台轴流泵比安装 2 台混流泵能够多提供约 50% 的推力。显然,该建议完全符合现代高性能舰船推进的工程应用需求,应着力推广应用。

2006 年,NSWCCD 联合 ONR 启动了一项紧凑式、大功率密度喷泵的研发计划,推进对象为航速为 50 kn 的高速水面舰船 JHSS,由 4 台喷泵推进,单泵最大功率为 36 MW。CDI 船舶公司系统研发部于 2009 年完成了该泵的设计和模型试验验证,并将其命名为 ONR AxWJ‑2 喷泵,其关键技术突破在于采用了轴流外形混流式设计,显著提高了其功率密度,如图 4.20 所示。该推进泵实尺进口直径为 2.286 m,转子叶片为 6 叶,定子叶片为 8 叶,转子和定子叶截面均采用 NACA 16 翼型厚度分布。模型泵进口直径为 304.8 mm,水动力性能测试时转速为 1 440 r/min,空化性能测试时转速为 2 000 r/min,设计流量为 0.802 m^3/s,扬程为 23.3 m,叶顶间隙为 0.51 mm。目前该喷泵的详细试验数据已公开。

以该喷泵为分析载体,课题组首先采用参数化三元逆向设计方法设计得到喷泵几何参数,然后数值预报其水动力性能和空化性能,最后与 ONR 设计方案进行比较。当两者水动力性能相当时,可以间接证明所采用的设计方法是可信的、可用的;当设计泵的空化形态以及空化初生性能与 AxWJ‑2 相当时,可以间接证明对推进泵叶梢泄漏涡空化流动的数值模拟是合理可信的,可以进一步用于后续设计

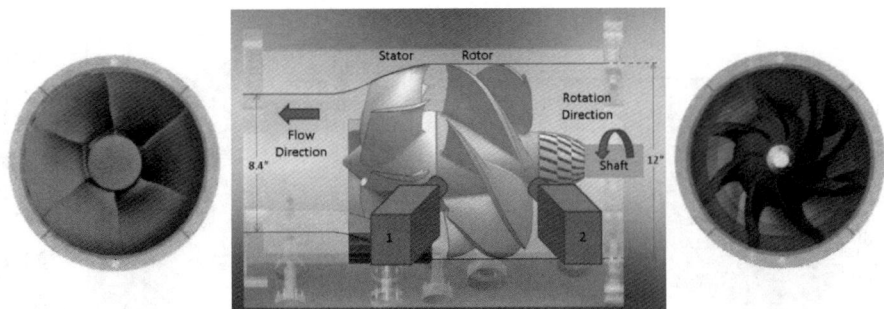

图 4.20　ONR 研发的先进轴流外形混流式喷泵 ONR AxWJ‑2

案例的空化性能评估。设计泵时,轴面投影轮廓曲线、叶顶间隙、叶片数、叶截面厚度沿弦长分布规律以及叶片最大厚度与 ONR 设计方案完全相同,仅转子和定子叶片型值自行设计。

泵轴面轮廓曲线如图 4.21 所示,可知转子和定子叶片均具有侧斜和纵倾,较引进的 KaMeWa SII 型混流泵叶片要复杂得多,叶片之间的轴向间距也明显更大,表明当前设计需求对辐射噪声的控制越来越重视。设计得到的转子和定子叶片的空间厚度分布如图 4.22 所示,两者进、出口量纲一的环量沿径向分布规律如图 4.23 所示。为了维持泵的高效性能,转子随边仍采用递增型环量分布。转子和定子叶面负载沿轴面流线分布规律如图 4.24 所示,与递增型环量分布对应,叶根截面采用了中载型负载分布,而叶梢截面采用了前载型负载分布,最大负载位于量纲一的轴面距离 0.12 处。转子叶根截面导边处采用小的负攻角,同时定子叶梢截面导边处采用小的负攻角。该负载分布规律由遗传算法优化取值得到。设计得到转子和定子的叶型三维几何形状如图 4.25 所示,图中同时给出了无黏计算得到的叶片表面静压分布,并且展示了 ONR AxWJ‑2 几何形状。可以看出,转子和定子叶片均存在较大的周向扭曲度,定子叶背还存在局部低压区,空化校验时须重点关注。

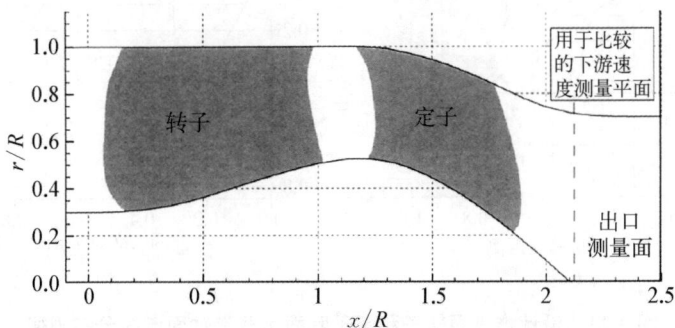

图 4.21　紧凑式、大功率密度喷泵 AxWJ‑2 轴面轮廓曲线

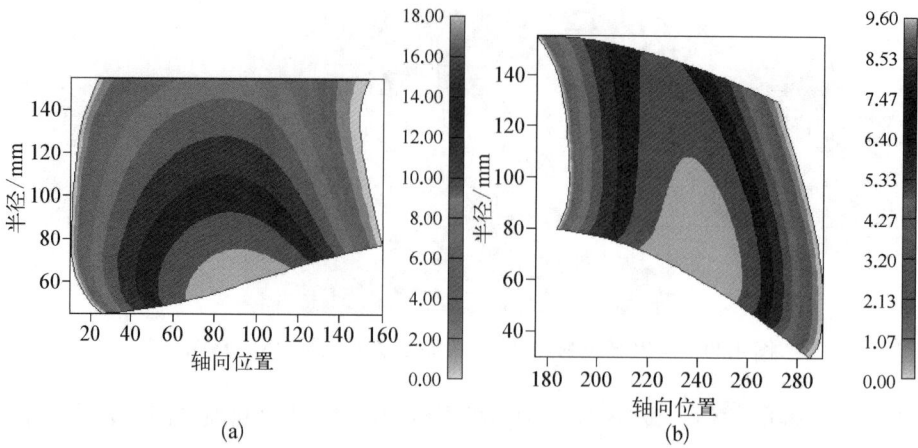

图 4.22　设计推进泵转子和定子叶面厚度分布

（a）设计叶轮；（b）设计导叶

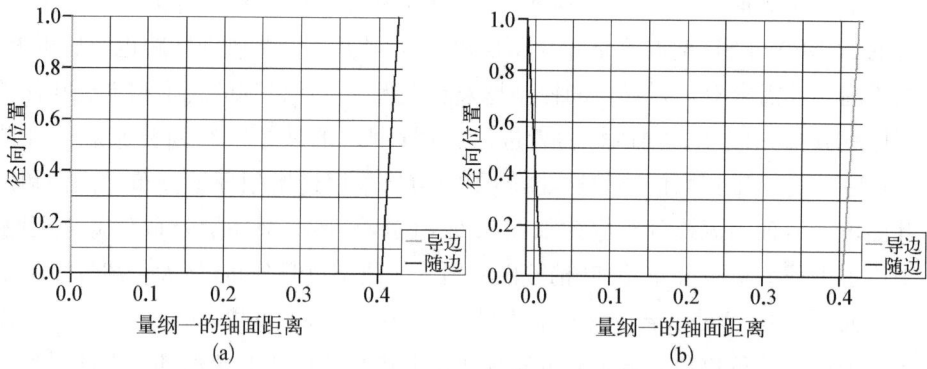

图 4.23　设计推进泵转子和定子进、出口无量纲环量分布

（a）设计叶轮；（b）设计导叶

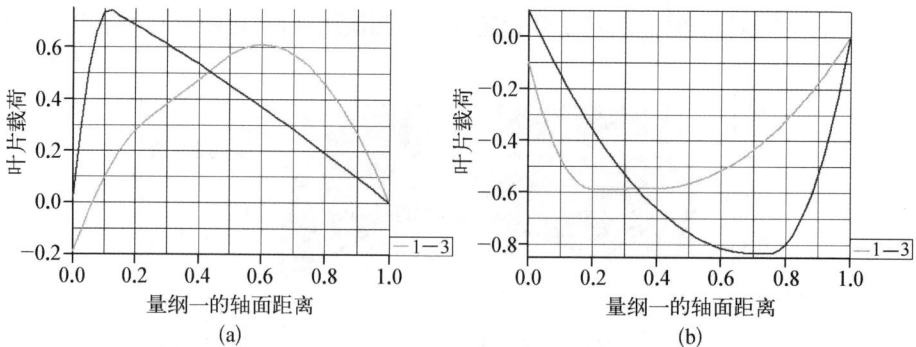

图 4.24　设计推进泵转子和定子叶面负载沿轴面流线分布规律

（a）设计叶轮；（b）设计导叶

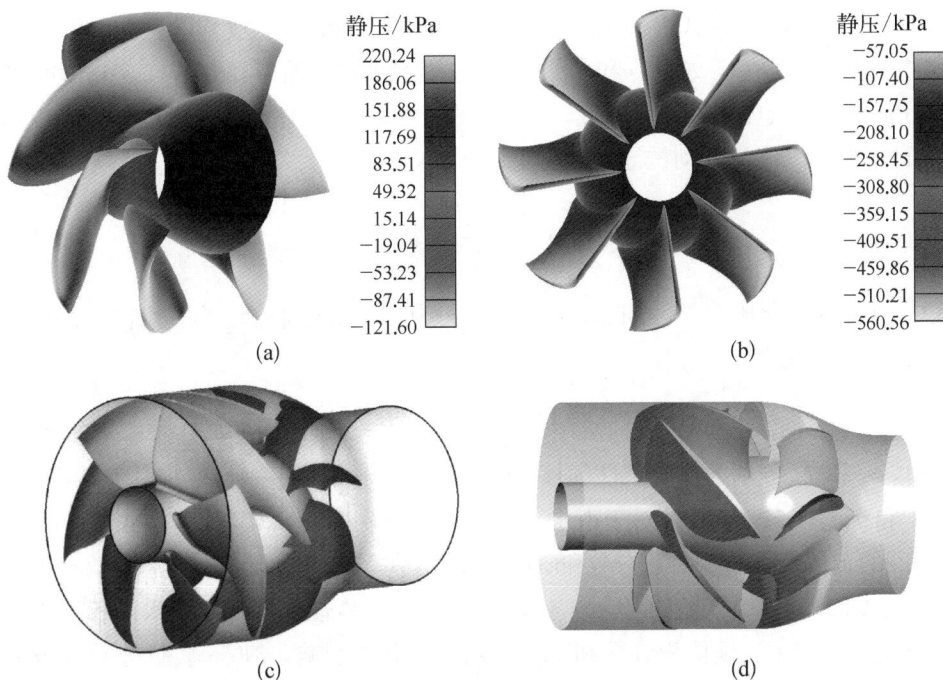

静压/kPa
220.24
186.06
151.88
117.69
83.51
49.32
15.14
−19.04
−53.23
−87.41
−121.60

静压/kPa
−57.05
−107.40
−157.75
−208.10
−258.45
−308.80
−359.15
−409.51
−459.86
−510.21
−560.56

(a)　　　　　　　　　　　　(b)

(c)　　　　　　　　　　　　(d)

图 4.25　设计推进泵转子和定子三维几何形状

(a) 设计转子；(b) 设计定子；(c) ONR AxWJ‑2 喷泵；(d) 自行设计喷泵

　　总体上看,自行设计的喷泵叶型与 ONR AxWJ‑2 是较为相近的。但由于本设计没有进展到加工制造的最后一步,设计几何形状仅用于计算校验,所以叶根和叶梢局部并没有采用倒圆和局部结构加强处理。为真实校验所设计泵的性能,同样采用 CFX 求解器对其积分力和叶梢间隙流动进行 RANS 模拟求解。巧合的是,NSWCCD 在公开该泵试验测量数据的报告中也采用了 CFX 软件来预报和校核其流体动力性能,这样两者就完全具有可比性了。数值计算时,边界条件取为总压进口和流量出口,进口总压值由给定的空化数或者是净正吸头 NPSH 值控制,出口流量由给定的流量系数控制,与模型试验一致。无空化计算时,给定较大的空化数,随后减小空化数至目标值,并嵌入空化模型后进一步校核空化性能。

　　湍流模型仍采用湍流黏度修正后的 SST 模型,空化模型采用课题组已获得发明专利的改进 Sauer 空化模型,蒸发和凝结速率为

$$
\begin{cases}
\dot{m}^{+} = \dfrac{C_{\text{prod}} 3\alpha_{\text{g}}(1-\alpha_{\text{v}})\rho_{\text{v}}}{R_{\text{B}}} \sqrt{\dfrac{2}{3} \dfrac{|p_{\text{v}} - p|}{\rho_{\text{l}}}} \, \text{sign}(p_{\text{v}} - p) \\[4mm]
\dot{m}^{-} = \dfrac{C_{\text{dest}} 3\alpha_{\text{v}}\rho_{\text{v}}}{R_{\text{B}}} \sqrt{\dfrac{2}{3} \dfrac{|p_{\text{v}} - p|}{\rho_{\text{l}}}} \, \text{sign}(p_{\text{v}} - p)
\end{cases}
\tag{4.12}
$$

式中，$\dot{m}^+$ 和 $\dot{m}^-$ 分别代表了水蒸气蒸发(气泡生长)和凝结(气泡溃灭)过程；蒸发和凝结系数分别取 $C_{prod}=50$ 和 $C_{dest}=0.01$；气泡平均初始半径 $R_B=1.5\ \mu m$；α_v 和 ρ_v 分别为水蒸气体积分数和密度；ρ_l 为水的密度；p 为流体压力；p_v 为相变临界压力，计算时考虑湍流脉动诱导空化初生的影响，取值为

$$p_v = p_{sat} + \frac{1}{2}(0.39\rho_m k) \tag{4.13}$$

式中，p_{sat} 为汽化压力常数，取值 3 540 Pa；k 为流体湍动能；ρ_m 为气水混合流体密度，计算表达式为

$$\rho_m = [\alpha_v \rho_v + (1 - \alpha_v - \alpha_g)\rho_l]/(1 - f_g) \tag{4.14}$$

式中，α_g 和 f_g 分别为非凝结性气核 NCG 的体积分数和质量分数，取值 $\alpha_g = 7.8 \times 10^{-4}$ 和 $f_g = 1.0 \times 10^{-6}$。对于由水、水蒸气和(non-condensable gas, NCG)组成的三相混合流体来说，单相体积分数和质量分数满足关系式 $f_i \equiv \alpha_i \rho_i/\rho_m (i = 1, 2, 3)$。

与 CFX 软件中默认的 Zwart 空化模型不同的是，混合密度从气水两相变为了三相，包含了 NCG 项体积分数和质量分数对空化的影响。NCG 质量分数取值的不同会直接改变混合密度，进而改变湍流修正黏度项和相变临界压力，从而改变空化初生时机；NCG 体积分数取值的不同则会直接改变蒸发速率项，进而改变空穴的产生范围。理论上看，空化模型改进后比原 Zwart 空化模型预报得到的空化初生更早，相当于数值计算的安全性更高。应用该改进空化模型和修正 SST 湍流模型，数值预报得到的典型螺旋桨片空化形态与试验测量值比较如图 4.26 所示，可见在轻度、中度和重度空化程度下，所建立的空化数值模型均能较好地捕捉桨叶空化形态，所采用的空化模型是合理、可用的。

推进泵转子和定子均采用六面体结构化网格进行空间离散，网格最小角大于 15°，最大角小于 165°，满足正则度要求。网格节点数量通过计算经验来控制，计算得到的设计流量系数为 0.85 工况下转子和定子壁面 Y^+ 值以及压力分布如图 4.27 所示。可以看出，壁面 Y^+ 值均小于 100，满足修正壁面函数的使用要求。叶片表面压力分布均匀，无明显低压区存在。此时，流经叶栅通道的速度流线和喷口处周向速度分量如图 4.28 所示，可见叶片通道内无明显流动阻滞和流动分离现象产生。喷口处除导叶叶根截面区域外，绝大部分区域周向速度分量均较小，符合高效泵设计的基本原则。该工况下，所设计喷泵在喷口处的轴向速度分量分布与 ONR AxWJ - 2 泵试验测量值比较如图 4.29 所示。可以看出，所设计喷泵定子伴流的周向对称性要弱于 AxWJ - 2 喷泵，定子毂涡范围略大，出口轴向速度的不均匀程度更高，理论上会使得水力效率略偏低。

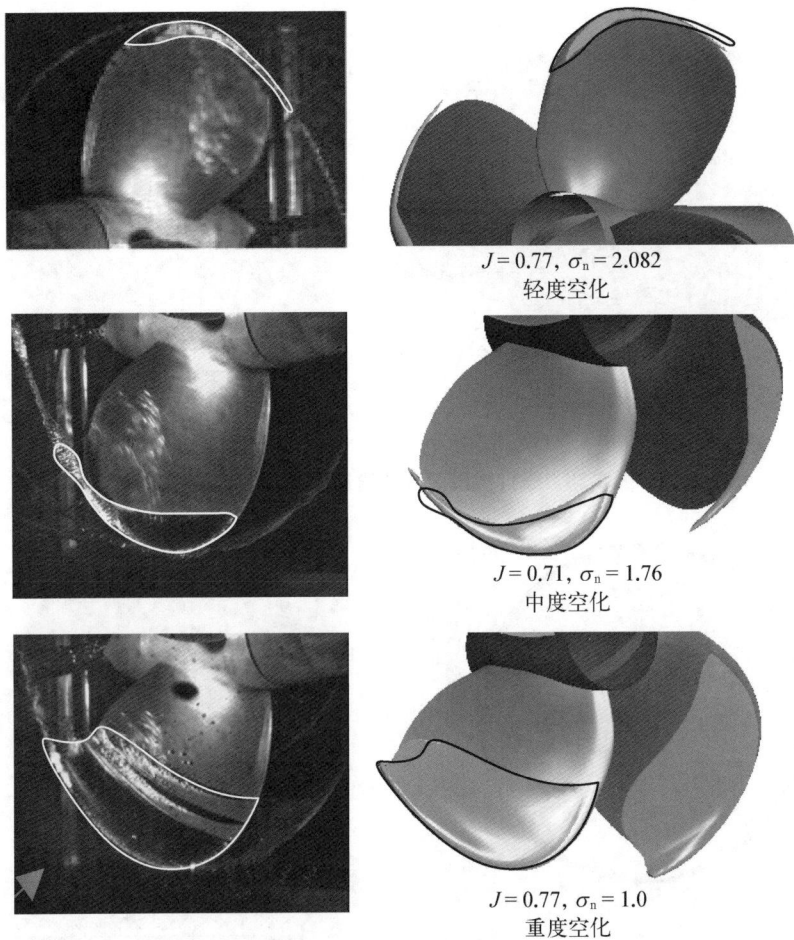

$J = 0.77$, $\sigma_n = 2.082$
轻度空化

$J = 0.71$, $\sigma_n = 1.76$
中度空化

$J = 0.77$, $\sigma_n = 1.0$
重度空化

图 4.26　典型螺旋桨空化形态数值预报校验

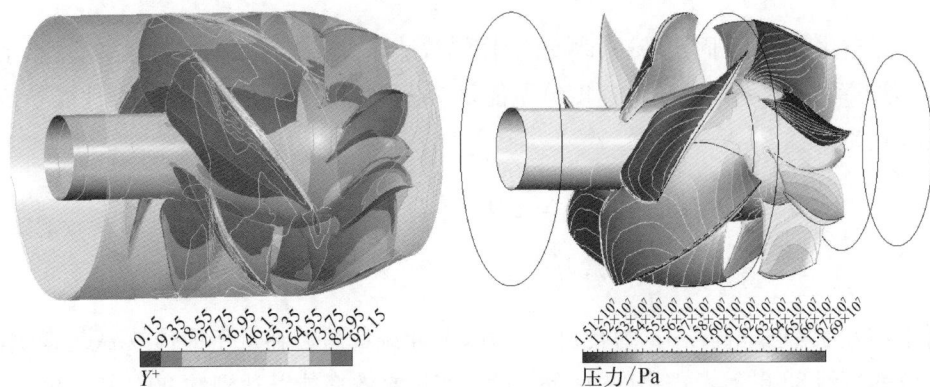

0.15
9.35
18.55
27.75
36.95
46.15
55.35
64.55
73.75
82.95
92.15

Y^+

1.51×10^5
1.53×10^5
1.54×10^5
1.56×10^5
1.58×10^5
1.59×10^5
1.61×10^5
1.63×10^5
1.64×10^5
1.66×10^5
1.67×10^5
1.69×10^5

压力/Pa

图 4.27　设计推进泵壁面 Y^+ 值和叶片表面压力分布

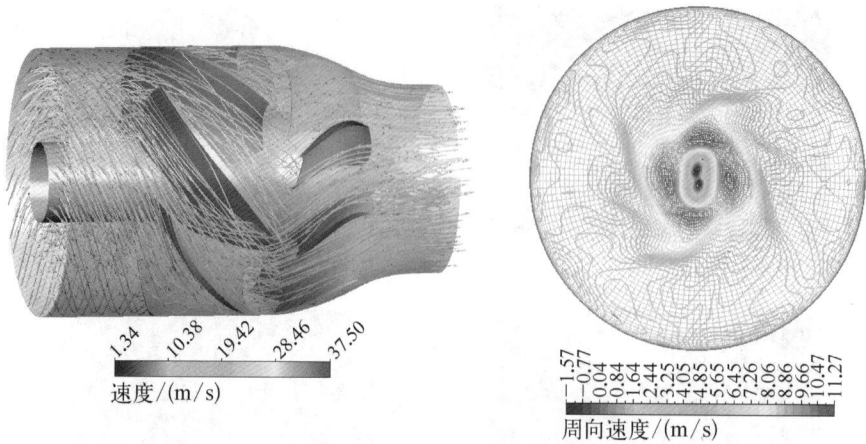

图 4.28   设计推进泵叶片通道间速度流线分布

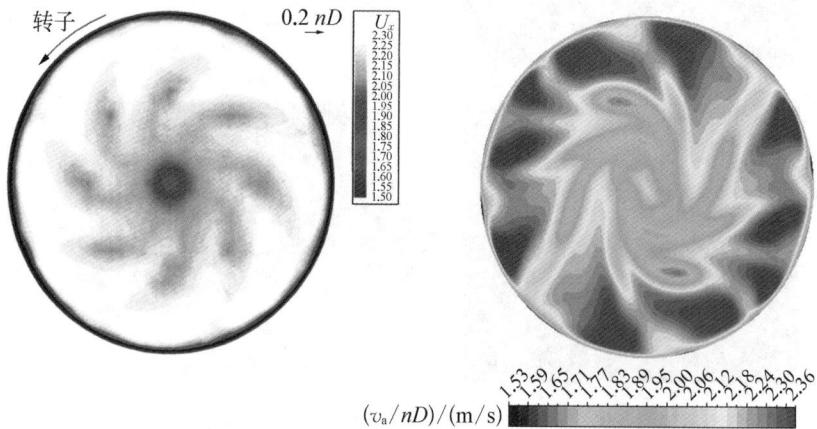

图 4.29   设计推进泵喷口轴向速度分布与 AxWJ‑2 测量值比较

无空化状态下,固定转速、改变流量系数,计算得到设计泵的扬程系数、功率系数、力矩系数、效率以及喷口速度分量能量头占比如表 4.1 所示。其中,性能参数定义式为

$$Q^* = Q/(nD^3), \ H^* = gH/(n^2D^2), \ P^* = P/(\rho n^3 D^5),$$
$$K_M = M/(\rho n^2 D^5), \ \eta = \rho g QH/P \tag{4.15}$$

式中,D 为泵进口直径;n 为转速。可知,设计流量系数临近于最佳效率点 BEP,泵效率达到 88.6%,考虑尺度效应影响后,实尺泵效率能够达到约 90% 甚至更高,与 KaMeWa 71SII 喷泵效率相当。为了更加清楚地评估设计泵与 AxWJ‑2 喷泵

表 4.1 设计推进泵水动力性能参数

流量系数	扬程系数	功率/kW	功率系数	力矩系数	喷口速度分量能量头比值（轴向/周向/径向）/%	效率/%
1.020	1.580	197.84	2.031	0.323	96.685/2.474/0.022 3	79.3
0.935	1.915	207.53	2.130	0.339	96.115/2.717/0.022 7	84.1
0.893	2.067	210.71	2.163	0.344	96.157/2.706/0.045 1	85.3
0.850	2.238	209.32	2.148	0.338	95.823/2.889/0.060 8	88.6
0.808	2.383	214.14	2.198	0.350	95.487/3.123/0.060 1	87.6
0.765	2.534	214.10	2.197	0.350	95.231/3.378/0.089 1	88.2
0.680	2.796	211.36	2.169	0.345	94.200/3.922/0.091 6	87.6
0.595	2.982	207.61	2.131	0.339	90.693/6.108/0.227 6	83.3

之间的性能差异，将设计泵的数值预报性能值与 AxWJ‐2 模型试验值置于同一图中进行比较，如图 4.30 所示。其中，泵效率用小数表示且数值放大 5 倍。可知，在较大流量系数范围内，设计泵扬程略偏小，功率略偏大。设计点时所设计推进泵效率偏低约 1%，BEP 前方减小流量区域效率偏低约 2%，且 BEP 后方增加流量区域效率偏低 3%～4%。因喷泵系统的实际工作点通常位于 BEP 近前方，可知所设计推进泵的推进性能与 AxWJ‐2 喷泵相当，效率下降 1%～2%，说明所采用的叶型参数化三元逆向设计方法是可以应用于工程实际的。即使该效率偏差值包含数值误报误差在内，其叶型设计效果也是可以接受的。

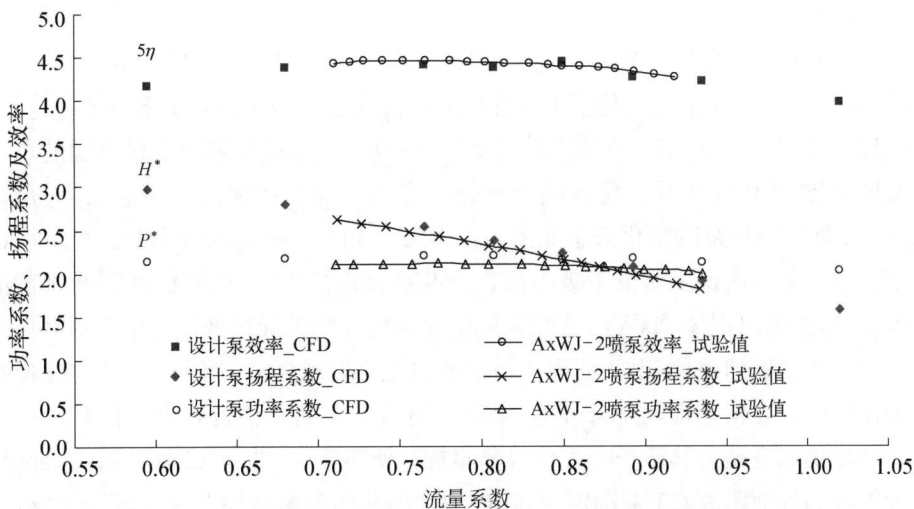

图 4.30 设计推进泵性能参数与 AxWJ‐2 喷泵模型试验值比较

以上述水动力性能预报结果为初值,将转速增加至 2 000 r/min 并激活空化模型后进行空化模拟,主要校核推进泵的叶梢泄漏涡空化、片空化形态以及叶梢泄漏涡空化初生时机,甚至可进一步延伸至空化崩溃性能的校核。计算得到的近设计点以及小流量非设计点处推进泵的空化形态随空化数减小的变化规律及其与 AxWJ - 2 喷泵测量值的比较如图 4.31 和图 4.32 所示。从图 4.31 可知,所设计泵的空化初生时机与 AxWJ - 2 喷泵相当,初生空化数也约为 3.285,且空化初生起始于叶梢截面近导边处,与 AxWJ - 2 喷泵的空化起始于叶梢截面近随边处有所不同。在相同流量系数和空化数下,设计泵的空化范围明显要比 AxWJ - 2 喷泵更小,空化发展也更为缓慢。该现象可以有两种解释,一是所设计推进泵的空化性能要略优于 AxWJ - 2 喷泵,与效率略低对应;二是所设计推进泵的叶型几何参数及其空化性能均与 AxWJ - 2 喷泵非常相近,空化范围更小是由于数值模拟精度欠缺,亦或者说是由于几何参数局部差异和数值模拟精度不足。若为后者,则在空化初生时机判定较为准确的情况下,只能是由于气泡的蒸发与凝结速率过小,导致空穴形成过慢。进一步从图 4.32 可知,非设计流量点处的空化范围不仅明显小于 AxWJ - 2 喷泵的试验测量值,也小于 ONR 给出的 CFX 软件空化预报值。再详细查看两个泵的转子叶型可知,在导边几何参数,特别是叶梢截面前缘处几何参数,两泵的确存在较为明显的差异。因此,最后考虑空化范围之间存在偏差是由两泵叶片几何参数存在差异、空化性能有所不同以及空化数值模拟存在误差三者共同所致较为合理。

在图 4.31 和图 4.32 中,空化数的表达式为

$$N^* = \frac{p_{01} - p_v}{\rho n^2 D^2} \tag{4.16}$$

式中,p_{01} 为泵进口总压。显然,泵进口净正吸头与空化数一一对应,$NPSH/N^* = n^2 D^2/g$。为了证明上述空化范围存在偏差不能完全归因于计算不准确的结论,直接将近设计流量系数 0.83 条件下的空化数进一步减小,通过判断空穴范围的进一步发展趋势,来佐证两泵空化性能究竟是否存在差异。计算得到的空化数为 0.8 和 0.6 条件下设计泵的空化形态如图 4.33 所示。可见,即使空化面积加倍了,所设计泵的空穴集中区也主要位于吸力面靠近叶梢截面的中上部区域,连同叶梢截面一起覆盖,并未出现像 AxWJ - 2 喷泵测量显示的叶梢近导边部位和中上部区域空化同时快速发展的现象,由此证明了两泵的空化发展规律确实不同,上述空化形态定量比较中存在偏差也就是合理的。而且,所设计泵的叶梢近导边部位并未产生明显空化集聚也是由其转子叶片负载分布规律所决定的,如图 4.24(a)所示,此时,在量纲一的轴面距离 0.1 范围内,从叶根到叶梢截面的承载均非常小,已经进行了卸载处理,空化区轴向后移自然也是合理的。

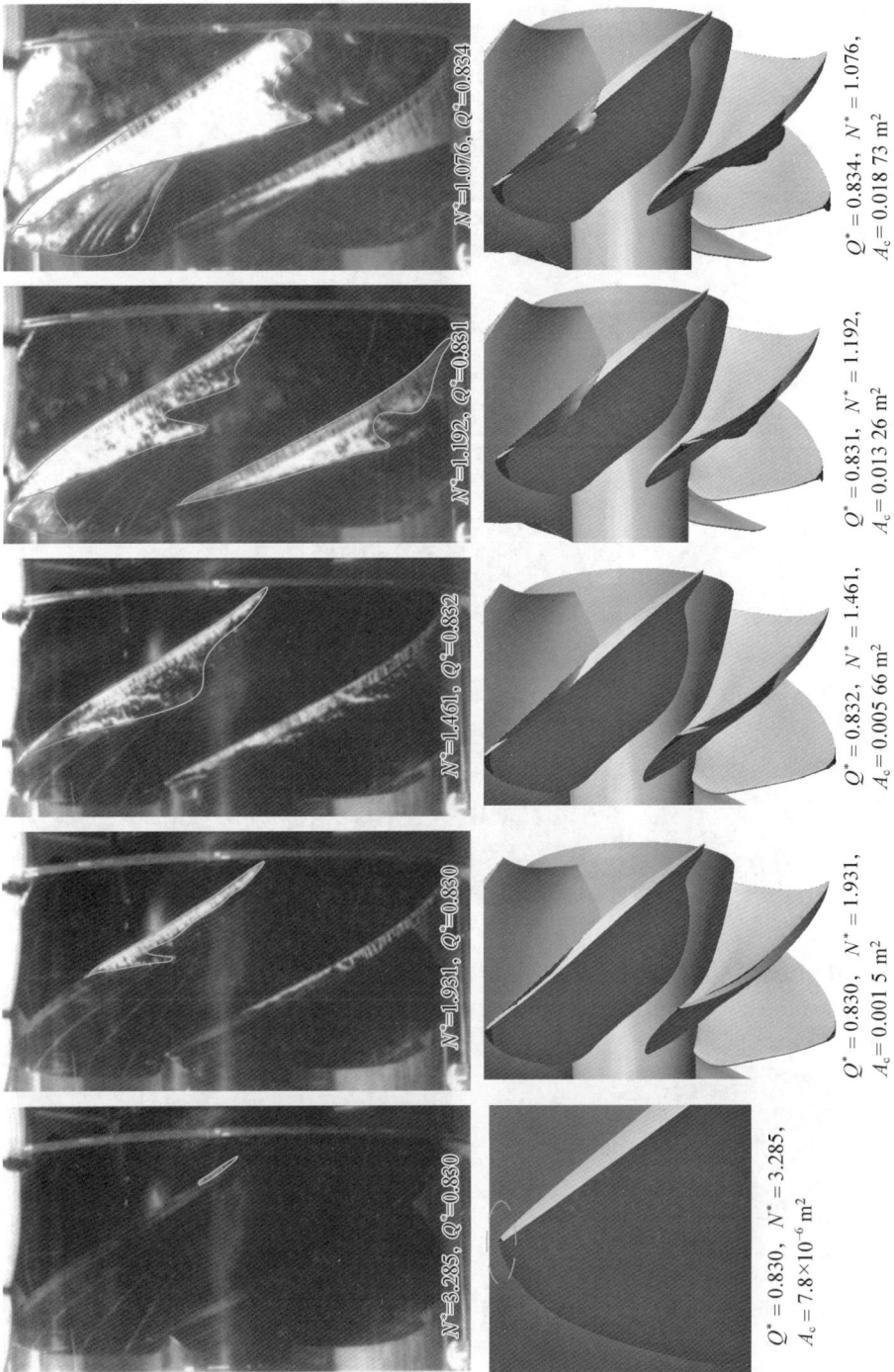

$Q^* = 0.834$, $N^* = 1.076$,
$A_c = 0.018\ 73\ \text{m}^2$

$Q^* = 0.831$, $N^* = 1.192$,
$A_c = 0.013\ 26\ \text{m}^2$

$Q^* = 0.832$, $N^* = 1.461$,
$A_c = 0.005\ 66\ \text{m}^2$

$Q^* = 0.830$, $N^* = 1.931$,
$A_c = 0.001\ 5\ \text{m}^2$

$Q^* = 0.830$, $N^* = 3.285$,
$A_c = 7.8 \times 10^{-6}\ \text{m}^2$

$N^* = 1.076$, $Q^* = 0.834$

$N^* = 1.192$, $Q^* = 0.831$

$N^* = 1.461$, $Q^* = 0.832$

$N^* = 1.931$, $Q^* = 0.830$

$N^* = 3.285$, $Q^* = 0.830$

图 4.31　设计泵近设计点处空化形态随空化数变化规律与 AxWJ‐2 喷泵比较

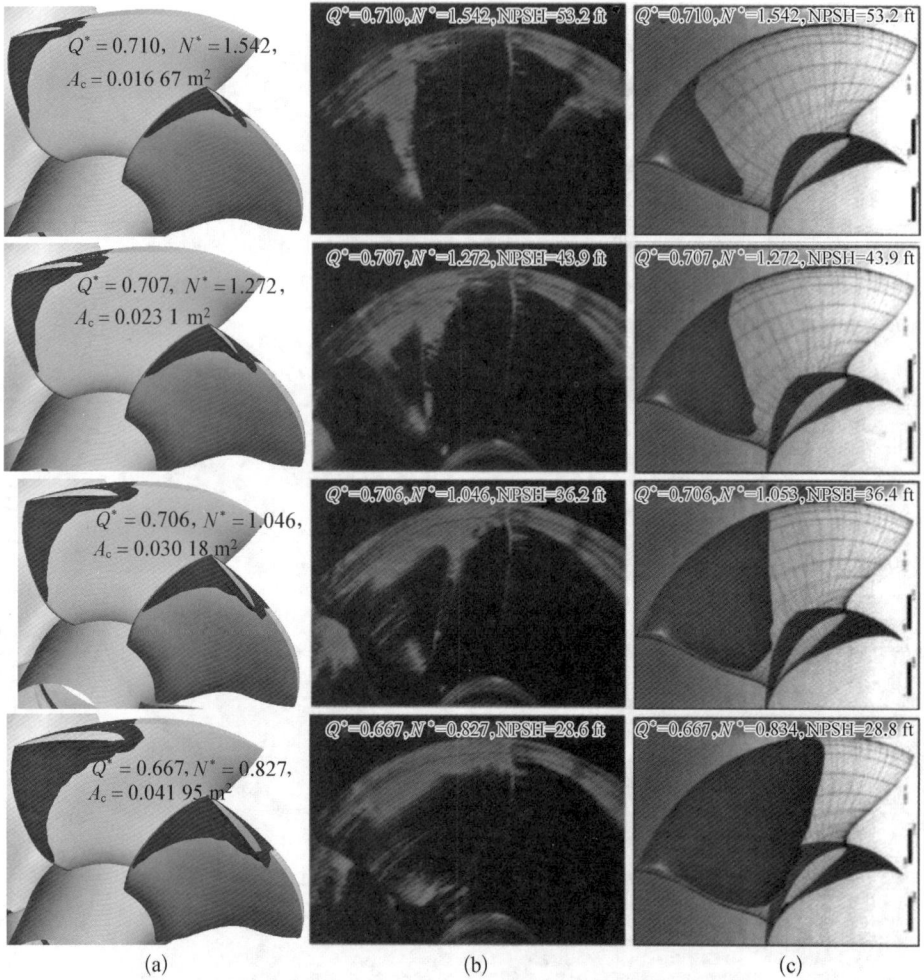

图 4.32　设计泵小流量非设计点处空化形态随空化数变化规律与 AxWJ‑2 喷泵比较

（a）设计泵空化模拟；（b）AxWJ‑2 泵空化测量；（c）AxWJ‑2 泵 ONR CFX 模拟

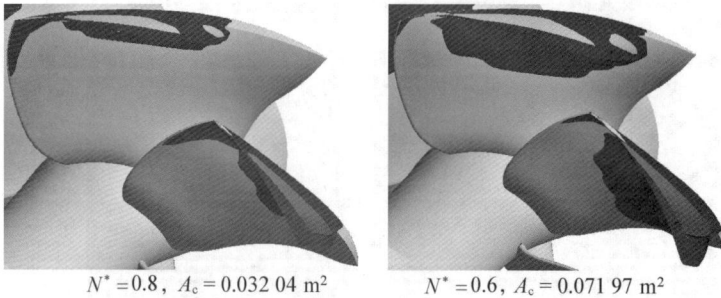

图 4.33　设计泵在中度和重度空化程度下的空化形态

除空化初生时机和空化形态定量评估外,空化崩溃性能(推力崩溃性能或者是力矩崩溃性能)同样也是舰艇推进器空化性能的重要指标。依据 KaMeWa 公司的设计经验,在进行推进泵空泡筒试验测量时,通常可取扬程下降 3% 的点作为临界空化数(扬程与推力一一对应,扬程测量更加方便),以此来描述其空化崩溃限制点,再结合崩溃性能曲线的衰减斜率,即可完整描述推进泵的空化崩溃性能。计算得到的设计泵量纲一的力矩、扬程系数、效率以及空化面积和泵进口面积的比值随空化数减小的变化曲线如图 4.34 所示,图中同时给出了 AxWJ-2 喷泵的量纲一的力矩(相对于无空化状态)测量值。可知,推进泵空化崩溃性能曲线类似于螺旋桨,都表现出了在轻度空化程度下积分力先增加后迅速减小的衰减规律。当空化数由初生空化数 3.285 减小至约 1.2 时,AxWJ-2 喷泵的积分力开始受到显著影响,空化范围已较为明显。但是,所设计泵在该空化数下的空化面积比仅为 2%,力矩、扬程和效率均几乎不变,直到空化数进一步减小至约 1.0、空化面积比达到约 20% 时,扬程才表现出一定的跃升规律,并且达到峰值过后的衰减斜率明显更小,也就是说,与 AxWJ-2 喷泵相比,所设计泵在轻度空化程度下的抗空化裕度提高了约 16.7%,能够进入空化 I 区的工作小时数也明显增加,这对于泵推系统在大转速、低航速、快速操纵时短时进入空化 I 区来说显然是有利的,也说明了设计时所采用的负载分布规律是行之有效的。

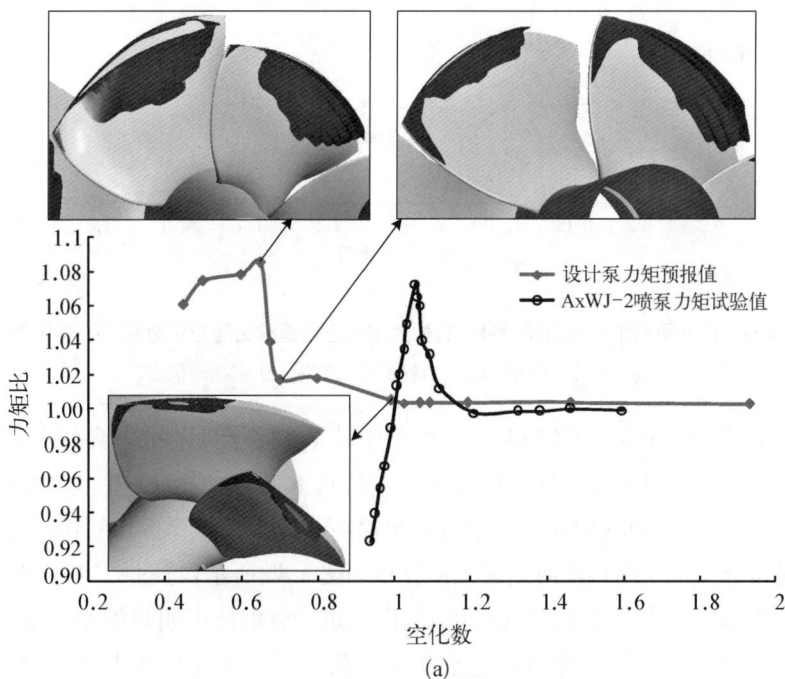

(a)

(b)

(c)

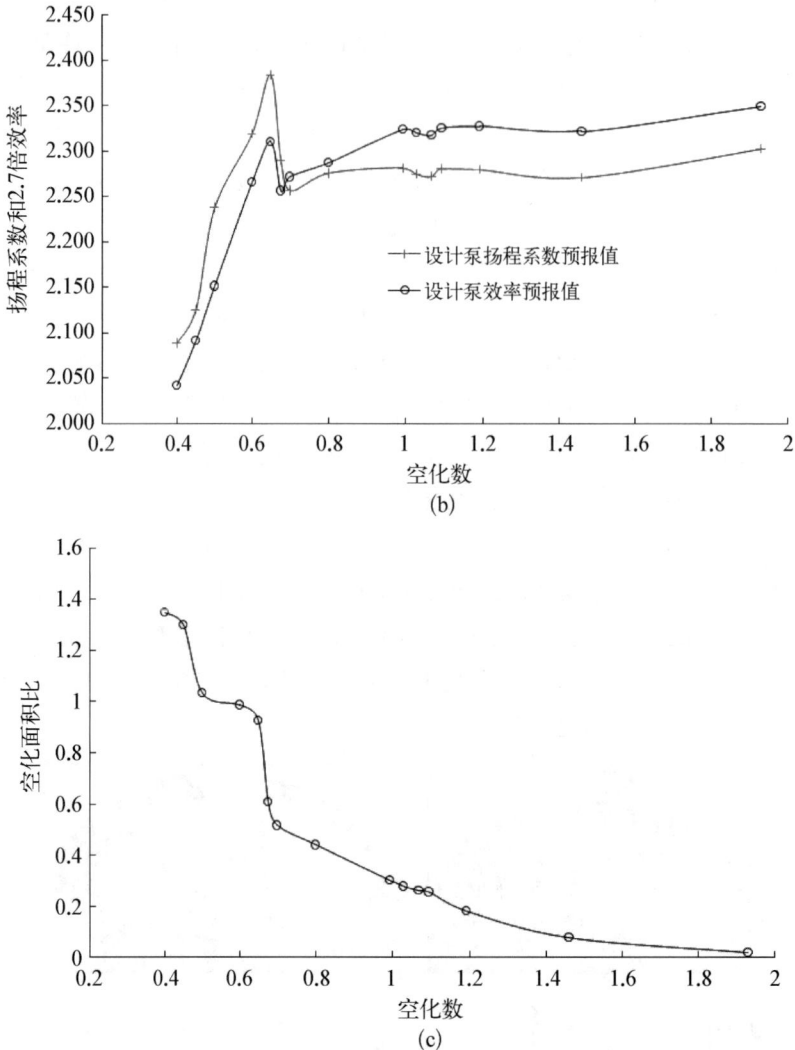

图 4.34 设计泵量纲一的力矩、扬程系数、效率和空化面积比随空化数减小的变化曲线

(a) 量纲一的力矩;(b) 扬程系数和效率;(c) 空化面积比

最后,考虑到 AxWJ-2 喷泵设计方案中转子和定子叶片数组合与常见喷泵叶片数互质的规律有所不同,拟将其定子叶片数从 8 叶增加至 11 叶,以判断能否通过优化转子、定子之间的相互作用来进一步提高其效率。计算得到的新设计泵叶片通道内速度流线以及出口轴向速度分量分布如图 4.35 所示,与图 4.29 中 AxWJ-2 测量值以及设计泵的计算数据比较可知,出口定子毂涡范围明显缩小,轴向速度不均匀度明显减小且整体分布更加逼近于测量值。因转子设计并未改变,相当于是定子更大程度地回收了转子叶片周向出流,有利于效率提升和轴向推力增加,达到了增效且抗空化性能不变的改进设计预期效果。此时,转子叶梢泄漏涡轨迹、定子毂涡以及出口湍动能分布如图 4.36 所示,可知叶梢泄漏涡起始于叶梢截面前缘且螺旋延展至定子进口处,定子毂涡直径非常小,且湍动能主要集中于毂涡涡核区,与轴向速度分布完全对应。

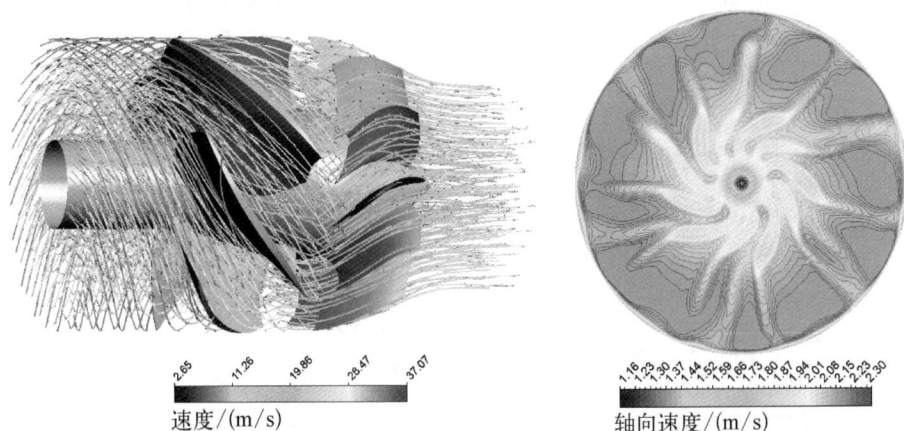

速度/(m/s)　　　　　　　　　　　　轴向速度/(m/s)

图 4.35　新设计推进泵叶片通道间速度流线和出口轴向速度分量分布

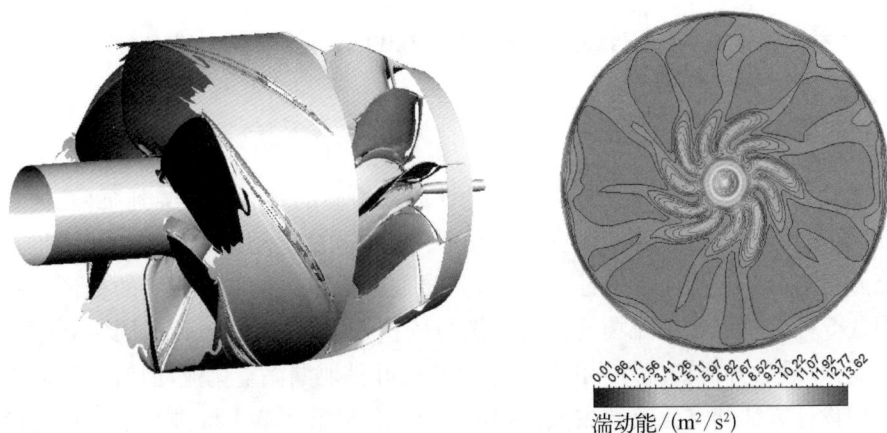

湍动能/(m²/s²)

图 4.36　新设计推进泵转子叶梢涡轨迹、定子毂涡以及出口湍动能分布

再次采用固定转速、改变流量系数的方法,计算得到的新设计泵的效率曲线如图 4.37 所示,图中同时给出了 AxWJ-2 喷泵的效率测量值和 8 叶定子泵的效率计算值。可知,在整个流量系数范围内,泵效率均有了提升,设计点效率增加至91.4%,即使考虑约 1.5% 的计算误差修正,效率仍能达到 90%,其实尺泵效率也将会更高,实现了与 ONR AxWJ‑2 喷泵效率相当、空化初生性能相近且抗空化性能略优(空化Ⅰ区范围更广)的设计效果,既例证了所采用参数化三元逆向设计方法的有效性,也佐证了所采用改进空化模型以及所建立的数值模型的合理性。尽管最终还不能完全定量描述推进泵叶梢泄漏涡空化流动的数值模拟精度,但结合桨叶空化模拟效果和泵空化初生时机的判定结果,可知泵空化流动的模拟精度是可控的,上述设计与性能预报方法也能够进一步推广至其他推进泵案例的工程应用之中。

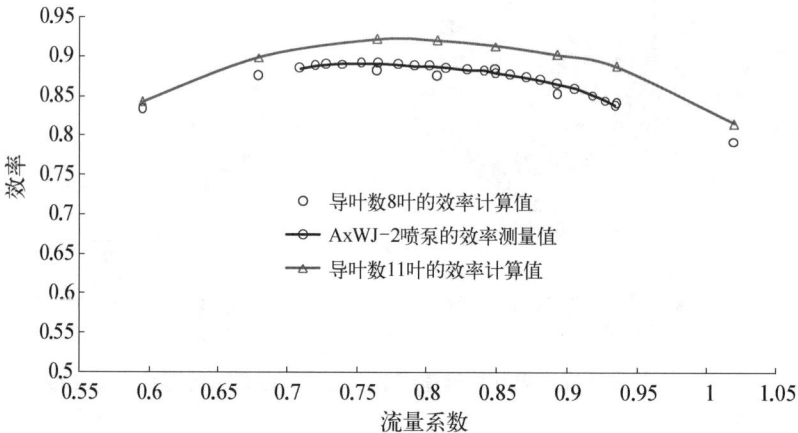

图 4.37　新设计推进泵效率曲线与 AxWJ‑2 喷泵和原设计泵比较

4.4　本章小结

　　水动力和空化性能校核是推进器设计成效检验的基石。从桨到泵,几何参数改变,流动特征改变,性能曲线也随之改变。叶梢间隙流动作为贯穿机械式推进泵性能测量与分析过程中特殊性的引线,需要重点关注。本章从典型的标模 4 叶桨和现代 5 叶桨梢涡精细流场的数值模拟与校核入手,过渡到单转子固定叶梢间隙流动模拟,最后分析轴流外形混流式推进器的叶梢泄漏涡空化流动特征,以此来检验叶型设计方法和空化流动数值模拟的有效性,与第 2 章中推进泵系统选型设计方法一起架构起泵类推进系统应用的基石。主要结论如下:

　　(1)采用修正湍流黏度项后的 SST 湍流模型,在螺旋桨梢涡流动模拟中与雷诺应力模型效果相当,但计算耗时明显减少,联合结构化网格局部加密控制策略后,能够较好地捕捉螺旋桨梢涡精细流场特征。来流、叶梢边界层流与由逆压梯度引起的二次流相互作用促使梢涡卷曲起始,形成梢涡流动,且主涡涡束对梢涡涡核具有明显的包裹作用。在桨叶尾流轴向 $0.3R$ 距离以内,计算的伴流速度分量和梢涡涡核中心均与试验值吻合较好。

（2）数值预报固定叶梢间隙的单转子几何形状的推力系数误差为 $+3.2\%$，力矩系数误差为 -0.7%。模拟得到叶梢泄漏涡管明显，叶梢泄漏涡和随边脱落涡共存，与试验测量现象一致，且叶梢泄漏涡核形态和涡核位置与试验测量值较为一致。

（3）采用与 ONR AxWJ‑2 喷泵相同的轴面投影轮廓曲线、叶顶间隙、叶片数、叶截面厚度沿弦长分布规律以及叶片最大厚度，自行设计转子和定子叶片型值后，设计的推进泵效率为 88.6%，较 AxWJ‑2 喷泵效率低 $1\%\sim2\%$，定子出流周向不均匀程度更高，毂涡范围也更大。联立修正 SST 湍流模型和改进 Sauer 空化模型后，空化模拟得到设计泵的空化初生时机与 AxWJ‑2 喷泵相当，但相同空化数下空化范围更小，力矩崩溃性能曲线中积分力显著影响点的临界空化数迟延约 16.7%，再次跃升后的衰减斜率更小，相当于在轻度空化程度区间内（空化 Ⅰ 区）允许停留的工作时长增加。将定子叶片数从 8 叶增加至 11 叶后的改进设计泵效率增加约 3%，定子出流不均匀程度减小，毂涡直径减小，出流速度整体分布非常逼近 AxWJ‑2 喷泵的测量值，实现了与 ONR AxWJ‑2 喷泵效率相当、空化初生性能相近且抗空化性能略优（空化 Ⅰ 区范围更广）的设计效果。所采用的叶型设计方法以及所建立的叶梢间隙空化流动数值模型能够用于推进泵的工程设计与性能评估应用。

第5章 军辅船7叶大侧斜螺旋桨低噪声设计启示与应用

7叶大侧斜螺旋桨的应用是舰/潜艇推进器发展演变过程中的一个里程碑节点,也是螺旋桨设计与加工制造技术应用的集大成者,更是推动新型主战舰艇从桨过渡到泵推进应用的桥梁和纽带。无论是国内外当前主战潜艇均采用7叶大侧斜桨的事实,还是当前世界海军主战驱护舰主要采用5叶大侧斜桨的现状,都足以说明大侧斜桨设计技术仍将在较长一段时间内占据舰/潜艇推进系统设计的主要地位。特别是当前舰/潜艇设计、水中兵器设计、无人航行器设计对声隐身技术的需求日益增加,更应该做好对大侧斜桨叶设计技术的理解传承、消化吸收以及更进一步的突破应用,而水面舰船7叶大侧斜桨的低噪声设计正是这样一个绝佳的应用承载体,理解其技术措施以及相应能够达到的设计效果,固化并推广应用其设计启示,对泵喷设计来说显然有着积极的促进作用,值得探索。

5.1 军辅船7叶大侧斜桨设计需求与设计效果

1976年,美国海军船舶工程研究中心(Naval Ship Engineering Center, NAVSEC)委托泰勒舰船研发中心(David Taylor Naval Ship Research and Development Center, DTNSRDC)设计完成AO-177级补给舰螺旋桨设计。该舰满载排水量为 27 380 t,最大航速高于 21 kn,额定轴功率为 24 000 hp(17 897 kW)。螺旋桨的设计要求是:80%功率状态下自持航速达到 20 kn 且要预留 3%的功率储备;设计航速下桨叶吸力面(叶背)泡空化初生的空化裕度达到 10%(叶背泡空化初生航速不低于设计航速的 1.1 倍),且全航速范围内其他类型空化程度最小化;螺旋桨振动最小且尽可能维持推进效率。其中,叶背泡空化初生临近螺旋桨推力突降点,易产生空化腐蚀,需严格加以限制;螺旋桨振动最小是指轴向激振力和桨叶诱导的船体脉动压力最小。很明显,该螺旋桨的设计需求同时包含了快速性、空化和非定常力性能指标,属于典型的低噪声设计应用案例。

DTNSRDC对该设计需求的具体解读是达到自持航速 20 kn 时留出功率储备 6%,即轴功率 18 048 hp(13 458 kW)时满足航速 20 kn;螺旋桨收到额定轴功率时叶背泡空化初生航速为 1.1 倍设计航速;通过引入大侧斜使得螺旋桨非定常力载荷最小。最终的设计效果如下:7 叶大侧斜桨,桨叶直径为 6.4 m,非定常推力与平均推力比值为 2.8‰,非定常力矩与平均力矩比值为 3.5‰,在额定轴功率和额定转速 100 r/min 时预报航速为 21.25 kn,叶背泡空化初生航速满足设计要求且系泊状态下无叶背泡空化产生,全功率状态下桨叶应力明显低于许用应力。可以看出,该 7 叶桨的非定常力抑制效果非常好,达到了某鱼雷泵喷 2‰~5‰ 的同等设计水平,堪称延迟空化初生和抑制轴向非定常力的设计典范,非常值得借鉴。

5.2　军辅船 7 叶大侧斜桨低噪声设计关键措施与试验验证环节

DTNSRDC 将螺旋桨设计分为六步,包括方案设计、升力线设计、桨叶叶型设计、升力面设计、技术设计校核以及试验评估。其中,方案设计主要是确定直径和转速的限定值;升力线设计主要是应用最优环量分布理论确定水动力螺距角(进流角)的径向分布;桨叶叶型设计则是以最小化激振力和空化为目标并且在满足强度的条件下确定叶片弦长、厚度分布以及侧斜角分布;升力面设计则是确定几何螺距角分布、拱度分布和纵倾分布;技术设计校核阶段主要是定量评估快速性指标能否满足以及确定系泊状态下的空化情况;最后的试验评估阶段则是对整个推进系统的性能进行校核,包括螺旋桨敞水性能、自航性能、空化初生性能、非定常力和脉动压力性能以及空化腐蚀性能等。这六步构成了螺旋桨设计与工程应用的一个完整体系,是一个国家舰艇推进系统设计水平的浓缩,但在缺少较多细节信息并且对其设计专用软件掌握不清的情况下,较难直接吸收借鉴相关经验。

方案设计时,主要是以敞水效率为目标函数,选取直径、转速、叶片数以及盘面比的相应组合值,叶片数考察范围为 5 叶、6 叶和 7 叶,最大桨叶直径由桨叶叶梢距船底的最小径向距离(按经验取为 0.12D)来确定。因直径和叶片数对非定常力和空化性能非常敏感,需迭代考虑其最后取值。因桨叶在周向具有对称性,使得推力和力矩脉动通常仅有叶频及其谐频分量经轴向传递,并且一般以叶频线谱为主,或者表现出与叶片数对应的谐次信息,如 5 倍叶频或者 7 倍叶频。经过非定常力的经验公式估算,当 7 叶桨直径为 6.4 m 时,该螺旋桨的轴向非定常力取值最小,同时选取盘面比为 0.77。

升力线设计环节中的关键是确定桨叶径向载荷分布,而确定叶梢泄载程度又是其中较为重要的一环。叶梢卸载能够直接减小桨叶诱导的船体脉动压力,延迟桨叶梢涡空化初生并且减小叶片应力,但同时也会降低螺旋桨效率,须折中考虑。此外,经验表明,叶根泄载通常不需要严格控制,因为毂涡空化在水面船的工程应用中通常无须过多关注。

在叶型设计环节中,叶截面最大厚度沿径向分布应光滑过渡,且通常需校核 $0.3R\sim0.5R$ 区间的应力分布。同时,该设计环节中最为核心的是确定侧斜角分布,当叶片数确定后,需优化侧斜角沿径向的分布,以使得非定常推力和力矩以及侧向力和弯曲力矩最小化,而这通常需要依据设计经验以及试凑来完成。经验表明,适度侧斜不仅能够显著减小非定常轴承力和船体脉动压力幅值,而且有利于增加伴流场中螺旋桨的抗空化裕度。螺旋桨诱导上方平板脉动压力的试验测量表明,叶频线谱处脉动压力幅值随侧斜程度增加而单调减小。因此,理论上讲,从减小螺旋桨诱导船体脉动压力的角度来看,当叶梢侧斜度接近或达到100%时最佳,即叶梢理想侧斜角等于两相邻叶片之间的夹角$(2\pi/Z)$。此外,对于轴向非定常力来说,侧斜角沿径向的分布规律最为重要,初始设计时通常取为线性分布规律,然后迭代调整。该7叶桨最终取为单向后侧斜,叶根侧斜角 $0°$、叶梢侧斜角 $45°$,侧斜度为 87.5%。

在升力面设计环节中,最终确定了桨叶的螺距、弦长、最大厚度、最大拱度、侧斜以及纵倾六个参数沿径向分布的取值。除此之外,还应特别关注桨叶随边的加厚与切割问题,即通常所述的抗鸣边设计。该7叶桨随边切割方法为叶背侧距随边5%处切割成 $25°$ 倾斜角,如图5.1所示。

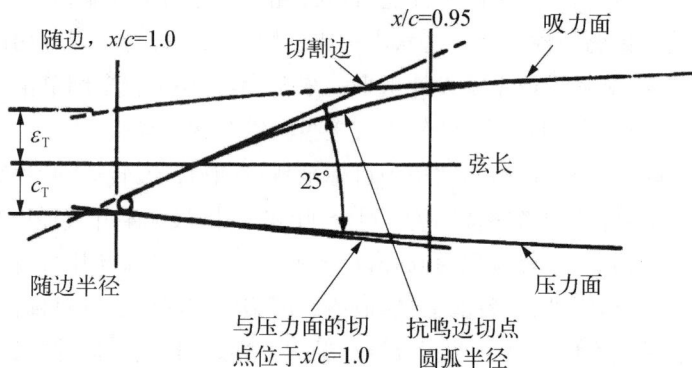

图 5.1　军辅船 7 叶桨随边抗鸣边切割方法(吸力面切割 25°角)

在空化性能校核时,DTNSRDC以额定功率系泊状态对应的极端工况来进行。因转速为零,叶截面负攻角达到最大值,桨叶推力载荷最重,空化也最为严重,由此来确认叶背泡空化初生航速是否满足要求。最终空化试验测量结果表明,该7叶桨叶背片空化初生航速为 20.9 kn,且起始于 $0.9R$ 处;当航速增加至 21.9 kn 时,叶背片空化范围扩展至 $0.8R$ 处;梢涡空化初生航速为 10.4 kn,因动力仪安装于桨叶下游,无法观测毂涡空化;空化腐蚀测试时持续运转时间为 40 h。经验表明,当螺旋桨产生空化后,空化状态下诱导的船体脉动压力幅值反比于测点距离,且正比于空化体积加速度(空化体积对时间的二阶导数),因此,可以通过固定测点的脉动压力测量以及给定区域的激励力测量直接呈现空化状态下螺旋桨轴向非定常力以及所诱导的船体脉动压力的特征,从而完整展示该 7 叶桨在全航速范围内的激振力特性。

在激振力试验测量中,7 叶桨桨模直径为 249.2 mm,桨叶上方平行于桨轴布置一块平板,平板与叶梢之间的垂向距离为 $0.25D \sim 0.4D$,可调,船尾非均匀伴流以伴流丝控制轴向速度分量来模拟,整体布置如图 5.2 所示。测量工况包含无空化工况以及梢涡空化和片空化共存的工况。典型脉动压力测量结果如图 5.3 所示,可知,产生空化后,前三阶叶频处的脉动压力幅值均显著增加,且叶频处谱处增加尤其迅速;空化数一定时,桨盘面上方的脉动压力最大。

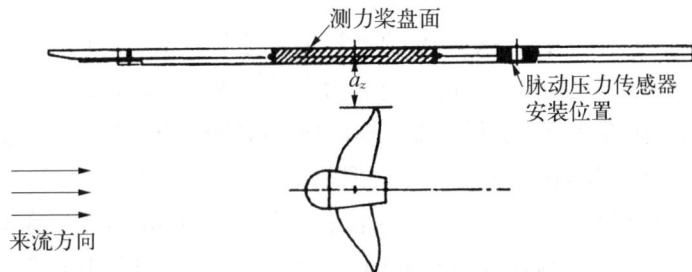

图 5.2　军辅船 7 叶桨模激振力试验测量布置

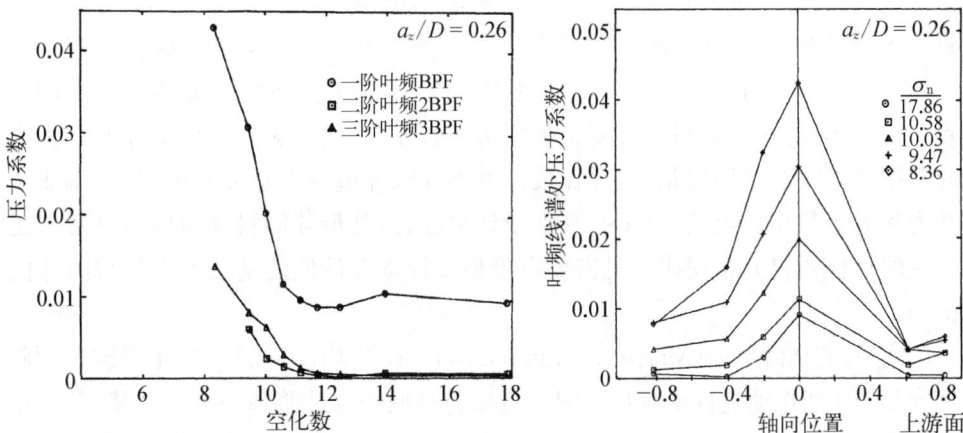

图 5.3　军辅船 7 叶桨模叶频线谱处脉动压力幅值系数测量结果

从上述设计步骤描述可以看出,大侧斜要素在抑制螺旋桨激振力的过程中起到了十分关键的作用,但鉴于侧斜度取值以及侧斜角沿径向分布规律本身具有较大的随机性,通常是通过经验取值和试凑设计最终得出来的效果,难以在新桨设计过程中直接应用,那么,有没有可能通过搜集现有优秀母型桨的侧斜分布规律及其相应试验测量结果,归纳拟合得出相应的统计分布规律,以弥补叶型设计理论的不足?

5.3　7叶大侧斜桨低噪声设计启示与设计应用

5.3.1　侧斜对螺旋桨性能的影响机理分析

无独有偶,美国海军海洋系统研究中心(Naval Ocean Systems Center, NOSC)早在20世纪70年代就已经在寻找这一答案。Mautner博士针对轴对称体伴流场中的螺旋桨叶频线谱噪声以及船体振动控制问题,开发完成了一套桨叶侧斜非线性优化的程序SKEWOPT(1978年),核心是通过引入二次方或者三次方侧斜分布规律使得非定常力和力矩最小化。遗憾的是,该程序的相关技术细节无法得知,而且鉴于非定常力和力矩的数值计算精度控制直至当前仍是船舶水动力学领域中的一个难点问题,加上当前国内最为先进的大型循环水槽也仅能测量一阶轴向非定常力,使得截至目前仍很难再现该程序所能实现的功能。

Mautner博士选取的分析对象是一型鱼雷对转桨的前桨,叶片数为6叶,桨叶直径为0.683 ft,转速为1 400 r/min,来流速度为22.128 m/s,伴流峰值数为4,桨叶特征参数和单周期伴流速度分布如图5.4所示,其选取的四种侧斜分布规律以及由程序计算得到的二阶叶频和四阶叶频处非定常力和力矩幅值如图5.5和表5.1所示。表中力的单位为磅力(bf),力矩的单位为磅力英尺(lbf·ft)。其中,侧斜分布规律包含2组二次方规律和2组三次方规律曲线,桨叶侧斜度范围为64%～90%,均属于大侧斜桨叶。从受力数据可知,大侧斜的确能够显著抑制桨叶非定常力和力矩,且对于主要特征线谱而言尤其明显;侧斜度对桨叶非定常力的抑制效果并非单调变化的,存在最佳侧斜度临界值或者是临界区间,使得非定常力和力矩最小。当然,对于一个新设计桨而言,其最佳侧斜度临界值以及与之适应的最佳侧斜分布规律还是需要在母型桨样本设计值的基础上进行试凑才能得到。

同期,美国海事局(Maritime Administration)于1978年针对三条安装大侧斜螺旋桨的实船振动进行了测量。测量对象包括两个6叶桨和一个5叶桨,其叶梢侧斜角和桨叶侧斜度如表5.2所示,可知侧斜度为100%和50%。第一条船的振动测量数据如图5.6中所示,可知,同一转速下大侧斜桨配置较无侧斜桨产生的结构振动明显降低,且转速越高该振动抑制效果越明显。据此测量结果可以推断,侧斜度趋近于100%可能是较好的取值之一。

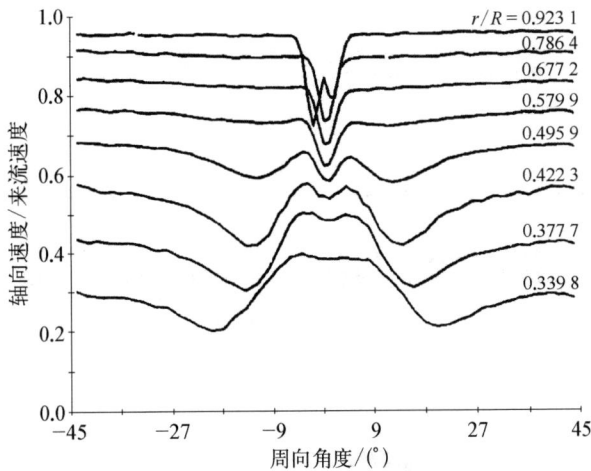

图 5.4　螺旋桨特征参数及伴流速度分布

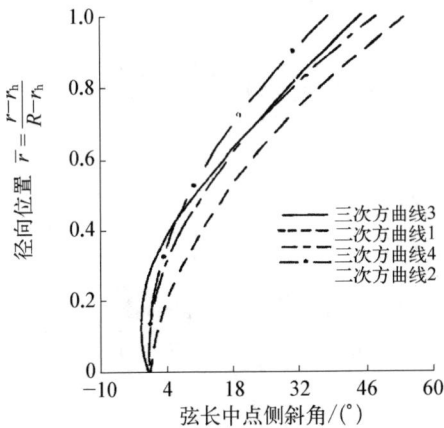

图 5.5　螺旋桨侧斜分布

表 5.1　螺旋桨非定常力和力矩

侧斜分布	二阶叶频		四阶叶频		侧斜角/(°)
	T_p	Q_p	T_p	Q_p	
无侧斜	38.2	15.4	14.1	5.9	0.0
二次方曲线 1	1.1	0.2	2.4	0.7	54.0
二次方曲线 2	8.4	3.0	3.3	0.9	38.3
三次方曲线 3	2.6	0.9	1.9	0.3	44.6
三次方曲线 4	3.1	1.1	1.8	0.4	48.0

表 5.2　实船振动测量时大侧斜桨参数

	母型桨	大侧斜桨	母型桨	大侧斜桨	母型桨	大侧斜桨
轴功率/hp	30 000	30 000	24 000	24 000	37 000	37 000
设计转速/(r/min)	110	107	92	92	120	120
螺旋桨数量	4	1	2	2	1	4
桨叶数	6	6	5	5	6	6
桨叶直径/ft	23	23	26	26	22	22
桨叶侧斜角/(°)	N/A	60°	N/A	72°	10°	30°
桨叶侧斜度/%	N/A	100	N/A	100	17	50

续 表

	母型桨	大侧斜桨	母型桨	大侧斜桨	母型桨	大侧斜桨
螺旋桨重量/lb	75 700	80 000	106 000	116 000	80 000	90 000
桨叶材质	NiAlBz	NiAlBz	MnBz	MnBz	NiAlBz	NiAlBz

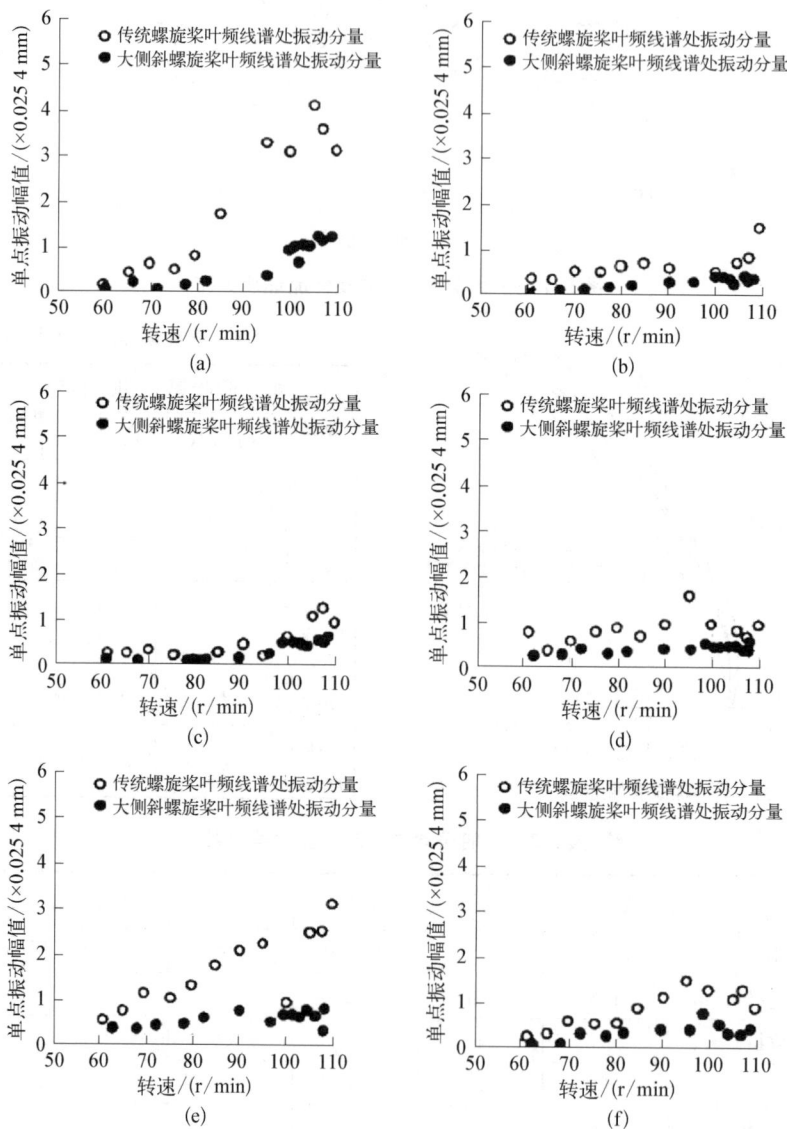

图 5.6 实船船体、推力轴承和齿轮箱振动叶频线谱处振级测量数据

(a) 船尾垂向振动;(b) Athwart 船尾部船体振动;(c) 推力轴承垂向振动;
(d) Athwart 船推力轴承振动;(e) 推力轴承轴向振动;(f) 齿轮箱轴向振动

此外，美国海军船舶研究与发展中心（Naval Ship Research and Development Center，NSRDC）于 1974 年为某一货船设计大侧斜桨时，也详细研究了侧斜对轴向力以及侧向力的影响[27]。其伴流场分布以及最终设计的螺旋桨几何形状如图 5.7 所示，可知 0.7R 处轴向进流呈现 2 峰值特征，所设计叶片数为 6 叶。在设计过程中，计算得到的侧斜对一阶叶频处桨叶轴向非定常力、力矩以及侧向非定常力的影响如图 5.8 所示。可知，从无侧斜到侧斜度为 50% 再到侧斜度为 100%，叶数为 4 叶和 6 叶时轴向非定常力和力矩大幅减小，抑制效果非常好，横向非定常力的抑制效果次之，但是垂向非定常力却表现出了侧斜度为 50% 时反而比无侧斜更大的规律。叶数为 5 叶时，从无侧斜到侧斜度为 50%，轴向非定常力和力矩不仅没有减小，反而有所增加，但横向力和垂向力却显著减小；侧斜度进一步从 50% 增加至 100% 时，轴向非定常力和力矩仅小幅减小，但横向力和垂向力继续大幅减小。叶数为 7 叶时，随着侧斜度增加，无论是轴向非定常力和力矩还是横向力和垂向力，都表现为逐渐减小，只是横向力和垂向力减小的幅度更大。

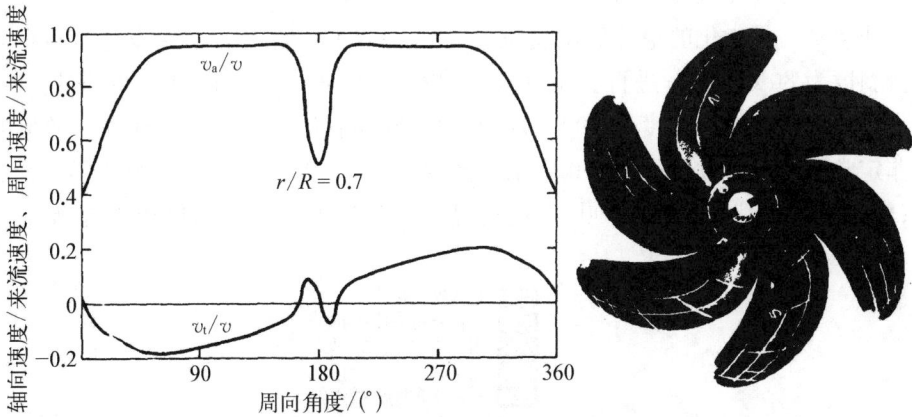

图 5.7　某货船伴流场分布及螺旋桨几何形状

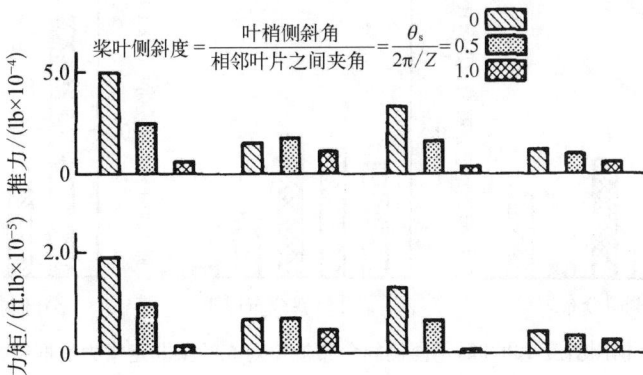

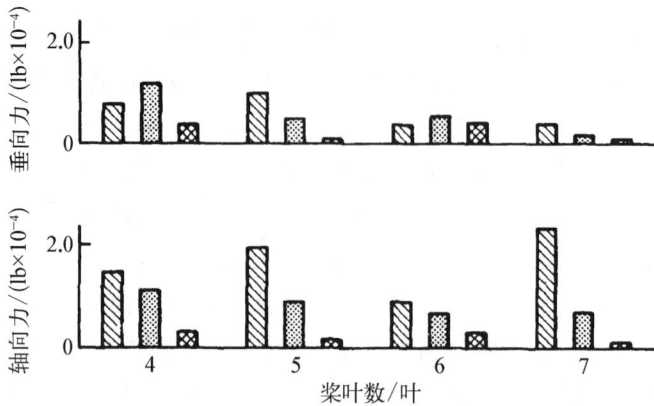

图5.8 侧斜对不同叶数桨叶叶频处非常力和力矩的影响

从上述计算结果中可以归纳出两点通用结论：一是侧斜对桨叶非定常力的抑制效果不仅与叶片数有关，而且与伴流峰值数有关；二是叶片数为4～7叶时，使得桨叶非定常力最小化的最佳侧斜度位于50%～100%范围内，初始设计时可以首选侧斜度为80%～90%进行尝试，以尽快找到最优解。除上述研究外，该设计报告中还对比了叶梢侧斜度为100%时，四种不同侧斜沿径向分布规律对一阶叶频处非定常力的抑制效果如图5.9所示。其中，规律1为从叶根至叶梢侧斜线性分布；规律2为侧斜主要集中于叶梢部位；规律3为0.2R～0.4R区间内为负侧斜（前

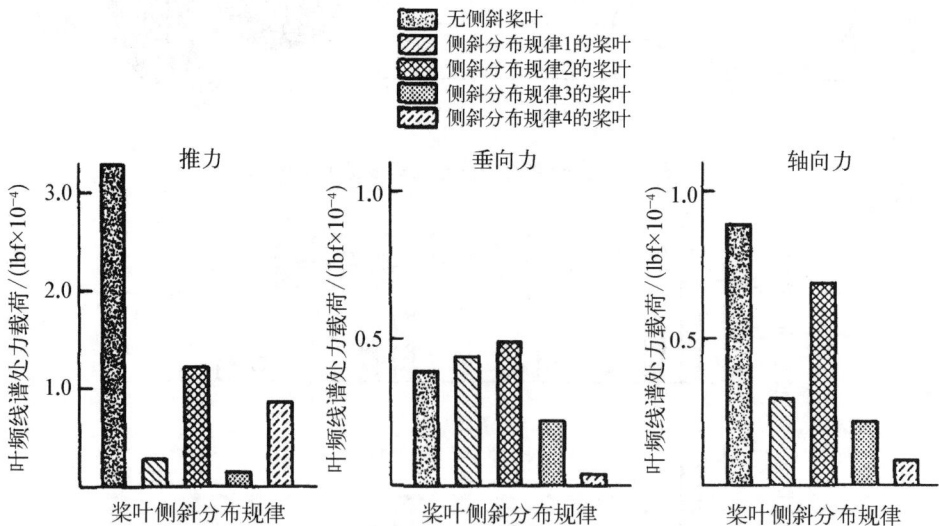

图5.9 叶梢侧斜度100%时不同侧斜分布规律对6叶桨非定常力的抑制效果比较

侧斜),而 0.4R 至叶梢区间为线性正侧斜(后侧斜);规律 4 为侧斜主要集中于 0.4R～0.8R 区间,而叶梢部位无侧斜。可以看出,单边线性侧斜(规律 1)以及平衡线性侧斜(规律 3)规律对于同时抑制轴向力和侧向力而言是非常好的选择;若对侧向力分量抑制有特殊需求,可以选择主要承载区间集中侧斜分布规律(规律 4),而无须实现叶梢侧斜最大。

从上述 7 叶桨和 6 叶桨的设计研发过程以及相关试验测量数据可以看出,应用大侧斜以及选取线性侧斜分布规律是抑制叶频线谱处桨叶非定常力以及桨叶诱导船体脉动压力的较优选择,也是现代螺旋桨设计的发展趋势之一。但最优侧斜度不仅存在临界值,而且还与船尾伴流分布相关,需要进行比较尝试,才能最终取值。

为了更加清楚地从机理和影响机制方面阐述侧斜对螺旋桨水动力、空化以及振动和噪声性能的影响,再将焦点转移到美国海军船舶研究与发展中心于 1971 年针对 5 叶标准系列桨模的相关研究结果上来。桨模命名为 DTMB 4381、DTMB 4382、DTMB 4383、DTMB 4384,叶截面厚度分布规律为 NACA 66(Mod),拱度分布规律为 NACA α=0.8,叶梢侧斜角分别为 0°、36°、72°和 108°,对应侧斜度分别为无侧斜、50%、100%和 150%,4 个桨的叶片弦长分布和最大厚度分布均相同,侧斜角沿径向均为线性分布规律,螺距分布和拱度分布略有不同,如图 5.10 和表 5.3 所示。正车与倒车敞水性能测量结果如图 5.11、表 5.4、图 5.12 和表 5.5 所示,空化斗测量结果如图 5.13 所示。

可知,侧斜对螺旋桨正车敞水性能几乎无影响,但随着侧斜度的增加,倒车敞水性能逐渐下降,在等功率且推力负载系数相等时,4 种侧斜度条件下倒车航速依次下降 1.5%、8.0%和 12.5%。从无侧斜到侧斜度为 50%,桨叶空化斗范围明显加宽,空化初生延迟,抗空化性能显著提升;但侧斜度从 50%增加至 100%时,空化斗范围仅发生少量变化,虽然叶面可视梢涡空化初生稍有延迟以及偏离设计点处的重载工况点(J 减小)叶背空化初生略有延迟,但是近设计点处的叶背可视梢涡空化初生反而略有提前,相当于螺旋桨空化初生临界航速反而降低,对于目前特别重视声隐身性能的舰艇推进器而言,相当于抗空化性能变差了;侧斜度进一步增加至 150%时,该空化初生的变化趋势越发明显,不仅近设计点处的叶背可视梢涡空化初生明显提前了,空化斗范围也发生了偏移改变,相当于桨叶最佳空化性能工作点向轻载工况方向移动了。上述测量结果表明,对于抗空化性能而言,该 5 叶系列桨的最佳侧斜度应该位于 50%～100%之间,且更宜靠近 50%。若从综合正车和倒车敞水性能以及抗空化性能来看,该 5 叶系列桨的最佳侧斜度宜取为约 50%,从而表明最佳侧斜度是有临界值的。

图 5.10　5叶标准系列桨三维几何形状

(a) DTMB 4381；(b) DTMB 4382；(c) DTMB 4383；(d) DTMB 4384

表 5.3　5叶标准系列桨模型值

半径	弦长	纵倾	最大厚度	侧斜角/(°)				螺距比				最大拱度/弦长			
				4381	4382	4383	4384	4381	4382	4383	4384	4381	4382	4383	4384
0.20	0.174 0	0.000 0	0.249 4	0.000 0	0.000 0	0.000 0	0.000 0	1.332 0	1.455 0	1.566 0	1.675 0	0.035 1	0.043 0	0.040 2	0.054 5
0.25	0.202 0	0.000 0	0.196 0	0.000 0	2.328 0	4.647 0	6.961 0	1.338 0	1.444 0	1.539 0	1.629 0	0.036 9	0.039 5	0.040 8	0.050 6
0.30	0.229 0	0.000 0	0.156 3	0.000 0	4.655 0	9.293 0	13.921 0	1.345 0	1.433 0	1.512 0	1.584 0	0.036 8	0.037 0	0.040 7	0.047 9
0.40	0.275 0	0.000 0	0.106 9	0.000 0	9.363 0	18.816 0	28.426 0	1.358 0	1.412 0	1.459 0	1.496 0	0.034 8	0.034 4	0.038 5	0.045 3
0.50	0.312 0	0.000 0	0.076 9	0.000 0	13.948 0	27.991 0	42.152 0	1.336 0	1.361 0	1.386 0	1.406 0	0.030 7	0.030 5	0.034 2	0.040 1
0.60	0.337 0	0.000 0	0.056 7	0.000 0	18.378 0	36.770 0	55.199 0	1.280 0	1.285 0	1.296 0	1.305 0	0.024 5	0.024 7	0.028 1	0.033 4
0.70	0.347 0	0.000 0	0.042 1	0.000 0	22.747 0	45.453 0	68.098 0	1.210 0	1.200 0	1.198 0	1.199 0	0.019 1	0.019 9	0.023 0	0.027 8
0.80	0.334 0	0.000 0	0.031 4	0.000 0	27.145 0	54.245 0	81.283 0	1.137 0	1.112 0	1.096 0	1.086 0	0.014 8	0.016 1	0.018 9	0.023 2
0.90	0.280 0	0.000 0	0.023 9	0.000 0	31.575 0	63.102 0	94.624 0	1.066 0	1.027 0	0.996 0	0.973 0	0.012 3	0.013 4	0.015 9	0.019 3
0.95	0.210 0	0.000 0	0.022 9	0.000 0	33.788 0	67.531 0	101.300 0	1.031 0	0.985 0	0.945 0	0.916 0	0.012 8	0.014 0	0.016 8	0.020 1
1.00	0.001 0	0.000 0	0.016 0	0.000 0	36.000 0	72.000 0	108.000 0	0.995 0	0.942 0	0.895 0	0.859 0	0.012 3	0.013 4	0.015 9	0.019 3

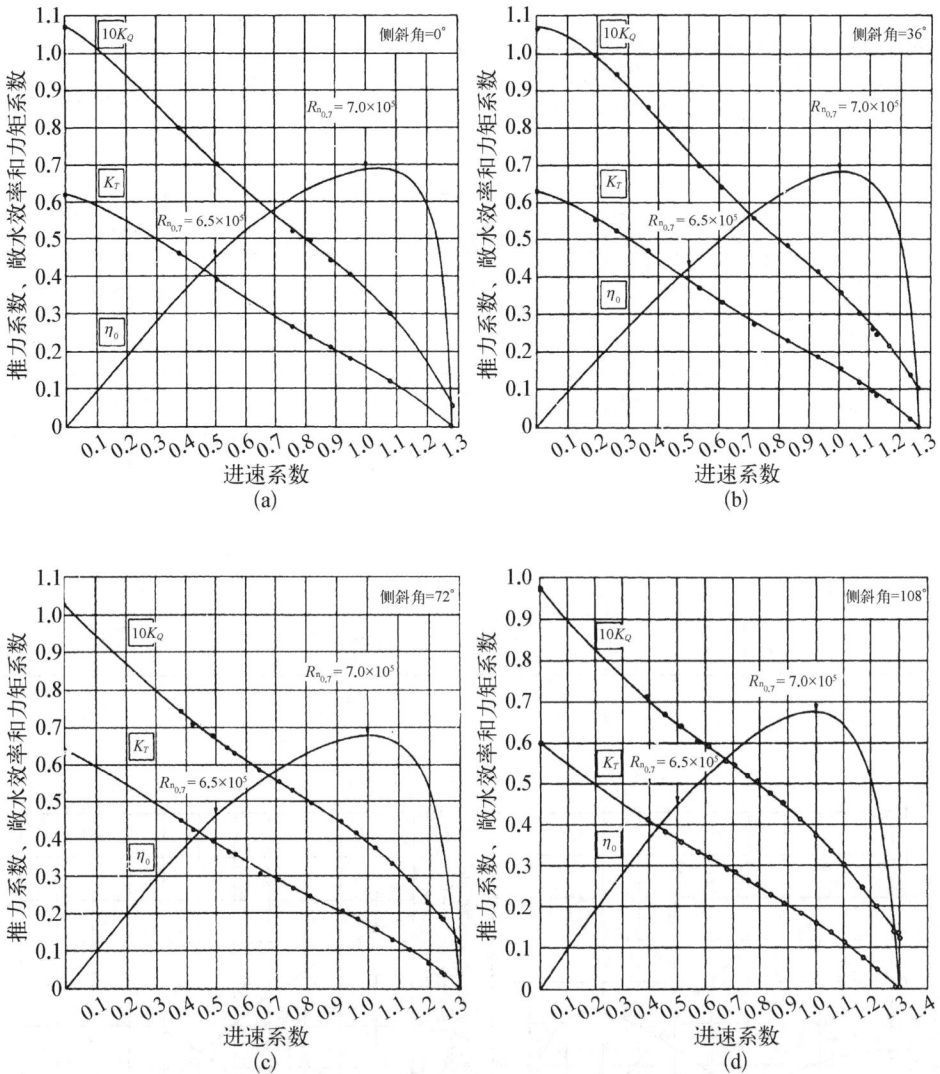

图 5.11　5 叶标准系列桨模正车敞水性能测量结果

（a）无侧斜 4381 桨；（b）侧斜角 36° 4382 桨；（c）侧斜角 72° 4383 桨；（d）侧斜角 108° 4384 桨

表 5.4　侧斜系列 5 叶桨敞水性能

螺旋桨	推力系数、 敞水效率和力矩系数	设 计 值	敞水性能值
4381	K_T	0.213	0.208
	$10K_Q$	0.447	0.445
	η_0	0.673	0.661

续　表

螺旋桨	推力系数、敞水效率和力矩系数	设 计 值	敞水性能值
4382	K_T	0.213	0.205
	$10K_Q$	0.447	0.440
	η_0	0.673	0.657
4383	K_T	0.213	0.214
	$10K_Q$	0.447	0.460
	η_0	0.673	0.658
4384	K_T	0.213	0.208
	$10K_Q$	0.447	0.446
	η_0	0.673	0.660

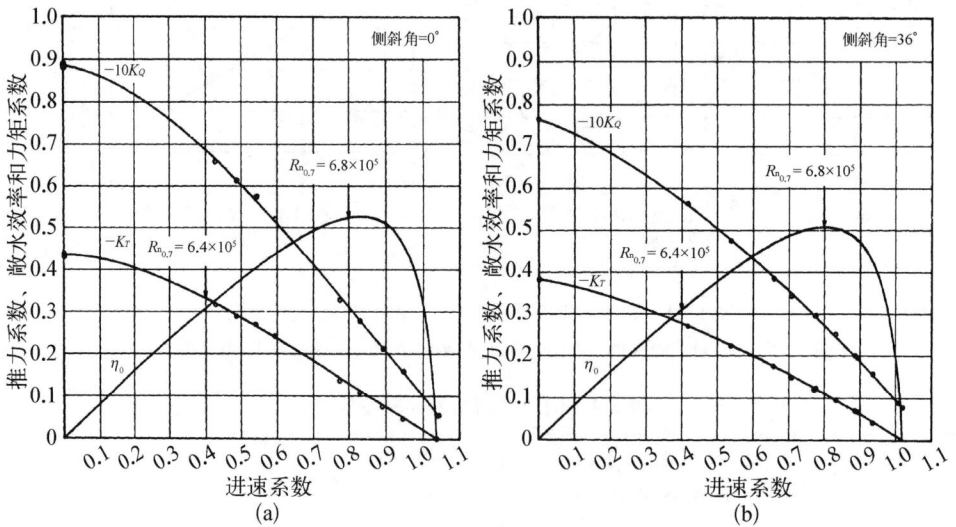

图 5.12　5 叶标准系列桨模倒车敞水性能测量结果

（a）无侧斜 4381 桨；（b）侧斜角 36° 4382 桨

表 5.5　侧斜系列 5 叶桨推力负载系数

C_{Th}	V_A（侧斜角 = 36°）	V_A（侧斜角 = 72°）	V_A（侧斜角 = 108°）
	V_A（侧斜角 = 0°）	V_A（侧斜角 = 0°）	V_A（侧斜角 = 0°）
0.2	0.983	0.898	0.871
0.4	0.990	0.917	0.884
0.8	0.993	0.921	0.885
1.2	0.987	0.920	0.877
1.6	0.984	0.918	0.871

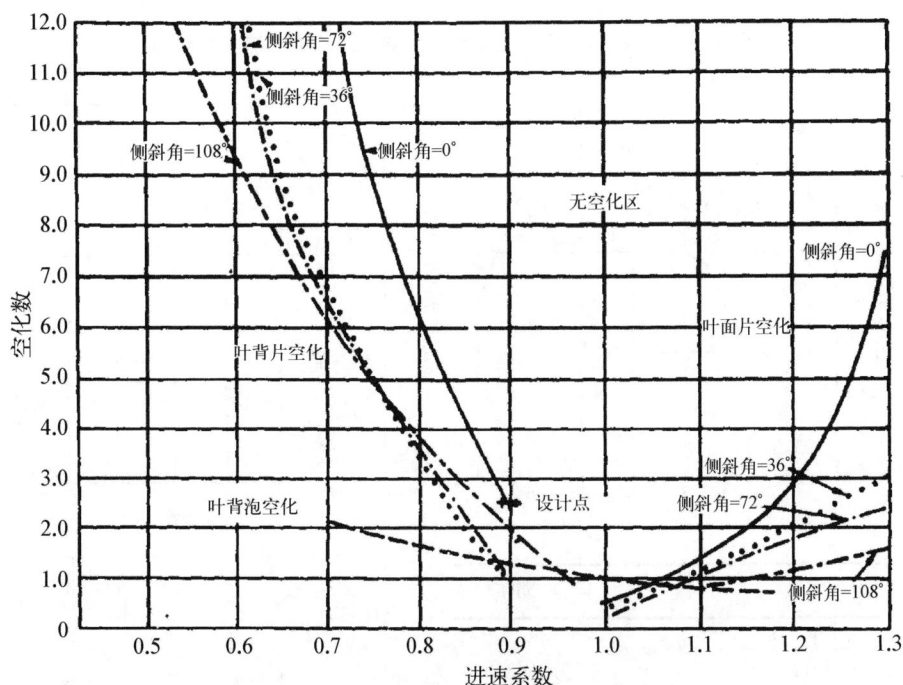

图 5.13　5 叶标准系列桨模空化斗测量结果

此外，针对叶片数更少的 4 叶桨，空化多相流模拟得到的某 4 叶桨片空化形态随侧斜度变化的结果如图 5.14 所示，可知，对于抗空化性能而言，该 4 叶桨的最佳侧斜度约为 67%，同样存在着临界值。同时，隶属于英国 Rolls‐Royce 公司的某船 4 叶桨实尺状态下诱导的船体脉动压力测量结果也表明[28]，应用大侧斜是减小脉动压力的最有为效措施，但最佳侧斜度也存在临界值，且从抑制船体振动的角度来看，该桨的最佳侧斜度约为 50%，如图 5.15 所示。

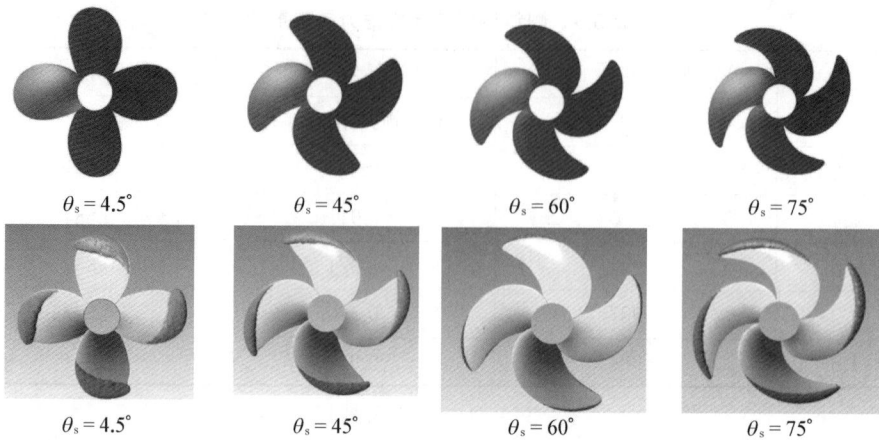

| $\theta_s = 4.5°$ | $\theta_s = 45°$ | $\theta_s = 60°$ | $\theta_s = 75°$ |

| $\theta_s = 4.5°$ | $\theta_s = 45°$ | $\theta_s = 60°$ | $\theta_s = 75°$ |

图 5.14　某 4 叶桨不同侧斜度时片空化形态多相流模拟结果

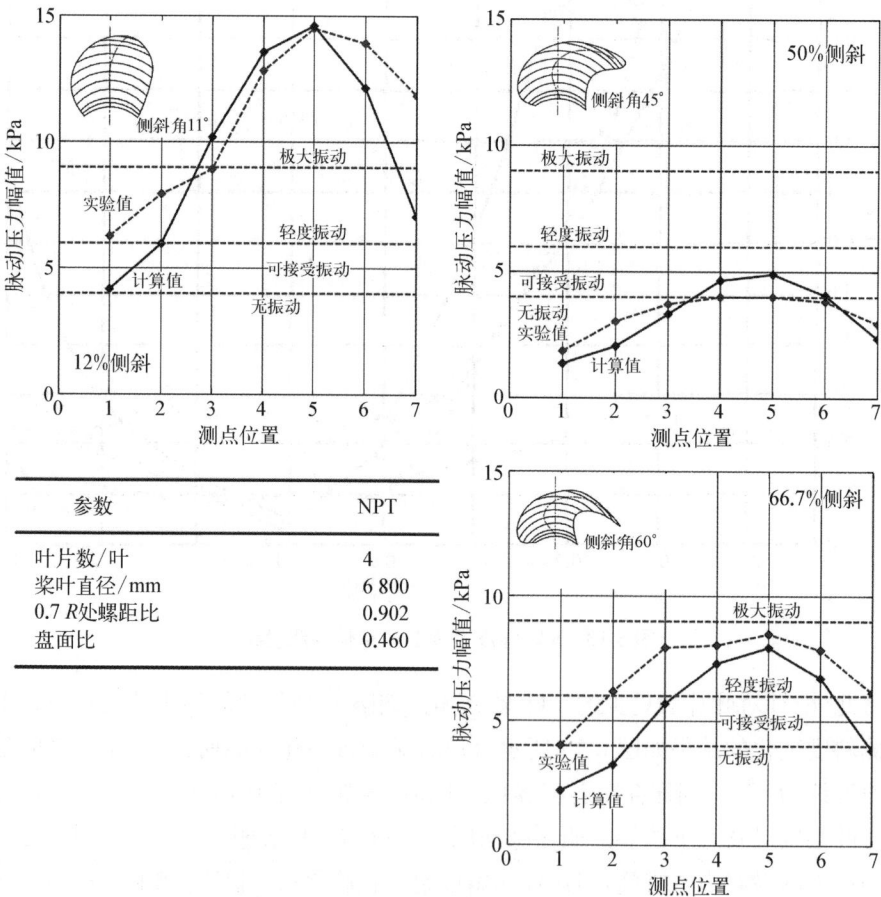

参数	NPT
叶片数/叶	4
桨叶直径/mm	6 800
0.7 R处螺距比	0.902
盘面比	0.460

图 5.15　某船实尺 4 叶桨诱导的船体脉动压力测量值与计算值

综上所述,对于叶片数为 4 叶～7 叶的典型舰艇螺旋桨而言,无论是对于敞水性能、空化初生性能,还是非定常力性能以及诱导的船体脉动压力性能,引入大侧斜都是一种积极有利的技术措施,且侧斜角沿径向呈线性分布规律是一种较优的选择,但是,最佳侧斜度存在着临界值,且该临界值不仅与叶片数有关,而且与船尾伴流轴向速度分布有关。从抑制非定常力、控制低频线谱噪声的角度来看,最佳侧斜度趋近于 100%时,设计初值宜取为 80%～90%;从提高空化初生临界航速、延迟空化初生的角度来看,最佳侧斜度趋近于 50%时,设计初值宜取为 50%～60%,通过定量比较后最终取值。上述通用性结论可在泵喷转子叶型设计过程中直接予以借鉴。

5.3.2　延迟空化初生的七叶大侧斜桨设计应用

当前,世界海军范围内水面舰艇主要采用 5 叶大侧斜调距桨和喷泵,常规潜艇主要采用 7 叶大侧斜定距桨,核潜艇主要采用 7 叶大侧斜定距桨和机械式泵喷,鱼雷主要采用对转桨(前桨和后桨叶片数通常大于 7 叶)和机械式泵喷。20 世纪 90 年代,7 叶桨不仅是低噪声潜艇的代名词,也是一个国家机械设计和工程加工制造水平的综合体现,无论是厂房内潜艇总体装配、新艇下水仪式,还是坞内修理期间,7 叶桨都被厚厚的帆布包裹,始终具有神秘性。当时,7 叶桨甚至发展成为决定潜艇水下声隐身性和攻防实战能力的战略性要素,如苏联于 20 世纪 80 年代从日本东芝机械公司成功引进大型数控 7 轴联动机床后,显著提升了其潜艇 7 叶桨的加工制造精度和降噪水平,使得该国潜艇一度能够自由出入美国领海,让美国几十年苦心经营的声呐探测系统全部失灵。当前,随着以"海狼级""弗吉尼亚级""机敏级"和"北风之神级"核潜艇为代表的新型低噪声潜艇成功装备机械式泵喷主推进器,7 叶桨的神秘面纱终于被揭开。例如,2015 年底,最新型的"基洛级"636.3 型常规潜艇"克拉斯诺达尔"号(B-265)在俄罗斯圣彼得堡船厂下水时,其 7 叶桨就是以真面目示人,如图 5.16 所示。鉴于"基洛级"潜艇优异的水下隐蔽性(关键是声隐身性),该型潜艇一直被西方国家称为"大洋黑洞",甚至一度成了俄罗斯海军出口舰艇装备系列中的抢手货。毫不夸张地说,"基洛级"潜艇的 7 叶桨代表了当今世界 7 叶桨声学设计与研制的巅峰水平。

为了深入挖掘"基洛级"潜艇 7 叶桨背后所蕴含的科学价值,并且借鉴前文军辅船 7 叶桨的设计经验,纵览一段时间跨度内的 7 叶桨典型设计与应用案例,包括麻省理工学院为概念型潜艇 Sirenian 所设计的 DTMB4567A 7 叶桨(型值公开,1997 年)、意大利船级社 INSEAN 针对标模 SUBOFF 潜艇推进所设计的 E1619 7 叶桨(图片和主要设计参数公开,2009 年)、20 世纪 80 年代曾作为美国海军潜艇降噪效果代表的"洛杉矶级"攻击型核潜艇的 7 叶桨(照片公开)以及 636.3 型常规潜艇的 7 叶桨(照片公开),如图 5.17 所示,可以看出,虽然上述 7 叶桨都是用于潜艇

图 5.16 "基洛级"636.3 型常规潜艇"克拉斯诺达尔"号(B‑265)下水

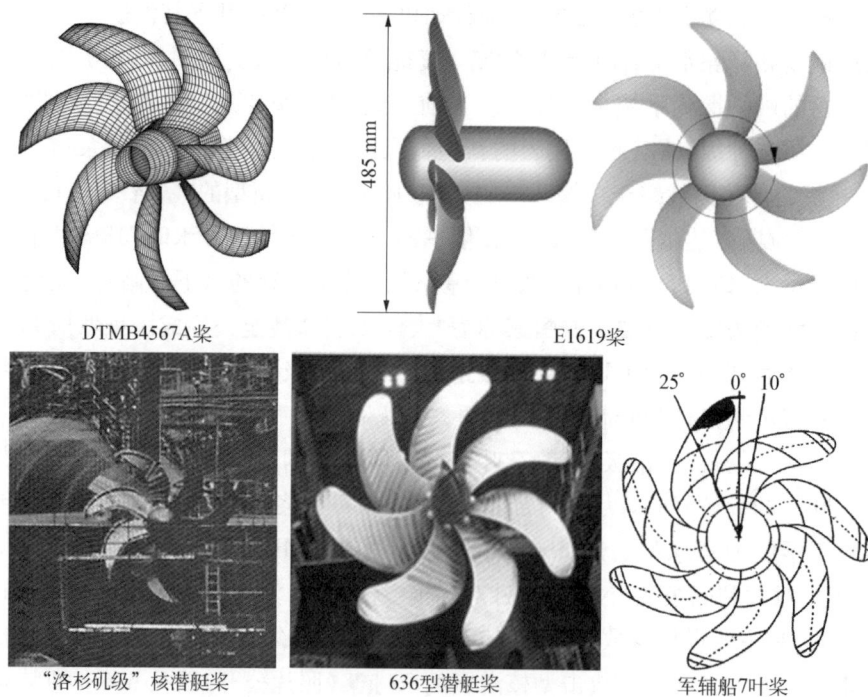

DTMB4567A桨

485 mm

E1619桨

"洛杉矶级"核潜艇桨

636型潜艇桨

25° 0° 10°

军辅船7叶桨

图 5.17 典型潜艇和水面舰艇用 7 叶桨

推进,桨叶叶型都由弦长、螺距、侧斜、纵倾、厚度和拱度 6 个几何参数唯一确定,都以空化初生临界航速高、辐射噪声低、推进效率适中为设计目标,636 型系列潜艇 7 叶桨甚至实现了 100 m 水深时全航速范围内无空化产生的优异设计效果,但几个 7 叶桨的叶型差异却非常显著,如表现为瘦长形叶片、丰满形叶片、极大侧斜叶片等。那么,自然会问:如 636 型系列潜艇这般优秀的 7 叶桨,其叶型几何参数取值究竟该如何确定,或者说前文得出的侧斜对性能的影响规律能否直接应用,又或者说其中的关键参数应该控制在什么范围之内,才能最大限度地保证 7 叶桨在实艇装备应用后的抗空化和减振降噪效果? 如果期望最大程度吸收借鉴 636 型系列潜艇 7 叶桨的成功设计经验,应该由什么性能参数来描述桨叶的相对载荷大小比较合理,能否由此类推其他相当载荷 7 叶桨的几何参数设计?

此外,从水面舰艇主要应用的 5 叶大侧斜桨,到水面军辅船特殊需求的低振动 7 叶桨,再到潜艇装备的水下低噪声 7 叶桨,桨叶几何型值的变化范围能否趋于收敛,或者说某些几何参数是否存在特定的变化规律,有助于延迟空化初生和降噪? 这些问题尚需要进行回归分析梳理,以更好地服务于现代高性能推进器设计。换句话说,要想真正自主复现 636 型系列潜艇 7 叶桨的优秀设计样本,甚至是超越其设计成效,必须要从叶型几何参数控制以及摸清几何参数与流动特征或与具体应用场合之间的关联机制底层着手,这也正是当前国内舰艇螺旋桨较为缺乏原创应用需要正视的问题之一。

在传统桨叶设计应用的基础上,MAN Diesel & Turbo 公司针对海军舰艇螺旋桨高效、低噪声的特定需求,于 21 世纪创新性地推出了 Kappel 螺旋桨设计方案,理论上不仅能够在不牺牲推进效率的条件下尽可能减小叶梢载荷,延迟空化初生,而且可以显著减小轴向非定常力所诱导的离散线谱噪声。例如,文献[29]报道的"某潜艇 7 叶桨增加桨叶数到 8 叶并且引入 Kappel 桨设计技术后,其一阶叶频处推力脉动诱导的线谱噪声减小量甚至大于 10 dB(2009 年)",令人震惊,也值得探索。Kappel 桨的核心设计思想是叶梢几何形状主动引入纵倾特征,使得桨叶有效直径减小,如图 5.18 所示,从而减小叶梢流动载荷,延迟空化初生。随着对 Kappel 桨设计技术的深入试验研究,其技术优势除了敞水效率略有提高之外,一定程度上还能够抑制梢涡空化,显著减小桨叶诱导的脉动压力幅值,进而减小船体振动。从降噪设计的角度来看,也值得将 Kappel 桨设计技术与 636 型潜艇 7 叶桨的优秀设计经验有机结合起来,最大化 7 叶桨的延迟空化初生和降噪设计水平。

回归分析时,水面舰艇螺旋桨样本包括美国海军驱逐舰用桨模 DTMB 5168 5 叶桨(桨叶型值、敞水性能曲线和空化性能试验结果均公开)、已通过海试测量验证的低噪声渔政船 FRV 40 5 叶桨(型值几何参数和敞水性能曲线均公开)、某护卫舰

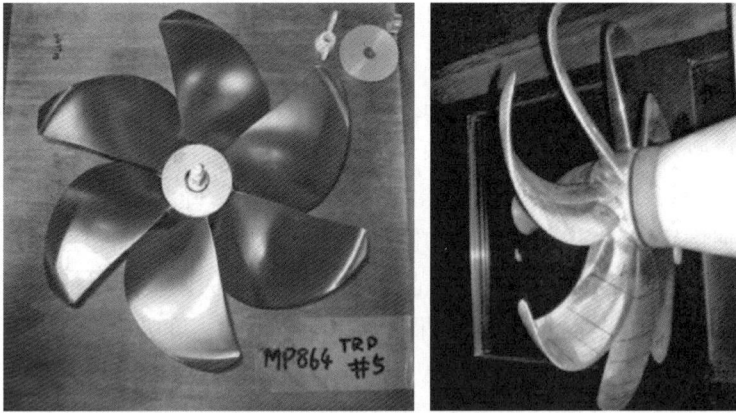

图 5.18　Kappel 桨叶梢几何形态

5 叶桨和某驱逐舰 5 叶桨(型值几何参数均为内部数据),这四个应用案例中螺旋桨均同时兼顾推进效率和抗空化性能需求,代表性较强。7 叶桨样本除了 DTMB4567A 7 叶桨和军辅船低振动 7 叶桨外,还包括某试验用 A 型 7 叶桨和试验用 B 型 7 叶桨(型值几何参数均为内部数据),均重点强调提高空化初生临界航速和降低振动噪声的工程设计效果,应用针对性较强。

　　上述 8 个螺旋桨的桨叶弦长、侧斜、纵倾沿径向分布规律的统计分析结果如图 5.19 所示。从弦长分布曲线的回归结果可以看出,水面舰艇 5 叶桨的叶截面弦长沿径向分布呈反向抛物线变化规律,最大弦长位于 $0.6R \sim 0.9R$ 区间;水面船 7 叶桨的叶截面弦长沿径向分布也呈反向抛物线变化规律,但最大弦长峰值区间前移至 $0.4R \sim 0.6R$,且最大弦长幅值相对于水面舰艇 5 叶桨明显减小;潜艇 7 叶桨的叶截面弦长沿径向分布近似呈物体自由落体运动轨迹,无明显最大弦长峰值区间,最大弦长幅值相对于水面船 7 叶桨再次减小。从侧斜角分布曲线的回归结果可以看出,水面舰艇 5 叶桨的叶截面侧斜角沿径向分布呈明显的抛物线变化规律,最大前侧斜角位于 $0.5R \sim 0.7R$ 区间,最大后侧斜角位于桨叶叶梢;无论是水面船 7 叶桨还是潜艇 7 叶桨,$0.4R$ 至叶梢区间的侧斜角沿径向近似呈线性增加,最大后侧斜角位于桨叶叶梢;某护卫舰 5 叶桨和某驱逐舰 5 叶桨的侧斜角分布几乎相同,DTMB 5168 5 叶桨和 FRV 40 5 叶桨的侧斜角分布也几乎重合,表明无论是 5 叶桨还是 7 叶桨,追求低噪声性能时桨叶侧斜角分布规律还是存在一定的收敛区间的,新样本设计时可以直接在该区间范围内取值进行尝试。借助上述设计参数的回归分析结果,引入叶梢非连续纵倾值后,新设计 7 叶桨三维几何模型如图 5.20 所示,桨叶外形已逼近于 636 型艇 7 叶桨。为了进一步控制桨叶的相对载荷也相近,引入描述桨叶相对载荷大小的功率系数变量

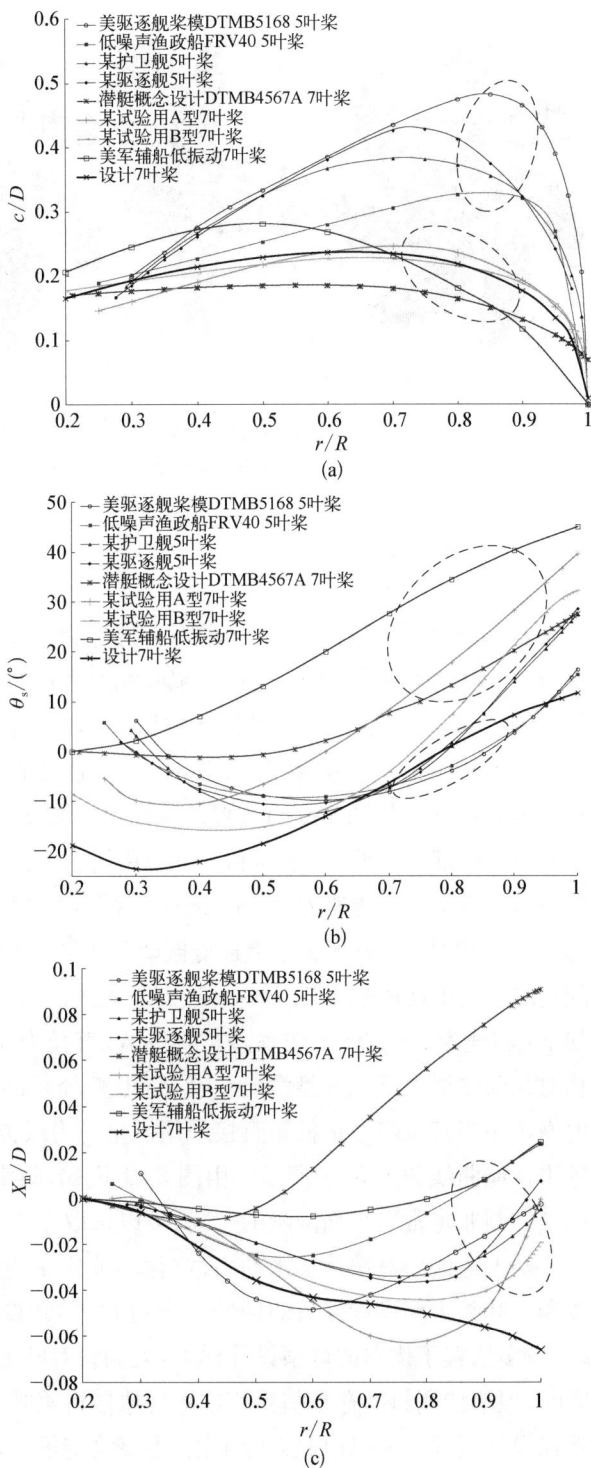

图 5.19　典型 5 叶桨和 7 叶桨型值几何参数统计分析

（a）弦长分布；（b）侧斜分布；（c）纵倾分布

图 5.20　新设计 7 叶桨三维几何模型

(a) 叶梢纵倾连续；(b) 叶梢纵倾不连续

$$k_N = \frac{P}{n^3 D^5} \tag{5.1}$$

式中，P 为螺旋桨功率，单位为 kW；n 为螺旋桨转速，单位为 r/s；D 为桨叶直径，单位为 m。功率系数越小，意味着桨叶相对载荷越小，其空化初生和振动噪声越容易控制。636 型潜艇 7 叶桨设计参数如下：转速为 250 r/min，功率为 4 100 kW，直径为 3.1 m，则功率系数为 0.198；军辅船低振动 7 叶桨设计参数：转速为 100 r/min，功率为 13 458 kW，直径为 6.4 m，则功率系数为 0.271，承受载荷明显重于 636 型潜艇 7 叶桨，与水面和水下应用场合不同对应。此外，试验用 B 型 7 叶桨的设计参数如下：转速为 200 r/min，功率为 3 500 kW，直径为 3.15 m，则功率系数为 0.305，相对载荷甚至大于上述低振动 7 叶桨。该桨在试验后并未装备应用的关键问题之一也正是其振动噪声偏高，还有较大的改善空间。新设计 7 叶桨的设计参数如下：转速为 240 r/min，功率为 3 793 kW，直径为 3.1 m，则功率系数为 0.207，虽然相对载荷略微大于 636 型潜艇 7 叶桨，但直径相同、转速更低，理论上可以控制辐射噪声相当甚至略微更低。直接采用涡格升力线方法预报得到的新设计 7 叶桨的敞水性能曲线如图 5.21 所示。由图 5.21 可知，敞水效率约为 0.7，具有通过牺牲效率来抑制非定常力进而降噪的空间，可以选取作为一个基础 7 叶桨。

　　从上述侧斜对螺旋桨水动力、空化和非定常力性能的影响机理以及典型 5 叶桨和 7 叶桨主要设计参数的回归分析可知，桨叶设计是一个多性能兼顾的复杂系统，较多依赖于优秀的母型设计样本，大侧斜对叶形和空化以及非定常力均有直接影响，但最佳侧斜度存在临界值这一现象使得桨叶设计更加复杂化，必须融入螺旋迭代设计流程。可以由此大胆推论，当泵喷定子与转子两组叶片替代单个桨叶后，定子叶片前侧斜、定子叶片后侧斜、转子叶片前侧斜、转子叶片后侧斜之间的配合使用,将会使得侧斜对推进器性能的有益贡献更大化,也必将使得叶型设计本身更加复杂,这从根本上印证了当今世界海军强国新型主战潜艇均采用泵喷这一事实的发展趋向性和不可逆转性。

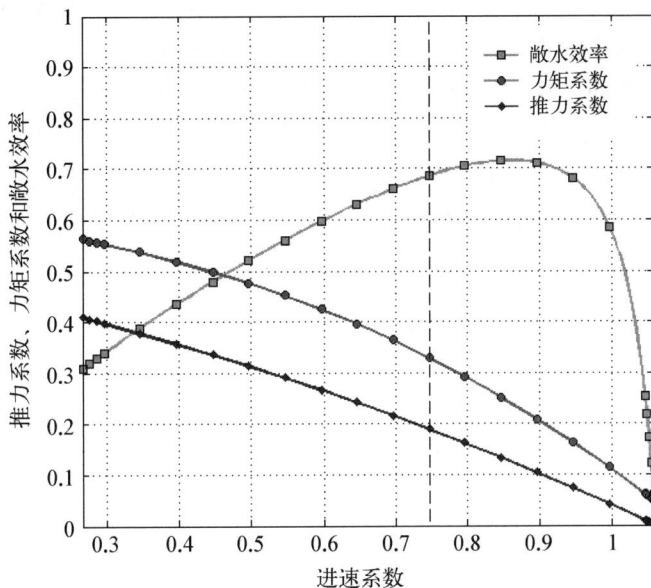

图 5.21　新设计 7 叶桨敞水性能曲线预报值

5.4　本章小结

在叶型设计方法相当时,主要设计参数的合理取值无疑会大大缩短设计周期、提高设计效果。面对某军辅船成功设计的低振动 7 叶桨案例,结合已有的水面船用 5 叶桨和水下潜用 7 叶桨的典型工程应用案例,期望在充分认识低振动 7 叶桨设计需求、过程、效果的基础上,以回归分析的方法总结梳理出桨叶弦长、侧斜、纵倾等关键设计参数的合理取值范围,尤其是深入挖掘出侧斜对桨叶水动力、空化和非定常力性能的影响机制,为螺旋桨和泵喷叶型设计提供理论指导和取值依据。主要结论如下:

(1) 军辅船 7 叶桨的设计目标明确为"尽可能维持推进效率的条件下使得轴向非定常力最小,且叶背泡空化初生航速达到 1.1 倍设计航速,以使得螺旋桨振动最小化",较常见的驱护舰 5 叶桨设计目标多出了非定常力定量控制的要求。应用大侧斜,且叶梢侧斜度 87.5%、侧斜沿径向线性分布后,极大促进了设计指标的实现。试验测量包括敞水性能、空化性能、非定常力以及诱导的平板脉动压力全套。

（2）对于叶片数为 4～7 叶的典型舰艇螺旋桨而言，引入大侧斜有利于改善空化初生性能、非定常力性能以及诱导的船体脉动压力性能。侧斜角沿径向呈线性分布规律是一种较优的选择。最佳侧斜度存在着临界值，且该临界值不仅与叶片数有关，而且与船尾伴流轴向速度分布有关。从抑制非定常力、控制低频线谱噪声的角度来看，最佳侧斜度趋近于 100%，设计初值宜取为 80%～90%；从提高空化初生临界航速、延迟空化初生的角度来看，最佳侧斜度趋近于 50%，设计初值宜取为 50%～60%。无论是 5 叶桨还是 7 叶桨，追求低噪声性能时，桨叶最佳侧斜度取值还是存在一定收敛区间的，宜进行螺旋迭代后最终确定。推荐引入功率系数变量来定量描述桨叶相对载荷大小，再结合主要设计参数的优选取值范围，可以较好地控制叶形及其性能指标。

第 6 章　水下无轴泵喷主推抗空化
改进设计与降噪控制

第 4 章从单转子梢涡精细流场模拟和自行设计混流泵叶梢泄漏涡空化流动数值模拟的角度，一方面阐述了叶型三元设计方法应用的可行性，另一方面间接论述了推进泵空化流动模拟的预报精度，证明了联用修正 SST 湍流模型和改进 Sauer 空化模型在推进泵空化性能评估方面的价值，但美中不足的是因缺乏模型试验直接验证对象，使得叶型设计本身及其空化性能评判无法真正落地，让决策者面对泵类推进器应用技术时依然心有顾虑。本着需求牵引至上的工程设计原则，本章以专著《泵喷推进器低噪声设计机理与设计应用》中设计得到的某潜用无轴泵喷水力模型为载体，在完成其抗空化性能改进优化设计后，借助空泡水筒对其水动力性能、空化初生性能和中高频段辐射噪声性能进行了全面测量分析，使模型样机设计闭环真正落地，一方面全面检验了泵喷叶型抗空化设计和降噪控制的成效，另一方面检验了泵喷空化初生临界航速数值预报的可行性，为泵喷应用提供技术支撑。

6.1　无轴泵喷模型样机对象与设计输入

如《泵喷推进器低噪声设计机理与设计应用》中所述，无轴泵喷应用于某水下常规潜器主推时，推力需求与功率限额保持与机械式泵喷一致，即轴向推力不低于 300 kN，功率消耗不高于 4 MW。所采用的轴面投影几何形状如图 6.1 所示，导管截面为肥厚型导管，适于柱形永磁电机布置。转子轮毂和转子轮缘形成轴流式截面通道，定子轮缘与转子轮缘直径相同，定子轮毂与转子轮毂的曲率光滑过渡。收缩型导管内壁面前段与定子轮缘的曲率光滑过渡，收缩型导管内壁面后段与转子轮缘的曲率光滑过渡；导管径向厚度大于电机定子、电机转子和电机气隙三者径向厚度之和。为了控制因定子叶片尾流与转子叶片导边的相互作用而辐射的噪声，前置定子和转子叶片的轴面投影几何形状在轴向方向的间隔距离与转子直径的比值大于 10%。

定子和转子叶片的三维叶型均由参数化三元逆向设计方法完成，定子叶片随边采用递增型环量分布（强迫型涡量分布），转子叶片导边采用二次方环量分布（抛物线型涡量分布）；母型无轴泵喷定子和转子叶片的叶根以及叶梢截面均采用中载

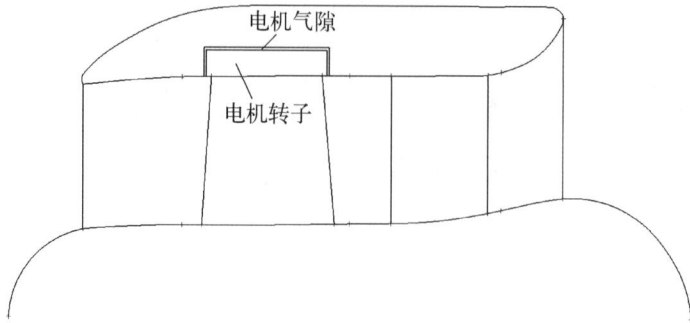

图 6.1 主推无轴泵喷轴面投影几何形状

型负载分布,且最大负载转折点位于量纲一的轴面距离 0.2 处;定子叶片叶根截面导边处采用小的正攻角,转子叶片叶梢截面随边处采用小的负攻角,可有效提升效率和抑制空泡产生。定子和转子叶片截面均采用 NACA16 翼型厚度分布,定子叶片数取为 13 叶,转子叶片数取为 9 叶。

在母型泵喷设计时,量化分析了转子叶片"大侧斜"设计要素(大侧斜程度和侧斜方向)对泵喷水动力性能的影响,包括 100% 后侧斜、50% 后侧斜、无侧斜、50% 前侧斜和 100% 前侧斜五种方案。设计航速为 16 kn、额定转速为 160 r/min 且泵喷进流为典型十字翼艇尾伴流时,母型泵喷三维几何形状及其叶栅截面通道的速度流线如图 6.2 所示,典型方案的水动力性能参数如表 6.1 所示。可知,在满足推力需求和功率限额的条件下,转子叶片侧斜对泵喷水动力性能的影响程度较小,转子叶片水动力效率的变化幅度控制在 1% 以内,与后侧斜程度对螺旋桨正车水动力性能几乎无影响的结论一致;导管受力与泵喷总推力的比值约为 3%,为极小推力导管,与预期设计输入一致。

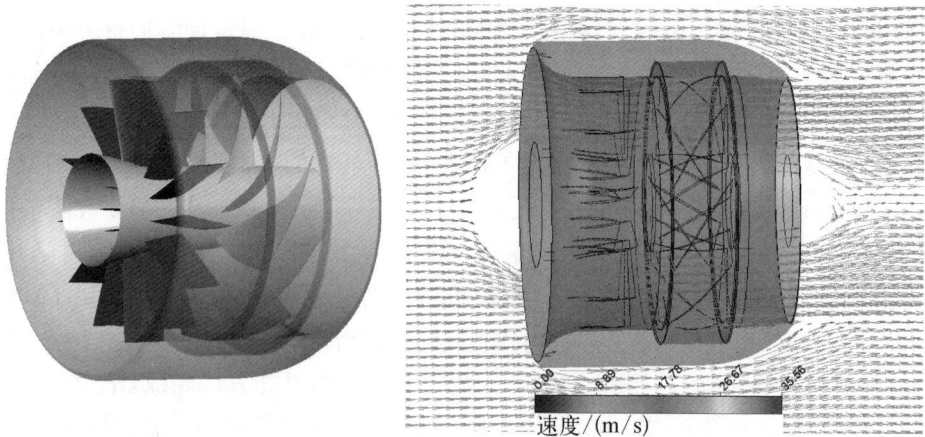

图 6.2 母型无轴泵喷几何形状及其纵仲剖面速度流线

表 6.1　设计航速和额定转速下无轴泵喷水动力性能参数

转 子 侧 斜	流量/(m³/s)	功率/kW	水力效率/%	转子效率/%	总推力/kN	导管力/kN	推力效率/%	出口轴向/周向/径向速度能量头比值
100%后侧斜	60.02	4 001.72	86.31	90.76	331.05	9.11	68.1	94.9%/4.1%/1%
50%后侧斜	59.99	3 979.99	84.51	90.69	329.02	10.01	68.04	94.87%/4.04%/1.09%
无侧斜	59.84	3 965.8	84.17	90.42	327.14	9.30	67.9	94.70%/4.16%/1.14%
50%前侧斜	59.87	3 941.88	84.8	91.13	328.45	9.78	68.58	94.70%/4.12%/1.18%
100%前侧斜	59.39	3 907.33	83.22	89.63	320.00	8.45	67.4	94.67%/4.27%/1.06%

在无空化水动力性能数值预报的基础上,嵌入改进 Sauer 空化模型,预报得到的在艇尾伴流条件下、水深为 30 m 时母型无轴泵喷(100%后侧斜方案和 100%前侧方案)的片空化形态如图 6.3 所示。可知,当大后侧斜时,无轴泵喷片空化初生位于转子吸力面导边近叶梢部位;当大前侧斜时,无轴泵喷片空化初生下移至转子吸力面导边中部。两种方案的片空化面积与转子盘面积的比值分别为 0.12%和 0.26%,若按照 1%的可视空化初生判定标准,则水深为 30 m 时两种设计方案的空化初生临界航速均为设计航速 16 kn 且 100%后侧斜方案的空化初生性能略优。

从水动力和抗空化性能来讲,若数值预报精度足够可信,则上述相对较优的 100%后侧斜母型设计方案已经满足设计指标要求,可以转入下一阶段的模型试验考核环节。但是,从工程设计安全裕度的角度来讲,一方面无轴泵喷(含电机气隙)水力效率 86%并未达到叶型设计极限,另一方面临界航速达到设计指标 16 kn 时几乎没有安全余量,给设计考核本身引入了一定的技术风险,还须进一步进行抗空化改进优化设计,以增强工程实用性。

6.2　无轴泵喷叶型抗空化改进优化设计

叶型优化设计本身是一个多目标参量综合寻优的复杂数学问题,既包括轴面投影几何形状控制点、进出口安放角、前/后侧斜角度及规律、叶片数目、叶片厚度分布等几何参数的优化,也包括效率、空化、非定常力等性能参数牵引为主的优化控制。为了实现几乎不牺牲效率、最大程度提高空化初生临界航速、尽量控制轴向非定常力的无轴泵喷改进设计目标,针对母型无轴泵喷转子叶型进行优化设计。

(a)

(b)

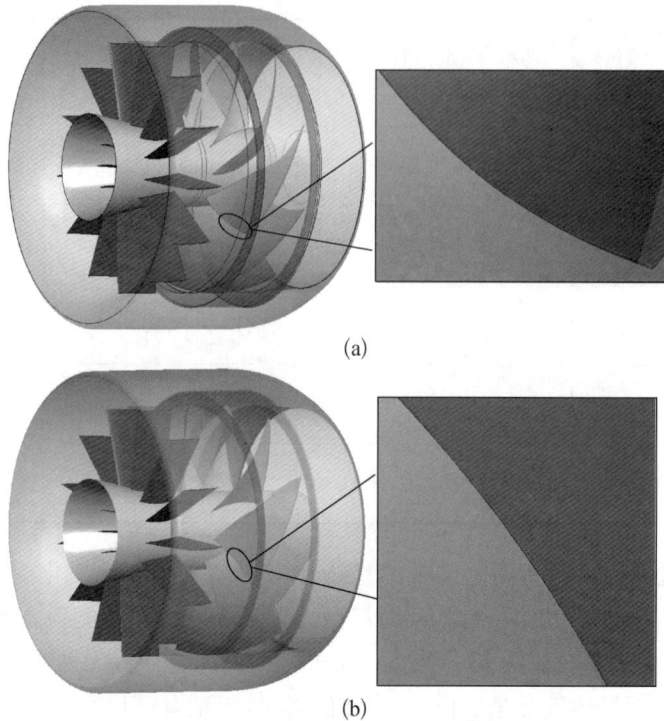

图 6.3　水深为 30 m、设计航速时母型无轴泵喷空化形态

(a) 100％后侧斜转子叶片；(b) 100％前侧斜转子叶片

前文进行无轴泵喷转子和定子叶型设计时，引入了参数化三元逆向设计方法，核心思想为叶片三维几何参数由水动力参数(叶片负载分布和出口环量分布)和几何参数(轴面几何、叶截面厚度分布和堆叠角)共同决定。叶片负载分布决定了叶截面压力系数沿弦长方向的分布，进而直接决定了其做功能力和抗空化性能；出口环量分布用于控制转子叶片沿跨距方向的做功能力和定子叶片内的二次流动，进而改善转子与定子间的相互作用流场，提高转子叶片水力效率，减小转子轴向非定常力幅值。从优化设计的角度来讲，在几何参数小量变化的情况下，精细控制叶片载荷分布将是泵喷叶栅性能改进的关键。

母型泵喷叶型参数化三元逆向设计时，为了便于实现参数化控制，叶片载荷一般不直接给出环量 $V_\theta r$ 沿轴面流线上的分布规律，而是直接给出环量梯度沿轴面流线的分布规律，并且以分段样条曲线的方式进行控制，具体为两段抛物线外加一段中间直线，简称三段式控制规律。其中，抛物线拐点在轴面流线上的相对位置 m 以及直线段斜率分别记为 NC、ND 和 SLOPE，抛物线在叶片入口的初值表征了流体入射角,如图 6.4 所示。可以看出,通过控制拐点位置、直线段斜率以及入射角,可以控制叶片的载荷分布规律以及峰值效率点位置。为了便于定量描述,根据分段样条曲线的外形差异,通常将典型载荷分布规律分为前载型(见图 6.4 中叶梢截面)、中载型(直线段为零)和后载型(图 6.4 中叶根截面)三种,且一般结论如下:前载型分布规律对提高效率有利,后载型分布规律对抑制空化有利。当给定轮毂、轮缘和中间跨距截面的载荷分布规律后,其他叶截面的环量分布规律可由插值得到。

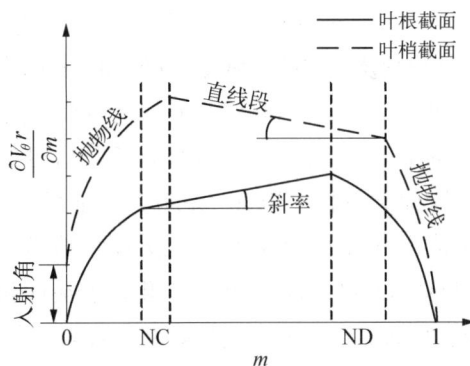

图 6.4　叶片环量梯度沿轴面流线分布的参数化控制

此外,为了控制叶片扭曲程度过大,叶型设计时引入叶片随边堆叠角(stacking condition)分布,与叶片载荷分布共同确定叶型三维几何形状。具体来说,堆叠角分布表征了叶片从叶根到叶梢各叶截面在周向方向的相对倾斜分布规律,既与整个叶片的几何形状直接相连,又对叶片通道内的二次流动有着重要影响,进而影响叶片水力效率。通常给定叶片随边堆叠角分布,并且表现有正堆叠角、零堆叠角和负堆叠角三种情况,如图 6.5 所示。从叶片外形上可以形象理解为正堆叠角为叶根带着叶梢转,而负堆叠角为叶梢带着叶根转。当叶根与叶梢处于相同周向位置同相

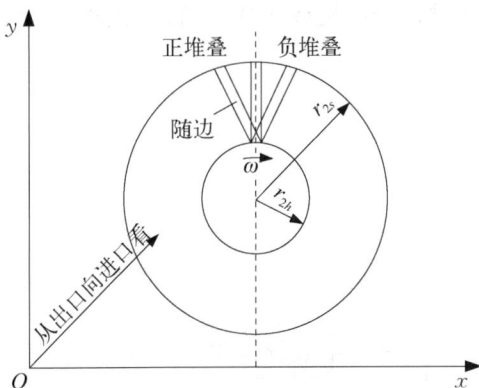

图 6.5　叶片随边堆叠角分布规律

位旋转时,即为零堆叠角。

在母型无轴泵喷几何参数基础上,通过引入遗传算法,应用多目标参数寻优理论可以进一步优化设计,以将众多目标参数在逆向设计过程中统筹考虑,如效率、空化性能、尺寸、应力以及非设计工况条件下的性能等,进而找出最优边界解。具体实施时,多目标寻优选用 MATLAB 程序中的非支配排序遗传算法(NSGA-Ⅱ),较好地适应于非线性和非连续性样本空间。寻优时,独立对待每个目标参数,通过选择可行的非支配种群来构建前沿解,使得每一组设计参数在最小化牺牲其他目标参数的条件下拥有一个最优目标值。

母型无轴泵喷转子叶片载荷分布优化设计时,设计参数包括叶根截面和叶梢截面的抛物线拐点 NC、ND 值和直线段斜率值 SLOPE,叶片进口载荷值和叶片随边堆叠角。其中,叶根截面的进口载荷值通常取 0,叶片随边堆叠角径向分布由叶根或者叶梢截面的堆叠角确定即可,目标寻优范围如表 6.2 所示。目标参数取为二次流动系数 SFfactor 和叶片扭曲角度 MaxLean 最小,以达到效率最优和叶片应力满足强度标准的要求,或者是取为需求净正吸头 $NPSH_r$ 和叶片扭曲角度 MaxLean 最小,以达到抗空化性能最优和叶片应力满足强度标准的要求。通常来说,水面船用泵喷多选择效率最优,而潜用泵喷多选择空化性能最优,以提升临界航速性能。其中,$NPSH_r$ 对应为功率下降 3‰ 时进口处的净正吸头值,用于表征空化初生时机。针对该无轴泵喷转子而言,设计流量为 $60~\mathrm{m^3/s}$,转速为 $160~\mathrm{r/min}$,功率小于 $4~\mathrm{MW}$,推力大于 $300~\mathrm{kN}$,转子叶片载荷分布优化设计的目标参数取为 SFfactor 和 MaxLean 最小。转子叶片导边的周向扭曲角通常以不超过 $10°$ 作为限制参数,以免影响叶片加工制造。并且从减小制造加工难度和成本的角度,将转子叶片数减小为 8 叶,匹配定子叶片数减小为 11 叶。给定设计参数和目标参数,选择优化算法后,即可与叶片参数化三元逆向设计程序构成闭环,进行迭代求解,如图 6.6 中所示。

表 6.2 转子叶片载荷分布遗传算法优化设计参数

设 计 参 数	最小值	最大值
叶根截面 NC_h	0.1	0.45
叶根截面 ND_h	0.55	0.9
叶根截面 $SLOPE_h$	-1.0	2.0
叶梢截面 NC_s	0.1	0.45
叶梢截面 ND_s	0.55	0.95
叶梢截面 $SLOPE_s$	-1.0	2.0
叶梢截面进口载荷值	-0.1	0.1
叶梢截面随边堆叠角/$(°)$	-10	15

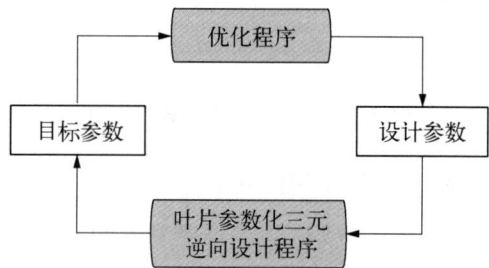

图 6.6 转子叶型多目标参数寻优迭代求解过程

迭代计算得到全部寻优解以及最优前沿解如图 6.7 所示,每个点均对应为一个叶片几何参数方案。取三组有代表性的前沿解设计方案,分别命名为几何 A、几何 B 和几何 C,其载荷分布曲线比较如图 6.8 所示。可知,母型泵喷转子叶片的叶

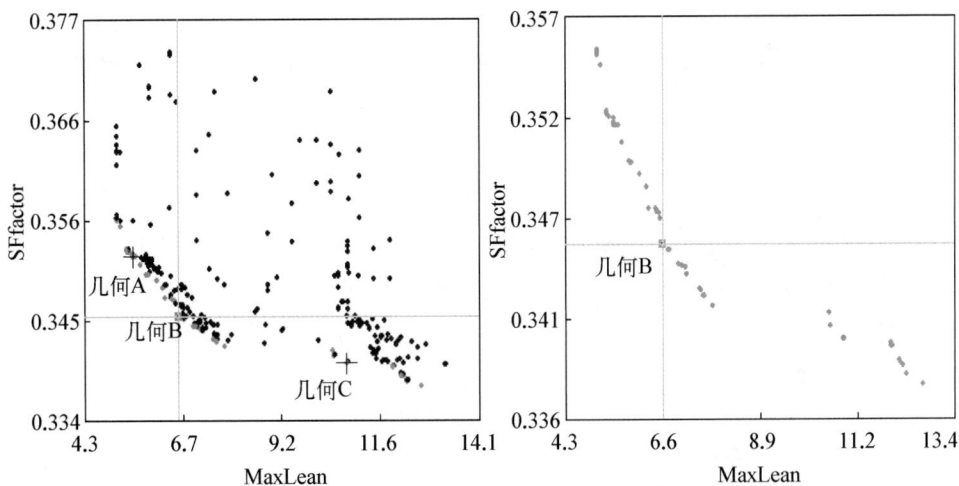

图 6.7　无轴泵喷转子叶片载荷分布优化设计结果

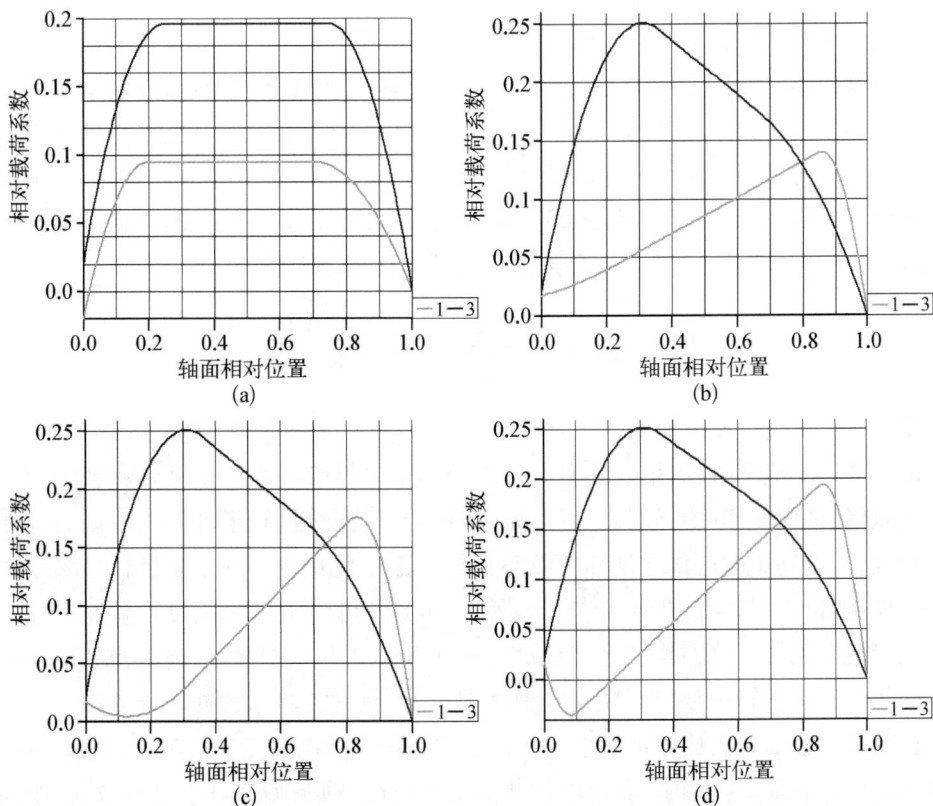

图 6.8　无轴泵喷转子叶片 3 组最优前沿解的载荷分布结果比较

(a) 母型转子叶片；(b) 几何 A；(c) 几何 B；(d) 几何 C

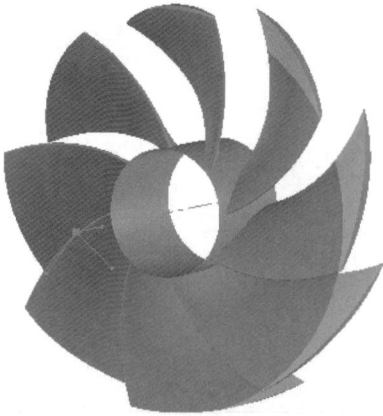

图 6.9　无轴泵喷转子优化设计前沿解几何 B

根和叶梢截面均采用了中载型载荷分布规律,而三组前沿解几何参数的叶根截面均采用了后载型载荷分布,且叶梢截面均采用了前载型载荷分布。同时,三组前沿解叶片几何参数的载荷分布差异主要体现在叶根截面上,进而使得叶片中部区域截面的载荷插值后产生差异。其中,相对最优的几何 B 优化设计方案的转子三维几何形状如图 6.9 所示,在 100% 后侧斜程度以及沿径向分布规律相同的几何参数控制下,肉眼较难以看出转子叶型相对于母型所具有的差异。

再次采用全结构化网格空间离散后,计算得到前沿解 B 转子对应的无轴泵喷在均匀进流和艇尾伴流条件下的水动力性能如表 6.3 所示。与母型泵喷(100% 后侧斜方案)比较可知,泵喷总推力基本不变,功率略有减小,总的水力效率减小约 1%,但转子水力效率增加约 1.5%,并且泵喷出口轴向速度分量的能量头占比提高了约 3%,相当于小量提升了做功效能,与推力效率略有提升对应。此时,该无轴泵喷的三维几何形状、流经叶栅通道的速度流线以及匀流条件下的外特性曲线如图 6.10 所示。图 6.10 中,流量系数、扬程系数和功率系数的定义式为

$$\Phi = \frac{Q}{ND^3}, \ \psi = \frac{gH}{N^2 D^2}, \ P^* = \frac{P}{N^3 D^5} \tag{6.1}$$

与第 2 章中的定义略有不同, N 为转速,单位为 r/min。可知,转速一定时,从航速 8 kn 至 16 kn 范围内(流量系数为 1.0~1.08),无轴泵喷均维持在水力效率约 85% 的高效区,适应变速能力较强。可以说,载荷分布优化后,转子叶片的水动力性能略有提升,达到了改进优化设计的效率目标。鉴于优化设计的主要目标是泵喷抗空化性能,再次引入改进 Sauer 空化模型,模拟得到的水深 20 m、设计航速 16 kn、艇尾伴流下无轴泵喷的片空化形态如图 6.11 所示。与母型泵喷比较可知,空化初生部位仍然位于转子吸力面导边叶梢局部不变,且即使将水深减小至 20 m,空化面积与转子盘面积的比值仍然小于 0.1%,抗空化性能也要优于原转子,此时,可以判定,在水深为 20 m 时,该转子优化设计后的无轴泵喷空化初生临界航速为 16 kn;当水深达到 30 m 时,临界航速一定高于 16 kn,再次达到了提高空化初生性能的主要优化设计目标,可以进一步开展模型试验测量考核。

表 6.3　设计航速和额定转速下改进设计无轴泵喷水动力性能参数

前沿解 B 转子	流量/(m³/s)	功率/kW	水力效率/%	转子效率/%	总推力/kN	推力效率/%	出口平均速度/(m/s)	出口轴向速度/(m/s)	轴向能量头比值
伴流	59.8	3 946.42	85.53	92.3	330.73	68.97	11.9	11.63	97.73%
匀流	63.18	3 731.4	84.61	91.81	276.46	58.99	12.43	12.25	98.55%

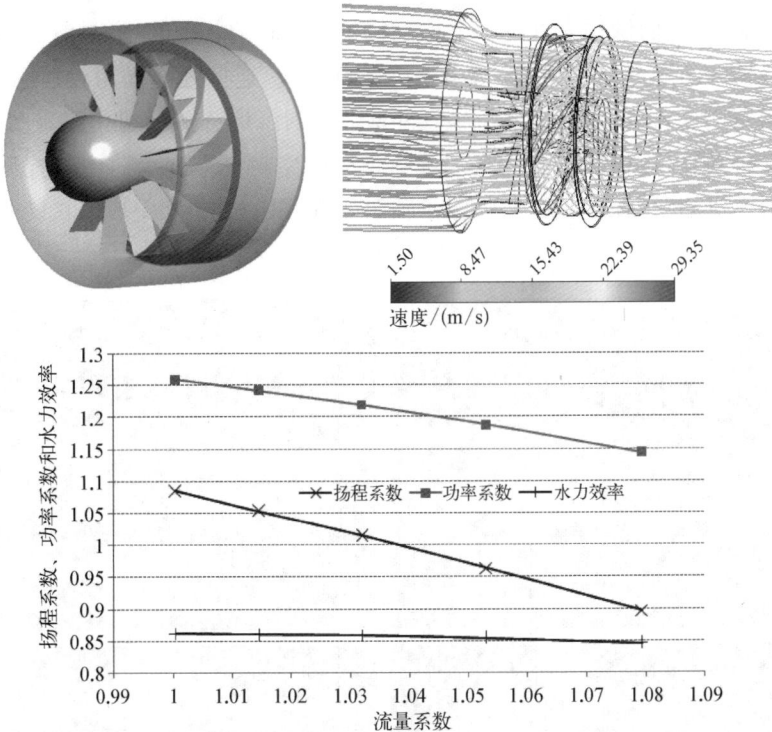

速度/(m/s)

图 6.10　前沿解 B 转子对应的无轴泵喷几何形状和外特性曲线

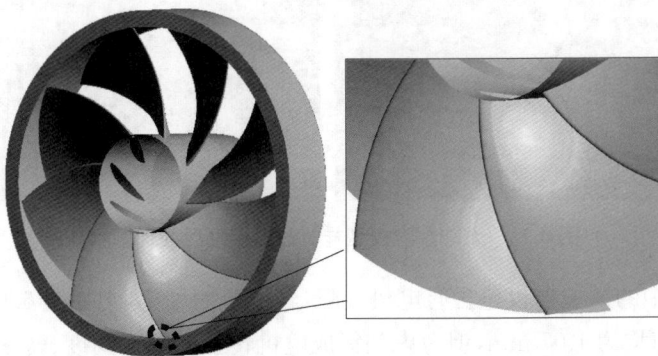

图 6.11　水深 20 m、航速 16 kn、伴流条件下改进设计无轴泵喷空化形态

6.3 无轴泵喷模型样机加工与试验测量条件

考虑到空泡水筒测量段的截面尺寸限制,无轴泵喷模型样机的转子直径缩小至 200 mm,对应缩尺比为 1∶14,此时,导管外壁面直径为 364 mm,几乎达到了最大模型尺度,能够最大限度地兼顾筒壁效应和尺度效应影响。泵喷转子(包括集成电机转子环)和定子均采用铝合金加工,且转子表面做红色阳极化处理,导管采用有机玻璃加工,表面做抛光处理。考虑到转子后置时的装配问题,导管在内壁面开始收缩处轴向断开为前后两段,采用内沉螺钉连接,连接处断面为台阶状,以实现内外流动完全隔离。并且,为避免导管外壁上的内沉螺钉孔出现孔腔流动,干扰泵喷辐射噪声测量,应将其填充后在端部给予周向密封。空泡水筒内装配后的无轴泵喷模型样机如图6.12 所示,泵喷定子轴向前置,泵喷转子和集成电机转子环轴向后置。

图 6.12　无轴泵喷模型样机试验装配后几何形状

图 6.12 中的模型样机包含有电机气隙,若按照缩尺比,则如图 6.1 所示的轴向和径向气隙值均为 1.07 mm,但考虑到集成电机转子环的同圆度、转子环周向运动后出现小量偏心以及轴向推力产生后转子部件可能出现的形变影响,将模型样机

的气隙值放大至 2 mm,略微减小转子的轴向推力,增强试验测量时的安全性。装配后由塞尺周向检测气隙值是否满足限值要求。无轴泵喷导管外壁由辅助剑与池壁外的测力天平连接。模型样机因不包含电机定子,试验时仍采用轴驱动,但前置导流帽和后置毂帽仍要最大程度保留,以尽可能保证泵喷进流的真实性。

　　模型试验测量在空泡水筒内完成,水筒工作段长 2.6 m,横截面呈方形带圆角,尺寸为 0.6 m×0.6 m。水筒工作段的压力调节范围为 10 Pa～200 kPa,最高水速可达 12 m/s,最低水速空泡数为 0.2。泵喷水动力测量采用 J25 动力仪,水筒内的水速、压力信号和转子部件的推力、力矩和天平信号经放大器放大后送计算机进行 A/D 转换并处理,转速信号通过频率计同步输入计算机,实时采集系统如图 6.13 所示。泵喷定子导管静止部件的受力由五分量测力天平测量。

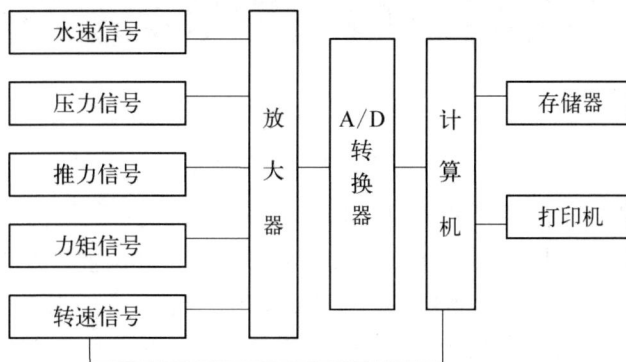

图 6.13　空泡水筒测量数据实时采集系统

　　水筒内的空气含量采用应用范斯莱克(van Slyke)原理的空气含量仪测量,且水动力和空化起始试验期间水的相对空气含量保持为 α_0/α_s 约为 0.60,其中,α_0 为空化测量时试验水的含气量;α_s 为标准大气压下饱和水的含气量,相当于测量淡水的空气含量率为 60%。来自日本 Akishima 研究室的水质量对空化初生及空化噪声的测量结果[30]表明:螺旋桨敞水性能与含气量无关;当空气含量率达到 70% 时,海水与测量淡水中的螺旋桨梢涡空化初生几乎一致,如图 6.14 所示。该机构进

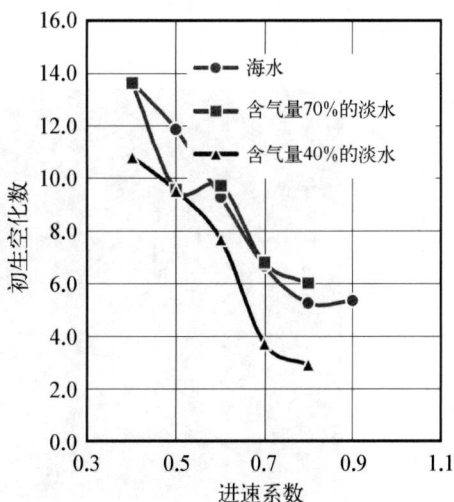

图 6.14　含气量对螺旋桨空化初生的影响

一步给出的螺旋桨在海水和含气量为 40％的淡水中的空化形态比较如图 6.15 所示，可知，片空化和梢涡空化共存下的两者空化形态基本相同，但海水中的片空化范围略大，且梢涡空化向下游螺旋延展的轨迹更长、更稳定。通过增加淡水中含气量，可以近似再现海水中的螺旋桨空化初生形态。

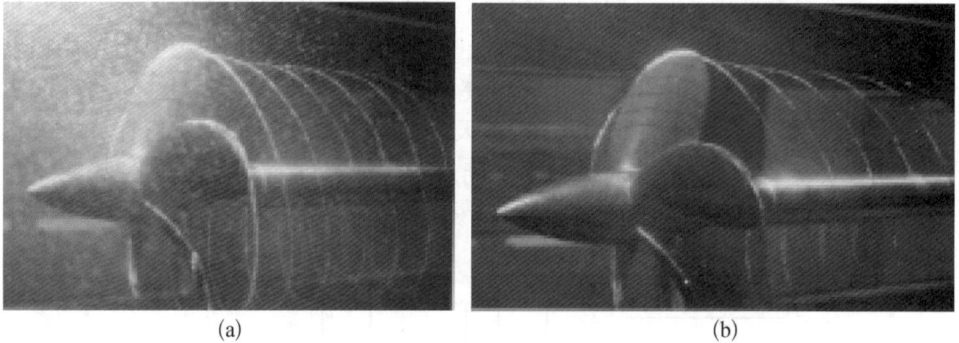

图 6.15 海水和淡水中螺旋桨典型空化初生形态比较
(a) 海水；(b) 含气量 40％淡水

艇尾伴流由网格丝后伴流模拟，如图 6.16 所示。铜丝网格构建后，由十四根毕托管组成梳状毕托耙，测量桨盘面给定半径处不同角度位置的轴向流速，并与输入伴流进行比较。经过多次测量对比和修改，重构伴流场轴向速度分量与输入伴流的比较如图 6.17 所示。其中，正上方 12 点钟方位为初始角度 0°，角度延展方向与转子叶片旋转方向相同。可见，从桨毂至导管外壁面所对应的径向区间内，网格丝伴流均能很好地再现艇尾输入伴流，能够满足测量要求。后续条件允许时将直接采用假尾构型测量。

图 6.16 艇尾伴流网格丝模型

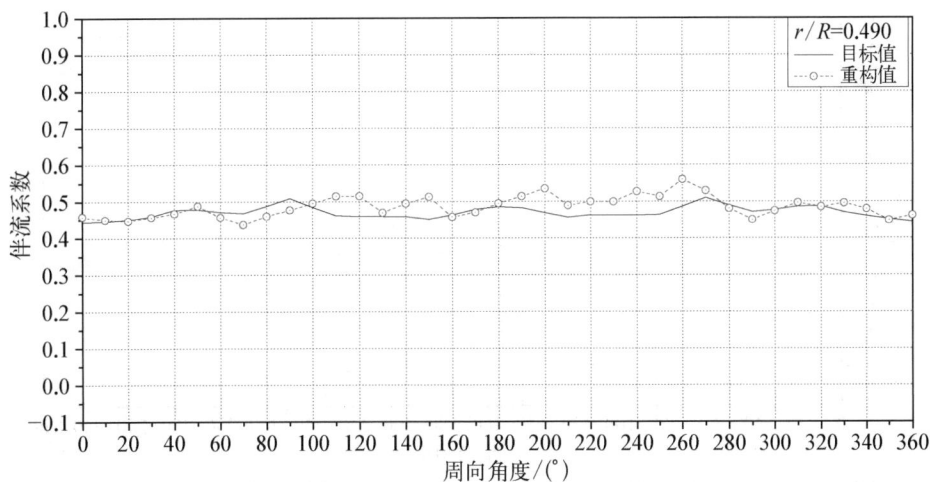

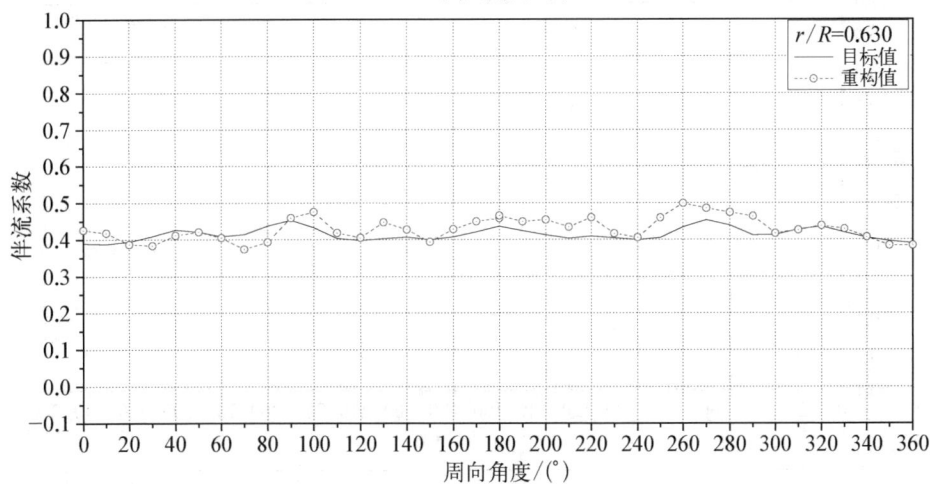

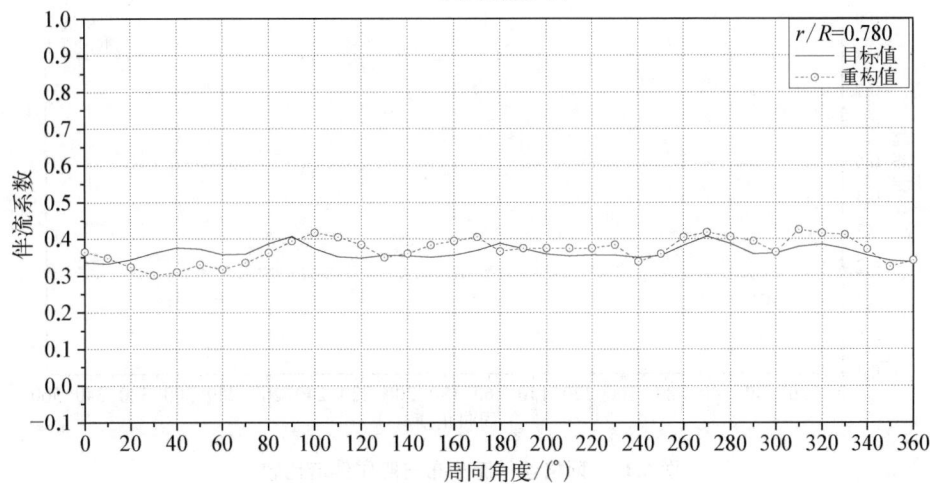

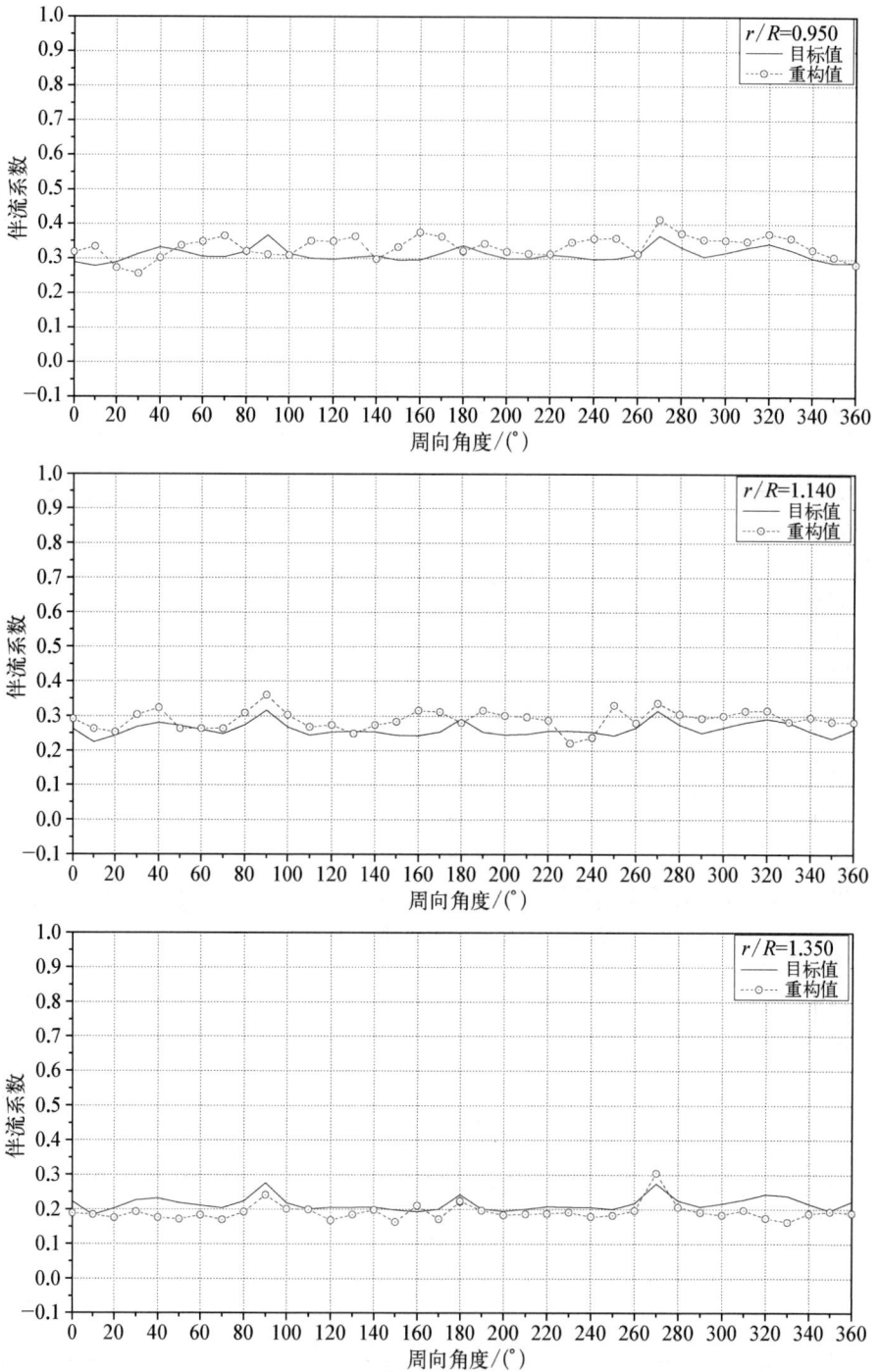

图 6.17　网格丝伴流分布与艇尾伴流比较

6.4　无轴泵喷模型样机试验测量结果分析

6.4.1　模型试验测量时相似准则控制

　　模型试验测量的本质任务一方面是直接比较同为模型尺度下的样机性能优劣,进行方案择优;另一方面是通过与设计指标的比较来考核设计成效,决定定型方案。显然,后一目标对于工程设计来说需求更为强烈,其中就必然存在如何由模型样机性能来衡量换算实尺样机性能的问题,也就是通常所说的相似换算。对于水动力、空化和辐射噪声而言,从现有的经典理论和已公开研究成果来看,实尺和模型的水动力性能具有较为严格的相似性,且无论是推力还是力矩的尺度效应修正量都已经能够量化描述。但是,基本已经得到公认的是,空化,尤其是空化初生,具有较为明显的尺度效应影响,如图 6.18 所示。可知,当仅由空化数这一参量来表征空化时,即使空化数相同,当来流速度越大时空化越早产生,同时,几何尺度越大时空化也越早产生。换句话说,当实尺与模型空化数相同时,实尺的空化初生时机依然要早、空化范围依然更大,仅由初生空化数相等来换算实尺的临界航速时有必要考虑尺度效应影响。但遗憾的是,该尺度效应究竟如何来量化描述,当前船舶水动力研究领域内尚未得出统一认识,较为认可的也只是螺旋桨梢涡初生临界空化数尺度效应可以由雷诺数的指数关系来定性描述

$$\sigma_{is}/\sigma_{im} = (Re_{0.9Rs}/Re_{0.9Rm})^{\gamma} \tag{6.2}$$

式中,σ_i 为梢涡初生临界空化数,下标 s 和 m 代表实尺桨和模型桨;$Re_{0.9R}$ 为 0.9R 叶截面处雷诺数

$$Re_{0.9R} = v_{0.9R} \cdot c_{0.9R}/\nu = \sqrt{v_a^2 + (0.9\pi nD)^2} \cdot c_{0.9R}/\nu \tag{6.3}$$

式中,$v_{0.9R}$ 为合速度;$c_{0.9R}$ 为 0.9R 叶截面弦长;γ 为尺度效应指数。显然,尺度效应指数 γ 的值直接决定了实尺螺旋桨精确的空化初生临界航速。当前存在的问题是,一方面,该指数 γ 如何取值并没有统一结论,如经典文献[31]中 McCormick 描述取值为 0.35,也有由水翼梢涡空化初生实验拟合得到取值为 0.24,还有由微气泡动力学理论结合声压阈值标准得出螺旋桨空化初生尺度效应指数取值 0.12,中船重工 702 所按照德国汉堡水池测量经验建议取值为 0.3,等等;另一方面,对于泵喷测量对象来说目前尚没有任何经验取值,只能参考水下 7 叶桨的空化初生修正方法。因此,在本试验测量中,由无轴泵喷模型样机的初生空化数相似换算实尺无轴泵喷的临界航速指标时,既给出暂不考虑尺度效应影响的临界航速值,也同时给出尺度效应指数为 0.3 的临界航速修正值,以充分展示实尺无轴泵喷的空化初生性能。

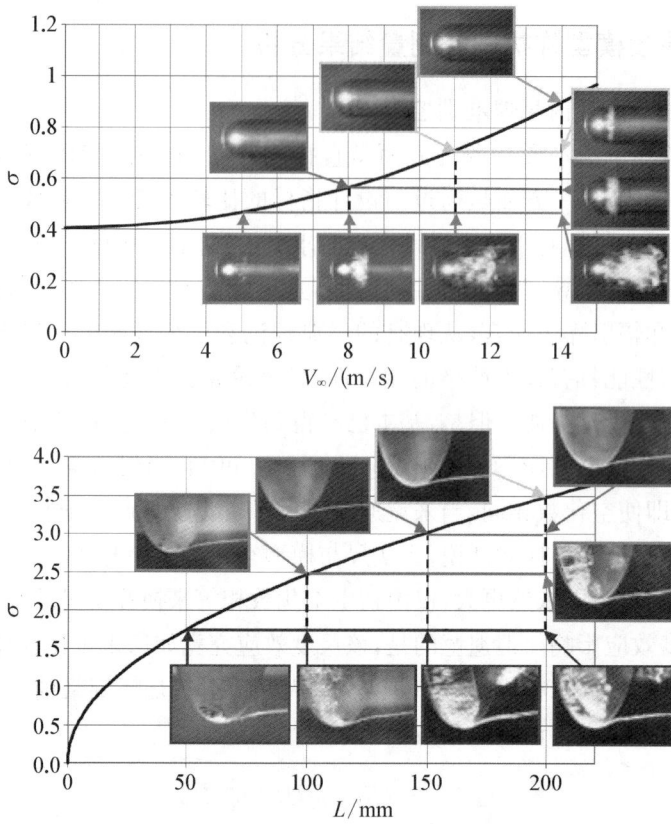

图 6.18　速度尺度对回转体空化和长度尺度对 NACA
16020 水翼空化的尺度效应影响

当不考虑空化初生尺度效应修正量时,模型样机泵喷转子叶片桨盘面 $0.9R$ 叶截面正上方位置处的转速空化数和实泵相等,即

$$\sigma_{nm(0.9R)} = \frac{p_{0.9R} - p_v}{0.5\rho_m(n_m D_m)^2} = \sigma_{ns(0.9R)} = \frac{p_a + \rho_s g(h_s - 0.45 D_s) - p_v}{0.5\rho_s(n_s D_s)^2} \quad (6.4)$$

式中,$p_{0.9R}$ 为空泡水筒中 $0.9R$ 叶截面正上方位置处静压;p_v 为汽化压力;ρ_m 为试验水介质密度;n_m 和 D_m 分别为模型转子转速和直径;p_a 为大气压;h_s 为实泵轴心沉深;ρ_s 为海水密度;n_s 和 D_s 分别为实泵转子转速和直径。

此外,无轴泵喷模型样机在保持与实泵几何参数相似的前提下,既需要保持两者转子的推力载荷相等,即模型泵与实尺度泵喷转子部件(包含集成电机转子环)的推力系数相等,还需要满足模型泵转子叶片 $0.75R$ 叶截面处的雷诺数高于临界雷诺数,即

$$Re_{m(0.75R)} = \frac{c_{m(0.75R)} \cdot (0.75\pi n_m D_m)}{\nu} > 3 \times 10^5 \tag{6.5}$$

式中，$c_{m(0.75R)}$ 为模型样机转子叶片 $0.75R$ 叶截面弦长。

最后，关于泵喷辐射噪声的相似换算问题，目前尚无成熟经验，仅能借助国际拖曳水池会议（International Towing Tank Conference，ITTC）所推荐的螺旋桨直接辐射噪声相似换算法则进行

$$f_s = \frac{f_m n_s}{n_m}$$

$$L_{P,s} = L_{P,m} + 20 \cdot \lg\left[\frac{\rho_s}{\rho_m} \cdot \left(\frac{n_s}{n_m}\right)^2 \cdot \left(\frac{D_s}{D_m}\right)^3 \cdot r_m\right] \tag{6.6}$$

式中，r_m 为模型样机噪声测点距离；L_P 为 1/3 倍频程（1/3oct）频带声压级；f 为 1/3oct 中心频率。需要注意的是，模型样机的辐射噪声测量应在无唱音的情况下进行，唱音监测可由三种方法同时保证：现场监听、用视波器观察"包络线"波形、功率谱上出现明显高于相邻频段的窄带峰。若噪声测量过程中模型出现唱音，则模型应采取抗鸣边处理或微调工况，待模型消除唱音后，再进行噪声测试。测量时，以总声级信噪比和 1/3 倍频程峰值频率处的信噪比满足不低于 3 dB 为有效。

模型样机噪声采用丹麦 B&K 公司的 8104 水听器，频响范围为 0.1 Hz～120 kHz，噪声测试频段为 1～80 kHz，基准声压 $P_0 = 1\ \mu Pa$，测点距桨盘面中心 0.6 m，测量后将测点处的声压级按球面衰减规律换算至 1 m 处。噪声测量数据包括 1/3 倍频程频谱图和数据表，包括 1/3 倍频程中心频率对应的频谱级、频带级以及总噪声级，以充分展示无轴泵喷模型样机的噪声性能。

6.4.2　泵喷水动力性能和空化性能的测量结果分析

无轴泵喷模型样机水动力性能试验测量采用等转速、变来流速度以改变进速系数的方式进行，转速为 18 r/s。测量时，直接读取转子部件（含集成电机转子环）的推力系数 K_{TP} 和力矩系数 K_Q，同时由天平测量得到静止部件（导管＋前置定子＋剑）的总轴向力 TD，修正减去剑阻力 F 后即得到无轴泵喷定子导管部件的受力，即 $TD_{修正} = TD - F$。无轴泵喷总推力为转子部件推力减去定子导管部件受力，即 $T = TP - TD_{修正}$。当 $TD_{修正}$ 为负数时，定子导管部件产生推力，反之则产生阻力。

测量得到均匀进流条件下无轴泵喷模型样机的敞水性能曲线如图 6.19 所示。设计进速系数 $J = 1.08$ 时敞水效率为 0.55，定子导管部件整体表现为阻力。进一步测量得到艇尾伴流条件下无轴泵喷模型样机的水动力性能曲线如图 6.20 所示。可知，定子导管部件整体由阻力改变为推力，导管成为极小推力导管，与设计相符。

当进速系数大于 1.25 时,水动力效率即高于设计指标 0.82,最高甚至达到 0.87,高于设计指标 5%,超额达到效率考核指标。

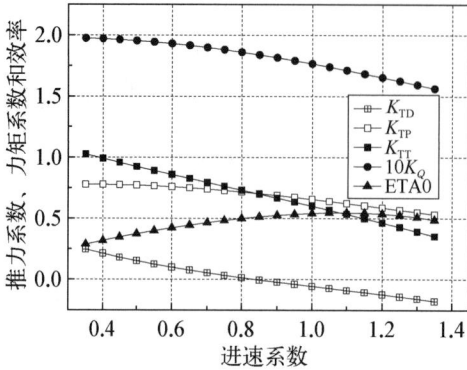

图 6.19 均匀进流条件下无轴泵喷模型样机的敞水性能曲线

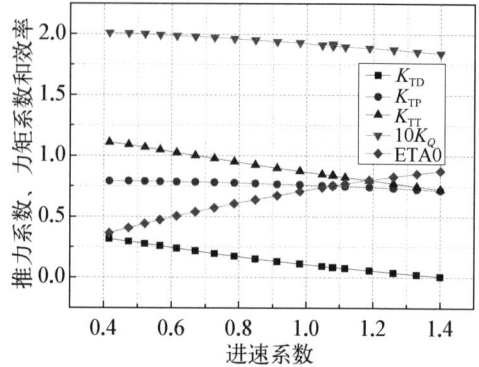

图 6.20 艇尾伴流条件下无轴泵喷模型样机的水动力性能曲线

无轴泵喷空化测量时,由经验丰富的实验员以可视空化初生判断为主,同时辅助以声学监测。在所有叶片中,选择一叶能代表全部叶片空泡特征的叶片作为观察对象。先确定叶片开始产生各类空泡的不同空间位置,再进行空泡斗的观察和测量。进行空泡斗界限曲线测量时,保持转子转速不变,$n_{m} = 20.00$ r/s,通过改变水速或水筒压力产生不同类型的空泡起始,并记录起始和消失时的试验数据,以 $K_{T} \sim \sigma_{n}$ 的形式给出空泡斗测量数据。泵喷梢部空化初生时,辐射噪声频谱曲线表现为间歇性整体跃升趋势。空化起始观察内容包括叶背空化、叶面空化、梢涡空化、泡空化和导管空化起始。

空泡水筒内注满水后无轴泵喷初始形态以及水深 30 m、设计航速 16 kn 时无轴泵喷的空化形态如图 6.21 所示,目测和声学测量同时表明无轴泵喷无任何空化产生,实现了水深 30 m 时全航速范围内无空化产生的抗空化性能考核指标。

进一步通过降压测量得到均匀进流条件下无轴泵喷模型样机的叶背梢部空化初生、转子毂涡空化初生、叶背片空化发展以及充分发展的空化形态如图 6.22 所示。可知,可视梢涡空化初生起始于转子叶背导边近叶梢局部,在集成电机转子环的限制作用下,片空化向内径向方向发展。空化数值模拟得到的转子梢部空化初生形态与测量值吻合良好。即使是充分发展了的片空化,也集中于叶背靠近导边的弦长区域,不会显著影响转子推力。在此基础上,进一步改变进速系数所对应的转子推力载荷,由可视梢部空化初生即可得到无轴泵喷的空化斗曲线。采用同样方法测量得到艇尾伴流条件下无轴泵喷模型样机的叶背片空化发展、叶背片空化

图 6.21　水深 30 m、设计航速 16 kn 时无轴泵喷模型样机空化形态

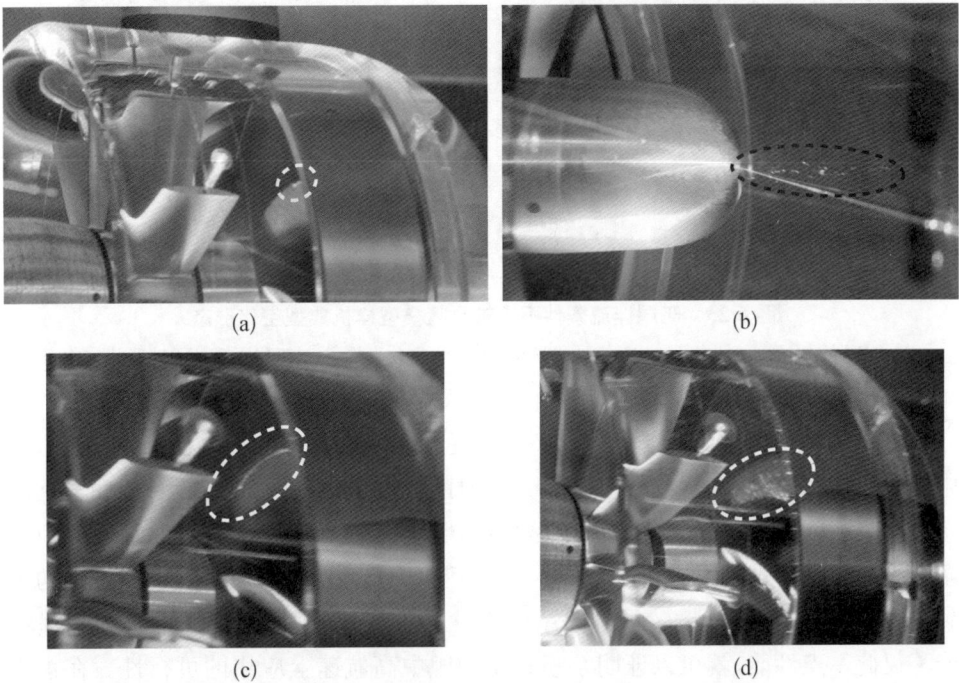

图 6.22　均匀进流条件下无轴泵喷模型样机典型空化形态

（a）转子叶背可视梢部空化初生；（b）泵喷毂涡空化初生；（c）转子叶背片空化发展；（d）转子叶背片空化充分发展

进一步发展以及充分发展的空化形态如图 6.23 所示。可知，伴流条件下，无轴泵喷可视梢涡空化初生部位与均匀进流条件下相比并未发生改变，随着压力降低，片空化发展趋势也与匀流条件下相当，表明该无轴泵喷在前置定子的预旋流作用下，空化性能受艇尾翼型伴流的影响作用并不明显。这也是艇尾泵喷设计时降噪考虑因素之一，与预期效果相符。

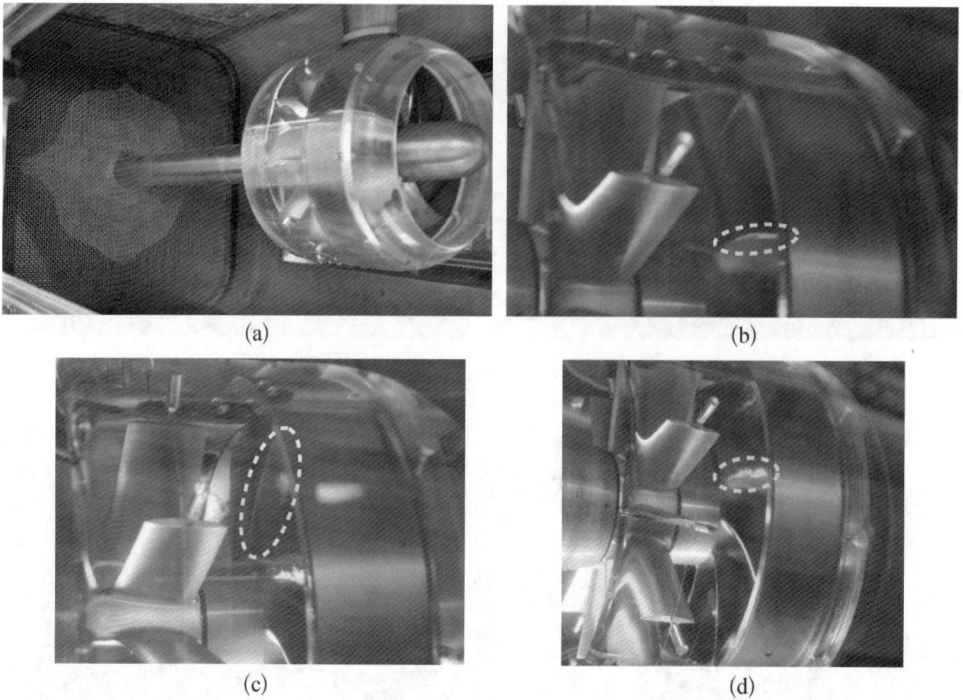

图 6.23　艇尾伴流条件下无轴泵喷模型样机典型空化形态

(a) 艇尾无轴泵喷空化测量;(b) 艇尾泵喷转子叶背片空化发展;(c) 艇尾泵喷转子叶背片空化充分发展;(d) 转子叶背片空化进一步发展

　　测量得到均匀进流和艇尾伴流条件下无轴泵喷空化斗曲线如图 6.24 所示,图中同时给出了水深 30 m、设计航速 16 kn 时的转速空化数。可知,设计点明显远离空化初生曲线。无论是均匀进流还是艇尾伴流,无轴泵喷空化初生曲线近似为一条直线。在设计推力系数工况下,随着空化程度不断发展,即使是从梢涡空化初生到片空化充分发展,泵喷转子推力系数也几乎不变,表现出了优异的推力崩溃性能。仅此一点性能,就可以证明泵喷在驱护舰中高航速上应用的可行性。在水深 30 m、设计进速系数工况下,通过逐渐增加泵喷转速可以推算出空化初生临界航速指标。当暂不考虑空化初生尺度效应影响时,外推无轴泵喷空化初生临界航速为 19.65 kn,与设计指标"水深 50 m、空化初生临界航速不低于 14 kn"相比,空化初生性能高于考核指标约 40%。即使考虑化初生的尺度效应影响,在水深 30 m 时无轴泵喷的临界航速依然高于 18 kn,超额完成了空化考核指标。

6.4.3　泵喷辐射噪声性能的测量结果分析

　　鉴于应用领域的敏感性,泵喷噪声测量数据一直极为稀少,更准确地说是性能优良的泵喷样本的噪声测量数据极为稀缺。参照模型桨辐射噪声的测量数据处理

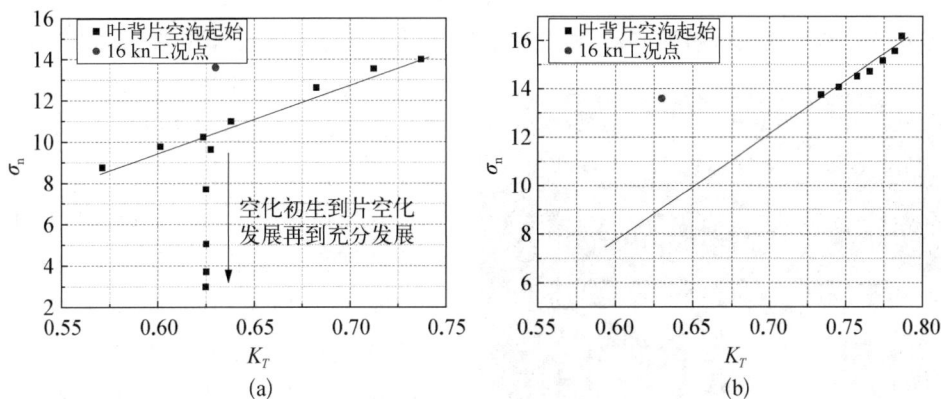

图 6.24　艇尾伴流条件下无轴泵喷模型样机典型空化形态

（a）均匀进流；（b）艇尾伴流

方法，无轴泵喷模型样机辐射噪声测量参数包括频谱曲线、声压谱级、1/3oct 谱级和总声压级。其中，声压谱级指单位赫兹带宽内的声压级，即频率分辨率为 1 Hz，

$$L_1 = 20\lg\left(\frac{p}{p_0}\right) \tag{6.7}$$

式中，参考声压 $p_0 = 1 \times 10^{-6}$ Pa。1/3oct 谱级指每 1/3oct 内的声压谱级，中心频率 f_0 按 ISO 推荐频率（1.0×10^m Hz、1.25×10^m Hz、1.6×10^m Hz、2.0×10^m Hz、2.5×10^m Hz、3.15×10^m Hz、4.0×10^m Hz、5.0×10^m Hz、6.3×10^m Hz、8.0×10^m Hz）。由声压谱级可以得到 1/3oct 谱级，即

$$L_{1/3\text{oct}} = 10\lg\sum_f 10^{L_1(f)/10} - 10\lg f_0 + 6.38 \tag{6.8}$$

式中，$2^{-\frac{1}{6}}f_0 \leqslant f < 2^{\frac{1}{6}}f_0$。总声压级指频率范围 1～80 kHz 内由声压谱级或者 1/3oct 谱级计算得到的总声压级，即

$$L_{\text{band}} = 10\lg\sum_{f_1}^{f_h} 10^{L_1(f)/10} = 10\lg\sum_{f_1}^{f_h} f_i 10^{L_{1/3\text{oct}}(f_i)/10} - 6.38 \tag{6.9}$$

式中，f_i 为指定频率范围内所包含的 1/3oct 中心频率；f_1、f_h 分别为频率范围上、下限频率。

无轴泵喷模型样机噪声测量工况包括低转速 9 r/s、高转速 18 r/s 无空化、高转速 20 r/s 无空化以及其梢涡空化初生状态，在满足信噪比的要求下，既可以直观和某艇备用 7 叶桨（俄方引进）桨模的辐射噪声测量值进行量化比较，也可以量化

分析无轴泵喷从无空化到空化初生状态的噪声增益,还可以根据相似换算准则得出实尺无轴泵喷在低航速 6 kn 和设计航速 16 kn 条件下的总噪声级,由此全面反应所改进设计无轴泵喷的辐射噪声性能。其中,该桨模直径为 200 mm,与泵喷转子直径相同,测量转速为 1 000 r/min,与泵喷转速 1 080 r/min 相近。所驱动对象的排水量与无轴泵喷驱动艇体相近,设计航速相同,两者具备直接比较的条件。背景噪声测量时,对应为假尾伴流条件,与对应试验工况的水速、转速和压力相同,但无泵喷转子部件,如图 6.25 所示。

图 6.25 假尾伴流条件下无轴泵喷模型样机背景噪声测量

测量得到的无轴泵喷模型样机在典型工况下的声压谱级曲线如图 6.26所示。可知,在 1~40 kHz 的频带范围内,测量工况的辐射噪声数据均满足信噪比要求,噪声数据有效。低转速 9 r/s 工况下总声级为 107.32 dB,由此换算得到实尺无轴泵喷在航速 6 kn、转速 60 r/min 条件下的辐射噪声为 138.14 dB,推进载体位于准安静型潜艇之列;高转速 18 r/s 和 20 r/s 无空化工况下总声级分别为 117.45 dB 和 119.50 dB,由此换算得到实尺无轴泵喷在设计航速 16 kn、额定转速 160 r/min 条件下的辐射噪声为 153.5 dB;高转速 20 r/s 梢涡空化初生工况下总声级为 133.21 dB,较无空化状态噪声增加 13.71 dB,与经典声学理论阐述的"推进器产生空化后辐射噪声增加 10~20 dB"的声学规律一致。

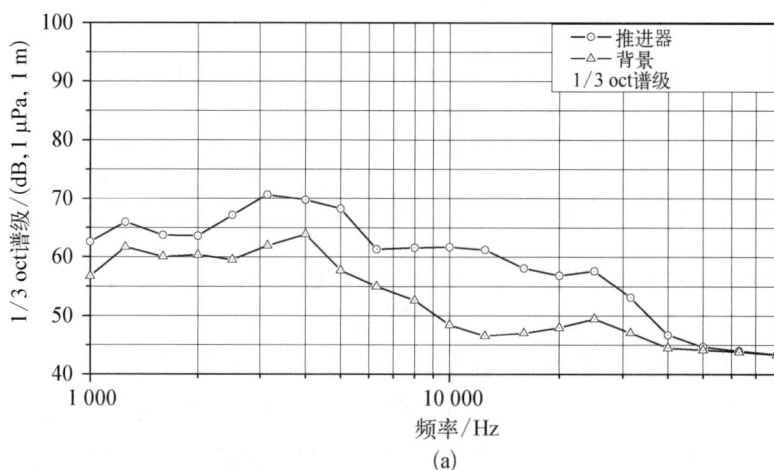

(a)

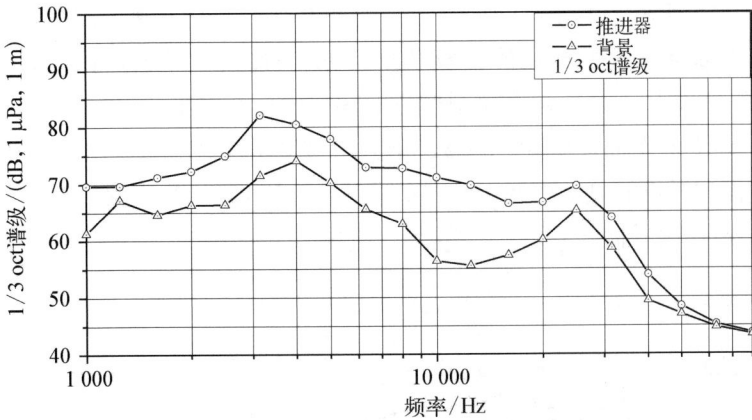

(b)

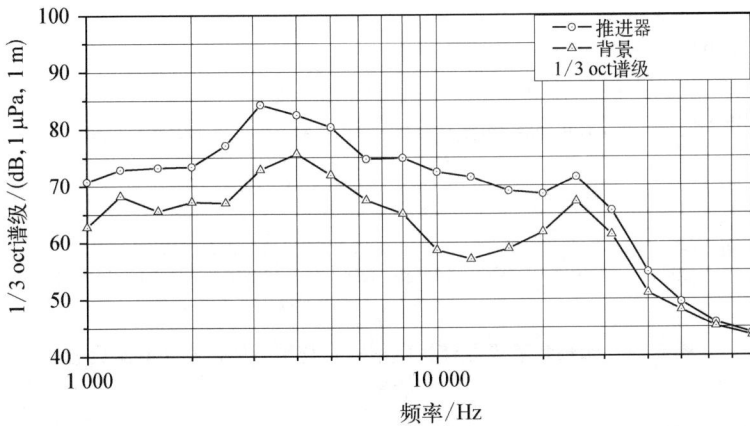

(c)

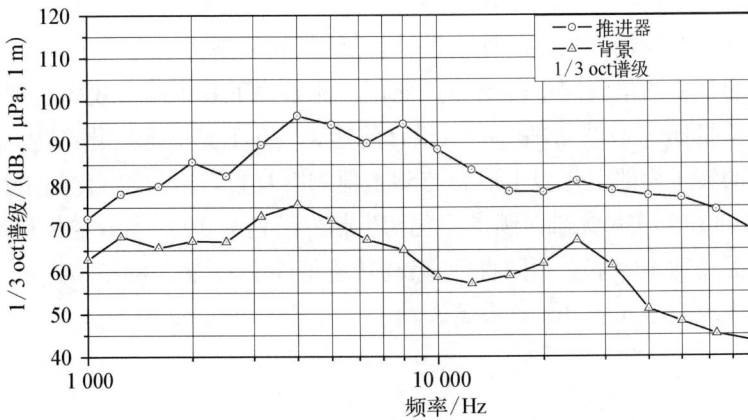

(d)

图 6.26　无轴泵喷模型样机辐射噪声声压谱级曲线

(a) 9 r/s,无空化;(b) 18 r/s,无空化;(c) 20 r/s,无空化;(d) 20 r/s,梢涡空化初生空化

如图 6.27 所示为俄方引进某七叶桨模外方测量的辐射噪声谱级和 1/3oct 谱级曲线与无轴泵喷模型样机的比较结果。可知,即使在转速略高条件下,在 5～20 kHz 频带范围内,无轴泵喷模型样机的辐射噪声明显低于 7 叶桨;美中不足的是,在 1～5 kHz,无轴泵喷噪声略高于俄方引进某 7 叶桨。最终从总声压级来看,无轴泵喷模型样机的总噪声低于俄方引进某 7 叶桨 5.48 dB,超额实现了"降噪 2～3 dB"的噪声控制目标。

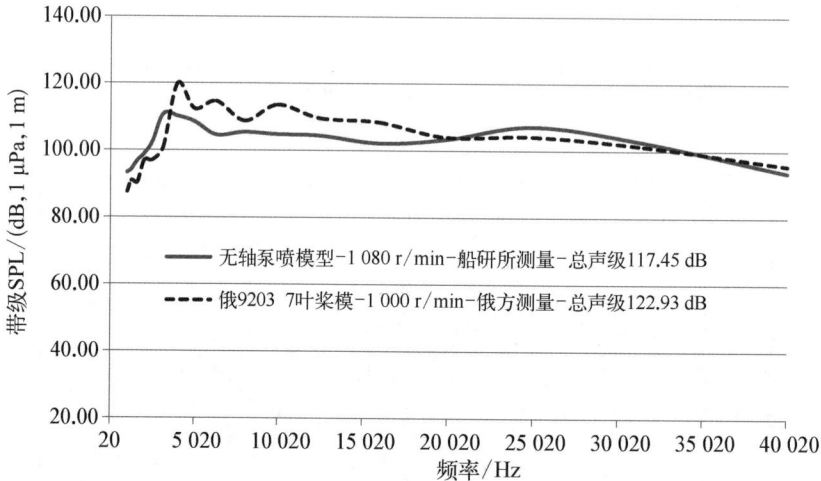

图 6.27　无轴泵喷模型样机辐射噪声与俄方引进某 7 叶桨比较

6.5　本章小结

经过叶片载荷精细控制的优化设计,无轴泵喷模型样机完成了加工制造和空泡水筒全套试验测量。测量得到:① 艇尾伴流条件下其水动力效率达到 87%,高出效率考核指标 5%;② 水深 30 m、设计航速 16 kn 工况下无空化产生,空化数值模拟得到的转子梢部空化初生形态与测量值吻合良好,不考虑空化初生尺度效应影响时,外推得到实尺无轴泵喷的空化初生临界航速为 19.65 kn,空化初生性能较考核指标提高约 40%;③ 相同直径、略高转速条件下,无轴泵喷模型样机比某 7 叶桨模的总声级减小 5.48 dB,效果显著。

第 7 章　潜器低速重载型泵喷非定常力控制及其降噪优化设计

泵喷推进作为一种通用推进技术,并非仅限于潜艇、鱼雷和驱护舰推进应用,也不局限于设计航速高于 18 kn 的中高速应用范围。2003 年,弗吉尼亚理工大学为美国军方完成了近水面潜艇战斗部的方案设计[简称 SSLW(X)项目],采用了尾部外置式双无轴泵喷推进系统,设计航速为 12 kn,核心指标是降低水下辐射噪声、最少化操纵人员,给泵喷推进在极低航速下的降噪应用提供了极好的例证。为了进一步检验泵喷叶型的设计效果以及所采取降噪措施的有效性,本章以几何尺度与 SSLW 相当的某潜器为载体,设计航速保持 12 kn 不变,在推力需求远高于 SSLW(X)项目且功率限额明显更小的重载条件下,系统分析内置式双无轴泵喷推进、内置式单无轴泵喷推进以及舷侧外置式双无轴泵喷推进方案的非定常力控制和降噪设计效果,系统梳理中低航速下泵喷降噪设计方法,为潜器泵喷声学设计提供技术支撑。

7.1　潜器阻力预报及其泵喷推进方案选型设计

SSLW(X)项目的潜器长约 35 m,排水量约为 1 000 t,设计航速为 12 kn,额定轴功率为 746 kW,续航力为 500 nm。本设计的潜器长 37 m,设计航速为 12 kn,额定功率为 600 kW,经验公式预估裸体阻力约 20 kN,因布放线阵需要,总的需求推力应不低于 48 kN,相当于推进器应克服约 2.4 倍的裸体阻力,并且考核航速为 6 kn 时总的需求推力应不低于 12 kN(其中裸体阻力约为 5 kN)。最终考核指标如下:泵喷满足快速性要求且推力效率不低于 0.5,潜深为 30 m 时全航速范围内无空化产生,轴向非定常力尽可能小且辐射噪声尽可能低。

初始潜器几何外形如图 7.1 所示,为便于双轴推进器布置,平行中体后方的尾段不仅没有表现出水滴型潜艇尾部收缩的型线,反而略呈扩张分布;尾端两侧喷口部位型线急剧收缩,直接约束了泵喷喷口直径的选取。从泵喷几何尺度的角度考虑,潜器尾部的局部线型允许修改。

为了尽可能保证计算精度,整个计算域均采用全六面体结构化网格离散,网格

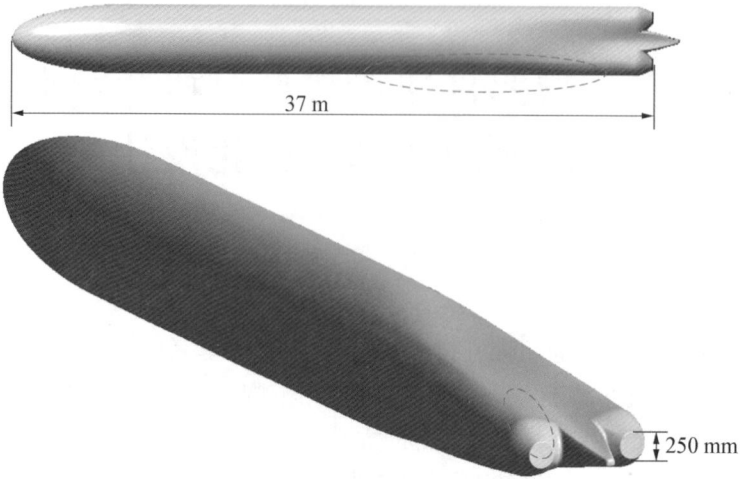

图 7.1　潜器初始几何外形

最小正则度大于 0.3,甚至更高。潜器壁面网格以及局部网格细节如图 7.2 所示,头部及尾端面均采用 O 形网格拓扑进行局部加密,以尽可能真实描述潜器尾部涡量场分布,其网格节点总数约为 618 万个。

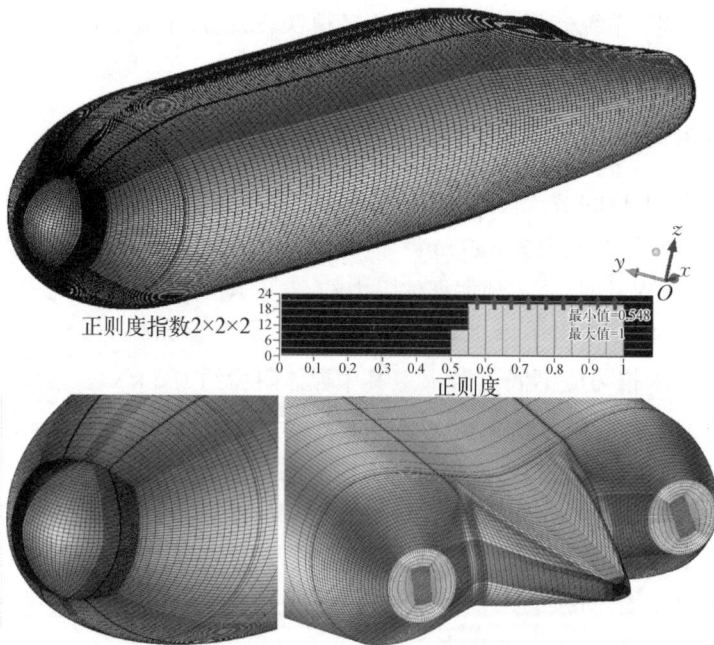

图 7.2　潜器壁面结构化网格离散

RANS 模拟得到潜器壁面 Y^+ 分布和压力分布如图 7.3 所示,可知壁面最大 Y^+ 值满足小于 300 的湍流模型使用要求;潜器首部曲率变化较为平缓,无低压聚集区出现;潜器尾部喷口急剧收缩部位有明显的低压区,但尚未达到汽化压力,从单相流计算结果来看设计航速下潜器表面无空化产生。此时,潜器尾部伴流区的涡量场分布如图 7.4 所示,可见大尺度涡集聚明显,特别是两侧喷口与中间尾锥体之间的过渡区衍生涡明显。显然,该尾部型线对外置式尾轴推进器进流是不利的,无论采用单轴推进还是两侧双轴推进均是如此。若坚持采用外置双轴推进方案,则尾部型线建议进行匹配性修改。

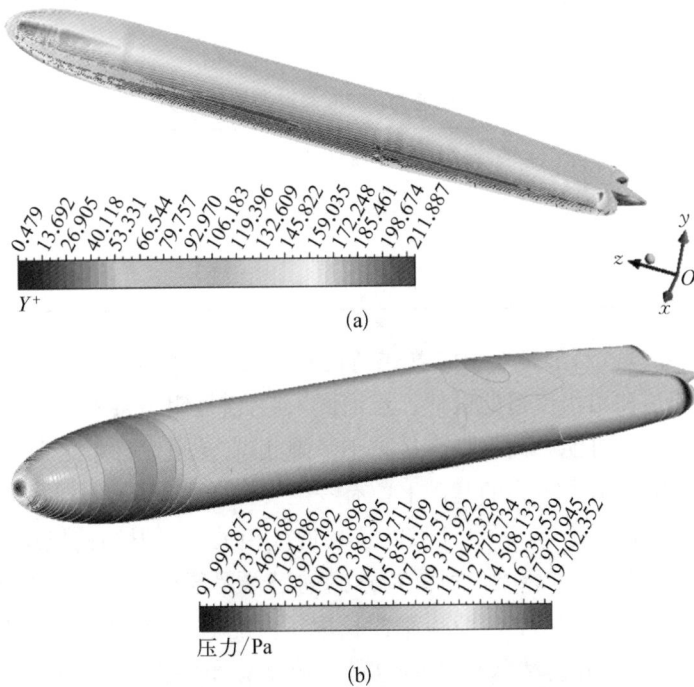

图 7.3　设计航速下潜器壁面 Y^+ 值分布和压力分布

(a) Y^+ 分布;(b) 压力分布

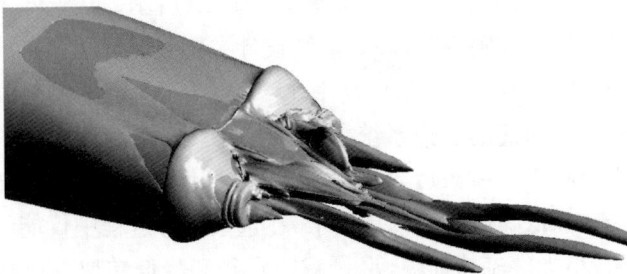

图 7.4　设计航速下潜器尾部涡量场分布

分别采用 SST 湍流模型和 RNG $k-\varepsilon$ 模型计算得到的设计航速下潜器阻力如表 7.1 所示，计算时潜器壁面未考虑粗糙度影响。RNG $k-\varepsilon$ 湍流模型计算得到总阻力为 20.03 kN，与经验公式预估值极为接近，但摩擦阻力系数较 ITTC-57 经验公式计算值偏小约 10%；SST 湍流模型计算总阻力为 23.16 kN，较预估值更大，同时摩擦阻力系数也比 ITTC-57 经验公式值偏大约 9%。考虑到由模型尺度阻力系数试验值换算到实尺阻力时，需要考虑粗糙度补贴系数影响，从设计安全的角度来看，将阻力需求值确定为 23 kN 更为合适。因此，结合设计指标要求，进行泵喷叶栅通道选型设计时，将设计航速 12 kn 状态下单泵推力需求设定为 26 kN、功率不大于 300 kW 较为适宜且留有一定的安全余量。

表 7.1　航速为 12 kn 时潜器裸体阻力

湍流模型	D_CFD/kN	C_D _CFD/ ($\times 10^{-3}$)	C_f _CFD/ ($\times 10^{-3}$)	ITTC-57 C_f	偏差/%
RNG $k-\varepsilon$	20.03	2.41	1.66	1.87	−11.49
SST	23.16	2.78	2.04	1.87	+9.09

需要说明的是，当泵喷采用内置式结构布置后，除泵喷本身的结构部件外，还需完成进水流道和出水流道的设计。流道嵌入后，潜器阻力会发生改变，理想结果是潜器阻力增量尽可能小甚至是直接减小。因此，在流道设计好之前，将总的推力需求明确为在克服潜器阻力的基础上留有一定安全余量也是必要的。鉴于内置式泵喷尚未见到应用报道，流道设计只能从相近或相关的水下结构应用中找到设计参照，以尽可能减小技术风险。所能检索到的潜器尾部包含流道结构的典型布置有两种，一种称为主动引流式，流道轴向长度尽可能短，流道作用主要集中于保证体积流量，管道内进流仍然保持船体边界层速度分布特征；另一种称为被动引流式，流道作用不仅在于保证体积流量，而且通过其轴向长度、径向高度、倾角以及直管段的配合使管道内出流的不均匀程度尽可能小，甚至趋向于均匀流场分布，可完全等同于安装于船体内部的喷泵进水流道，如图 7.5 所示。从定性上看，被动引流式进水流道更加适应于泵喷降噪需求，后续设计主要参照该结构布局。

单泵全局输入参数为推力 26 kN，功率 300 kW，转子直径不大于 920 mm，转速尽可能低。依据第 2 章所述的泵推系统方案"六步法"选型设计方法，在计算得到多个喷速比条件下泵喷水力参数后，可以进行综合择优，使其既满足高效，又具有较好的抗空化性能。而低噪声这一设计要求，在选型设计过程中仅能间接考虑，包括提高泵喷效率、减小二次流动损失、尽量减小直径和降低转速，以控制低频离散线谱噪声大小。

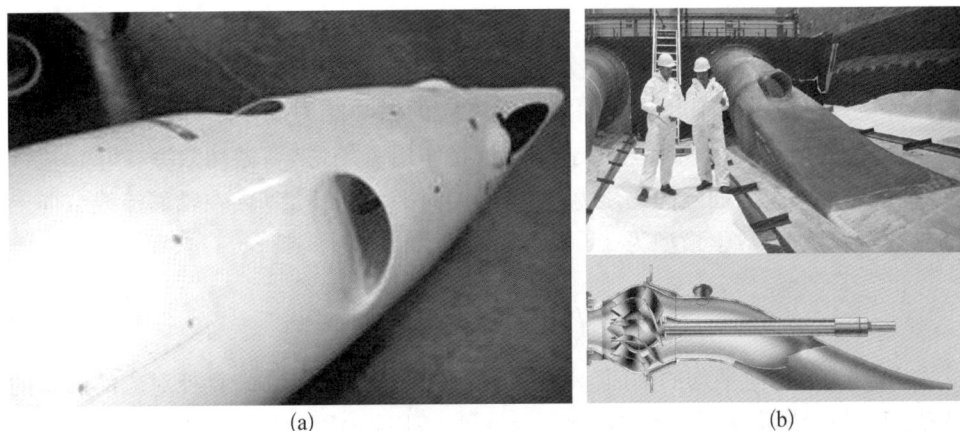

图 7.5　潜器尾部典型流道结构

(a) 主动引流式流道；(b) 被动引流式流道

初始假定泵喷导管为零推力导管，则泵喷轴向推力完全由转子叶片提供，选型设计得到的不同喷速比下水力参数如表 7.2 所示。结合潜器外形的几何参数限制，可知喷速比的倒数（喷口速度与航速的比值）高于 1.55 时能够满足要求。因进流品质以及无轴泵喷内部的气隙逆向流动均会减小流量，可适当增加转速来提高推力以保证快速性设计目标。故最终水力参数确定如下：流量为 $5.8 \text{ m}^3/\text{s}$，转速为 320 r/min，功率为 280 kW，留有一定的功率裕度以应对流量减小带来的工作点偏移对泵喷推进性能的影响。

表 7.2　无轴泵喷叶栅通道水力参数选型设计

功率/kW	转速/(r/min)	喷速比倒数	理论航速/kn	喷射效率	流量/(m^3/s)	喷口直径/mm	比转速	吸口比转速	第一阶段空化	泵类型
300	320	1.6	13.3	0.8	6.25	852	3.089	130.4	无	混流泵
300	320	1.55	13.4	0.815	6.792	900	3.428	135.6	无	混流/轴流泵
300	320	1.53	13.4	0.82	7.01	920	3.586	137.9	无	轴流泵
300	320	1.4	13.6	0.86	9.225	1 092	5.026	156.3	临界	轴流泵
300	320	1.3	13.8	0.889	12.24	1 297	7.158	178.3	有	轴流泵
300	320	1.2	14	0.915	18.47	1 649	11.97	216.6	有	轴流泵

7.2　无轴泵喷叶型三元逆向设计及其水动力和空化性能评估

泵喷叶片三维几何参数由参数化三元逆向设计方法完成。该设计方法的核心思想如下：叶片三维几何参数由水动力参数（叶片负载分布和出口环量分布）和几何参数(轴面几何参数、叶截面厚度分布和堆叠角)共同决定。叶片负载分布决定了叶截面压力系数沿弦长方向的分布,进而直接决定了其做功能力和抗空化性能;出口环量分布用于控制叶轮叶片沿跨距方向的做功能力和定子叶片内的二次流动,进而改善前置转子与后置定子间的相互作用流场,提高做功效率。叶片负载(叶片压力面与吸力面之间的压力差)与沿周向平均的环量 rV_t 在轴面流线方向上的导数密切相关,数学模型为

$$p^+ - p^- = \frac{2\pi}{B}\rho V_m \frac{\partial(rV_t)}{\partial m} \tag{7.1}$$

式中,V_m 为沿周向平均的轴面速度,等于流量与轴面投影图中直径对应的面积的比值;V_t 为沿周向平均的切向速度分量,等于环量 rV_t 值与轴面投影图中半径的比值;环量 rV_t 值由扬程和泵转速决定,$rV_t = gH/(\eta_h 2\pi n)$;$\eta_h$ 为水力效率,设计时初始值取为 0.9;p^+、p^- 分别为叶片压力面与吸力面的静压,两者的差值等于叶片产生的推力;B 为叶片数,依据经验给定,转子与定子叶片数通常满足互质关系,如转子叶片 9 叶、定子叶片 11 叶;m 为量纲一的轴面流线长度,是叶片不同跨距处的几何参数,从叶片进口到出口取值为 0~1。轴面几何参数决定了叶片轴向和径向尺寸、定转子叶片进口和出口的轴向位置及纵倾分布、转子叶片叶梢间隙大小及形状;堆叠角决定了无侧斜分布时定转子叶片出口的周向扭曲程度。

依据设计经验,泵喷转子和定子叶片数分别取为 9 叶和 11 叶,转子与定子叶片叶梢截面间的轴向距离增加至转子叶片的叶梢轴向长度,以尽量弱化两者之间的流场与声场的相互干扰作用。选取定子叶片前置与后置时,若定子前置,则进水流道、定子、转子和出水流道结构部件中仅有转子产生推力,加上初始设计时流道对潜器阻力的增量还不明确,而且设计需求中明确了泵喷须额外提供潜器裸体阻力 1.4 倍的推力,对应为低速、重载型泵喷应用,全部由转子叶片承受时将给泵喷的抗空化和降噪设计带来相当大的困难,存在较大的技术风险,因此选择后置定子式泵喷方案更为合理。并且,转子叶片前置有利于集成电机轴向前移,有利于减小潜器的总体配重压力。鉴于泵喷与流道分步设计且螺旋迭代完成,可初始假定流道阻力为零,泵喷导管轴向受力也几乎为零,这样在完成叶型三元设计以及推进和空化性能校核后,就可以将泵喷导管内壁面与流道壁面连接起来,作为整个内置式管道壁面的一部分,并且对泵喷叶栅维持其推进和空化性能的影响最小。

设计得到的无轴泵喷三维几何形状及其叶栅通道全结构化网格离散如图 7.6 所示,网格节点总数为 860 万个。导管为肥厚型极小推力导管,有利于无轴电机的布置,集成电机转子环以及气隙几何待后续再添加。泵喷转子与定子叶截面均采用空化性能较优的 NACA16 翼型厚度分布,叶根与叶梢截面最大厚度由美国海军水

面战研究中心所设计的先进轴流式喷泵 AxWJ‑2 成比例放大后略留有余量得到，以保证泵叶片的静强度。AxWJ‑2 泵实尺功率为 36 MW，满足设计航速为 36 kn 的推进需求，模型泵直径为 304.8 mm，转速为 2 000 r/min，设计点水力效率为 0.9，具有可参照性。定常计算得到均匀来流条件下，设计航速为 12 kn 时流经泵喷叶栅通道的速度流线如图 7.7 所示。可知泵喷出流几乎为轴向流束，此时出流不均匀度为 0.136，转子与定子间的水动力匹配非常好，叶栅通道内几乎无二次流动，能够尽可能保证水力效率，有利于抑制非定常力幅值。

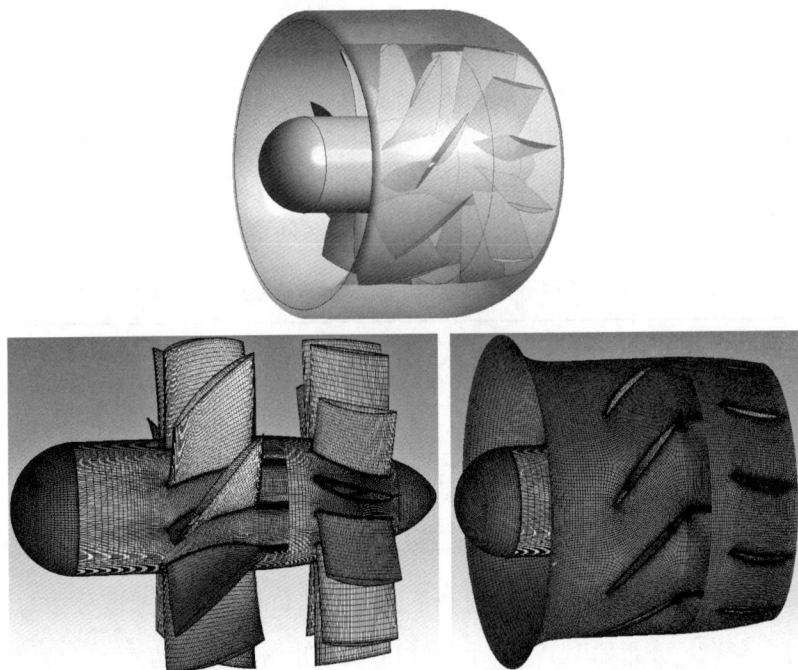

图 7.6　潜器无轴泵喷三维几何形状及叶栅通道全结构化网格离散

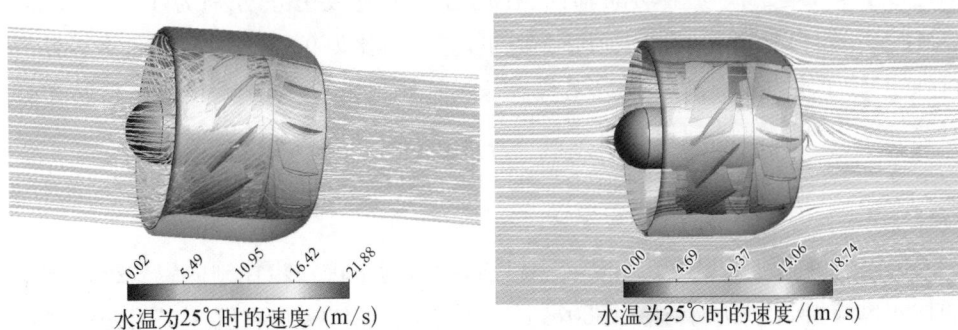

水温为 25℃时的速度/(m/s)　　　　水温为 25℃时的速度/(m/s)

图 7.7　设计航速为 12 kn 时流经无轴泵喷的速度流线

定常计算得到的设计航速 12 kn 和巡曳航速 6 kn 条件下,均匀进流时单个泵喷(不含集成电机)的水动力性能如表 7.3 所示。可知,在航速为 12 kn、转速为 320 r/min 的工况下,双泵喷总推力为 48.6 kN,功率为 529.5 kW,推力效率为 56.57%,尽管已经初步满足总推力 48 kN、功率不超过 600 kW、效率不低于 50% 的设计需求,但推力余量非常小,考虑一定的计算误差后快速性指标有较大的技术风险,因功率还有较大的余量,可进一步将转速增加至 330 r/min。转速增加后,双泵喷总推力为 52.84 kW,总功率为 581.28 kW,效率为 56.12%,满足设计指标要求且还留有约 3% 的功率余量,工作点较为合适。鉴于泵喷装配于潜器尾部内置流道中后,进流影响将使得转子工作点略微左移,相同转速下推力和功率会进一步增加,故模型试验时可在 320~330 r/min 范围内调整,以确定设计转速,进而满足设计航速要求。工作点不变时,在航速为 6 kn、转速为 165 r/min 的工况下,双泵喷总推力为 12.86 kN,功率为 71.48 kW,效率为 55.53%,导管受力几乎为零,与预期相符,同样满足推进性能要求,表明该泵喷叶栅的航速适应区间范围较广。

表 7.3 均匀进流条件下特征航速时单泵喷(不含集成电机)水动力性能

航速/kn	转速/(r/min)	总推力/kN	总功率/kW	水力效率/%	推力效率/%	转子效率/%	转子力/kN	定子力/kN	导管力/kN	流量/(m³/s)
12	320	24.3	264.75	88.46	56.67	93.91	20.135	3.99	0.18	5.24
12	330	26.42	290.64	88.58	56.12	93.89	21.536	4.36	0.53	5.37
6	165	6.43	35.74	87.00	55.53	92.99	5.333	1.07	0.025	2.64

在设计航速下,泵喷转子出流面和下游定子出口面的轴向速度分布与湍流速度脉动量 $q=\sqrt{2k}$ 分布如图 7.8 所示。可知,转子出流面的脉动速度主要集中于梢涡区和导边近桨毂部位,叶栅通道内速度脉动非常小。泵喷出流面主要表现为轴向速度分量,基于流量平均的轴向、径向和周向速度分量分别为 10.577 m/s、1.241 m/s 和 0.623 m/s,轴向速度分量的能量头占比为 97.6%,达到了优秀设计的行列,与转子水力效率高于 93% 对应。从设计经验来看,当嵌入集成电机转子环以及气隙几何时,气隙内逆向流动会使得流量减小 3%~5%,将使得转子效率略微下降,但总体上仍可以实现约 90% 的一流设计效果,可以进一步开展总体装配设计工作。

因潜器侧向进流时伴流系数大小目前未知,为了进一步控制内置式推进方案的技术风险,保持泵喷转速为 330 r/min 不变,通过依次减小航速来改变进速系数,进而在得出敞水性能曲线点的基础上,判断平均进流速度减小对泵喷推进性能

v_a/v_s　　　$q/(\text{m/s})$

(a)

v_a/v_s　　　$q/(\text{m/s})$

(b)

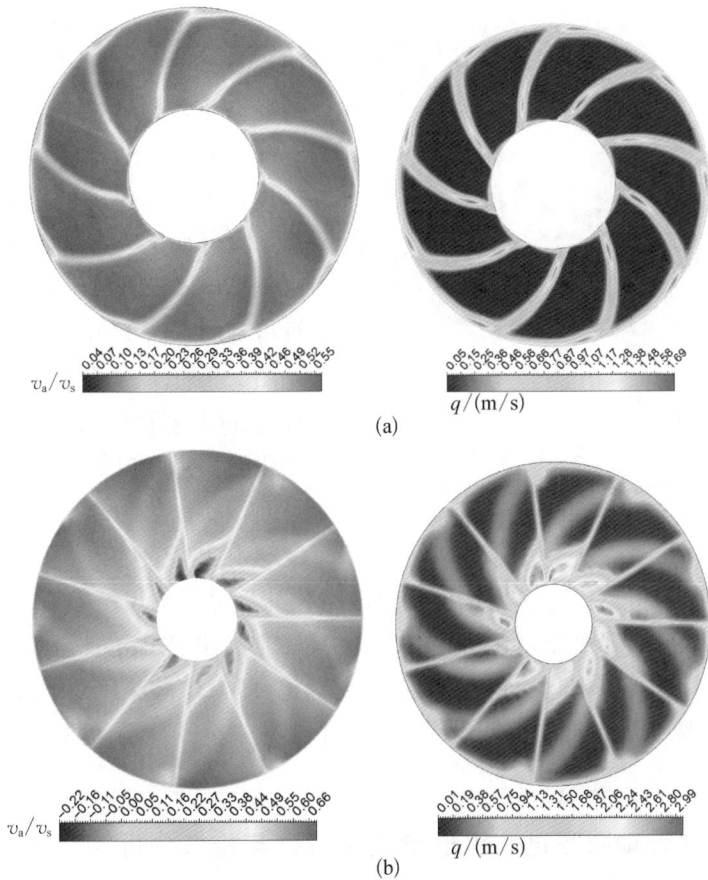

图 7.8　设计航速为 12 kn 时泵喷转子与定子出流面轴向速度和湍流速度脉动量分布

(a) 转子出流面;(b) 定子出流面

的影响,计算结果如表 7.4 所示。可知,转速不变时,随着平均进流速度的减小,泵喷功率仅微量增加,与推进泵的功率特性一致,航速与转速解耦;当伴流系数达到 0.33 时,尽管水力效率仍然高于 88%,但推力效率已经减小至 45.24%,已经不满足设计指标要求。

表 7.4　均匀进流条件下单泵喷(不含集成电机)敞水性能曲线

航速 /kn	转速 /(r/min)	进速 系数	总推力 /kN	总功率 /kW	水力效率/%	推力效率/%	转子效率/%	转子力 /kN	定子力 /kN	导管力 /kN	流量 /(m³/s)
12	330	1.227	26.42	290.64	88.58	56.12	93.89	21.536	4.36	0.53	5.37
10	330	1.023	29.18	291.87	88.87	51.43	94.13	22.218	4.69	2.27	5.19
8	330	0.818 3	32.11	292.13	89.23	45.24	94.37	22.676	4.88	4.55	5.06

图7.9 航速12 kn、转速330 r/min、水深15 m时泵喷的空化形态

在上述敞水性能评估的基础上，以设计航速12 kn、转速330 r/min的稳态流场结果为初值，引入改进Sauer空化模型，计算域出口边界条件设置为考虑潜深的压力出口。计算结果可视化后处理时，空化形态以水蒸气项体积分数$\alpha_v=0.1$表征。计算得到的水深15 m时泵喷空化形态如图7.9所示。可知仅有转子叶片吸力面导边近叶梢处产生局部空化，空化面积为3.15×10^{-3} m²，与转子盘面积的比值为4.8%，大于模型尺度螺旋桨空泡筒试验时空化初生1%的常用判断标准，考虑实尺比模型尺度空化初生更早的尺度效应影响，可以初步判定此时泵喷转子处于空化初生的临界状态。当工作水深增加至30 m时，采用同样的方法计算得到空化面积为零，泵喷无空化，即工作潜深达到30 m时泵喷满足全航速范围内无空化的预期设计要求，可以进一步开展系统匹配与噪声评估工作。

7.3 内置式无轴泵喷进水流道参数化设计与校核分析

如前文所述，无轴泵喷内置时进水流道采用被动引流式结构较为适宜。此时，进水流道相当于典型喷水推进器的进水流道水平放置，而出水流道可直接在泵喷出口轴向下游方向等直径延伸，核心部件仍然是推进泵本体和进水流道。但是，与典型喷水推进器的进水流道不同的是，因水下潜器的平行中体直径限制，进水流道的出口中心高度受到严格约束，相当于径向安装空间明显变小，并且在推进器轻量化设计的要求下，流道轴向长度也不宜过大，总体上不仅使得进水流道的设计难度大大增加，而且缺少参照对象。

第2章中已述，无论是喷泵还是内置式泵喷，进水流道的关键作用都在于为推进泵提供进流的同时竭力改进进流品质，维持泵高效率、抗空化和低噪声性能，并且保障其运转性能平稳，是连接船体外部流动和泵叶栅内部流动的桥梁。换句话说，进水流道的设计目标如下：在保证泵产生额定推力所需足够进流品质（流量和速度分布）的条件下，使得流道内的能量损失尽可能小，并且在消除自身流动分离和空化的基础上，尽可能阻止或者是延迟泵空化初生，以改善泵推进系统的推进性能。因此,流道出口的轴向速度不均匀度以及正则度系数是衡量流道设计品质的关键参数,设计校核时应尤其重视。

根据第 3 章所述的"基于单一几何参数控制的泵推系统进水流道参数化设计方法",经过十多年的经验积累,课题组已经完成了多型高性能进水流道的设计,并且开发完成了完整的进水流道参数化设计程序,同时适用于长高形流道和短矮形流道,且均满足高航速(25 kn 以上)和低航速推进的进流需求。鉴于本潜器的设计航速处于中低速范围,为保证流道内流体流动的优质性能,结合安装空间的实际限制,宜采用短矮形流道,以将径向安装空间需求压缩到极致,与典型喷水推进器厂商 KaMeWa 公司的长高形流道以及某海警船所引进的 MJP 公司的长高形流道(见图 7.10)均不相同,尚无直接经验可供借鉴。

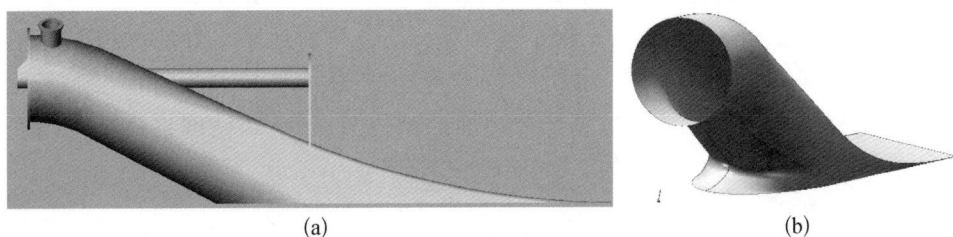

(a)　　　　　　　　　　　　　(b)

图 7.10　航速 12 kn、转速 330 r/min、水深 15 m 时泵喷的空化形态

(a) KaMeWa 公司的进水流道;(b) MJP 公司的进水流道

参数化设计得到进水流道几何参数并且与潜器完成装配后系统几何形状如图 7.11 所示,直观上看,可以满足流道最矮、最短化的设计要求,有利于减轻潜器的配重压力。此时,流道出口的轴向速度分布云图对应的不均匀度为 0.14,且仅有靠近

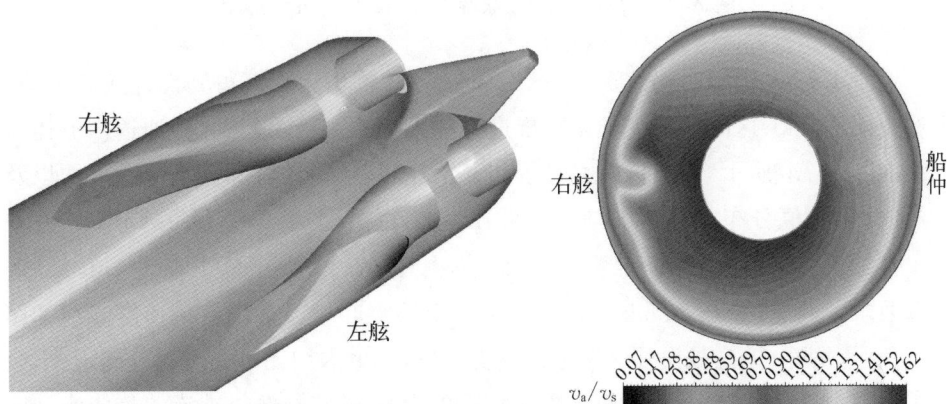

右舷　　　　　　　　　　　　　　　　右舷　　　　　　　　　船仲

左舷

v_a/v_s

图 7.11　航速 12 kn、转速 330 r/min、水深 15 m 时泵喷的空化形态

管道壁面的周向区域表现出速度不均匀性,已经极为接近理想进水流道的设计状态,可以在此基础上进行"潜器+内置式泵喷"系统的推进性能评估。若系统的匹配性能较优,则可以反证进水流道设计的成效为优。

7.4　内置式无轴泵喷系统推进和空化性能数值预报

7.4.1　无集成电机时泵喷推进和空化性能分析

将进水流道、泵喷、出水流道和潜器装配为一体后,即形成内置式双泵喷推进系统。其中,泵喷导管的外壁面几何形状舍弃,进水流道出口面与泵进口面重合,如图 7.12 所示。进水流道、出水流道以及潜器尾部壁面的全结构化网格离散如图 7.13 所示,其中,单舷侧进水流道的网格节点数为 215 万个,网格最小正则度为 0.5;单舷侧出水流道网格节点数为 55.3 万个,网格最小正则度为 0.7;潜器网格节点数为 912.6 万个,网格最小正则度为 0.25。与前述敞水性能预报时网格离散方法相同,单泵喷网格节点数为 818.6 万个,较敞水性能预报时适当加密处理,并且直接采用目标 Y^+ 值控制叶片表面的网格节点分布,使网格最小正则度最大化。

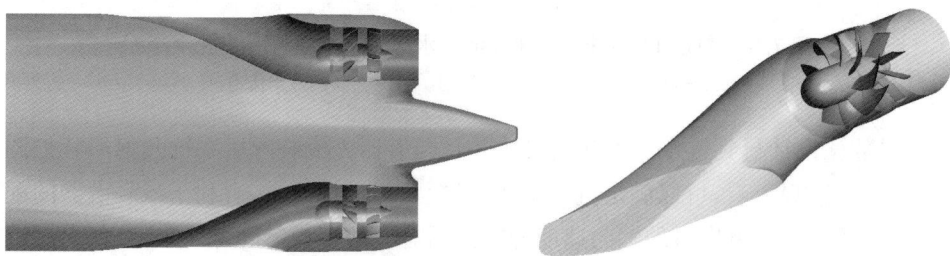

图 7.12　潜器内置式双泵喷推进系统整体几何形状

定常 RANS 模拟时仍然选择 SST 湍流模型,单相流计算得到设计航速 12 kn 至巡曳航速 6 kn 区间内的无轴泵喷推进性能如表 7.5 所示,泵叶栅通道内流体流动性能如表 7.6 所示。此时,泵喷转子和定子叶片、泵喷导管和进水流道壁面以及潜器壁面 Y^+ 值分布如图 7.14 所示,可知最大 Y^+ 值小于 230,满足 CFX 软件中 SST 湍流模型求解时模型尺度条件下 Y^+ 不大于 300、实尺条件下不大于 1 000 的计算要求。航速 12 kn 和 6 kn 条件下,流经双泵喷叶栅通道的流体速度流线如图 7.15 所示,可知,无论是设计航速还是巡曳航速,流道内均无可见流动分离现象,泵叶栅通道内无可见二次流动及流动阻塞现象,从潜器舷侧部位进流的整体流动顺畅、平稳,总体来看,设计效果较好。

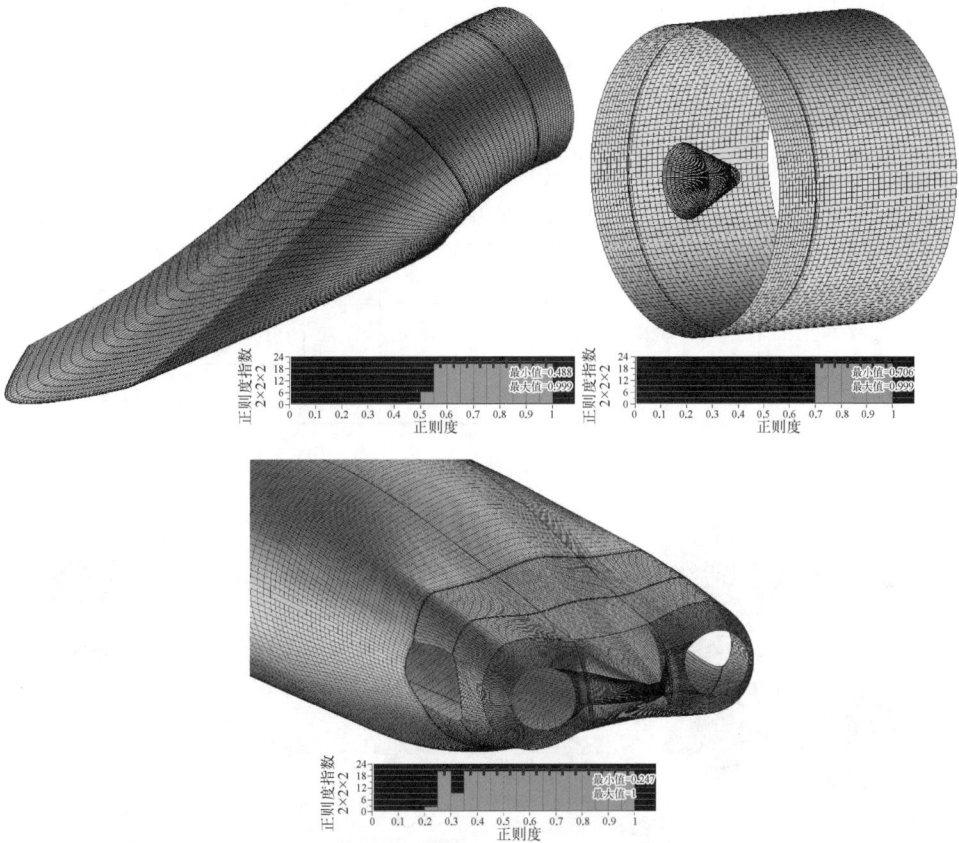

图 7.13　潜器和流道壁面结构化网格离散

表 7.5　潜器内置式泵喷(不含电机)系统推进性能

航速 /kn	转速 /(r/min)	左泵推力 /kN	右泵推力 /kN	总推力 /kN	左泵功率 /kW	右泵功率 /kW	总功率 /kW	总推力效率/%	左管道力/kN	右管道力/kN	左转子推力 /kN	右转子推力 /kN	潜器阻力/kN
12	330	26.93	26.63	53.57	295.9	295.94	591.85	55.87	1.18	1.08	21.16	21.22	22.85
10	275	18.42	18.24	36.67	170.38	170.71	341.09	55.3	0.763	0.693	14.63	14.69	16.46
8	220	11.44	11.60	23.03	86.49	86.76	173.25	54.71	0.46	0.41	9.28	9.34	11.96
6	165	6.36	6.39	12.75	36.26	36.37	72.63	54.19	0.226	0.196	5.21	5.24	6.66
4	110	2.75	2.78	5.53	10.65	10.66	21.31	53.44	0.079	0.071	2.31	2.31	3.3

表 7.6　潜器内置式泵喷(不含电机)系统中泵过流通道流体流动性能

航速/kn	左泵流量/(m³/s)	右泵流量/(m³/s)	左泵扬程/m	右泵扬程/m	左泵效率/%	右泵效率/%	左转子效率/%	右转子效率/%	左泵出口不均匀度	右泵出口不均匀度	左流道出口不均匀度	右流道出口不均匀度
12	5.667	5.648	4.587	4.598	86.15	86.04	92.06	92.25	0.153	0.157	0.142	0.141
10	4.715	4.700	3.159	3.182	85.72	85.91	91.89	92.11	0.159	0.161	0.141	0.139
8	3.767	3.756	2.000	2.024	85.43	85.9	91.87	92.08	0.163	0.158	0.314	0.135
6	2.807	2.795	1.116	1.124	84.69	84.7	91.59	91.79	0.166	0.161	0.137	0.138
4	1.849	1.844	0.493	0.496	84	84.14	91.35	91.37	0.18	0.18	0.137	0.138

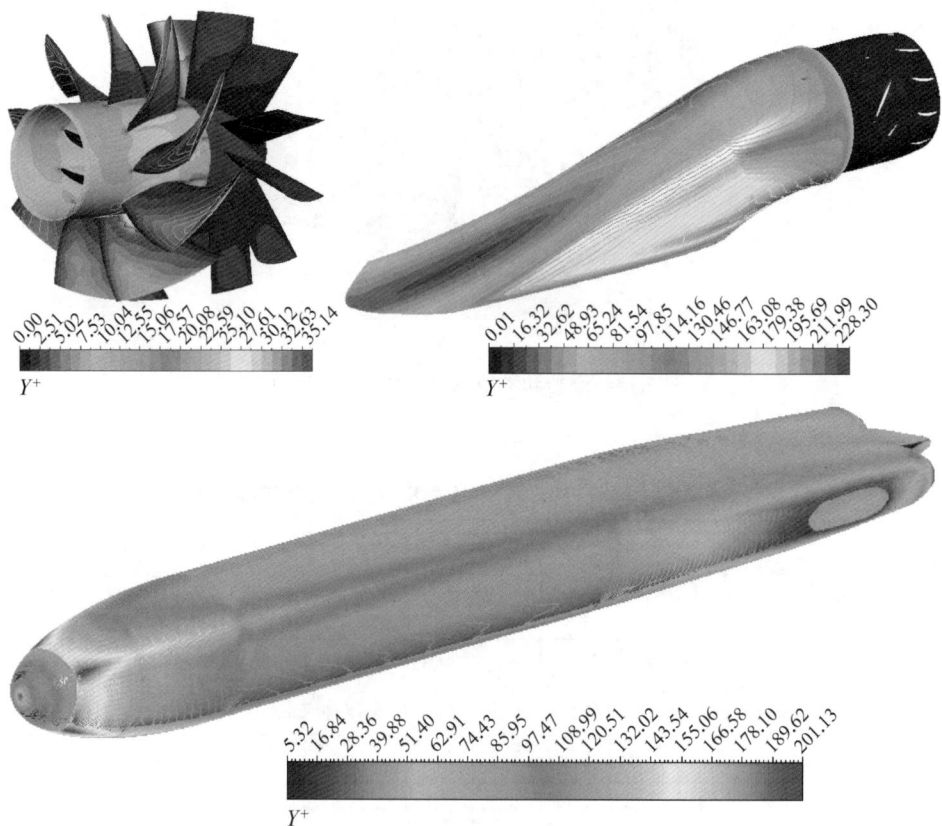

图 7.14　潜器内置式泵喷系统中特征壁面 Y^+ 值分布

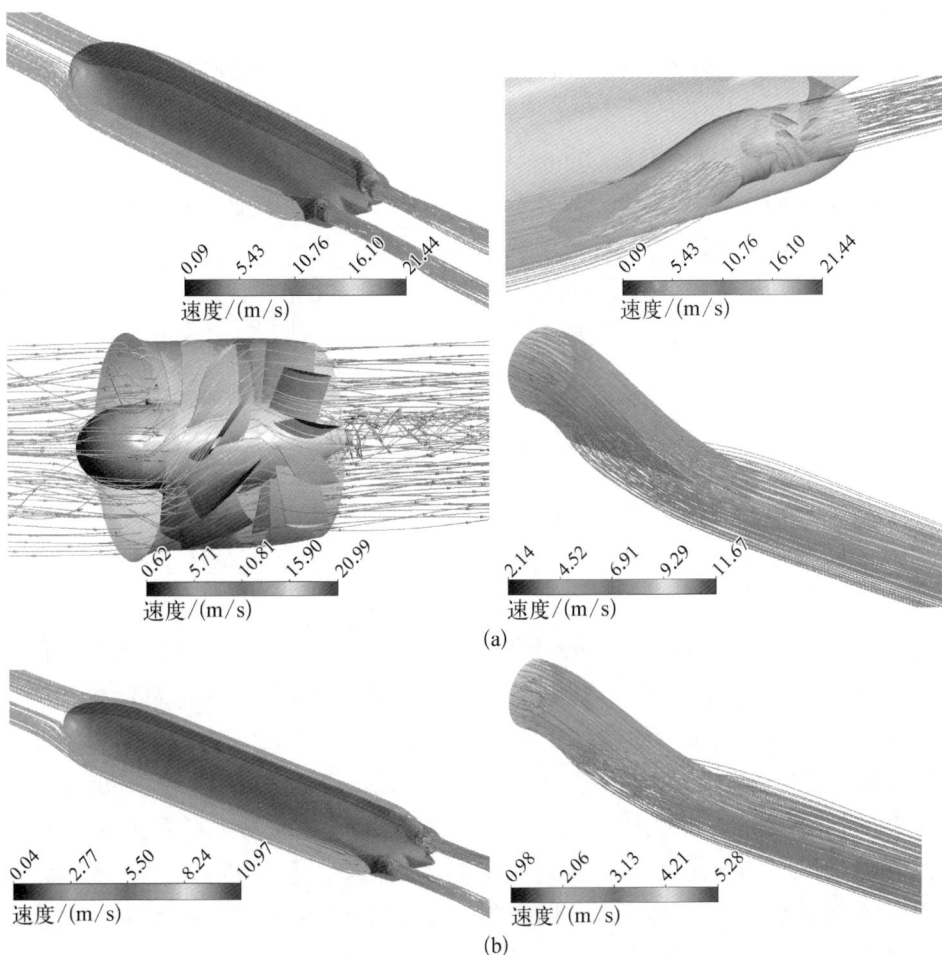

图 7.15　潜器内置式泵喷系统特征航速时流经泵喷叶栅通道的速度流线

（a）航速为 12 kn；（b）航速为 6 kn

从壁面受力来看，两舷侧泵无论是推力还是功率，不平衡度均小于 1%。泵喷水力效率达到 86%，转子效率达到 92%，较均匀来流条件下降 2.6%。泵喷出口不均匀度小于 0.16，进水流道、泵喷导管内壁和出水流道组成的管道壁面整体产生少量推力，对潜器减阻有利，且其与单泵轴向推力的比值小于 4.4%，有利于集成电机嵌入后对泵喷推力的影响最小化。从极低航速 4 kn 至设计航速 12 kn，泵喷水力效率减小量不大于 3%，表明该进水流道能够为泵喷提供优秀进流品质，不仅满足设计航速需求，而且泵喷的高效运行区间可以兼顾到 67% 的航速区间，系统设计是较为成功的。设计航速为 12 kn 时，双泵喷总推力为 53.57 kN，总功率为 591.85 kW，总推力效率为 55.87%，满足推进和效率指标要求且效率留有 5% 的余量，此时潜器阻力为 23 kN,较裸体阻力几乎无变化,达到理想状态,与管道壁面整体受力为小量相对应;航速为 6 kn 时,双泵喷总推力为 12.75 kN,总功率为 72.63 kW,总推力效率为 54.19%,同样满足推进和效率指标要求,效率留有 4% 的余量,此时潜器阻力为 6.6 kN,较预估裸体阻力约 5 kN 略有增加。综合来看,若泵喷的确处于无空化或者是空化初生状态,则该内置式双无轴泵喷系统的推进性能已经达到设计指标要求,可以进一步考虑集成电机的嵌入影响。

为了定量判别泵喷此时所处的空化状态,同时采用单相流压力分析和两相流空化模拟方法来阐述。首先,类似于压力系数变量 C_p,引入空化数 σ

$$C_p = \frac{p - p_{\text{ref}}}{\frac{1}{2}\rho V_\infty^2}, \; \sigma = \frac{p - p_v}{\frac{1}{2}\rho V_\infty^2} \tag{7.2}$$

式中,p_{ref} 为参考压力;V_∞ 为上游进流速度,分析时可取为航速;$p_v = 3\,540\,\text{Pa}$ 为汽化压力。借助"流场压力低于汽化压力时,存在空化核子时流体会产生空化"的物理概念,可由 $\sigma < 0$ 定位最有可能产生空化的低压区。计算得到航速为 12 kn、不考虑工作水深时,转子吸力面、导管内壁面、进水流道壁面以及潜器壁面的空化数云图分布如图 7.16 所示,可知,转子吸力面右舷侧叶梢部位、垂向底部叶根部位以及进水流道唇部上表面有可能产生空化。因前文已经判断该无轴泵喷在航速为 12 kn 时对应的空化临界水深约为 15 m,则只需进一步证明增加水深 15 m 的静压后,若上述低压区部位消失或者是得到明显抑制,处于空化初生点之前,则可以明确无轴泵喷此时的空化状态,量化其推进性能。在该工况下,转子吸力面若以常规的压力分布来显示,其低压区部位同样非常直观明显,如图 7.17 所示,且与空化数小于 0 的可视化部位一致,可知,由空化数或者是压力分布来可视化表征叶片空化状态是一致的,后续应用时选择一种即可。

两相流空化模拟时,空化模型依然采用改进 Sauer 空化模型,且以上述无空化计算结果为初值,完成迭代计算。计算完成后,空化区再次以最严格的标准"水蒸气体积分数 $\alpha_v = 0.1$"来表征。计算得到水深分别为 10 m,15 m 和 20 m 条件下的转子吸力面空化形态如图 7.17 所示。可知,水深为 10 m 时,右舷侧叶梢部位以及其余叶片的导边叶梢处均产生空化,与单相流模拟结果一致性较好,并且在水深静压作用下,底部叶片叶根部位以及流道唇部上表面的低压区已经完全被抑制。工作水深增加至 15 m 时,空化面积减小一半,仅剩下右舷侧叶梢局部空化,此时空化面积与转子盘面积的比值为 0.84%,小于模型桨空泡筒试验测量时 1% 的常用可视空化初生标准。因实尺比模型尺度空化更早产生,可以认定为无轴泵喷系统的空化初生临界水深为 15 m。当水深进一步增加到 20 m 时,该区域的局部空化面积进一步减小,几乎处于消失边缘。

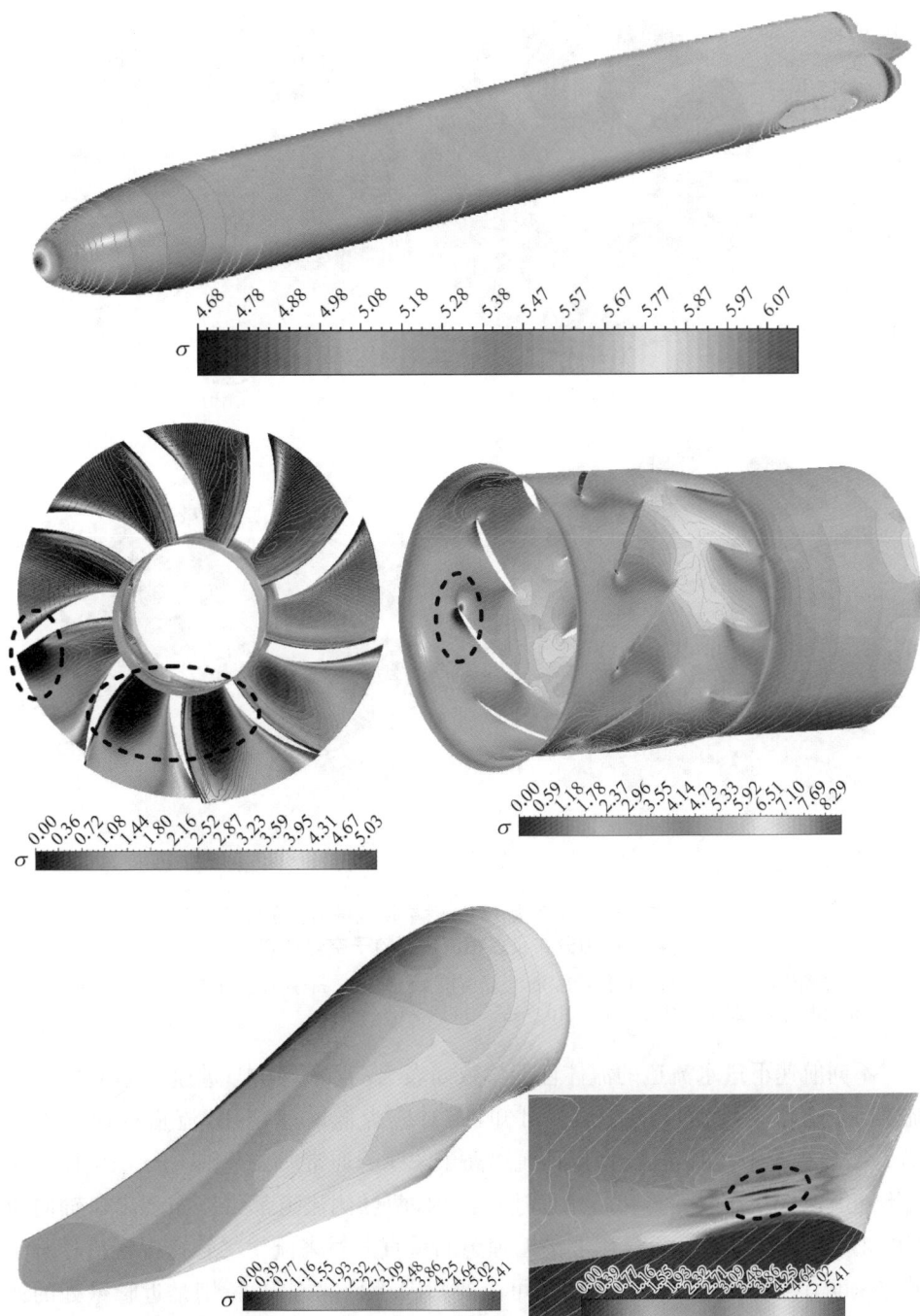

图 7.16　设计航速为 12 kn 时单相流计算无轴泵喷系统壁面的空化数分布

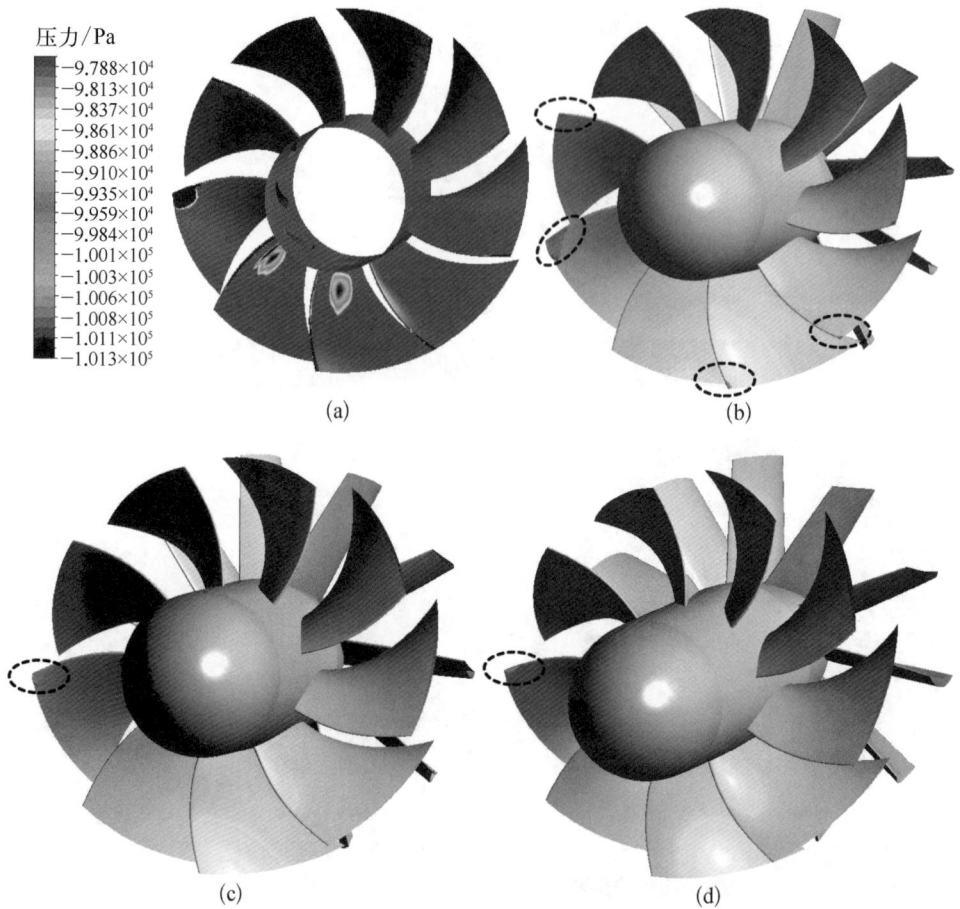

图 7.17 设计航速为 **12 kn** 时单相流模拟转子叶片
压力分布及多相流模拟转子空化形态

(a) 单相流,不考虑水深;(b) 水深 10 米,空化面积 $1.14×10^{-2}$ m^2;(c) 水深 15 m,空化面积 $5.5×10^{-3}$ m^2;(d) 水深 20 m,空化面积 $1.4×10^{-3}$ m^2

不同航速下进水流道的流体性能参数如表 7.7 所示,其中,进速比 IVR 定义为航速与泵进口平均速度的比值。可知,因对应为低航速应用,流道进速比仅为 0.72,明显小于中高航速流道(设计航速高于 30 kn)通常所在范围 1.3～1.8,而且几乎不随航速变化而改变。在整个航速区间内,两舷侧流道都可以实现出口轴向速度的正则度系数大于 0.98,几乎接近理想的垂直入射来流。尽管速度幅值相对于平均速度有偏差,存在不均匀度,但可主要归因于径向方向,特别是近管壁处的速度梯度,而周向方向却具有很好的一致性,这也是将进水流道水平放置的同时取消驱动轴所带来的收益。正是由于转子主要承载叶截面几乎接近理想进流角的垂直入射来流，使得无轴泵喷的抗空化性能基本上未受潜器边界层流的弱化影响，保持了临界水深 15 m 不变。上述数据表明该进水流道的设计品质非常优秀，流道与无轴泵喷的匹配性能较佳。

表 7.7　潜器尾部进水流道不同航速时流体性能参数

航速 /kn	左流道进速比 IVR_1	右流道进速比 IVR_2	左流道出口正则度 λ_1	右流道出口正则度 λ_2	左流道进口不均匀度 ξ_1	右流道进口不均匀度 ξ_2	左流道出口不均匀度 ξ_{11}	右流道出口不均匀度 ξ_{21}
12	0.72	0.723	0.98	0.99	0.033	0.033	0.142	0.141
10	0.72	0.724	0.989	0.995	0.033	0.033	0.141	0.139
8	0.724	0.726	0.991	0.994	0.034	0.034	0.314	0.135
6	0.73	0.732	0.992	0.994	0.034	0.034	0.137	0.138
4	0.737	0.74	0.991	0.994	0.034	0.034	0.137	0.138

进一步以轴向速度分布以及湍流速度脉动量的分布来考量流道与泵喷的匹配设计效果。设计航速为 12 kn 时，泵喷进口面、转子出口面以及定子出口面的轴向速度分量以及湍流速度脉动量分布如图 7.18 所示，流道内涡量场分布如图 7.19 所示。因对应为时均模拟，湍流速度脉动量与时均速度的变化趋势是一致的。可知，流道出口面的流场分布除了径向方向上壁面和下壁面由于流线轨迹长度不同而必然存在的不均匀外，主叶片区域扰动非常小，与正则度系数接近于 1 相互印证。与均匀来流相比，转子出口面的不均匀程度增加，尤其是底部受到速度梯度的影响表现更为明显，甚至将该扰动一直延伸至定子叶片出口处。因定子出口部位轮毂曲率收缩过快，导致定子毂帽处出现了较为明显的周向速度分量，且出现了明显的涡量集聚，将进一步诱导产生毂涡流动，还有可优化设计的空间。流道进口截面处因宽度略小、过早限制流动，出现了对旋涡管的集聚现象，直接影响流道出口的轴向速度不均匀度，表明流道设计也还没有达到极致，降噪设计时可进一步优化改进。

综上所述，在未嵌入集成电机转子环以及气隙几何时，内置式无轴泵喷系统的推进性能和空化性能均满足设计指标要求，且设计航速下总推力留有 11% 的安全余量，效率留有约 6% 的余量，可以进一步开展嵌入集成电机后对泵喷性能影响的评估工作。进水流道设计、泵喷叶型设计以及两者的流场匹配均较为成功，虽然还有可以局部优化调整的空间，但已经充分挖掘出了低速、重载型泵喷推进系统高效和抗空化性能的潜在技术优势，已经可以称为低速泵推系统的较佳样本。

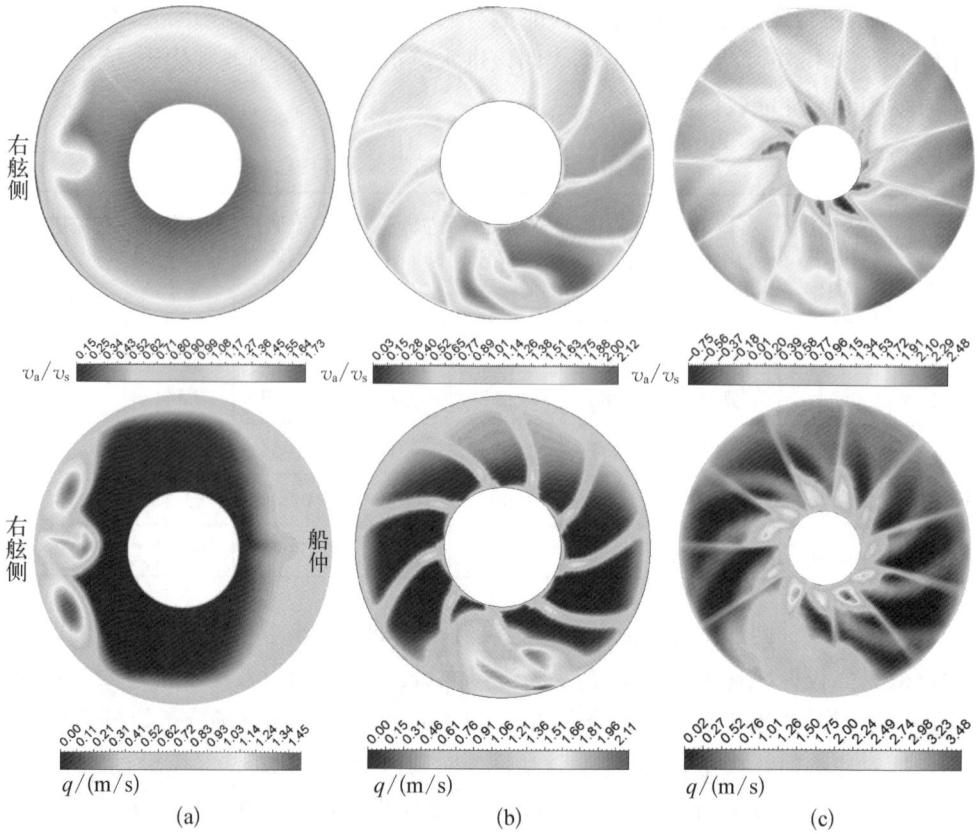

图 7.18   设计航速为 12 kn 时内置式泵喷特征截面
处轴向速度分量与湍流速度脉动量分布

(a) 泵喷进口面；(b) 转子出口面；(c) 定子出口面

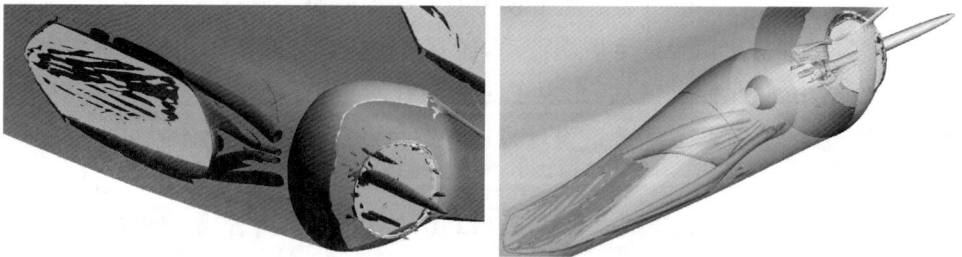

图 7.19   设计航速为 12 kn 时内置式管道内部涡量场分布

7.4.2   含集成电机时泵喷推进和空化性能分析

集成电机转子环和气隙大小由总体提供。电机转子环与泵喷转子叶片叶梢固
结,转速相同,泵喷导管内壁面内凹,为转子环和气隙留出安装空间。转子环的轴

向长度略大于转子叶片,如图 7.20 中轴面投影所示。前期设计经验表明,电机气隙使得泵喷转子出流与进流构成连通域,在逆压梯度的作用下产生逆向流动,一方面会使得泵喷流量和推力略有减小、效率下降,另一方面会增加泵喷进口处的流场压力,一定程度上有利于增强泵喷的抗空化性能。因此,嵌入集成电机几何后,关键就在于通过单相流和多相流数值模拟证明上述观点,定量得出包含集成电机时对推进和空化性能的影响。

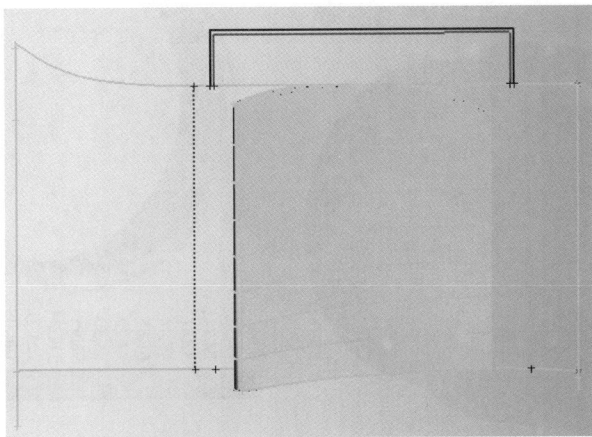

图 7.20　无轴泵喷包含集成电机转子环和气隙后轴面投影几何形状

增加集成转子环与气隙几何后,局部网格精细化处理以及转子环壁面 Y^+ 值分布如图 7.21 所示。其中,4 mm 气隙内布置有 16 层网格节点,以充分捕捉精细流动。电机转子环壁面的 Y^+ 值同样满足小于 300 的 SST 湍流模型使用要求。计算得到的设计航速为 12 kn 时流经双无轴泵喷过流通道的速度流线如图 7.22 所示,与无集成电机相比没有明显变化。此时,泵喷进口面、转子出口面以及定子出口面的轴向速度和湍流速度脉动量分布如图 7.23 所示。可知,增加气隙逆向流动后,泵喷进口面和转子出口面的湍流速度脉动幅值均少量减小,特别是流道出口面的进流品质有了较为明显的改善,局部区域的不均匀程度有所减小。由此可以推断,增加电机转子环和气隙后,内置式无轴泵喷的空化性能不仅不会下降,反而会略有提升,这也是进水流道水平放置后弯管段背部区域的流场局部改善和气隙逆向流动共同带来的收益。此时,气隙内逆向流动以及其进口与出口的局部流动细节如图 7.24 所示。可知,气隙进口前方内侧出现了明显的漩涡区,而气隙出流与主进流汇合后一起进入转子叶片。尽管气隙很小,但该汇合流依然能够改变泵进流速度分布,尤其是近转子叶梢端面处流动,积分后会进一步改变泵流量和扬程。因气隙几何通常对应为矩形截面,气隙进口内侧以及气隙上端面拐角处因流动曲率的剧烈改变而出现涡量聚集现象,如图 7.25 所示,甚至有可能产生空化。并且,气隙进口处的涡量集聚几乎与转子叶片叶梢部位同步,表明该局部区域的流体空化甚至有可能使得泵喷空化初生提前,从而提醒设计人员在高航速无轴泵喷设计时尤其要重视气隙截面轮廓曲线的设计。

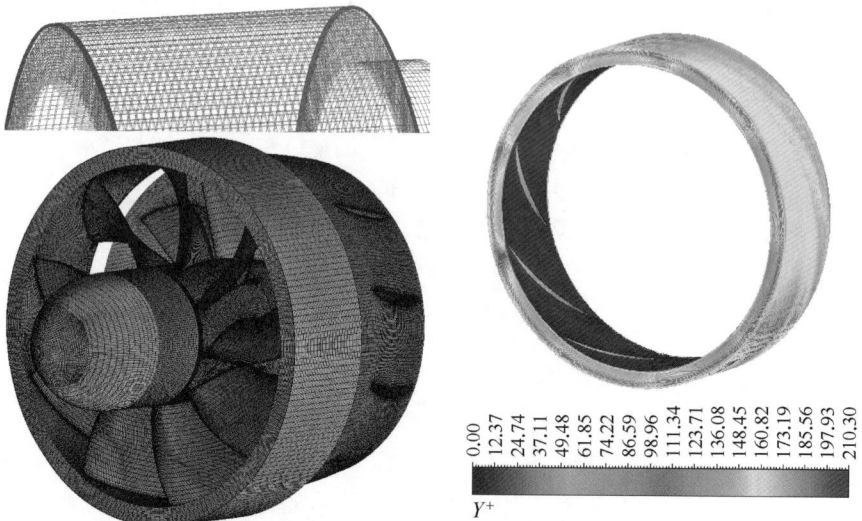

图 7.21　无轴泵喷转子和定子壁面结构化网格离散及转子环壁面 Y^+ 值

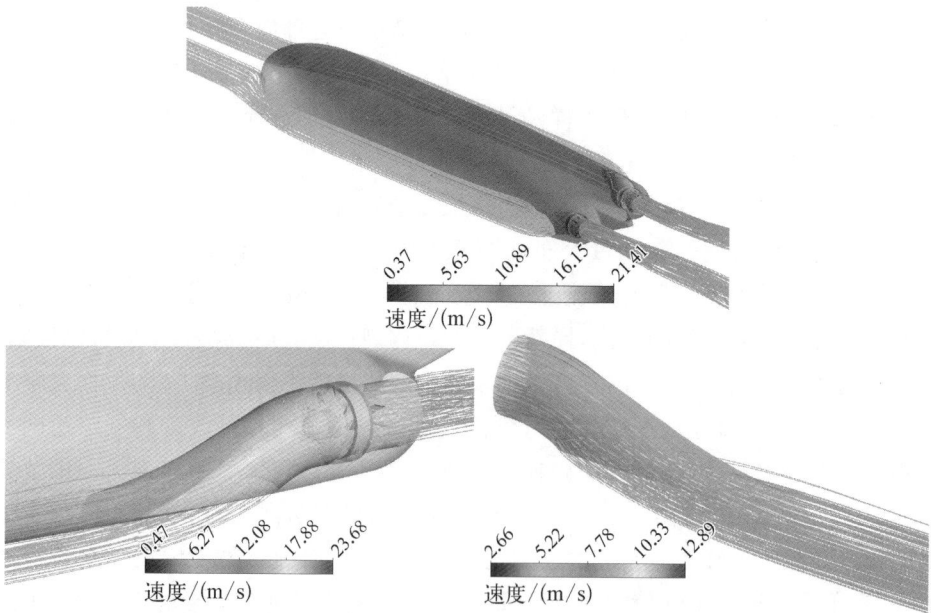

图 7.22　航速为 12 kn 时流经内置式双无轴泵喷的流体速度流线

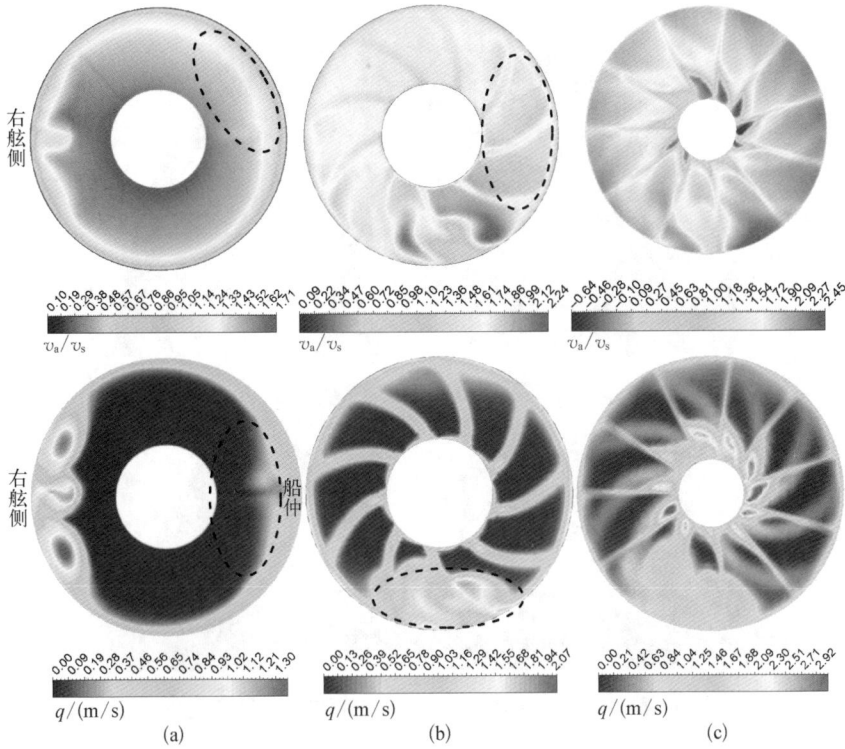

右舷侧

v_a/v_s

v_a/v_s

v_a/v_s

右舷侧

船伸

$q/(\mathrm{m/s})$

$q/(\mathrm{m/s})$

$q/(\mathrm{m/s})$

(a)　　　　　　　　　　(b)　　　　　　　　　　(c)

图 7.23　航速为 12 kn 时内置式泵喷特征截面处轴向速度分量与湍流速度脉动量分布

（a）泵喷进口面；（b）转子出口面；（c）定子出口面

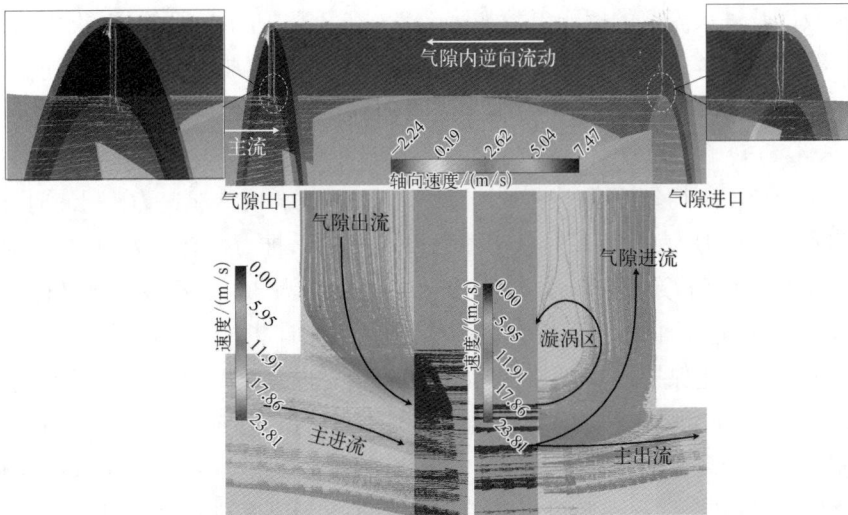

气隙内逆向流动

主流

轴向速度/(m/s)

气隙出口　　　　　　　　　　　气隙进口

气隙出流　　　　　　　气隙进流

速度/(m/s)　　　　　速度/(m/s)　　　漩涡区

主进流　　　　　　　　　　　　主出流

图 7.24　航速为 12 kn 时内置式无轴泵喷电机气隙内逆向流动特征

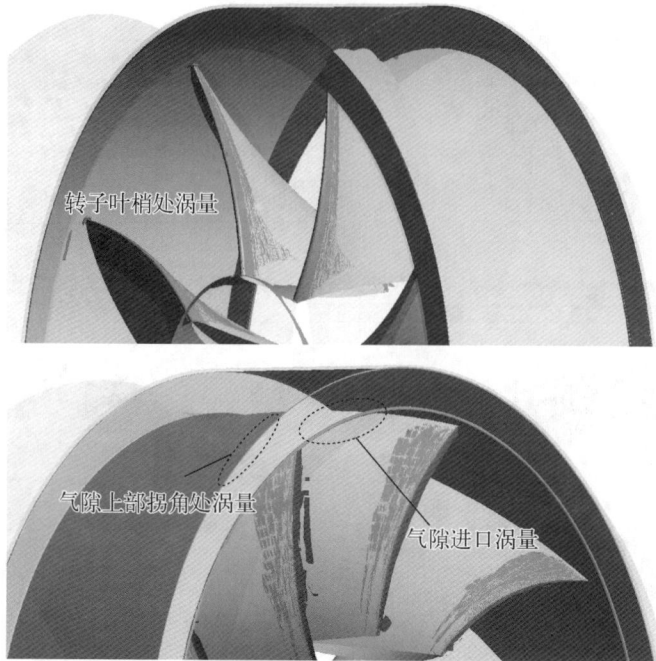

图 7.25　航速为 12 kn 时内置式无轴泵喷电机气隙内涡量特征

从上述宏观流动和局部流动细节可知，"潜器＋进水流道＋无轴泵喷（含集成电机）＋出水流道"系统的流动模拟是合理可用的，嵌入集成电机几何后，无轴泵喷推进性能的影响较小。壁面积分得到无轴泵喷系统的推进性能参数、推进泵流动性能参数以及进水流道的性能参数如表 7.8～表 7.10 所示。可知，泵推力略有减小，功率略有增加，总推力效率下降 3％；潜器阻力略有增加，并且在气隙逆向流的影响下，管道整体受力由小推力变为小阻力；泵流量和扬程均略有减小，泵效率下降 3％～4％，转子水力效率下降约 3％；泵喷出口速度不均匀度略有增加，但进水流道出口的速度不均匀度有所减小，与前文分析一致。设计航速为 12 kn 时，两舷侧无轴泵喷总推力为 51.62 kN，总功率为 298.93 kW，推力留有约 7％的安全余量；考核航速为 6 kn 时，泵喷总推力为 12.46 kN，总功率为 36.91 kW，推力留有约 3％的余量，两个航速下推力效率均满足高于 50％的设计指标且留有约 3％的余量。进水流道的进速比保持约 0.72 不变，流道出口的轴向速度分量正则度系数微量增加，甚至大于 0.99，加上不均匀度系数略有减小，极好地保证了泵喷水动力和空化性能非常接近于其在均匀来流条件下的敞水性能。由此，只要进一步证明无轴泵喷空化性能没有明显变化，则可以认为该内置式无轴泵喷推进系统已经满足推进和空化性能的设计指标要求，可以进一步开展辐射噪声评估工作。

表 7.8　潜器内置式无轴泵喷(含集成电机)系统推进性能

航速 /kn	转速 /(r/min)	左泵推力/kN	右泵推力/kN	总推力/kN	左泵功率/kW	右泵功率/kW	总功率 /kW	总推力效率 /%	左管道力/kN	右管道力/kN	左转子推力 /kN	右转子推力 /kN	船体阻力/kN
12	330	25.59	26.03	51.62	297.81	298.93	596.74	53.4	−1.142	−1.281	22.66	22.82	24.402
10	275	17.79	17.88	35.67	171.96	172.26	344.22	53.31	−0.859	−0.991	15.74	15.86	17.74
6	165	6.18	6.29	12.46	36.79	36.91	73.7	52.19	−0.403	−0.438	5.67	5.71	7.04

表 7.9　潜器内置式无轴泵喷(含集成电机)系统泵喷过流通道流体流动性能

航速 /kn	左泵流量 /(m³/s)	右泵流量 /(m³/s)	左泵扬程/m	右泵扬程/m	左泵效率/%	右泵效率/%	左转子效率/%	右转子效率/%	左泵出口不均匀度	右泵出口不均匀度
12	5.644	5.623	4.462	4.502	82.92	83.05	88.88	88.92	0.164	0.157
10	4.691	4.661	3.092	3.121	82.74	82.83	88.53	88.78	0.157	0.163
6	2.783	2.773	1.102	1.112	81.76	81.97	88.2	88.23	0.178	0.176

表 7.10　潜器内置式无轴泵喷(含集成电机)系统进水流道的流体性能参数

航速 /kn	左流道进速比 IVR_1	右流道进速比 IVR_2	左流道正则度 λ_1	右流道正则度 λ_2	左流道进口不均匀度 ξ_1	右流道进口不均匀度 ξ_2	左流道出口不均匀度 ξ_{11}	右流道出口不均匀度 ξ_{21}
12	0.724	0.727	0.991	0.994	0.034	0.034	0.136	0.137
10	0.726	0.731	0.991	0.994	0.034	0.034	0.136	0.137
6	0.735	0.738	0.993	0.994	0.034	0.034	0.135	0.136

提取单相流计算得到的转子叶片和电机转子环压力分布后,再次引入改进 Sauer 空化模型,校核内置式无轴泵喷系统的空化性能。空化形态仍然以水蒸气体积分数 $\alpha_v=0.1$ 来捕捉。计算得到的在水深 15 m 以及不考虑水深条件下的无轴泵喷空化形态如图 7.26 所示。可知,单相流模拟且不考虑水深静压时,增加电机转子环和气隙后,转子叶片的低压区有所改善,特别是底部叶片近叶根部位改善明显;引入空化模型后,不考虑水深静压时,模拟得到的空化区与单相流计算结果一致,但空化范围明显要大得多,表明双相流模拟对转子叶片空化的评估标准是严于单相流计算的,双相流模拟得到的叶片抗空化性能也将更加真实地接近实际,由此得到的设计样本应用于工程实际时的安全性也更高。水深为 15 m 时,泵喷仅两舷

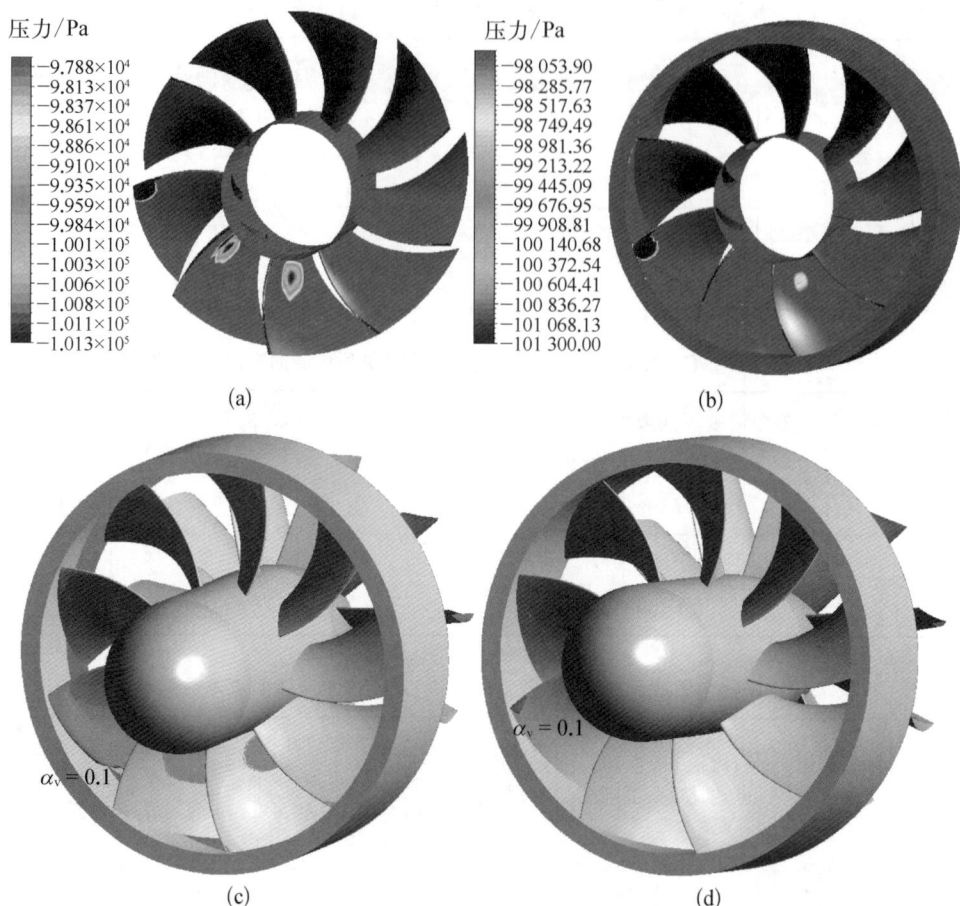

图 7.26　航速为 12 kn 时潜器内置式无轴泵喷(含集成电机)空化形态

(a) 无转子环、无水深、系统单相流模拟;(b) 有转子环、无水深、系统单相流模拟;(c) 有转子环、无水深、系统双相流模拟,空化面积 0.32 m²;(d) 有转子环、水深 15 m、系统双相流模拟,空化面积 $3.1×10^{-3}$ m²

侧叶梢近导边局部产生空化,空化部位与无转子环和气隙时相同,空化面积由 $5.5×10^{-3}$ m² 减小至 $3.1×10^{-3}$ m²,空化范围减小约 40%,空化面积与转子盘面积的比值远小于 1%,由此表明,前文所述无集成电机时所得出的"设计航速为 12 kn 时无轴泵喷的临界空化水深为 15 m"的结论是安全的、合理的。

综上所述,设计得到的潜器内置式双无轴泵喷推进系统满足几何尺寸限制并且在考虑轻型化设计需求的基础上,叶片厚度分布考虑静强度要求,泵喷水力效率为 88.58%;设计航速为 12 kn、转速为 330 r/min 时总推力为 51.62 kN,总功率为 298.93 kW;巡曳航速为 6 kn、转速为 165 r/min 时总推力为 12.46 kN,总功率为 36.91 kW,总推力效率高于 50% 且留有约 3% 的余量;水深大于 15 m 时,全航速范围内无空化产生;满足推力需求、功率限额和效率考核指标要求,且空化裕度实现了最大化。尽管还没有达到极致设计效果,但可以作为优秀设计样本进一步开展水下辐射噪声性能的考核评估。

7.5　内置式无轴泵喷非定常力和辐射噪声的数值预报与分析

7.5.1　无轴泵喷非定常力的数值预报和分析

泵喷内置时,作为主要辐射噪声源的转子叶片过流与潜器外部绕流是相对解耦的。因辐射噪声数值预报时,非定常模拟(unsteady reynolds averaged Navier-Stokes simulation,URANS)的求解精度通常难以满足要求,需要采用精度更高的尺度适应模拟(scale-adaptive simulation,SAS)、分离涡模拟(detached eddy simulation,DES)或者是大涡模拟(large eddy simulation,LES)。SAS 和 DES 均为 LES 在工程应用中的适应解,且两者的区别在于小尺度涡的界面选择是刚性还是与网格尺度相关的柔性。ANSYS 德国总部的技术人员已经多次证明,SAS 在复杂涡系模拟以及气动噪声源预报中具有足够的精度,且在《泵喷推进器的低噪声设计机理与设计应用》中,课题组也在对转桨和机械式泵喷的辐射噪声预报中证明了其可信性,因此,此处再次选用 SAS 模拟来求解作为线谱噪声源的非定常力和作为宽带噪声源的壁面脉动压力源项。

从理论上讲,辐射噪声源求解的最佳对象是"潜器+流道+内置式无轴泵喷"全系统,与上述校核推进和空化性能时相同,物理边界和流动限制也接近于真实。但是,一方面,求解噪声源脉动流场时,更高的精度要求必然需要显著增加网格密度,特别是作为噪声源对象的无轴泵喷;另一方面,噪声考核频段要求迭代时间步通常为 $10^{-5} \sim 10^{-4}$ s 量级,甚至更小,大规模、长耗时的巨额计算量给非定常计算实施带来了不可调和的矛盾,必须进行简化处理。本着追根溯源、抓主要矛盾的思想,课题组采取的简化方法如下:显著增加内置式无轴泵喷网格密度、简化外部绕流几何参数、针对单泵噪声源进行计算且设计航速有效频宽尽可能达到 2 kHz(模型桨无空化噪声通常分析频宽为 1 kHz)。单泵噪声源计算对象以及流道和泵喷网格细化加密处理效果如图 7.27 所示,可知,流道进口直接引入"潜器+流道+内置式无轴泵喷"全系统计算得到的非均匀进流作为边界条件,管道出口直接采用压力出口边界条件,近似认为出流管道已足够长,从物理意义上讲能够最大限度地逼近全系统分析对象。并且,噪声源壁面网格细化加密时,细化标准是将目标 Y^+ 值从两位数减小至个位数,细化后单泵喷系统的网格节点数达到 1 276 万个。只要证明上述单系统计算的壁面积分力以及特征流动信息与全系统计算值非常接近且泵的工作点不发生明显偏移,则可以认为上述简化计算方法是合理、可信的。

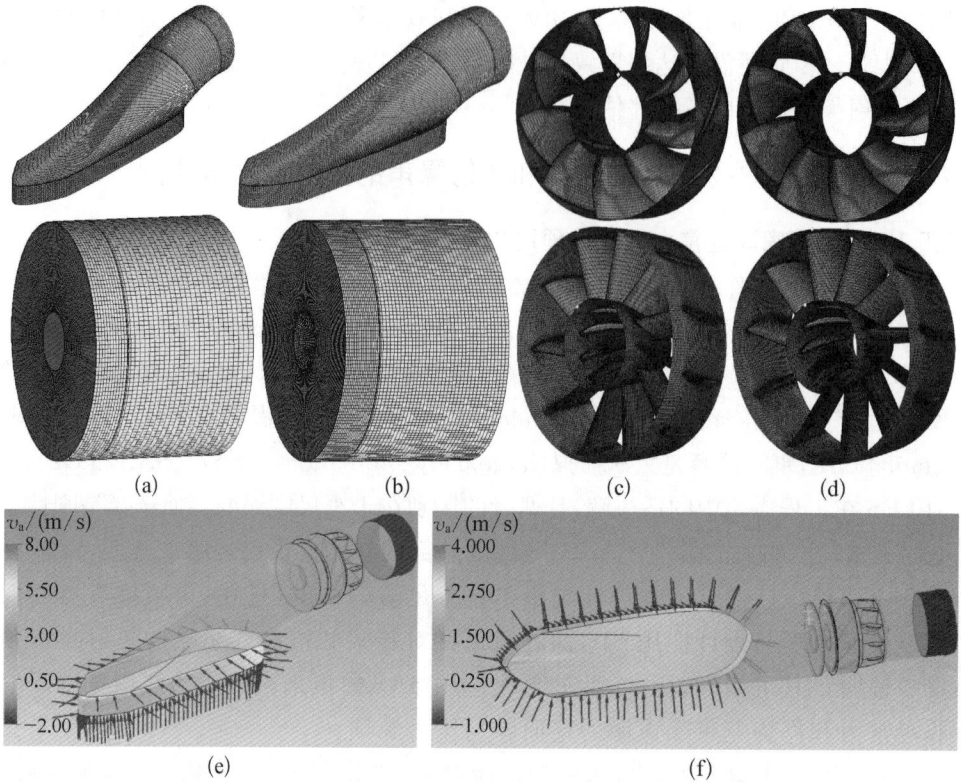

图 7.27 单泵喷噪声源计算对象及其网格细化加密

(a) 流道定常计算网格；(b) 流道非定常计算网格；(c) 转子和定子定常计算网格；(d) 转子和定子非定常计算网格；(e) 航速 12 kn 时的单泵喷系统；(f) 航速 6 kn 时的单泵喷系统

计算迭代收敛后，得到流经单泵喷系统的速度流线、流道进口截面流动卷曲诱导的对旋涡管和出水流道中定子毂涡、电机气隙进口和上部拐角部位的涡量集聚与泵喷转子叶片几乎同步等特征流动信息，如图 7.28 所示，可知，该计算很好地再现了内置式无轴泵喷全系统的计算结果。此时，泵喷壁面受力、泵推进性能以及流道性能参数与全系统计算结果的比较如表 7.11 和表 7.12 所示。可知，泵流量、扬程、效率、转子效率、流道出口轴向速度不均匀度和正则度系数均几乎不变，泵本体的流体动力学相同成立；转子推力（泵喷转子＋集成电机转子环）几乎不变，定子推力略有减小，管道阻力增加，总体使得内置式无轴泵喷单系统的总推力减小 8%，功率增加小于 1%，泵出口轴向速度的不均匀度有所增加，主要原因是计算时强迫出水流道出口的压力边界维持恒定，缩短了流动缓冲区，反过来影响了非旋转域的压差，进而使得管道阻力发生改变。尽管可以通过延长出水管道来解决该问题，但势必会带来管道噪声源部位发生改变的后果。因转子旋转域才是辐射噪声场计算的核心,在满足泵内流场流动保持不变的基础上,加上内置式泵喷单系统的定常受力与全系统相近,可以认定:通过伴流场中内置式无轴泵喷单系统的非定常计算,获取内置式无轴泵喷全系统的非定常力与脉动压力场的计算方法是合理、可行的,也是符合工程实际的。此外,上述计算结果还揭示了泵类推进系统相比于桨推进所具有的一个显著技术优势:泵转速与航速相对解耦,泵功率主要由转速决定。具体解读为在相同的转速下,尽管推力减小量大于 5%,但功率变化小于 1%,此时航速会略有减小,但并不影响泵类推进器本身维持其工作点。这对于螺旋桨推进来说是不可能实现的,因其航速与转速强相关,所以功率与航速的三次方成正比。该技术优势的主要价值在于机桨配合时的使用操纵管理方面,不用再过多关注主机超载问题,明显弱化了螺旋桨推进系统中薄弱的主机环节,对机电设备的使用管理有利。

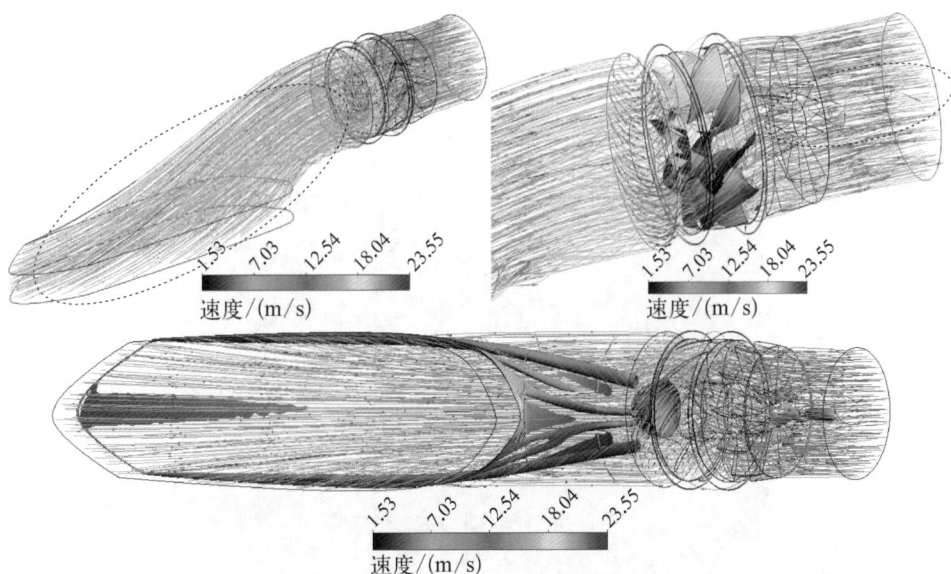

图 7.28　伴流场中内置式无轴泵喷单系统航速为 12 kn 时速度流线和涡量场

表 7.11　内置式无轴泵喷单系统与全系统推进性能比较

航速 /kn	全系统右泵推力/kN	单系统右泵推力/kN	全系统右泵功率/kW	单系统右泵功率/kW	全系统管道力/kN	单系统管道力/kN	全系统转子推力/kN	单系统转子推力/kN	全系统定子推力/kN	单系统定子推力/kN	全系统泵出口不均匀度	单系统泵出口不均匀度
12	26.03	23.91	298.93	299.25	−1.281	−3.092	22.82	22.92	3.14	2.65	0.157	0.173
6	6.29	5.78	36.79	37.01	−0.438	−0.965	5.71	5.73	0.72	0.64	0.176	0.178

表 7.12　内置式无轴泵喷单系统与全系统中泵和流道性能参数的比较

航速 /kn	全系统 右泵 流量/ (m³/s)	单系统 右泵 流量/ (m³/s)	全系统 右泵扬 程/m	单系统 右泵扬 程/m	全系统 右泵效 率/%	单系统 右泵效 率/%	全系统 右转子 效率/%	单系统 右转子 效率/%	全系统 流道出 口正则 度系数	单系统 流道出 口正则 度系数	全系统流 道出口不 均匀度	单系统流 道出口不 均匀度
12	5.623	5.628	4.502	4.503	83.05	83.05	88.92	88.78	0.994	0.994	0.137	0.138
6	2.773	2.776	1.112	1.115	81.97	82.00	88.23	88.05	0.994	0.994	0.136	0.138

在伴流场中内置式无轴泵喷单系统替代全系统合理性得到证明的基础上,进一步采用 SAS 模拟方法计算内置式无轴泵喷的非定常力与壁面脉动压力源项。SAS 模拟时,为了尽可能合理地评估数值模拟精度,除了监控输出泵喷积分力变量,如泵喷转子(含集成电机转子环)轴向推力和侧向力、功率、内置式泵喷总推力、泵喷流量、扬程、效率、泵喷转子单叶片轴向力和侧向力,还引入 8 个特征点的脉动压力量,包括进水流道出口部位、泵喷进口部位、泵喷转子出口部位以及定子出口部位,每个部位设置 2 个监控点,径向位置分别位于转子叶片最大载荷 0.85R 处和近叶根部位 0.6R 处,如图 7.29 所示。

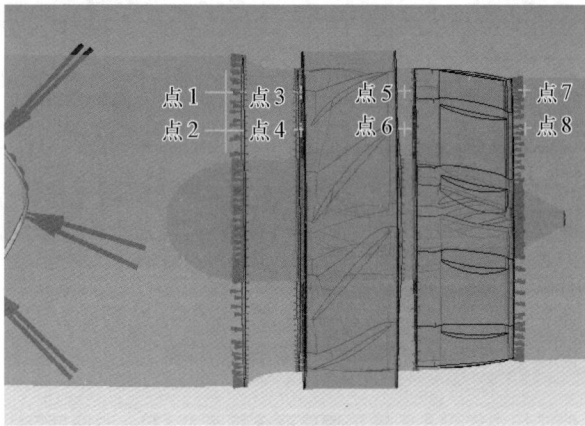

图 7.29　伴流场中内置式无轴泵喷单系统非定常计算时脉动压力监控点

设计航速为 12 kn 时,计算得到泵喷转子一周内的轴向推力和制动功率时域曲线如图 7.30 所示,单个转子叶片一周内的轴向力和侧向力时域曲线如图 7.31 所示,推力和功率的频域曲线如图 7.32 所示。可知,推力和功率均已呈现明显的周期性特征,且推力和功率清晰捕捉到叶频线谱(blade passing frequency,BPF),定性看时域的计算数据是合理的,非定常计算时数据可用。转子推力平均值与泵喷单系统定常计算结果之间的偏差为 0.21%。功率平均值与泵喷单系统定常计算结果之间的偏差为 0.2%,一方面既证明了前述定常计算的数值模型满足网格密度无关性要求,结果可信;另一方面也说明了非定常计算时积分力已经满足收敛性要求,可以进一步分析脉动力的变化规律。转子单叶片轴向力和侧向力的总体变化规律是一致的,因受流道诱导的对旋涡管影响,泵喷进流在周向方向外围区域存在明显非对称分布,使得单叶片受力存在着固定的脉动峰值角度区间。由特征测点的脉动压力时域曲线可知,泵喷进口处测点的压力周期性最好,出口处测点的压力周期性信息已基本消失。转子进口处和出口处测点的脉动压力峰值角度区间一致,且与单叶片受力脉动规律对应,表明转子叶片叶截面进口处真实进流角与理想进流之间偏离角的脉动幅值是较小的。转子轴向力和泵喷功率均以叶频线谱为主,功率的前三阶叶频线谱清晰可见。转子一阶轴向非定常力与时均力的比值为 10.51‰,一阶侧向非定常力与时均力的比值为 13.68%,基本处于正常水平。

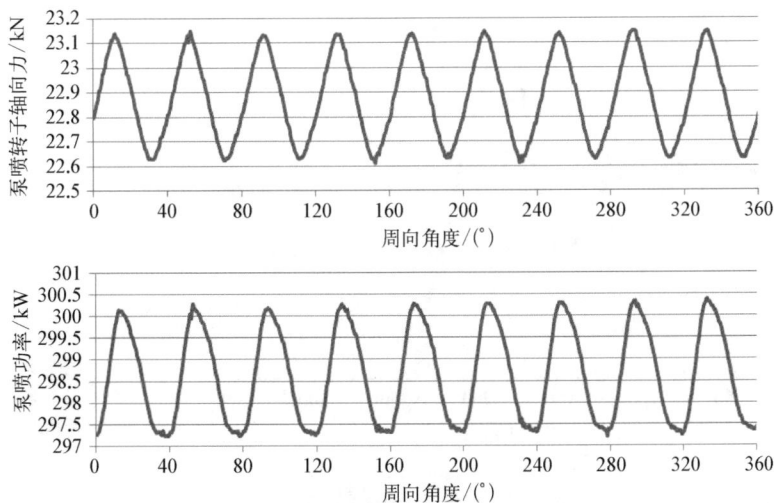

图 7.30　航速为 12 kn 时内置式无轴泵喷单系统推力和功率时域脉动

同理,巡曳航速为 6 kn 时,迭代时间步取为 5×10^{-4} s,对应每步转动 0.495°,有效分析频率减小至 1 kHz。SAS 非定常计算得到泵喷转子轴向推力和制动功率及单个转子叶片轴向力和侧向力的时域曲线以及推力和功率的频域曲线如图 7.33 与图 7.34 所示。可知,脉动峰值规律与设计航速基本相同,转子推力平均值为 5.745 kN,功率平均值为 37.03 kW,与泵喷单系统定常计算结果之间的偏差小于 0.5%,再次证明了内置式无轴泵喷单系统计算结果的有效性。此时,转子一阶轴向非定常力与时均力的比值为 7.29‰,略高于课题组目前正在试验测量的潜艇泵喷 2‰~5‰ 的正常水平,主要是泵喷推力载荷过重所致。泵喷转子一阶侧向非定常力与时均力的比值为 19.13%,相比设计航速有所增加。

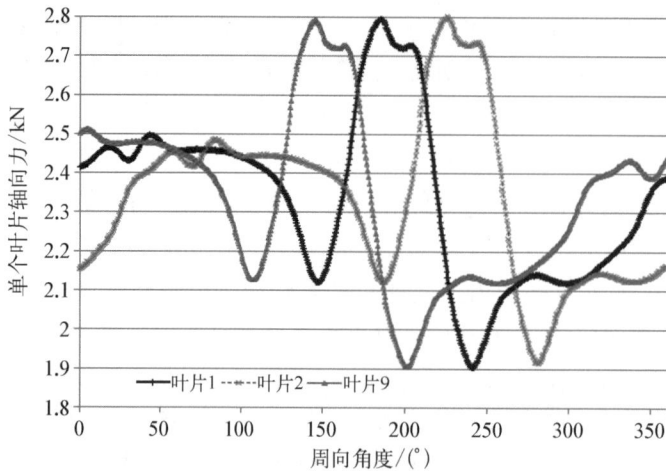

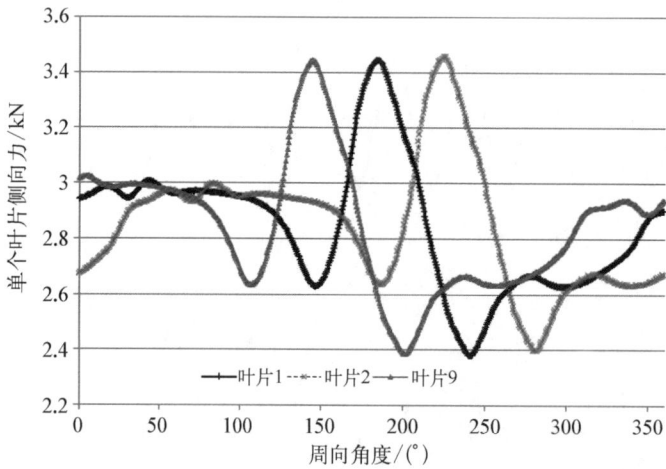

图 7.31 航速为 12 kn 时内置式无轴泵喷单系统单转子叶片非定常力

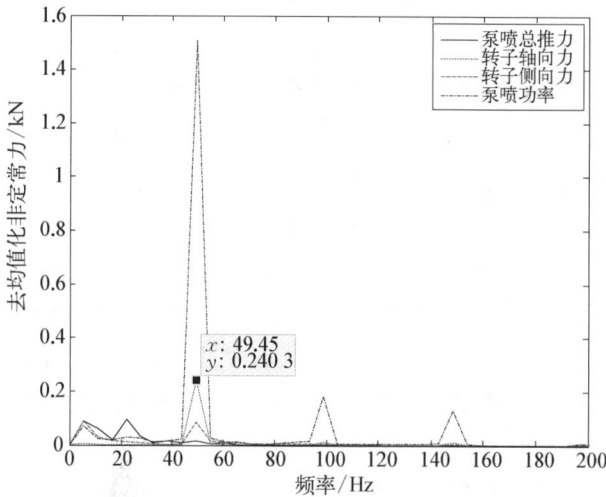

图 7.32 航速为 12 kn 时内置式无轴泵喷单系统推力和功率频域脉动

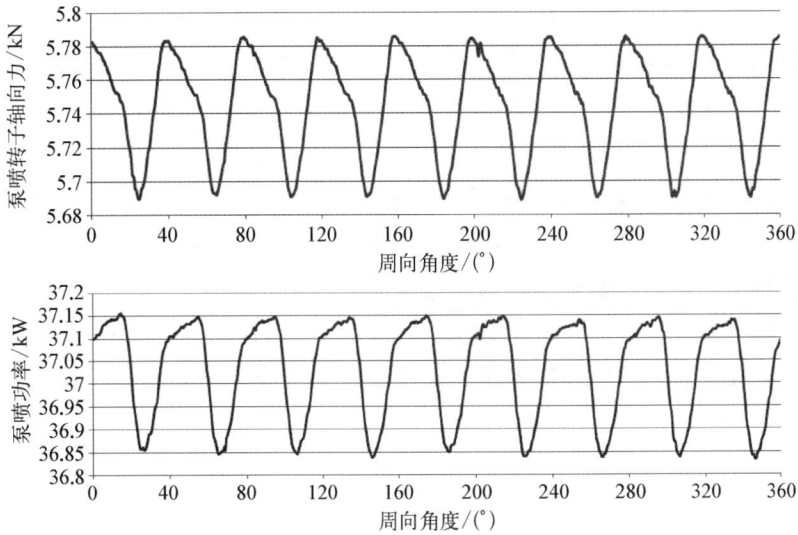

图 7.33　航速为 6 kn 时内置式无轴泵喷单系统推力和功率时域脉动

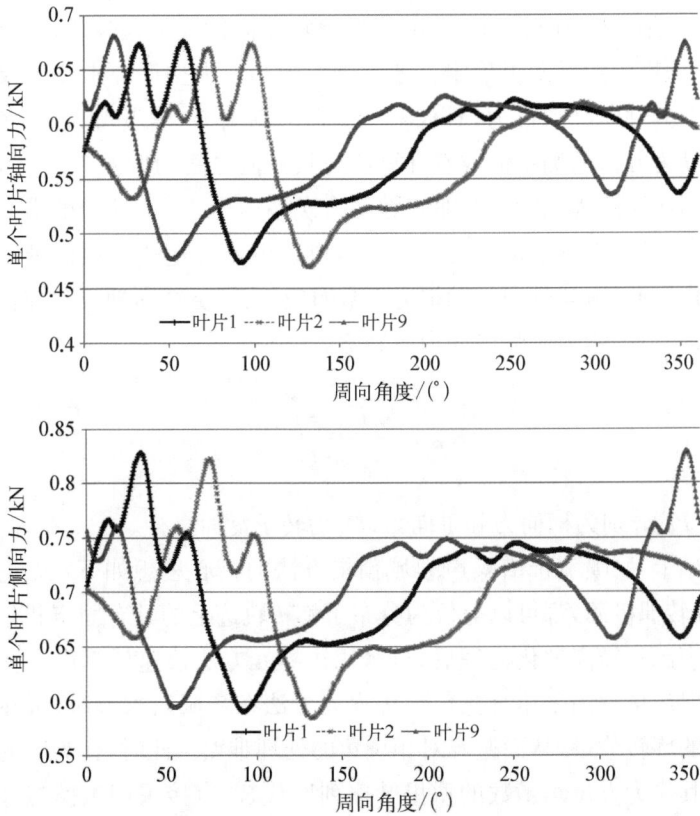

图 7.34　航速为 6 kn 时内置式无轴泵喷单系统单转子叶片非定常力

需要说明的是,图 7.34 中的叶片 1 初始角度与航速为 12 kn 时的角度并不相同,所以整体上表现出了一定的相位角偏移。从设计航速到巡曳航速,转子单叶片受力的脉动规律发生了一定改变,主要是由于进流速度分布发生了一定改变。从设计过程来看,无论是泵喷本身的叶型设计还是进水流道设计,都是立足于设计点性能最优而完成的,都存在着航速适应范围,因此推进系统设计时设计点的选择至关重要,也直接与考核指标相关,需要始终贯穿于整个设计过程。

7.5.2　无轴泵喷线谱和宽带谱噪声的数值预报和分析

泵喷非定常力包括轴向非定常力和侧向非定常力,作为线谱噪声源项,可以根据脉动力源远场辐射噪声理论表达式来预报叶频及低阶谐频处的线谱噪声,如下所示:

$$p(\boldsymbol{r}, t) = \frac{\dot{\boldsymbol{F}} \cdot \boldsymbol{r}}{4\pi rc} = \frac{\dot{F}(t')}{4\pi rc}\cos\theta \tag{7.3}$$

式中,t' 为迟滞时间;$\boldsymbol{F}$ 为脉动力;r 为脉动力源到测点距离;θ 为 $\boldsymbol{F}$ 与矢量 $\boldsymbol{r}$ 之间的夹角;$\cos\theta$ 项用于表征脉动力源的偶极声场指向性。该式表明,一旦脉动力源幅值确定,则该声源的谱源级确定。考虑到国内当前大型循环水槽中仅能测量船尾推进器模型的轴向脉动推力,且仅对于一阶叶频有效,若 5 叶桨、转速为 20 r/s 时叶频处脉动力幅值的测量值或者计算值与其真值之间的偏差为 20%,则可计算得到叶频处谱级误差为 1.94 dB,即使脉动力误差达到 30%,叶频处谱级误差也仅为 3.098 dB,满足声学测量精度要求,因此,可以由该表达式来预估推进器无空化低频线谱噪声。此外,与轴向脉动推力系数对应,为了更全面地反映伴流场中泵喷积分力的脉动特征,引入泵喷侧向力系数 K_F

$$K_F = \frac{\sqrt{F_\mathrm{h}^2 + F_\mathrm{v}^2}}{\rho_1 n^2 D_1^4} \tag{7.4}$$

式中,F_h 和 F_v 分别为横向力和垂向力;D_1 为转子盘面直径。

在此基础上,泵喷宽带谱噪声频域预报方法的核心思想如下:无论是旋转点声源,还是旋转偶极源,都可以等价为分布于旋转轨迹上的具有固定相位差的有限个离散固定声源。经离散化处理后,可采用边界元方法快速计算声源在各种边界条件下的辐射声场。当采用直接声学边界元方法在频域内求解时,可在计算中消除声源运动的旋转分量,从而避开对相位角的处理难点。此时,作为时间函数的运动源分布被其作为方位角函数的傅里叶序列所代替,直接采用声模态分量参与计算,以表征傅里叶序列分量的声贡献,进而直接预报各谐次频率处的负载噪声强

度。此时，负载噪声对应为求解满足 Sommerfeld 边界条件的声波动方程

$$\left(\frac{D^2}{Dt^2} - c^2 \frac{\partial^2}{\partial x_i^2}\right)\rho' = \frac{D}{Dt}\left[\rho_0 v_{\mathrm{n}}\delta(f)\right] - \frac{\partial}{\partial x_i}\left[F_i\delta(f)\right] + \frac{\partial^2 T_{ij}}{\partial x_i \partial x_j} \quad (7.5)$$

式中，ρ' 为有声扰动时的流体密度；T_{ij} 为莱特希尔应力张量；F_i 为声源壁面脉动压力。任意测点 r 处的声压 $p(r)$ 由 F_i 和 v_{n} 方向唯一决定

$$C(r) \cdot p(r) = \int_{\Omega_{\mathrm{a}}}\left[F(r_{\mathrm{a}}) \cdot \frac{\partial G(r, r_{\mathrm{a}})}{\partial \nu} + j\rho_0 \omega G(r, r_{\mathrm{a}}) \cdot v_{\mathrm{n}}(r_{\mathrm{a}})\right]\mathrm{d}\Omega(r_{\mathrm{a}})$$

$$(7.6)$$

式中，r_{a} 为瞬态计算最后时刻的声源壁面节点位置；Ω_{a} 为声源壁面积分面。

内置式泵喷宽带谱噪声数值预报的思路如下：将运动部件（泵喷转子＋集成电机转子环）的辐射噪声源和静止部件（进水流道＋泵喷导管＋泵喷定子＋出水流道）的辐射噪声源分开考虑，然后再采用非相干叠加得到总的辐射噪声，并且在运动部件辐射噪声源计算时，要考虑静止部件结构网格对声的反射和散射作用，而不是只求取运动部件在自由声场中的辐射声场特征。适当稀化处理后，运动部件声网格单元为 20.8 万个，静止部件声网格单元为 18.6 万个，管壁结构网格单元为 10.2 万个，如图 7.35 所示。考虑到声源流场脉动压力计算时，流场网格节点密度要远大于声学边界元计算时声网格节点密度，因此，从声源网格节点到声网格节点之间的变量传递宜采用"多对一"的守恒插值方式完成，以减小计算中人为引入的数据传递误差。

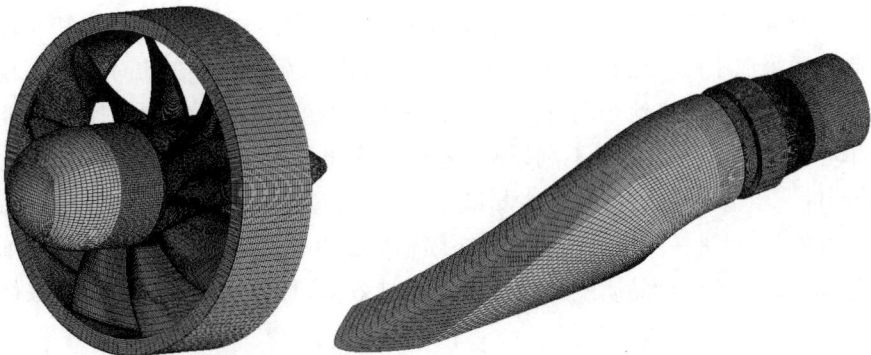

图 7.35　内置式无轴泵喷运动部件和静止部件的声学边界元网格

根据非定常力紧致声源的经验公式估算方法，取特征临界频率为 250 Hz，高于 250 Hz 按每倍频程下降 10 dB 处理，可得航速为 6 kn 时无轴泵喷的辐射噪声谱曲

线、叶频线谱噪声以及 10 Hz～4 kHz 频带内总噪声级。尽管该噪声值略高于总体设计方预期,但该噪声量级本身是合理的,与当前总体所提出的噪声设计指标相当。该内置式无轴泵喷辐射噪声未能低至预期的根本原因在于其低速、重载型的应用需求,所需产生的额外推力甚至还要大于潜器阻力,使得在泵喷功率密度严格限定的情况下意图通过控制转速来降噪的空间直接被侵占,给泵喷降噪设计带来了极大的阻碍。但需要肯定的是,从半经验公式预报结果可知,本设计内置式无轴泵喷的噪声控制水平与当前业务机关所给的噪声限值一致,噪声量级仍处于合理的范围之内,可以称之为较为成功的推进系统方案设计。

在此基础上,采用数值声学边界元方法计算得到无轴泵喷在特征频率下的声源强度后,可见一阶叶频、二阶叶频以及四阶叶频线谱处均较为突出。水听器测点布置于泵喷出口轴向下游和流道进口正横舷侧 10 m 处,用于测量泵喷辐射噪声谱。计算完成后,按球面衰减规律得到距转子盘面中心 1 m 处的噪声谱源级曲线,进而求取总声级。计算得到轴向下游测点以叶频线谱噪声为主,正横舷侧方测点以二阶叶频线谱噪声为主,轴向总噪声级略高于正横方向。综合来看,声学边界元计算得到的内置式双无轴泵喷系统中单泵辐射噪声与紧凑式脉动力源半经验公式的预报值之间的偏差小于 3 dB,达到了相互校核的效果,可以进一步开展试验测量验证以及降噪改进设计工作。

7.6　内置式无轴泵喷降噪优化设计

7.6.1　无轴泵喷改进设计及其推进和空化性能数值预报

对于该潜器低速、重载型的推进需求而言,上述内置式双无轴泵喷推进系统中的两小泵及其配套进水流道设计已经相当精巧,在兼顾尺寸、推进、空化和非定常力控制方面采取了诸多措施。但正如前文所述,进水流道内存在的对旋涡管现象不仅直接影响了泵喷进流径向外围区域的不均匀程度,而且还对泵喷空化性能和转子单叶片推力脉动产生了不利影响,还有可优化设计的空间。而且,从理论上讲,若能进一步增加转子叶片数、少量减小转速,通过牺牲一定的推力安全余量和抗空化性能,可以进一步小量降低无轴泵喷辐射噪声。因此,接下来着重讨论增加叶片数和改进流道设计品质配合后的优化设计效果,且通过非定常力控制来体现降噪成效。

鉴于从敞水条件泵到潜器尾部伴流流场中泵喷叶栅,再到潜器尾部伴流流场中包含集成电机转子环和气隙几何的无轴泵喷,其叶栅过流通道的流体动力性能参数均在发生改变,相当于泵本身的实际工作点一直在发生偏移。即使是当前国际上最为先进的叶型设计理论,也只能做到叶型三维几何参数与理想工作点时的叶片载荷分布关联起来,而无法兼顾到复杂系统中真实工作点的改变对叶型的反馈影响。因此,在降噪优化设计过程中,首先考虑的是保持进水流道和出水流道几何、集成电机转子环和气隙几何以及转子叶片轴向长度不变,仅重新设计泵喷转子和定子叶片叶型。并且,在设计过程中,保持理想进流流量和总的推力载荷不变,在增加叶片数的同时将设计转速减小,相当于增加转子叶片的推力载荷系数,等同于牺牲泵喷的空化性能来获得无空化噪声性能的改进。其次,再定量分析进水流道与新设计泵喷之间的流场配合效果,以最大程度减小泵喷进流不均匀度、抑制非定常力幅值。

再次采用参数化三元逆向设计方法设计得到的内置式无轴泵喷三维几何形状(简称 NZG 泵)如图 7.36 所示。转子与定子叶片数均增加,叶片厚度与原方案相同,泵喷导管几何参数不变,泵喷轴向长度和径向高度也保持不变。泵喷转子和定子全结构化网格离散时单通道网格密度与原方案保持一致。定常计算得到航速为 12 kn 时均匀进流条件下流经泵喷叶栅通道的速度流线如图 7.37 所示。可知,除毂涡径向区域外,泵喷出流也是几乎呈轴向流束状态,与原方案效果相当。

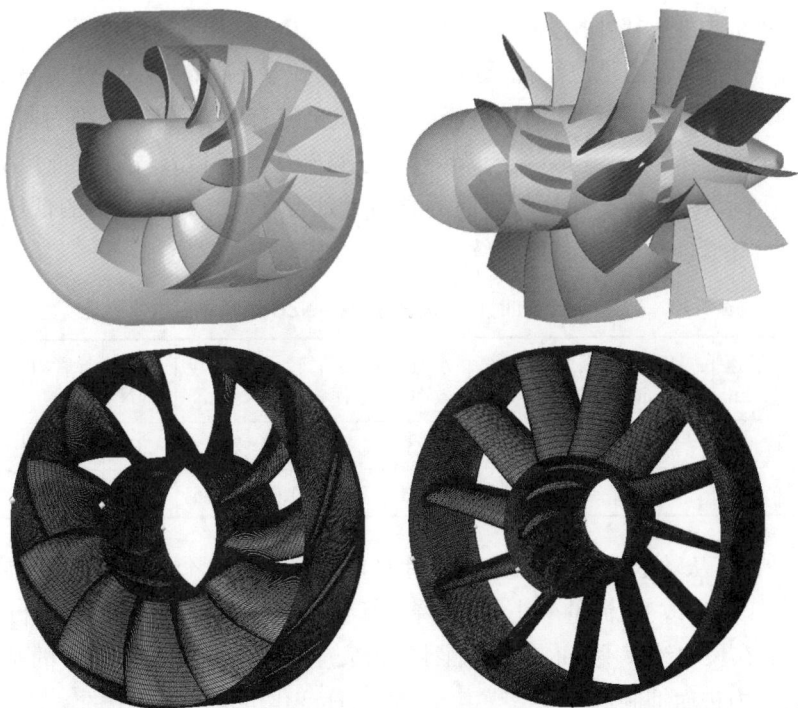

图 7.36　再次设计内置式无轴泵喷几何形状及叶栅叶构化网格离散

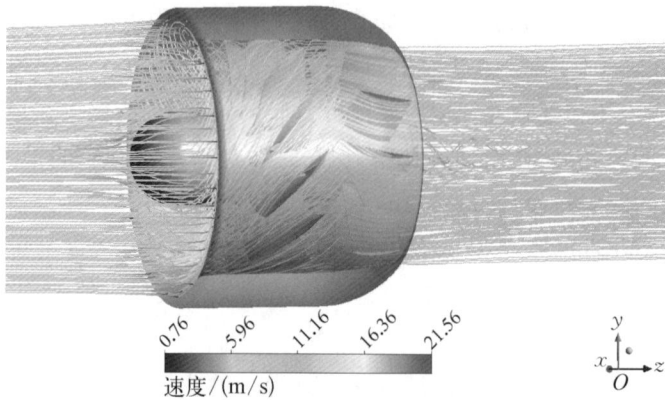

速度/(m/s)
0.76　5.96　11.16　16.36　21.56

图 7.37　航速为 12 kn 时再次设计内置式无轴泵喷速度流线

计算得到 NZG 无轴泵喷的敞水性能如表 7.13 所示，表中同时给出了原泵喷在相同航速下的敞水性能值。可知，与原泵喷相比，因转速减小 10 转，使得功率相对于限额值留出了较大余量，推力与功率的比值由 9.09% 增加为 9.24%，相对载荷略有增加。泵喷流量明显减小，使得两舷侧泵喷的总推力仅有 46 kN，不满足需求推力指标。因泵喷工作点的改变，无论是转子推力还是定子推力都有所减小，导管受力也从小推力变为极小阻力。泵喷水力效率和转子叶栅效率均下降约 2%。转子效率仍高于 91%，还是位于优秀设计之列。因流量下降较多，导致泵喷推力不足，尽管泵喷位于船后系统中时因进流改变流量会略有增加，但对于推力需求而言会存在一定的技术风险，还应略上调转速。泵喷转子叶片以及导管壁面压力分布如图 7.38 所示，可知转子叶片吸力面的导边上部存在低于汽化压力的低压区，且一直延伸至导管内壁面交接处，后续空化性能校核时应尤其重视。

表 7.13　航速为 12 kn 时均匀进流条件下 NZG 泵喷单泵敞水性能

设计对象	航速/kn	转速/(r/min)	推力/kN	功率/kW	水力效率	推力效率	转子效率	转子力/kN	定子力/kN	导管力/kN	流量/(m³/s)
原泵喷	12	330	26.42	290.64	88.58	56.12	93.89	21.536	4.36	0.53	5.37
NZG 泵喷	12	320	23.08	249.74	86.18	57.04	91.64	19.451	3.257	−0.049	5.08

综上所述，从敞水性能来看，改进设计泵在效率下降 2% 的同时推力也减小较多，主要是工作点改变、流量减小、转速降低所致。鉴于泵喷降噪优化设计的理想目标如下：在尺寸约束不变时，小量牺牲推力安全余量和空化安全裕度的基础上，减小非定常力进而抑制低频线谱噪声，因此，上述变化也是预期之中的，只是为了满足快速性能，将 NZG 无轴泵喷置于潜器尾部系统中分析时还应小量增加转速才行。

压力/Pa

压力/Pa

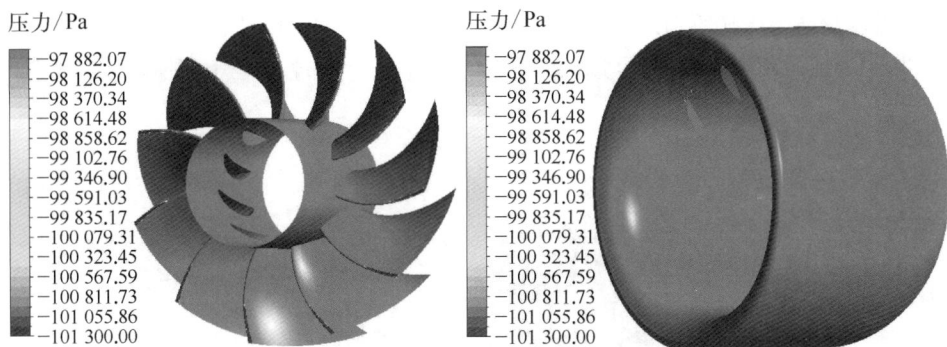

图 7.38　航速为 12 kn 时 NZG 无轴泵喷壁面压力分布

　　将 NZG 泵喷替换原泵喷后得到新的内置式双无轴泵喷推进系统,微调转速后,再次定常模拟得到设计航速为 12 kn 时通过无轴泵喷的流体速度流线如图 7.39 所示,可知,无论是进水流道内进流还是泵喷出流,整体流动状态都与原方案类同,泵喷推进性能并未大幅偏离原方案。提取得到设计航速为 12 kn 和巡曳航速为 6 kn 时无轴泵喷的推进性能以及泵流体动力性能参数如表 7.14 和表 7.15 所示。表中同时给出了原方案在对应航速时的性能参数(第 1 行和第 3 行)。可知,航速为 12 kn 时两舷侧泵喷总推力为 49.15 kN,满足需求推力的基础上仍留有极小安全余量 2.4%,泵喷总功率为 573.84 kW,还留有约 4% 的功率储备,推力效率约为 53%,也满足设计需求;航速为 6 kn 时泵喷总推力为 12.12 kN,满足需求推力时几乎没有安全余量,泵喷消耗总功率为 72.06 kW,推力效率约为 52%,同样满足设计要求。与原方案相比可知,设计航速下转速减小 6 r/min,巡曳航速下仅减小 2 r/min,虽然增加了功率储备量,但推力安全余量基本被占据。因推进电机一般在额定功率与最大功率之间都会留出安全区间,所以该节省功率储备的收益相对于试航时快速性指标有可能达不到的技术风险来说是不值得的,只是由于当前的降噪需求才作出的让步。泵喷转子推力、定子推力以及潜器阻力均略有下降,设计航速下管道阻力略有增加,但巡曳航速基本不变。泵喷流量和扬程均有所减小,泵喷效率和转子效率均下降约 1%,泵喷效率由原方案敞水条件下效率高于 88% 减少至当前船后系统中约 81%,在船尾伴流、集成电机气隙逆向流动以及降噪设计需求的综合影响下改变较为明显,这也正是泵喷作为一种推进器有别于设计需求单一的水利泵以及性能评判更为复杂的原因所在。在设计航速下,泵喷进流不均匀度变化非常小,但出流不均匀度略有增加,表明此时定子叶片与转子叶片之间的流场配合还未达到最佳,若进一步增加定子叶数至 13 叶甚至更多,在叶片厚度不变的情况下,限于叶栅稠密度较大,宜减小叶片弦长。此处为了更加直观地说明比较效果以及适当兼顾制造成本,仅定量讨论定子叶数为 12 叶时的降噪效果。从理论上讲,因为最主要噪声源是泵喷转子,少量改变定子叶型时对噪声的影响会非常小。

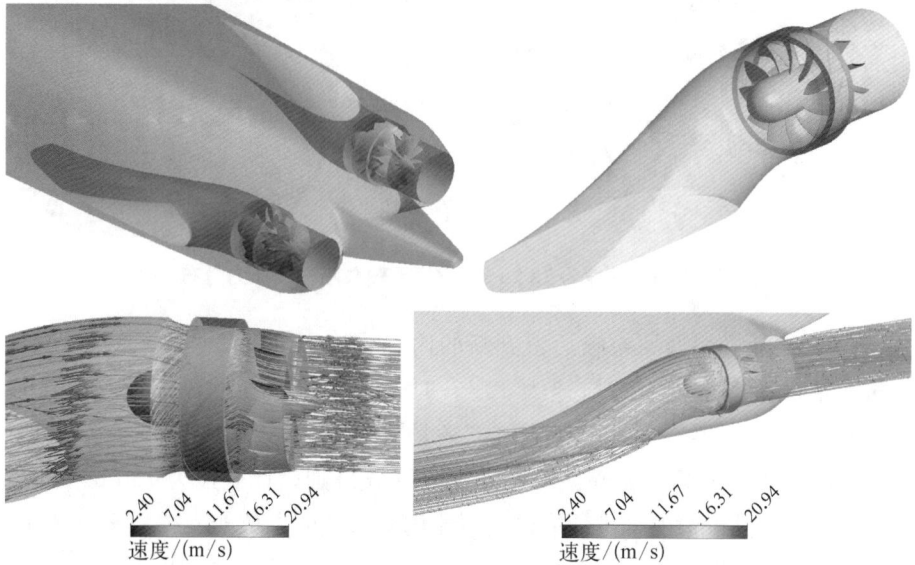

速度/(m/s)　2.40　7.04　11.67　16.31　20.94

速度/(m/s)　2.40　7.04　11.67　16.31　20.94

图 7.39　航速为 12 kn 时流经潜器尾部 NZG 无轴泵喷系统的速度流线

表 7.14　内置式改进无轴泵喷(包含电机转子环和气隙)推进性能

航速/kn	转速/(r/min)	左泵推力/kN	右泵推力/kN	总推力/kN	左泵功率/kW	右泵功率/kW	总功率/kW	总推力效率/%	左管道力/kN	右管道力/kN	左转子推力/kN	右转子推力/kN	船体阻力/kN
12	330	25.59	26.03	51.62	297.81	298.93	596.74	53.4	−1.142	−1.281	22.66	22.82	24.402
12	324	24.52	24.63	49.15	287.11	286.73	573.84	52.87	−1.274	−1.456	21.96	22.09	23.701
6	165	6.18	6.29	12.46	36.79	36.91	73.7	52.19	−0.403	−0.438	5.67	5.71	7.04
6	163	6.033	6.086	12.119	36.024	36.032	72.057	51.91	−0.4	−0.433	5.534	5.555	6.984

表 7.15　内置式改进无轴泵喷(包含电机转子环和气隙)过流通道流体流动性能

航速/kn	左泵流量/(m³/s)	右泵流量/(m³/s)	左泵扬程/m	右泵扬程/m	左泵效率/%	右泵效率/%	左转子效率/%	右转子效率/%	左泵出口不均度	右泵出口不均度	左流道出口不均度	右流道出口不均度
12	5.644	5.623	4.462	4.502	82.92	83.05	88.88	88.92	0.164	0.157	0.136	0.137
12	5.531	5.493	4.332	4.356	81.84	81.83	87.87	87.99	0.167	0.174	0.139	0.14
6	2.783	2.773	1.102	1.112	81.76	81.97	88.2	88.23	0.178	0.176	0.135	0.136
6	2.752	2.741	1.075	1.083	80.55	80.77	86.87	87.02	0.18	0.176	0.138	0.138

设计航速时,右舷侧泵喷进口面、转子进口面和出口面以及泵喷出口面的轴向速度分量、湍流速度脉动量、周向速度分量和径向速度分量分布如图 7.40 所示。总体来看,流场分布规律与原方案较为接近。泵喷进口不均匀流动区主要位于周向近壁面处,进水流道出口所引入的流动干扰因素从泵喷进口一直延展到泵喷出口,并且在旋向作用下从舷侧部位逐渐偏移至垂向下方部位。定子出口近叶根处存在局部低速区以及湍动能集聚现象,扩大了毂涡径向范围,因经典声学理论阐明:螺旋桨空化噪声源的排序中,片涡空化、梢涡空化和毂涡空化依次减小,再结合工作水深条件,可以暂不进行该局部区域的优化设计工作。为了准确定位泵喷非均匀进流干扰因素的来源,再次提取进水流道中的涡量场分布,如图 7.41 所示,可知,在流道进口截面前缘主对旋涡和后缘次对旋涡的共同作用下,涡管延展处均会直接干扰速度分量以及湍流速度脉动量的连续性分布,相当于涡核边界处的速度分量和湍动能均存在突变。该现象与原方案泵喷系统也几乎类同,尽管流量有所减小,流道进速比从 0.727 增加至 0.744,但进水流道对流动的适应性并未发生改变。当扁平形潜器外壁面的约束放松后,流道进口截面需少量加宽且改变截面形状,以更好地抑制对旋涡管的产生和发展,改善泵喷进流品质。

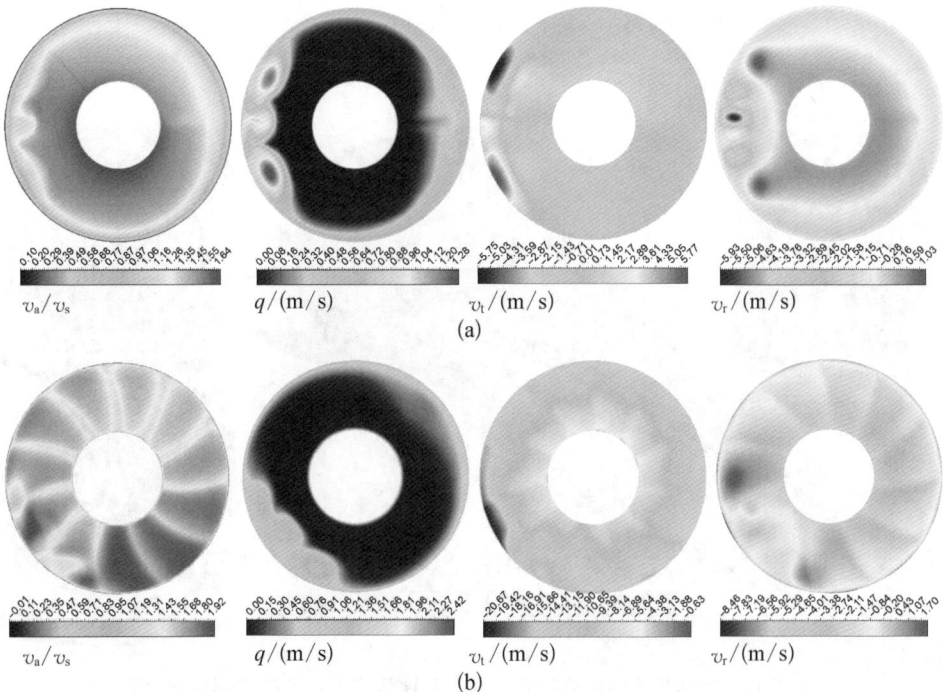

(a)

(b)

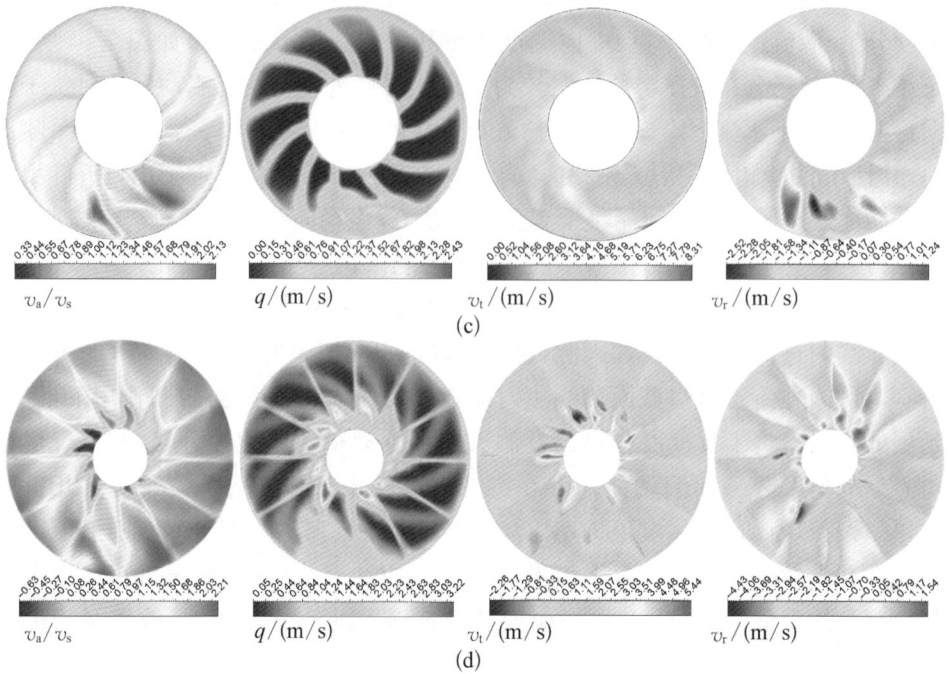

图 7.40　航速为 12 kn 时内置式改进无轴泵喷特征截面速度场分布

（a）泵喷进口面；（b）转子进口面；（c）转子出口面；（d）泵喷出口面

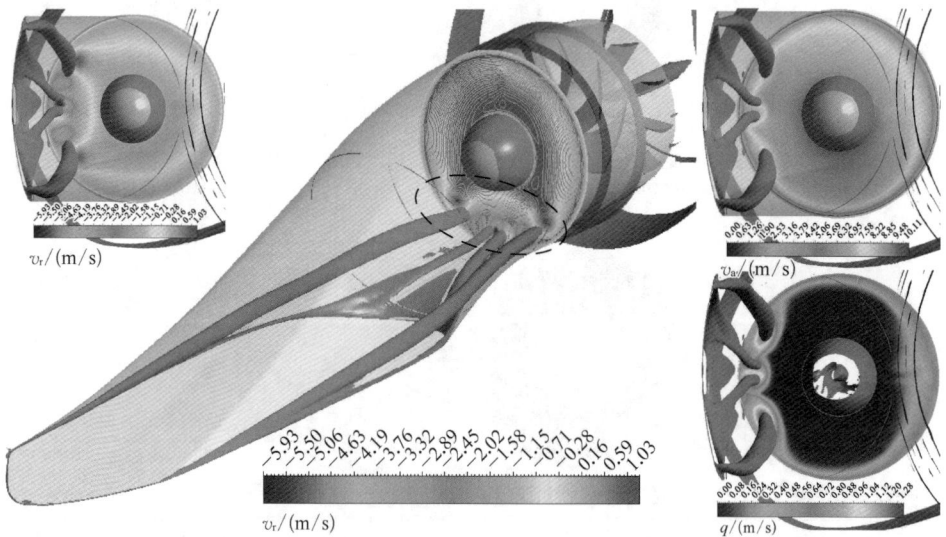

图 7.41　航速为 12 kn 时内置式改进无轴泵喷进水流道内涡量场分布

此时,泵喷转子叶片以及集成电机转子环的壁面压力分布如图 7.42 所示。与原方案比较可知,尽管舷侧局部区域的低压区范围略有减小,但垂向下方部位的两个叶片近叶根处额外产生了较大范围的低压区,使得泵喷空化性能下降,但这与改进设计初衷"通过牺牲效率和空化性能来减小非定常力"的思路是一致的,只需要接下来在非定常力非定常计算中证实这一点即可。综上所述,NZG无轴泵喷置于潜器尾部系统中后,工作点较敞水条件有了偏移,流量和推力均有所增加,积分力性能已经位于满足需求推力的临界点。尽管在设计航速和巡曳航速下泵喷总推力几乎没有了安全余量,而且设计航速下泵喷空化性能还有所下降,但如果泵喷低频线谱噪声有所降低,则上述性能改变也是可接受并允许的。

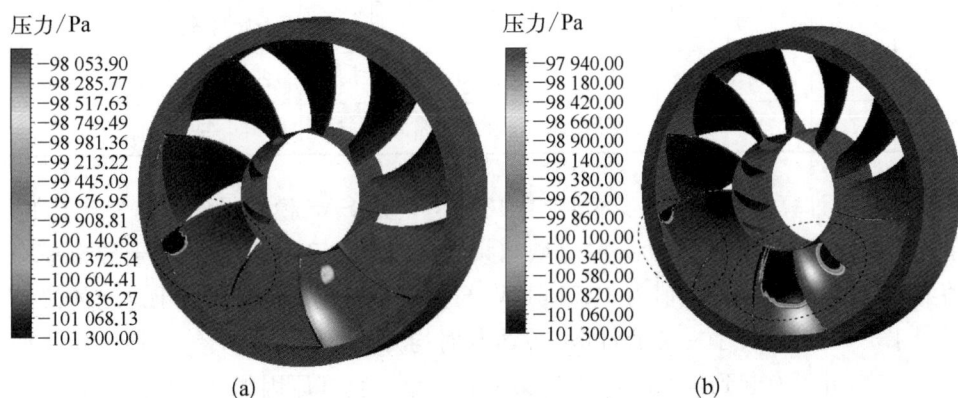

压力/Pa

−98 053.90
−98 285.77
−98 517.63
−98 749.49
−98 981.36
−99 213.22
−99 445.09
−99 676.95
−99 908.81
−100 140.68
−100 372.54
−100 604.41
−100 836.27
−101 068.13
−101 300.00

压力/Pa

−97 940.00
−98 180.00
−98 420.00
−98 660.00
−98 900.00
−99 140.00
−99 380.00
−99 620.00
−99 860.00
−100 100.00
−100 340.00
−100 580.00
−100 820.00
−101 060.00
−101 300.00

(a)　　　　　　　　　　(b)

图 7.42　航速为 12 kn 时内置式改进无轴泵喷转子壁面压力分布

(a) 原泵喷,无水深,系统单相流模拟;(b) 改进泵喷,无水深,系统单相流模拟

7.6.2　改进设计无轴泵喷非定常力和辐射噪声的计算分析

与前文将内置式无轴泵喷全系统简化为伴流场中单系统的思路相同,同样是完成泵喷转子、定子与进水流道核心部件网格加密处理后进行单系统的瞬态非定常求解,求取轴向和侧向非定常力源项。计算得到航速为 6 kn 时 NZG 无轴泵喷位于全系统与单系统模型中的推进性能如表 7.16 和表 7.17 所示。可知,与全系统相比,单系统泵喷推力减小 6%,功率增加约 0.1%,转子推力增加 0.6%,流量、扬程、效率以及转子效率均几乎不变,再次很好地重现了船后无轴泵喷的积分力性能,与原方案计算时规律一样。与原方案相比,该航速下 NZG 泵喷流量减小,推力和功率以及转子推力均略有减小,但减小幅度均小于 3%,仍属于小量变化的范围;泵喷进、出口轴向速度不均匀度均略微增加,进口入流的正则度系数基本不变,表明该进水流道仍处于流量适应区。

表 7.16　航速为 6 kn 时 NZG 无轴泵喷单系统与全系统推进性能比较

对象	全系统右泵推力/kN	单系统右泵推力/kN	全系统右泵功率/kW	单系统右泵功率/kW	全系统管道力/kN	单系统管道力/kN	全系统转子推力/kN	单系统转子推力/kN	全系统定子推力/kN	单系统定子推力/kN	全系统泵出口不均匀度	单系统泵出口不均匀度
原泵喷	6.29	5.78	36.79	37.01	−0.438	−0.965	5.71	5.73	0.72	0.64	0.176	0.178
NZG 泵	6.086	5.717	36.024	36.056	−0.433	−0.735	5.555	5.589	0.677	0.562	0.176	0.185

表 7.17　航速为 6 kn 时 NZG 无轴泵喷单系统与全系统中泵和流道性能参数的比较

对象	全系统右泵流量/(m³/s)	单系统右泵流量/(m³/s)	全系统右泵扬程/m	单系统右泵扬程/m	全系统右泵效率/%	单系统右泵效率/%	全系统右转子效率/%	单系统右转子效率/%	全系统流道出口正则度系数	单系统流道出口正则度系数	全系统流道出口不均匀度	单系统流道出口不均匀度
原泵喷	2.773	2.776	1.112	1.115	81.97	82.00	88.23	88.05	0.994	0.994	0.136	0.138
NZG 泵	2.741	2.743	1.083	1.082	80.77	80.74	87.02	87.01	0.994	0.994	0.138	0.14

非定常计算时迭代时间步取为 5×10^{-4} s 不变，SAS 模拟得到航速为 6 kn 时泵喷转子轴向推力和制动功率的时域和频域曲线如图 7.43 所示。转子推力平均值为 5.516 kN，功率平均值为 35.714 kW，与单泵喷系统定常计算结果之间的偏差小于 1.3%。此时转子一阶轴向非定常力与时均力的比值为 6.27‰，与原泵喷几乎保持不变，并没有起到预期降低线谱噪声的结果。究其原因如下：在流量略有减小、效率略有降低、泵进口流体不均匀度略有增加的情况下，尽管转子叶片数增加了，但在工作点少量偏移后，盘面比增加对抑制脉动推力的收益被进流条件的改变抵消了。上述结果可以说明：在推力载荷很重且保持不变的条件下，控制流量且有效改善进流不均匀度对非定常力的抑制效果可能比增加叶片数更为理想。

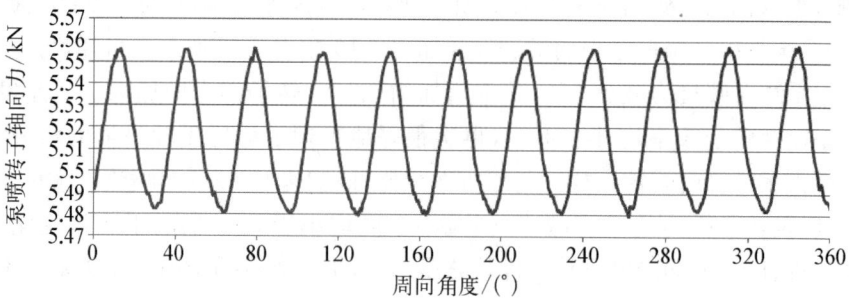

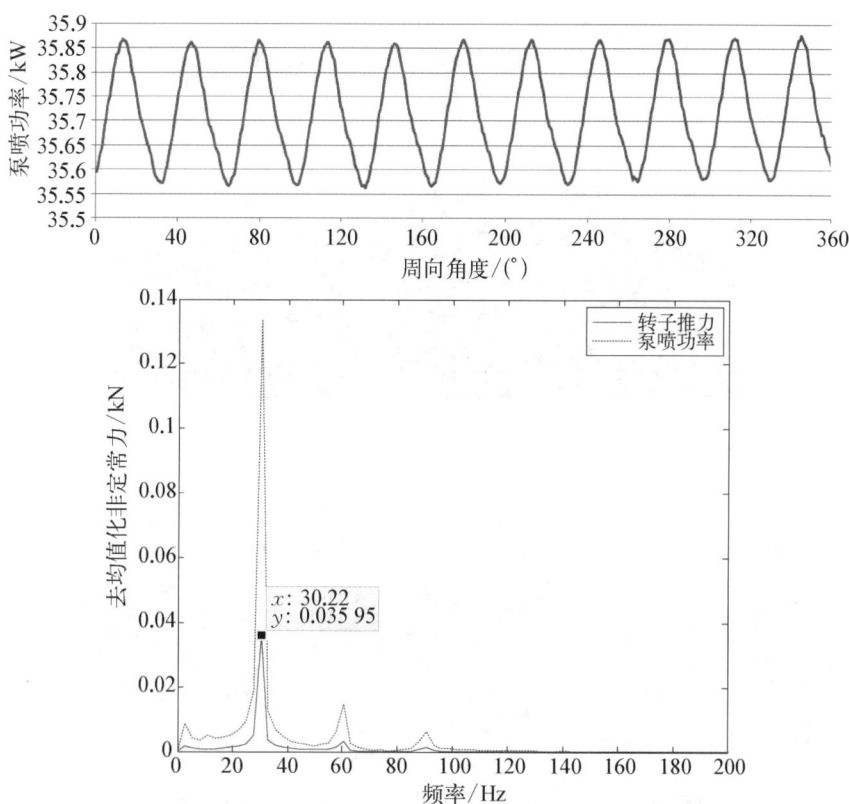

图 7.43　航速 6 kn 时 NZG 无轴泵喷推力和功率的非定常时频曲线

　　遵循上述思路,针对原进水流道管内流体存在两组明显对旋涡管,且流量略有下降后,流道进口卷吸对旋涡管相对更为严重的现象,期望通过迭代改变进水流道进口截面型线,获得局部改善泵喷进流条件的效果。在扁平潜器壳体的限制下,两次局部修改进水流道进口截面型线几何形状如图 7.44 所示,与 NZG 无轴泵喷装配后,分别称为 NZG1 和 NZG2 内置式无轴泵喷系统。其中,第二次改进进口截面是原流道与第一次改进进口截面的结合体,既保持了进口前缘宽度,以免影响流道径向上部区域的轴向速度分布,又加宽了进口尾缘近唇部区域的上、下侧区域,期望能完全抑制次对旋涡管,最大程度改善泵喷进流的不均匀程度。

　　定常模拟得到 NZG1 无轴泵喷和 NZG2 无轴泵喷在设计航速为 12 kn 时流道出口面的轴向速度分布、湍流速度脉动量分布以及流道内部涡量分布如图 7.45 所示。清晰可见,与第一次加宽流道进口相比,不仅流道径向上部区域(船仲部位)的轴向速度有所增加,而且流道径向下部区域(舷侧部位)近壁面处的轴向速度也有所增加,使得整个进流面除近壁面周向区域外,呈现出了近似均匀进流的特征,达

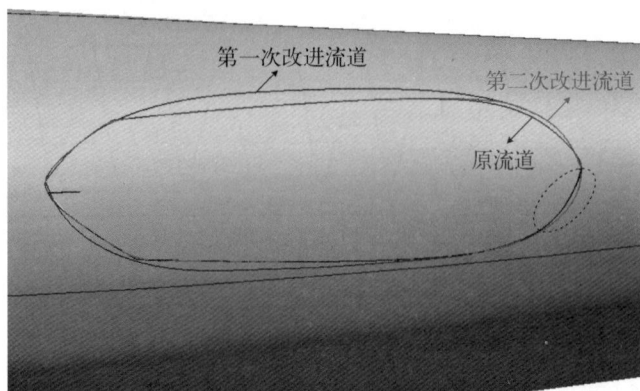

图 7.44　进水流道进口截面型线两次修改

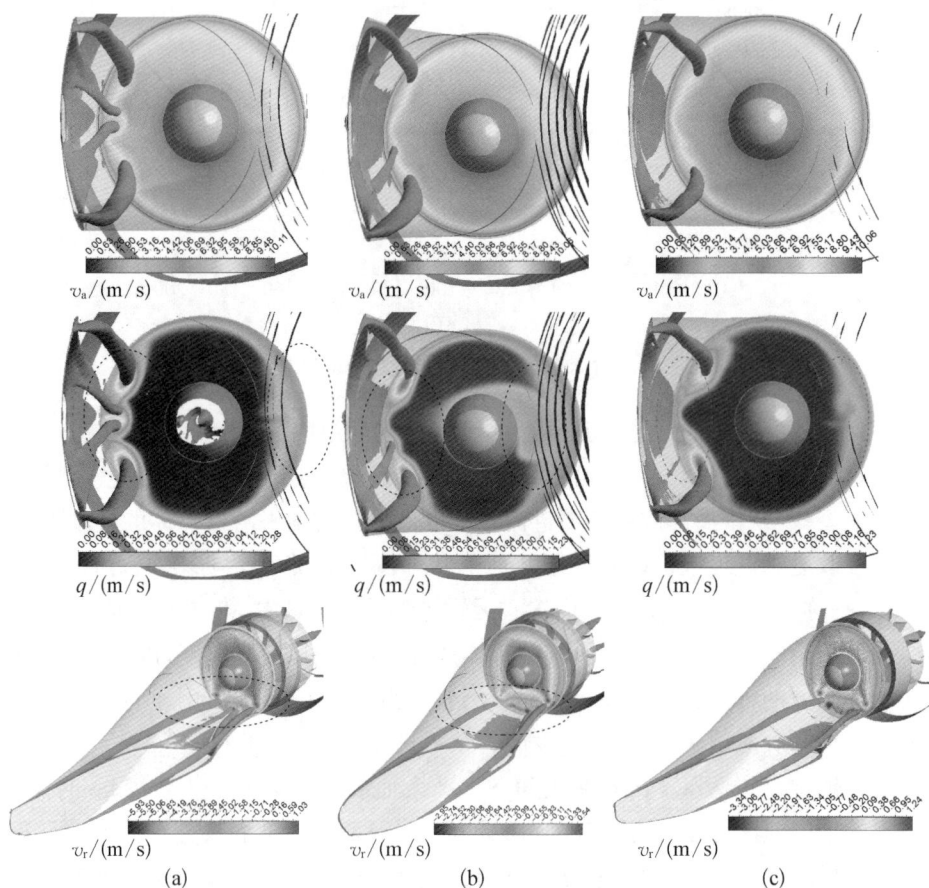

图 7.45　设计航速下 NZG1 和 NZG2 无轴泵喷进口面的特征流场分布

（a）NZG 泵喷；（b）NZG1 泵喷；（c）NZG2 泵喷

到了预期改进设计效果。此外,流道进口截面流动卷吸诱导产生的对旋涡管,除前缘处诱导产生的主对旋涡管外,尾缘处诱导产生的次对旋涡管已经由第一次改进设计的抑制一半变为完全抑制,同时主对旋涡管的半径略有减小,使得进流面处的湍流速度脉动量分布同时拥有了原流道在径向上部区域和第一次改进流道在径向下部区域的优点,仅有主对旋涡管部位仍然存在少许湍动能集聚现象。可以预见,此时泵喷进流面处的不均匀度要略优于原流道。

　　计算得到设计航速和巡曳航速下两次改进流道后无轴泵喷的推进性能以及泵流体动力性能如表 7.18 和表 7.19 所示,为方便比较,同时给出了仅改进泵喷叶型 NZG 泵喷的性能数据。可以看出,在设计航速下,无论是总推力、总功率、总推力效率还是转子推力,NZG2 泵喷均十分接近 NZG 泵喷,泵本身的水力效率略有提升,伴随而来的是泵出口不均匀度略有减小。此时,内置双泵喷总推力约为 49 kN,仅剩 2% 的安全余量,总功率约为 573 kW,留下约 4.5% 的功率储备,在短时增加转速的试航区间内可以满足快速性指标。总推力效率约 52%,满足设计输入要求。船体阻力相对于裸体阻力来说略有增加,但增幅小于 5%,能够接受。泵效率约为 82%,转子效率约为 88%,均较原 9 叶泵喷下降 1%。此时,泵喷转子(含集成电机转子环)的壁面压力分布如图 7.46 所示,可知 NZG2 泵喷的空化性能是介于 NZG 泵和 NZG1 泵两者之间的,仅从空化性能略优于 NZG 泵来看,进水流道进口截面型线的修改是值得肯定的。航速为 6 kn 时总推力约为 12 kN,总功率约为 72 kW,总推力效率仍维持在约 52%。与第一次改进流道相比,泵效率有了少量提升,尽管泵效率变化很小,但流道出口不均匀度明显减小了,符合预期改进设计目标。因此,总体来看,在三次改进设计方案中,NZG2 泵喷是最为具有控制低频线谱噪声潜力的方案,还能兼顾泵喷空化性能,可以初步选取为最终的改进方案。

表 7.18　改进设计内置式无轴泵喷(含电机转子环和气隙)推进性能

航速 /kn	对　象	左泵推力 /kN	右泵推力 /kN	总推力 /kN	左泵功率 /kW	右泵功率 /kW	总功率 /kW	总推力效率 /%	左管道力 /kN	右管道力 /kN	左转子推力 /kN	右转子推力 /kN	船体阻力 /kN
12	NZG 泵	24.52	24.63	49.15	287.11	286.73	573.84	52.87	−1.274	−1.456	21.96	22.09	23.701
12	NZG1 泵	25.07	24.92	50.02	285.53	285.03	570.56	54.09	−0.906	−1.01	21.791	21.85	23.334
12	NZG2 泵	24.433	24.648	49.081	286.253	286.478	572.731	52.9	−1.239	−1.346	21.916	22.002	23.945
6	NZG 泵	6.033	6.086	12.119	36.024	36.032	72.057	51.91	−0.4	−0.433	5.534	5.555	6.984
6	NZG1 泵	6.122	6.16	12.282	35.927	35.839	71.766	52.82	−0.325	−0.35	5.517	5.518	5.567
6	NZG2 泵	6.083	6.046	12.13	35.951	35.991	71.942	52.03	−0.386	−0.419	5.517	5.555	7.081

表 7.19 改进内置式无轴泵喷(包含电机转子环和气隙)过流通道流体流动性能

航速 /kn	左泵流量 /(m³/s)	右泵流量 /(m³/s)	左泵扬程 /m	右泵扬程 /m	左泵效率 /%	右泵效率 /%	左转子效率 /%	右转子效率 /%	左泵出口不均匀度	右泵出口不均匀度	左流道出口不均匀度	右流道出口不均匀度
12	5.531	5.493	4.332	4.356	81.84	81.83	87.87	87.99	0.167	0.174	0.139	0.14
12	5.523	5.5	4.324	4.354	82.02	82.38	88.03	88.26	0.161	0.173	0.14	0.141
12	5.525	5.51	4.335	4.353	82.06	82.09	88.07	88.08	0.163	0.165	0.139	0.14
6	2.752	2.741	1.075	1.083	80.55	80.77	86.87	87.02	0.18	0.176	0.138	0.138
6	2.744	2.735	1.078	1.082	80.77	80.95	87.3	87.42	0.175	0.171	0.153	0.145
6	2.751	2.739	1.077	1.084	80.81	80.89	87.02	87.21	0.169	0.167	0.138	0.138

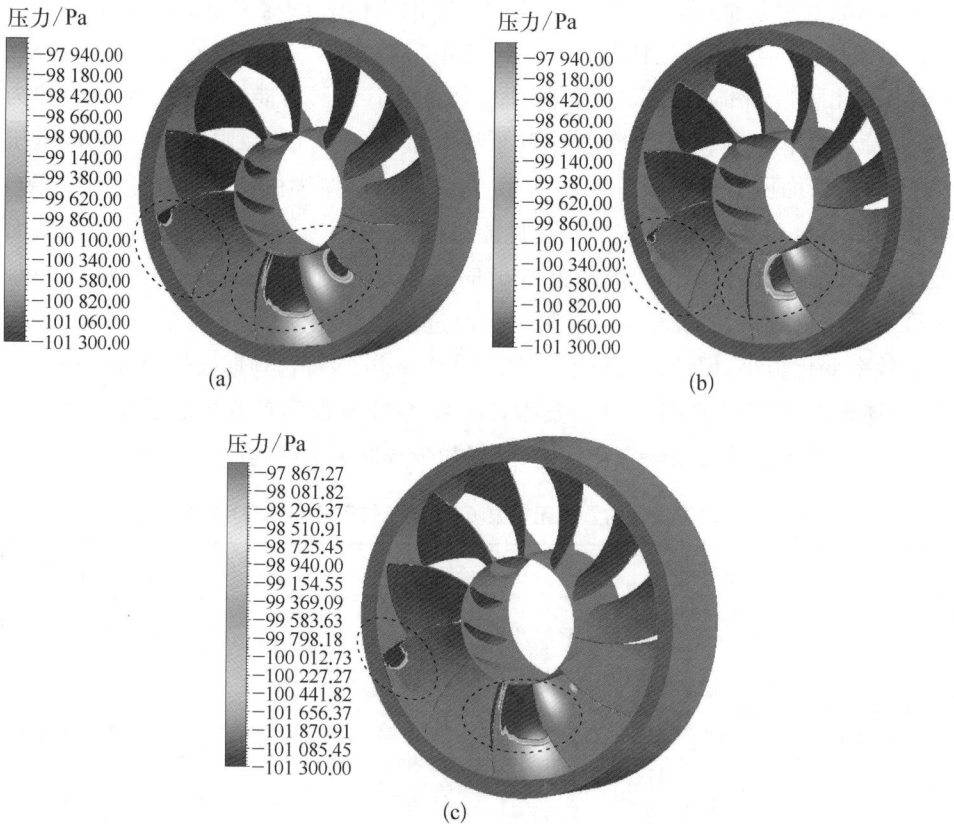

图 7.46 航速为 12 kn 时伴流场中两次改进内置式无轴泵喷转子壁面压力

(a) NZG 泵喷,无水深,系统单相流模拟;(b) NZG1 泵喷,无水深,系统单相流模拟;(c) NZG2 泵喷,无水深,系统单相流模拟

再次采用 SAS 模拟求取伴流场中内置式无轴泵喷单系统的非定常力,迭代时间步仍取为 5×10^{-4} s 不变,计算得到航速为 6 kn 时无轴泵喷转子轴向推力和制动功率的时域和频域曲线如图 7.47 所示。可知,转子推力平均值为 5.517 kN,功率平均值为 35.657 kW,与内置式泵喷单系统定常计算结果之间的偏差同样小于 1‰。此时转子一阶轴向非定常力与时均力的比值为 4.18‰,较原方案几乎减小了一半,对应一阶低频线谱噪声降低约 2 dB,取得了来之不易的降噪效果。此时,单个转子叶片轴向力和侧向力的时域脉动曲线如图 7.48 所示,可见轴向力和侧向力两者的峰值曲线较为相似,与原 9 叶泵喷两者在相位上差别明显有所不同,既与进流面的次对旋涡管完全消失有关,也与单叶片载荷发生变化有关。

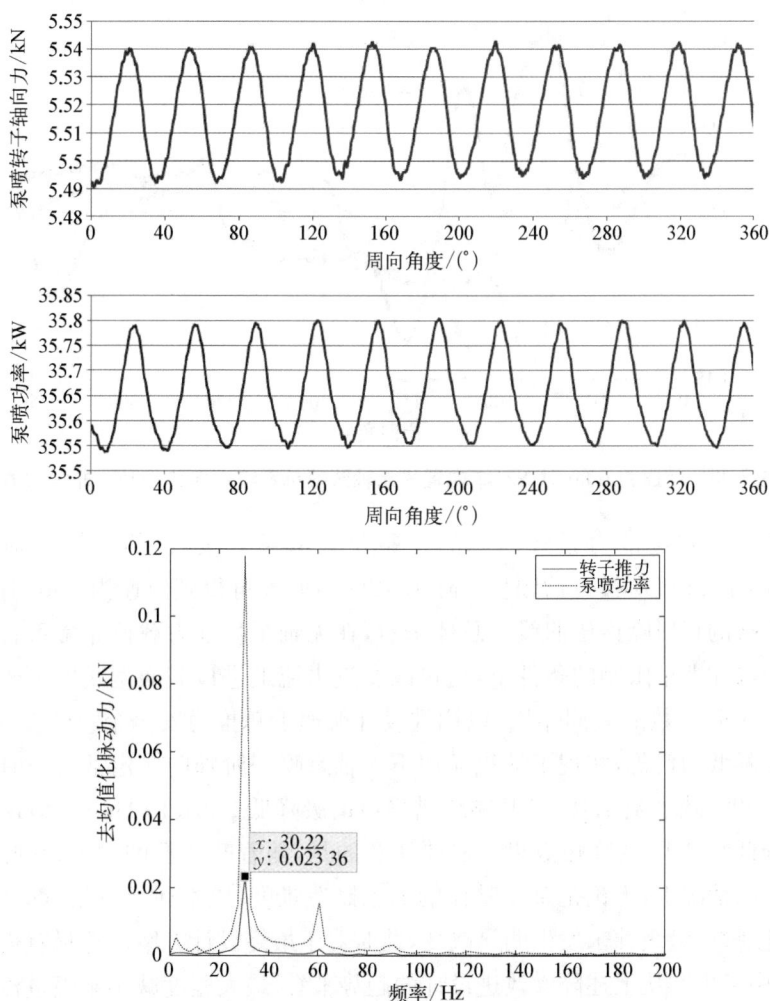

图 7.47　航速为 6 kn 时 NZG2 内置式无轴泵喷单系统推力和功率脉动

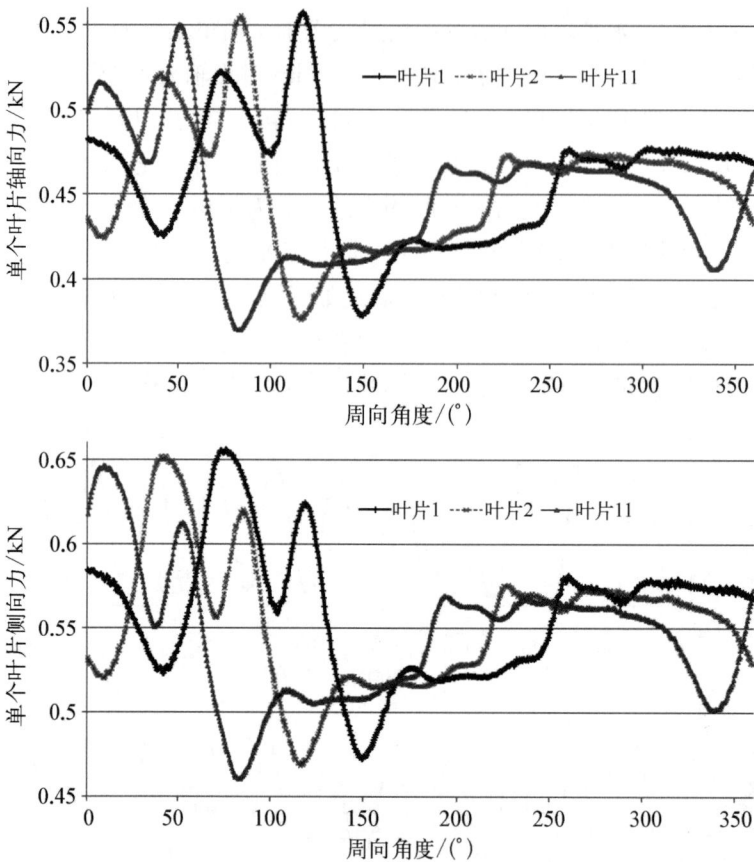

图 7.48 航速为 6 kn 时 NZG2 内置式无轴泵喷单系统中单转子叶片非定常力

再次采用非定常力紧致声源的经验公式估算方法,仍然取特征临界频率 250 Hz、高于 250 Hz 按每倍频程下降 10 dB 处理,即可得到航速为 6 kn 时再次改进无轴泵喷的辐射噪声谱曲线。总体来看,在无轴泵喷推力载荷非常重且功率密度和大小尺寸严格限制的条件下,通过改变进水流道进口截面型线以及改变泵喷转子与定子叶片数的共同作用,以牺牲设计航速下总推力安全余量约 5% 且空化性能有所降低为代价,实现了巡曳航速下无轴泵喷一阶轴向非定常力与时均力的比值由 7.29‰ 减小至 4.18‰、叶频线谱噪声谱级降低 2 dB、10 Hz～4 kHz 频带内总噪声降低约 2 dB 的降噪效果。需要注意的是,随着叶片数的增加,在叶片厚度保持不变的情况下,无论是泵喷整体的加工制造难度、成本还是重量,都会有所增加,而泵喷噪声量级并未发生明显改变,此时对于最终设计方案的选择就需要总体权衡、折中考虑。从上述降噪改进设计的趋势来看,最大程度减小泵喷进流的不均匀程度对于抑制泵喷低频线谱噪声幅值来说至关重要,这与最大程度提高内置式无轴泵喷进水流道的设计品质保持一致。据此可以推断,当潜器内置式双无轴泵喷推进方案改变为内置式单无轴泵喷推进方案,甚至是改为两舷侧外置式推进方案后,因泵喷进流几乎趋近于均匀进流条件,泵喷低频线谱噪声幅值将会进一步减小,值得探索。

7.6.3　内置单无轴泵喷推进系统设计及其非定常力控制

与内置式单无轴泵喷推进方案相比,内置式双无轴泵喷推进方案最大的优势在于集成电机功率为 300 kW 量级,就当前国内的设计水平和前期研究基础而言,短期内可以实现。其最大的不足如下：单舷侧进水流道因管壁两侧流动轨迹不同,使得流道出口近管壁区域一定存在不均匀流动分布,给无轴泵喷的极限降噪设计带来了阻碍。并且,双无轴泵喷的存在不仅明显约束了潜器尾部扁平线型的减阻设计,而且两个泵喷的噪声源叠加也与现代潜艇主推进器从双轴向单轴演变的趋势不符。改变为内置式单无轴泵喷后,泵喷尺寸有所增加,既可以通过增加效率、降低转速来进一步扩大降噪效果,也可以通过两舷侧流道的组合汇聚来控制泵喷进流与出流不均匀度,还可以将潜器尾部改为锥形,以在减阻作用下适当减轻无轴泵喷的推力载荷需求。若暂不考虑集成电机 600 kW 功率等级的设计与制造困难,可以提前探索内置式单无轴泵喷系统设计的关键技术突破及其降噪效果,做好技术储备。

从结构部件上来看,内置式单无轴泵喷系统的最大差异一方面在于进水流道由单一进流改变为两分支甚至是多分支进流,另一方面在于无轴泵喷可以转化为典型的大直径、低转速水下推进器设计。上述两条关键技术的突破与否直接决定了内置式单泵系统的降噪效果,因此,接下来将着重讨论上述两方面的技术突破问题。

首先,对作为核心部件的单泵设计而言,因需求总推力及总功率限额保持不变,相当于大泵的推力和功率均为原小泵方案的两倍,从而可以保持总推力效率不变,进而满足效率要求。那么,单大泵设计就可以有两种思路：一是从选型设计开始,到敞水性能和空化性能校核,再到泵推系统推进性能、空化性能以及非定常力性能校核,重复原来两小泵设计的历程；二是以小泵设计为母型,采用相似设计换算得到大泵几何参数,重新确定泵工作点的状态参数,以便维持甚至改进推进泵的综合性能。从已经完成的低速、重载型内置双小泵推进方案来看,设计航速为 12 kn 时敞水泵喷叶栅效率约为 88%,船后泵喷叶栅效率约为 86%,考虑集成电机转子环及气隙影响后,船后泵喷效率约为 83%,航速为 12 kn 和 6 kn 时推力效率均高于 50% 且临界水深为 15 m 时满足全航速范围无空化产生,可以说几乎已经达到了当前设计水平的上限。那么,该小泵自然就可以成为一个优秀的母型泵样本。

依据泵的相似理论,比转速可以直接衡量泵的过流能力与做功能力,是一个直接衡量泵几何形状相似的量纲一的参数。但是,比转速描述的只是泵孤立部件在设计点的工作参数,当从一个小尺寸泵相似设计得到大尺寸泵,并且将其装配到推进系统中后,在航速和转速的共同约束下,泵的量纲一的流量系数工作点很有可能会发生变化。那么,如何才能在维持泵推进性能不下降的情况下,重新确定泵的状态参数,并且以此为输入,优化设计得到新的叶型呢?

根据流量系数 φ、功率系数 P^* 和推力系数 K_T 的表达式

$$\varphi = \frac{Q}{\Omega D^3}, \ P^* = \frac{P_{\text{shaft}}}{\rho \Omega^3 D^5}, \ K_T = \frac{T}{\rho n^2 D^4} \tag{7.7}$$

式中,Q 为流量,单位为 m^3/s;Ω 为角速度,单位为 rad/s;D 为直径,单位为 m;P_{shaft} 为功率,单位为 W;n 为转速,单位为 r/s;T 为推力,单位为 N。将小泵设计航速下位于艇后系统中的性能参数代入后可知,$\varphi = 0.2$,$P^* = 0.011$,$K_T = 1.25$。当大泵与小泵流量系数相等时,可保证大泵的工作点仍然位于近最佳效率点 BEP 附近;当两者功率系数相等时,可保证在水力效率相当的情况下扬程系数相等,或者说在同样的航速需求下两泵做功潜能相当;当两者推力系数相等时,可保证作为核心做功部件的转子推力载荷相当,进而能够维持甚至改进泵的空化性能。由此,考虑当前的集成电机设计水平,当大泵转速由小泵转速 330 r/min 减小至 200 r/min 时,在功率限额不变的情况下可得转子直径为 1.42 m;同时,在总推力需求不变的情况下可得转子直径为 1.4 m,再结合轻量化设计原则,可取大泵转子直径为 1.4 m,进而开展优化设计工作。此时,大泵的状态参数确定如下:推力 52 kN,功率 600 kW,流量 11.5 m^3/s,扬程 4.64 m,转速 200 r/min,并且叶栅效率期望值为 90%,由此可以重新采用参数化三元逆向设计方法设计得出泵喷转子和定子叶型几何参数。

再次设计得到无轴泵喷三维几何参数,同样采用全结构化网格进行离散,RANS 定常模拟后得到无轴泵喷特征壁面的 Y^+ 值分布以及流经泵喷叶栅通道的速度流线如图 7.49 所示。在几何参数设计过程中,原小泵设计时采用的多转子叶片数、大侧斜、定转子轴向间距尽可能大、转子叶梢截面设置后载型载荷分布以优化空化性能、定子叶片数大于转子叶片数以最小化叶栅通道内二次流动等技术措施仍然保留,大泵转子和定子叶片数保持原方案不变,泵进口直径、出口直径以及肥厚型导管轴向长度均有所增加。可知,网格离散仍然满足 SST 湍流模型的使用要求。除定子毂涡区外,泵喷出流几乎呈现理想的轴向流束状态,定子与转子之间的流场相互配合较好。此时,泵喷进流面、转子出流面以及泵喷出流面的轴向速度分量、湍流速度脉动量、周向速度分量和径向速度分量分布如图 7.50 所示。可知,

在转子进流的有效径向空间内,轴向进流几乎呈理想的均匀状态,无湍流速度脉动量出现,在近叶根部位,因受桨毂边界层流的影响,存在一定的逆向速度梯度,这也是转子叶型设计时叶根截面需要控制扭曲过大、载荷过重的原因所在。转子出流面以及定子出流面处的轴向速度和湍流速度脉动量分布规律几乎与小泵等同,均清晰可见叶片数信息。定子出流面近叶根处存在低速区及湍动能集聚现象,既来源于转子叶片叶根处的局部湍动能向下游延展,也是定子桨毂近毂帽部位曲率收缩过快所致,或者说是定子叶片过于位于轴向下游所致,将直接诱导毂涡产生。

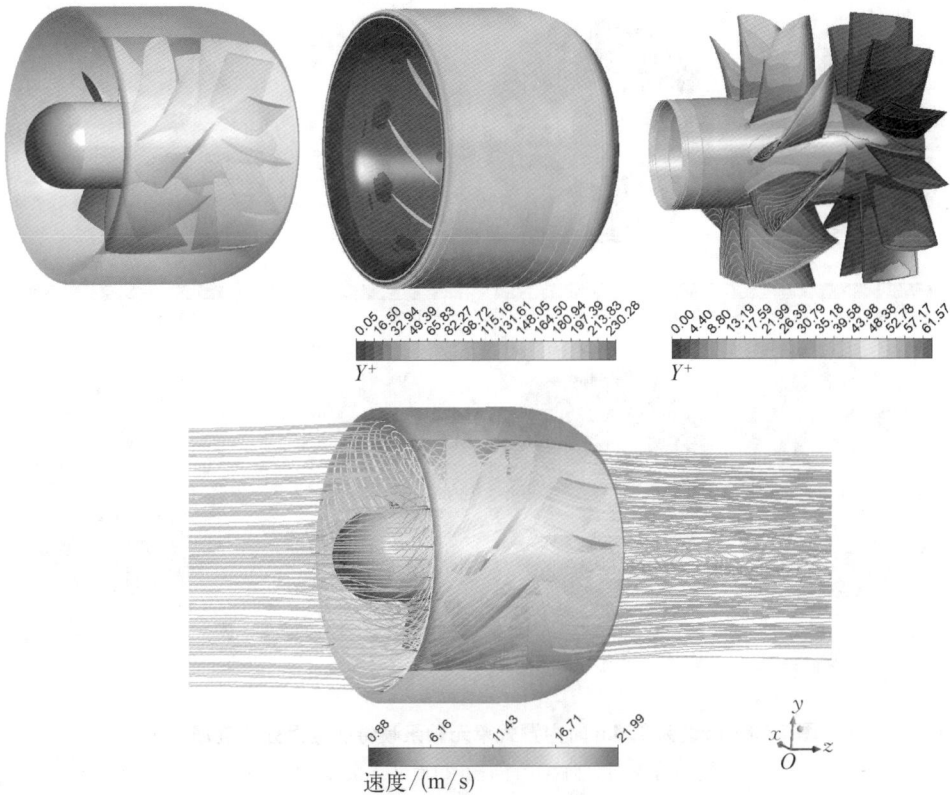

图 7.49　内置式单无轴泵喷几何形状及设计航速
下壁面 Y^+ 分布与流经泵喷的速度流线

此时,单无轴泵喷敞水性能如表 7.20 所示。可知,无论是设计航速为 12 kn 还是巡曳航速为 6 kn,泵喷推力和功率均满足要求,且设计航速下泵喷水力效率较内置双小泵高约 1%,推力效率高约 1.8%,而且还留有约 6.6% 的功率余量,从快速性指标来看更为安全。设计航速下导管为极小推力,航速为 6 kn 时导管为小阻力,均为集成电机嵌入提供了良好的外部环境,达到设计预期,表明该大泵的导管

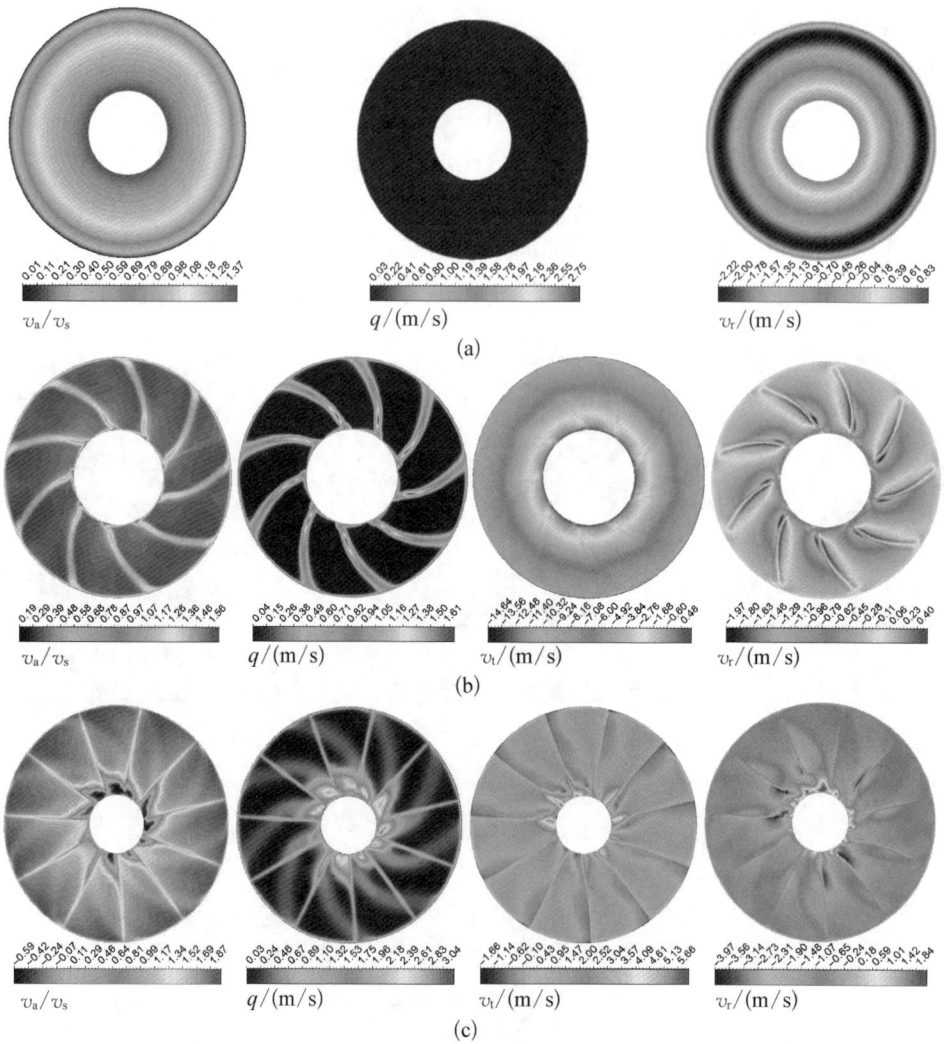

图 7.50 航速为 12 kn 时内置式单无轴泵喷特征截面处速度场分布

(a) 泵喷进口面；(b) 转子出口面；(c) 泵喷出口面

在适应转子与定子叶栅通道径向限流的情况下，也适宜于内置结构布置下的集成电机嵌入安装。泵喷量纲一的流量系数为 0.21，略微高于设计状态参数，但转子叶片水力效率高于 92% 已充分说明此时转子叶型设计达到了优秀设计行列，不必再微调实际工作点。转子叶片压力分布如图 7.51 所示，在无水深静压作用下，低压区部位与内置小泵相同，依然位于吸力面导边近叶梢处。尽管几何尺度增加会诱导空化更早产生，但在降速控制下同样可以保证大泵和小泵的空化初生时机相当。在巡曳航速下，泵喷推力与内置两小泵的总推力相当，功率较两小泵总功率略小，推力效率维持高出 2%，表明该大泵同样具有良好的航速适应区间，可以用于进一步开展内置船后泵喷的推进性能评估工作。

表 7.20 均匀进流条件下特征航速时内置单无轴泵喷水动力性能

航速/kn	转速/(r/min)	推力/kN	功率/kW	水力效率	推力效率	转子效率	转子力/kN	定子力/kN	导管力/kN	流量/(m³/s)	扬程/m	进口不均匀度	出口不均匀度
12	200	52.797	559.521	89.4	58.247	92.1	44.392	8.337	0.0686	11.99	4.253	0.12	0.13
10	166.67	36.697	322.08	88.52	58.61	91.47	30.743	5.970	−0.016	9.959	2.919	0.13	0.133
6	100	12.839	69.118	88.33	57.33	90.62	11.076	1.975	−0.212	5.905	1.054	0.131	0.163

其次，针对汇聚式流道的设计品质问题进行讨论。从对潜器结构损伤最小化的角度来看，舷侧二分支进流汇聚式进水流道较为适宜潜器应用。参照现有艇型的尾锥截面轮廓线，将潜器尾部线型由扁平形改变为圆锥形，以减小潜器阻力。考虑到原进水流道（简称小流道）在该设计航速以及大范围航速区间内所具有的优越性能，汇聚式流道（简称大流道）显然宜以小流道为母型样本进行设计，以充分利

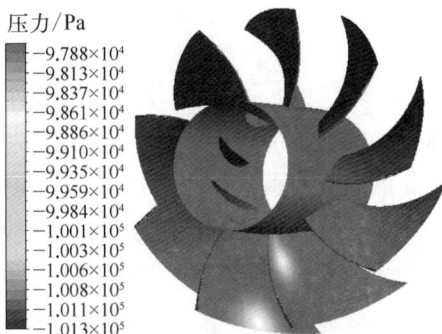

图 7.51 航速为 12 kn 时内置式单无轴泵喷转子叶片压力分布

用小流道的设计成果。因大流道主管出口直径（大泵进口直径）介于小流道 1 倍出口直径和 2 倍出口直径之间，则大流道可以由两种方式得到：一种是直接将原来两小流道组合，合并取消上壁面弯管段后，通过共享部分径向安装空间实现汇聚出口的横向宽度等于主管出口直径，垂向高度方向尺寸不足之处通过曲面延伸补充得到，如图 7.52（a）所示；另一种是先将原小流道适当放大，然后再将两者放大后的流道合并，以实现汇聚出口的横向宽度等于主管出口直径，垂向高度方向尺寸不足之处同样通过曲面延伸补充得到，如图 7.52（b）所示。显然，通过放大两个小流道并组合后共享的径向安装空间比第一种更小。结合大泵与小泵的敞水性能计算结果可知，大泵设计流量大于小泵流量的两倍，相当于大流道两舷支管中的设计流量高于原独立小流道，因此，第二种大流道从理论上要优于第一种。但是，鉴于系统分析前小流道的几何放大倍数以及组合部位的横向交叉程度对大流道的性能影响未知，短时内也难以建立起从小流道几何要素到大流道流动性能之间的理论关联，因此可以第一种大流道为基准进行计算分析，然后再进行改进设计，最终得到满足要求的第二种大流道。这也将成为突破汇聚式进水流道高品质设计的核心技术所在。

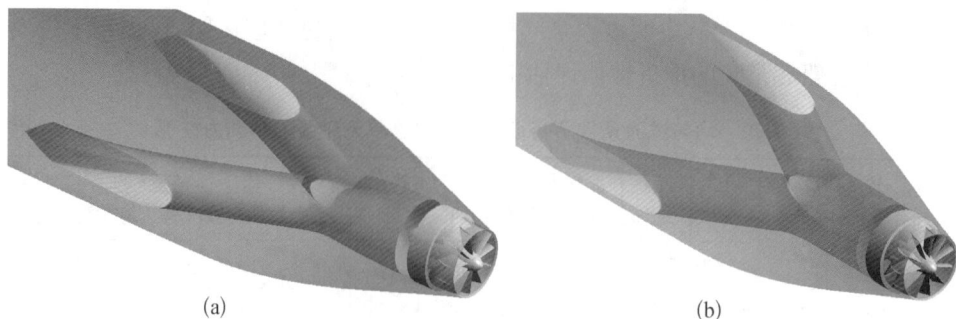

图 7.52 潜器内置式单无轴泵喷推进系统几何模型

(a) 小流道直接汇聚组合；(b) 小流道放大后汇聚组合

对于第一种大流道而言，小流道特征直径与主管出口直径的特征直径比 $D/D_z =$ 0.653，鉴于大流道的单舷侧径向安装高度明显大于原来小流道，则分支流道需要在原小流道的下壁面增加直管段，且直管段长度由新的径向安装高度决定，才能满足新的安装要求。在流道倾角不变的情况下，大流道支管中的能量损失显然要比原小流道更大。大流道网格离散时仍然采用全结构化网格，因两支管汇聚部位曲率变化较大，局部网格正则度控制难度增加，使得大流道总的六面体网格正则度指数比小流道略小，但最小正则度仍然大于 0.1，以保证求解收敛性，如图 7.53 所示。大流道网格节点总数与两个小流道网格节点数之和相当。计算得到潜器壁面、大流道壁面以及叶片表面 Y^+ 值分布如图 7.54 所示，尽管泵喷几何尺度增加，但在小尺度泵喷系统网格离散的基础上，进一步减小近壁面网格节点距离后仍然可以控制壁面 Y^+ 值不超过 300，从而在收敛性判据不变的情况下充分保证计算结果的合理性。

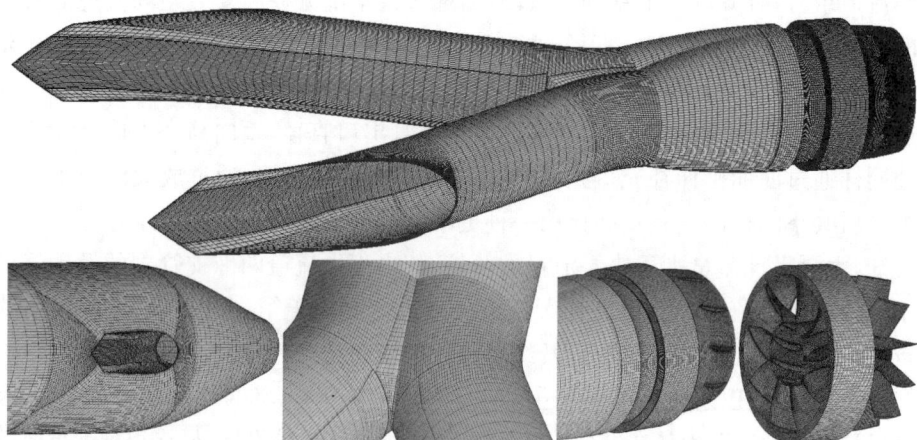

图 7.53 第一种大流道壁面结构化网格离散

图 7.54　航速为 12 kn 时第一种大流道内置式单无轴泵喷壁面 Y^+ 值分布

计算得到的设计航速下流经第一种大流道内置式无轴泵喷推进系统的速度流线如图 7.55 所示。总体来看,大流道基本满足大尺寸泵喷的进流需求,单侧支管内无明显流动分离和漩涡出现,泵喷出流基本上呈现轴向流束状态。与小流道相比,流道进口靠近唇部区域因宽度略窄而卷吸流体诱导产生的对旋涡现象不仅没有得到改善,而且主对旋涡和次对旋涡两者混合后出现的涡量集聚更加严重,如图 7.56 所示,使得支管内流动不均匀程度明显高于小流道,相当于直接降低了主管的进流品质。此时,支管内横截面处的轴向速度分量、湍流速度脉动量、径向速度分量以及汇聚后涡管延展现象如图 7.57 所示。无论是轴向速度还是径向速度,涡管集聚区均存在明显的涡流流动,加剧了湍流速度脉动量幅值,对泵喷降噪不利。

此时,无轴泵喷转子叶片及电机转子环壁面的压力分布、泵喷导管壁面、大流道内壁面以及潜器外壁面的空化数分布如图 7.58 所示。可知,转子叶片吸力面导边近叶梢处存在低于汽化压力的局部低压区,且右舷侧部位尤其明显,与涡管流动对应;转子叶片整个低压区分布与小泵非常相似;潜器表面无低压区出现,大流道唇部虽然出现局部低压区,但压力仍然高于汽化压力($\sigma > 0$),也与小泵系统中类同。但明显不同的是,泵喷进口处导管壁面垂向部位不仅出现了局部空化区($\sigma < 0$),而且该部位还存在涡量集聚现象,将直接影响泵喷转子的水动力性能。

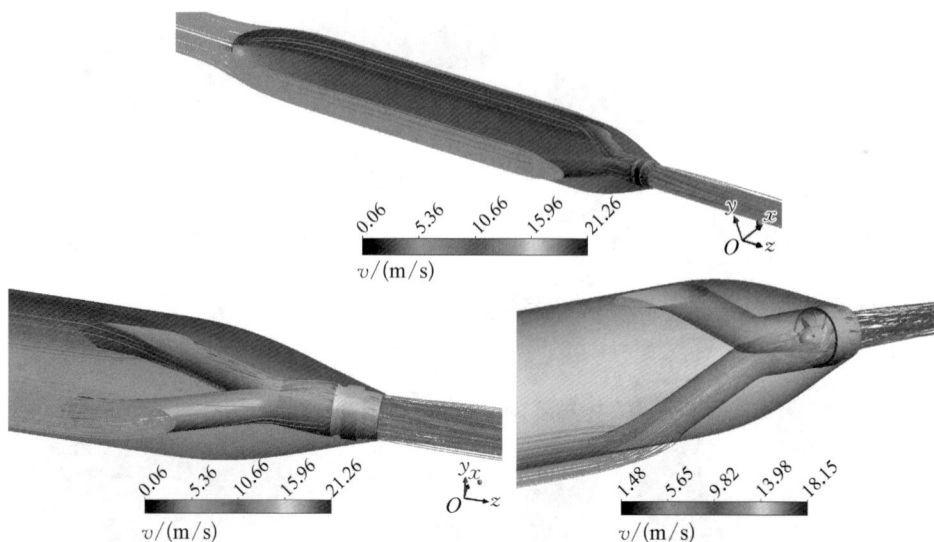

$v/(\text{m/s})$

$v/(\text{m/s})$　　　$v/(\text{m/s})$

图 7.55　航速为 12 kn 时流经第一种大流道内置式单无轴泵喷的速度流线

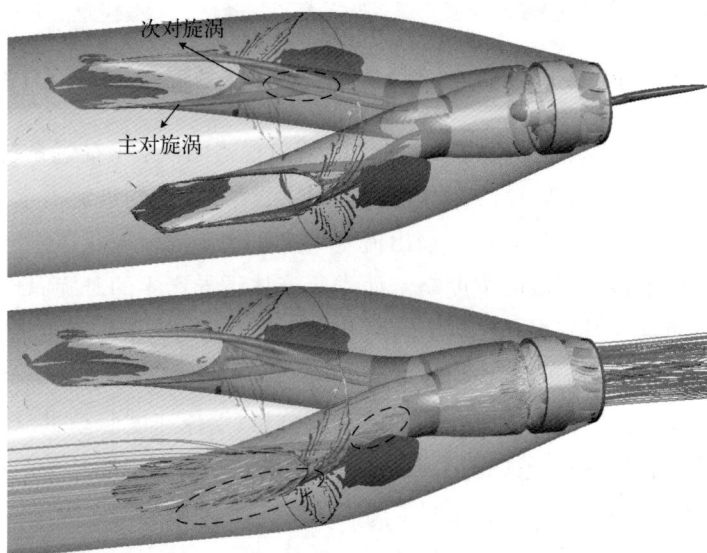

次对旋涡

主对旋涡

图 7.56　航速为 12 kn 时第一种大流道中涡量场分布

究其原因,是两侧小流道汇聚成主管后在垂向方向的尺寸小于泵喷进口直径,额外补充延伸曲面后未能完全适应主管出口至泵喷进口过渡区域的流动,导致导管近壁面区域出现了局部紊乱回流,从而表明该水平放置的汇聚式流道设计不仅要关注横向上壁面弯管段区域的交叉程度,还要关注垂向侧壁面部位的流动过渡是否正常,为第二种大流道的改进设计指出了需要重视之处。

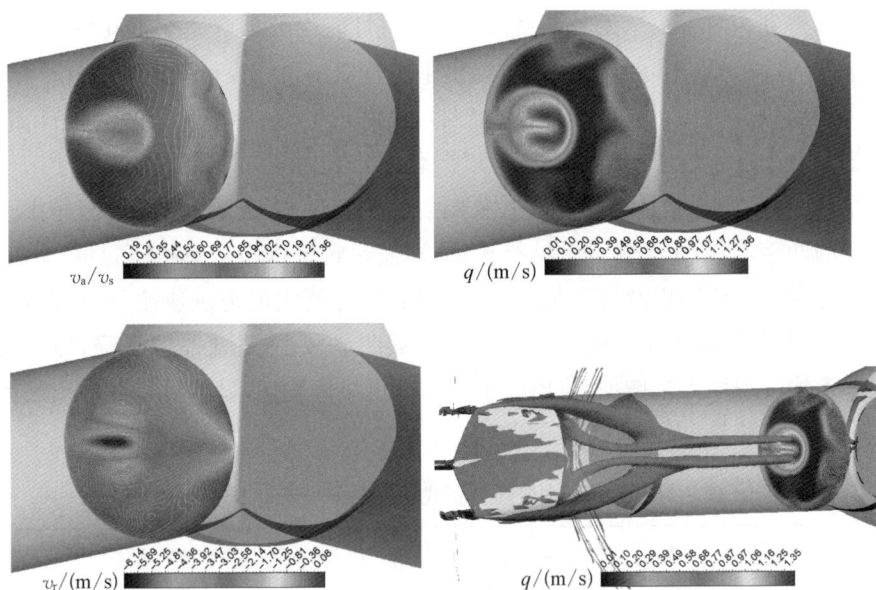

图 7.57　航速为 12 kn 时第一种大流道支管内截面速度场分布及涡管延展现象

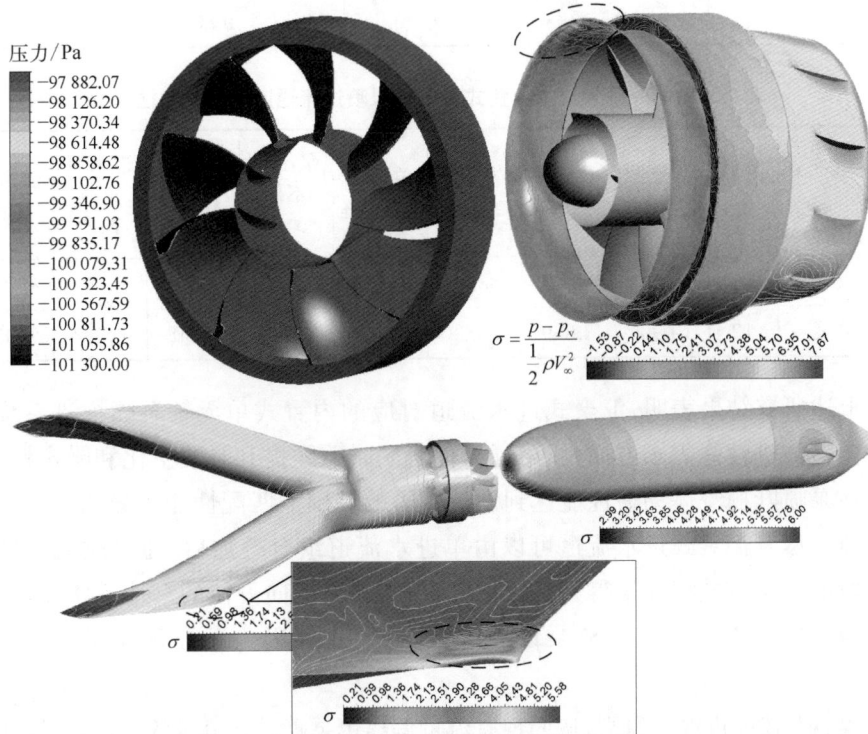

图 7.58　航速为 12 kn 时第一种大流道内置式无轴泵喷壁面压力和空化数分布

计算得到的内置式单无轴泵喷系统的推进性能以及泵喷过流通道的流动性能如表 7.21 和表 7.22 所示。表中同时给出了内置双小泵在设计航速下的计算结果,用于直观比较。可知,尽管此时内置单大泵也满足推力、功率和效率的设计需求,甚至推力效率还超过了 60%,但这是以弱化泵空化性能、明显偏离泵设计工作点导致泵水力效率较低为代价换来的,泵辐射噪声将明显增加。泵流量明显小于小泵流量的两倍,与敞水条件计算结果相反;即使是转子水力效率也不足 80%,表明叶栅通道内二次流动以及流动损失均非常明显;尽管大流道进速比与小流道维持在同一个量级,但流道出口的入流正则度系数明显减小,进流品质下降,使得泵进口流体不均匀程度大幅增加,且出口不均匀度也显著增加,显然没有发挥出泵推系统应有的技术优势,尚需进行改进设计。

表 7.21 第一种大流道内置式单无轴泵喷系统推进性能

对　象	航速/kn	总推力/kN	总功率/kW	总推力效率/%	管道力/kN	转子推力/kN	定子推力/kN	船体阻力/kN	无水深时有无空化
内置双泵	12	51.62	596.74	53.4	−2.423	45.48	—	24.402	有
内置单泵一	12	58.66	565.935	63.98	−5.545	52.18	9.805	19.26	有

表 7.22 第一种大流道内置式单无轴泵喷过流通道流体流动性能

对　象	航速/kn	单泵流量/(m³/s)	单泵扬程/m	单泵效率/%	单转子效率/%	泵出口不均匀度	泵进口不均匀度	进水流道进速比	流道正则度
内置双泵	12	5.623	4.502	83.05	88.92	0.157	0.137	0.727	0.993
内置单泵一	12	10.959	3.859	73.28	78.34	0.209	0.348	0.782	0.956

上述研究结果表明,汇聚式进水流道对应的内置式单无轴泵喷推进系统在满足潜器推进性能需求方面是可行的,但若同时兼顾提升泵喷空化和噪声性能,还应在泵喷叶栅流体动力性能达到设计优秀的基础上匹配性能优异的汇聚式进水流道。尽管汇聚式进水流道可以由单进水流道组合叠加后,通过改变上壁面弯管段的交叉重叠程度来得到目标主管直径,但因侧向方位的尺寸不匹配,仍然会使得汇聚式进水流道偏离泵设计流量,进而直接影响泵推系统的优越性能发挥。

遵循上述改进设计原则,按照现有流量偏离单泵喷设计流量的程度,将原小流量几何适应性放大后,再减小上壁面弯管段的交叉重叠程度,设计得到第二种大流道。与第一种大流道相比,虽然两者主管出口直径和单侧径向安装高度相同,但主管出口至泵喷进口之间的过渡曲面不同,尤其是垂向曲面几何形状发生改变。进水流道改进遵循的原则如下:尽可能提升流道出流品质,增加泵喷流量至最佳效率工作点 BEP 附近,以最大化泵喷系统的综合性能,尤其是非定常力控制效果。第二种大流道的全结构化网格离散如图 7.59 所示,网格节点总数、疏密分布规律以及最小正则度均与第一种大流道相当。计算得到的设计航速下潜器、流道以及叶片壁面的空化数分布如图 7.60 所示。与第一种大流道对应的无轴泵喷系统比较可知,泵喷导管进口处垂向部位的局部空化区完全被抑制,泵喷转子叶片局部空化区明显减小,潜器壁面和大流道唇部压力依然高于汽化压力,而且唇部相对低压区的压力也有了明显提升,抗空化性能得到增强。该航速下流经内置式无轴泵喷系统的速度流线如图 7.61 所示。可知,不仅泵喷进口处垂向部位的局部紊乱回流区完全消失,而且大流道支管内唇部上端部位的对旋涡管流动也得到明显抑制,既带来了无轴泵喷空化性能的改善,也改善了泵喷水动力性能。取与第一种大流道相同的涡量等值面值,得到大流道内涡量场分布如图 7.62 所示。可知,泵喷出口处的毂涡依然存在,大流道进口处宽度方向略显偏窄,诱导产生的卷吸涡同样存在,但是无论是流道内的主对旋涡还是次对旋涡均明显得到了抑制,可以较大改善流道出流品质,达到了改进设计目的。

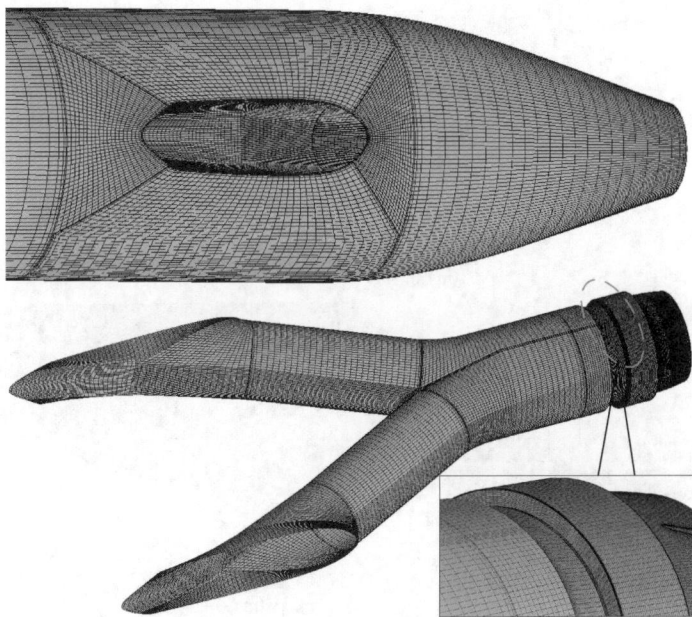

图 7.59　第二种大流道内置式无轴泵喷壁面结构化网格离散

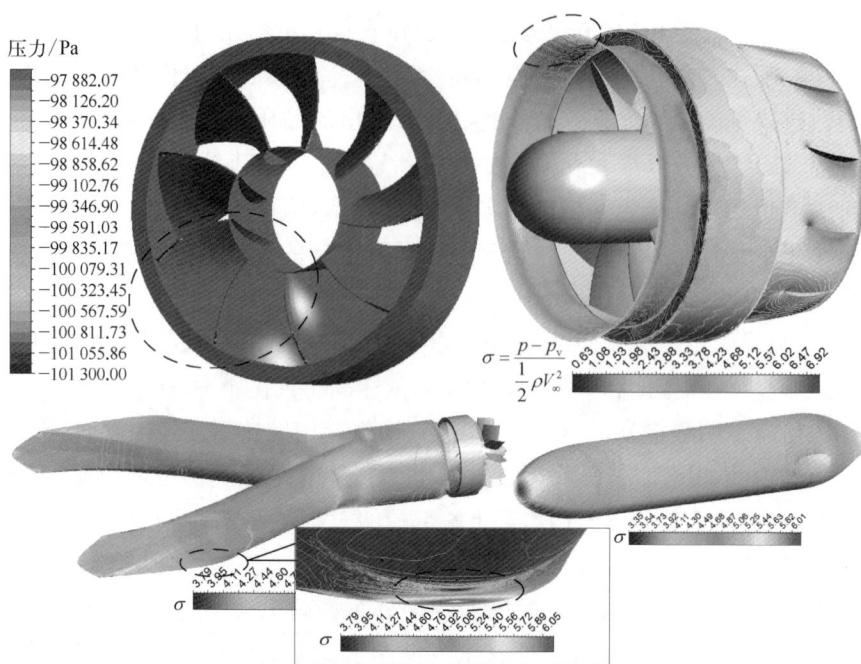

图 7.60　航速为 **12 kn** 时第二种大流道内置式无轴泵喷特征壁面压力分布

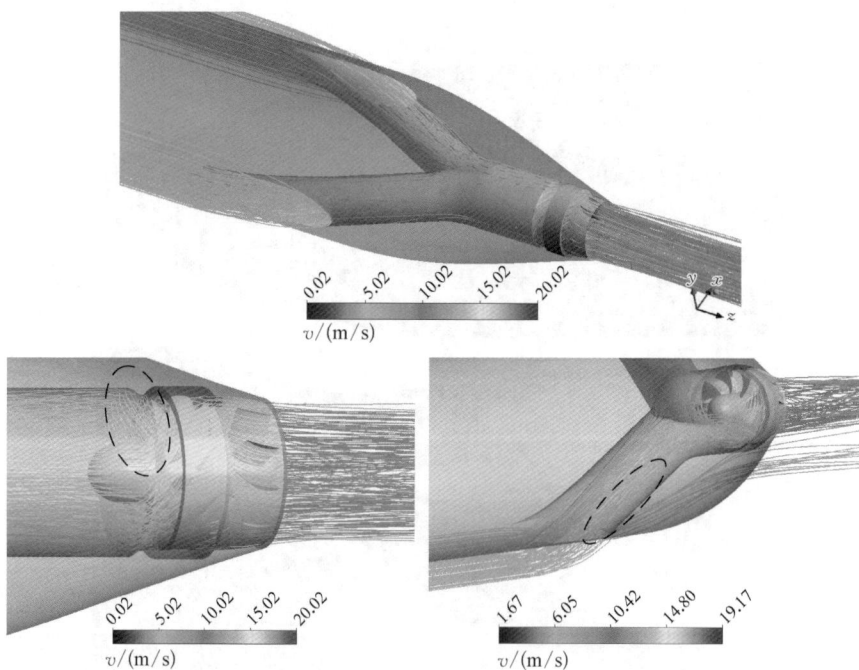

图 7.61　航速为 **12 kn** 时第二种大流道内置式无轴泵喷速度流线

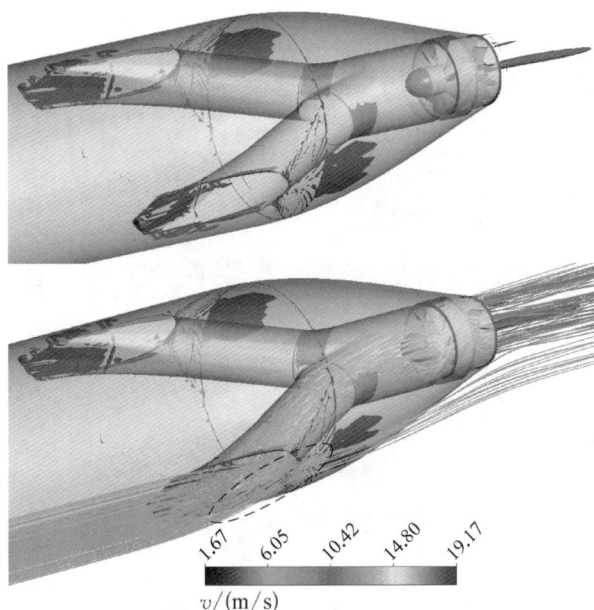

图 7.62　航速为 12 kn 时第二种大流道内置式无轴泵喷流道内涡量场分布

　　此时,泵喷进口面、转子进口面和出口面以及泵喷出口面处的轴向速度分量、湍流速度脉动量、周向速度分量以及径向速度分量分布如图 7.63 所示,与均匀来流下的结果以及第一种大流道所对应的计算结果比较可知,泵喷进流周向不均匀程度已经有了极大改善,尽管较均匀进流条件下的理想状态仍有一定差距,但除了横向两侧边缘处的局部区域外已呈现良好的周向对称状态;转子进口处左下方的扰动区已完全消失,该区域叶片的空化性能得到改善;泵喷出口处的轴向速度和湍流速度脉动量分布规律已非常接近均匀进流条件下的流场分布,表明此时泵喷的工作点流量参数已经接近泵喷的设计状态,的确是在朝预期目标方向调整。

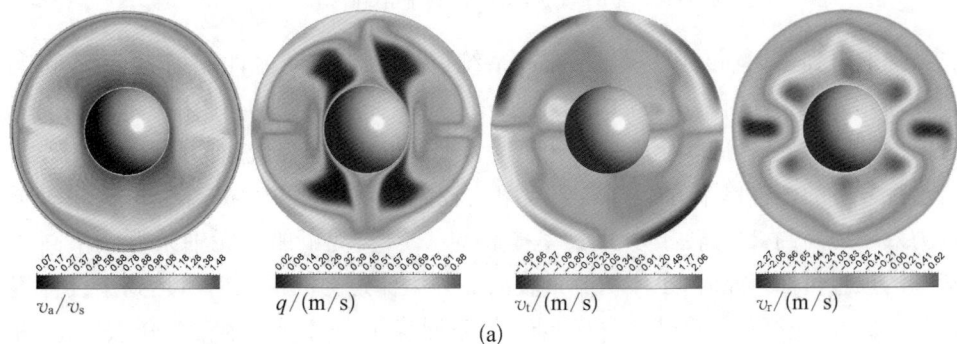

(a)

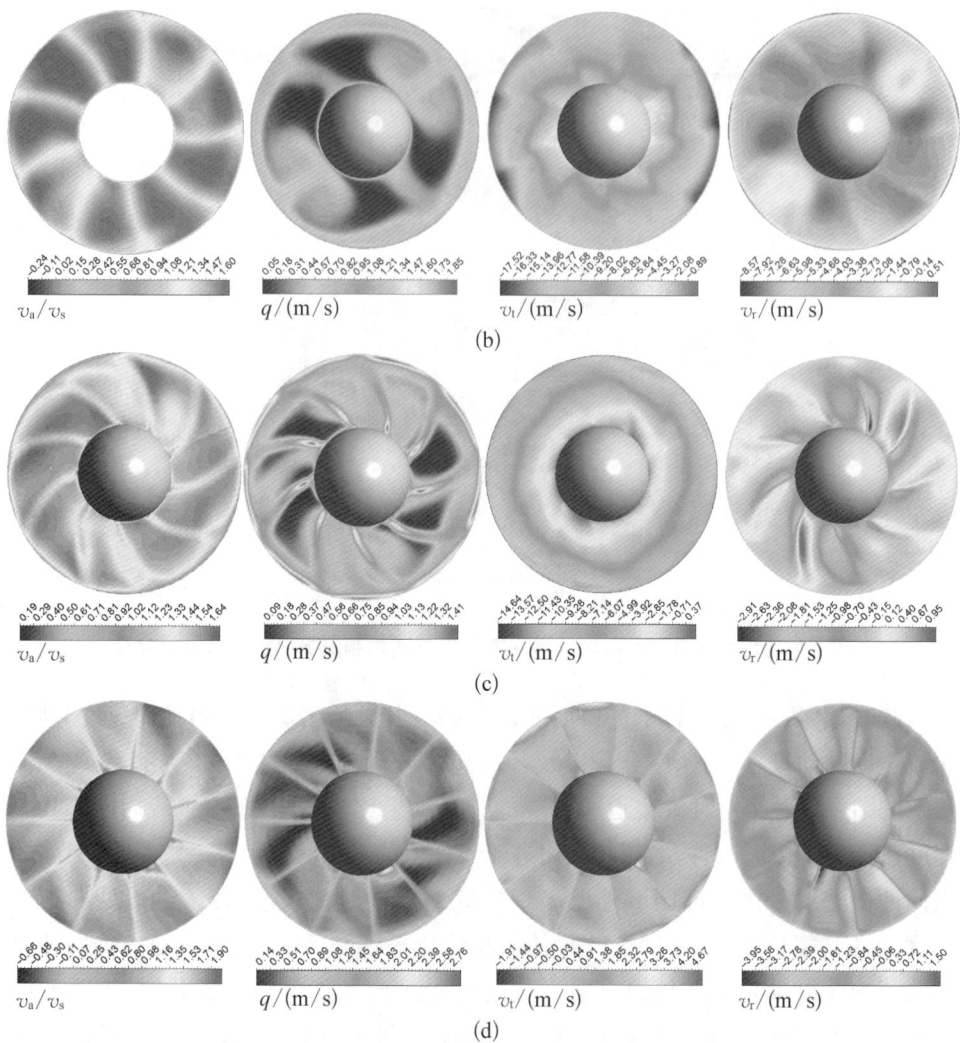

图 7.63　设计航速下第二种大流道内置无轴泵喷特征截面处流场分布

(a) 泵喷进口面；(b) 转子进口面；(c) 转子出口面；(d) 泵喷出口面

　　提取得到该无轴泵喷系统的推进系统以及泵流体动力性能如表 7.23 和表 7.24 所示。表中同时给出了内置双小泵以及第一种大流道对应的内置单大泵推进方案的计算结果。可知，无论是设计航速为 12 kn 还是巡曳航速为 6 kn，第二种大流道配置下的内置单泵方案总推力效率均较内置双小泵方案提高约 3%，同时泵水力效率提高约 2%，转子水力效率提高约 1%，实现了船后无轴泵喷效率高达 85% 的理想目标。此时，泵体积流量较第一种大流道提高约 6.8%，达到了设计流量的 98.3%，正好位于最佳效率点 BEP 的略近前方，属于理想实际工作点位置，表明汇聚式流道支管特征直径的改变完全达到了预期设计目标。与第一种大流道相比,尽管推力效率下降了约 7%,但泵水力效率提高了约 12%,转子叶片空化性能有所提升,泵进口来流的周向不均匀度几乎减半,且轴向正则度系数明显提升,出口不均匀度也显著减小,将极大减小泵喷非定常力幅值和低频线谱噪声,对无轴泵喷综合性能的提升大为有利。并且,两种大流道对应的潜器阻力均比内置双小泵方案的扁平式尾部结构阻力更小,既有利于提升推力效率,也有利于改善潜器操纵性能,值得在后续工程应用中予以推广。

表 7.23　第二种大流道内置单无轴泵喷系统推进性能

对　象	航速 /kn	总推力 /kN	总功率 /kW	总推力 效率/%	管道力 /kN	转子推 力/kN	定子推 力/kN	船体阻 力/kN	无水深时 有无空化
内置双泵小流道	12	51.62	596.74	53.4	−2.423	45.48	—	24.402	有
内置单泵流道一	12	58.66	565.935	63.98	−5.545	52.18	9.805	19.26	有
内置单泵流道二	12	52.12	569.073	56.54	−8.32	48.47	8.992	19.84	有
内置双泵小流道	6	12.46	73.7	52.19	−0.841	11.38	—	7.04	无
内置单泵流道二	6	12.67	70.17	55.71	−2.382	12.156	2.26	5.748	无

表 7.24　第二种大流道内置单无轴泵喷过流通道流体流动性能

对　象	航速 /kn	单泵流量 /(m³/s)	单泵扬 程/m	单泵效 率/%	单转子 效率/%	泵出口不 均匀度	泵进口 不均 匀度	进水流 道进 速比	流道正 则度
内置双泵小流道	12	5.623	4.502	83.05	88.92	0.157	0.137	0.727	0.993
内置单泵流道一	12	10.959	3.859	73.28	78.34	0.209	0.348	0.782	0.956
内置单泵流道二	12	11.781	4.193	85.12	90.02	0.127	0.152	0.818	0.993
内置双泵小流道	6	2.773	1.112	81.97	88.23	0.176	0.136	0.738	0.994
内置单泵流道二	6	5.795	1.036	83.88	89.17	0.145	0.146	0.831	0.994

7.7　舷侧外置式无轴泵喷降噪优化设计

在突破前文所述 600 kW 功率等级无轴泵喷水力模型设计和二分支汇聚式进水流道高品质设计关键技术的基础上,考虑当前 600 kW 功率等级集成电机本身设计与制造的难度,遵循上述最大程度减小泵喷进流不均匀度的思路,可以进一步探索将两小泵从舱内移至舷侧外部的方案,理论上能够进一步向均匀进流靠拢,摸清当前可行设计方案的降噪边界。

7.7.1　外置式无轴泵喷结构布置及其推进和空化性能数值预报

当前,国内外可供参照的舰艇尾部泵喷结构布置方案较少。除以"弗吉尼亚"级潜艇为代表的锥形艇尾轴驱动机械式泵喷主推及其可伸缩悬挂式无轴泵喷辅推外,泵喷的应用主要见著于试验模型和概念设计方案,如图 7.64 的水面舰船双轴泵喷推进、某水下潜器双无轴泵喷概念图、美军 SSLW(X)项目尾部外置式双无轴泵喷推进结构布置所示。可知,无论是水面还是水下应用,当泵喷外置时,泵喷导管应与船体固定连接,且推荐采用的连接方式是导管外壁面内嵌,而不是支柱连接;当泵喷内嵌时,船体壁面局部内凹,相当于简易进水流道,为泵喷提供进流,为保证结构强度,无轴泵喷导管外壁面的内嵌深度明显大于传统机械式泵喷。

参照上述结构布置可知,当双无轴泵喷外置时,可以选择将泵喷置于船尾原轴系驱动部位,也可以选择将泵喷悬挂于船后两侧。前者两泵导管通过中间挡板固连且与船体相连,构成支撑加强结构,而后者通过导管壁面内嵌构成支撑加强结构。前者的优点在于船尾布局横向不超过潜器平行中体尺寸,利于操纵;缺点在于泵喷进流直接位于潜器光体和尾翼附体的伴流场中,周向非均匀进流会降低泵喷效率、诱导空化初生、增加非定常力幅值以及辐射噪声量级,牺牲了泵喷性能,而且因无轴泵喷相对较重,给潜器配重带来了较大困难。后者的优点在于除船体边界层流区域外,泵喷进流几乎为均匀来流,不仅可以最大程度发挥泵喷效率、延迟空化初生且抑制低频线谱噪声,而且能够使船体重心前移,适当减缓配重压力;缺点在于一定程度上牺牲了航行操纵性能,并且因进流部位缺少阻挡,大尺寸海洋垃圾(如木头、渔网等)直接吸入泵体,易导致叶片缠绕,损坏集成电机,在该情况下,可以参照"弗吉尼亚"级潜艇无轴泵喷辅推的结构形式,在泵喷上游处增加可伸缩式网格挡板,以保证航行安全。从理论上看,外置方案中无论是置于船尾还是悬挂于两侧,当船体水平转向操纵时,内侧泵喷因进流不畅将极大抑制其水动力性能,导致此时整个系统的推进性能要弱于内置泵喷方案,根本原因为进水流道的存在使得船和泵在性能上几乎解耦,当进流流量状态参数变化较小时,泵性能几乎不受影响。

因此,总的来说,从集成电机维修与使用管理的角度来看,无轴泵喷推进宜采用外置式结构布置方案,并且,在效率、抗空化和噪声性能约束的牵引下,无轴泵喷宜优先采用舷侧外置式结构布置方案。为了最大限度地减小船尾布局总的横向尺寸,艇尾壳体仍应采用锥形结构,单泵推进时可采用圆锥形艇尾,双泵推进时可采用扁平式或者锥形艇尾。因无轴泵喷装配部位相对较为灵活,泵与尾翼附体之间相对解耦,为了充分保证泵的推进和噪声性能,无轴泵喷宜安装于尾翼上游部位。并且,为了避免泵喷高速出流引起尾翼壁面局部空化,宜将泵喷与尾翼在横向和垂向方位上错开布置。

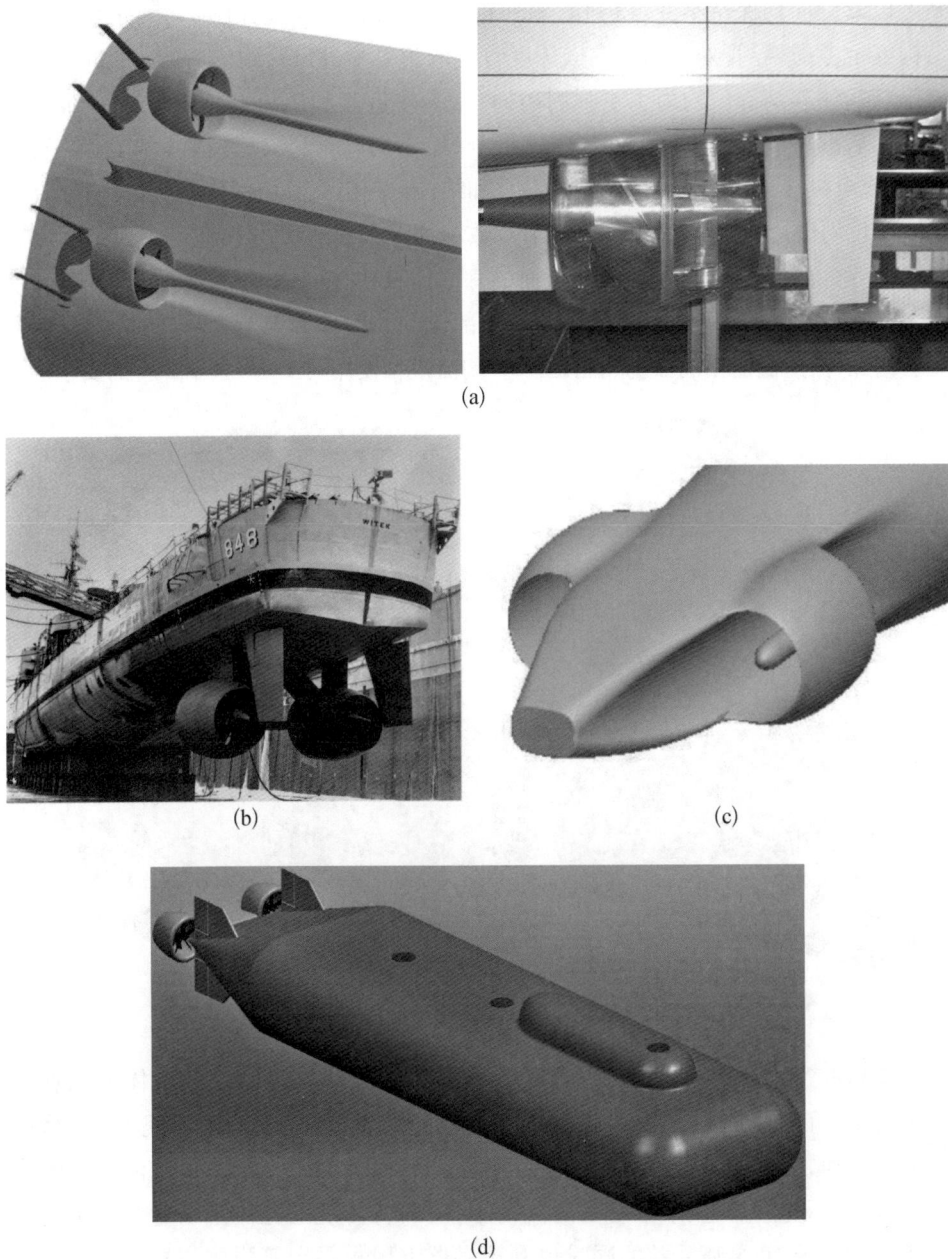

(a)

(b)　　　　　　　　　　　　　　　(c)

(d)

图 7.64　水面与水下外置泵喷典型结构布置

（a）水面舰船双有轴泵喷推进（21 世纪）；（b）美军 USS Witek（DD‑848）驱逐舰双轴泵喷推进；
（c）潜器双无轴泵喷推进；（d）近水面潜艇战斗部双无轴泵喷推进

依据上述分析,将无轴泵喷本体平行移至潜器外部,泵喷进口轴向位置、垂向高度以及旋向均保持不变,得到舷侧外置式内嵌结构布置,如图 7.65 所示。出于结构安全考虑,导管外壁面的内嵌深度首先取为泵喷进口跨距的一半。此时,导管前缘与船体连结部位约为 1/4 圆周扇面角,泵喷进流和出流部位的船体局部适应性内凹后形成简易进水流道和出水流道,以最小化进流和出流阻碍。泵喷转子、定子、集成电机转子环以及气隙的几何参数和结构化网格离散均保持不变,泵喷进流与出流部位均进行网格加密处理,网格节点数增加至 1 430 万个,网格最小正则度保持0.25 不变,再次得到潜器及导管外壁面的六面体结构化网格以及设计航速下特征壁面 Y^+ 值分布如图 7.66 所示。因壁面连结部位的几何参数细节处理,网格离散难度显著增加,但壁面网格离散仍然满足 SST 湍流模型使用时 Y^+ 不大于 300 的要求。

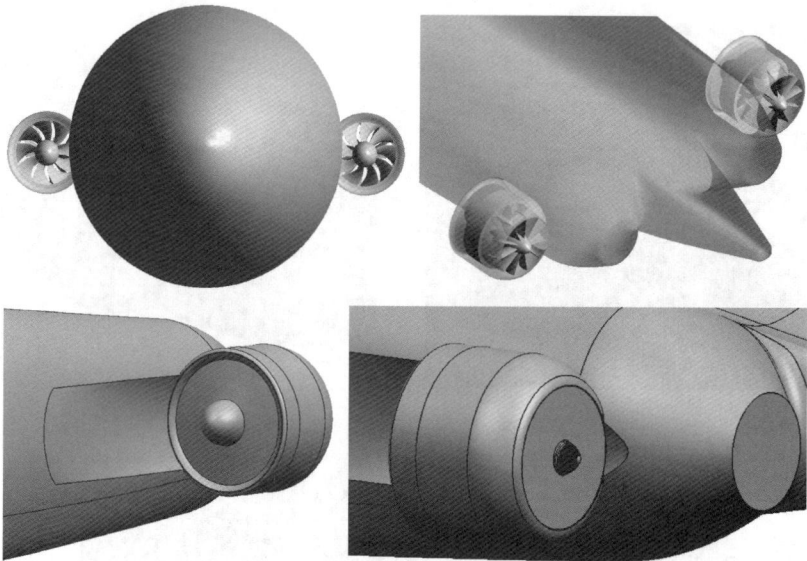

图 7.65　舷侧外置式双无轴泵喷几何结构布置

计算得到的设计航速为 12 kn 时外置式无轴泵喷推进系统的整体流动如图7.67 所示,可知,泵喷进流几乎来自潜器侧向区域,而潜器上、下方壁面外的流体很少被吸入到泵体,相当于泵喷进流除受潜器侧壁面类似于平板边界层流的进流影响外,几乎不受潜器上、下方壁面的流动干扰,即将传统围壳伴流场对螺旋桨的影响降到了最低,使泵喷受益的同时也利于潜器上甲板平台等附体布置。除定子毂涡区域外,泵喷出流几乎为轴向流束。因潜器壁面的附着影响,泵喷出流内侧局部区域与潜器尾流混合后出现低速区,表明两旁侧体可进一步减小直径,以减小流动干扰。此时,两舷泵喷进口面的轴向速度和湍流速度脉动量分布如图 7.68 所示,可知,周向与径向非均匀程度均非常小,绝大部分区域的径向速度分量接近于零,仅有近壁面局部区域受到艇体边界层流影响。依据等效平板边界层流厚度的计算表达式

$$\delta = 0.035 L Re_L^{-1/7} \tag{7.8}$$

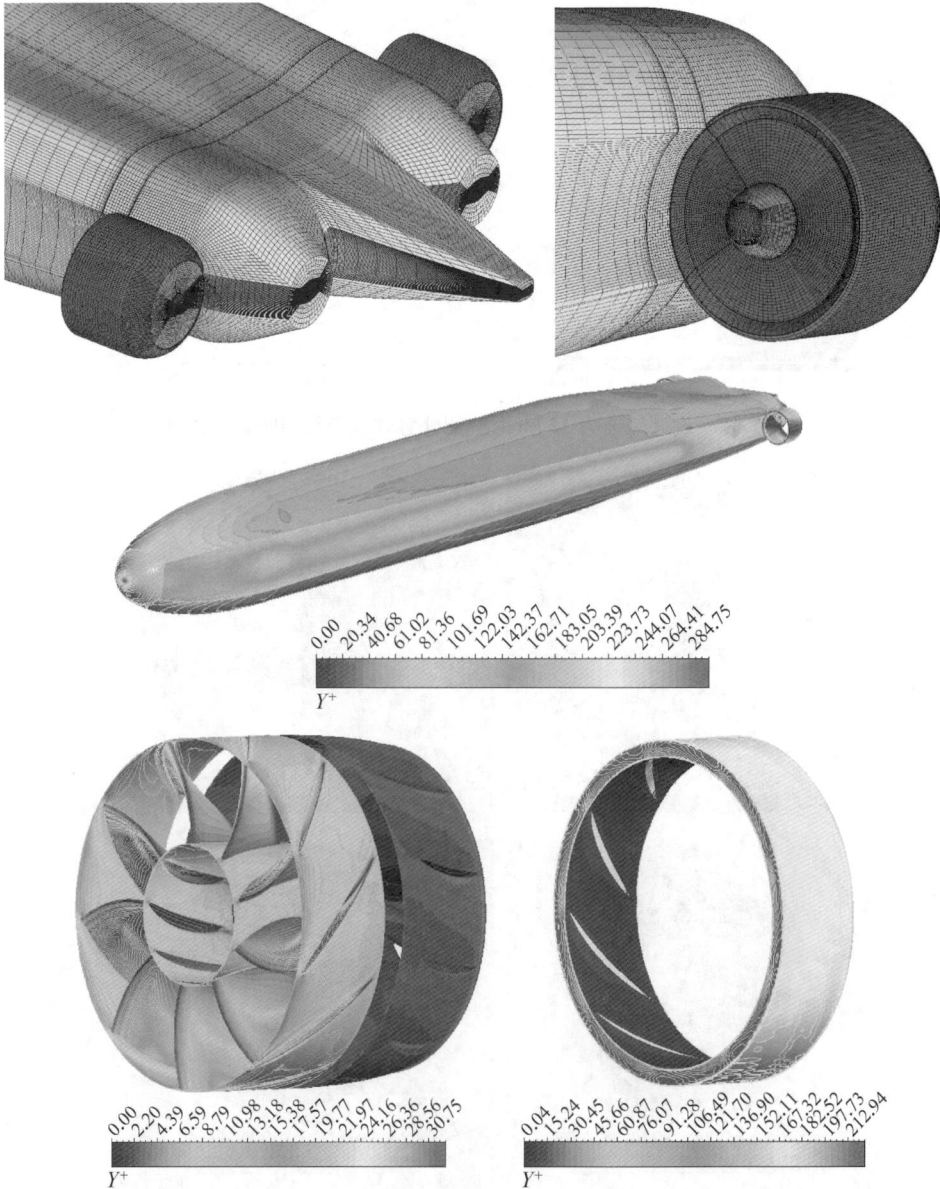

图 7.66　潜器尾部外壁面全结构化网格离散以及航速为 12 节时特征壁面 Y^+ 值分布

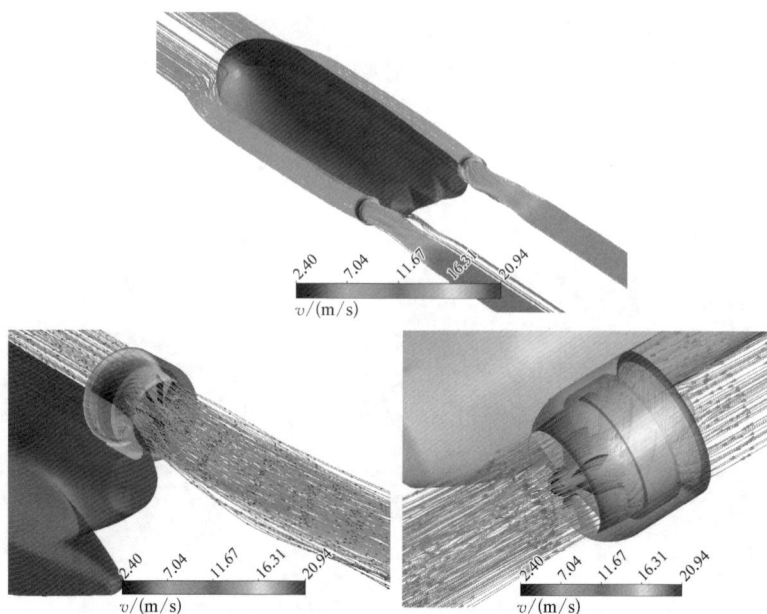

图 7.67　设计航速为 12 kn 时舷侧外置式双无轴泵喷速度流线

图 7.68　航速为 12 kn 时舷侧外置式双无轴泵喷进流特征

式中，L 为特征长度；Re_L 为基于特征长度的雷诺数。可得泵喷进口轴向位置处的边界层厚度为 79.44 mm，约占进口跨距的 1/4，与湍流速度脉动量分布可以很好地对应起来，由此可以间接说明数值计算的合理性。从进口轴向速度分布仅有局部区域受到小扰动来看，泵喷水动力性能相比于敞水性能而言不会有明显下降。

计算得到的航速为 12 kn 和 6 kn 时舷侧外置式双无轴泵喷的推进性能以及流动参数如表 7.25 和表 7.26 所示，表中同时给出了内置式双泵方案的计算数据。可知，从内置改为外置后，泵流量略有减小，泵喷推力略有下降、功率略有增加，总功率达到 605.45 kW，略超过设计限额 600 kW。若期望维持功率不超载，则总推力几乎没有了安全余量，主要原因为泵喷导管阻力较原管道系统阻力略有增加。船体阻力略有增加，双泵系统的总推力效率为 51.65%，下降约 2%。泵扬程和水力效率均随流量减小而增加，转子水力效率达到 90%。泵出口轴向速度不均匀度减小，且进口轴向速度不均匀度显著减小。航速为 6 kn 时推进性能和流动参数相对于内置泵喷的变化规律基本与设计航速相同；航速下降一半，泵体水力效率仅下降约 1%。总推力效率仍满足不低于 0.5 的设计要求，但考虑计算误差后几乎没有了安全余量。

表 7.25　舷侧外置式双无轴泵喷推进性能

对象/航速	左泵推力/kN	右泵推力/kN	总推力/kN	左泵功率/kW	右泵功率/kW	总功率/kW	总推力效率/%	左管道力/kN	右管道力/kN	左转子推力/kN	右转子推力/kN	船体阻力/kN
内/12 kn	25.59	26.03	51.62	297.81	298.93	596.74	53.4	−1.142	−1.281	22.66	22.82	24.402
外/12 kn	25.43	25.23	50.66	302.37	303.08	605.447	51.65	−1.931	−2.106	23.391	23.472	25.88
内/6 kn	6.18	6.29	12.46	36.79	36.91	73.7	52.19	−0.403	−0.438	5.67	5.71	7.04
外/6 kn	6.157	6.075	12.232	37.355	37.489	74.845	50.44	−0.579	−0.687	5.827	5.896	7.46

表 7.26　舷侧外置式无轴泵喷过流通道流体流动性能

对象/航速	左泵流量/(m³/s)	右泵流量/(m³/s)	左泵扬程/m	右泵扬程/m	左泵效率/%	右泵效率/%	左转子效率/%	右转子效率/%	左泵出口不均匀度	右泵出口不均匀度	左泵进口不均匀度	右泵进口不均匀度
内/12 kn	5.644	5.623	4.462	4.502	82.92	83.05	88.88	88.92	0.164	0.157	0.136	0.137
外/12 kn	5.581	5.574	4.682	4.737	84.75	85.44	89.91	90.39	0.129	0.129	0.038	0.037
内/6 kn	2.783	2.773	1.102	1.112	81.76	81.97	88.2	88.23	0.178	0.176	0.135	0.136
外/6 kn	2.769	2.746	1.15	1.169	83.59	84.01	89.21	89.59	0.139	0.146	0.029	0.033

设计航速为 12 kn 时，无轴泵喷转子叶片以及电机转子环壁面的压力分布如

图 7.69 所示。与内置泵喷比较可知,原进水流道近壁面对旋涡管诱导产生的转子叶片低压区已经得到明显抑制,仅剩下各叶片导边近叶梢处局部低压,因前文已经由空化多相流数值模拟证明临界水深为 15 m 时该低压不会产生空化,即从内置改为外置方案布置后,无轴泵喷的抗空化性能有所增强,临界水深可以有所减少。综合推进和空化性能的分析可知,从内置双无轴泵喷改变为舷侧外置式双无轴泵喷后,泵喷流量略有减小,推力效率略有下降,但仍满足设计输入要求,只是占据了安全余量,明显收益是泵喷水力效率略有增加、抗空化性能有所增强,而且泵喷进流不均匀度减小了一个量级,完全符合降噪改进设计的方向,若再结合集成电机维护便利的需求,不失为当前可行的一种较优推进方案选择。

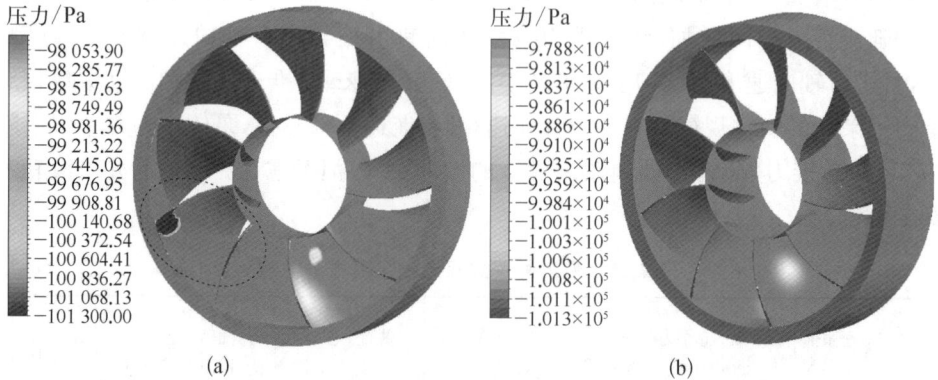

图 7.69   航速为 12 kn 时舷侧外置式双无轴泵喷转子叶片及电机转子环压力分布
(a) 内置泵喷,无水深,系统单相流模拟;(b) 外置泵喷,无水深,系统单相流模拟

7.7.2   内嵌深度和旋向对泵喷推进和空化性能的影响分析

舷侧外置式双无轴泵喷推进方案必须考虑结构安全问题,若导管外壁面的内嵌深度过小,可能造成导管严重变形,甚至出现无轴泵喷脱落的重大安全隐患,若内嵌深度足够保证结构安全且留有安全余量,是否会造成泵喷推进性能与空化性能显著下降,或者说与之配合的简易流道是否还能适应泵喷的进流与出流要求,成了需要解决的理论问题。

出于比较考虑,直接将无轴泵喷导管的内嵌深度由上述 1/2 跨距增加至 1 倍跨距,尽可能减小船尾布局的总体横向尺寸,此时导管外壁面连结船体的周向区域已近 1/2 导管前缘周长,简易流道几何形状的弧度已非常明显,如图 7.70 所示。潜器与泵喷的几何装配以及泵喷导管外壁面全结构化网格离散如图 7.70 所示,网格节点总数为 1 470 万个,略有增加。因导管和船体壁面交接处曲率变化复杂,网格划分难度增加,网格最小正则度达到 0.22,略有下降。

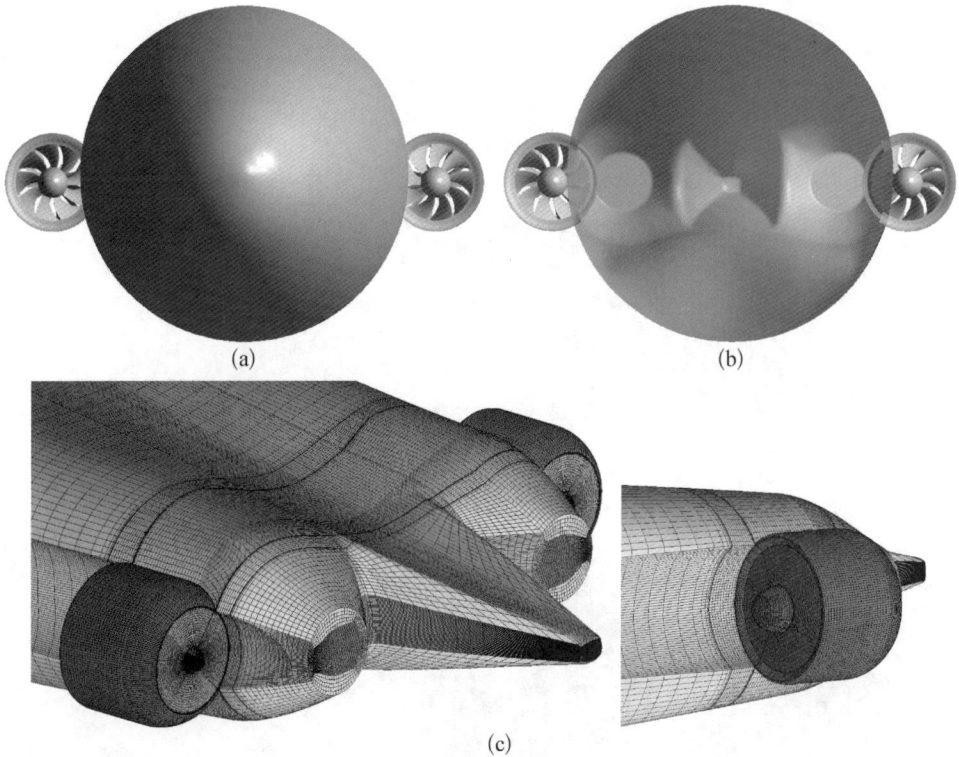

图 7.70　舷侧外置式双无轴泵喷导管外壁内嵌一倍跨距后几何装配与结构化网格

（a）内嵌 1/2 跨距；（b）内嵌一倍跨距；（c）壁面结构化网格离散

　　定常模拟得到的设计航速为 12 kn 时流经无轴泵喷的流体速度流线以及泵喷进口面的轴向速度分量、湍流速度脉动量和径向速度分量分布如图 7.71 所示，可知，因简易流道的适应性改变，泵喷整体流动并未受到明显干扰，进流依然顺畅，出流依然为轴向流束。内嵌深度增加一倍后，轴向速度中心区域向外压缩，并且上下方变化还表现出了不对称性，与转子旋向具有一定的关联性。湍动能集聚区随着内嵌深度增加也基本覆盖了一倍跨距的横向区间。此时，无轴泵喷转子进、出口面以及定子出口面处的特征流场分布如图 7.72 所示。与内嵌 1/2 跨距方案相比可知，内嵌深度增加一倍后，除转子进口面的湍动能集聚出现较为明显变化外，三个特征截面处的速度场分布没有明显改变，与理论分析结果一致。原因为泵喷进口处船体边界层流厚度仅为约 1/4 跨距，内嵌深度从 1/2 跨距增加至 1 倍跨距前后，泵喷进口的主要进流区都处于边界层流动区域以外，加上简易进水流道也适应性内凹，相当于泵喷进口壁面与边界层流体两者在横向上的相对位置并未发生改变，因此泵喷流体动力性能不会出现明显变化。

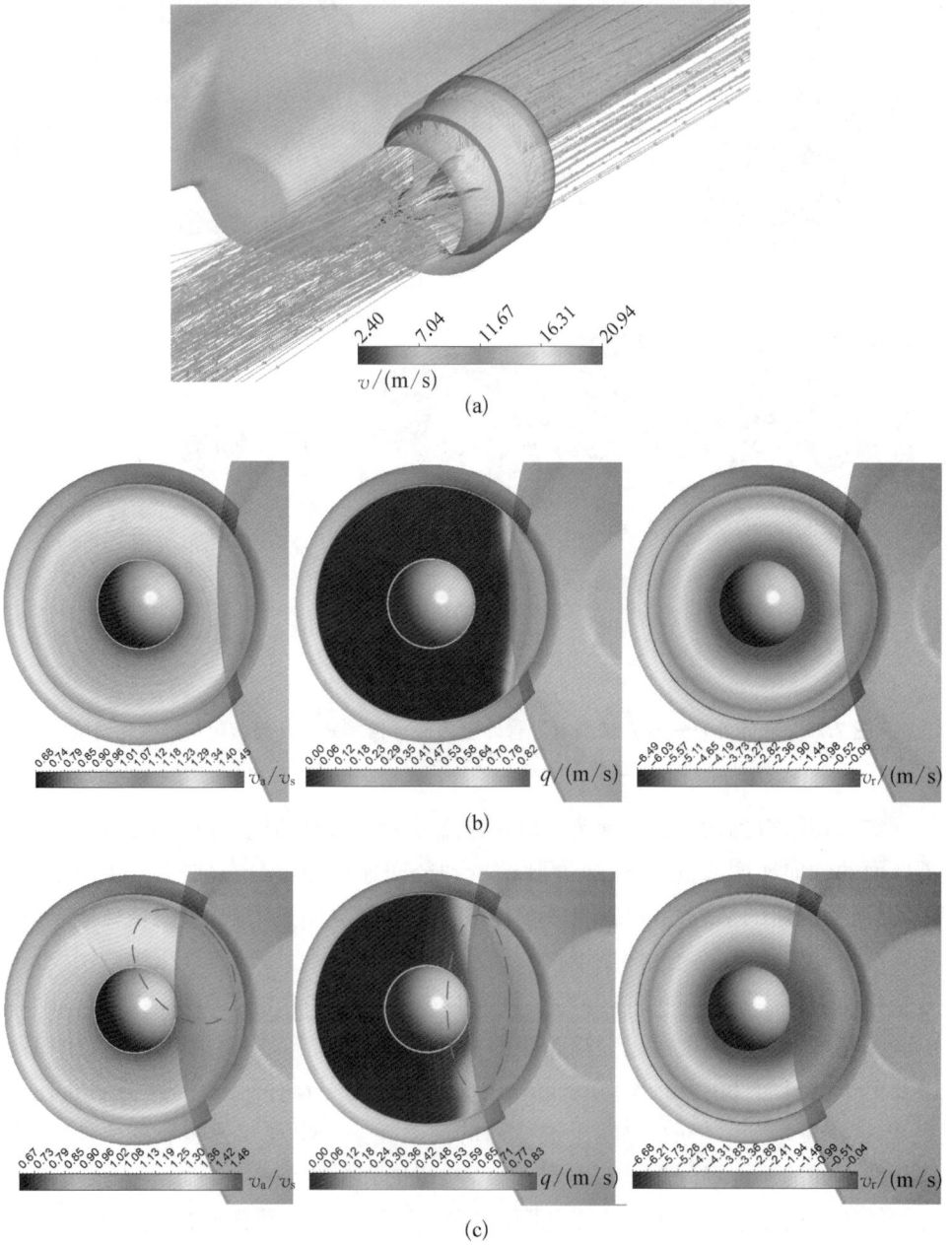

图 7.71 航速为 **12 kn** 时舷侧外置式双无轴泵喷进流特征

(a) 流径外置式无轴泵喷的速度流线；(b) 内嵌 1/2 跨距；(c) 内嵌 1 倍跨距

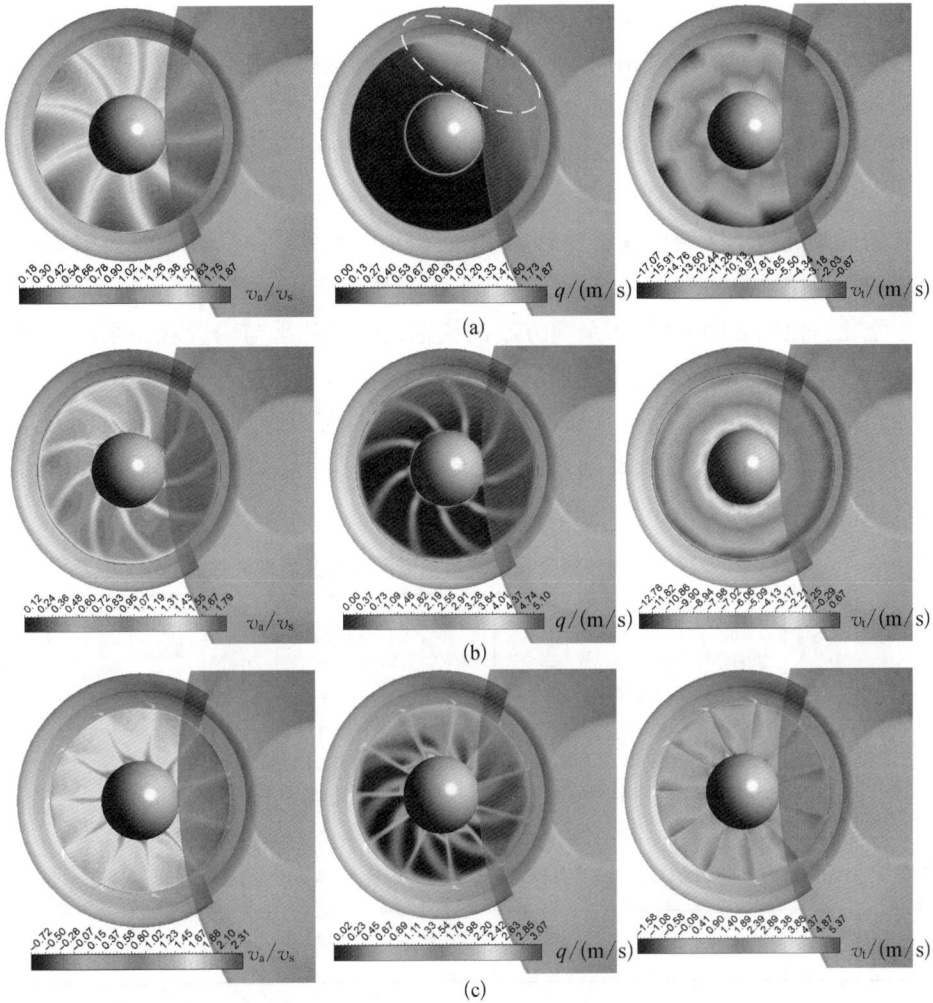

图 7.72　航速为 12 kn 时内嵌 1 倍跨距后无轴泵喷特征截面处流场特征分布
(a) 转子进口面；(b) 转子出口面；(c) 泵喷出口面

定量来看，设计航速为 12 kn 和巡曳航速为 6 kn 时该方案的推进性能以及泵流动性能参数如表 7.27 和表 7.28 所示。可知，内嵌深度增加 1 倍后，泵流量、扬程、水力效率以及转子水力效率均几乎不变，相当于泵喷工作点并未发生改变。泵喷进流和出流速度不均匀度均有所增加，与进流轴向速度分量改变对应。泵喷功率以及转子推力几乎不变，但由于泵喷外壁面与流体接触面积减小，使得导管壁面承受的流动阻力略有减小，进而总体上表现为泵喷产生推力略有增加，推力效率也随之略有增加。但是，该增加量还包含了两舷泵喷计算时出现的不平衡度因素。总体来看，两种方案无轴泵喷的推进性能差异约为 1%。此时，泵喷转子叶片以及电机转子环壁面的压力分布如图 7.73 所示，可知，局部低压区部位以及范围几乎与内嵌深度增加前的结果相同，泵喷抗空化性能没有明显变化。为了更加准确地衡量此时无轴泵喷的空化性能，再次采用改进 Sauer 空化模型，多相流模拟得到水深为 15 m 时泵喷转子的空化形态如图 7.74 所示，图中空化形态以水蒸气体积分数 $\alpha_v=0.1$ 这一最为严格的标准来捕捉。可知，除垂向上部的单个叶片吸力面导边近叶梢前缘处极小区域出现空化外（空化面积 1.59×10^{-5} m²，几乎可忽略不计），单相流模拟结果中出现的局部低压区在水深静压力作用下已经完全被抑制，并未产生空化。由此表明，外置双泵喷方案的抗空化性能几乎与内置双小泵以及均匀来流条件下等同，内置结构布置中的真实进水流道以及舷侧外置结构中的简易进水流道都很好地起到了改善泵喷进流品质的作用。航速为 6 kn 时，泵喷推力以及推力效率仍满足设计输入要求，并且安全余量同样比较小，泵喷水力效率约为 84%，转子水力效率约为 89%，较设计航速下降约 1%。

表 7.27　舷侧外置式无轴泵喷内嵌深度改变后推进性能

对象/航速	左泵推力/kN	右泵推力/kN	总推力/kN	左泵功率/kW	右泵功率/kW	总功率/kW	总推力效率/%	左管道力/kN	右管道力/kN	左转子推力/kN	右转子推力/kN	船体阻力/kN
1/2 跨距/12 kn	25.43	25.23	50.66	302.37	303.08	605.447	51.65	−1.931	−2.106	23.391	23.472	25.88
1 倍跨距/12 kn	26.056	26.063	52.12	299.682	303.332	603.014	53.35	−1.133	−1.209	23.491	23.498	25.217
1/2 跨距/6 kn	6.157	6.075	12.232	37.355	37.489	74.845	50.44	−0.579	−0.687	5.827	5.896	7.46
1 倍跨距/6 kn	6.21	6.24	12.45	37.582	37.404	74.985	51.25	−0.441	−0.482	5.835	5.853	7.459

表 7.28　外置式无轴泵喷内嵌深度改变后过流通道流体流动性能

对象/航速	左泵流量/(m³/s)	右泵流量/(m³/s)	左泵扬程/m	右泵扬程/m	左泵效率/%	右泵效率/%	左转子效率/%	右转子效率/%	左泵出口不均匀度	右泵出口不均匀度	左泵进口不均匀度	右泵进口不均匀度
1/2 跨距/12 kn	5.581	5.574	4.682	4.737	84.75	85.44	89.91	90.39	0.129	0.129	0.038	0.037
1 倍跨距/12 kn	5.579	5.571	4.722	4.731	86.2	85.21	91.29	90.18	0.133	0.133	0.048	0.046
1/2 跨距/6 kn	2.769	2.746	1.15	1.169	83.59	84.01	89.21	89.59	0.139	0.146	0.029	0.033
1 倍跨距/6 kn	2.771	2.76	1.154	1.155	83.46	83.62	89.08	89.25	0.144	0.148	0.034	0.034

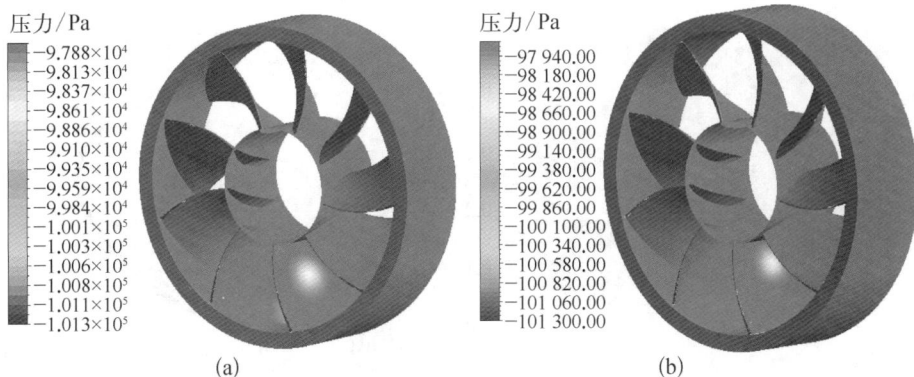

图 7.73　航速为 12 kn 时外置双无轴泵喷转子及电机转子环压力分布
（a）内嵌 1/2 跨距，无水深，系统单相流模拟；（b）内嵌 1 倍跨距，无水深，系统单相流模拟

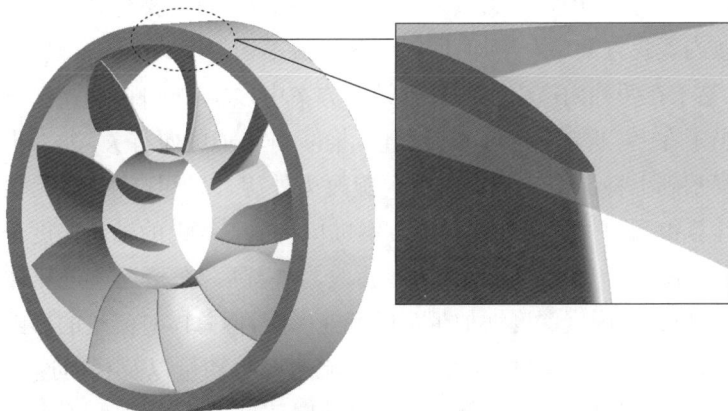

图 7.74　水深为 15 m、航速为 12 kn、内嵌 1 倍跨距时外置双无轴泵喷转子空化形态

　　为了定量阐述内嵌深度增加后对泵喷轴向进流的影响，取泵喷进口处特征直线上的轴向速度分量进行比较，如图 7.75 所示。可知，在内嵌深度增加后，近船体壁面处的轴向速度有所减小，近桨毂中心处的速度不受影响，与轴向速度分量分布云图一致，也与流量略有减小对应。因泵工作点主要受控于流量，或者说受控于质量流量平均速度，而对局部速度的改变并不敏感，所以积分力性能并不会发生明显改变，这也是泵推与桨推的差异性之一。

　　综合考虑无轴泵喷推进性能、泵内流体流动性能、空化性能以及结构强度安全后，导管外壁内嵌 1 倍跨距深度的舷侧外置式双无轴泵喷推进方案可以作为外置结构布置的首选方案。设计航速为 12 kn 时无轴泵喷总推力约为 52 kN，总功率约为 603 kW，推力效率考虑 2% 的计算误差后不低于 0.5；航速为 6 kn 时总推力约为

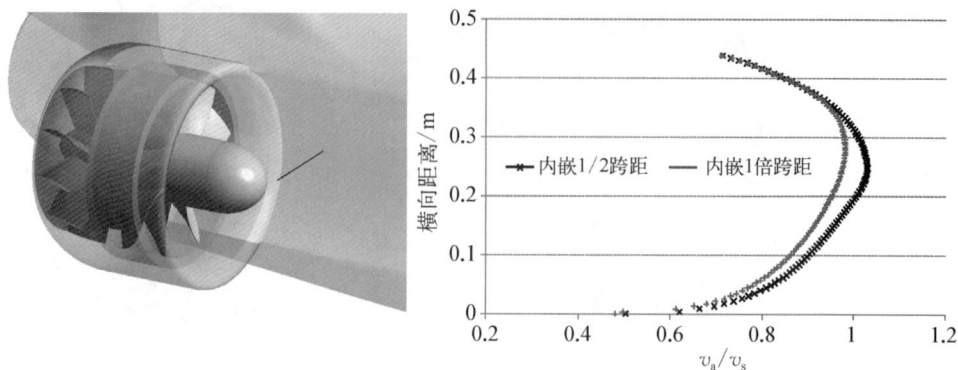

图 7.75　航速为 12 kn 时外置式无轴泵喷进口特征直线轴向速度分布

12 kN，总功率约为 75 kW，推力效率约为 0.5。临界水深依然保持 15 m 不变，且抗空化裕度较内置式方案略有增加，同时泵喷进流不均匀度减小一个量级。

此外，鉴于在两种内嵌深度的外置结构方案中，泵喷进口面湍流速度脉动量分布都表现出了在上、下方一定的非对称性，推断与转子旋向有关，进一步在内嵌一倍跨距方案基础上将泵喷转子旋向由内旋改为外旋，以评判旋向对无轴泵喷性能的影响。计算得到的外置式外旋双泵方案进口特征直线上的轴向速度分布与内旋方案的比较如图 7.76 所示。可知，从内旋改为外旋后，在稍远离近船体壁面的进流区，旋向可以减缓内嵌深度增加带来的减速影响，但总体对流量的影响依然非常小。此时，泵喷进口面的轴向速度分量、湍流速度脉动量以及径向速度分量分布如图 7.77 所示。可知，旋向改变不仅使得轴向速度分布中高速区从在左下方集聚移至左上方，而且使得湍动能的横向集聚区间减小，有利于少量改善泵喷进流品质。

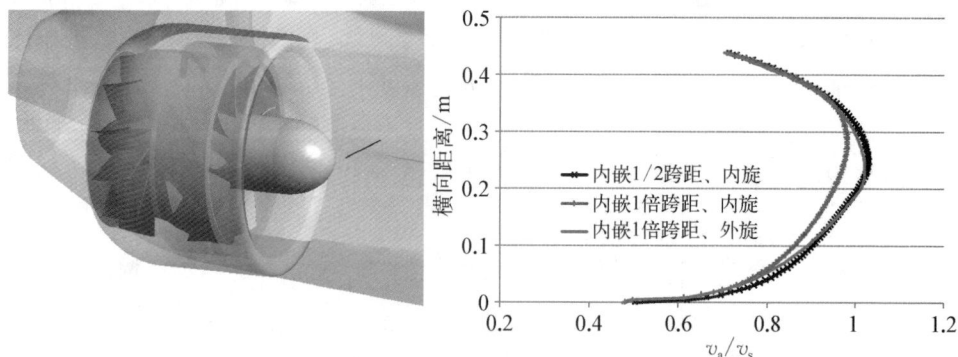

图 7.76　航速为 12 kn 时外置式双无轴泵喷方案进口特征直线处轴向速度分布比较

$$v_a/v_s \qquad q/(\mathrm{m/s}) \qquad v_r/(\mathrm{m/s})$$

(a)

(b)

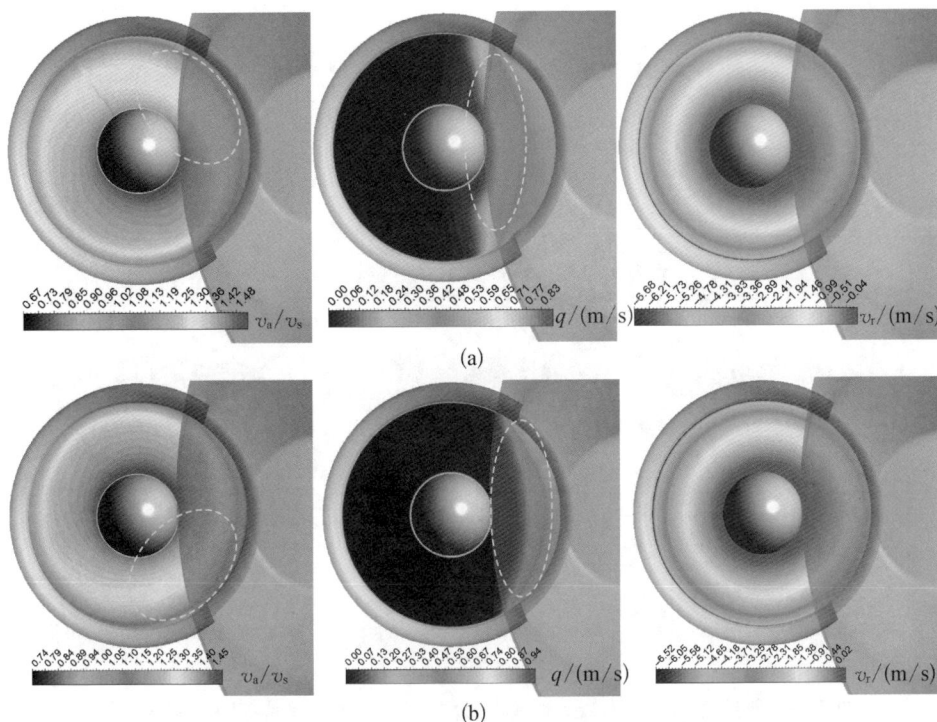

图 7.77　航速为 12 kn 时外置双泵喷外旋时进口面特征流场与内旋比较

(a) 内嵌 1 倍跨距、内旋；(b) 内嵌 1 倍跨距、外旋

　　此时，该方案在设计航速下的其他特征截面流场特征分布如图 7.78 所示，与内旋方案比较可知，转子进口面的非对称分布湍动能集聚区从右上方移至右下方，与轴向速度非对称分布变化相对应。泵喷出口依然具有极小的周向速度分量，除毂涡区出现湍流速度脉动量集聚外，主射流区的脉动速度分量非常小。转子叶片以及电机转子环壁面的压力分布如图 7.79 所示，可知，低压区部位及范围基本与内旋方案相同，抗空化性能没有明显变化。

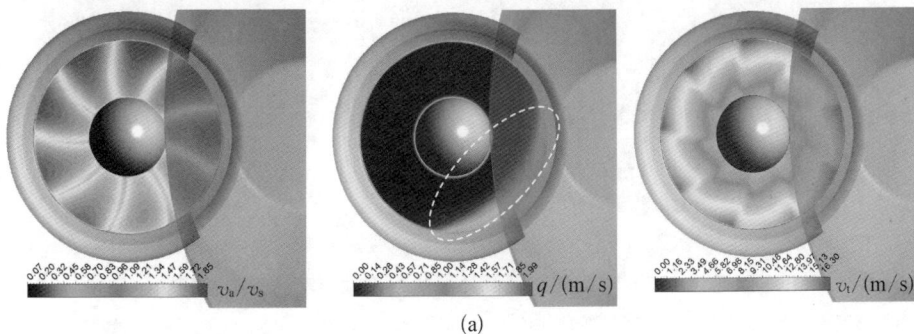

$$v_a/v_s \qquad q/(\mathrm{m/s}) \qquad v_r/(\mathrm{m/s})$$

(a)

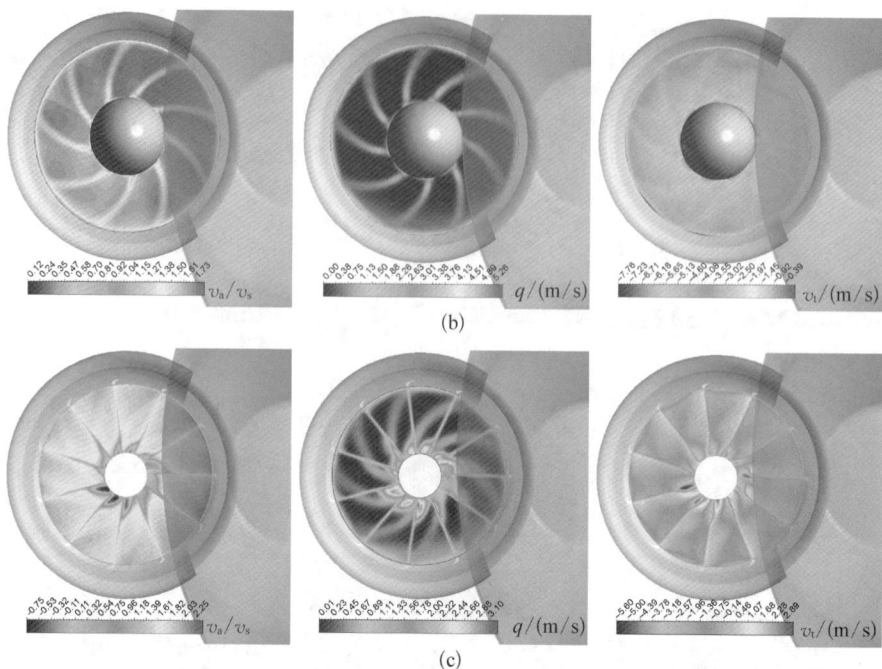

图 7.78 航速为 12 kn、内嵌 1 倍跨距、外旋时双无轴泵喷特征截面流场特征

(a) 转子进口面；(b) 转子出口面；(c) 泵喷出口面

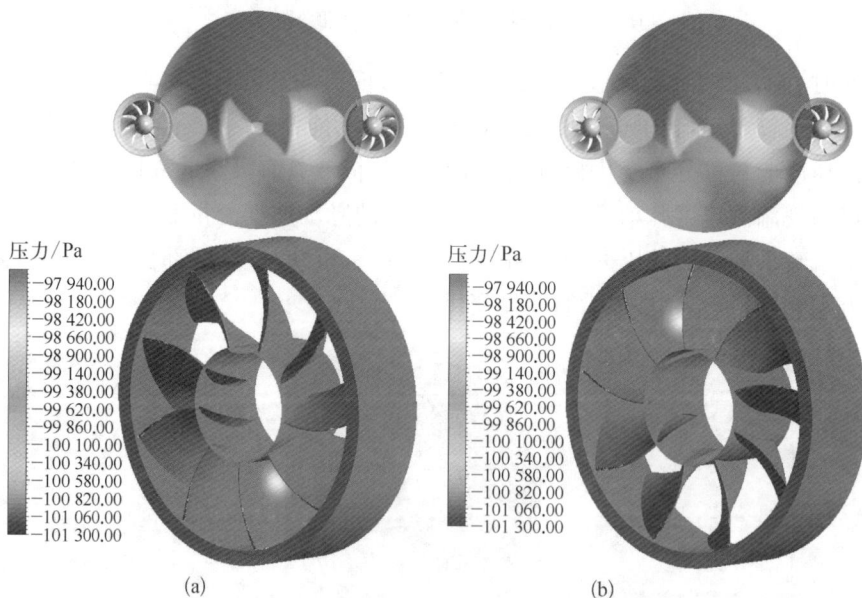

图 7.79 航速为 12 kn 时旋向对舷侧外置式双无轴泵喷转子壁面压力的影响

(a) 内嵌 1 倍跨距、内旋，无水深，系统单相流模拟；(b) 内嵌 1 倍跨距、外旋，无水深，系统单相流模拟

改为外旋布置后,计算得到的设计航速为 12 kn 时的推进性能和流动参数如表 7.29 和表 7.30 所示。与内旋方案比较可知,泵流量、扬程和效率均基本不变,泵喷推力、功率以及推力效率也基本不变,泵水力效率维持在 85%,泵喷总推力效率仍能达到 0.5。泵进流不均匀度减小,出流不均匀度略有增加。从抑制泵喷非定常力的角度来看,外旋方案比内旋方案略优。

表 7.29　外置式无轴泵喷内嵌 1 倍跨距深度时旋向对推进性能的影响

对象	左泵推力/kN	右泵推力/kN	总推力/kN	左泵功率/kW	右泵功率/kW	总功率/kW	总推力效率/%	左管道力/kN	右管道力/kN	左转子推力/kN	右转子推力/kN	船体阻力/kN
内旋	26.056	26.063	52.12	299.682	303.332	603.014	53.35	−1.133	−1.209	23.491	23.498	25.217
外旋	25.94	25.93	51.86	301.954	303.092	605.045	52.91	−1.3	−1.503	23.384	23.486	25.46

表 7.30　外置式无轴泵喷内嵌 1 倍跨距深度时旋向过流通道流体流动性能的影响

对象	左泵流量/(m³/s)	右泵流量/(m³/s)	左泵扬程/m	右泵扬程/m	左泵效率/%	右泵效率/%	左转子效率/%	右转子效率/%	左泵出口不均匀度	右泵出口不均匀度	左泵进口不均匀度	右泵进口不均匀度
内旋	5.579	5.571	4.722	4.731	86.2	85.21	91.29	90.18	0.133	0.133	0.048	0.046
外旋	5.581	5.573	4.678	4.721	84.79	85.14	89.94	90.02	0.136	0.136	0.038	0.039

综上所述,将舷侧外置式泵喷导管的外壁面内嵌深度增加至 1 倍跨距后,双泵内旋与外旋两种结构布置的推进性能以及泵流体流动参数的差异均非常小,都能满足设计航速和巡曳航速下的推力、功率和效率设计要求,效率能够达到 50%,但功率余量已经非常小。外旋方案的泵喷进流速度不均匀度相对更小,进流品质略优,可以成为首选方案。若集成电机在两侧悬挂安装时对旋向有更优选择,那么泵喷转子的旋向设置应与之对应,其对泵喷本身的推进性能影响可以忽略不计。

7.7.3　外置式无轴泵喷非定常力控制及设计建议

在前文基础上,针对潜器-舷侧外置式双无轴泵喷全系统(导管外壁面内嵌 1 倍跨距、双泵内旋)计算分析航速为 6 kn 时的非定常力性能,以定量评估无轴泵喷低频线谱噪声的降噪边界。计算对象取为真实全系统而非简化处理的原因如下:因缺少真实进水流道,如果仍然简化针对无轴泵喷单系统,则需要在泵喷进口前方增加等效直管流道,以替代全系统对象中的简化进水流道。在该计算方法中,虽然等效直管流道进口处的进流速度分布可以在全系统计算结果中提取,非常真实,但是从直管进口到泵喷进口过渡区的边界层流动发展规律将有别于真实潜器外壁面的边界层流发展,进而直接改变泵喷进流,影响泵喷受力。依据分析经验,对于辐射噪声数值计算而言,该简化处理思路属于直接影响推进器进流的顶层因素方面,不宜采用。此外,尽管还可以直接取潜器中后部-外置双泵喷计算域作为分析对象,并且利用横向截面的非均匀轴向速度分布,可以一定程度减小网格计算量,但潜器中后部的静止域需要重新进行结构化网格离散,并且需要定量判断简化处理后对泵喷核心噪声源部件受力的影响,加上网格数量减小程度确实有限,所以,在计算条件允许的情况下直接针对真实全系统进行分析更加具有说服力。

SAS模拟时迭代时间步同样取为 $5×10^{-4}$ s,对应每步转动 0.495°。非定常计算得到的右舷侧无轴泵喷推力和功率的时域与频域曲线如图 7.80 所示。此时,泵喷均值推力为 6.167 kN,均值功率为 37.461 kW,与潜器-外置双无轴泵喷全系统定常计算结果之间的偏差分别为 −1.17% 和 0.15%,再次阐明了前述分析计算结果的有效性。需要说明的是,泵喷总推力时域曲线中 9 个波峰幅值还存在一定的脉动,其周期性不如内置双泵转子轴向力一样优秀的原因如下:外置后泵喷总推力包含导管外壁面部件,外壁面直接处于潜器边界层流动区域内,外壁面脉动受力并不具有周期性,直接导致叠加后的泵喷总推力在波峰幅值上会表现出一定的非周期性。泵喷功率因只涉及转子叶片和电机转子环受力,周期性明显比总推力更好。无论是泵喷推力还是功率,均以叶频线谱为主,尤其明显的是,与内置双泵方案相比,一阶非定常力幅值下降了一个量级,实现了泵喷一阶轴向非定常力与时均推力比值达到 1‰ 的优秀设计目标,甚至比课题组目前正在试验测量的潜艇泵喷 2‰~5‰ 的正常水平还要好,十分令人鼓舞。

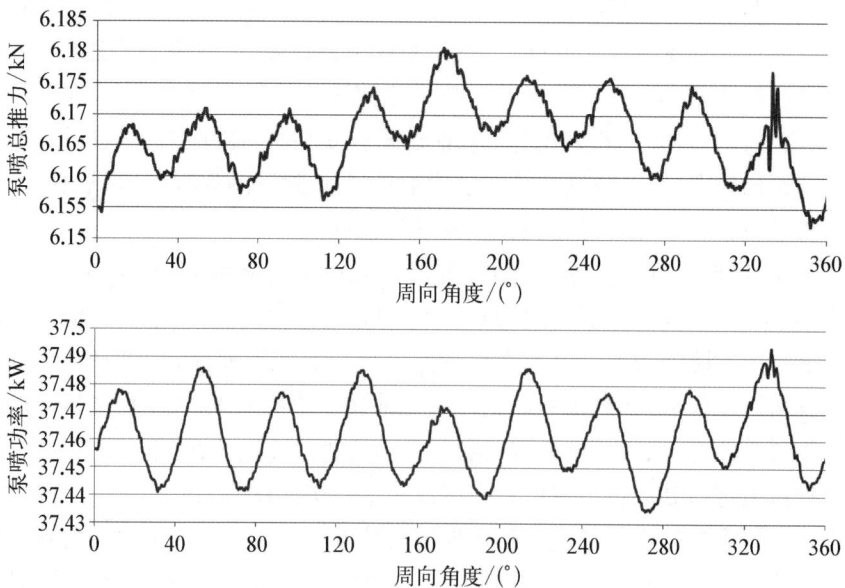

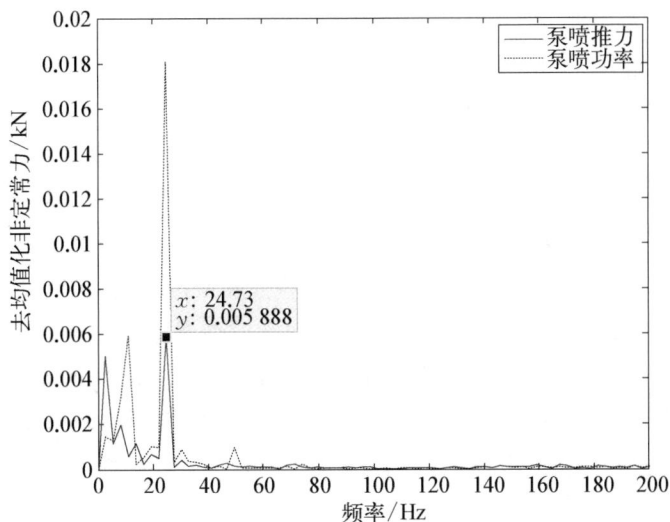

图 7.80　航速为 6 kn 时舷侧外置式双无轴泵喷轴向推力和功率脉动

再次采用非定常力紧致声源的经验公式估算方法,同样取特征临界频率为 250 Hz,高于 250 Hz 按每倍频程下降 10 dB 处理,可得航速为 6 kn 时无轴泵喷的辐射噪声谱曲线,10 Hz～4 kHz 频带内外置泵喷总噪声比内置双泵方案减小 6.6 dB,降噪收益明显,尤其值得采用。

7.8　本章小结

针对潜器低速、重载型无轴泵喷推进应用,在尺寸限制、功率限额、推力和效率需求、空化性能和噪声性能预期指标的要求下,设计完成了内置式双无轴泵喷推进、内置式单无轴泵喷推进以及舷侧外置式双无轴泵喷推进方案,定性与定量分析、比较了不同方案的优势与不足,突破了 300 kW 功率等级和 600 kW 功率等级无轴泵喷水力模型设计、短矮型单个进水流道参数化设计、二分支汇聚式进水流道参数化设计、内置和外置泵喷与艇尾结构的匹配性设计、艇尾无轴泵喷系统推进、空化、非定常力和辐射噪声的数值预报等关键技术,给无轴泵喷的工程应用扫清了除集成电机设计与制造本身外的主要技术障碍。主要结论如下:

(1) 内置式双无轴泵喷推进系统方案。泵喷敞水水力效率为 88.58%,船后泵效率为 83%,设计航速为 12 kn、转速为 330 r/min 时,双泵总推力为 51.62 kN,总功率为 596.74 kW,推力留有约 7% 的安全余量,巡曳航速为 6 kn、转速为 165 r/min时,总推力为 12.46 kN,总功率为 36.91 kW,推力留有约 3% 的余量,两个航速下推力效率均满足高于 50% 的设计指标。水深大于 15 m 时,全航速范围内无空化产生,满足几何参数限制、推力需求、功率限额和效率考核指标要求,且空化裕度实现了最大化。航速为 12 kn 时,泵喷转子一阶轴向非定常力与时均力的比值为 10.51‰,一阶侧向非定常力与时均力的比值为 13.68%;航速为 6 kn 时转子一阶轴向非定常力与时均力的比值为 7.29‰,一阶侧向非定常力与时均力的比值为 19.13%。泵喷推力和功率脉动均以叶频线谱为主,无轴泵喷轴向下游测点的噪声以叶频线谱噪声为主,正横舷侧方测点以二阶叶频线谱噪声为主,轴向噪声略高于正横方向。声学边界元方法与紧凑式脉动力源半经验公式预报无轴泵喷总声级之间的偏差小于 3 dB,达到了相互校核的效果。通过两次改变进水流道进口截面型线以及改变泵喷转子与定子叶片数,以牺牲设计航速下总推力约 5% 的安全余量且空化性能有所降低为代价,巡曳航速下无轴泵喷一阶轴向非定常力与时均力的比值减小至 4.18‰,叶频线谱噪声谱级降低 2 dB,10 Hz~4 kHz 频带内总噪声降低约 2 dB。

(2) 内置式单无轴泵喷推进系统方案。设计航速为 12 kn 和巡曳航速为 6 kn 时总推力效率均较内置双泵方案高约 3%,泵水力效率提高约 2%,船后泵效率达到 85%,泵进口来流的周向不均匀度几乎减半,轴向正则度系数明显提升,出口不均匀度显著减小,利于减小泵喷非定常力幅值和低频线谱噪声,潜器阻力减小,有利于提升推力效率、改善潜器操纵性能。

(3) 舷侧外置式双无轴泵喷推进方案。船后泵水力效率维持在 85%,在满足推力需求和功率限额的条件下泵喷总推力效率仍能达到 0.5。与内置双泵方案相比,泵喷抗空化性能有所增强,泵喷进流不均匀度减小了一个量级,符合降噪改进设计的方向。将导管外壁面的内嵌深度从 1/2 倍跨距增加至 1 倍跨距后,内旋与外旋两种结构布置的推进性能以及泵流体流动参数差异非常小,都能满足设计指标要求,但功率余量非常小,且外旋时泵喷进流不均匀度相对更小,进流品质略优,可以成为首选方案。内嵌 1 倍跨距、外旋时,泵喷一阶轴向非定常力与时均推力的比值达到 1‰ 的优秀设计目标,10 Hz~4 kHz 频带内泵喷总噪声比内置双泵方案减小 6.6 dB,降噪收益明显。

第8章 艇尾主推机械式泵喷设计及其辐射噪声控制

艇用主推泵喷应用是泵喷设计技术大成的直接体现,也是泵喷推进技术工程化应用进程中的巅峰所在,更是水下推进器真正实现声学设计与控制的绝佳突破口。因对推进器直接辐射噪声、与推进器相适应的艇型流噪声以及推进器激励艇尾结构振动噪声的严格限定,设计主推泵喷时低频线谱噪声、非定常力幅值、空化性能和快速性能的考核指标严格量化且主次排序依次下降,还要相对当前在用的7叶大侧斜桨表现出明显的技术优势,使得主推泵喷设计既要从属于7叶桨的设计框架,又要跳出原有的思维束缚,期望将潜用主推泵推的综合性能最大化、技术短板最小化,为机械式泵喷和无轴泵喷的潜器推进应用推波助澜。本章以SUBOFF 标模潜艇为载体,以某引进备用 7 叶桨和文献[32]公开 7 叶桨为比较对象,设计机械式泵喷后对比测量考核其相对于 7 叶桨的降噪效果,真正使泵喷推进系统的噪声控制落到实处。

8.1 艇尾 7 叶桨水动力及直接辐射噪声的定量评估分析

为了有效提升泵喷降噪设计结果的说服力、增强研究成果的工程实用性,最佳的比较对象是现役艇所装备的主推进器 7 叶桨,其已通过工程实践检验且同时具备桨模试验测量和实桨海试测量数据,但问题是桨叶型值以及测量数据密集程度高、使用不便;其次的比较对象是国际一流期刊或者研究报告所公开报道、具有定量研究结果数据的 7 叶桨对象,需要充分调研、查阅相关技术文献;最后是参照现有 7 叶桨型值和水动力性能特点,自行设计性能相对较为优越的 7 叶桨,再与自行设计泵喷推进系统进行定量比较。上述三种对象的比较结果将直接决定泵喷设计的技术水平档次和应用价值。下文将首先聚焦于现有桨和国际同行所公开的 7 叶桨,随后再考虑自行设计 7 叶桨的技术方案。

8.1.1 文献公开 SUBOFF 艇尾 7 叶桨的几何参数和性能数据

在标模 SUBOFF 潜艇-E1619 7 叶大侧斜桨推进系统中,7 叶桨由瑞典国防研究中心设计,主要用于潜艇水动力设计与计算分析。拥有该桨定量数据结果的学术文献主要如下：2011 年第二届国际船舶推进器会议论文[33]、美国爱荷华大学 2012 的硕士学位论文[34]、国际海洋工程期刊 2013 年第 60 卷学术论文[35]、2016 年第 126 卷学术论文[32]以及 2017 年第五届国际船舶推进器会议论文[36]。上述 5 篇学术文献包含了 E1619 7 叶桨的主要型值参数（不含型值表）、敞水性能曲线（试验值）、数值自航计算、脉动推力系数（计算值）以及直接辐射噪声谱源级曲线（计算值），能够用于对比分析。

E1619 7 叶桨的主要型值参数及其三维几何形状如图 8.1 所示。可知，该桨叶直径为 485 mm，毂径比为 0.226，盘面比为 0.608，螺距比 $P_{0.7R}/D = 1.15$，额定进速系数 $J = 0.74$。该桨自航推进 DARPA SUBOFF 全附体潜艇（AFF-8）时的几何匹配如图 8.2 所示，自航航速满足基于艇长的雷诺数为 1.2×10^7，自航转速三篇文献中描述略有不同。其中，文献[33]自航航速 3 m/s、自航转速 624 r/min，文献[32]中噪声预报时对应航速和转速分别为 2.75 m/s 和 563.3 r/min，但文献[36]中通过数值自航模拟进一步细化确定航速 2.75 m/s 时转速应减小为 555.48 r/min，三种工况描述的进速系数相同。此外，艇模长 4.356 m，艇体最大平行中体直径为 0.508 m，桨模直径为 262 mm，缩尺比为 1 : 1.85。可知，桨叶旋转经过艇体尾翼截面通道流体挤压产生的低速区（相位角约为 140°）时，桨叶推力载荷达到波峰值；而当桨叶位于艇体尾翼伴流所在的低压区（相位角约为 180°）时，桨叶推力载荷达到波谷值。试验测量得到该 7 叶桨的敞水效率约为 60%，对应推力系数为 0.234 2。

型 值 参 数	数 值
来流速度/(m/s)	1.68
转速/(r/min)	280
直径/m	0.485
桨叶数/叶	7
盘面比	0.608
毂径比	0.226
0.7R 处螺距比	1.15

图 8.1 E1619 7 叶桨主要型值参数

与图 8.2 对应，文献[33]和[35]中数值计算得到该 7 叶桨在自航转速为 624 r/min 条件下的脉动推力系数如图 8.3 所示。可知，单桨叶的推力系数峰峰值脉动量甚至高达平均推力的 34%。桨叶旋转经过正上方围壳伴流时推力负载最小，与前文所述位于正下方艇体尾翼伴流中时的特征一致，而推力载荷最大值位于超前相位角约 40°。桨叶轴向推力脉动在频域上表现为明确的 4 倍轴频线谱，且存在较弱的宽带谱贡献量，与艇尾伴流场特征一致。

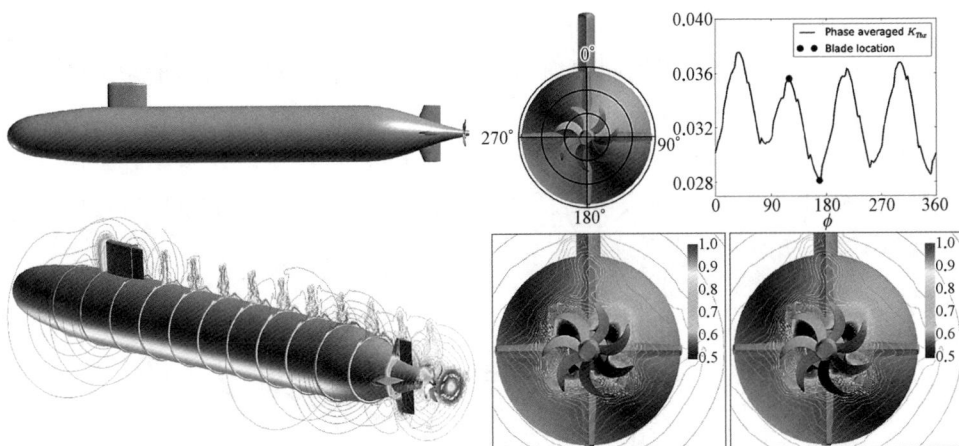

图 8.2　SUBOFF AFF‑8 潜艇‑E1619 7 叶桨自航匹配

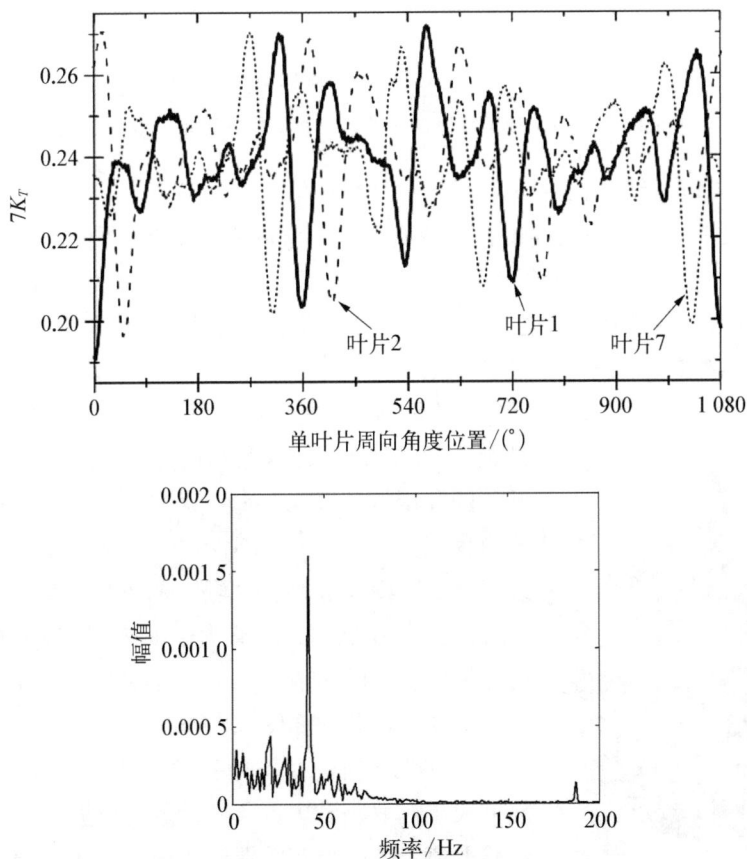

图 8.3　E1619 7 叶桨数值自航条件下单桨叶脉动推力系数

此外,文献[32]数值计算得到该 7 叶桨在自航转速为 563.3 r/min 工况以及给定航速为 2.75 m/s 时艇尾周向非均匀进流工况下的直接辐射噪声谱源级曲线如图 8.4 所示。可知,在频带 50 Hz~5 kHz 范围内,辐射噪声谱源级为 100~110 dB,叶频处谱源级约为 100 dB。由该图取值可得,在艇尾真实伴流条件下,7 叶桨在 500 Hz~16 kHz 频段内的总声级为 118.96 dB,在 1~16 kHz 频段内的总声级为 118.77 dB,可用于后续比较。

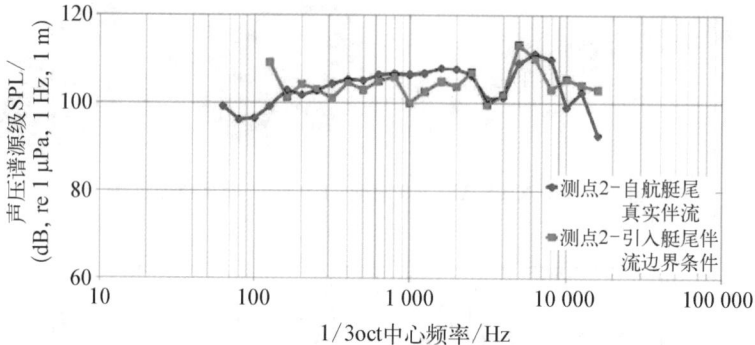

图 8.4 E1619 7 叶桨数值自航条件下直接辐射噪声谱源级曲线

8.1.2 SUBOFF 艇尾某备用 7 叶桨推进性能评估和试验测量

为了更加有针对性地说明艇尾泵喷推进系统的降噪效果,再借用某备用 7 叶桨(以下简称 7 叶桨 B)进行分析。尽管该 7 叶桨已问世约 30 年,但该桨来自俄方,略早于"基洛级"艇用桨,也能够代表当今世界艇用螺旋桨的一流设计水平,仍可称为低噪声 7 叶桨。

图 8.5 SUBOFF AFF-8 潜艇-7 叶桨 B 几何装配

7 叶桨 B 旋向为右旋,侧斜程度为 97.5%。桨叶螺距比 $P_{0.7R}/D = 0.852$,盘面比 $A_E/A_d = 0.71$。该 7 叶桨的叶型较为类似"基洛级"636 型艇用 7 叶桨,但侧斜程度更大。参照 SUBOFF 潜艇-E1619 7 叶桨系统的自航匹配参数,用于推进 SUBOFF 潜艇的 7 叶桨 B 的直径取为 280 mm,略大于 E1619 桨,与艇体平行中体最大直径的比值为 0.551。匹配后,桨叶右旋,艇-桨的整体几何装配如图 8.5 所示。

螺旋桨几何建模、空间网格离散、CFD 计算时,计算域大小选取以及边界条件设置均依据十多年的工程经验取值。离散得到的螺旋桨全六面体结构化网格以及设计进速系数下桨叶壁面 Y^+ 值分布如图 8.6 所示,导边、随边和叶梢部位均进行局部网格加密处理,壁面最大 Y^+ 值满足 SST 湍流模型使用时模型尺度几何 Y^+ 小于 200 的要求。计算得到的螺旋桨敞水性能曲线与实验值比较如图 8.7 所示,可知在整个工作范围内的预报精度满足工程要求。计算时保持转速不变,通过调节来流进速来改变进速系数,与敞水试验操作时处理方式一致。

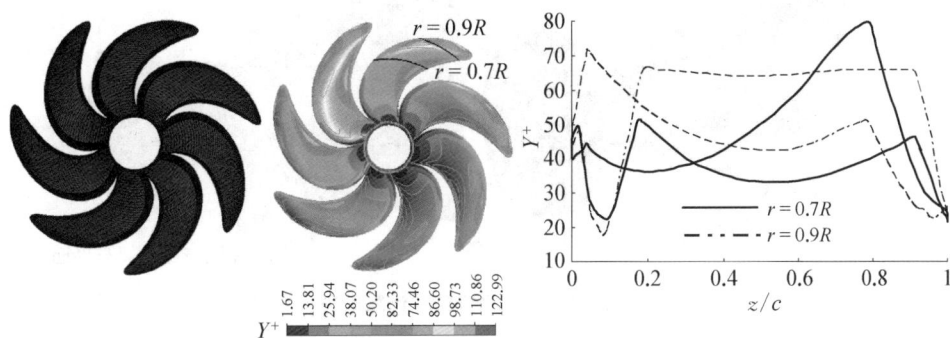

图 8.6　7 叶桨 B 壁面结构化网格及壁面 Y^+ 值分布

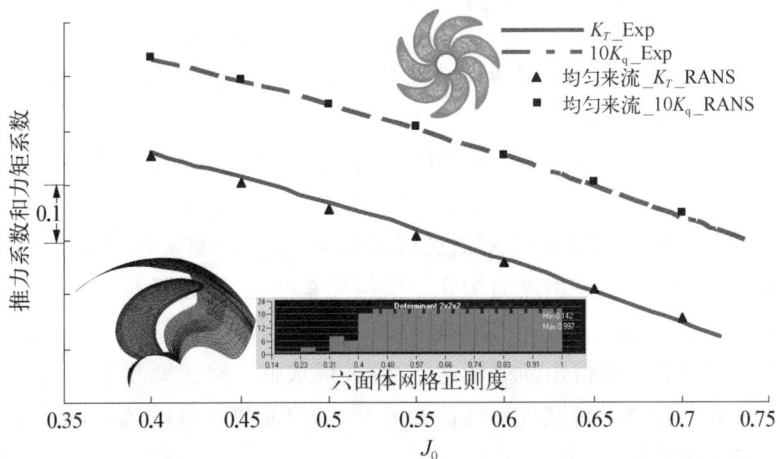

图 8.7　7 叶桨 B 敞水性能曲线校验

在进行物理水池自航试验之前,首先需要完成的是艇体阻力试验和螺旋桨敞水性能试验。SUBOFF AFF‐8 潜艇阻力性能曲线的高精度计算校核以及艇体尾翼构型优化设计分析将在下文中详细阐述,这里直接采用阻力性能曲线实测值进行分析,求取推力减额系数。进行艇-桨系统数值自航模拟时,艇体静止域与螺旋桨旋转域之间采用多参考系方法来处理。装配得到的"艇-桨"系统全六面体结构化壁面网格如图 8.8 所示。

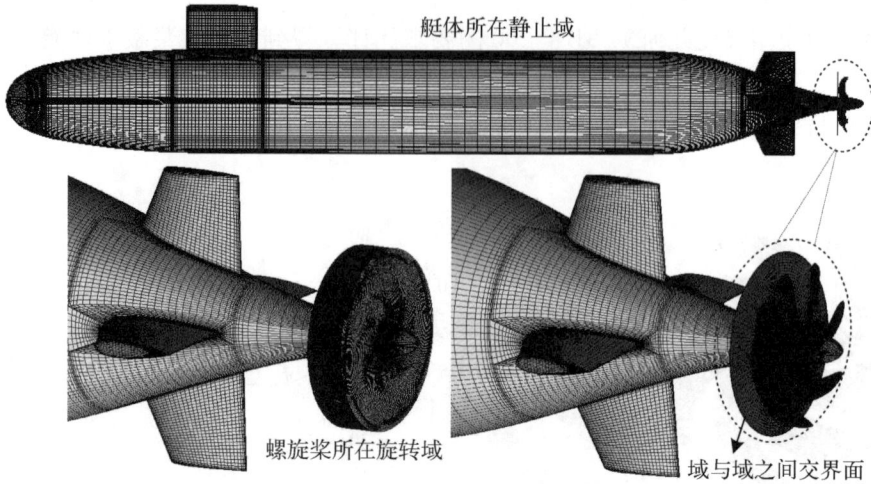

图 8.8 "艇-桨"系统数值自航计算时壁面网格

与物理自航试验过程相同,数值自航试验时寻找自航点的过程如下:

(1) 由阻力曲线查得给定航速 v_s 下的艇体阻力 D_s。

(2) 首先依据经验给定初始推力减额系数 $t_0 = 0.12$,然后由 D_s 和 t_0 求出螺旋桨初始推力 T_0,再由敞水性能曲线查得效率最高点对应的推力系数 K_T,最后由 T_0 和 K_T 求得初始转速 n_0。

(3) 给定航速 v_s 和转速 n_0 后,对"艇-桨"整体进行 RANS 模拟。待迭代收敛后读取艇体阻力 D_{s1} 和螺旋桨推力 T_1 值。当 $T_1 > D_{s1}$ 时,减小转速 n_1,反之则增加 n_1。再次以初始计算流场为初值进行 RANS 模拟,并重复该过程直到推力与阻力相等或达到允许的不平衡度时为止。值得注意的是,为尽量减少迭代求解次数,在得到 D_{s1} 后,首先需由 D_{s1} 和艇体阻力 D_s 求得推力减额系数 t_1 值,更新 t_0 后,再由 D_s 和 t_1 以及 K_T 值得出新的转速 n_1 后进行求解。经过两次求解后,由该两次的轴向不平衡力和对应转速进行线性差值,即可快速找到自航转速,最后进行求解并做少量修正即可。

(4) 在找到自航点后,求取螺旋桨旋转域进流面处的有效伴流系数 w_e、桨盘面处实效伴流系数 w_r(亦称为泰勒伴流系数)、螺旋桨推力减额系数 t 以及相对旋转效率 η_R。w_r 与物理水池自航试验中完全对应,由自航试验和敞水试验时等转速下推力相等准则求取。引入的量 w_e 定义为

$$w_e = 1 - \frac{\displaystyle\int_0^{2\pi}\int_{r_h}^{R} v(r,\,\theta) \cdot r\mathrm{d}r\mathrm{d}\theta}{\displaystyle\int_0^{2\pi}\int_{r_h}^{R} r\mathrm{d}r\mathrm{d}\theta} / v_s \tag{8.1}$$

该变量可以直接在 CFD 计算后的处理中求取。引入 w_e 的目的是更直接地分析桨对艇尾流场的影响作用，以及更加快速地找到航速改变时的自航转速。将自航点的 w_e 与全附体潜艇无桨时相同截面处的 w_e 相比，即可反映出桨对艇的作用效果。

（5）假定各航速下推力减额系数和有效伴流系数不变的情况下，重复上述步骤（1）～（4），即可求得不同航速下的自航点及其相互作用因子。除第一个自航点需要求解 3～5 次外，其他航速的求解次数一般不大于 3 次。

采用上述方法，首先求取考核航速为 6 kn 时的转速值及相互作用因子。计算迭代的求解过程如表 8.1 所示。最后计算得到该航速下的整体速度流线如图 8.9 所示，各航速下自航转速及相互作用因子如表 8.2 所示。可知，航速为 6 kn 时推力减额系数为 0.12，实效伴流系数为 0.32，对应船身效率为 1.29，与文献计算结果相当。此时，艇尾桨效率为 0.524，与实际经验一致。有效伴流系数和实效伴流系数均随航速增加而减小，且在高航速下变化趋于平缓。螺旋桨相对旋转效率和艇尾桨效率均随航速增加而增加。在航速为 10 kn 处，因阻力值出现拐点，使得推力减额系数也出现拐点。

表 8.1　航速为 6 kn 时 SUBOFF 潜艇-7 叶桨 B 整体数值迭代过程

$n/(\text{r/s})$	T/N	D_s/N	$T-D_s$	t	w_e	w_r	η_R
12	105.4	121.4	-16	0.129	—	—	—
13	149.3	125.62	23.68	0.145	—	—	—
12.5	126.84	123.46	3.38	0.13	—	—	—
12.4	122.446	122.864	-0.418	0.122	0.178	0.321 3	0.945

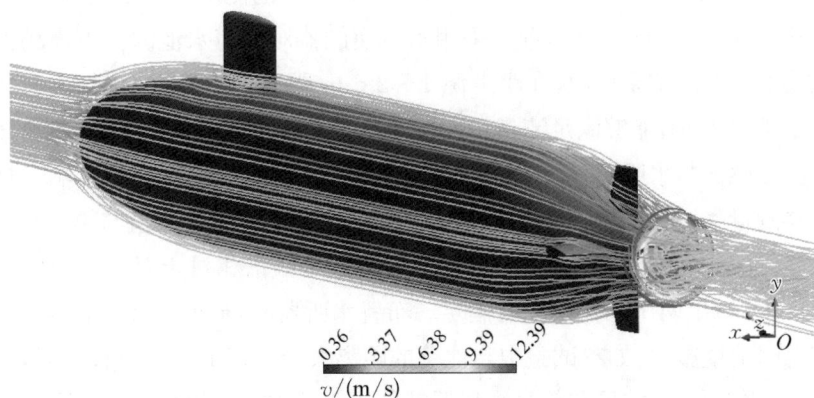

图 8.9　"艇-桨"自航航速为 6 kn 时速度流线

表 8.2 不同航速下"艇-桨"数值自航点及相互作用因子

v_s/kn	n/(r/s)	T/N	D_s/N	$(T-D_s)$ /N	t	w_e	w_r	η_R	η_B
2	4.3	16.801	16.394	0.407	—	0.187	0.332 4	0.914	0.508
4	8.4	59.586	58.392	1.194	—	0.179	0.326 3	0.932	0.519
6	12.4	122.446	122.864	−0.418	0.122	0.178	0.321 3	0.945	0.524
8	16.47	209.888	209.476	0.413	0.079	0.175	0.316 6	0.954	0.528
10	20.5	317.564	316.794	0.770	0.118	0.173	0.313 7	0.961	0.530
12	24.5	443.08	443.864	−0.784	0.083	0.172	0.310 9	0.967	0.532
14	28.5	589.597	591.002	−1.405	0.088	0.170	0.309 1	0.971	0.533

上述"艇-桨"系统数值自航模拟可以为艇尾 7 叶桨的直接辐射噪声预报提供较为准确的非均匀进流,也是艇尾桨噪声数值预报的必经过程。数值自航条件下艇-桨相互作用系数与 E1619 7 叶桨相当,间接说明这两个 7 叶桨之间具有一定的可比性。由于艇尾 7 叶桨系统是作为比较校验对象,其水动力和噪声性能数据的可信度将直接影响艇尾泵喷推进系统的性能优劣,有必要进行相应的试验测量研究。

首先完成全消声水池的试验测量摸底工作。全消声水池几何尺寸为长 10 m、宽 6 m、深 5 m,采用六面全消声,如图 8.10 所示。水池顶部布置有大、小行车和安装支架,用于试验设备的安装与定位,水池底部、四周都铺设有吸声橡胶,池面用吸声浮体覆盖,单个吸声浮体尺寸为 0.5 m×0.5 m,可自由移动。在信噪比适中的情况下,该水池的最低有效频率为 500 Hz,500 Hz 以下的测量数据仅供参考,上限频率至少达到 5 kHz。噪声测试前应采用水声换能器对消声水池的自由声场性能进行测试校准。校准结果表明,在距声源 1~2.5 m 距离处的测点,较自由声场之间的偏差量小于 1 dB,能够满足测量精度要求。进行噪声测量时,同时测量全浸没式脉动压力传感器与水听器,以消除桨叶旋转伴流冲击产生的"伪声"影响。具体判定水听器测量噪声数据是否有效的方法如下:① 脉动压力峰峰值与第 1 个水听器声压峰峰值的比值小于 1‰;② 第 1 个水听器声压频谱相对于背景噪声的信噪比大于 10 dB。以上两个条件须同时满足。布置水听器时,最远水听器的测量信号应该能够忽略池壁影响,如本试验中与池壁的距离大于 0.75 m。测试校准时,发射换能器、功率放大器、示波器和信号采集器共同用于低中频段相对于自由声场的测量偏差校准和有效截止频率的确定。

图 8.10　全消声水池及测量仪器

　　测量得到全消声水池在 500 Hz～5 kHz 分析频带内的背景噪声总声压级为 70.9 dB,其时域与频域曲线如图 8.11 所示,与典型开阔湖试测量环境相当,其平均谱级约为 35 dB。同时,在 650 Hz～5 kHz 频带内的总声压级为 70.4 dB,800 Hz～5 kHz 频带内的总声压级为 70.1 dB。从背景噪声的测量频响曲线来看,尽管其无法有效捕捉 7 叶桨典型航速下的低频线谱特征,但其有效截止频率已经做到与中国船舶科学研究中心拥有的国内最大的消声循环水槽(原有效截止频率为 800 Hz,经专项整改升级后,于 2018 年达到约 450 Hz)相当,实属不易,可以间接支持下述螺旋桨噪声测量数据的有效性。

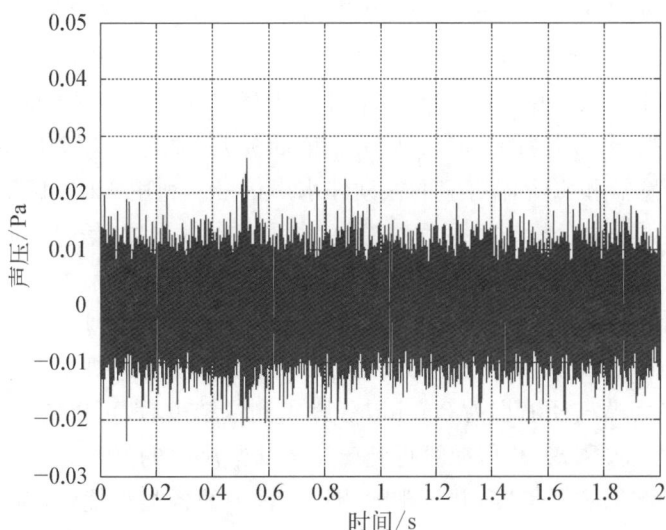

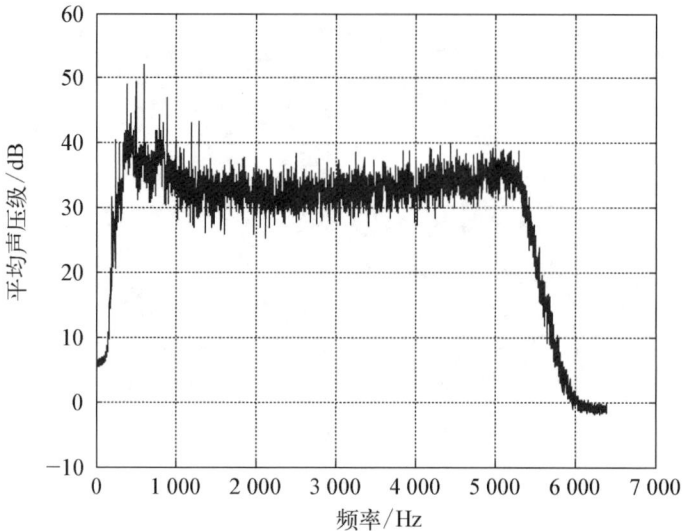

图 8.11　全消声水池背景噪声时域和频域曲线

　　螺旋桨噪声试验测量的目的在于：分析螺旋桨无空化和空化线谱成分及谱级强度，分析螺旋桨空间声指向性规律，以及通过捕捉螺旋桨总声级"S"形曲线来求取临界转速。螺旋桨噪声试验系统由消声水池、桨轴驱动系统和数据采集系统组成。数据采集系统包括转速传感器、加速度传感器、水听器和 NI 数据采集处理设备。转速传感器为磁电式转速传感器，输出信号为正弦波，输出电压为 ±10 V。加速度传感器型号为 CA-YD-182，频响范围为 0~10 kHz，由江苏联能公司生产，水听器定制于湖北宜昌，5 kHz 对应灵敏度为 −200 dB re 1 V/μPa。数据采集设备采用了 NI 的 PXI 高速数据采集系统，由 PXI1062Q 机箱、2 块 PXI4472 板卡和 1 块 PXI6251 板卡组成。用 NI PXI6251 板卡获取磁电式转速传感器的正弦波形，由波形的频率转换得到对应的实时转速，并在前面板进行显示。用 NI PXI4472 板卡获取加速度传感器和水听器对应的振动和水声信号。利用 NI LabVIEW 编程软件开发完成数据采集分析与处理程序模块，由采集参数设置、信号实时显示、信号分析处理和数据保存四大模块组成。

　　需要说明的是，前文所述 SUBOFF AFF-8 潜艇-7 叶桨 B 系统中，7 叶桨的直径为 280 mm。由于受消声水池的几何尺寸和变频驱动电机功率的限制，噪声试验测量时将桨模直径缩小为 200 mm。噪声测量结束后，可以依据螺旋桨噪声影响变量的理论关系式，相似换算得到艇尾 7 叶桨尺寸的噪声大小。同时，为了说明试验测量结果的可信度，并且排除测量过程中的各类干扰源，首先完成了某船用 4 叶调距桨（controllable pitch propeller, CPP）的噪声测量实验，然后完成该

7 叶桨模的噪声测量。两个螺旋桨的几何形状如图 8.12 所示，其中调距桨直径为 240 mm。

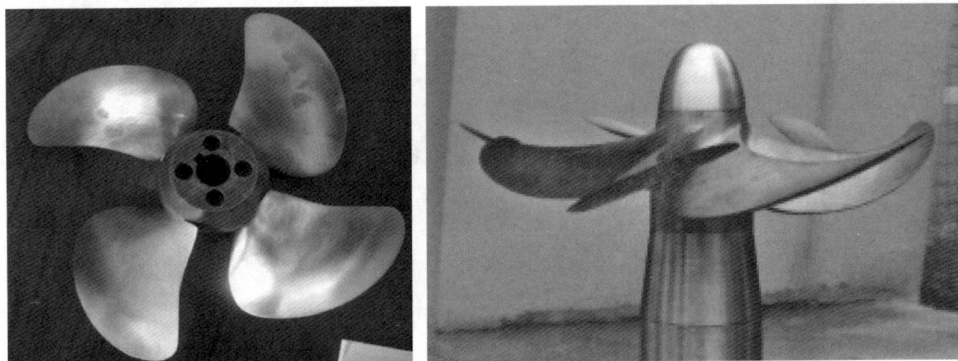

图 8.12　全消声水池噪声测量螺旋桨几何形状

桨轴驱动系统由变频器、电机、传动轴和测试螺旋桨组成。电机选用贝得（西门子）立式电机，型号为 Y2‑160M‑4‑11 kWB5，额定功率为 11 kW。与其配套使用的变频器型号为 CVF‑G3‑4T0110，可实现电机的无级调速。传动轴通过联轴器与电机输出端相连，经推力轴承固定在安装支架上。为尽可能减少移除消声水池池面吸声盖板后的影响，驱动系统安装空间限制在单块浮体内，安装如图 8.13 所示。因水听器是通过安装支架固定在大、小行车上的，为了分析行车振动对水听器接收水声信号的影响，在行车相应位置布置加速度传感器。

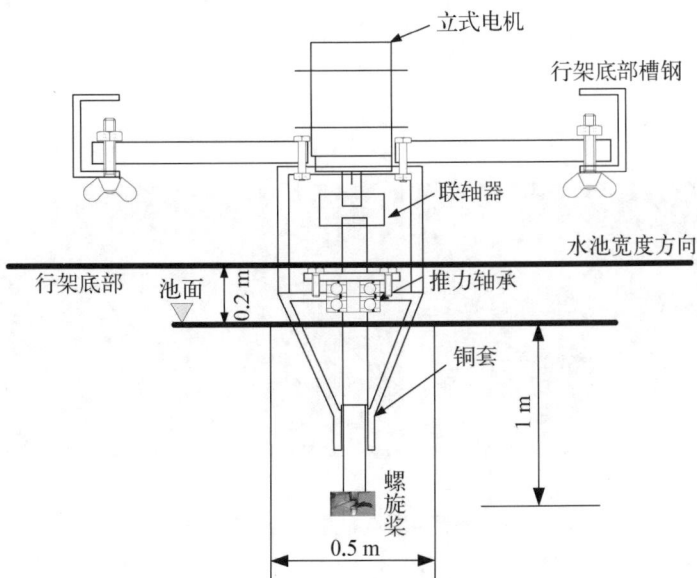

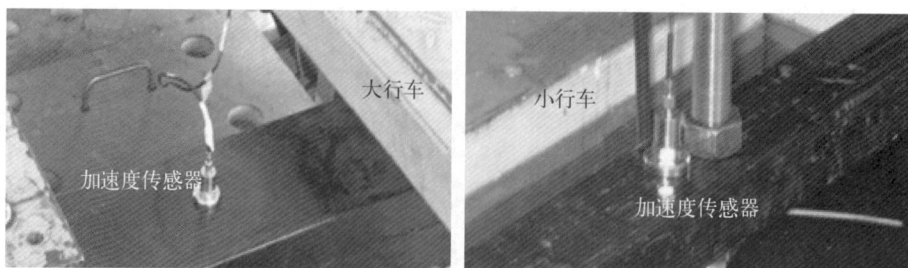

图 8.13　全消声水池螺旋桨噪声测量中驱动系统安装及加速度传感器布置

　　针对试验测量内容,水听器测点布置分为两类:基本测点和指向性测点。基本测点包括位于桨正下方且距离桨盘面 2 m 处的点 1、位于桨盘面所在平面且距桨轴中心 2 m 的水池长度方向点 6 和宽度方向点 5;指向性测点包括以桨盘面中心为圆心、半径为 2 m 的四分之一圆弧上的点 1~点 5。测点几何坐标如图 8.14 所示。为尽可能地减少行车振动对水听器的干扰,水听器以及用于固定行车的安装支架在安装时均采用橡胶进行隔振处理。

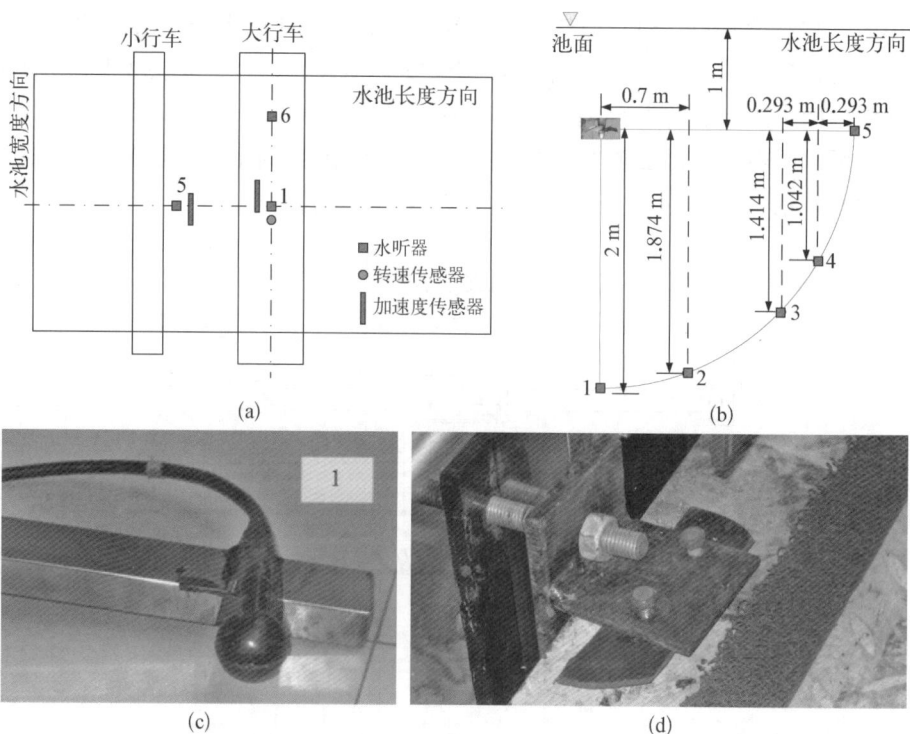

(a)　　　　　　　　　　　　　　　　　　(b)

(c)　　　　　　　　　　　　(d)

图 8.14　水听器测点布置位置及隔振处理

(a) 基本测点布置位置;(b) 指向性测点布置位置;(c) 测点 1 水听器橡胶隔振;(d) 大行车固定支架橡胶隔振

在水听器数量足够的情况下,3 项试验内容可同时进行。测量螺旋桨噪声谱后,需扣除背景噪声影响,此时应测量不带桨而轴保持为同样转速的工况。为考虑空化高频噪声分量特征,水声信号采样频率设置为 102.4 kHz,振动加速度信号采样频率设为 51.2 kHz。单次采样时间为 5 s,每个工况采样 20 组,每个工况重复 5 次。

噪声测量过程如下:首先接通电源,启动变频器和数据采集装置,此时变频器的输入由面板控制,调节精度为 0.01 Hz。然后,逐步调节控制面板读数并同时观察面板转速指示。当调至 500 r/min 后,稳定运转 10 min,观察加速度通道和水听器通道的数据显示,如未出现异常,则可进行数据采集和保存。最后,以步速 50 r/min 来调节变频器,并采用同样的操作方法,依次完成各转速下的噪声测量,直至调速电机达到转速上限 1 495 r/min 为止。

试验测得调距桨在转速为 800 r/min 和 1 200 r/min 时三个基本测点的时域和频域声压幅值信息如图 8.15 所示。当处于无限声场时,位于桨盘面的测点 5 和测点 6 应完全对称,但此时由于测点 6 更加靠近池壁,声反射使得测点 6 的低频线谱明显强于测点 5。转速为 800 r/min 时,桨盘面测点均捕捉到叶频;但转速增加至 1 200 r/min 时,仅有测点 6 捕捉到叶频峰值。而对于轴向尾流中的测点 1,谱峰值主要集于 10 Hz 以内的极低频段和 100～200 Hz 区间,一方面是来自尾流束冲击引起的流压,另一方面则是叶频谐频的混响效果。该测量结果也反过来说明了用于试验的消声水池对于极低频段的声压量级是无法给予准确描述的,仅能定性反映测点噪声谱的特征频率信息。在数值预报校验时,应避免使用测点 6,最好针对测点 5 所在位置进行。

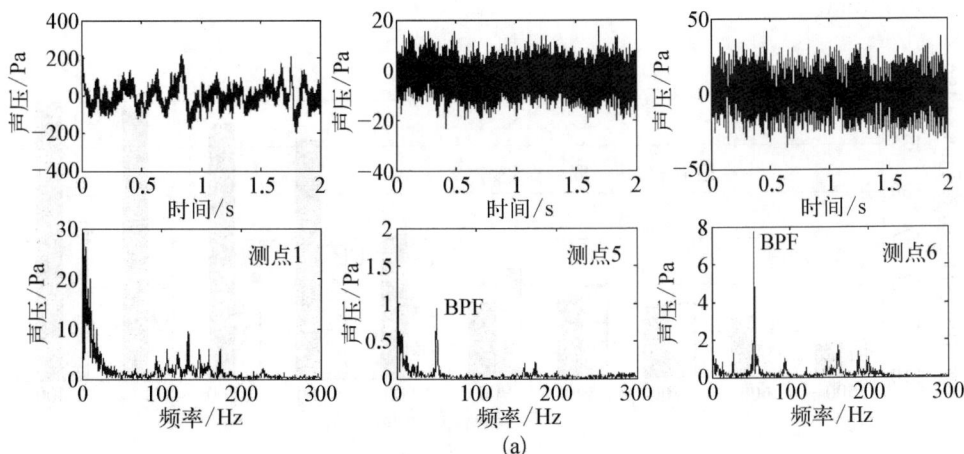

(a)

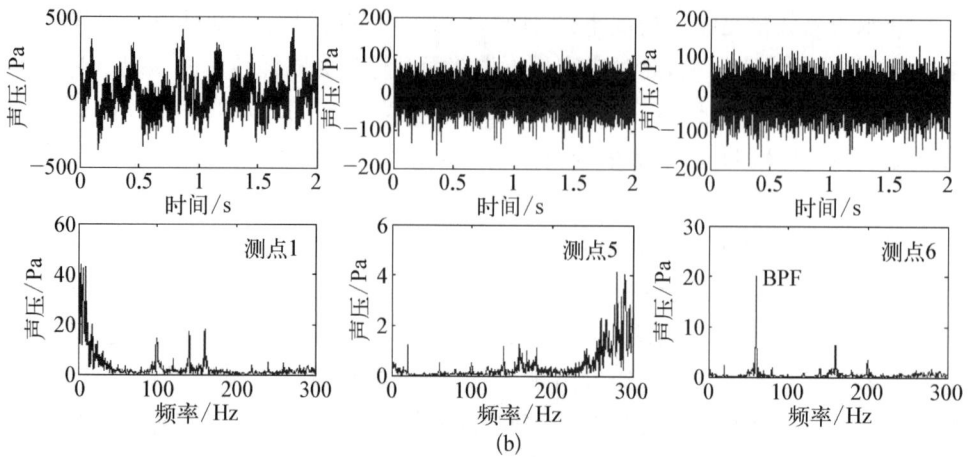

(b)

图 8.15　4 叶调距桨基本测点声压信号

（a）$n = 800$ r/min；（b）$n = 1\,200$ r/min

进一步测量得到在不同转速下三个基本测点处的背景噪声和螺旋桨噪声带宽声压级比较如图 8.16 所示。可以明显看出，只有当转速大于 $1\,000$ r/min 时，才能基本满足信噪比要求。当转速从 $1\,000$ r/min 增加至 $1\,100$ r/min 时，三个测点的带宽声压级均明显增加约 10 dB；当转速继续增加时，桨盘面处测点的声压级基本不变，而尾流处测点的声压级继续缓慢增加。该变化规律与 USS212 型潜艇的艇尾实尺桨和模型桨测量宽带噪声 S 形曲线规律完全一致，从而表明所测量调距桨在该转速下出现了空化初生。若依照参考文献[37]建议的"将低于峰值声压一定量级的转速作为临界转速"，则可取 $1\,050$ r/min 为该调距桨的空化初始转速；若直接取 S 形曲线的下端拐点转速，则该 4 叶调距桨的临界转速为 $1\,000$ r/min。

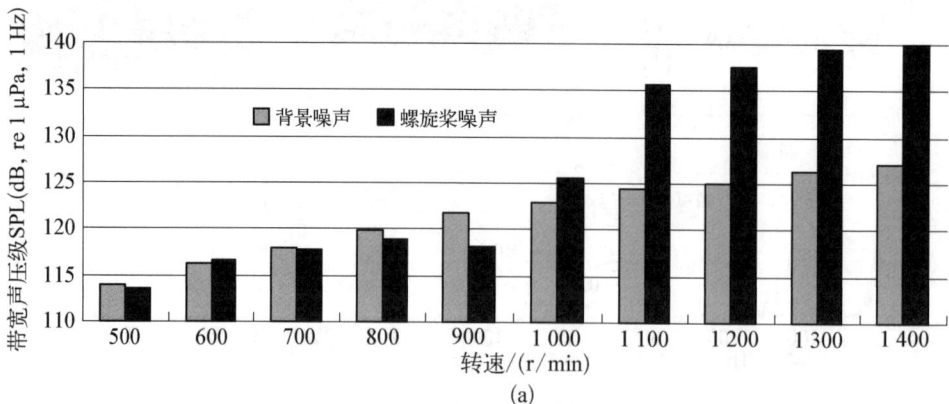

(a)

(b)

(c)

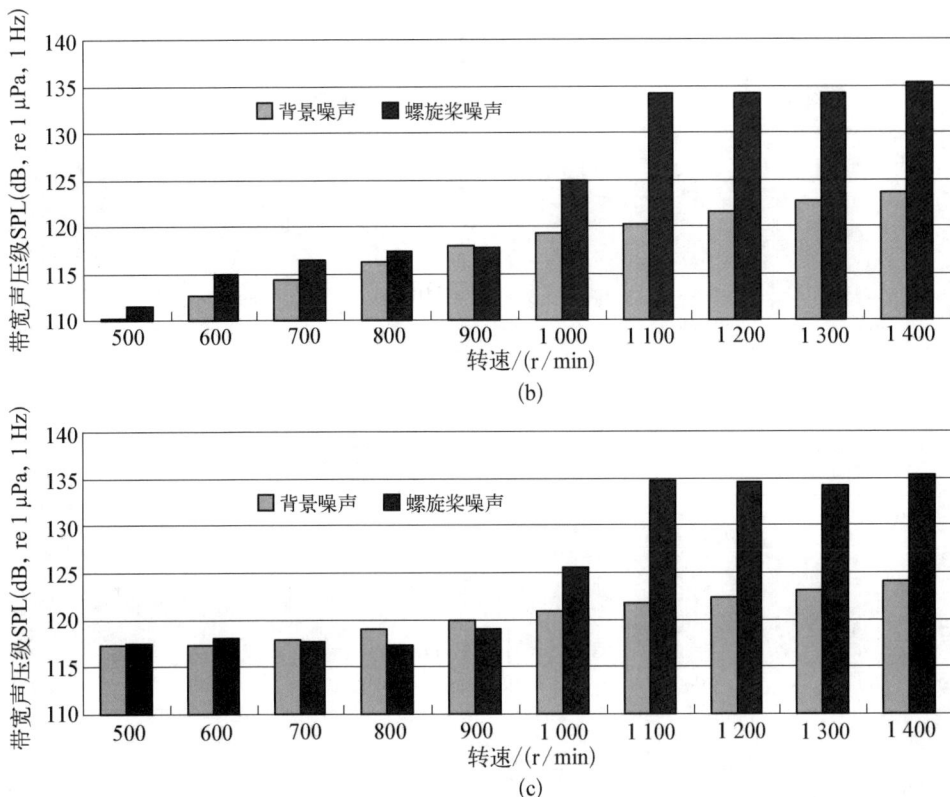

图 8.16　4 叶调距桨基本测点处带宽声压级与背景噪声比较

(a) 测点 1；(b) 测点 5；(c) 测点 6

积累上述测量经验后，进一步针对 7 叶桨 B 桨模进行噪声测量和数据分析。水听器布置位置不变，且同时对基本测点和指向性测点进行测量。测得的螺旋桨带宽声压级随转速变化如图 8.17 所示。可以看出，直到转速增加至 1 400 r/min 时，螺旋桨噪声级才略高于背景噪声。一直增加到调速电机最高转速 1 495 r/min 时，相对位置最优的测点 5 处的螺旋桨噪声相对于前一个步进转速也仅高出约 3 dB，此时较背景噪声高出约 5 dB，而且该转速量级下行架振动对水声测量信号的影响已比较明显。

为了进一步确认在最高转速 1 495 r/min 时该 7 叶桨仍未产生空化，测得该转速下 500 Hz 低频段内和 3～10 kHz 中高频段内螺旋桨噪声谱级与背景噪声的比较如图 8.18 所示。将其与参考文献［38］给出的空泡水筒中测量的某 5 叶水面船用螺旋桨在非均匀进流条件下的无空化噪声和空化噪声谱进行比较，如图

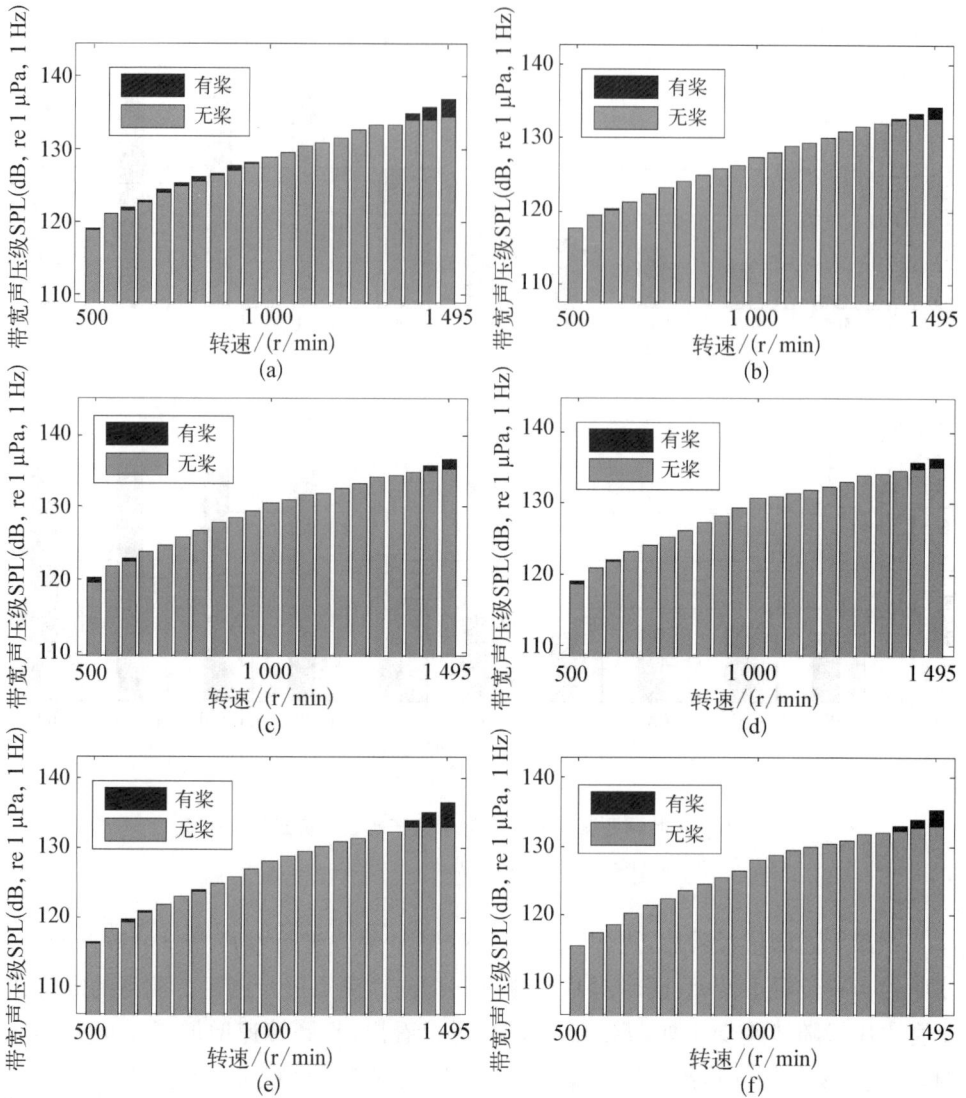

图 8.17　7 叶桨 B 桨模不同转速下带宽声压级与背景噪声比较

(a) 测点 1；(b) 测点 2；(c) 测点 3；(d) 测点 4；(e) 测点 5；(f) 测点 6

8.19 所示,可知与螺旋桨空化状态下中高频段谱级将产生明显跃升的规律相差甚远,可以间接说明该试验条件下 7 叶桨的噪声测量结果均对应为无空化状态,且仅有转速为 1 495 r/min 工况下基本满足信噪比要求,可初步用于进一步的数值预报校验分析。

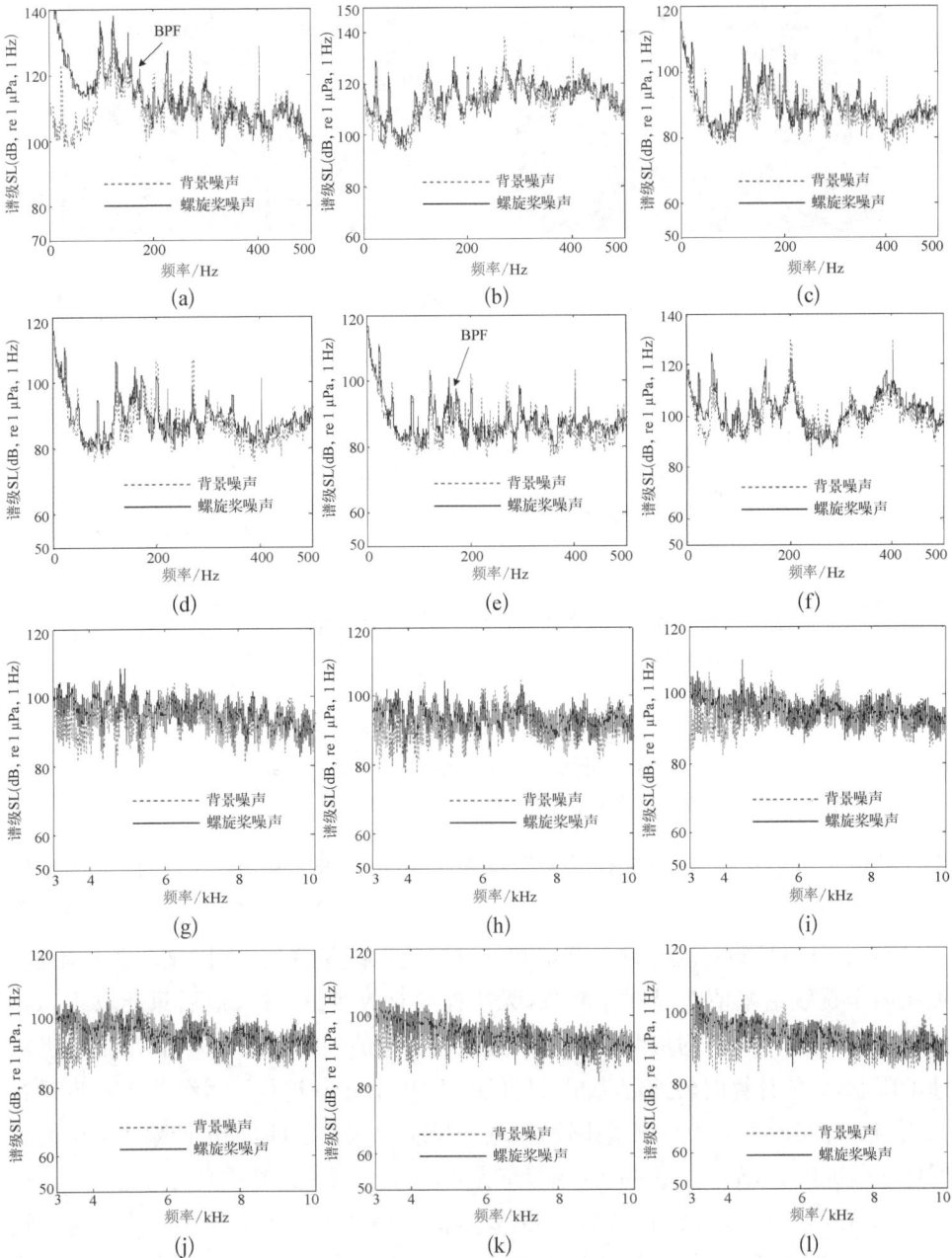

图 8.18　7 叶桨 B 桨模转速为 1 495 r/min 时不同测点处谱级与背景噪声比较

（a）低频段，测点 1；（b）低频段，测点 2；（c）低频段，测点 3；（d）低频段，测点 4；（e）低频段，测点 5；（f）低频段，测点 6；（g）中高频段，测点 1；（h）中高频段，测点 2；（i）中高频段，测点 3；（j）中高频段，测点 4；（k）中高频段，测点 5；（l）中高频段，测点 6

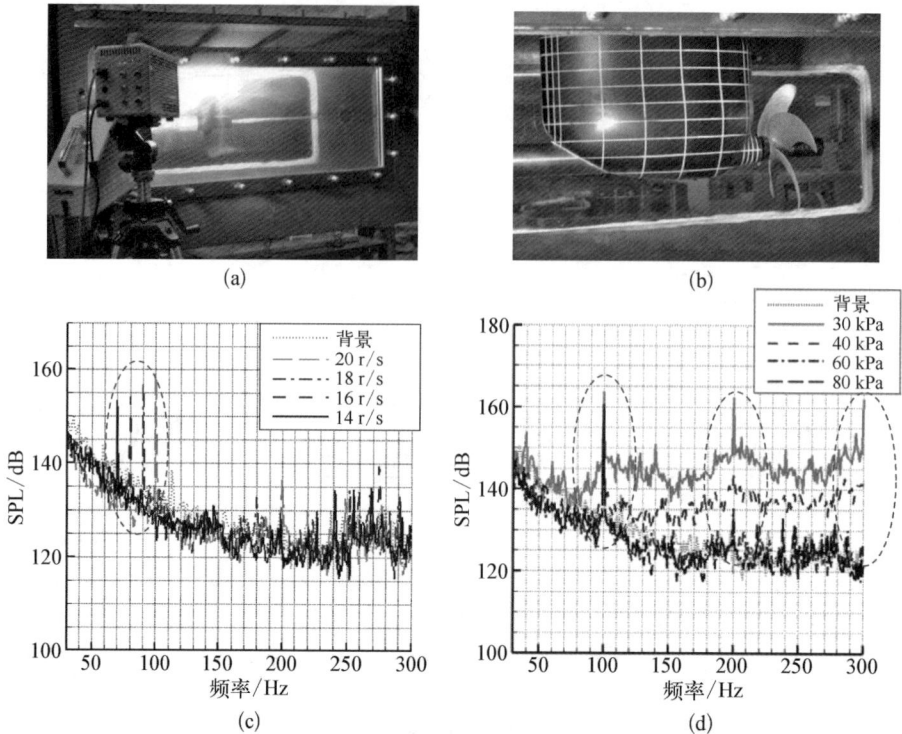

图 8.19　直径 250 mm 的 5 叶水面船用桨非均匀进流
条件下无空化和空化噪声文献测量结果

（a）伴流丝后螺旋桨几何；（b）假体后螺旋桨几何；（c）螺旋桨无空化噪声；（d）螺旋桨空化噪声

　　若进一步细化频带，可知该转速下仅在 1/3oct 频带 2.82～3.55 kHz 内满足信噪比大于约 6 dB 的测量要求，如图 8.20 所示。所以，尽管对于螺旋无空化噪声而言，应着重分析校验对应叶频及其谐频的低频离散线谱强度，但因试验条件限制，低频内干扰线谱幅值明显强于叶频，无法提取有效测量数据，最后只能取 1/3oct 中心频率 3.15 kHz 下对应测点 5 处的谱级进行数值预报校验。同时，加上电机转速的限制，数值计算时转速取为相对最优的 1 495 r/min 进行。后续若进一步开展泵喷与 7 叶桨的辐射噪声测量比较，应进一步改善试验条件，采用低噪声电机的同时增加电机功率和转速，并尽量加固行车支架，以减少高转速时的振动干扰。

　　因后续泵喷推进系统设计后，还需要数值预报其直接辐射噪声性能。这里就以该 7 叶桨为分析校验对象，初步判定无空化负载噪声的预报精度，为后续改进分析做准备。需要说明的是，无论是 7 叶桨还是泵喷，在全消声水池中测量时均处于系泊工况，叶片推力载荷最大，流场湍动程度最大、最为紊乱，所形成的周向虚拟流管的直径也最大，无论是对于噪声数值计算还是测量而言都存在巨大的挑战，极少

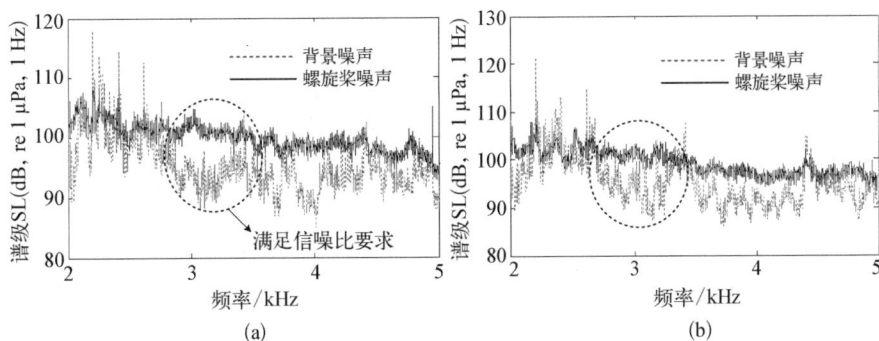

图 8.20　7 叶桨 B 桨模转速为 1 495 r/min 时不同测点处谱级与背景噪声比较

(a) 测点 5；(b) 测点 6

有文献公开报道该极端工况条件下的噪声计算和测量问题，应谨慎对待。从工程实用价值来看，泵喷辐射噪声测量宜改为在大型深水拖曳水池或者直接在湖试环境中自航条件下测量，才具有代表性。课题组最终采纳了这一建议。

数值计算时，数值水池与物理水池完全相同，计算时池面仅有单块浮体对应的 0.5 m×0.5 m 区间为自由液面，且真实考虑浮体厚度空间。支架、轴和螺旋桨构成的驱动系统也与物理实验完全相同，如图 8.21 所示，与之对应的用于黏性 CFD 计算的结构物面全部采用六面体结构化网格进行离散，其中，x 轴对应为水池长度方向。因此时螺旋桨的初始进流边界为零进速，进速系数为 0，流动结构比敞水性能曲线对应的常用进速系数区间的工况点要复杂得多，所以，桨叶旋转域网格需进一步加密处理，以在空间离散上尽可能捕捉小尺度涡。

首先采用 RANS 模拟求解整个水池的黏性流场初始解，仍选择 SST 湍流模型和修正壁面函数。对自由液面的捕捉采用 VOF(volume of fluid) 模型，并考虑流体重力影响。计算时，转速逐步增加，直到 1 495 r/min 为止。计算迭代收敛后得到的水池长度方向、宽度方向和整体速度流线如图 8.22 所示。在强烈的抽吸作用下，水池内形成大的循环流结构，四角支架和轴均会对进流产生一定的干扰。螺旋桨尾流束在接触池底后，一部分反射形成回流涡，另一部分沿池底经池壁四周形成回流。因对应为高转速的系泊工况，抽吸进流流速较低，且周向均匀，使得此时桨叶涡系结构较设计工况下要紊乱得多。

以 RANS 模拟结果为流场初值，对桨叶脉动压力场的捕捉采用理论精度最高的 LES 瞬态计算，且选用 DSM(dynamic Smagorinsky-Lilly model) 模型来模拟亚格子应力，时间步设为 10^{-4} s，对应最大有效分析频率为 5 kHz。LES 模拟桨叶涡系结构与 RANS 模拟结果比较如图 8.23 所示，在同样的第二不变量准则下，采用 LES 模拟捕捉小尺度涡运动更加明显。

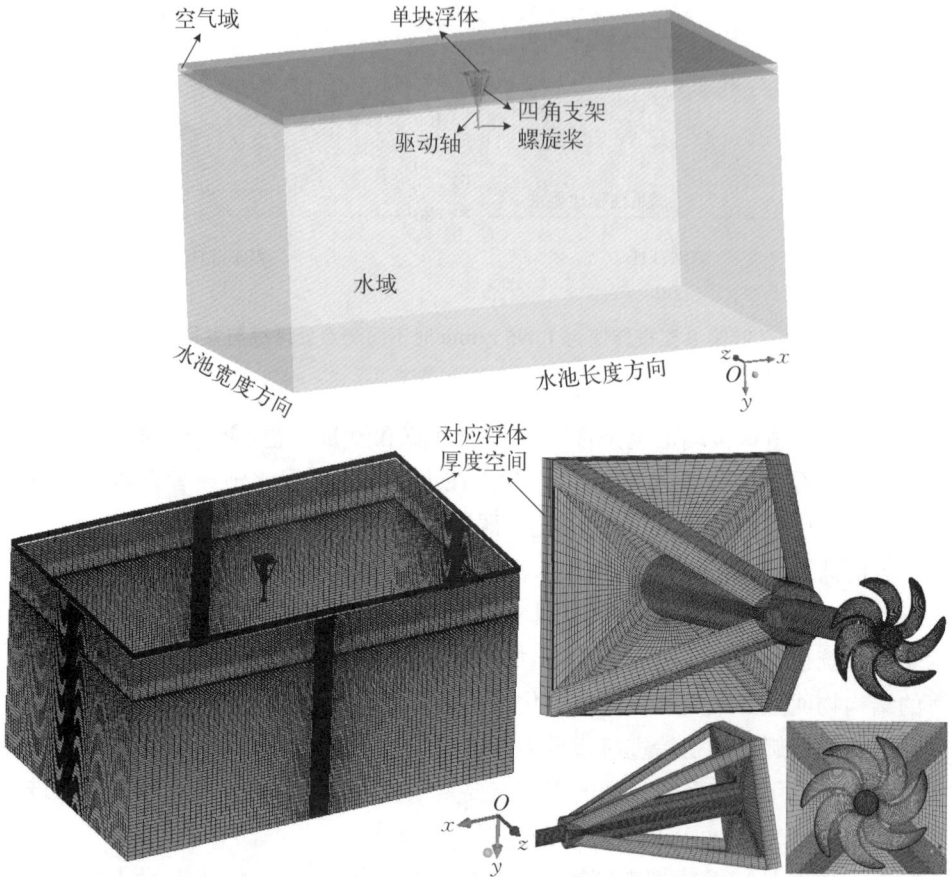

图 8.21 7 叶桨 B 桨模噪声预报数值水池几何形状及壁面结构化网格离散

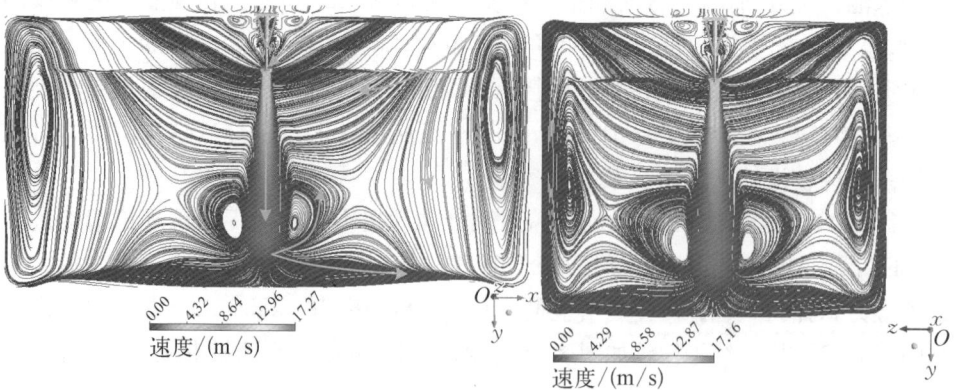

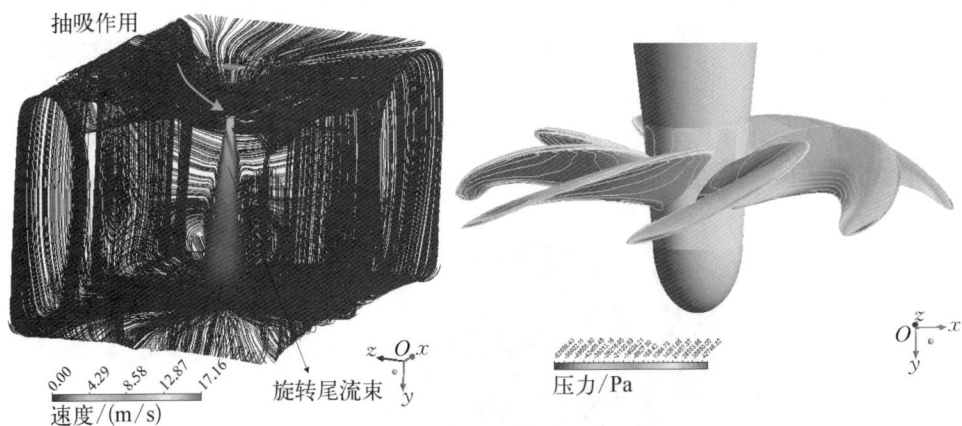

图 8.22　RANS 模拟 7 叶桨 B 桨模转速为 1 495 r/min 时数值水池流动结构

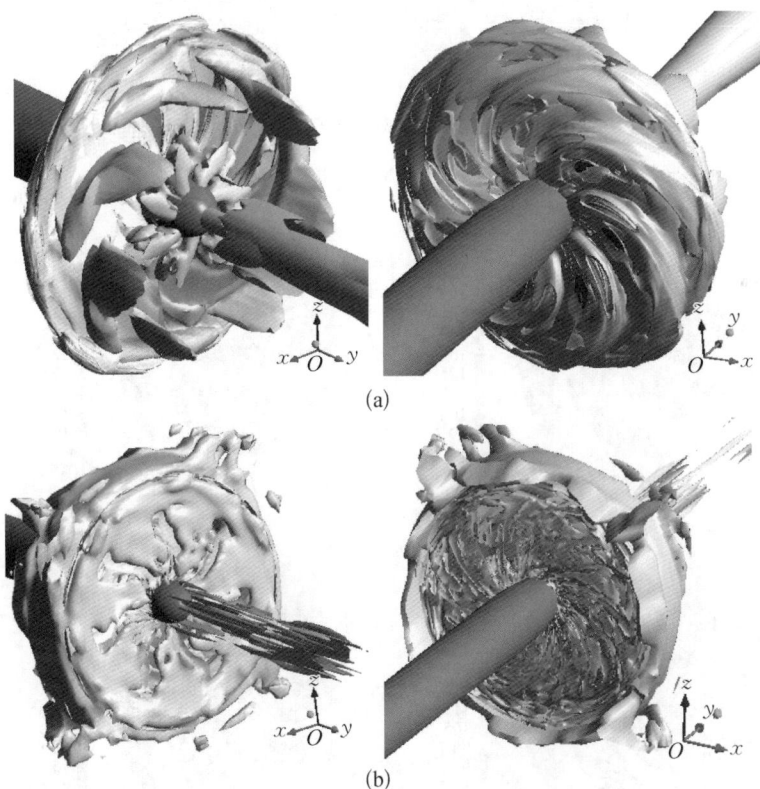

(a)

(b)

图 8.23　7 叶桨 B 桨模转速为 1 495 r/min 时旋转域涡量分布(第二不变张量 $Q=1\,500$)

(a) RANS 模拟；(b) LES 模拟

在得到桨叶表面脉动压力和法向速度分布后,采用基于 BEM 数值声学方法的频域求解来预报测点 5 处的辐射噪声谱。声源节点与声网格节点之间的变量传递方式仍采用"一对一"的守恒传递。声学边界元网格如图 8.24 所示,此时桨毂端面形成封闭区间。计算得到的特征频率下桨叶表面声源强度分布如图 8.25 所示。可知桨叶叶尖区、导边区和 $0.5R\sim0.7R$ 截面之间弦长中部为声贡献量主要区域。

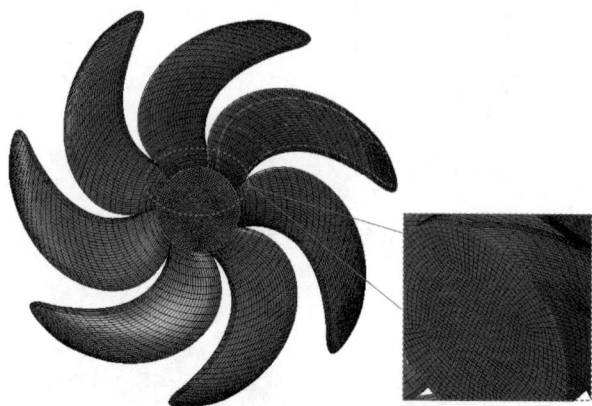

图 8.24　7 叶桨 B 桨模噪声数值预报用声边界元网格

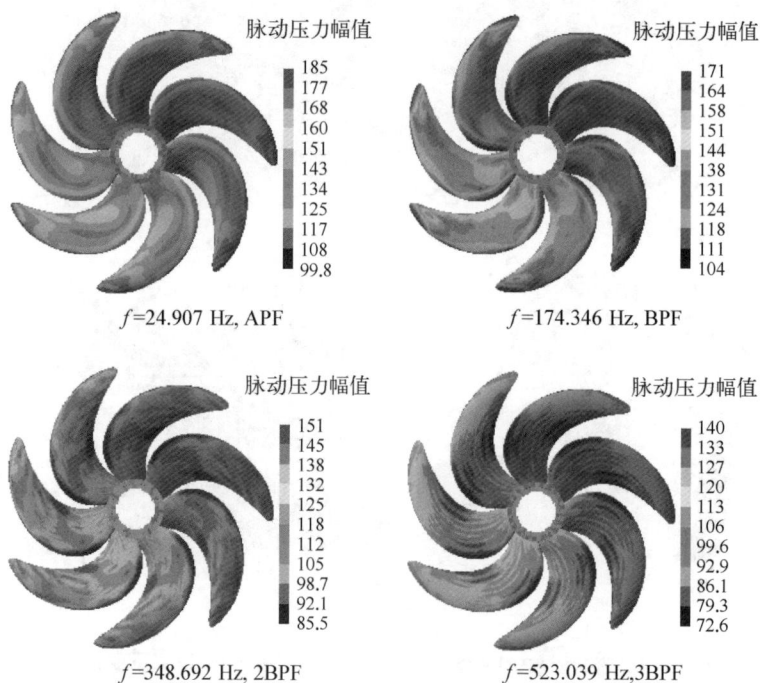

f=24.907 Hz, APF

f=174.346 Hz, BPF

f=348.692 Hz, 2BPF

f=523.039 Hz,3BPF

图 8.25　7 叶桨 B 桨模转速为 1 495 r/min 时桨叶表面声源强度分布

基于声类比理论进一步计算得到测点 5 的声压谱级如图 8.26 所示。此时，前三阶叶频线谱较为明显，且在叶频 BPF 处声压谱级为 100.25 dB，而在用于校验的 3.15 kHz 处谱级仅为 85.47 dB。与测点 5 处的试验测量谱级值比较可知，在高频 3.15 kHz 处预报谱级较实验值 101.9 dB 低 16.43 dB，但在叶频 BPF 处较实验值 97.61 dB 仅高出 2.64 dB。从总声级来说，噪声谱曲线以叶频及其二阶叶频线谱为主，预报结果基本可用。

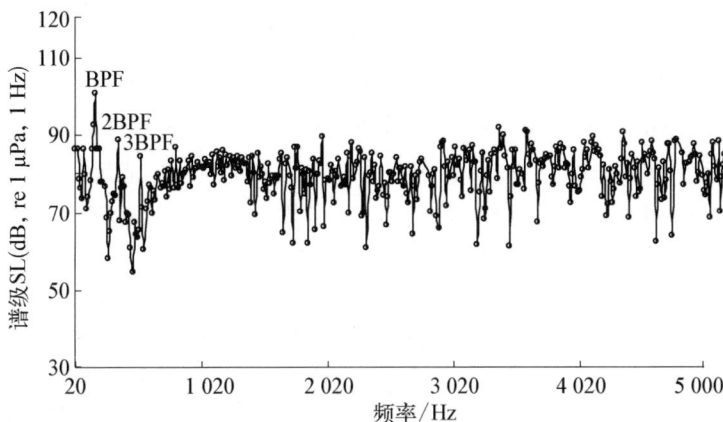

图 8.26　7 叶桨 B 桨模转速为 1 495 r/min 时测点 5 处噪声谱频域预报

对于螺旋桨无空化噪声而言，最明显的特征在于其低频离散线谱。目前国内外无论是对于气动转子噪声还是船用螺旋桨无空化噪声的预报研究，都是针对螺旋桨叶频及其谐频处的离散线谱强度进行。再者，无论是目前应用的时域预报还是频域预报方法，都主要是针对等价声源中的负载偶极声源项。当存在旋转偶极声源时，仅对于低频区噪声预报具有一定的精度保证，而高频区因负载噪声谱级基本恒定，声指向性特征减弱，忽略厚度噪声项的影响会逐渐变大。尤其是对于本试验中 7 叶桨的噪声预报而言，因处于系泊工况，螺旋桨强烈的抽吸作用会形成均匀进流，此时桨盘面处的厚度噪声分量反而变得极为强烈。若还是仅考虑桨叶表面脉动压力引起的负载噪声，则肯定会使预报精度有所下降。另外，目前国际上也难以保证螺旋桨系泊工况水动力性能的模拟精度。那么对于 7 叶桨系泊工况的噪声预报而言，一是螺旋桨的脉动压力幅值缺少试验校验数据，使得其噪声源项的模拟精度无法进行定量评估；二是数值水池内离散网格对于高频的空间尺度要求还难以满足 LES 瞬态计算的要求；三是系泊工况强烈的抽吸作用形成的回旋流具有明显的流压冲击作用，使得整个水池中多普勒频移效应增加，声源到声接收点之间的迟滞时间发生改变，导致测点 5 处测得的声压信号发生扭曲，再加上分析高频

3.15 kHz 处测点 5 位于一倍波长以内,属于声近场区间,上述综合因素导致了高频范围内螺旋桨噪声预报存在较大的误差。

需要肯定的是,数值预报得到的噪声谱中,前三阶叶频线谱非常明显,且叶频处噪声谱级与测量值仅相差 2.64 dB。尽管此时试验测量噪声谱中叶频线谱的信噪比并不满足 6 dB 要求,受干扰线谱的淹没作用较为明显,但仍可以说明所采用的噪声预报方法是基本可行的,对于低频离散线谱的预报精度并不会出现量级上的误差,运用该方法进行推进器噪声性能的相对择优也是较为可信的。

无论是实艇车令表数据,还是艇-桨数值自航模拟结果,均表明不同航速下艇-桨自航工作点的艇尾桨进速系数几乎保持不变,以保持艇尾桨效率。那么上述消声水池试验测量的桨模直径 200 mm、转速 1 495 r/min 对应为 SUBOFF 艇尾推进匹配后 7 叶桨 B 桨模直径 280 mm、转速 1 067.857 r/min 工况点,若进一步与实桨直径 3 600 mm 对应,则转速应为 83.06 r/min,约对应为实尺度航速 7 kn。根据螺旋桨线谱噪声大小的理论经验公式

$$I_m(\theta) = \frac{m^2 B^2}{4r^2 c^3} \rho n^6 D^8 \widetilde{C}_{T_m}^2 \cos^2\theta \tag{8.2}$$

式中,m 为谐次数;B 为叶片数;r 为测点距离;c 为声速;n 为转速;D 为直径;$\widetilde{C}_{T_m}$ 为脉动推力系数;θ 为指向性角。可知,螺旋桨线谱噪声声强与转速的 6 次方成正比,与直径的 8 次方成正比,与脉动推力系数的平方成正比。当转速增加一倍时,线谱噪声理论上增加 18 dB;当直径增加 1 倍时,线谱噪声理论上增加 24 dB。根据经典声学理论"在伴流一定的条件下,影响桨叶脉动推力系数的主要因素为叶片数和叶片导边形状;对于给定螺旋桨来说,脉动推力系数随进速系数的变化较小",可初步估算得到 SUBOFF 艇尾 7 叶桨 B 的叶频线谱噪声为 100.533 dB(124.58 Hz)。结合数值自航结果,该转速对应为 SUBOFF AFF-8 潜艇航速 8.68 kn,即 7 叶桨 B 推进 SUBOFF AFF-8 潜艇达到航速 8.68 kn 时叶频线谱噪声与 E1619 7 叶桨推进相同艇航速 5.35 kn 时叶频处噪声谱级计算值相当,表明 7 叶桨 B 的噪声性能较 E1619 7 叶桨更加优越,特别是低频线谱噪声更小,有利于提升潜艇声隐身性能。当泵喷与 7 叶桨 B 进行降噪对比时,设计难度更大,也更加具有工程意义。

为了更为细致地描述 7 叶桨 B 的直接辐射噪声性能,在最低有效分析频率为 1 kHz 的空泡水筒中完成星形尾翼假尾伴流场中模型桨的辐射噪声测量,如图 8.27 所示,与后续泵喷伴流环境完全一致。空泡水筒工作段长 2.6 m,横截面呈方形带圆角,尺寸为 0.6 m×0.6 m。水筒工作段的压力调节范围为 10～200 kPa,最高水速可达 12 m/s,最低水速空泡数为 0.2。7 叶桨水动力测量采用 J25 动力仪,水筒内的水速、压力信号和动叶的推力、力矩和天平信号经放大器放大后送计算机

进行 A/D 转换并处理,转速信号通过频率计同步输入计算机。考虑到空泡水筒测量段的横向截面尺寸限制,假尾平行中体直径为 424.88 mm,7 叶桨 B 桨模直径为 257.14 mm,对应缩尺比为 1∶1.09。星形翼假尾采用 ABS 材料 3D 打印加工制造,加工精度满足 ITTC 试验标准。7 叶桨采用铝合金加工,表面做红色阳极化处理,加工精度同样满足 ITTC 试验标准。

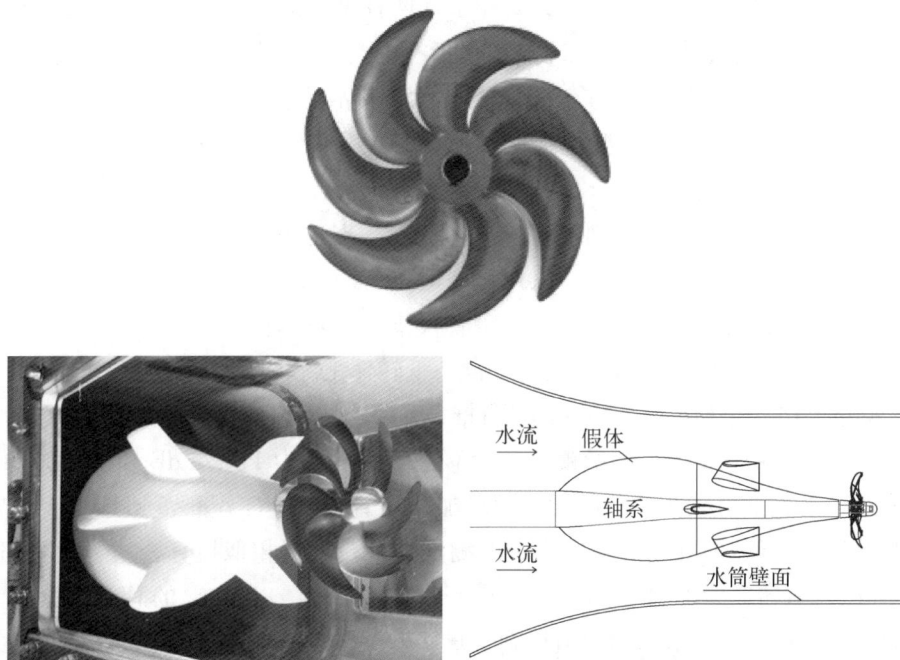

图 8.27　星形翼假尾 7 叶桨 B 模型几何装配

水筒内空气含量采用运用范斯莱克(van Slyke)原理的空气含量仪测量,且水动力和空化起始试验期间水的相对空气含量保持为 α_0/α_s 约 0.60,与前文中无轴泵喷测量时相同。模型样机噪声采用丹麦 B&K 公司的 8104 水听器,频响范围为 0.1 Hz～120 kHz,噪声测试频段为 1～80 kHz,基准声压 $P_0=1\ \mu$Pa,测点距桨模叶梢径向距离为 0.471 m,测量后将测点处的声压级按球面衰减规律换算至 1 m 处。噪声测量数据包括 1/3 倍频程频谱图和数据表,包括 1/3 倍频程中心频率对应的频谱级、频带级以及总噪声级,以充分展示 7 叶桨 B 模型样机的噪声性能。桨模噪声测量完成后,依据 ITTC 推荐的螺旋桨直接辐射噪声相似换算法则可得到实尺 7 叶桨 B 的噪声值。需要注意的是,模型样机的辐射噪声测量应在无颤音的情况下进行。若噪声测量过程中模型出现唱音,则应采取抗鸣边处理、贴丝或微调工况,待模型消除唱音后,再进行噪声测试;或者是针对轻微颤音工况的噪声测量数据,依据测量经验直接进行消颤处理。测量时,总声级信噪比和 1/3 倍频程峰值频率处的信噪比满足不低于 3 dB 为有效。

因该 7 叶桨的已有敞水性能数据较为齐全,直接由等推力系数确定假尾伴流场中 7 叶桨的推力载荷工况点。当工况点位于高效点 $J = 0.65$ 时,推力系数为 0.184;当工况点位于俄方测噪点 $J = 0.50$ 时,其推力系数减小至 0.1。因自航航速为 6 kn 时 7 叶桨的推力系数为 0.13,介于这两种推力载荷之间,考虑充足的安全余量,后续噪声测量时这两个工况点均包括在内,且以小推力载荷工况点为主,向俄方噪声测点靠近,给泵喷噪声对比设置更大的挑战难度。

7 叶桨模的噪声测量工况包括低转速 9.15 r/s、12.97 r/s 和 13.5 r/s,中转速 17.5 r/s 和 18 r/s,高转速 20 r/s 和 25 r/s 无空化状态。根据水下载体模型试验测量时保持航速相等的基本准则,桨模转速 13.5 r/s 对应 SUBOFF 艇尾 7 叶桨 B 的航速 6 kn 工况(转速 12.4 r/s)。噪声测量时,转速达到 17.5 r/s 时出现了轻微颤音,存在单根颤音线谱,高转速状态下颤音线谱丰富且幅值严重,而且在设计推力系数 0.184 和低载荷 0.1 工况下均是如此。低转速工况下噪声测量现象正常。

测量得到桨模转速为 13.5 r/s 时两种推力系数工况对应的直接辐射噪声如图 8.28 所示,在 1~40 kHz 的有效测量频段内,桨模总声级分别为 114.74 dB 和 110.26 dB,桨模总声级随推力载荷系数的增加而增加。尽管该低速工况下 5 kHz 以上高频段的信噪比较低,但并不影响总声级的测量结果。根据相似换算公式,可得航速为 6 kn、自航转速为 12.4 r/s 时实尺 7 叶桨 B(直径为 280 mm)的总声级分别为 115.21 dB 和 111.01 dB,进而插值得到实尺 7 叶桨 B 在设计推力系数为 0.13 时的总声级为 112.86 dB。

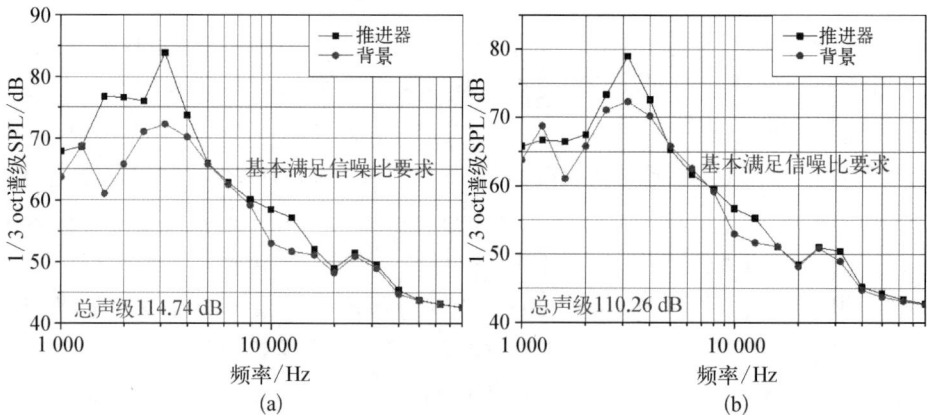

图 8.28　航速为 6 kn 时星形翼假尾伴流场中 7 叶桨 B 模型的噪声测量曲线

(a) $K_T = 0.184$; (b) $K_T = 0.1$

8.1.3　碳纤维复合材料桨叶设计方法探讨

经过近十年的研究积累,课题组已经掌握了螺旋桨叶片的水动力设计方法。从技术完善的角度出发,即使是自行设计艇用 7 叶桨,在水动力性能方面也可以达到与现用 7 叶桨相当的地步,从而可以作为泵桨噪声对比选择的技术储备方案。并且,为了确保降噪指标的实现,拟采取的保底方案如下:在设计得到艇尾泵喷水力模型后,若测量泵喷直接辐射噪声无法达到预期性能,则考虑将定子导管整体结构采用碳纤维复合材料,以进一步降低转子、定子叶片相互作用噪声,进而控制泵喷总的辐射噪声。因此,有必要提前以单个桨叶为对象,探索设计方法,做好技术储备。

定子导管结构采用碳纤维复合材料后能够降噪的技术思路来源是:在当前突显振动和噪声控制,加大设备重量控制力度和约束加工制造成本的需求下,应用复合材料结构作为叶片设计主材料已经成为国际知名推进器厂商的先进技术途径之一,如 Rolls - Royce 公司公开的泵喷发明专利[5]明确提出了常规泵喷的定子导管结构采用碳纤维复合材料、叶轮仍然采用金属材料(如镍-铝-铜或者是钢)的设计方案。该公司也是英国“机敏级”核潜艇所装备泵喷的制造商。可以大胆推断,也许正是采用了复合材料叶片结构,才有了当前“机敏级”潜艇泵喷解决了配重难、辐射噪声控制难的结果。

鉴于螺旋桨叶三维曲面的复杂性,特别是军用螺旋桨叶通常含有大侧斜、纵倾和变截面厚度特征,使得经典的复合材料层合板理论上无法直接应用于复合材料桨叶设计,也还没有形成相应的通用设计流程或者是设计规范,导致设计方法并不完善,加上当前国内见著报道的复合材料螺旋桨设计成功案例及其工程应用更是少之又少,迫切需要加快自主研发进程。

理论上,若选择与激励力载荷完全相适应的纤维铺层布置方案,则可以设计出适应变工况载荷且性能显著优于金属材料桨的复合材料桨叶结构。但难点在于,当前并没有可供直接借鉴的船用螺旋桨叶纤维铺层布置方案,即使是作为桨叶基元的翼型复合材料结构,可用的水动力和静力学分析的试验数据也非常稀少,导致设计方法无法真正向收敛集中的方向靠拢。

因此,当前复合材料桨叶设计与应用的现状如下:应用需求很强烈,但限于设计方法并不完善,加工成型工艺也正在积极探索之中,特别是舰艇所用的螺旋桨对振动噪声有着严格要求,使得其叶型具有高稠密度、大侧斜和纵倾等特征,进一步加大了优秀复合材料桨叶模型设计的难度,导致自主创新研发进程缓慢。

通过预先研究,课题组取得的初步成果如下:提出了船用碳纤维复合材料大侧斜低噪声螺旋桨叶的设计方法,首次详细阐述了桨叶纤维铺层方案的设计原则,并由此设计得出了一种船用碳纤维复合材料大侧斜低噪声螺旋桨叶模型。与其母型金属材料桨叶相比,复合材料桨叶在设计工况下的水动力效率相当,但振动噪声更小、重量更轻,远离设计工况点时水动力效率略有下降。具体来说,所设计的复合材料桨叶特征是:桨叶由单向碳纤维叠层单元堆叠而成,叠层单元由 6 层碳纤维增强环氧树脂基预浸润织布(简称碳纤维织布)3236/T300/10 堆叠而成,织布厚度为 0.2 mm,叠层单元的铺层角度为 $[0°/-30°/-45°/45°/30°/0°]$,各层织布厚度比例为 $1∶2∶2∶1∶1∶1$,如图 8.29 所示。叠层单元的堆叠基准面为母型金属材料桨叶的拱弧面,堆叠方向为堆叠基准面双面法向,实施堆叠时分别向桨叶压力面和吸力面方向对称铺设,如图 8.30 所示。所设计桨叶的叶片数为 5 叶,右旋,侧斜度为 55%,且 5 片桨叶的纤维铺层方案完全相同,桨叶三维几何形状及其敞水性能曲线如图 8.31 所示。在设计航速为 18 kn、转速为 140 r/min 时船后桨效率为 0.671,消耗功率为 3.84 MW,实桨直径为 3.6 m,适用于船体阻力为 292 kN 的双桨船推进。在桨叶模型中,不同半径处的叶截面采用 NACA66(mod)翼型厚度分布和 NACA $\alpha=0.8$ 拱度分布。桨叶从叶根到叶梢截面的侧斜角分布为向螺旋桨参考线两边平衡侧斜,侧斜角先正后负再正(后侧斜方向为正)。

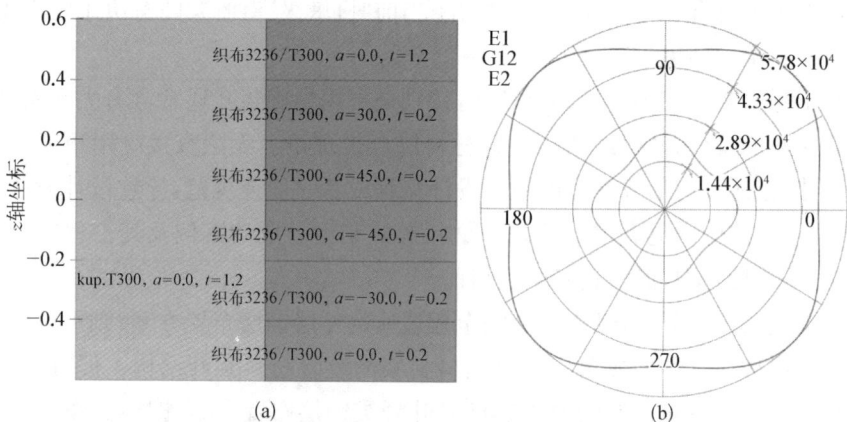

图 8.29 复合材料桨叶叠层单元布置

(a) 叠层单元 T300 PP,AP;(b) 材质属性极图

设计时,为了满足大侧斜、低噪声的性能需求,母型金属材料桨叶的设计参数中,不同半径处叶截面的弦长值直接取低噪声桨 FRV 40 的弦长值,不同半径处叶截面的最大厚度值直接取 DTMB 5168 桨的厚度值,不同半径处叶截面的侧斜角和纵倾值直接取 KaMeWa 现代 5 叶调距桨的侧斜角和纵倾值(内部数据)。上述设计参数组合后,可以联合发挥 FRV 40 桨低噪声、DTMB 5168 桨优良的抗空化性能以及 KaMeWa 现代 5 叶调距桨应用大侧斜抑制振动噪声的技术优势,使母型桨在设计工况具备空化临界转速高、振动和噪声小、强度满足要求的技术特征。

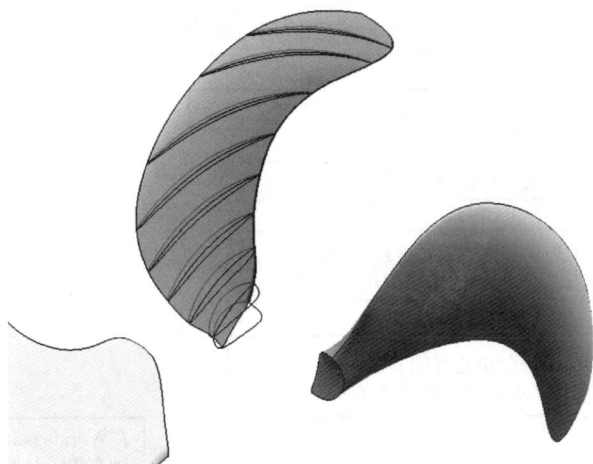

图 8.30　复合材料桨叶堆叠基准面及堆叠方向

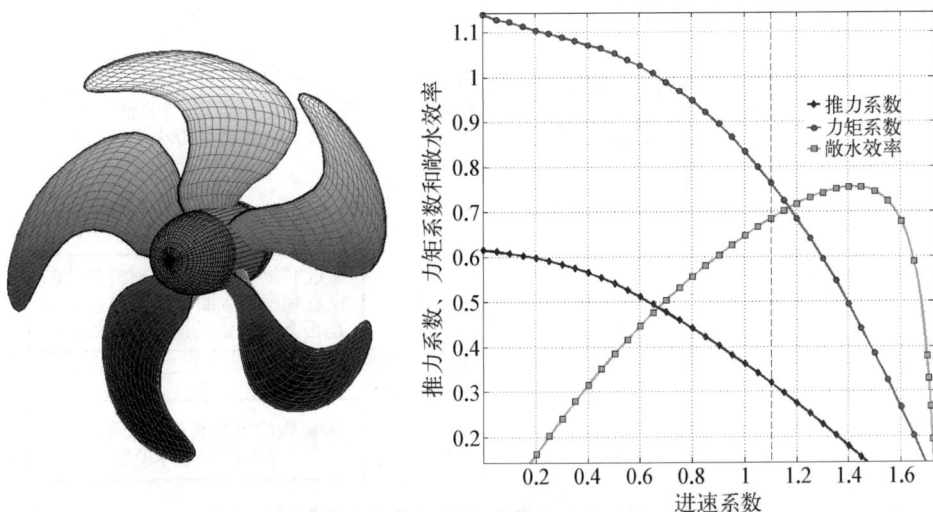

图 8.31　碳纤维复合材料大侧斜低噪声桨叶及其敞水性能曲线

　　经过梳理总结,课题组提出的碳纤维复合材料大侧斜低噪声螺旋桨叶的设计流程如图 8.32 所示。具体步骤如下:

　　(1) 给定设计参数,由开源程序 OpenProp 设计得出满足设计工况性能需求的母型大侧斜金属材料桨叶型值,并在三维 CAD 软件中绘制桨叶三维几何模型,提取碳纤维叠层单元的堆叠基准面。其中,设计参数包括桨叶片数、额定转速、桨叶直径、桨毂直径、设计航速和船体阻力 6 个外部参数以及桨叶不同半径处叶截面的弦长、厚度分布规律、拱度分布规律、最大厚度、侧斜角和纵倾 6 个内部参数。

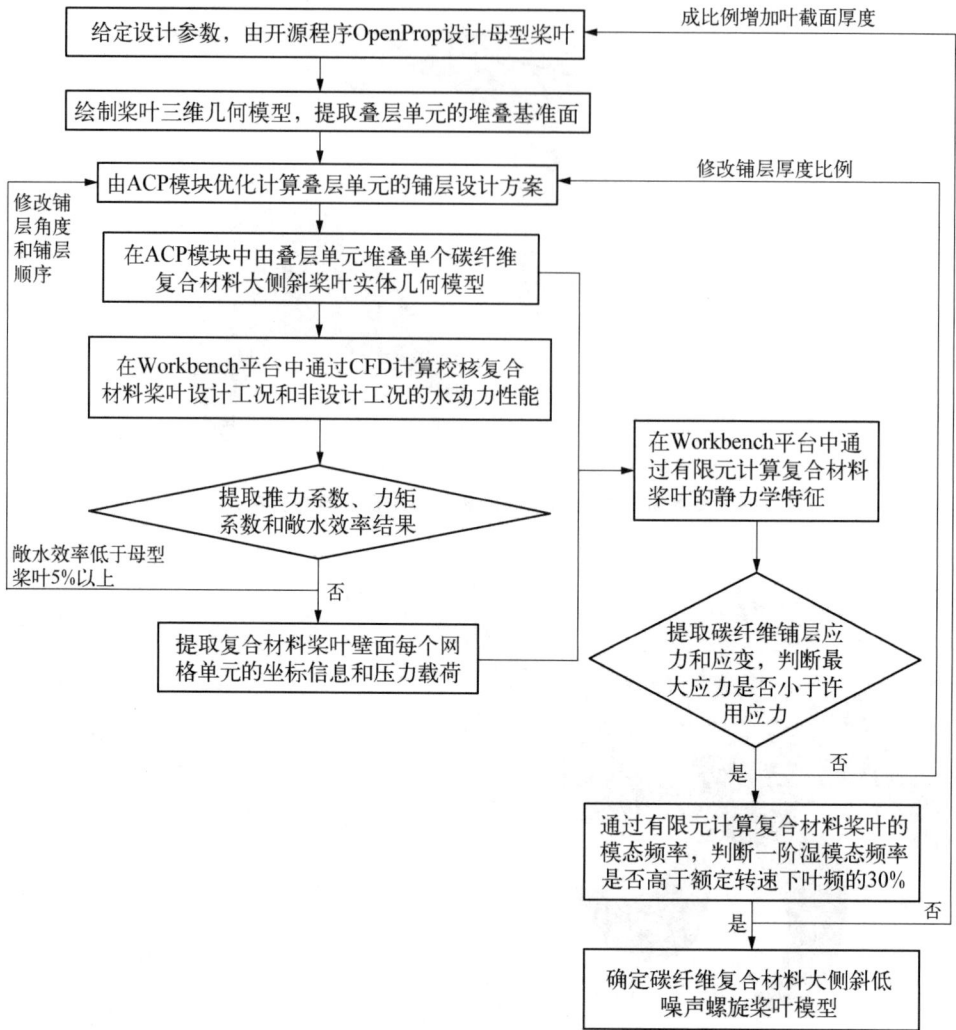

给定设计参数，由开源程序OpenProp设计母型桨叶 ← 成比例增加叶截面厚度

绘制桨叶三维几何模型，提取叠层单元的堆叠基准面

由ACP模块优化计算叠层单元的铺层设计方案 ← 修改铺层厚度比例

在ACP模块中由叠层单元堆叠单个碳纤维复合材料大侧斜桨叶实体几何模型

在Workbench平台中通过CFD计算校核复合材料桨叶设计工况和非设计工况的水动力性能

提取推力系数、力矩系数和敞水效率结果

敞水效率低于母型桨叶5%以上

否

提取复合材料桨叶壁面每个网格单元的坐标信息和压力载荷

修改铺层角度和铺层顺序

在Workbench平台中通过有限元计算复合材料桨叶的静力学特征

提取碳纤维铺层应力和应变，判断最大应力是否小于许用应力

是 / 否

通过有限元计算复合材料桨叶的模态频率，判断一阶湿模态频率是否高于额定转速下叶频的30%

是 / 否

确定碳纤维复合材料大侧斜低噪声螺旋桨叶模型

图8.32 碳纤维复合材料大侧斜低噪声桨叶设计流程

依据设计经验，桨叶不同半径处叶截面的弦长值直径取成功通过海试测量的低噪声渔政船 FRV 40 桨的弦长值，桨叶不同半径处叶截面的最大厚度值直接取美国海军驱逐舰用桨模 DTMB 5168 桨的厚度值，桨叶不同半径处叶截面的侧斜角和纵倾值优先取引进于 KaMeWa 公司的现代 5 叶调距桨的侧斜角和纵倾值（内部数据），或者是直接将 FRV 40 桨的侧斜角和纵倾值由侧斜度 34％线性放大至目标值。桨叶型值满足设计工况性能需求所指为设计航速和额定转速下桨叶的水动力效率不低于 0.65。

需要注意的是，桨叶叶型设计时应该考虑船尾轴向非均匀进流的影响，不同半

径处周向平均的轴向速度分量与船体航速的比值为

$$v_a/v_s = -0.168 \times (r/R)^2 + 0.403\,2 \times (r/R) + 0.755\,9$$

碳纤维叠层单元的堆叠基准面可以是桨叶拱弧面,也可以是与桨叶叶根截面相同半径的扩展曲面。从铺层堆叠实施便利来看,优选桨叶拱弧面。

(2) 向纤维制造厂商订制碳纤维叠层单元,或者是订制进一步由不同叠层单元构成的子层合板。再借助 ANSYS ACP 复合材料分析模块确定碳纤维叠层单元的铺层设置方案,包括铺层角度、铺层顺序和铺层厚度。其中,碳纤维叠层单元可以是单层纤维织布,也可以是多层纤维织布按照给定铺层角度和铺层顺序堆叠而成的组合单元。纤维材料可以是单向纤维,也可以是编织型纤维。按照经费预算,首先选择纤维材料类型和叠层单元的纤维织布层数,如 2,3,…,6 等,然后再根据织布层数优化确定铺层角度、铺层顺序和铺层厚度。

设计碳纤维叠层单元时,应遵照以下 5 条原则:① 铺层中纤维方向尽量与桨叶受力载荷方向一致,叠层单元层间受力尽可能小。② 铺层角度除纤维主方向 0°和层间横向 90°外,选择范围为 30°～45°。③ 堆叠基准面为拱弧面时,铺层角度向后侧斜方向和前侧斜方向两边交叉布置,且偏向后侧斜方向的铺层厚度比例更大;堆叠基准面为与叶根截面相同半径的扩展曲面时,铺层角度向桨叶压力面和吸力面方向两边交叉布置,且偏向压力面方向的铺层厚度比例更大。④ 编织型纤维叠层单元中,铺层角度优先选择 ±45°。⑤ 桨叶铺层厚度变化应尽量保持连续性。

碳纤维叠层单元的选择方案如下:① 编织型碳纤维,铺层角度为 $[0°/-45°/90°/45°/0°]$,厚度比例为 1∶2∶1∶2∶1,堆叠基准面为拱弧面;② 单向碳纤维,铺层角度为 $[0°/-30°/-45°/45°/30°/0°]$,厚度比例为 1∶2∶2∶1∶1∶1,堆叠基准面为拱弧面;③ 编织型碳纤维,铺层角度为 $[0°/45°/-45°/0°]$,厚度比例为 1∶2∶2∶1,堆叠基准面为与叶根截面相同半径的扩展曲面;④ 单向碳纤维,铺层角度为 $[0°/45°/90°/-45°/0°]$,厚度比例为 1∶2∶1∶2∶1,堆叠基准面为与叶根截面相同半径的扩展曲面。若无法完成上述多层纤维织布的加工订制,可以将叠层单元简化为铺层角度为 $[-45°/45°]$、厚度比例为 2∶1 的简化配置。

(3) 由步骤(2)所得结果堆叠生成单个碳纤维复合材料大侧斜桨叶实体几何模型,然后周向旋转复制得到叶片数个复合材料大侧斜桨叶实体几何模型。

在复合材料桨叶实体几何形状构造过程中,堆叠基准面为拱弧面时,碳纤维参考方向为径向,叠层单元的堆叠方向为拱弧面双面法向,分别向桨叶压力面和吸力面方向铺设叠层单元,直至总的铺层厚度完全包裹住桨叶。基准面为与叶根截面相同半径的扩展曲面时,碳纤维参考方向为弦长方向,叠层单元的堆叠方向为从叶根至叶梢的径向方向,单向铺设叠层单元,直至总的铺层厚度完全包裹住桨叶。最后借助 ACP 模块中实体建模时的修剪铺层(cut off geometries)与贴附铺层(snap to geometry)功能,修剪两种铺设方案中多余复合材料部位并光顺拟合桨叶外表面,使碳纤维铺层的实体几何形状与母型金属材料桨叶完全重合,即得到复合材料桨叶三维实体几何形状。

(4) 采用计算流体力学方法计算步骤(3)所得模型在设计工况和非设计工况下的水动力性能,直接提取推力系数、力矩系数和水动力效率结果,判断水动力效率是否满足设计要求,若是,则直接提取桨叶壁面不同网格节点处的坐标信息和压力载荷,进行下一步;若否,则回到步骤(2)修改叠层单元铺层方案中的铺层角度和铺层顺序。

(5) 采用有限元方法计算步骤(3)所得模型在步骤(4)所得压力载荷和离心力载荷作用下的静力学特征,直接提取碳纤维铺层的应力和应变结果,判断是否满足强度要求,若是,则进行下一步;若否,则回到步骤(2)修改叠层单元铺层方案中的铺层厚度比例。其中,有限元计算碳纤维复合材料螺旋桨叶的静力学特征时,边界条件为桨叶叶根截面固定约束,激励力为步骤(4)提取的压力载荷、重力载荷以及给定转速下的离心力载荷。

(6) 采用有限元方法计算步骤(5)所得模型的模态频率,判断是否满足频率错位要求,若桨叶一阶湿模态频率高于设计工况下叶频(转速×叶片数)的 30% 以上,则认为能够避免共振,进行下一步;若否,则回到步骤(1)成比例增加桨叶叶截面厚度。其中,桨叶模态频率包括干模态频率(空气中)和湿模态频率(水中)。工程估算时,可直接取湿模态频率为干模态频率的 50%~60%。

(7) 确定船用碳纤维复合材料大侧斜低噪声螺旋桨叶模型。

8.2 艇尾构型水动力优化设计及其阻力预报

8.2.1 艇模阻力数值计算可信性确认分析

分析载体为标模 SUBOFF 潜艇,该潜艇具有全套水动力试验数据,便于开展泵喷推进系统设计与试验测量。鉴于潜艇主推进器从 7 叶桨到泵喷的更新换代,推进器并非孤立存在,而是与艇尾构型高度集成设计,如美国"海狼级"和"弗吉尼亚级"泵喷推进潜艇均采用木字形艇尾,法国"凯旋级"潜艇采用 H 形艇尾,甚至国外某型潜艇采用米字形艇尾,且船坞中"弗吉尼亚级"潜艇 SSN-789 尾锥段的小端与大端直径比大于 0.35,明显与当前现役的十字形尾翼-7 叶桨结构匹配特征不同,如图 8.33 所示,围壳及尾翼附体的复杂涡系与伴流特征将直接影响推进器水动力、推进和声学性能,因此泵喷设计时还需完成艇尾结构匹配性设计。其设计准则如下：以艇模阻力、桨盘面湍流涡强度和伴流速度周向不均匀度为优化参数，开展艇尾构型的流体动力性能优化设计研究，主要包括 X 形、木字形和星形三种结构型式。分析步骤如下：首先基于无附体光体 SUBOFF AFF‑1 对象和全附体 SUBOFF AFF‑8 对象完成 CFD 计算可信度的确认分析，然后针对无围壳的不同艇尾构型进行计算分析，最后定量比较带围壳的不同艇尾构型流体动力性能，确定泵喷推进时的较优艇尾构型。

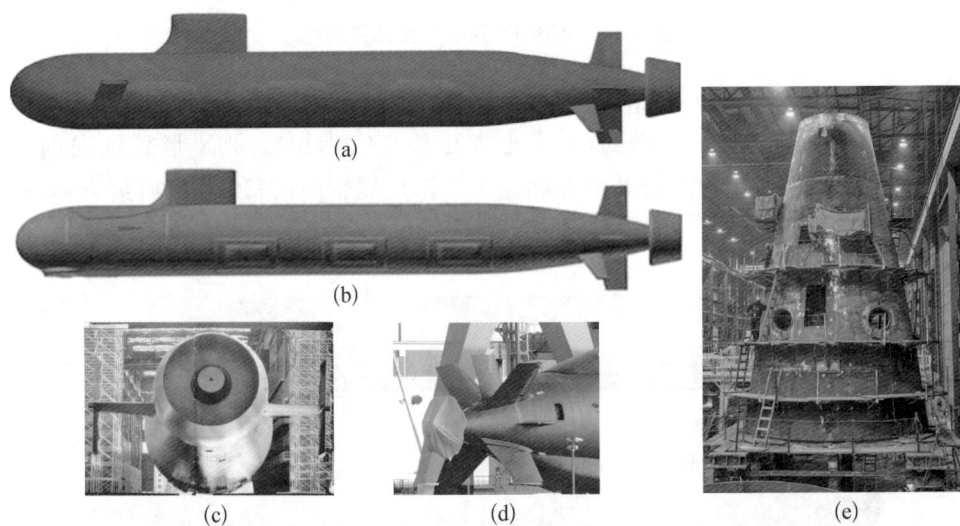

图 8.33　典型艇尾构型

（a）"海狼级"潜艇；（b）"弗吉尼亚级"潜艇；（c）"凯旋级"潜艇艇尾；（d）某潜艇艇尾；（e）SSN‑789 "弗吉尼亚级"潜艇艇尾

　　分析对象取为美国国防高等研究计划署（Defense Advanced Research Projects Agency，DARPA）发布的标准潜艇 SUBOFF 模型，美国大卫·泰勒研究中心（David Taylor Research Center，DTRC）针对该潜艇给出了众多水动力试验数据，包括阻力曲线、艇体表面压力系数分布和摩擦阻力系数分布等。SUBOFF 模型总长 4.356 m，其首部长为 1.016 m，平行中体长为 2.229 m，尾部长为 1.111 m，平行中体最大直径为 0.508 m。带指挥台围壳时，围壳 0.206 m、长 0.368 m、最大厚度 0.066 m。尾翼端面高 0.25 m、轴向长度 0.095 m，如图 8.34 所示。

　　为了充分研究该艇光体及附体的阻力性能，包括摩擦阻力和压差阻力分量的变化规律，DARPA 将该标准潜艇定义为一个系列，并依据不同部件组合给予命名，包括光体 AFF‑1、光体＋围壳 AFF‑2、光体＋十字形尾翼 AFF‑3、光体＋围壳＋十字形尾翼 AFF‑8（亦称为全附体潜艇）、光体＋十字形尾翼轴向前移 3%L

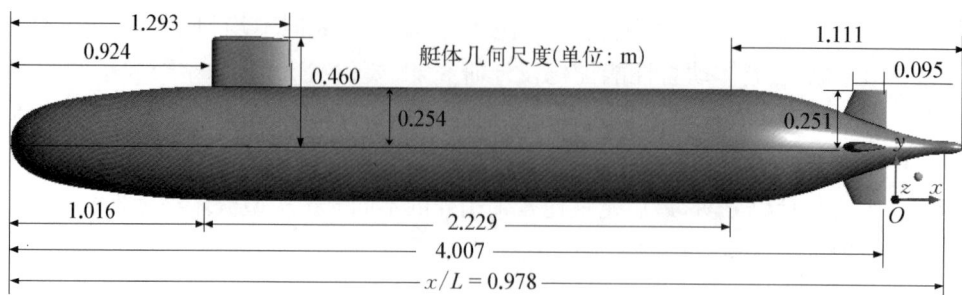

图 8.34 SUBOFF 潜艇模型几何尺寸

（L 为艇长）AFF‑10 以及光体＋环形导管 AFF‑6 等，如图 8.35 所示。X 形翼由原十字尾翼周向旋转 $45°$ 得到，木字形翼由原十字形尾翼和 X 形翼轴向前移 $3\%L$ 后组合得到，星形翼由 X 形翼和原十字形尾翼轴向前移 $3\%L$ 后组合得到，如图 8.36 所示。

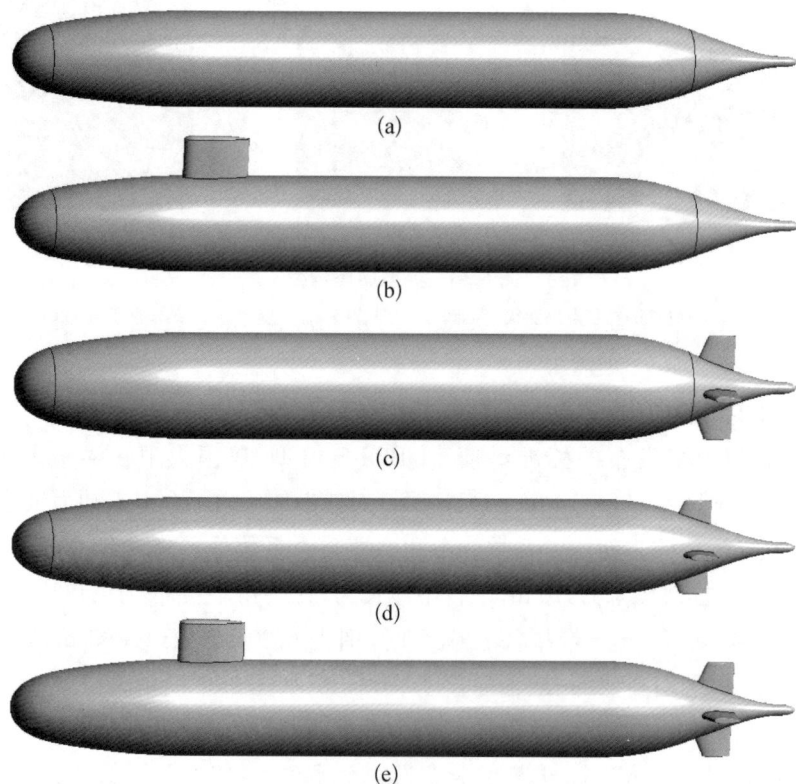

图 8.35 SUBOFF 潜艇模型系列几何形状

(a) AFF‑1；(b) AFF‑2；(c) AFF‑3；(d) AFF‑10；(e) AFF‑8

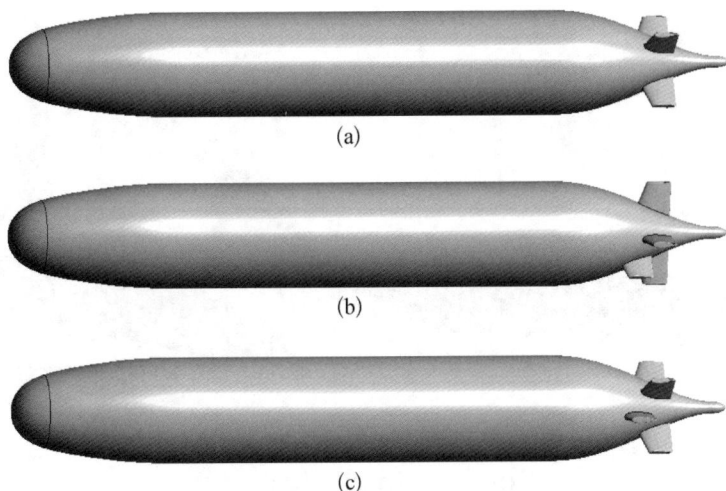

图 8.36　SUBOFF 潜艇典型艇尾构型

(a) X 形翼；(b) 木字形翼；(c) 星形翼

在进行 CFD 计算可信度校验分析时，主要针对 AFF-1 和 AFF-8 几何形状完成，包含其他组合式对象。艇体计算域采用多块六面体结构化网格进行离散，如图 8.37 所示，即使是全附体艇体复杂几何形状，其网格最小正则度指数也大于0.3，而对于对称几何形状 AFF-1，网格最小正则度指数甚至高达 0.7，能够有效保证计算迭代收敛。其中，光体全六面体网格节点数为 288 万个，全附体潜艇网格节点数为 682 万个。艇体壁面径向方向、艇首、指挥台围壳和尾附体的翼型四周均采用 O 形网格，以尽可能捕捉流动变化剧烈的局部细节。流场控制域取为艇体上游方向 $1L$、下游方向 $2L$、径向方向 $10D$（D 为艇体平行中体最大直径）。计算时取为均匀来流速度进口和压力出口边界条件，初始湍流强度取为 5%，并考虑潜艇轴向沉深 10 m 产生的静压。

计算得到低、中、高三种航速下 AFF-1 阻力值以及不同航速下 AFF-8 阻力曲线与试验值的比较如表 8.3 所示。可知，在全航速范围内，光体和全附体总阻力的 CFD 计算误差小于 3.6%，能够用于后续的优化设计分析。下面着重针对 AFF-8 几何形状，分析网格拓扑一定的情况下，网格节点空间分布规律和求解程序/软件对计算精度的影响，总结艇模阻力 CFD 计算可信性确认的主要因素，为艇尾构型流体动力优化设计作铺垫。

采用 O 形网格拓扑包裹艇体黏性绕流且控制计算域离散结构化网格质量相当的情况下，典型网格节点空间分布规律因素改变后的艇体壁面结构化网格

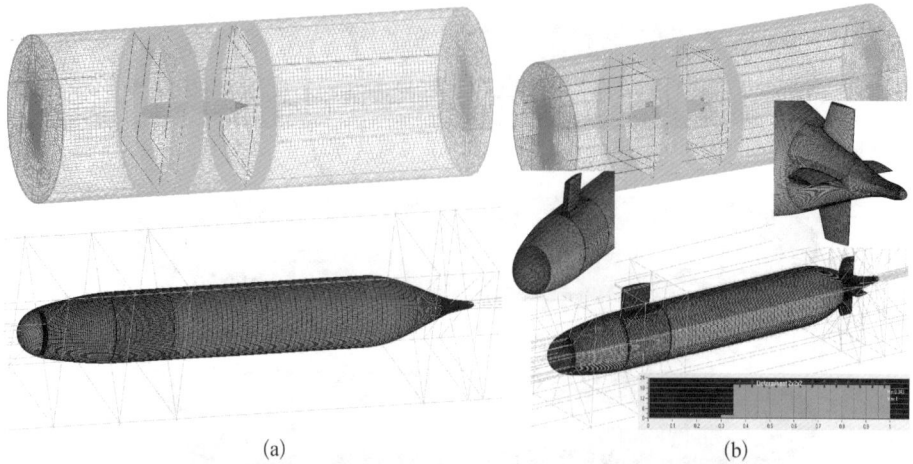

图 8.37 SUBOFF 潜艇结构化网格拓扑和壁面网格单元

(a) 光体 AFF-1,网格节点数为 288 万个;(b) 光体＋围壳＋尾翼 AFF-8,网格节点数为 682 万个

表 8.3 AFF-1 阻力和 AFF-8 阻力曲线计算值与试验值的比较

潜艇对象	航速/kn	阻力实验值/N	阻力计算值/N	误差/%
AFF-1	5.92	87.4	90.19	3.19
	10	242.2	236.77	−2.24
	16	576.9	566.08	−1.88
AFF-8	5.93	102.3	102.34	0.04
	10	283.8	272.53	−3.62
	11.85	389.2	375.455	−3.53
	13.92	526.6	509.217	−3.30
	16	675.6	657.771	−2.64
	17.78	821.1	802.123	−2.31

如图 8.38 所示,包括网格节点数量、网格节点疏密分布规律和第一层网格节点法向距离因素,命名四组六面体网格为 G1、G2、G3、G4。G1 和 G2 均对应中等网格节点数,在艇首段、尾锥段和平行中体段,网格由适应流动变化剧烈程度的疏密相间分布变为均匀分布。G3 和 G4 分别对应为 G1 在艇体表面流动变化剧烈的局部区域进行稀化和加密处理,表征粗网格和细网格。

采用 SST 湍流模型、中等湍流强度的初始进流边界条件,求解时对流项和湍流数值离散均采用高阶精度格式、设置相同的迭代收敛标准,四种网格计算得到的潜艇阻力与实验值及经验公式估算值比较如表 8.4 所示。其中,C_d 和 C_f 分别定义为

艇体网格映射拓扑结构

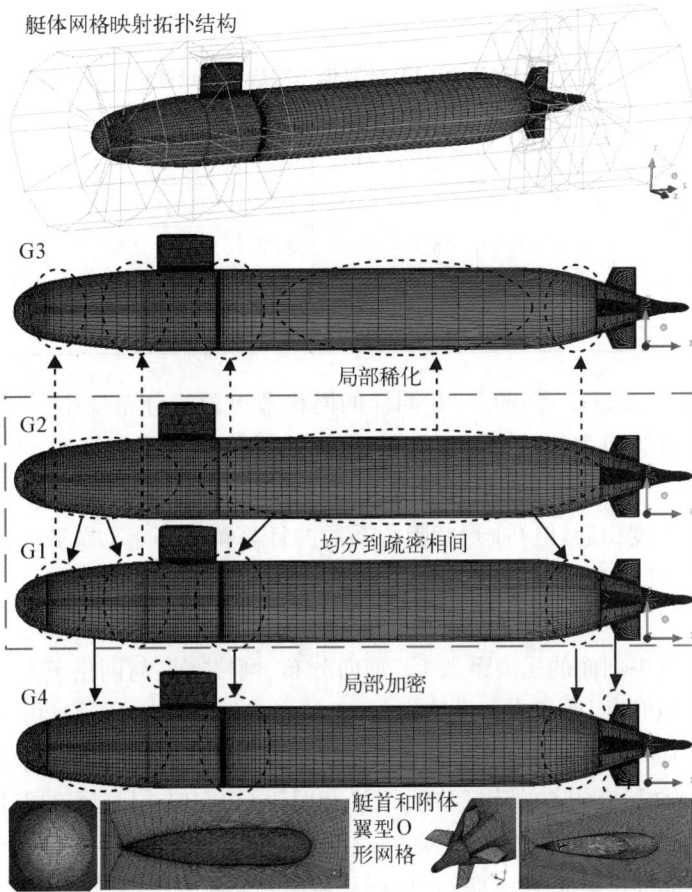

图 8.38　AFF‑8 艇体壁面网格

$$C_d = \frac{D_s}{\frac{1}{2}\rho v^2 S}, \ C_f = \frac{F}{\frac{1}{2}\rho v^2 S} \tag{8.3}$$

式中，D_s 为艇体总阻力；F 为摩擦阻力；S 为艇体浸湿表面积。ITTC‑57、桑海和普朗特 C_f 经验公式分别对应为

$$C_f = \frac{0.075}{(\lg Re - 2.03)^2} \ (\text{ITTC‑57})$$

$$C_f = \frac{0.463\,1}{(\lg Re)^{2.6}} \ (\text{桑海公式}) \tag{8.4}$$

$$C_f = \frac{0.455}{(\lg Re)^{2.58}} \ (\text{普朗特公式})$$

式中，Re 为基于航速 v 和艇长 L 的雷诺数。形状阻力系数 $C_R = C_d - C_f$。

表 8.4　潜艇阻力 CFD 计算值与实验值及经验值比较

网格	$D\_CFD/$ N	$D\_Exp/$ N	Error/ %	$C_d\_CFD/$ $(\times 10^{-3})$	$C_R\_CFD/$ $(\times 10^{-3})$	$C_R\_Exp/$ $(\times 10^{-3})$	Error/ %	$C_f\_CFD/$ $(\times 10^{-3})$	ITTC- 57 C_f	偏差/%	桑海公 式 C_f	普朗特 公式 C_f
G1	103.397	102.30	1.072	3.536	0.639	0.65	1.692	2.904	2.897	0.240	2.815	2.877
G2	103.096	102.30	0.778	3.526	0.629	0.65	3.231	2.903	2.897	0.224	2.815	2.877
G3	104.911	102.30	2.552	3.588	0.691	0.65	6.308	2.909	2.897	0.407	2.815	2.877
G4	102.340	102.30	0.04	3.524	0.627	0.65	3.536	2.905	2.897	0.270	2.815	2.877

可知，从 G3 到 G1 再到 G4，在同样的网格节点疏密分布规律下，随着网格节点数的增多，计算阻力值减小并逐渐接近真值，计算精度可提高约 2%。G4 对应的误差小于 1%，在工程应用上已具有足够可信度。G1 和 G2 因网格节点数量相同，阻力计算精度相近，但 G1 形状阻力系数的计算精度高于 G2，表明此时网格空间尺度已适合艇体表面流动，均匀分布或适合流动特征的疏密相间分布对总阻力影响不明显。但是，疏密分布从流动特性上来讲要更合理一些。

G4 艇体纵中剖面的压力系数 C_p 轴向分布、网格密度与网格节点疏密分布对壁面压力系数和壁面剪切应力系数 C_τ 分布的影响如图 8.39 所示。可知，数值计算值与实验值吻合非常好，且与文献计算值几乎重合，并且在指挥台围壳顶部的计算值稍优于瑞士国防研究中心的计算结果。G4 相对于 G1 在艇首段、尾锥段、围壳和尾翼前缘加密后，C_τ 在上述加密部位出现轻微差异，但 C_p 仅在围壳和尾翼前缘处幅值存在差异，其余部位几乎重合，表明 G1 的网格量级已能较好地捕捉艇体表面流动。网格节点疏密分布改变后，C_p 仅在围壳后缘处和尾锥段前端曲率变化处存在轻微差异，C_τ 仅在平行中体段前端存在轻微差异，阐明了改变前后阻力值相近、形状阻力系数存在轻微差异的现象。上述结果中，分析对象均对应为模型尺度，满足 SST 湍流模型采用修正壁面函数时 $Y^+ < 200$ 的要求。网格生成时，可通过经验公式来控制壁面第一层网格节点法向距离 Δy，从而有效控制 Y^+ 以满足使用条件，如下式所示：

$$\Delta y = L(Y^+) \sqrt{80} Re^{-13/14} \tag{8.5}$$

此外，5 种常用湍流模型针对 G4 网格计算得到的总阻力、摩擦阻力系数和剩余阻力系数值比较如表 8.5 所示。可以看出，SST 湍流模型适应性最好，计算精度最高，ω-RSM 模型次之，RNG k-ε 模型再次之，且与 k-ε 模型精度相当，与现有经验一致。ω-RSM 模型较 SST 模型计算耗时明显要长，但在计算精度上两者基本处于同一个量级，因此，从工程应用的角度来讲，对于需求大量分析工况的潜艇黏性流场 RANS 模拟而言，SST 湍流模型相对最优。

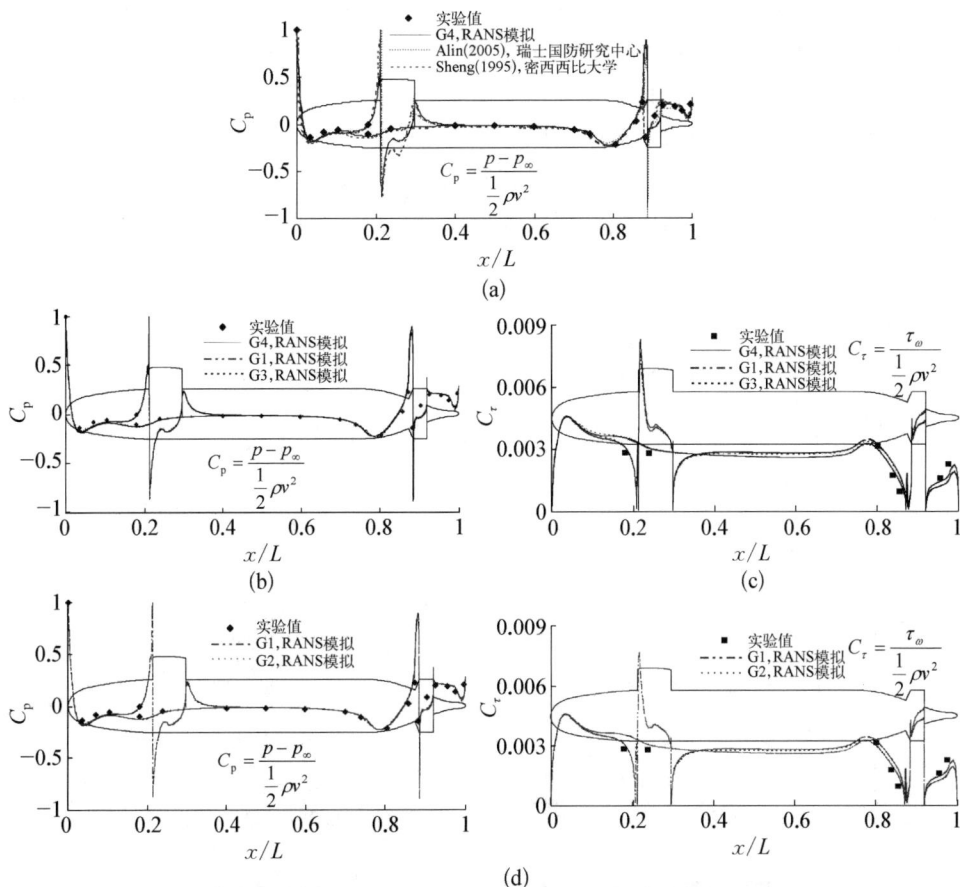

图 8.39　艇体壁面压力系数和剪切应力系数分布校验

（a）壁面压力系数校核；（b）网格密度对压力系数的影响；（c）网格密度对剪切应力系数的影响；（d）网格节点疏密分布对压力系数和剪切应力系数的影响

表 8.5　湍流模型对潜艇阻力数值计算的影响

湍流模型	D_CFD/ N	D_Exp/ N	误差/ %	C_R_CFD/ ($\times 10^{-3}$)	C_R_Exp/ ($\times 10^{-3}$)	误差/ %	C_f_CFD/ ($\times 10^{-3}$)	ITTC-57 C_f	偏差/ %	普朗特 公式 C_f	偏差/ %
k-ε	108.081	102.30	5.651	0.799	0.65	23.07	2.986	2.897	3.092	2.877	3.815
RNG k-ε	97.858	102.30	4.342	0.451	0.65	30.62	2.661	2.897	8.135	2.877	7.491
k-ω	111.3	102.30	8.797	0.911	0.65	40.15	3.207	2.897	10.711	2.877	11.487
SST	103.040	102.30	0.723	0.627	0.65	3.54	2.905	2.897	0.270	2.877	0.973
ω-RSM	105.334	102.30	2.966	0.706	0.65	8.62	2.921	2.897	0.825	2.877	1.531

分析潜艇黏性流场的目的一方面在于校验 CFD 预报的精度,为潜艇流噪声预报提供准确的声源项;另一方面在于求取潜艇伴流速度分布,为艇尾推进器提供周向非均匀进流,以及分析尾翼构型对推进器进流场的影响。G4 网格 SST 湍流模型计算得到的水线方向指挥台围壳截面和上垂直翼截面的压力系数分布与试验值比较如图 8.40 所示。可知,计算值与实验值吻合很好,且指挥台围壳靠近端面处的计算精度稍高于密西西比大学团队的计算结果[39],上垂直翼计算精度稍高于瑞士国防研究中心的计算结果[40]。

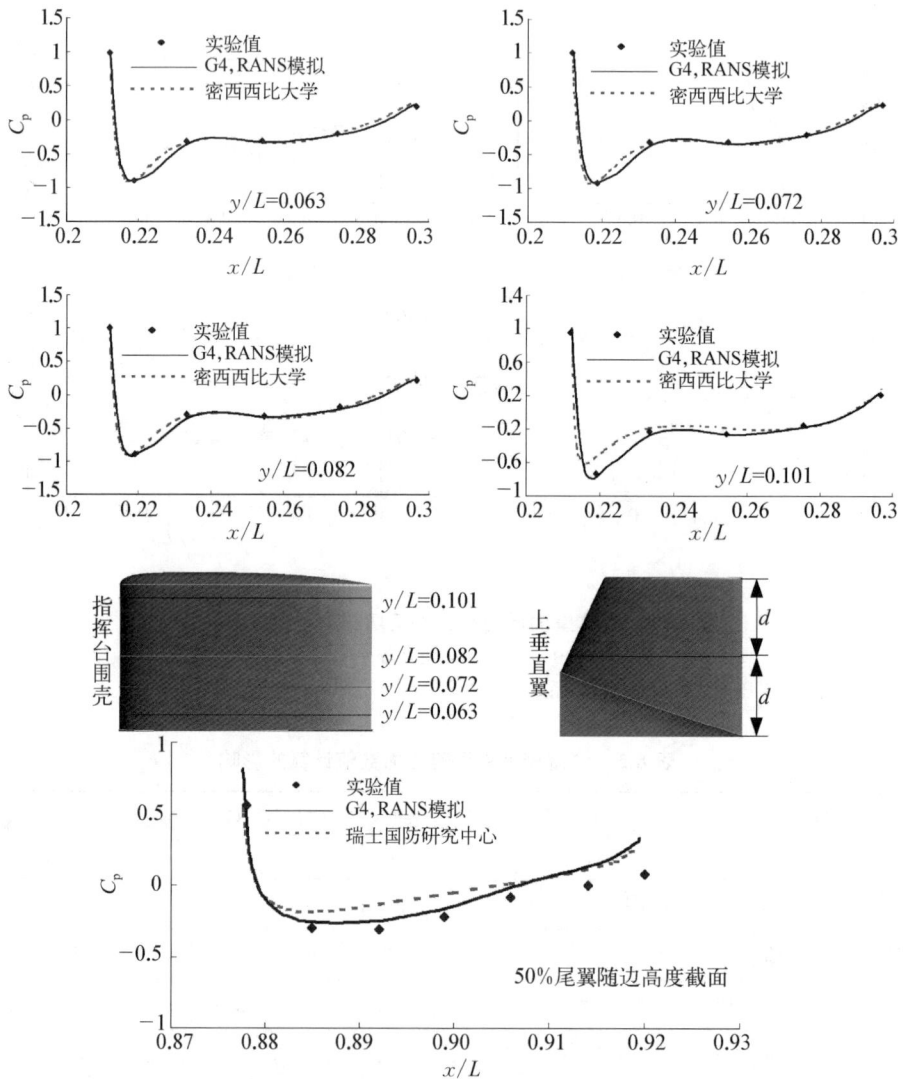

图 8.40　潜艇附体表面压力系数分布

进一步计算得到位于 $x/L=0.978$ 处的桨盘面处速度等值线分布和速度分量校验如图 8.41 所示。图中 v_a、v_v 和 v_w 分别为轴向和其他两个坐标方向的速度分量。可知,尾翼与主艇体结合部诱导的马蹄涡对桨盘面流场存在着明显的影响,使得尾翼对称面所在平面两边产生对旋涡。且在 $-90° < \theta < 90°$ 范围内,由于围壳的影响,水线面上、下方两组对旋涡并不完全对称,上方涡核中心离 $r/R=0.25$ 曲线的距离 d_1 较下方涡核要小,表现在 $r/R=0.25$ 周向方向上场点的轴向速度分量在 $30°\sim60°$ 范围内较 $120°\sim150°$ 范围内稍大。$r/R=0.25$ 曲线上横向和垂向速度分量在峰值处较实验值要小,但峰值变化所处周向位置与实验一致。计算得到的 $v_v/v=0.9$ 的速度等值线所处径向半径稍大于实验值,且总体计算精度与文献计算结果相当。

马蹄涡结构是潜艇流场重要的精细流场特征。典型全附体潜艇桨盘面处量纲一的轴向速度分量分布如图 8.42 所示,包括主艇体与附体尾流及接合部马蹄涡对桨盘面速度分布的影响。通常采用基于速度梯度张量的第二不变量准则(简称 Q 准则)来定量描述涡量场特征

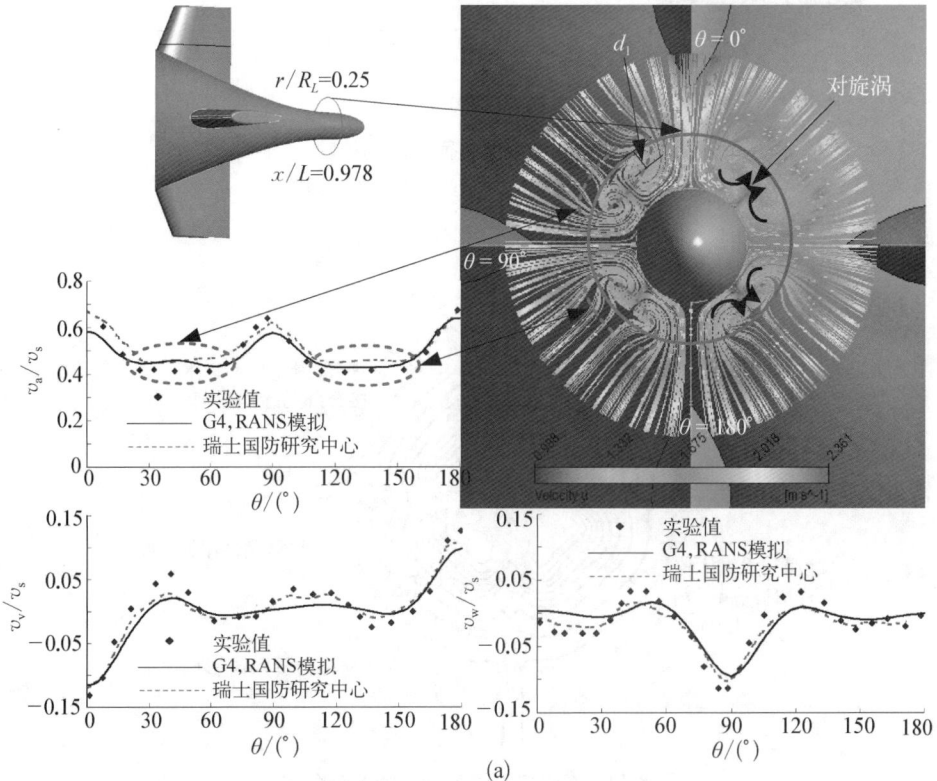

(a)

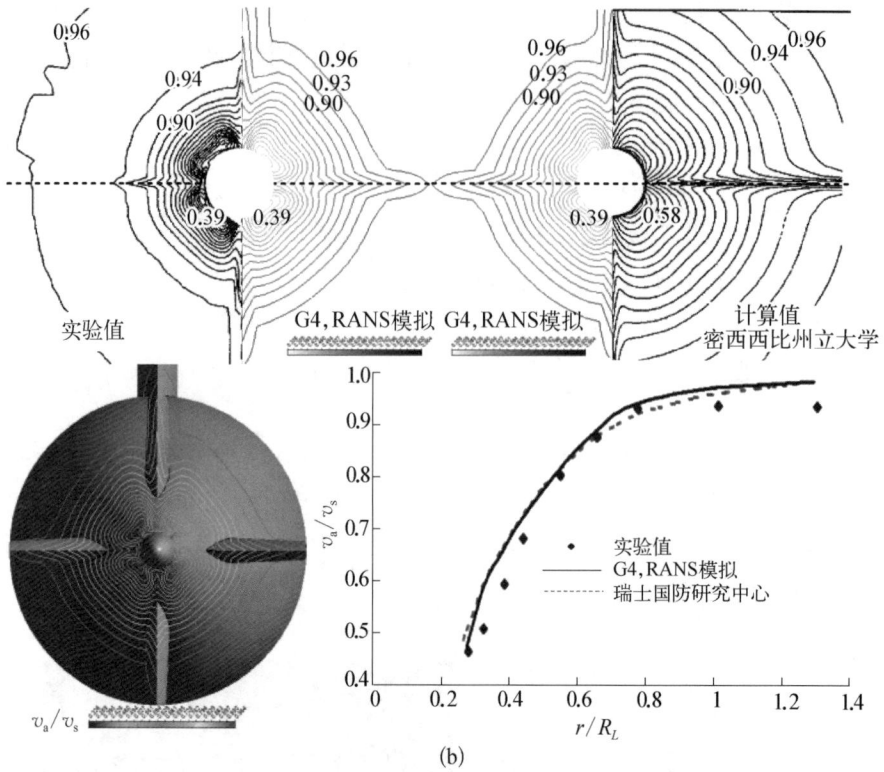

0.96
0.94
0.96
0.93
0.90
0.90
0.39 0.39
实验值

G4,RANS模拟 G4,RANS模拟

0.96
0.93
0.90
0.94 0.96
0.90
0.39 0.58
计算值
密西西比州立大学

v_a/v_s

(b)

图 8.41　潜艇桨盘面速度场校验

（a）速度分量；（b）等值线和周向平均速度

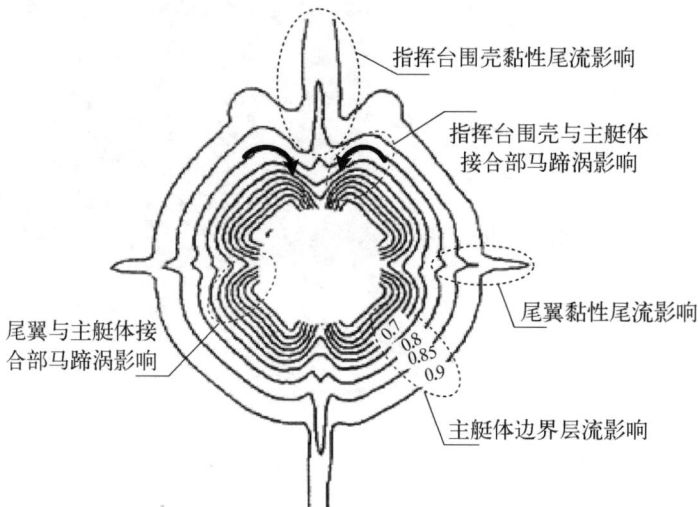

指挥台围壳黏性尾流影响

指挥台围壳与主艇体
接合部马蹄涡影响

尾翼黏性尾流影响

尾翼与主艇体接
合部马蹄涡影响

主艇体边界层流影响

图 8.42　潜艇桨盘面量纲一的速度分布

$$Q_\lambda = \Omega^2 - S^2 = \left(\frac{\partial u_i}{\partial x_j} - \frac{\partial u_j}{\partial x_i}\right)^2 - \left(\frac{\partial u_i}{\partial x_j} + \frac{\partial u_j}{\partial x_i}\right)^2 \tag{8.6}$$

式中，S 和 Ω 分别为对称张量（流体微团的变形率张量）和反对称张量（流体微团的准刚体转动角速度）。Q 反映了流场中流体变形率与转动角速度之间的相对关系，可由此来判定流场中漩涡的形态与位置。

G4 网格 SST 湍流模型计算得到艇体附体及桨盘面的涡量分布如图 8.43 所示。可知，指挥台围壳和尾翼与主艇体接合部位均产生了马蹄涡，围壳和尾翼的随边下游也均出现了尾涡，且尾涡的影响一直持续到桨盘面处。因尾翼截面通道对流体的挤压作用，同样在下游诱导产生涡。因围壳和上垂直翼上顶端面尾流的同时影响，使得桨盘面处尾流中诱导产生对旋涡。图 8.43 中潜艇壁面显示为其压力分布。进一步可视化得到潜艇轴向各横截面上涡量分布沿流动方向的演变如图 8.44 所示。可知，围壳上顶端面涡对沿流动方向持续存在一定距离，几乎不与其他涡系发生相互作用，且不影响半径一定的桨盘面涡量场。

从前文所述不同航速下总阻力曲线、航速为 5.93 kn 时艇体壁面及附体表面压力系数、剪切应力系数、桨盘面伴流速度分布以及涡量分布的校验与定量分析可以看出，现有 CFD 计算方法能够适应艇体黏性绕流精细数值模拟的要求，能够用于艇尾构型基于流体动力性能的优化设计分析。

8.2.2　无围壳时艇尾构型流体动力性能的定量比较

在确认艇模阻力性能数值计算精度的条件下，着重关注典型艇尾构型对流体动力性能的影响，以指导其优化设计，并为泵喷进流提供有利伴流条件。比较分析对象包括光体无尾翼 AFF‐1、带围壳艇体无尾翼 AFF‐2、无围壳艇体十字形翼 AFF‐3、无围壳艇体十字形翼轴向前移 AFF‐10、无围壳艇体 X 形翼、无围壳艇体木字形翼和无围壳艇体星形翼 7 个对象，其网格拓扑、网格节点数量和壁面网格节点空间分布如图 8.45 和图 8.46 所示，定量分析其总阻力、摩擦阻力、桨盘面伴流不均匀度、轴向速度分布和湍流速度脉动量分布以及涡量场分布特征，为全附体潜艇尾翼构型优化设计提供判断依据。

计算得到七种对象的流场特征如图 8.47 和图 8.48 所示。图中，涡量对值面对应为 $Q = 10^{-4}\ \mathrm{s}^{-2}$。可知，桨盘面轴向速度分布、湍流速度脉动量分布以及涡量分布三者完全对应，附体伴流的影响直接体现在湍流强度上。无围壳及尾翼存在时，伴流周向均匀；仅有围壳存在时，围壳根部马蹄涡下游游离使得桨盘面诱导出现局部对旋涡，出现一处湍流强度集中区；十字形翼存在时，周向对称翼型各自根部的马蹄涡游离使得桨盘面汇集成四束主涡区，涡轴分别位于方位角 $\pm 45^\circ$ 和 $\pm 135^\circ$

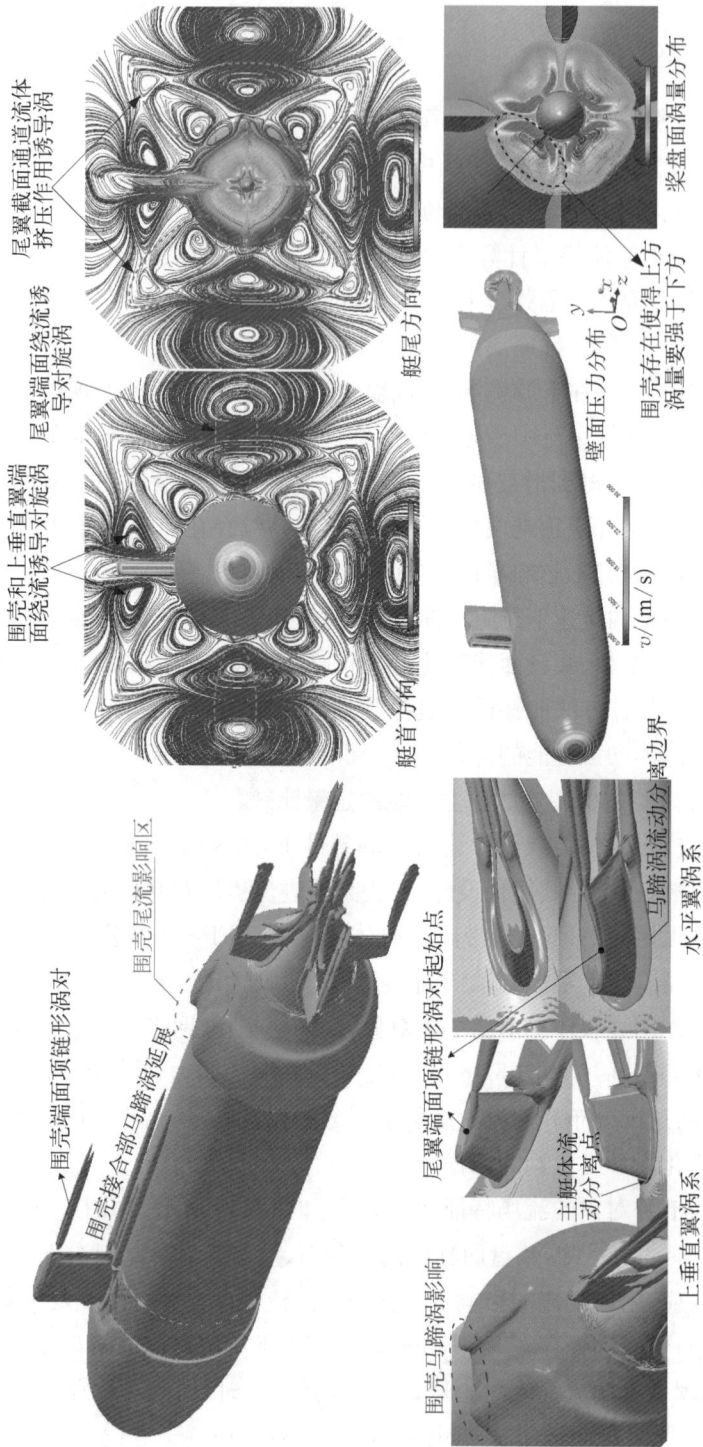

尾翼截面通道流体
挤压作用诱导涡

尾翼截面通道流体
挤压作用诱导涡

尾翼端面绕流诱
导涡对旋涡

围壳和上垂直翼端
面绕流诱导涡对旋涡

艇尾方向

艇首方向

桨盘面涡量分布

围壳存在使得上方
涡量要强于下方

壁面压力分布

围壳尾流影响区

围壳接合部马蹄涡延展

围壳马蹄涡影响区

围壳顶端面顶顶形涡对

主艇体流动分离点

尾翼端面顶形链形涡对起始点

马蹄涡流动分离边界

水平翼涡系

上垂直翼涡系

图 8.43 AFF - 8 潜艇 G4 网格 RANS 模拟桨盘面涡量分布

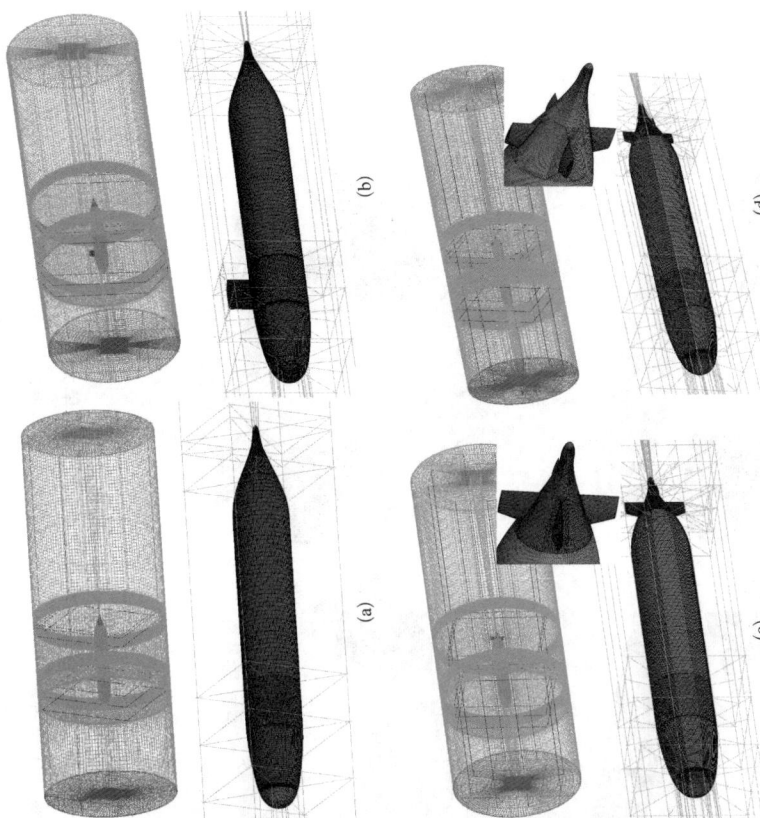

图 8.45　SUBOFF 系列潜艇简化壳体网格拓扑和
壁面结构化网格单元

（a）光体 AFF-1，网格节点数 288 万个；（b）带围壳光体 AFF-2，网格节点
数 566 万个；（c）带十字形裏光体 AFF-3，网格节点数 478 万个；（d）带前移十
字形裏光体 AFF-10，网格节点数 480 万个

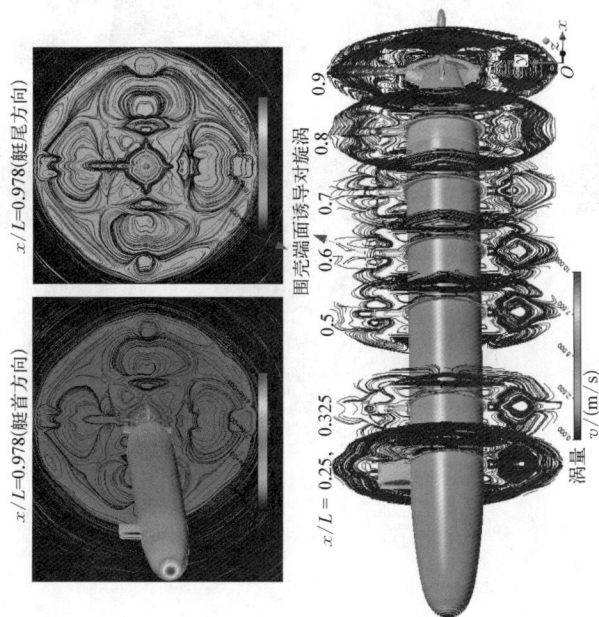

图 8.44　AFF-8 潜艇 G4 网格 RANS
模拟涡量分布轴向演变

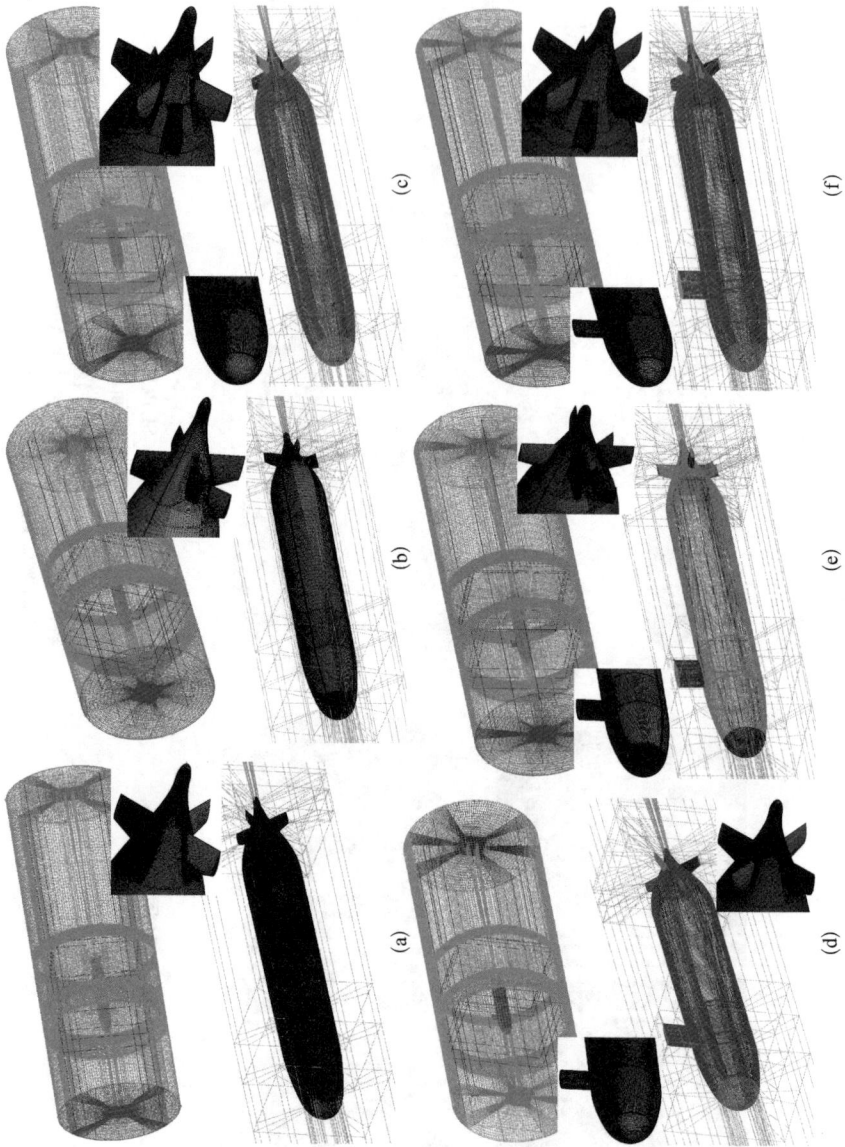

图 8.46　SUBOFF 系列潜艇全附体壳体网格网格拓扑和壁面结构化网格单元

(a) X 形翼，网格节点数 578 万个；(b) 木字形翼，网格节点数 610 万个；(c) 星形翼，网格节点数 700 万个；(d) 带围壳 X 形翼，网格节点数 721 万个；(e) 带围壳木字形翼，网格节点数 761 万个；(f) 带围壳星形翼，网格节点数 847 万个

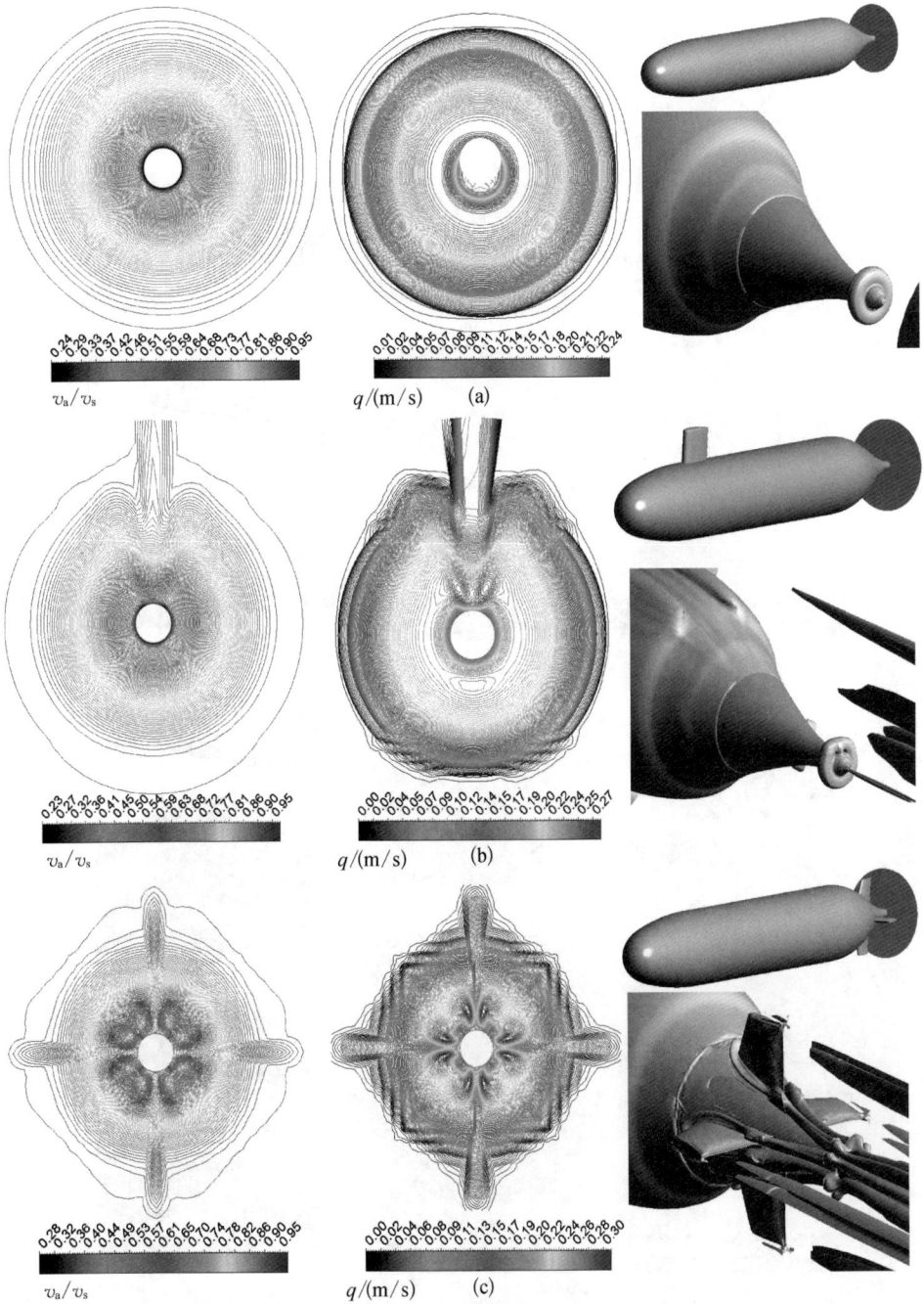

图 8.47　SUBOFF 系列潜艇简化壳体桨盘面流体动力性能特征

（a）AFF - 1;（b）AFF - 2;（c）AFF - 3

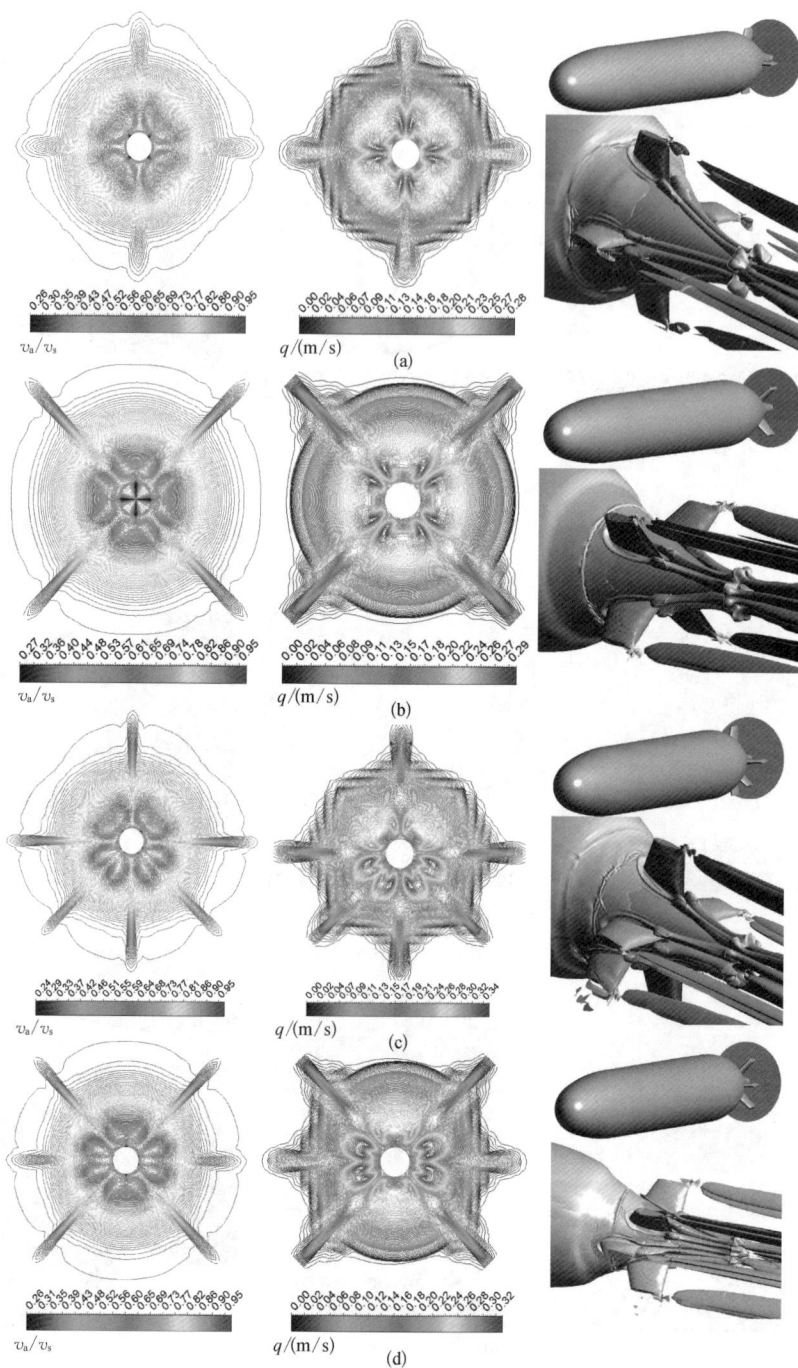

图 8.48 SUBOFF 系列潜艇复杂尾翼桨盘面流体动力性能特征

(a) AFF-10；(b) X 形翼；(c) 木字形翼；(d) 星形翼

(12 点钟方位为方位角 0°)处；十字形翼轴向前移后,桨盘面湍流强度减小；改为 X 形翼后,主涡束方位角周向旋转 45°,且桨盘面湍流强度略有减小；进一步改变为木字形翼后,辅翼马蹄涡使得下方两束主涡各自分裂为两束小涡,桨盘面伴流不均匀度和湍流强度均显著增加；若改变为星形尾翼,则水平辅翼同样将左右两束主涡各自分裂为两束小涡,但桨盘面伴流不均匀度和湍流强度均比木字形翼更小,更为可取。

定量计算得到 7 个对象的流动参量取值如表 8.6 所示。可知,无论是围壳还是尾翼,均会增加阻力,且围壳阻力分量更大,但尾翼的存在使得桨盘面伴流不均匀度和湍流强度均更加显著。十字形翼轴向前移有利于减小阻力、不均匀度以及湍流强度。无论是阻力、桨盘面不均匀度,还是桨盘面湍流强度,星形翼都介于 X 形翼和木字形翼两者之间,值得采纳。

表 8.6　SUBOFF 系列潜艇流动参量 CFD 计算值

潜 艇 对 象	总阻力/N	摩擦阻力/N	桨盘面伴流不均匀度	桨盘面最大湍流速度脉动量/(m/s)
AFF‑1	90.189	80.28	0.051 4	0.24
AFF‑2	96.358	84.117	0.105 9	0.27
AFF‑3	95.99	83.515	0.107 8	0.3
AFF‑10	94.495	82.357	0.105 8	0.28
X 形翼	96.565	83.515	0.108 8	0.29
木字形翼	100.877	85.502	0.113	0.34
星形翼	99.607	84.925	0.112	0.32

8.2.3　全附体艇尾构型水动力优化设计与计算分析

全附体潜艇分析时,主要针对围壳存在时三种典型尾翼构型条件下的流动特征参量进行,同样分析总阻力、摩擦阻力、桨盘面伴流不均匀度、轴向速度分布和湍流速度脉动量分布以及涡量场分布特征,以此来综合选优艇尾构型。

计算得到四种全附体尾翼构型潜艇的流动参量如表 8.7 所示。当围壳足够前移后,其对桨盘面伴流不均匀度和湍流强度的影响可以足够弱化。无论是阻力还是桨盘面伴流不均匀度或是湍流强度,星形翼依然介于 X 形翼和木字形翼两者之间,若从泵喷推进系统匹配的角度来看,星形翼至少优于木字形翼。此时,围壳和尾翼综合影响下,桨盘面伴流的流体动力性能特征如图 8.49 所示。与无围壳几何形状相比,十字形翼的围壳伴流使得上垂直翼根部的马蹄涡径向汇集区域增加,湍流速度脉动量峰值也增加明显。对于木字形翼和星形翼来说,围壳对桨盘面湍流强度增量的影响很小。星形翼辅翼分裂左右主涡束后使得周向伴流比木字形翼更加均匀,有利于降低泵喷非定常力。

表 8.7　SUBOFF 系列潜艇流动参量 CFD 计算值

潜 艇 对 象	总阻力/N	摩擦阻力/N	桨盘面伴流不均匀度	桨盘面最大湍流速度脉动量/(m/s)
X 形翼	96.565	83.515	0.108 8	0.29
木字形翼	100.877	85.502	0.113	0.34
星形翼	99.607	84.925	0.112	0.32
AFF-8	102.34	87.484	0.108 2	0.34
带围壳 X 形翼	103.126	87.308	0.108 9	0.31
带围壳木字形翼	106.901	88.93	0.111 7	0.34
带围壳星形翼	105.952	88.687	0.111 3	0.32

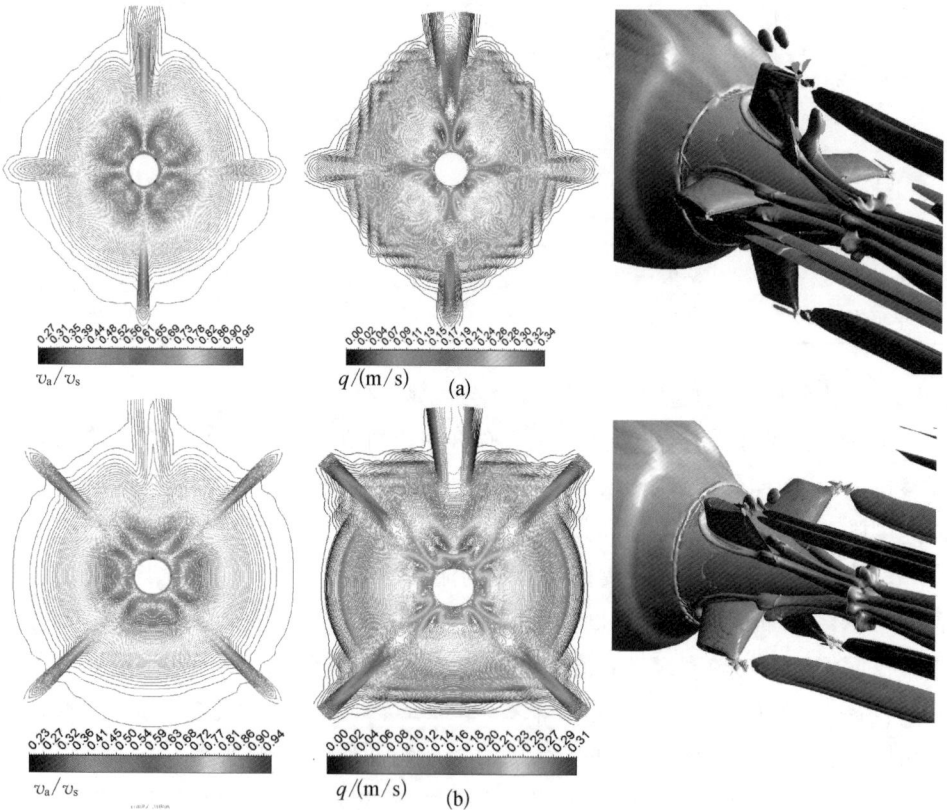

(a)

(b)

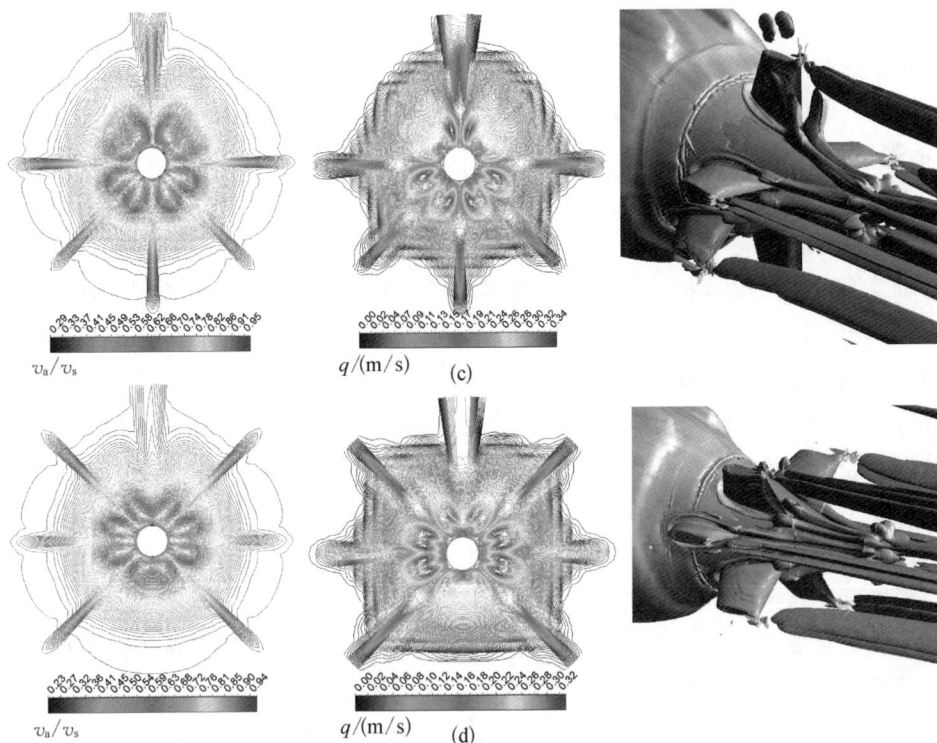

v_a/v_s　　　　$q/(\text{m}/\text{s})$　(c)

v_a/v_s　　　　$q/(\text{m}/\text{s})$　(d)

图 8.49　全附体 SUBOFF 系列潜艇桨盘面流体动力性能特征

(a) AFF - 8；(b) X 形翼；(c) 木字形翼；(d) 星形翼

8.3　艇尾机械式泵喷设计及其推进和空化性能预报

8.3.1　泵喷水力参数选型设计及其叶型三元逆向设计

作为典型的组合式推进器,泵喷部件之间的相互作用影响较常规螺旋桨要复杂得多,加上其应用对象对声隐身性和快速性能的要求较常规推进器要高得多,使得泵喷设计成为一个令人棘手的难题[41-48]。对于艇尾泵喷设计来说,以下因素必须考虑:

(1)泵喷叶栅通道内的三维流动特征。这是由泵喷自身的工作条件决定的,原因为艇体边界层尾流的利用程度直接关系到艇尾泵喷的推进效率。同时,伴流的利用也直接影响泵喷操纵性能。换句话说,对三维流动的过多简化将直接影响泵喷的水力设计效果。

(2)泵喷转子和定子叶片三维形状的确定以及叶片压力负载的确定。无论是采用螺旋桨设计方法中常用的涡格升力线理论、升力面理论、面元法等,还是采用泵类机械设计方法中常用的一元设计方法、二元设计方法、准三元设计方法等,都必须最终得出满足推进性能、空化性能和声学性能要求的叶片三维几何参数[49-51]。在这一过程中,确定叶片压力负载是核心问题。

(3) 保证叶片压力负载的准确性和精度,这也是旋转机械叶片正向设计和逆向设计过程中都必须面对的难题。

在综合考虑以上三点要素的条件下,通常有以下四种设计方法可供选择:

一是环量理论与泵理论相结合。具体如下:首先由螺旋桨最佳环量分布理论与轴流泵升力法设计相结合以确定泵喷转子叶片几何参数,再由常用的流线法确定泵喷定子叶片几何参数,并根据面元法迭代计算结果确定导管截面形状,最终确定泵喷水力模型。该方法的最大缺陷是,对于泵喷最主要的做功部件转子叶片而言,设计时采用的是升力法,属于一元设计理论,对三维流动的简化条件太多,设计效果与经验设计参数的选取直接相关,无法直接控制叶栅通道内的二次流动损失,对于非定常脉动力和空化性能无法直接关注,需要迭代循环的次数非常多,难以保证设计效果。一元设计理论通常用于离心泵叶轮和低比转速水轮机转轮的设计,对于极高比转速的推进泵喷设计来说显得力不从心。

二是泵类二元设计理论。与一元理论一样,二元理论也假定转子是由厚度无限薄的无穷多个叶片组成的,同样认为转子内的流动具有轴对称特征,但其与一元理论的差别在于:转子轴面流速沿过流断面非均匀分布,轴面上任一点的运动是随轴面流线位置和过流断面位置变化的二元函数。因此,二元理论与一元理论确定轴面流线的方法不同。该方法的缺陷仍然是流动简化过多,设计时难以兼顾水动力性能和声学性能。

三是 S_1、S_2 流面准三元设计理论。该设计理论本质上是将泵喷三元流动分解为轴面和叶片到叶片的两个二元流动。具体如下:首先在平均 S_{2m} 流面上进行反问题计算,得出初始叶片,然后进行 S_1 流面的正问题计算,最后通过 S_1/S_{2m} 流面正、反问题的迭代修正,得出满足设计要求的叶片形状。该方法的不足之处在于两个流面的解析确定非常复杂,流面流动与叶片负载之间没有建立起直接的联系,只能实现正向设计,无法实现基于性能参数的逆向设计。

四是全三元设计理论,主要包括空间奇点法、泰勒级数法、混合谱方法、拟流函数法和欧拉方程法等。在这些方法中,最具有代表性的是 Zangeneh 教授在三元无黏混合谱方法的基础上提出的一种无黏与黏性迭代的三维叶片逆向设计方法[52-57]。基本思想为在给定叶片的周向厚度分布规律和叶片表面的速度矩分布规律后,以叶片表面为流面建立三维反问题计算模型,流体黏性的影响通过无黏与黏性的迭代引入到设计中。叶片表面的速度矩分布规律直接由叶片负载控制,既可以实现基于推进性能指标要求的逆向设计,也可以实现负载分布控制,即实现声学性能逆向控制。经过近十年的发展，该设计方法已在西方国家喷水推进领域得到成熟应用，并且被称为参数化三元逆向设计方法。

在泵喷水力参数确定前，首先分析 E1619 7 叶桨的设计参数。其设计进速系数 $J = 0.74$，此时推力系数为 0.234 2，力矩系数为 0.471 4，敞水效率为 0.592 7。SUBOFF - E1619 7 叶桨推进系统数值自航时，航速为 5.346 kn，转速为 563.3 r/min（或 555.48 r/min），由工作点基本不变推导得出航速为 18 kn 时转速为 1 896.6 r/min（或 1 870.27 r/min），由此得出螺旋桨消耗功率为 11.544 kW，总推进效率为 0.659。若初始假定泵喷总推进效率为 0.7，则泵喷消耗功率为 10.861 kW。因此，可以给定泵喷全局设计参数：功率为 11 kW，转速为 1 800 r/min，进口直径不大于 0.28 m，与 7 叶桨 B 直径相同，满足航速至少为 18 kn 的推进需求。同样保持工作点不变，则航速为 5.346 kn 时，泵喷转速为 534.6 r/min，略小于 7 叶桨的转速。定性来看，相当于直径减小、转速降低，可以降低叶频线谱辐射噪声。

初始假定泵喷导管为零推力导管，轴向推力完全由转子叶片提供，将全局设计参数代入选型程序，得到不同喷速比下的水力参数如表 8.8 所示。注意，此时喷速比定义为喷口速度与航速的比值。可知，喷速比取较为合适的 1.1~1.2 时，泵喷进口直径与艇体型宽的比值为 0.55，小于"海狼级"潜艇泵喷进口直径与艇体型宽之比 0.765 和"弗吉尼亚级"潜艇泵喷进口比值 0.75，也符合推进器主尺度逐渐减小的发展趋势。因此，全三元设计时，泵喷初始水力参数取值如下：转速为 1 800 r/min，进口直径为 0.28 m，体积流量为 0.32 m³/s，要求泵喷推进系统理论航速大于 18 kn，消耗功率小于 11 kW，理想推进效率大于 0.85，无空化产生，既满足推力、功率和效率要求，也满足几何参数限定和空化性能要求。泵喷导管外壁面轮廓曲线直接借鉴 Rolls - Royce 公司公布的潜艇泵喷专利研究成果。结合泵喷进口和出口直径、进口和出口毂径比，确定泵喷轴面投影几何形状如图 8.50 中实线所示（虚线为中间设计结果）。其中，泵喷进口轮毂直径取为 102.621 mm，与艇体最大直径的比值为 0.202，大于 SUBOFF AFF - 8 标模潜艇的尾径比 0.117 5，相当于艇尾变粗了，向"弗吉尼亚级"泵喷推进潜艇（尾径比大于 0.35）靠拢。泵喷转子盘面直径为 240.6 mm，与艇体最大直径的比值为 0.474，小于 E1619 7 叶桨直径 262 mm 以及 7 叶桨 B 直径 280 mm。装配至艇尾后，尾翼随边至泵喷进口的轴向距离为 255.05 mm，与艇体最大直径的比值为 0.502，如图 8.51 所示，符合 MIT 所推荐的较优总体结构布置，如图 8.52 所示，通过使泵喷尽可能轴向远离艇尾，减小泵喷脉动推力系数幅值以及泵喷叶片的脉动压力，有利于降低辐射噪声。泵喷转子与定子叶片叶梢截面间轴向距离甚至略大于转子叶片的叶梢轴向长度，以尽量弱化两者之间的流场与声场相互干扰作用。

表 8.8　泵喷水力参数选型结果

喷速比	1.1	1.15	1.2	1.25	1.3	1.35	1.4
体积流量/(m³/s)	0.323	0.263	0.224	0.195	0.173	0.156	0.142
扬程/m	3.032	3.721	4.380	5.025	5.564	6.285	6.912
输出功率/kW	12.579	11.523	10.954	10.570	10.333	10.212	10.141
理论航速/kn	19.220	19.150	19.050	18.940	18.800	18.700	18.500
推力效率	0.668	0.727	0.760	0.783	0.796	0.801	0.798
理想推进效率	0.952	0.930	0.909	0.889	0.870	0.851	0.833
出口面积/m²	0.032	0.025	0.020	0.017	0.014	0.012	0.011
进口面积/m²	0.062	0.051	0.043	0.038	0.033	0.030	0.027
出口直径/m	0.214	0.189	0.170	0.156	0.144	0.134	0.126
进口直径/m	0.307	0.277	0.256	0.239	0.225	0.214	0.204
进口直径/艇体型宽	0.605	0.546	0.504	0.470	0.443	0.420	0.401
比转速	8.407	6.506	5.313	4.472	3.902	3.382	3.004
吸口比转速	76.222	68.779	63.475	59.224	55.783	52.971	50.539

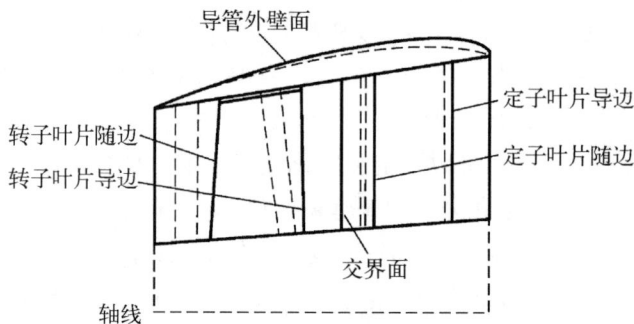

图 8.50　SUBOFF AFF‑8 潜艇泵喷轴面投影几何形状

　　泵喷叶片三维几何参数仍采用参数化三元逆向设计方法完成。通过设计摸索,设计该前置定子式泵喷时具体技术细节如下:① 转子叶片轮毂和轮缘、定子叶片轮毂和轮缘均采用中载型负载,以减轻转子叶片近导边处负载,期望减弱定子叶片尾流与转子叶片导边的相互作用发声;② 转子进口环量采用沿径向抛物线环量分布,且最大负载位于 0.7 倍半径截面处;③ 定子叶片导边处负载取极小值,以维持极小攻角;④ 转子叶片随边处采用正堆叠角 10°设计;⑤ 转子和定子叶片均采用 NACA 66(Mod)翼型厚度分布规律。上述技术措施能够有效保证叶型设计效果。

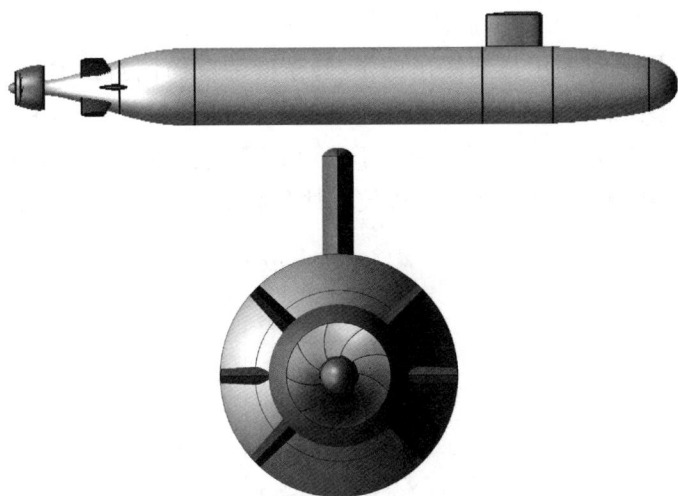

图 8.51　带星形尾翼 SUBOFF 潜艇-泵喷推进系统几何结构

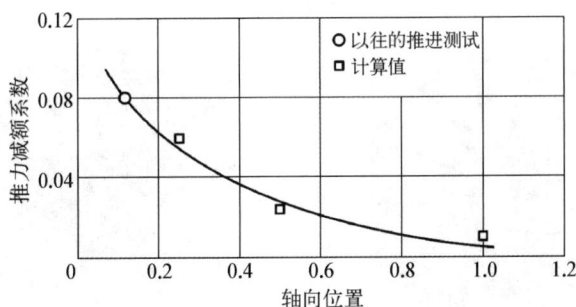

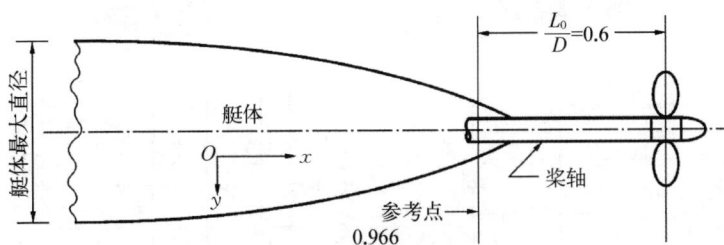

图 8.52　艇尾桨轴向布置位置及其对推力减额系数的
影响(麻省理工学院研究成果)

依据设计经验,定子和转子叶片数分别取为 13 叶和 9 叶,转子叶片叶梢叶顶间隙取为 0.5 mm。定子和转子叶片负载沿轴向分布规律、三维几何形状以及叶片压力面与吸力面之间的静压差分布如图 8.53 所示。图中同时给出了叶根截面、叶梢截面和中间跨距截面处的静压曲线分布。可以看出,定子叶片进口叶梢截面具有小的负攻角,转子叶片出口叶梢截面具有小的正攻角,用于修正迭代设计过程中的无黏影响。转子引入 50% 后侧斜和尾纵倾特征、定子叶片引入 40% 前侧斜特征,相当于采用了课题组最新提出的定、转子叶片反向侧斜技术,总侧斜度达到 90%,同时能够保证叶片强度满足要求。无论是定子还是转子叶片,主要承载部位均位于中间跨距部位,叶片上部承载要大于叶片下部。转子叶片叶根截面存在局部低压区,在艇尾泵喷推进系统的空化性能校核时需要重点关注其是否会加剧毂涡影响。

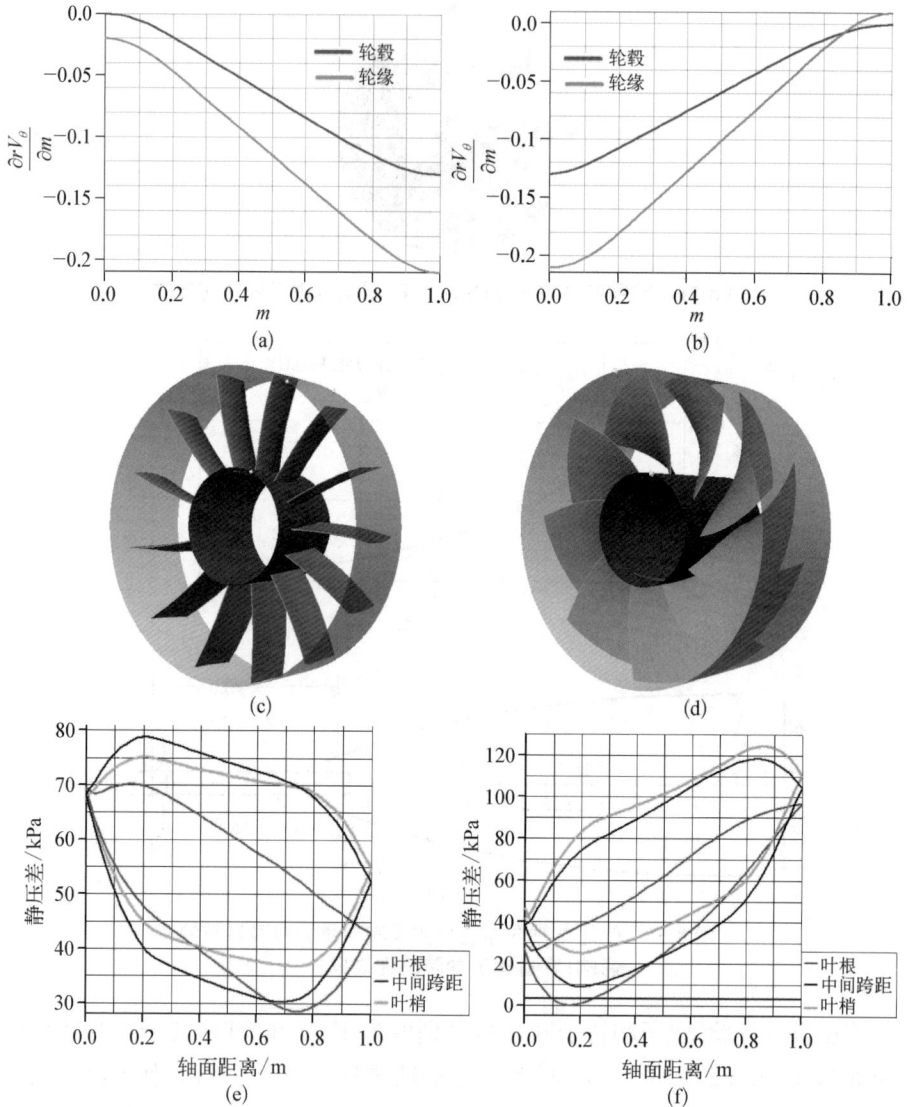

图 8.53　前置定子式泵喷定子和转子叶片负载分布、三维几何形状及压力分布

（a）定子叶片负载分布；（b）转子叶片负载分布；（c）定子叶片三维几何形状；（d）转子叶片三维几何形状；（e）定子叶片压力分布；（f）转子叶片压力分布

设计得到泵喷三维几何形状后,同样采用 CFD 计算来校核泵喷水动力性能,求取其敞水性能曲线和外特性曲线。分析时,泵喷进流取为均匀来流,给定转速变进流速度来改变进速系数。定子和转子叶片单通道全结构化六面体网格分布如图 8.54 所示。叶片周围仍采用 O 形拓扑结构,且叶片表面第一层网格节点厚度由壁面 Y^+ 值给予限定,以保证叶片近壁面流动模拟有效。叶顶间隙内布置 12 层网格节点。定子和转子单通道网格节点数分别为 13.2 万个和 19.8 万个。转子网格节点数更多的考虑是通过局部加密转子进口和出口网格节点,以尽可能减小转子前方交界面对定子尾流的弱化以及转子后方交界面对转子出游的弱化,保持转子进流和出流的真实性,从而更加真实地评估泵喷水动力和空化性能。

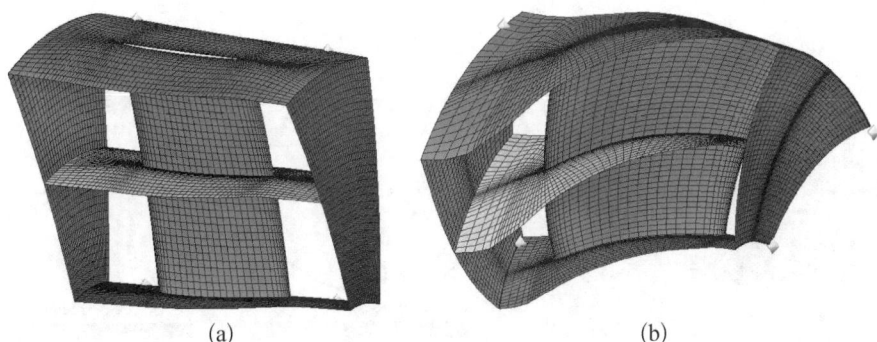

(a)　　　　　　　　　　　　(b)

图 8.54　前置定子式泵喷单通道定子和转子壁面结构化网格

(a) 单通道定子;(b) 单通道转子

与桨敞水性能试验一致,固定转速变来流速度以改变进速系数。与艇模阻力计算时设置一致,对流项和湍流数值离项均采用高阶精度格式,待压力和速度迭代残差下降 3 个量级后,计算得到泵喷在额定进速系数为 1.0 时的壁面 Y^+ 分布、转子进流和出流轴向速度分布以及泵喷叶栅通道内速度流线如图 8.55 所示,可知定子和转子叶片的 Y^+ 小于 30,导管壁面的 Y^+ 小于 100,均满足模型尺度(雷诺数为 10^6 量级)条件下 SST 湍流模型求解时 Y^+ 小于 200 的要求。泵喷出流绝大多数流线表现为轴向射流,周向速度分量较小,出流不均匀度仅为 0.034,此时,泵喷出流轴向、周向、径向速度能量头百分比为 96.96%、1.15%、1.16%,说明该泵喷叶栅通道中定子和转子叶片的匹配是较佳的,二次流动损失几乎可忽略不计。

进一步计算得到泵喷的敞水性能曲线如图 8.56 所示。图中 K_T 和 K_{tr} 分别为

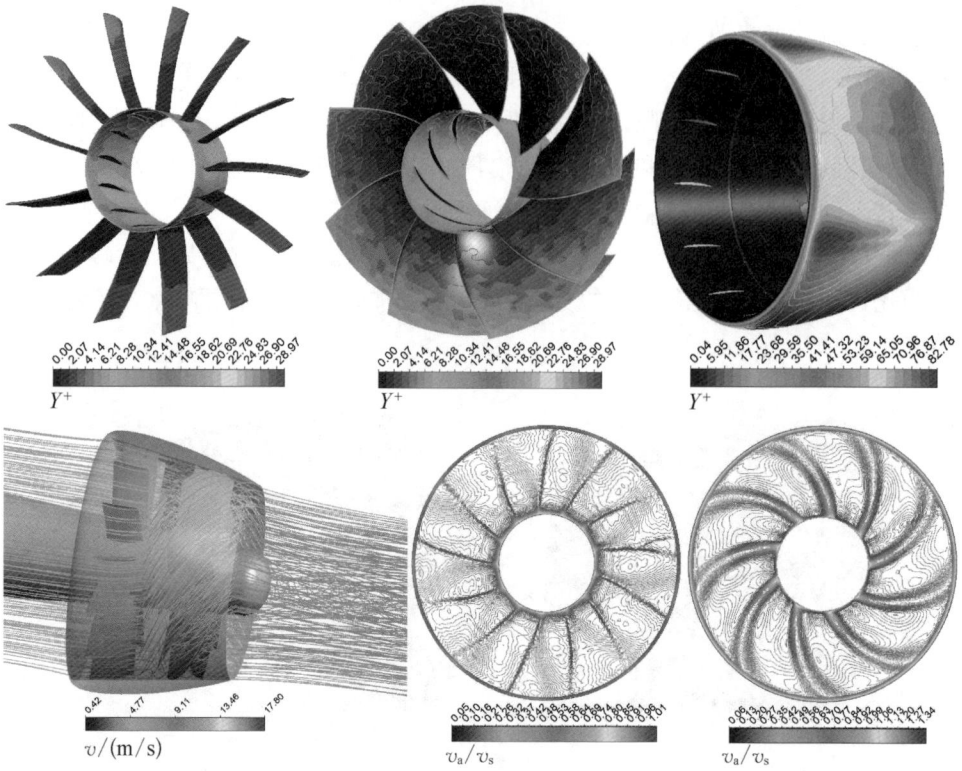

图 8.55　泵喷壁面 Y^+、转子进流和出流轴向速度分布以及流经泵喷速度流线

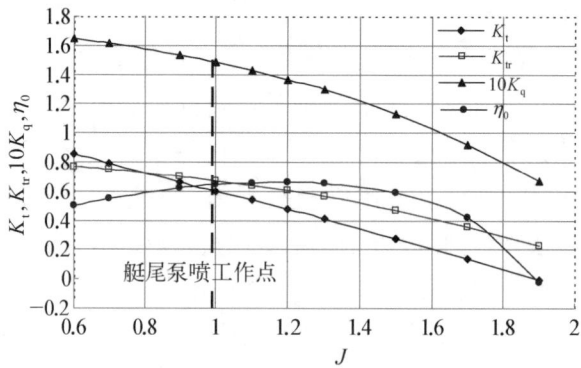

图 8.56　前置定子式泵喷敞水性能曲线

泵喷总的推力系数和转子推力系数。图中同时标示出了额定转速下泵喷在艇尾工作时的工作点位置。可以看出,泵喷均具有较广的高效区,最高敞水效率均达到0.66,且艇尾工作点均位于最高效率点前方,留有一定的加速区空间,与实际使用经验一致,表明工作点水力设计参数是合理的,由此来制定出的航速工作制也是安全的。在高于工作点进速系数的区间,泵喷转子推力系数均大于总的推力系数,表明工作于上述区间时定子导管结构均承受阻力,使得转子推力负载越来越大,不利于转子空化。将泵喷敞水效率与前述 7 叶桨 B 的敞水效率进行对比可知,泵喷高效区不仅要明显宽于 7 叶桨,而且最高效率较 7 叶桨还要高出 4%,加上导管对流动的限制,能够更好地利用艇体边界层流,船身效率更高,可以保证泵喷总的推进效率要略高于 7 叶桨。在最高效率点后方,7 叶桨的效率衰减程度较泵喷快,在工作点预留加速空间相当的情况下,泵喷机动性优于 7 叶桨,而且更加安全。以上分析表明,所设计泵喷从水动力性能方面来看是比较成功的,具有工程应用的前提基础。

8.3.2　艇泵数值自航模拟及艇尾泵喷推进和空化性能分析

在明确泵喷三维几何形状及其敞水性能曲线后,需要将泵喷与增加尾径比后的星形翼尾部构型 SUBOFF 潜艇进行推进系统匹配设计,以实现快速性指标。艇-泵系统数值自航模拟时,计算域与艇体阻力曲线预报时一致,全六面体结构化网格空间离散时,网格拓扑与网格节点空间分布规律完全与阻力预报以及敞水性能预报时相同,以确保 CFD 计算结果可信,如图 8.57 所示,艇泵系统网格节点总数为 1 825 万个。

艇-泵数值自航求解步骤完全与艇-桨系统相同。计算得到低航速 6 kn、中航速 11.85 kn 和高航速 16 kn、17.78 kn 和 20 kn 时流经艇体壁面和泵喷叶栅通道的速度流线如图 8.58 所示,泵喷出流均无显著周向速度分量。量化计算得到不同航速下艇-泵相互作用系数如表 8.9 所示。可知,与 7 叶桨 B 相比,低航速下推力减额系数相当,但中高航速下推力减额系数减小,进流面的有效伴流系数明显增加,相当于船身效率增加,加上泵喷敞水效率更高,则泵喷总的推进效率比 7 叶桨高,且全航速范围内均是如此。其中,η 为泵喷水力效率;η_T 为推力效率,其与总推进效率之间的关系为 $\eta_{TT} = \eta_T(1-t)$,则航速为 6 kn 时泵喷推进系统总的推进效率为 65.74%,航速为 17.78 kn 时总推进效率为68.4%,随航速增加略有增加,表现出泵类推进器高速高效的特有属性。同时,随着航速的增加,泵喷的水力效率略有增加,且泵喷出流不均匀度略有减小,表明泵喷叶型对推力载荷的适应性较强,泵喷推进系统的推进性能能够满足设计要求。

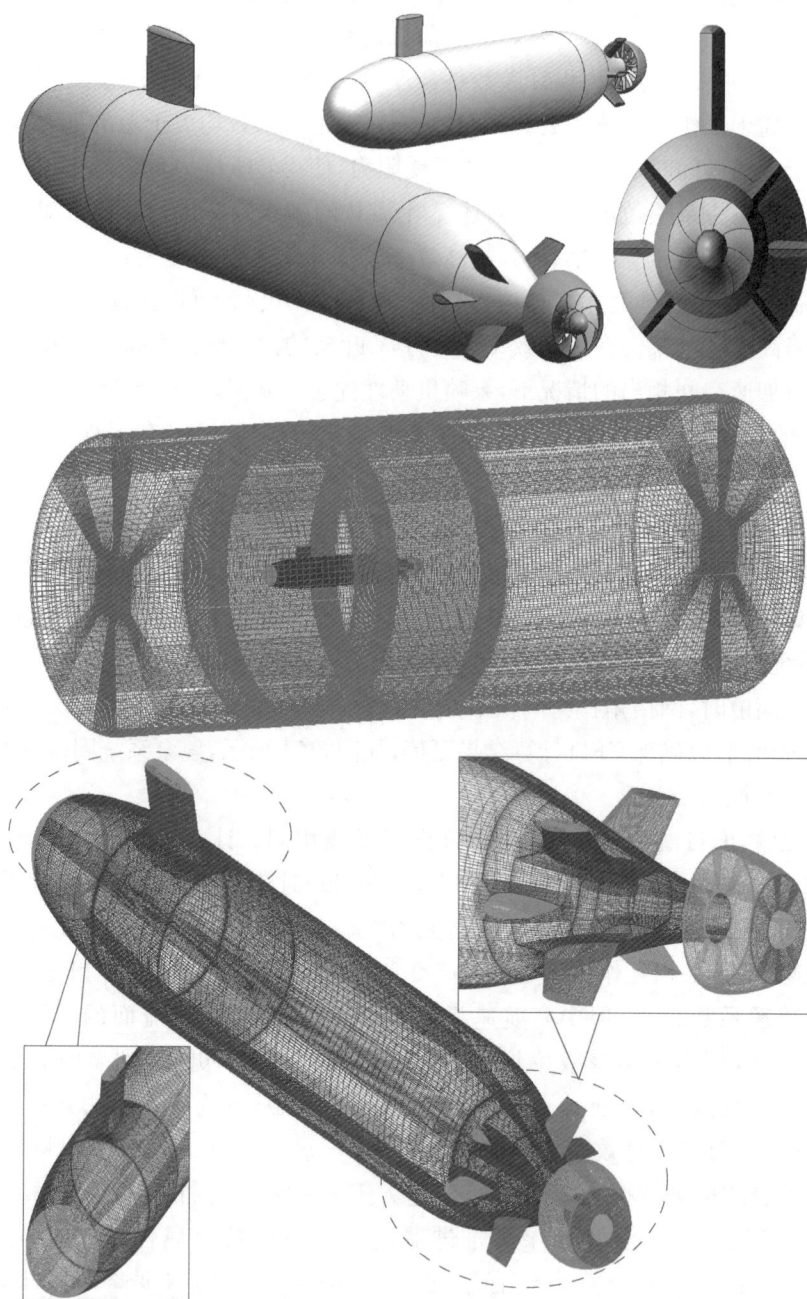

图 8.57 星形尾翼 SUBOFF 潜艇-泵喷推进系统几何形状及其结构化网格空间离散

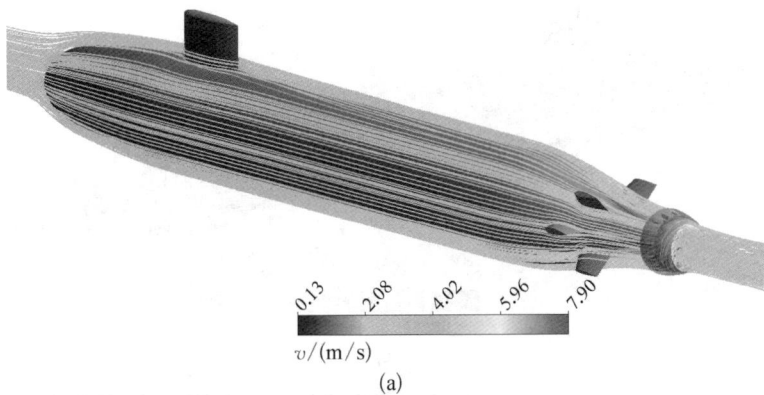

(a)

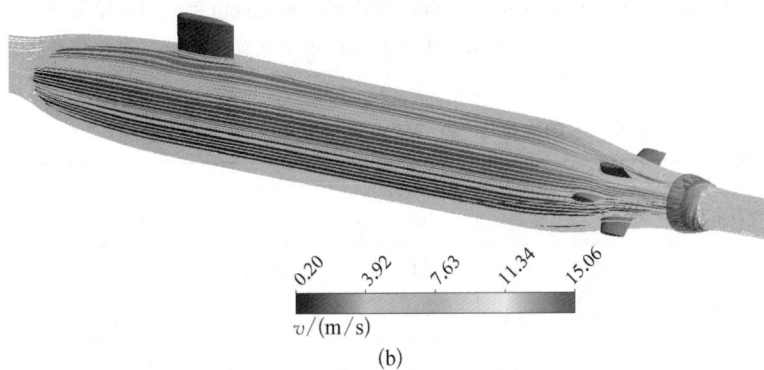

(b)

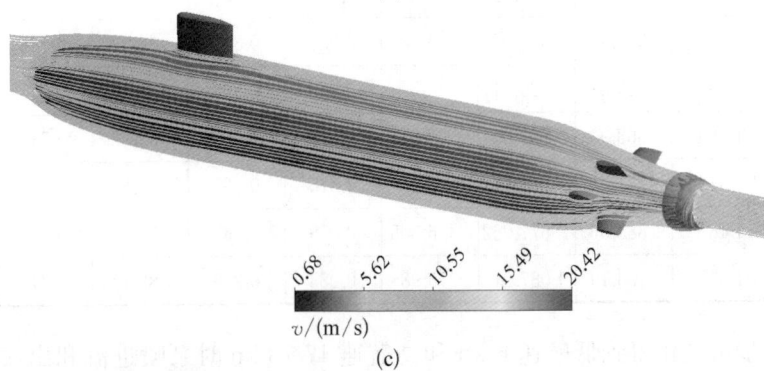

(c)

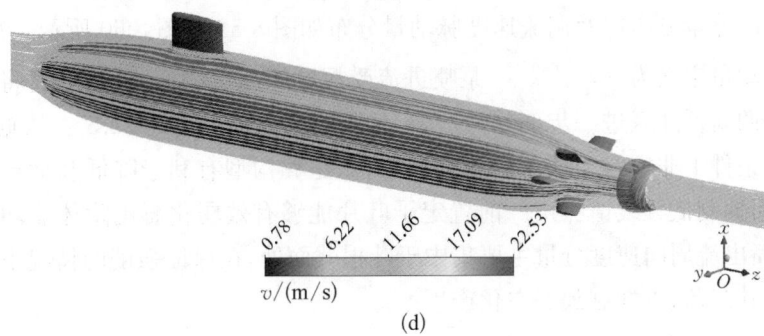

(d)

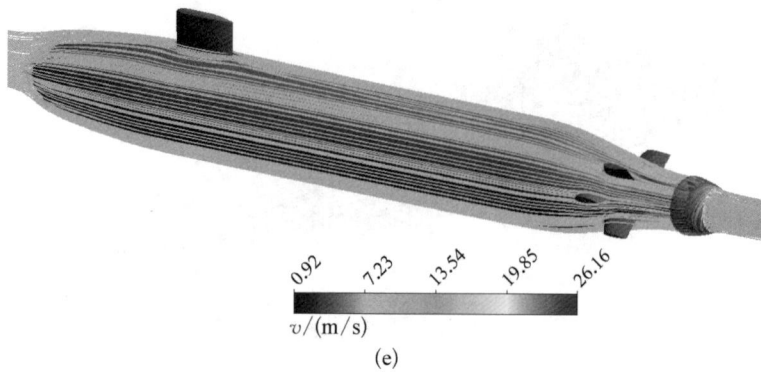

图 8.58　星形尾翼 SUBOFF 潜艇–泵喷推进系统数值自航时速度流线

(a) 自航航速 6 kn；(b) 自航航速 11.85 kn；(c) 自航航速 16 kn；(d) 自航航速 17.78 kn；(e) 自航航速 20 kn

表 8.9　不同航速下"艇-泵"数值自航点及相互作用因子

v_s/kn	n/(r/min)	T/N	D_s/N	$(T-D_s)$/N	t	ω_e	η/%	η_T	ξ
4	368	62.92	61.49	1.43	—	0.328	80.4	0.752	0.059
6	530	122.56	123.12	−0.56	0.12	0.347	81.12	0.747	0.056
8	692	202.75	206.12	−3.37	0.089	0.357	81.63	0.747	0.055
10	855	303.47	308.05	−4.58	0.081	0.361	82.02	0.746	0.054
11.85	1 005	413.51	420.01	−6.5	0.073	0.364	82.30	0.745	0.053
14	1 180	563.90	567.81	−3.91	0.075	0.366	82.58	0.744	0.052
16	1 342	723.26	723.87	−0.61	0.076	0.367	82.81	0.743	0.051
17.78	1 487	883.367	877.062	6.305	0.079	0.368	82.98	0.743	0.051
20	1 667	1 103.19	1 087.21	15.98	0.083	0.369	83.17	0.742	0.050

　　进一步可视化得到低航速 6 kn 和高航速 17.78 kn 时泵喷进流和出流面轴向和周向速度分量分布以及湍流速度脉动量分布如图 8.59 和图 8.60 所示。其中,湍流速度脉动量定义为 $q=\sqrt{2k}$。泵喷进流受尾翼构型影响明显,星形翼将原十字形尾翼的四瓣低速区进一步剖分为八瓣,且周向相位角提前约 22.5°。依据 E1619 数值自航条件下非定常力载荷的研究结果,该尾翼构型有利于降低脉动推力系数幅值,进而抑制低频线谱噪声。前置定子叶片能够有效弱化艇尾附体非均匀伴流影响,泵喷出流周向速度分量主要集中于叶根截面处,在保证强度的情况下能够进一步减小其载荷,以抑制毂涡空化产生。

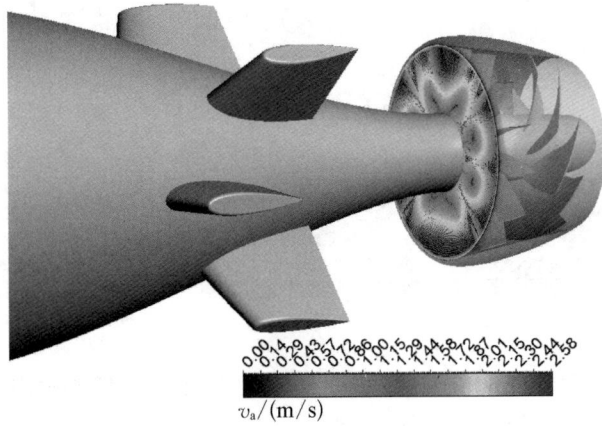

$$v_a/(m/s)$$

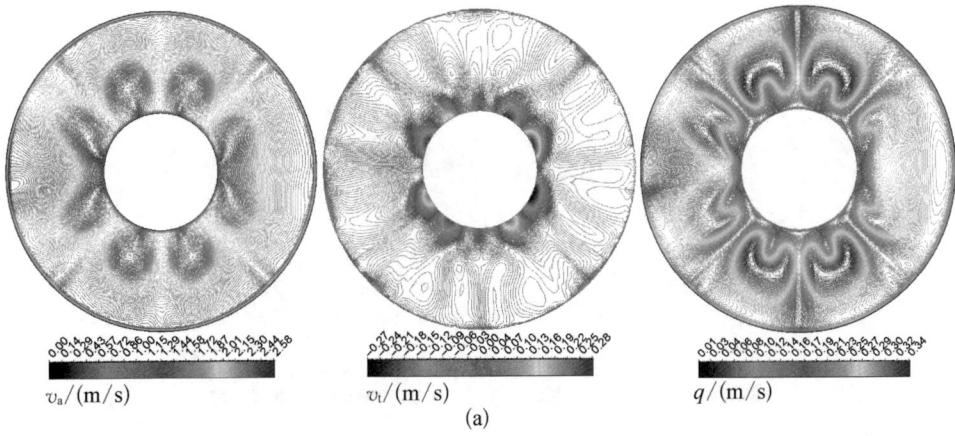

$$v_a/(m/s) \qquad v_t/(m/s) \qquad q/(m/s)$$

(a)

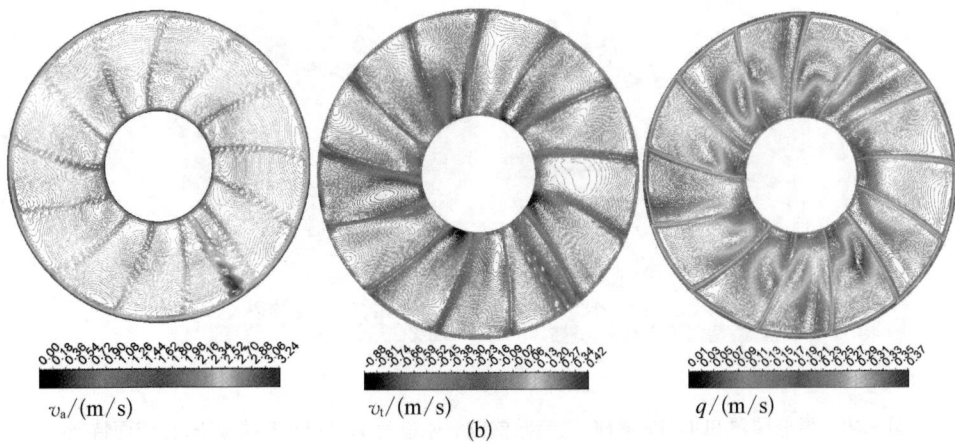

$$v_a/(m/s) \qquad v_t/(m/s) \qquad q/(m/s)$$

(b)

(c)

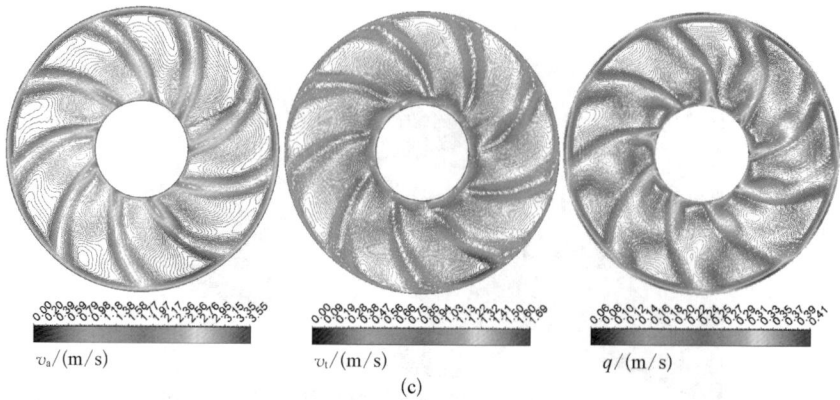

图 8.59 星形尾翼 SUBOFF 潜艇–泵喷数值自航航速为 6 kn 时泵喷进、出流面特征

(a) 泵喷进流面;(b) 泵喷转子进流面轴向、周向速度分量及湍流速度脉动量;(c) 泵喷转子出流面轴向、周向速度分量及湍流速度脉动量

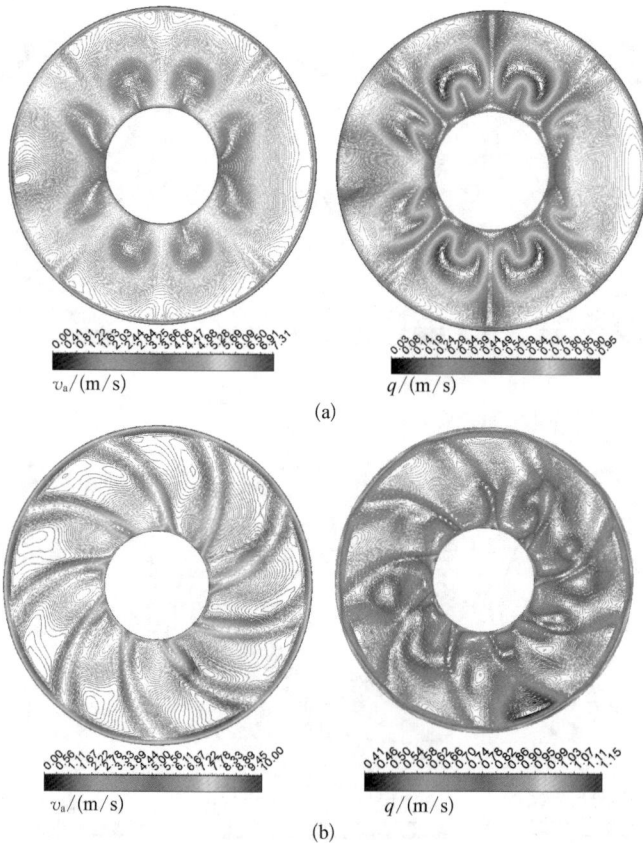

(a)

(b)

图 8.60 星形尾翼 SUBOFF 潜艇–泵喷数值自航航速为 17.78 kn 时泵喷进、出流面特征

(a) 泵喷进流面轴向速度分量及湍流速度脉动量;(b) 泵喷出流面轴向速度分量及湍流速度脉动量

此外,计算得到航速为 6 kn 时艇体和导管壁面压力系数以及尾翼涡量场分布如图 8.61 所示。艇体头部、围壳以及尾翼迎流面均存在驻点,围壳及尾翼四周表现出与马蹄涡系一致的压力线闭合区。围壳根部马蹄涡以及端部的项链形涡对均直接游离至艇体尾翼处,甚至直接影响到泵喷进流面处的涡量汇集。辅翼马蹄涡使得主翼截面通道流动挤压汇集成的主涡分裂为两束小涡,与前述无推进器时艇体星形尾翼在桨盘面处的涡量场特征一致。高航速 17.78 kn 时涡量场特征同样如此,不随航速增加而改变。

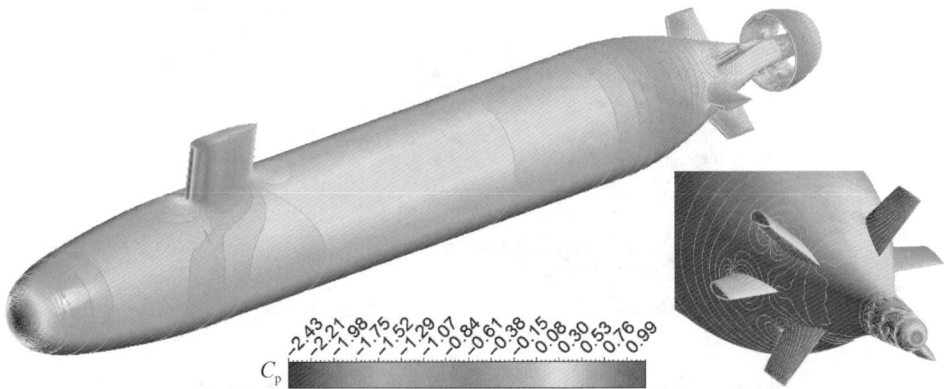

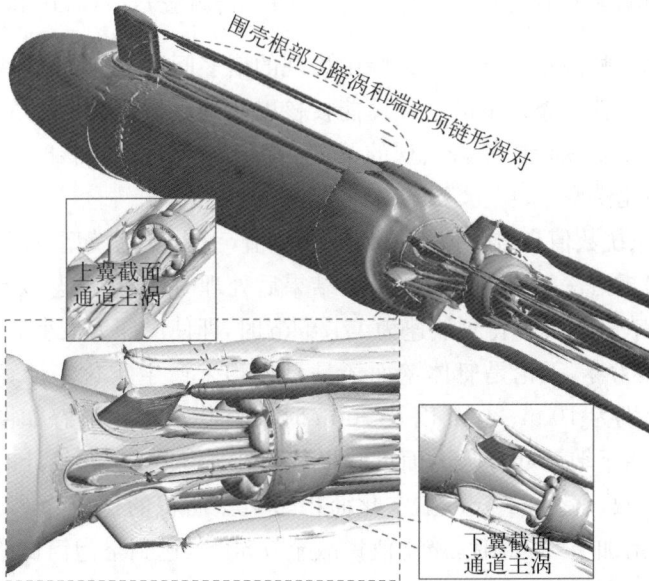

(a)

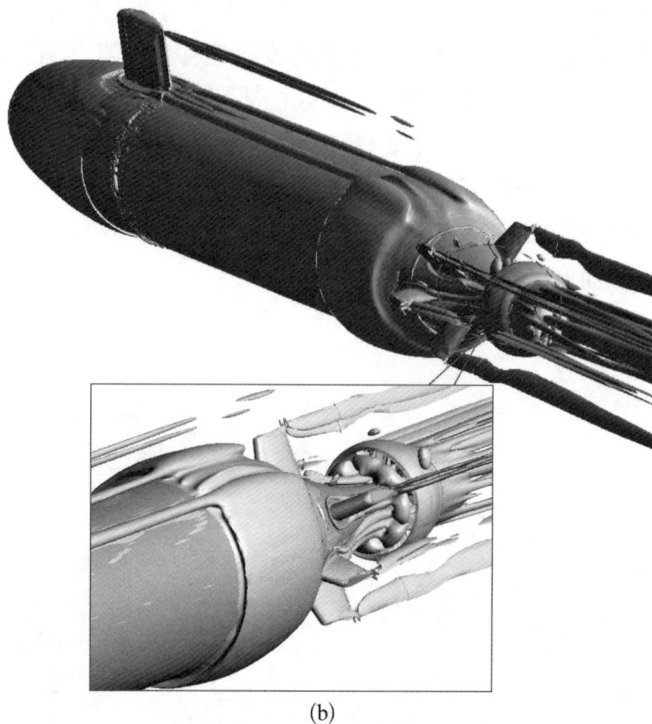

(b)

图 8.61 星形尾翼 SUBOFF 潜艇-泵喷数值自航时涡量场分布

(a) 自航航速为 6 kn 时壁面压力及涡量场分布;(b) 自航航速为 17.78 kn 时涡量场分布

鉴于当前泵喷演示验证专项试验中出现的诸多问题,泵喷推进系统设计时尤其要关注非均匀伴流条件下的空化性能校核以及确定空化初生临界航速,这是衡量设计成败以及降噪指标能否实现的关键[58-63]。空化性能校核时,空化模型首选改进 Sauer 空化模型。

以艇-泵系统数值自航模拟结果为流场初值,引入空化模型,计算域出口边界条件设置为考虑潜深的压力出口。计算结果后处理时,空化形态以水蒸气项体积分数 $\alpha_v=0.1$ 表征。计算得到航速为 17.78 kn 时,即使潜深为最小潜望水深 10 m,空化面积依然为零,无论是艇体壁面还是泵喷均未产生空化。计算得到航速为 20 kn、潜深分别为 10 m、20 m 以及 30 m 时泵喷叶片空化形态如图 8.62 所示。可知,空化起始于转子叶片吸力面近叶根截面处,与叶型三元设计时显著降低叶梢截面载荷一致。潜深 10 m 时,空化面积与桨盘面积的比值为 8.52%,出现片空化;当潜深增加至 30 m 时,该比值锐减至 0.52%,达到空泡筒试验时通常采用的小于 1% 的可视空化初生判定标准,相当于潜深 30 m 时,空化初生临界航速约为 20 kn。

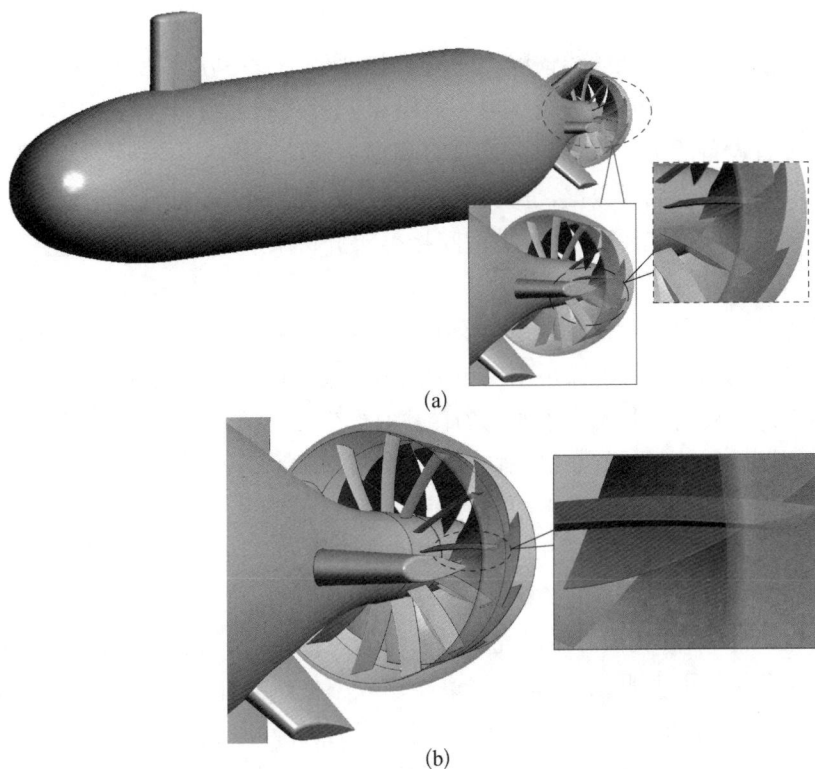

图 8.62 航速为 20 kn 时艇尾泵喷空化形态数值预报

（a）潜深 10 m，空化面积 3.8×10^{-3} m^2；（b）潜深 20 m，空化面积 2.38×10^{-5} m^2

数值计算表明，潜深大于 30 m 时，全航速 0～20 kn 范围内艇尾泵喷无空化产生。综合泵喷敞水性能、艇尾泵喷推进性能和空化性能来看，该泵喷水力模型设计较为成功，可以进一步开展辐射噪声试验测量工作。鉴于泵喷转子直径和转速均小于 7 叶桨 B，理论上引入星形尾翼假尾伴流后可以有效抑制泵喷脉动推力系数幅值，较 7 叶桨直接辐射噪声更低。

8.4 艇尾机械式泵喷非定常力和辐射噪声控制

8.4.1 泵喷主要噪声源理论分析与间接验证

限于泵喷工程应用的高度敏感性以及当前国内泵喷尚未能成功应用于潜艇推进的现状，任何可以搜集到的与泵喷直接或间接相关的测量数据对于指导泵喷设计与噪声控制来说都极为重要。

一方面，鉴于 2014 年国内大型消声循环水槽的最低有效分析频率仅能达到 800 Hz[64]，即使经过设备改造升级，2018 年底也仅能达到约 450 Hz，与推进器最为关注的低频线谱噪声(通常位于 100 Hz 以内)低频段仍然差距较远,导致在实验室状态下无法对推进器低频线谱噪声进行直接评估。另一方面,实船海试辐射噪声测量时,由于机械噪声、推进器噪声和流噪声三者共同存在,且艇外流体流动和艇内动力装置设备的工作状态均会直接影响推进器的噪声大小,导致无法得到单纯推进器噪声的准确测量数据,也就更加难以明确界定推进器低频线谱噪声的大小。为了合理定位泵喷主要噪声源,借助间接类比分析来理论查找泵喷的主要线谱噪声来源,具体如下:

首先,第 27 届国际拖曳水池会议水动力噪声专家委员会报告明确阐述:无空化螺旋桨脉动水动力辐射噪声主要包括离散线谱噪声和连续宽带谱噪声两类。离散线谱噪声主要由桨叶工作于非均匀伴流时产生,线谱频率与桨叶叶频(叶片数×转速)及其谐频(叶频的整数倍)对应,前 3 阶线谱频率通常低于 100 Hz。该结论已经在船尾伴流场中螺旋桨噪声的空泡筒试验测量结果中得到证明。泵喷转子的工作原理与螺旋桨类同,该结论可以作为泵喷转子声场分析的基础,抑制其线谱噪声是控制螺旋桨水动力噪声的关键。

其次,Morris 在美国海军研究署资助的研究报告[65]中阐述:刚性导管内的螺旋桨噪声测量结果表明,主要离散线谱噪声频率位于桨叶叶频和二阶叶频处。螺旋桨位于刚性导管内部时,导管对螺旋桨声场的屏蔽和反射作用已经较为接近泵喷有限长导管对转子声场的影响作用,两者具有可比性。

再次,弗吉尼亚理工学院暨州立大学的 Tweedie 在完成硕士学位论文[66]的过程中通过实验测量表明:叶轮和定子的相互作用水声测量结果显示,主要离散线谱噪声频率位于一阶叶频、二阶叶频、三阶叶频和四阶叶频处,且以叶频处线谱噪声最为突出。叶轮和定子的相互作用已经极为接近泵喷导管包裹的定子和转子的相互作用,具有可移植性。若与前文所述有限长导管对转子声场的影响作用相结合,即可拓展得出泵喷主要线谱噪声源仍将表现为转子叶频及其低次谐频(通常位于前 3 阶谐频)的结论,可以由此进一步开展数值计算和试验测量工作。

最后,为了间接证明该推论的合理性,瑞典 SSPA 公司在 VISBY 隐身护卫舰声学设计过程中针对喷水推进泵(简称喷泵)的噪声计算结果[67]表明:低频离散线谱噪声以二阶叶频处噪声为主。喷泵由轮缘、叶轮和定子组成,轮缘包围叶轮和定子,功能与泵喷导管的内壁面相同。从结构部件来看,喷泵与后置定子式泵喷几乎相同,除了导管外壁面具有流场脉动和声辐射的作用无法再现外,叶栅通道内流场的流动与声辐射都具有相似性。由此可以说明,前文得出的"泵喷主要线谱噪声源为转子叶频及其低次谐频"的结论是可用的,抑制泵喷低频辐射噪声大小时,首先需要抑制低频离散线谱的噪声大小,关键是控制一阶叶频和二阶叶频处的噪声幅值。

噪声作为一个综合输出量,在直接设计时难以一步到位实施控制,需要与水动力参数对接起来才能进行有效转换。由经典声学理论可知:在螺旋桨叶型及其运行状态参数一定的情况下,叶片数和伴流分布是影响螺旋桨脉动推力系数,进而决定线谱噪声声强的关键要素,直接影响到螺旋桨水动力噪声的量值大小。以图 8.48 为例,当标模 SUBOFF 潜艇无附体时,桨盘面处伴流速度及湍流速度脉动量和涡量场均表现出明显的周向对称性,流场不均匀度为 0.051 4;存在十字形尾翼附体时,尽管伴流场总体上仍呈现一定的对称性,但流场不均匀度增加至 0.107 8,尾涡集聚在一定程度上干扰了泵喷进流,增加了非定常力的线谱噪声。换句话说,在叶片数寻优的情况下,控制了船尾伴流场在周向和径向上的空间分布,即等同于控制了螺旋桨水动力噪声大小。因此,脉动推力系数,或者说是非定常力,就是螺旋桨噪声控制的关键参量。该结论将直接移植应用于泵喷低噪声设计与噪声控制。

8.4.2　艇尾泵喷非定常力与低频线谱噪声预报

8.4.2.1　泵喷非定常力的总体和局部影响因素理论分析

声学抑制设计与振动噪声控制是声学工程应用的两个层面。前期设计经验表明:泵喷叶型低噪声设计要素的选取与排序、导管型值的优化设计以及泵喷与艇尾结构的配合设计均会显著影响泵喷非定常力和辐射噪声性能。从工程设计的角度来看,泵喷与艇尾结构的配合设计属于系统层面,修改时约束条件较多,而导管型值直接受总体尺寸的限制,调整余地也较小,如图 8.63 所示,故下文在前文已确定星形尾翼伴流场的条件下,主要讨论伴流分布以及泵喷叶型设计要素对非定常力和低频线谱噪声的影响,如尾翼结构、航速差异、定转子叶片数配合、定转子叶片侧斜、定转子叶片厚度、定转子叶片轴向间隔距离等。

前述优化设计星形尾翼时,比较对象是十字形翼和木字形翼,主要参量是阻力、桨盘面伴流不均匀度、轴向速度分布云图和湍流速度脉动量以及涡量分布,从总体上判断得出了星形翼要相对优于木字形翼。对于泵喷设计来说,进流速度分布除了应关注整个二维平面的总体分布外,某半径截面处速度分量沿周向分布以及不同半径截面处的径向速度梯度同样重要。其中,速度分量沿周向分布直接影响前置定子叶截面的进流角,进而影响定转子叶片的反向侧斜度引入,最终影响到非定常力和噪声[68-69]。径向速度梯度与艇尾外壁面和导管内壁面的两次边界层流作用对应,取值恰当时可以在一定程度上抑制叶栅通道内的径向二次流动损失,同样有利于减小非定常力。因此,首先补充分析星形翼艇尾桨盘面特定半径处的

```
┌─────────────────────┐      ┌─────────────────────────┐
│  泵喷直径与转速确定    │◄───►│  约束：艇体最大直径、推进   │
│                      │      │  电机转速、功率密度        │
└─────────────────────┘      └─────────────────────────┘

┌─────────────────────┐      ┌─────────────────────────┐
│  定子和转子叶片数确定  │◄───►│  约束：艇尾伴流分布、推进   │
│                      │      │  效率要求、加工制造条件     │
└─────────────────────┘      └─────────────────────────┘

┌─────────────────────┐      ┌─────────────────────────┐
│  定子和转子叶片侧斜与  │      │  约束：侧斜角沿周向分布规律、│
│  纵倾特征以及叶顶间隙  │◄───►│  纵倾沿径向分布规律、叶片单向│
│                      │      │  侧斜或定子-转子叶片相对侧  │
│                      │      │  斜、定子-转子叶片轴向间距、 │
│                      │      │  推进效率要求、加工制造条件  │
└─────────────────────┘      └─────────────────────────┘

┌─────────────────────┐      ┌─────────────────────────┐
│  定子和转子叶片负载分  │◄───►│  约束：推进效率要求、空化   │
│  布规律以及螺距角分布  │      │  性能要求、加工制造条件     │
└─────────────────────┘      └─────────────────────────┘

┌─────────────────────┐      ┌─────────────────────────┐
│  导管截面型线确定     │◄───►│  约束：泵喷轴向长度、推进   │
│                      │      │  效率要求、空化性能要求     │
└─────────────────────┘      └─────────────────────────┘
```

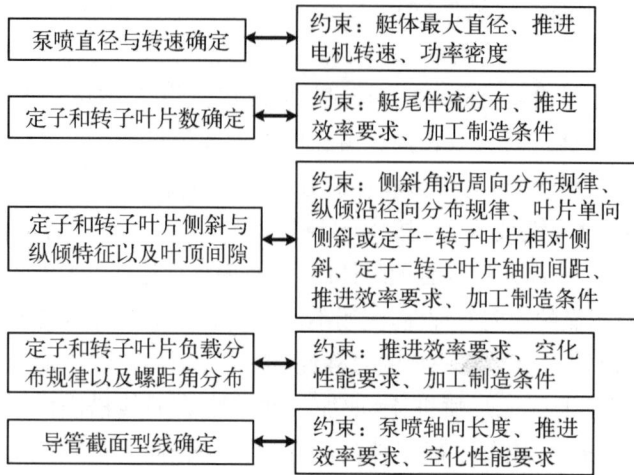

图 8.63　泵喷低噪声设计的核心要素

速度分量分布与十字形翼和木字形翼的差异，以进一步论证尾翼布局优化的重要性。

星形翼和木字形翼艇尾桨盘面特征半径的位置如图 8.64 所示，三个半径分别对应为 $0.25R$、$0.5R$ 和 $0.75R$（R 为艇体最大半径）。可知，尾翼涡量场在桨盘面处集聚明显，$0.25R$ 半径位于涡量集聚区，速度分量分布最能反映尾翼差异对伴流速度分布的影响。计算得到 $0.25R$ 和 $0.5R$ 半径处的轴向、垂向和横向速度分量沿周向分布如图 8.65 和图 8.66 所示，可知，星形翼艇尾伴流的脉动峰值既小于十字形翼也小于木字形翼，尤其是水平辅翼对速度峰值的"削波"作用比木字形翼辅翼效果更为显著，与涡量抑制效果对应。

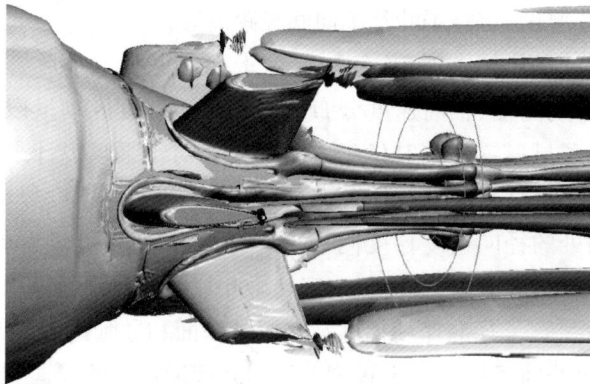

(a)

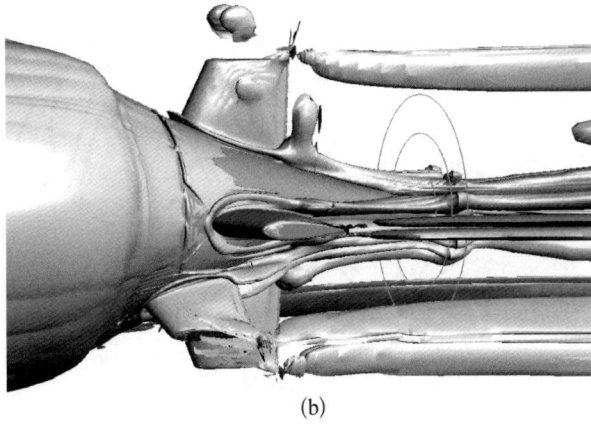

(b)

图 8.64　SUBOFF 潜艇典型尾翼桨盘面处特征半径

（a）星形翼；（b）木字形翼

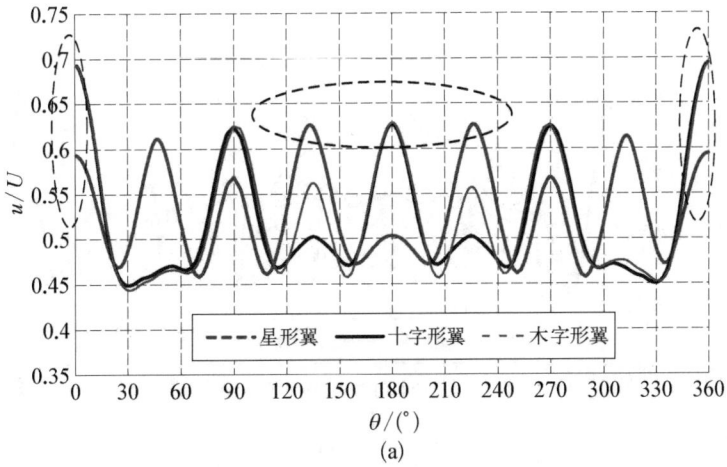

(a)

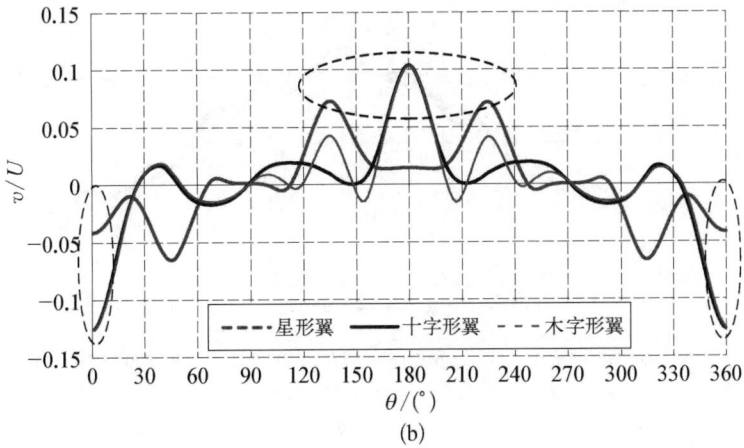

(b)

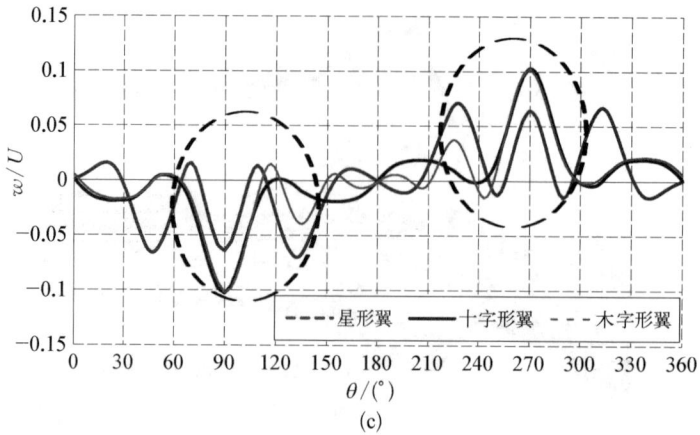

(c)

图 8.65　SUBOFF 潜艇典型尾翼桨盘面 0.25R 半径处速度分量沿周向分布

（a）轴向速度分量；（b）垂向速度分量；（c）横向速度分量

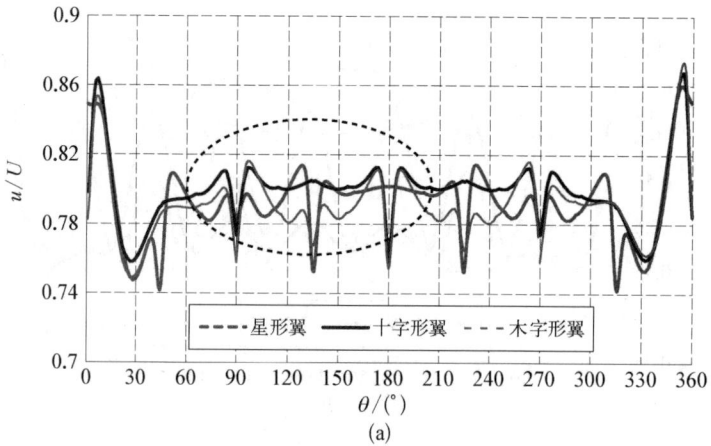

(a)

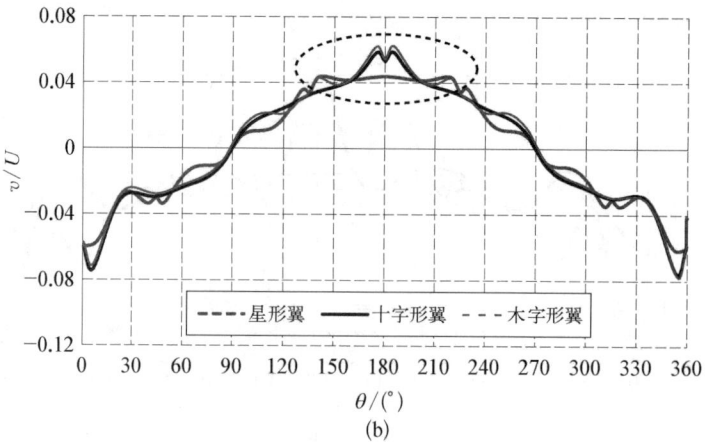

(b)

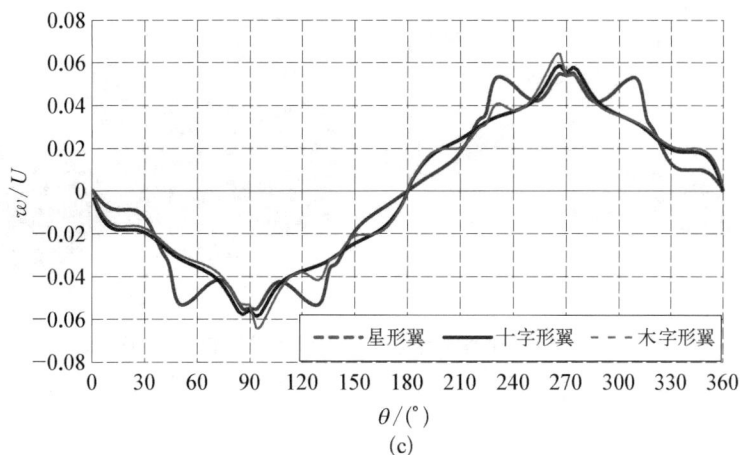

图 8.66 SUBOFF 潜艇典型尾翼桨盘面 0.5R 半径处速度分量沿周向分布

（a）轴向速度分量；（b）垂向速度分量；（c）横向速度分量

　　由此，在确定星形尾翼几何布局后，首先分析水平辅翼周向对称与非对称分布对泵喷进流和非定常力的影响，其次分析航速改变引起艇体边界层流厚度变化进而对泵喷进流和非定常力的影响，随后讨论尾翼几何形状一定、航速/转速运动参数一定时，泵喷定、转子叶片数的不同组合对泵喷非定常力和低频噪声的影响，从而确定泵喷噪声控制的全局参数。三种条件下，分析比较对象的三维几何形状如图 8.67 所示。其中，图 8.67（a）与图 8.67（c）为同一母型几何体，艇体边界层流厚度改变由泵喷进口处的垂向与横向的轴向速度分量沿径向分布差异体现。

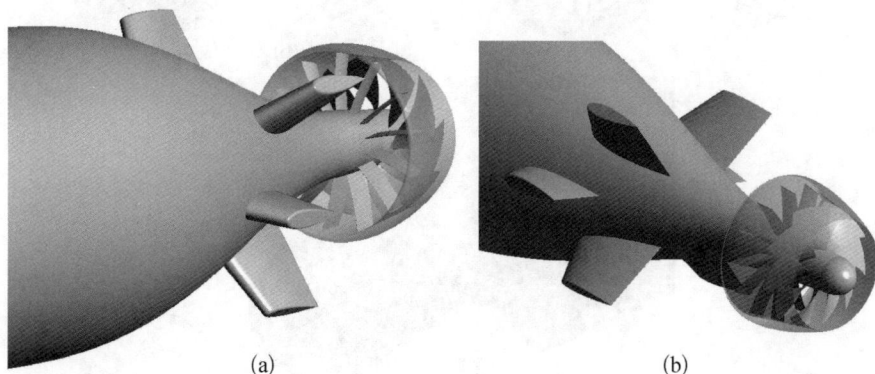

（a）　　　　　　　　　　　　　　　　（b）

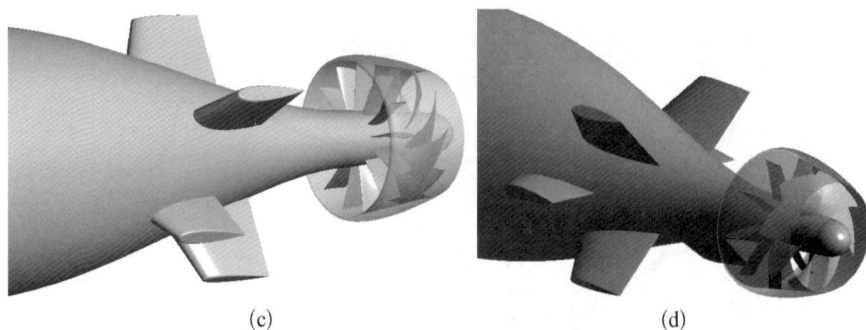

图 8.67　SUBOFF 潜艇泵喷全局设计参数比较用几何形状

（a）水平辅翼对称分布；（b）定子 13 叶-转子 9 叶组合；（c）水平辅翼非对称分布；（d）定子 9 叶-转子 7 叶组合

在此基础上，关键考虑泵喷叶型低噪声设计要素对非定常力和线谱噪声的定量影响，落脚点包括转子叶片大侧斜的影响、定子叶片单向侧斜增加的影响、定子反向侧斜的影响、定转子叶片反向侧斜度增加的影响以及定转子叶片轴向间距增加的影响，从而确定泵喷叶栅通道的局部设计要素。典型局部设计要素对应的泵喷三维几何形状如图 8.68 所示，为便于梳理比较结果，将各拟比较的泵喷设计要素汇总如表 8.10 所示。

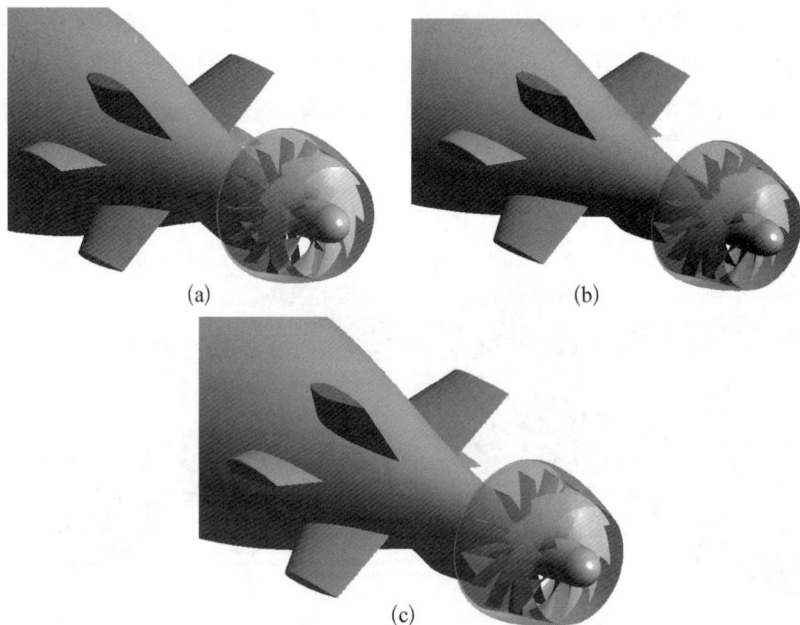

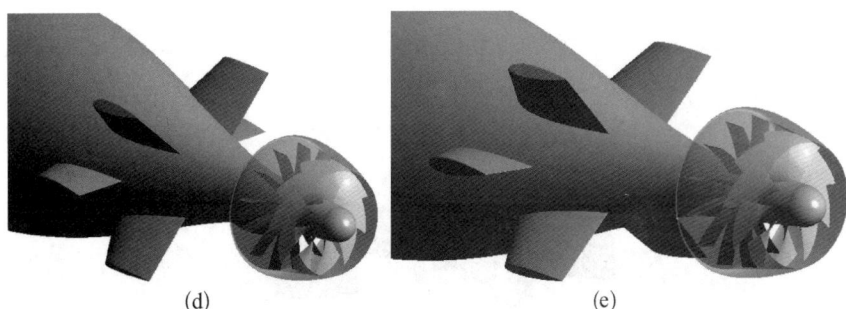

图 8.68　SUBOFF 潜艇泵喷局部设计参数比较用几何形状

(a) 方案 1：转子大侧斜、定子无侧斜；(b) 方案 2：转子大侧斜、定子大侧斜；(c) 方案 3：转子大侧斜、定子小侧斜；(d) 方案 4：转子无侧斜、定子小侧斜；(e) 方案 5：转子无侧斜、定子大侧斜

表 8.10　泵喷叶栅局部设计要素比较对象

泵喷对象	泵喷序号	泵喷叶型设计要素	影　响　因　素
用于比较泵喷	①	转子 50% 后侧斜、定子无侧斜	①与③比，定子反向侧斜影响
	②	转子 50% 后侧斜、定子 54% 前侧斜	②与③比，定子反向侧斜度增加影响
母型泵喷	③	转子 50% 后侧斜、定子 36% 前侧斜	引入定转子叶片反向侧斜设计技术
用于比较泵喷	④	转子无侧斜、定子 36% 前侧斜	④与③比，转子大侧斜影响
	⑤	转子无侧斜、定子 54% 前侧斜	⑤与④比，定子单向侧斜增加影响
	⑥	转子 50% 后侧斜、定子 36% 前侧斜、间距增加	⑥与③比，定转子轴向间距增加影响

通过上述三种全局参数的比较和六组局部设计要素的定量讨论，可为艇尾泵喷推进系统的低噪声设计明确设计要素排序，奠定设计方案基础，完成除结构功能在外的动力系统设计，再结合下文即将阐述的模型试验测量验证，即可形成能够用于指导工程设计的技术类文件，如设计说明书。

8.4.2.2　泵喷非定常力和低频线谱噪声的数值预报

计算得到自航航速为 6 kn 时水平辅翼对称分布与非对称分布以及定转子叶片数不同组合时泵喷上游艇尾边界层速度分布如图 8.69 所示，图中同时还给出了辅翼对称分布时低航速 6 kn 与高航速 11.85 kn 条件下的速度分布比较。可知，在主翼 X 形构型不变的情况下，水平辅翼的周向角度位置、航速以及定转子叶片数组合的改变均几乎不影响垂向方位的艇体边界层流厚度，仅高航速时泵喷进口半径

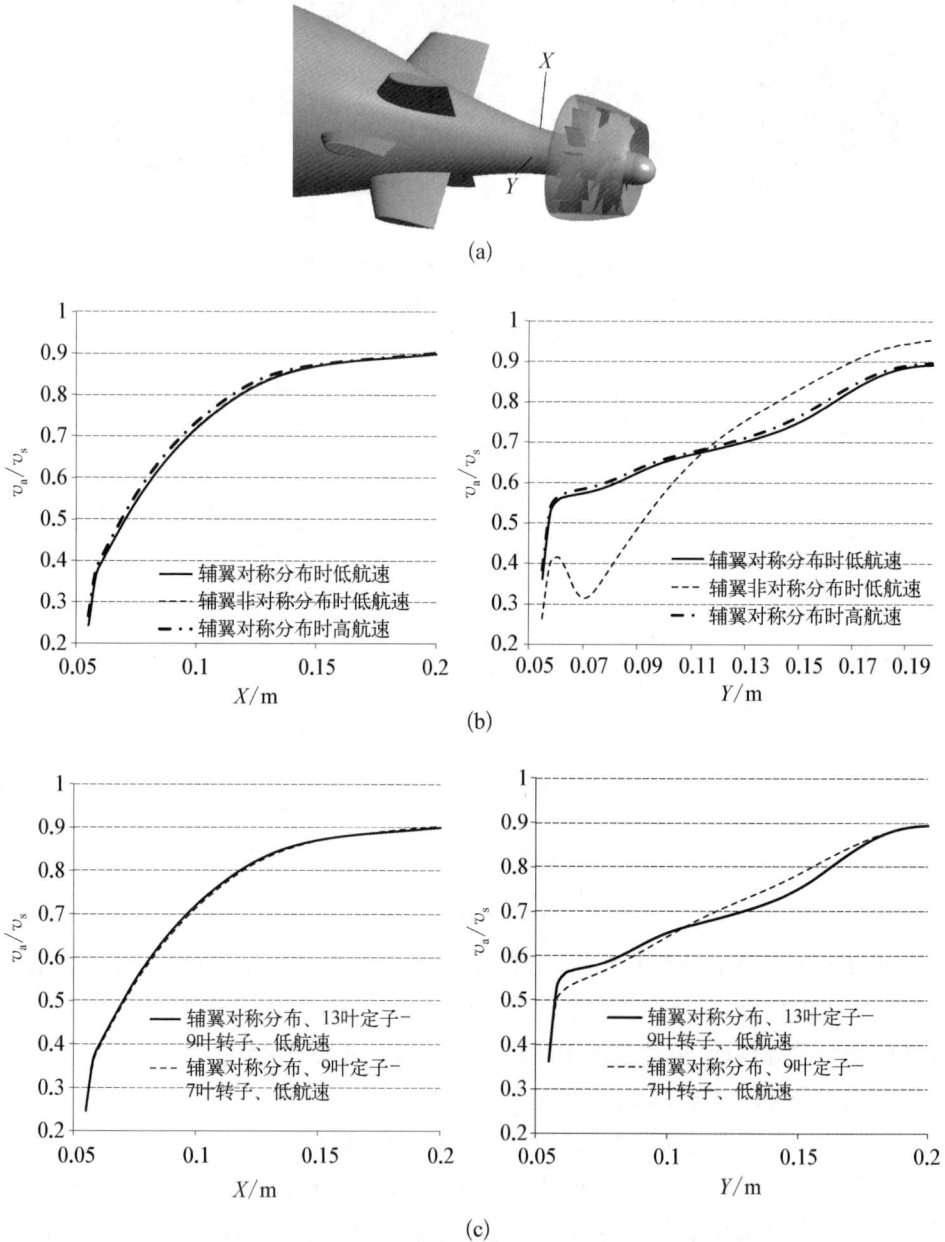

图 8.69　泵喷进流处 SUBOFF 潜艇艇尾边界层流轴向速度分布比较

（a）艇尾边界层流垂向和横向描述位置；（b）辅翼对称与非对称分布、低航速与高航速时进流轴向速度分量比较；（c）定、转子叶片数不同组合时进流轴向速度分量比较

范围内的正向速度梯度略微增加。与此同时,水平辅翼从对称分布改变为非对称分布时,横向方位的艇体边界层流无论是扰动幅度还是速度梯度均显著增加,定转子叶片数从 13 叶和 9 叶组合减小为 9 叶和 7 叶组合后速度梯度小量增加,均对泵喷进流不利,但航速增加后速度梯度仅略微增加,与垂向方位的变化一致。由此说明:位于泵喷进流上游的该星形尾翼构型对于航速的适应区间较宽;水平辅翼周向对称分布要优于非对称分布;定转子叶片数 13 叶和 9 叶组合后与星形尾翼的配合效果要相对优于 9 叶和 7 叶组合。

计算得到自航航速为 6 kn 时水平辅翼周向对称分布与非对称分布、定转子叶片数 13 叶和 9 叶组合与 9 叶和 7 叶组合时泵喷进流径向速度分量、轴向速度分量和湍流速度脉动量比较如图 8.70 所示。可知,泵喷进流面的径向速度分布、轴向速度分布和湍流速度脉动量分布三者是统一的,主要特征是相互协调的。水平辅翼改为非对称分布后,湍流速度脉动区随之偏转的同时向径向方向延展,使得进流不均匀度增加。航速增加后,泵喷进流分布的主体特征不变,但近壁面处的速度集中范围有所减小,与速度正向梯度的微量增加对应,表明该尾翼构型对于高航速的适应性相对更佳。

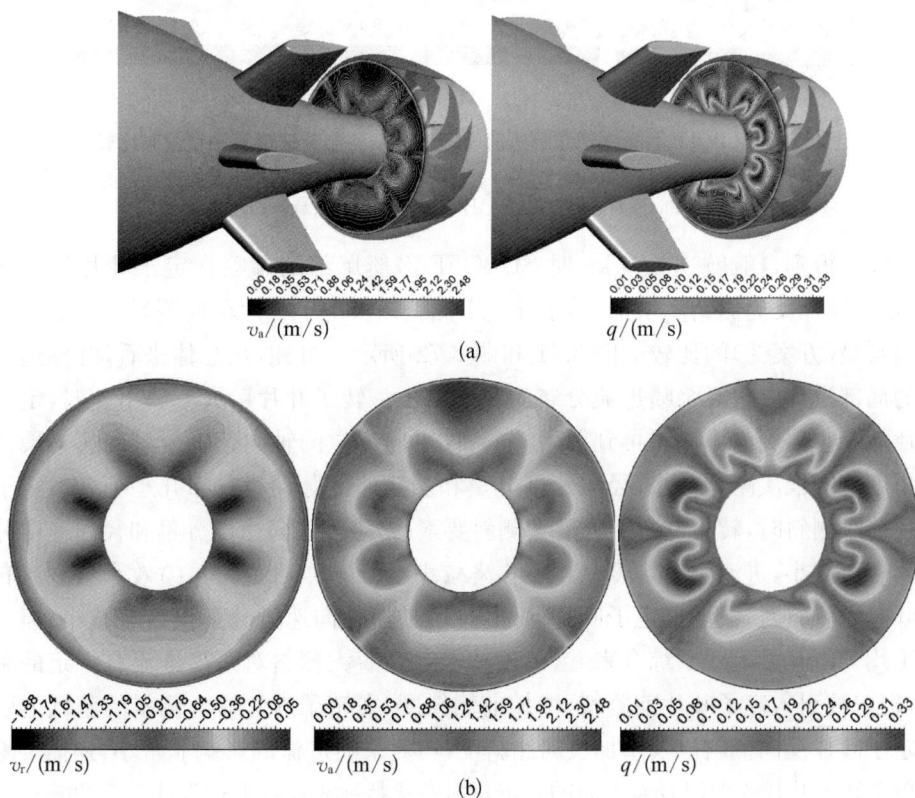

(a)

(b)

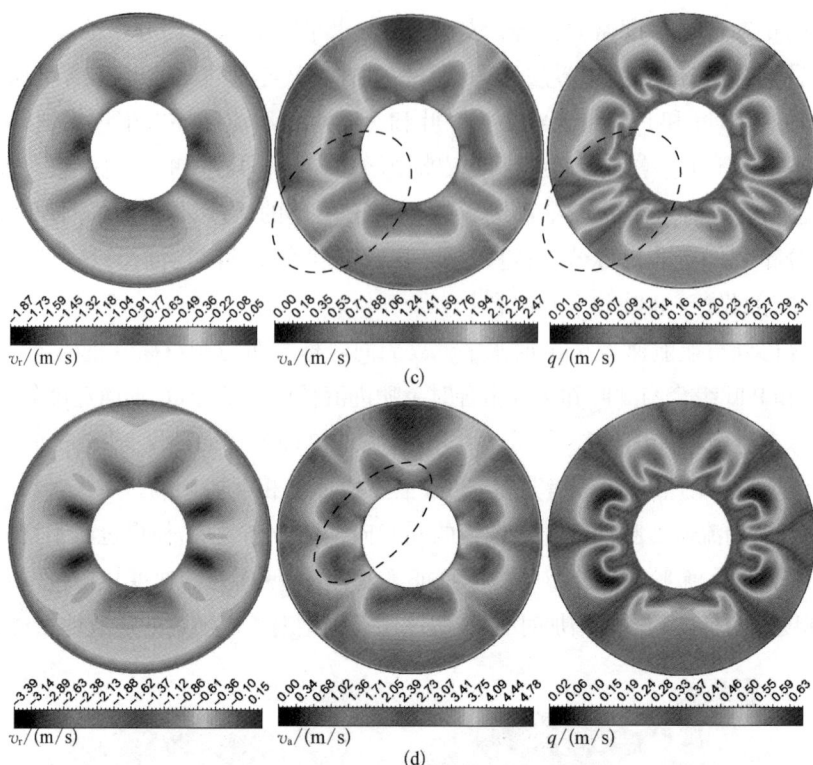

图 8.70 SUBOFF 潜艇尾部泵喷进流面速度分布和湍流速度脉动量分布比较

(a) 泵喷进流速度分量和湍流速度脉动量横截面位置;(b) 水平辅翼周向对称时低航速;(c) 水平辅翼周向非对称时低航速;(d) 水平辅翼周向对称时高航速

计算得到自航航速为 6 kn 时 SUBOFF 潜艇尾部的泵喷在定子叶片反向侧斜、定子叶片反向侧斜度增加、转子叶片大侧斜以及定子叶片单向侧斜度增加后与母型泵喷(方案③)的比较如图 8.71 和图 8.72 所示。可知,从总体来看,叶栅通道内的局部设计要素对泵喷进流分布的影响较小。转子叶片后大侧斜不变时,定子叶片从无侧斜到前小侧斜再到前大侧斜,仅垂向方位的轴向速度分量高速集聚区的角度范围依次略有减小,径向速度分量和湍流速度脉动量分布几乎不变。定子叶片前小侧斜时,转子叶片引入后大侧斜要素后,进流轴向速度分量和径向速度分量均有所减小,进流不均匀度从 0.366 略减小至 0.365,对维持泵喷效率有利。转子叶片无侧斜时,仅增加定子叶片前侧斜度,进流轴向速度分量也略有减小,但进流不均匀度几乎不变。综合来看,引入转子叶片后大侧斜对泵喷进流有一定的影响,但单纯引入定子叶片前侧斜、增加前侧斜度、在转子叶片后大侧斜的基础上引入定子叶片反向侧斜以及增加反向侧斜度,均对泵喷进流的影响非常小,还需要综合单个转子叶片受力以及泵喷总的非定常力变化特征来评判上述设计要素的差异。

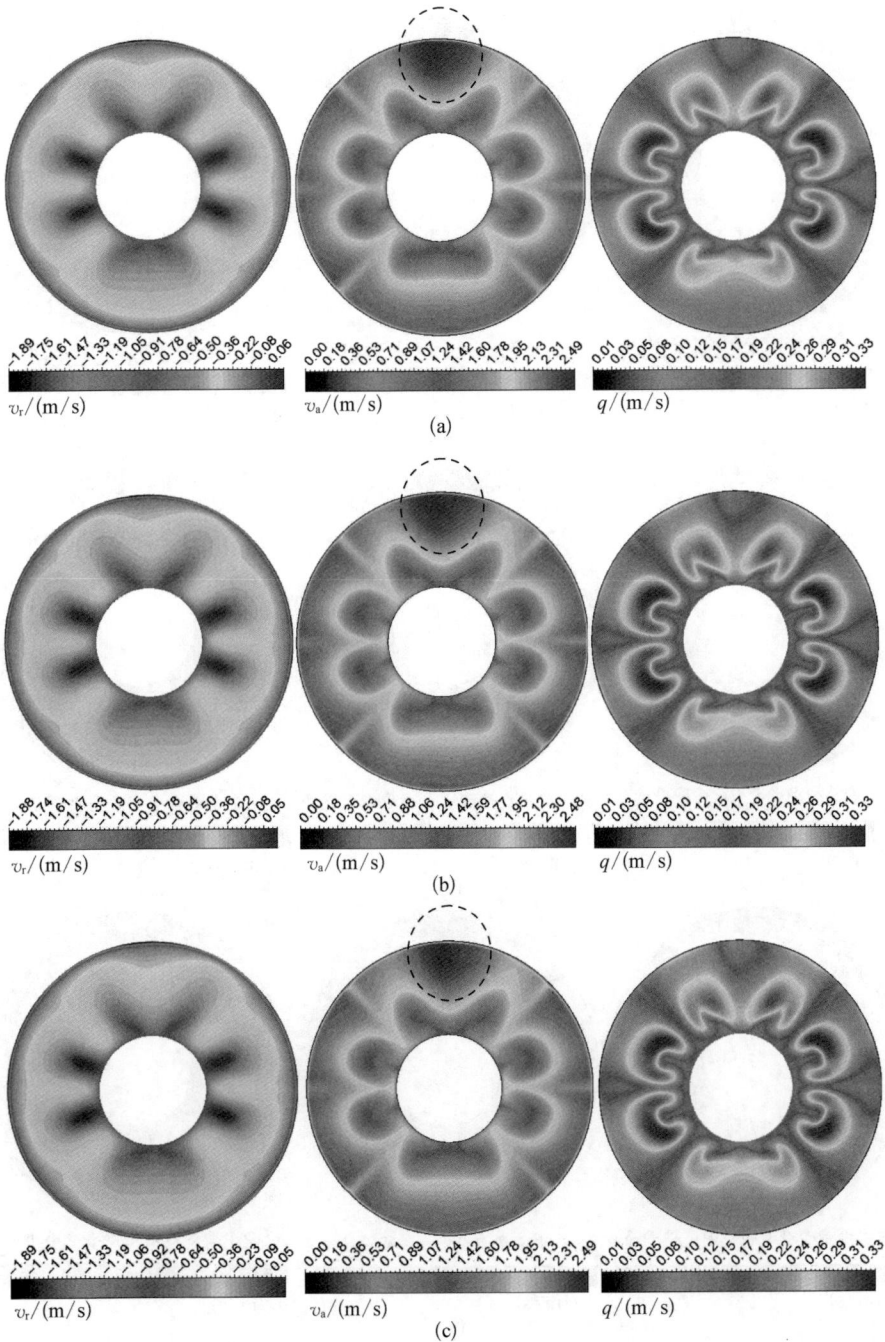

图 8.71　定子反向侧斜及定子反向侧斜度增加对艇尾泵喷进流的影响

（a）方案 1：转子大侧斜、定子无侧斜；（b）方案 3：转子大侧斜、定子小侧斜；（c）方案 2：转子大侧斜、定子大侧斜

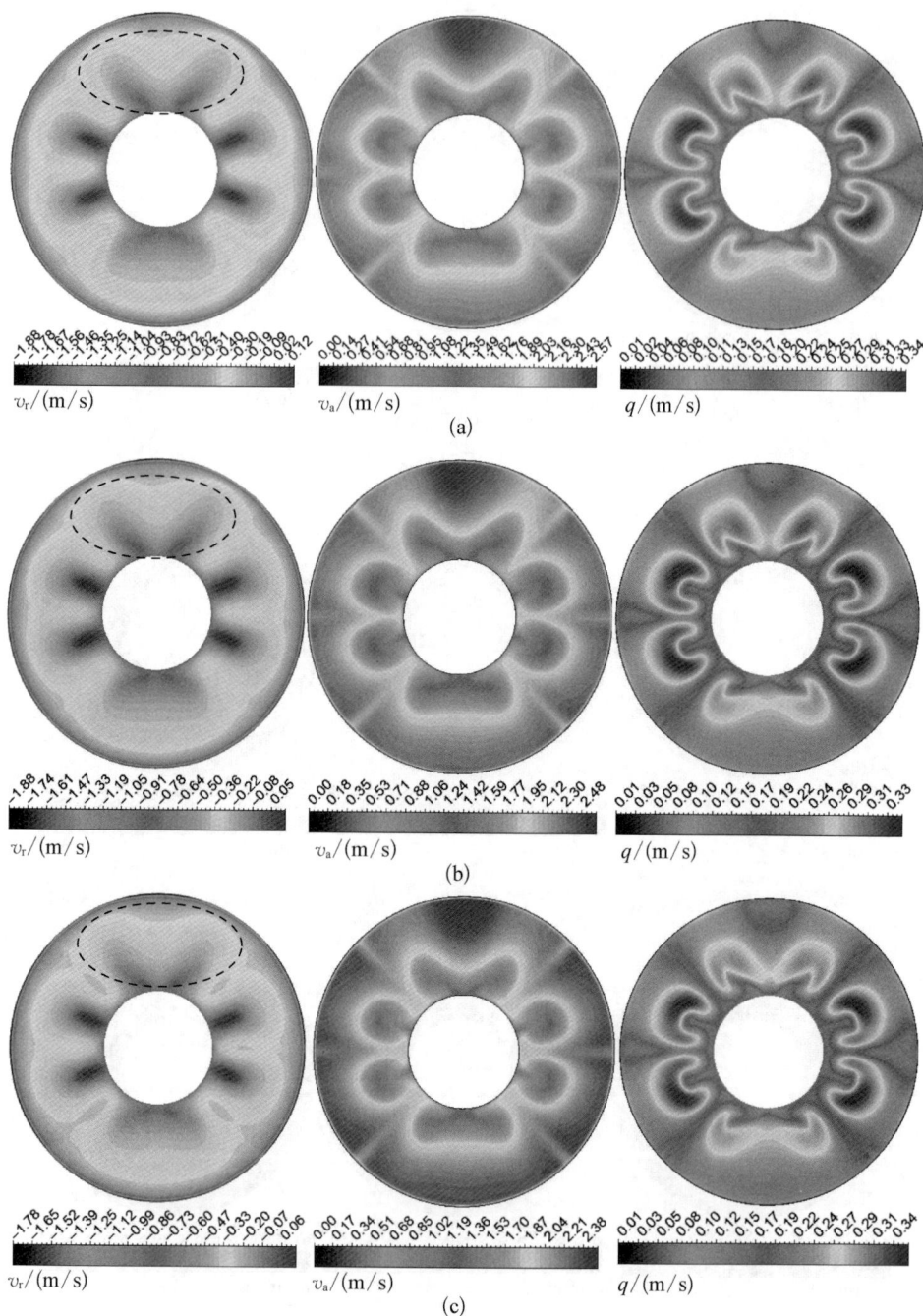

图 8.72　转子侧斜及定子侧斜度增加对艇尾泵喷进流的影响

（a）方案 4：转子无侧斜、定子小侧斜；（b）方案 3：转子大侧斜、定子小侧斜；（c）方案 5：转子无侧斜、定子大侧斜

　　进一步采用 SAS 瞬态模拟分析艇尾泵喷在全局设计要素水平辅翼改变、航速改变以及定转子叶片数不同组合条件下的积分力变化曲线,以及分析艇尾泵喷在局部设计要素对应的方案①至方案⑤情况下的积分力变化曲线。首先,迭代收敛稳定后计算得到自航航速为 6 kn、水平辅翼对称分布、定子 13 叶转子 9 叶组合时一周内母型泵喷(方案③)总推力、转子轴向力和侧向力在时域和频域内的变化曲线如图 8.73 所示,单个转子叶片轴向力和侧向力在时域和频域内的变化曲线如图 8.74 所示。其中,叶片 1、叶片 2 和叶片 9 分别指垂向方位叶片及其左右相邻的叶片。可知,无论是总的轴向力还是侧向力时域数据,都具有很好的周期性,表明计算收敛充分,数据可以用于进一步的谱特征分析。基于此,其余设计方案在经过同样计算设置后,结果主要分析与母型泵喷的特征差异,不再罗列全部的时域计算结果。泵喷总推力和转子轴向力脉动均以叶频线谱 BPF 为主,转子侧向力脉动以二阶叶频线谱(2BPF)和叶频线谱为主,且直到四阶叶频线谱依然可见。泵喷总推力的去均值化一阶非定常力幅值为 3.363×10^{-3},对应叶频线谱噪声谱级小于 80 dB。泵喷一阶轴向非定常力与时均推力的比值为 2.74‰,与某鱼雷泵喷的非定常力控制水平相当,表明该泵喷设计方案是较为成功的,此时一阶侧向非定常力与时均侧向力的比值为 27.07%。泵喷三个相邻叶片的轴向非定常力幅值时历曲线相同,仅相位存在时延,以五阶轴频、二阶轴频、三阶轴频、八阶轴频 4 根线谱频率为主。单转子叶片的侧向力与轴向力脉动频率相同,峰值频率处脉动力幅值约为轴向力的 60%,以轴向力脉动为主。

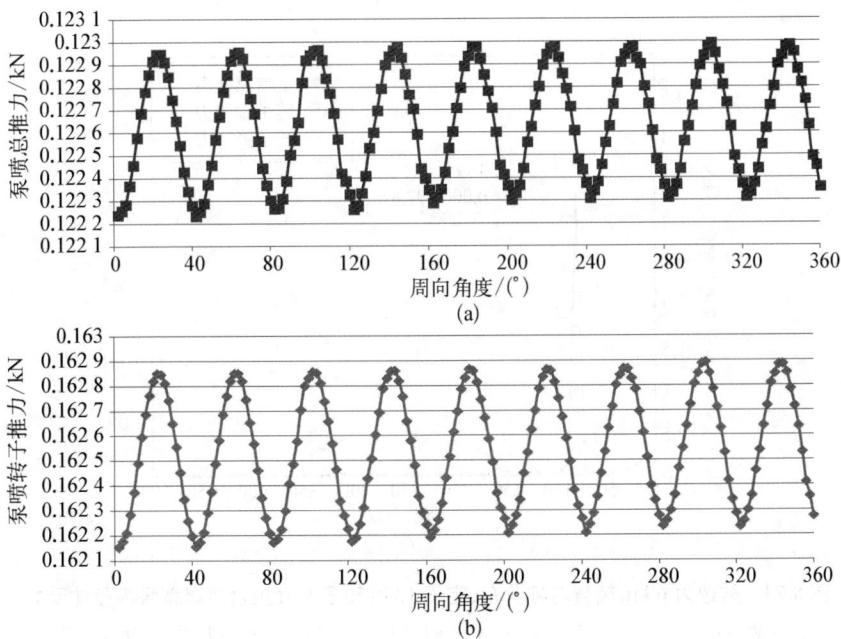

(a)

(b)

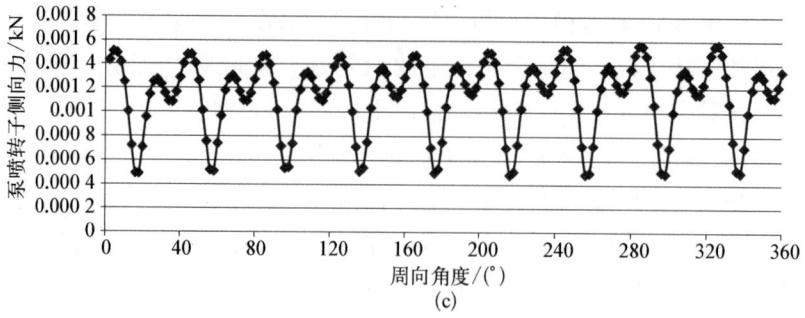

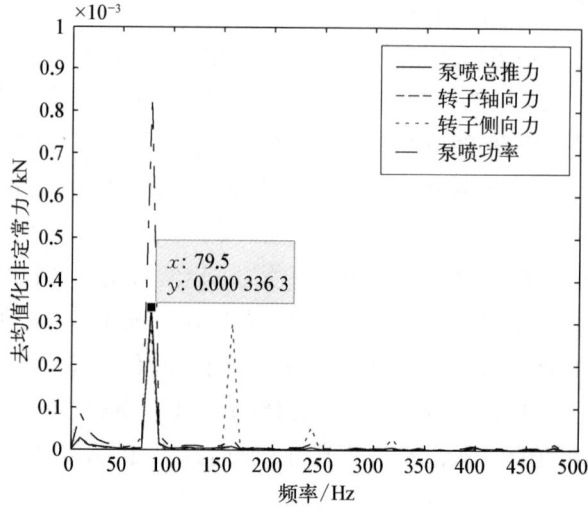

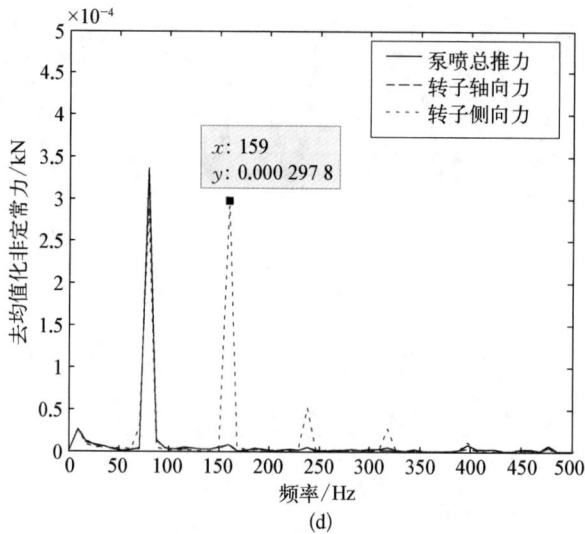

(c)

(d)

图 8.73 航速为 6 kn、辅翼对称分布、定子 13 叶转子 9 叶组合时母型泵喷整体受力

（a）泵喷总推力；（b）转子轴向力；（c）转子侧向力；（d）总推力、轴向力和侧向力频域曲线

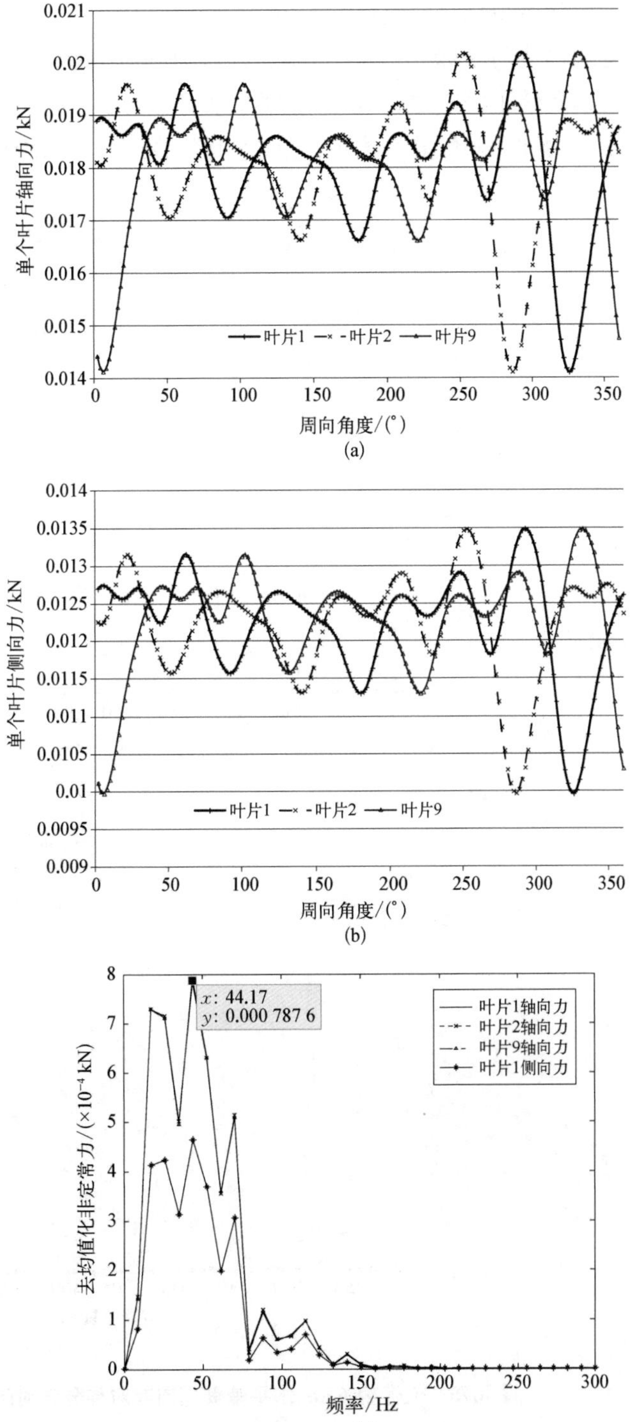
0.021
0.02
0.019
0.018
0.017
0.016
0.015
0.014
单个叶片轴向力/kN
叶片1
叶片2
叶片9
0
50
100
150
200
250
300
350
周向角度/(°)
(a)
0.014
0.0135
0.013
0.0125
0.012
0.0115
0.011
0.0105
0.01
0.0095
0.009
单个叶片侧向力/kN
叶片1
叶片2
叶片9
周向角度/(°)
(b)
x: 44.17
y: 0.000 787 6
叶片1轴向力
叶片2轴向力
叶片9轴向力
叶片1侧向力
去均值化非定常力/(×10⁻⁴ kN)
频率/Hz
(c)

图 8.74　航速为 6 kn 时艇尾母型泵喷单转子叶片受力频域内曲线

(a) 转子单叶片轴向力；(b) 转子单叶片侧向力；(c) 单叶片受力频域曲线

计算得到自航航速为 6 kn、母型泵喷位于水平辅翼周向非对称布置下游时的受力曲线与对称分布时在频域内的比较如图 8.75 所示,包括泵喷总推力、转子轴向力和转子侧向力。可知,泵喷总推力和转子轴向力脉动仍以叶频线谱为主,但非定常力脉动幅值显著增加,对应的叶频线谱噪声谱级增加约 9 dB,低频噪声性能明

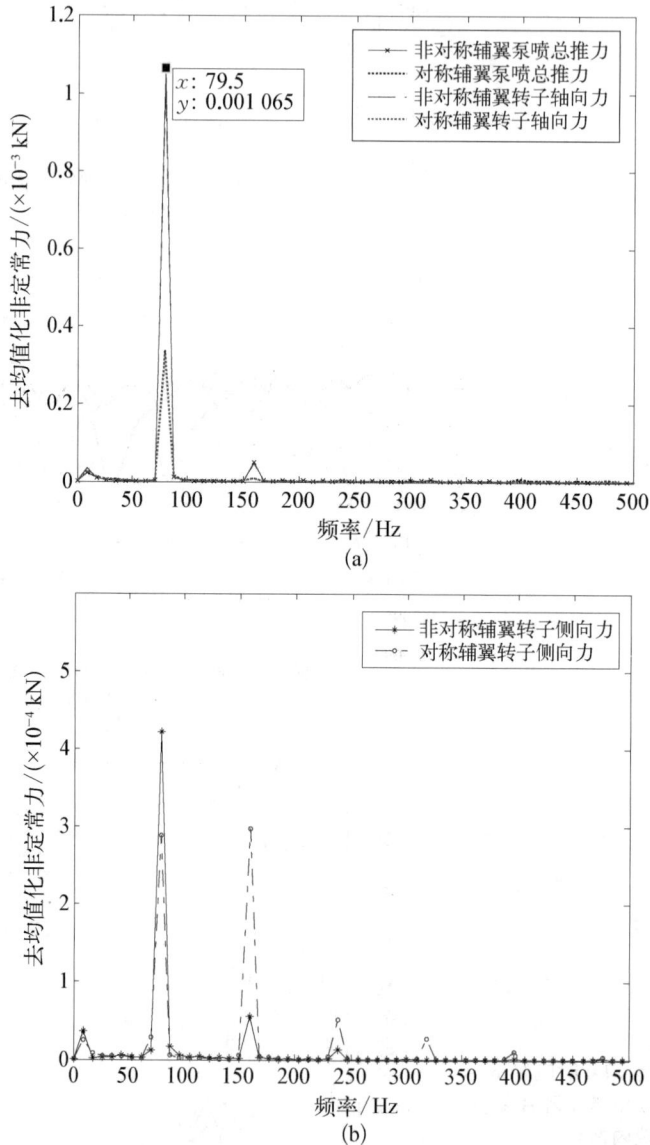

(a)

(b)

图 8.75 航速为 6 kn、水平辅翼周向非对称分布时艇尾母型泵喷整体受力

(a) 泵喷总推力和转子轴向力;(b) 转子侧向力

显较周向对称分布变差,此时一阶轴向非定常力与时均力的比值为 8.74‰,约为对称分布时的 3 倍。转子侧向力脉动明显以叶频线谱为主,脉动幅值显著高于水平辅翼对称分布时。此时,单转子叶片的轴向力和侧向力与辅翼对称分布时的比较如图 8.76 所示。可知,改为非对称辅翼后,单个叶片轴向和侧向非定常力脉动频率均以四阶轴频和轴频线谱为主,峰值线谱频率减小,但脉动力幅值增加,轴向力峰值频率处脉动力增幅 36%,侧向力峰值频率处脉动力增幅 39%,非定常力性能明显比对称辅翼差,与泵喷进流品质显著变差对应,后续不再采用。

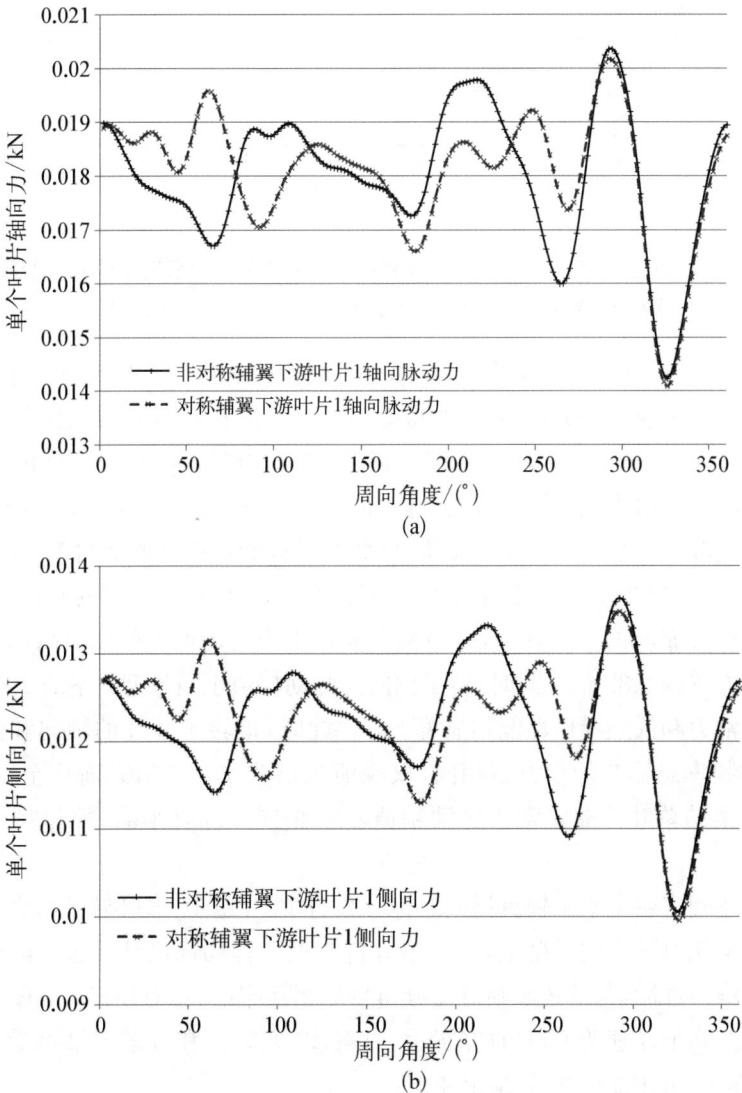

（a）

（b）

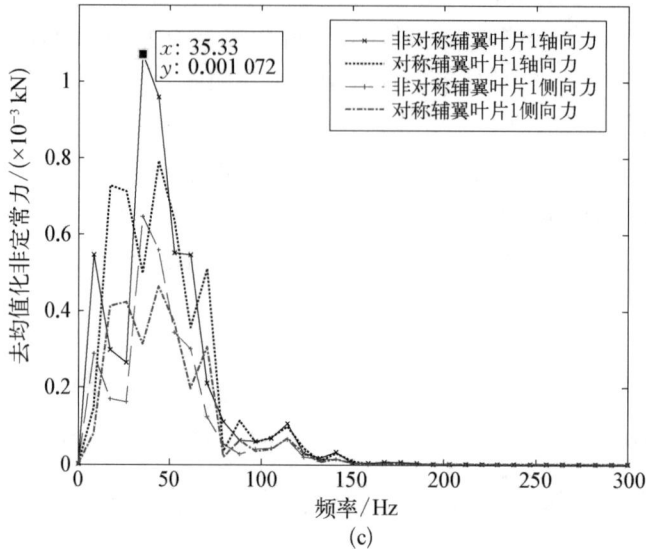

图8.76 航速6节、水平辅翼周向非对称分布时艇尾母型泵喷单转子叶片受力

(a) 转子单叶片轴向力；(b) 转子单叶片侧向力；(c) 转子单叶片受力频域内曲线

同理，计算得到自航航速为6 kn、水平辅翼周向对称分布时定转子叶片数改变为9叶和7叶组合后的泵喷受力曲线及其与改变前在频域和时域内的比较如图8.77和图8.78所示。改变为定子9叶-转子7叶组合后，泵喷总推力和转子轴向力脉动仍以叶频线谱为主，转子侧向力脉动以二阶叶频线谱为主，总推力和转子轴向力脉动幅值较母型泵喷增加1个量级，叶频线谱处噪声谱级增加约12 dB。泵喷一阶轴向非定常力与时均力的比值增加至17.5‰，约为原母型方案的6倍、水平辅翼周向非对称分布时的2倍，并且一阶侧向非定常力与均值力的比值高达62.74％，是原母型方案的2.32倍。同时，转子侧向力脉动幅值也是母型方案的2.3倍，表明泵喷非定常力和低频噪声性能均显著下降。此时，单转子叶片的轴向和侧向非定常力脉动频率总体与母型方案相同，仅峰值线谱频率由5APF前移至3APF处，且两种方案的单叶片非定常力脉动幅值基本相同。综合来看，原母型方案相对更优。

在上述确定艇尾水平辅翼周向对称分布与13叶定子-9叶转子组合的泵喷总体设计方案相对更优的基础上，进一步分析典型6种局部设计参数泵喷的非定常力和低频噪声性能，与前述泵喷进流分布特征相互印证、互为补充。如图8.79～图8.86所示为自航航速为6 kn时方案①、方案②、方案④和方案⑤泵喷受力与母型泵喷（方案③）的比较。相关结论如下：

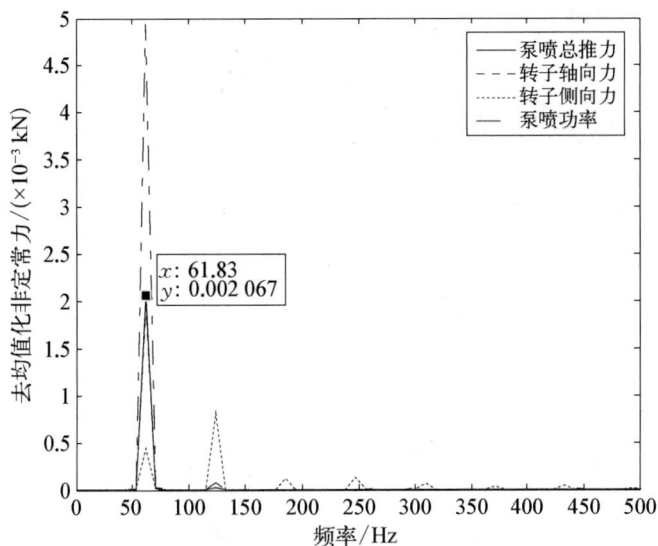

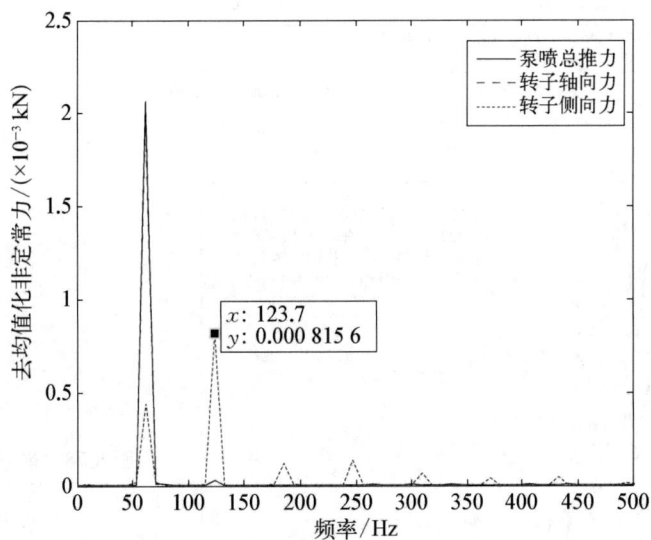

图 8.77　航速为 6 kn、辅翼对称分布、定子 9 叶-转子 7 叶组合时艇尾泵喷整体受力

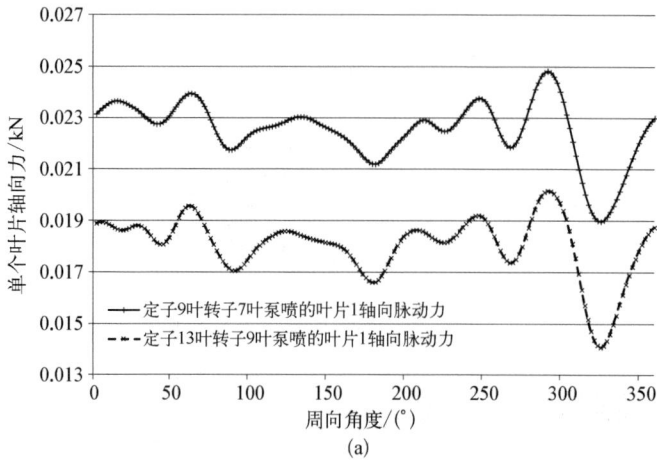

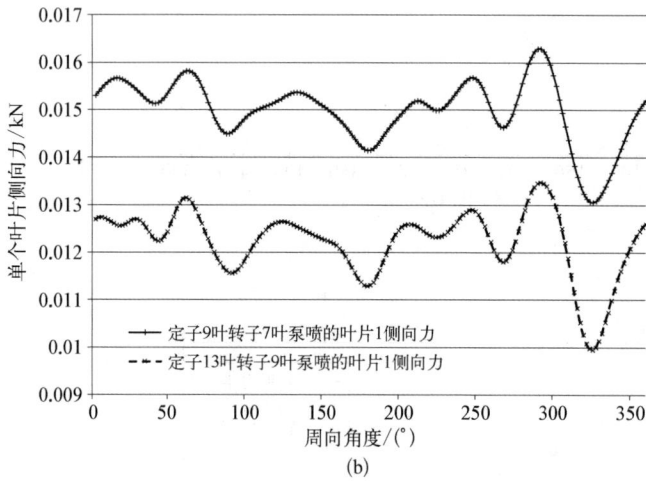

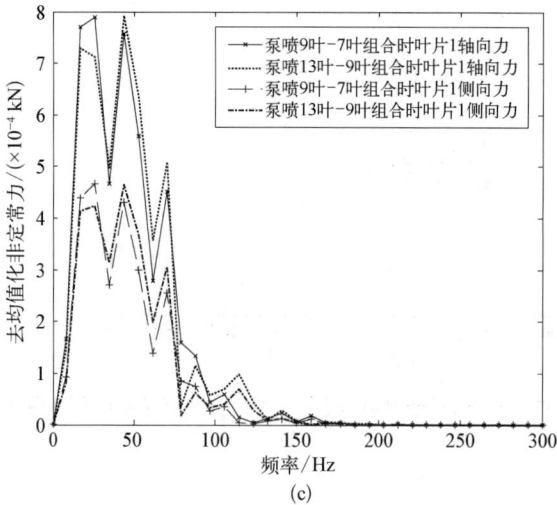

图 8.78　航速为 6 kn、定转子叶片数组合改变后艇尾泵喷单转子叶片受力

（a）转子单叶片轴向力；（b）转子单叶片侧向力；（c）转子单叶片受力频域内曲线

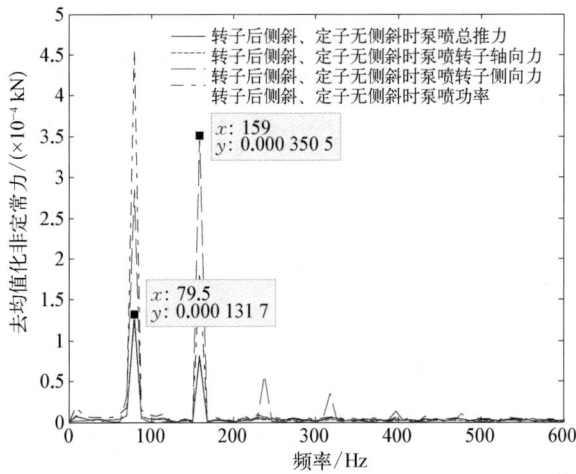

图 8.79　航速为 6 kn、方案①转子后大侧斜、定子无侧斜时艇尾泵喷整体受力

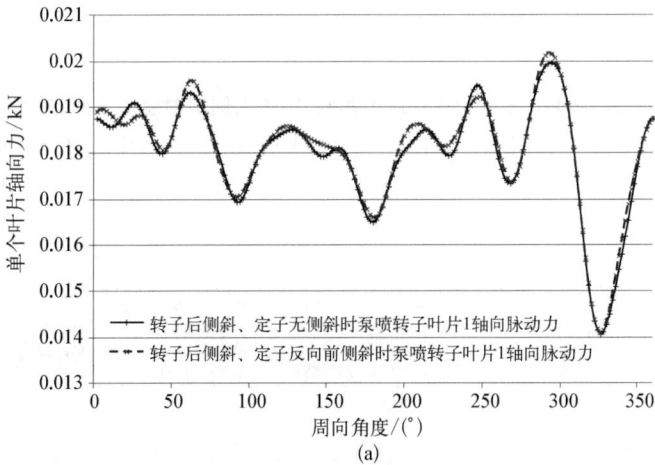

(a)

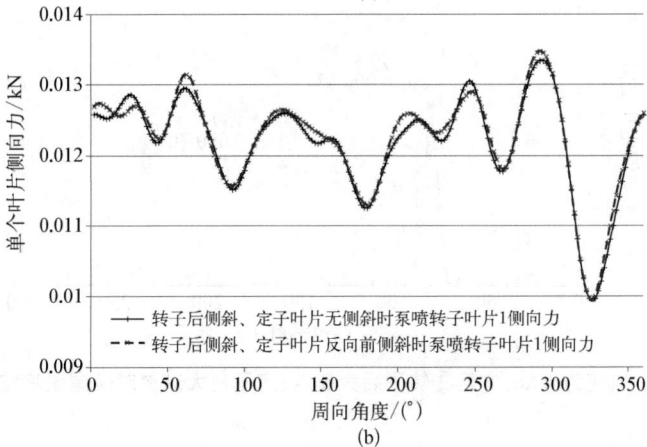

(b)

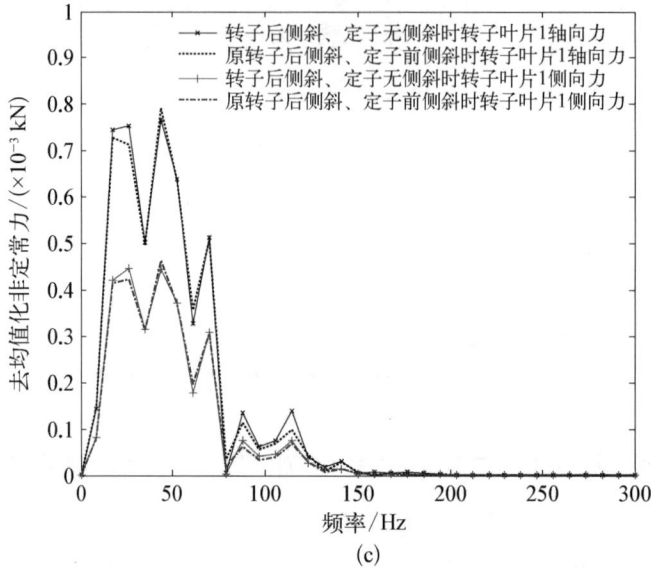

(c)

图 8.80 航速为 **6 kn**、方案①转子后大侧斜、定子无侧斜时艇尾泵喷单转子叶片受力

(a) 转子单叶片轴向力;(b) 转子单叶片侧向力;(c) 转子单叶片受力频域内曲线

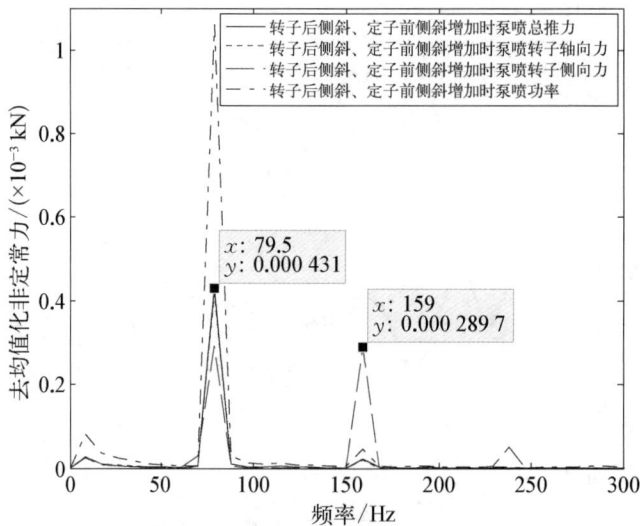

图 8.81 航速为 **6 kn**、方案②转子后大侧斜、定子前大侧斜时艇尾泵喷整体受力

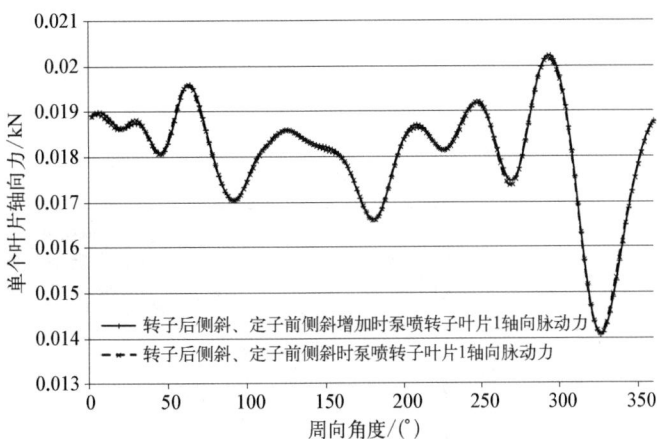

(a)

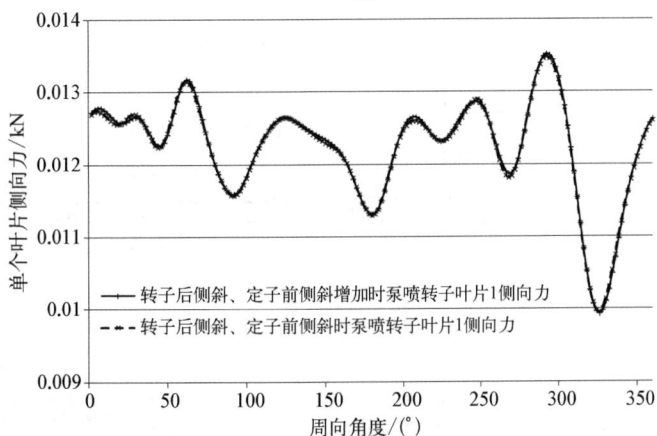

(b)

图 8.82　航速为 6 kn、方案②转子后大侧斜、定子前大侧斜时艇尾泵喷单转子叶片受力

（a）转子单叶片轴向力；（b）转子单叶片侧向力；（c）转子单叶片受力频域内曲线

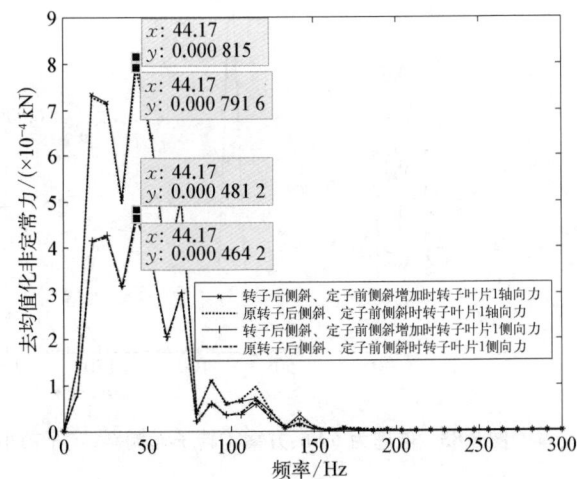

(c)

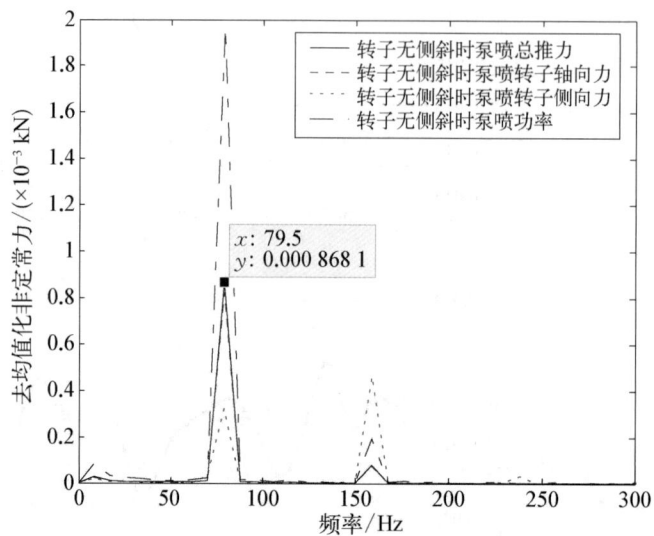

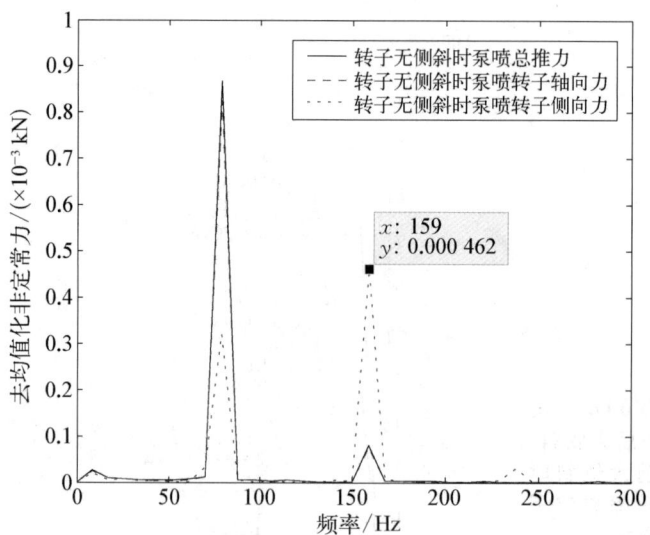

图 8.83　航速为 6 kn、方案④转子无侧斜、定子前小侧斜时艇尾泵喷整体受力

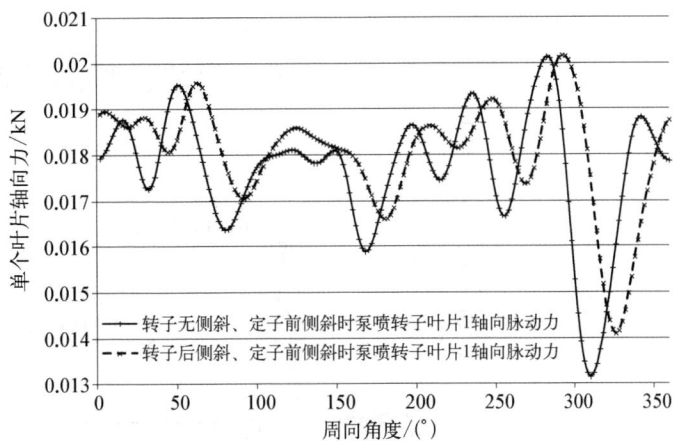

(a)

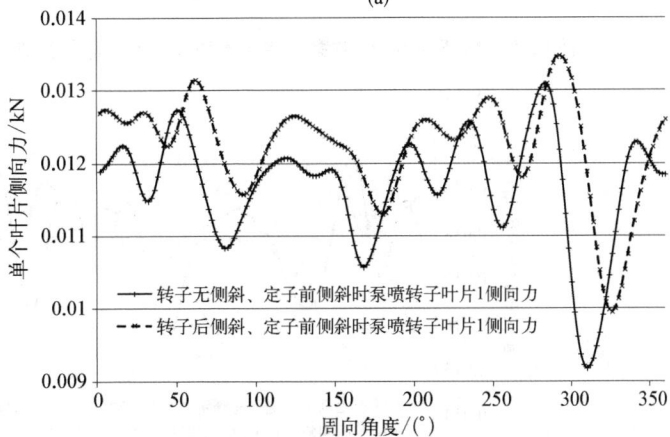

(b)

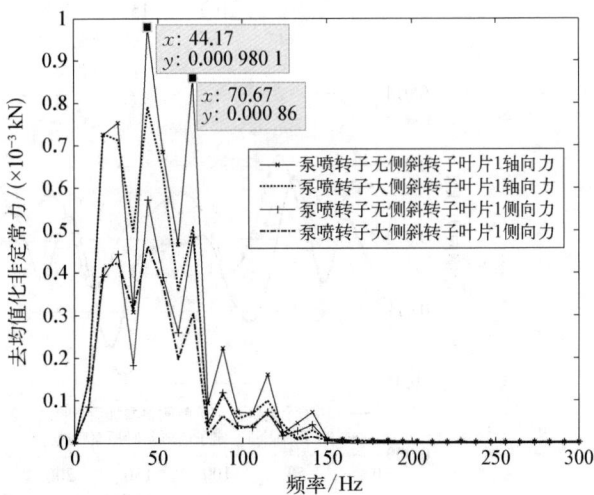

(c)

图 8.84　航速为 **6 kn**、方案 ④转子无侧斜、定子前小侧斜时艇尾泵喷单转子叶片受力

（a）转子单叶片轴向力；（b）转子单叶片侧向力；（c）转子单叶片受力频域内曲线

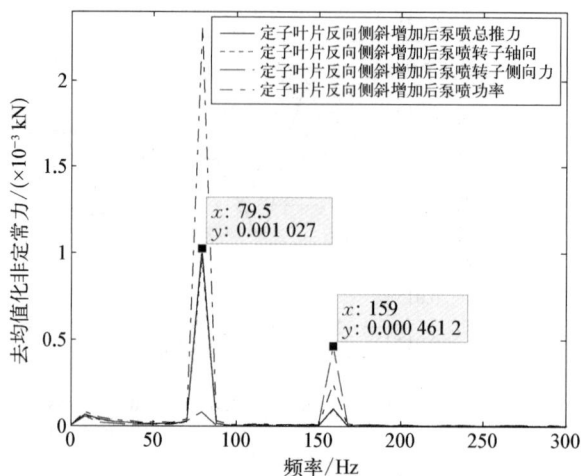

图 8.85　航速为 6 kn、方案⑤转子无侧斜、定子前大侧斜时艇尾泵喷整体受力

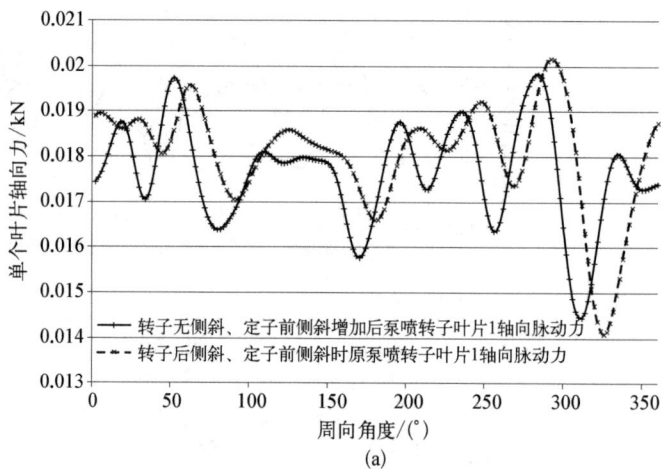

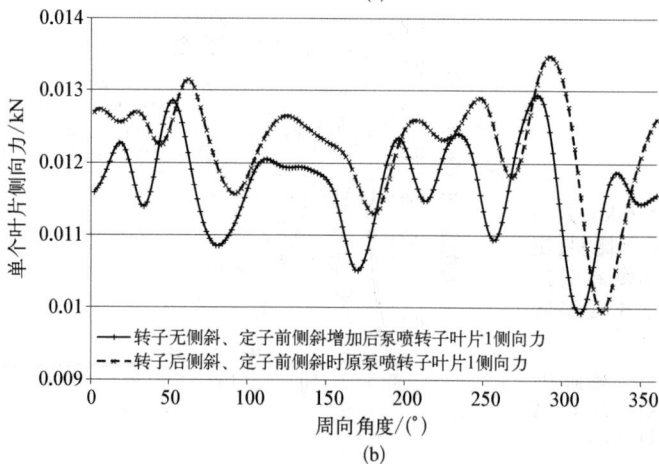

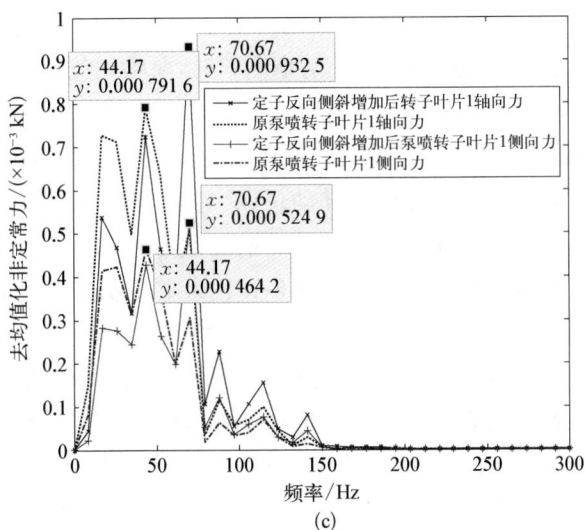

图 8.86　航速为 6 kn、方案⑤转子无侧斜、定子前大侧斜时艇尾泵喷单转子叶片受力

(a) 转子单叶片轴向力；(b) 转子单叶片侧向力；(c) 转子单叶片受力频域内曲线

(1) 转子叶片后大侧斜且定子叶片无侧斜时，泵喷时均轴向力和侧向力均基本不变，总推力和转子轴向力脉动仍以叶频线谱为主，脉动幅值仅为原方案的 1/3，一阶轴向非定常力与时均力的比值减小至 1.1‰，叶频线谱处噪声谱级较原母型泵喷减小约 7 dB。转子侧向力脉动以二阶叶频线谱为主，脉动幅值基本不变，一阶侧向非定常力与时均力的比值为 29.2%，仅比原方案大 3%。单转子叶片的轴向和侧向非定常力脉动线谱频率几乎与原方案相同，脉动幅值略微减小约 3%。综合来看，原母型泵喷的非定常力学性能和低频噪声性能仍可进行优化改进，方案①的性能相对更优。引入定子叶片反向小侧斜时，不仅没有进一步抑制轴向非定常力，反而使得其脉动幅值增加了约 2 倍，并且侧向非定常力基本不变，不利于低频线谱噪声控制，使得该设计技术的优势并未体现。

(2) 转子叶片后大侧斜且定子叶片前大侧斜时，泵喷时均轴向力与侧向力均基本不变，总推力和转子轴向力脉动仍以叶频线谱为主，脉动幅值较原方案略微增加，一阶轴向非定常力与时均力的比值为 3.5‰，叶频线谱处噪声谱级较原母型泵喷增加约 1 dB。转子侧向力脉动以二阶叶频线谱为主，脉动幅值基本不变，一阶侧向非定常力与时均力的比值为 26%，也基本不变。单转子叶片的轴向力和侧向力脉动线谱频率还是以 5APF 为主，脉动幅值略增加约 3%。综合来看，方案②的非定常力学性能和低频噪声性能与原母型泵喷相当。对比方案①和方案②的性能来看，转子叶片大侧斜时，定转子叶片反向侧斜度存在着最佳临界值，选取不当时反而会使得泵喷噪声性能下降,需结合艇尾翼型分布进行综合寻优。

(3) 转子叶片无侧斜且定子叶片前小侧斜时,泵喷时均总推力基本不变,时均侧向力翻倍。总推力和转子轴向力脉动仍以叶频线谱为主,脉动幅值约为原方案的 2.6 倍,一阶轴向非定常力与时均力的比值为 7.1‰,叶频线谱处噪声谱级较原母型泵喷增加约 7 dB。转子侧向力脉动仍以二阶叶频线谱为主,脉动幅值比原方案减小约 5%,一阶侧向非定常力与均值力的比值为 22%,略大于原方案。单转子叶片的轴向力和侧向力脉动线谱频率以 5APF 为主,8APF 次之,较原方案增加了 8APF 主线谱,轴向力脉动幅值增加了 23.8%,侧向力脉动幅值增加 23.3%。综合来看,转子叶片大侧斜对时均轴向推力几乎无影响,但使得时均侧向力增加。转子叶片大侧斜能够成倍地抑制轴向非定常力脉动,侧向非定常力脉动仅略有增加,显著有利于低频线谱噪声控制,后续模型试验测量时予以采用。方案④的非定常力和低频噪声性能弱于原方案③以及方案②。

(4) 转子叶片无侧斜且定子叶片前大侧斜时,泵喷时均总推力基本不变,总推力和转子轴向力脉动仍以叶频线谱为主,轴向非定常力脉动幅值约为原方案的 3.5 倍,一阶轴向非定常力与时均力的比值为 8.4‰,叶频线谱处噪声谱级较原母型泵喷增加约 9 dB。转子侧向力脉动以二阶叶频线谱为主,脉动幅值比原方案减小约 6%,与方案④相当,一阶侧向非定常力与均值力的比值为 20.96%,略小于原方案。单转子叶片的轴向力和侧向力脉动峰值线谱频率由原方案的 5APF 后移至 8APF,轴向力脉动幅值增加约 17%,侧向力脉动幅值增加约 13%,但均比方案④要小。综合来看,方案⑤的非定常力和低频噪声性能不仅弱于原方案③和方案②,而且略弱于方案④。单向增加定子叶片前侧斜度时,仅有利于抑制单个转子叶片的轴向和侧向非定常力脉动,但泵喷整体的轴向力脉动增加、侧向力脉动基本不变,反而对非定常力的抑制不利,表明定子单向前侧斜并非越大越好,而是同样存在最佳值。

综上所述,五种局部设计参数对应泵喷设计方案的非定常力和低频噪声性能差异排序是方案①>方案③≥方案②>方案④>方案⑤,方案①性能相对最佳,母型泵喷方案③次之,其非定常力控制水平与某鱼雷泵喷相当,方案①和③均可用于模型试验测量校验。泵喷转子叶片大侧斜有利于降噪,定转子叶片反向侧斜度存在最佳值,并非引入反向侧斜后一定有利于降噪,还需结合艇尾翼型结构布置进行综合寻优。

为便于定量、直观比较各影响因素对泵喷性能的作用效果,将伴流分布和叶片数组合以及叶型侧斜要素改变后的全部设计方案在航速为 6 kn 时的非定常力与低频线谱噪声性能汇总如表 8.11 所示,直接用于指导后续模型试验测量时方案选定。

表 8.11　全局与局部设计要素对应泵喷设计方案的非定常力和线谱噪声

设计方案	总推力和转子轴向力脉动线谱频率	一阶轴向非定常力/时均力/‰	线谱噪声谱级	转子侧向力脉动线谱频率	一阶侧向非定常力/时均力/%	单转子叶片轴向力脉动频率和幅值	单转子叶片侧向力脉动频率和幅值
水平辅翼周向非对称分布	BPF	8.74	89 dB	BPF	33.63	4APF，$\Delta1+36\%$	4APF，$\Delta2+39\%$
9 叶定子-7 叶转子组合	BPF	17.5	92 dB	2BPF	62.74	3APF，$\Delta1$	3APF，$\Delta2$
母型泵喷	BPF	2.74	80 dB	2BPF 和 BPF	27.07	5APF，$\Delta1=7.876\times10^{-4}$	5APF，$\Delta2=7.876\times10^{-4}$
转子后大侧斜、定子无侧斜	BPF	1.1	76 dB	2BPF	29.2	5APF，$\Delta1-3\%$	5APF，$\Delta2-3\%$
转子后大侧斜、定子前大侧斜	BPF	3.5	81 dB	2BPF	26	5APF，$\Delta1+3\%$	5APF，$\Delta2+3\%$
转子无侧斜、定子前小侧斜	BPF	7.1	87 dB	2BPF	22	5APF 和 8APF，$\Delta1+23.8\%$	5APF 和 8APF，$\Delta2+23.3\%$
转子无侧斜、定子前大侧斜	BPF	8.4	89 dB	2BPF	20.96	8APF，$\Delta1+17\%$	8APF，$\Delta2+13\%$

8.4.3 星形翼假尾伴流场中泵喷噪声谱测量与分析

与无轴泵喷噪声性能评估方式一样,星形翼假尾伴流场中机械式泵喷噪声测量同样在最低有效分析频率为 1 kHz 的空泡筒中完成,同步测量其水动力曲线和脉动压力特征,模型装配如图 8.87 所示。两个脉动压力传感器分别测量定转子轴向间距中央和转子盘面位置的脉动压力,进而可以根据导管内壁面的脉动压力分布间接描述泵喷无空化流场声源特征。

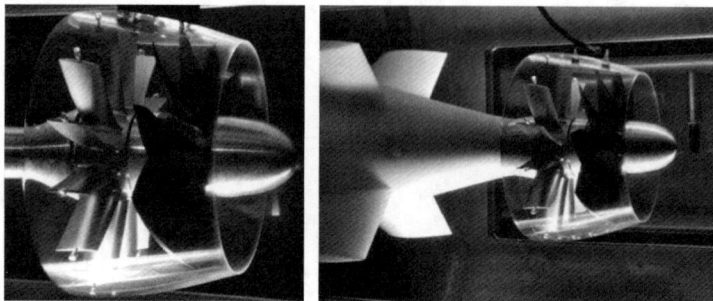

图 8.87 标模艇机械式泵喷敞水和星形翼伴流场中模型装配

测量得到机械式泵喷敞水性能曲线以及假尾伴流场中转子水动力性能曲线如图 8.88 所示。可知,进速系数 $J = 0.8$ 时定子导管静止部件受力为 0,在设计点 $J = 1.0$ 以及最高效率点 $J = 1.2$ 处,静止部件均承受小量阻力。泵喷敞水效率为 0.65,与 7 叶桨 B 持平,设计点处船后转子效率为 0.71,高于 7 叶桨 B。工作点位于设计点前方时,星形尾翼伴流使得转子推力系数和力矩系数同步减小,总体对转子效率的影响较小,但对转子推力载荷的影响程度明显比对无轴泵喷更大,不利于泵喷抗空化性能的发挥。敞水性能曲线测量值与预报值吻合良好。

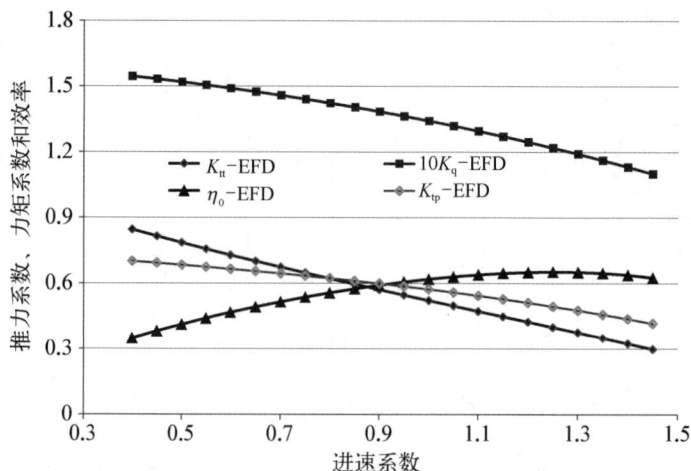

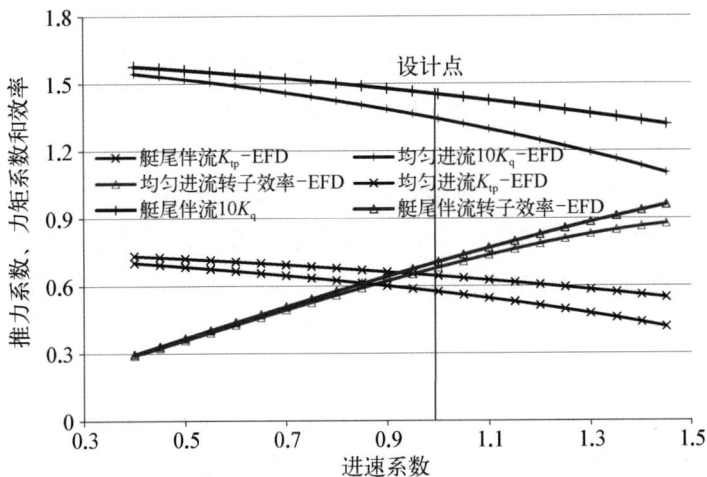

图 8.88　机械式泵喷敞水性能曲线和星形翼伴流场中转子水动力曲线

测量得到航速为 6 kn 时导管内壁面两个测点的脉动压力前 5 阶系数及其幅值如图 8.89 所示。可知,转子盘面处脉动压力明显高于转子上游面测点,两处测点均以一阶分量为主要脉动量,盘面处一阶脉压幅值达到 1.12 kPa,对应脉压系数为 0.274。

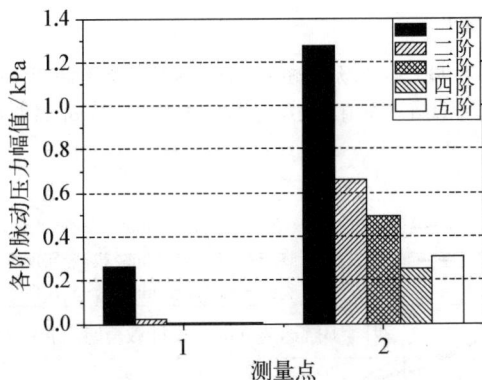

图 8.89　航速为 6 kn 时机械式泵喷模型样机导管内壁面脉动压力测量结果

测量得到伴流场中航速为 4 kn 和 6 kn 时泵喷直接辐射噪声 1/3oct 谱源级曲线如图 8.90 所示。在有效测量频段 1～40 kHz 内,低航速下泵喷声能量主要集中于 1～5 kHz 频带内,因噪声较低,5 kHz 以上频段的信噪比非常小,并不影响泵喷总声级的衡量。泵喷模型样机总声级分别为 100.43 dB 和 104.36 dB,按照缩尺比 1∶1.12 换算得到标模艇尾实尺泵喷的总噪声级分别为 101.64 dB 和

105.57 dB。与相同伴流场中 7 叶桨 B 在轻载工况（$K_T = 0.1$）和重载工况（$K_T = 0.184$）下按照缩尺比 1：1.09 换算得到的谱源级曲线比较如图 8.91 所示，可知，在全频段内，泵喷与 7 叶桨均有降噪效果，且泵喷总声级较 7 叶桨轻载时降噪 5.44 dB，较重载时降噪 9.64 dB，较设计载荷（$K_T = 0.137$）下降噪 7.29 dB，效果显著。进一步测量得到假尾伴流场中转速为 1 080 r/min 和推力载荷 $K_T = 0.582$ 时空化初生前后机械式泵喷的噪声谱源级曲线比较如图 8.92 所示。可知，空化初生后全频段内泵喷噪声均有显著增加，总声级增加 9.82 dB，较无轴泵喷空化噪声增加的幅度要小。

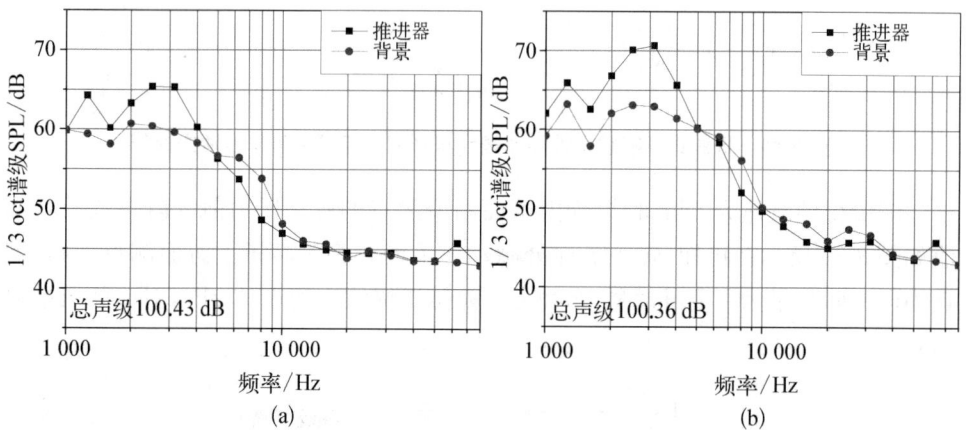

图 8.90　伴流场中测量机械式泵喷噪声谱源级曲线

（a）航速为 4 kn、泵模为 444 r/min 时的噪声测量谱；（b）航速为 6 kn、泵模为 593.6 r/min 时的噪声测量谱

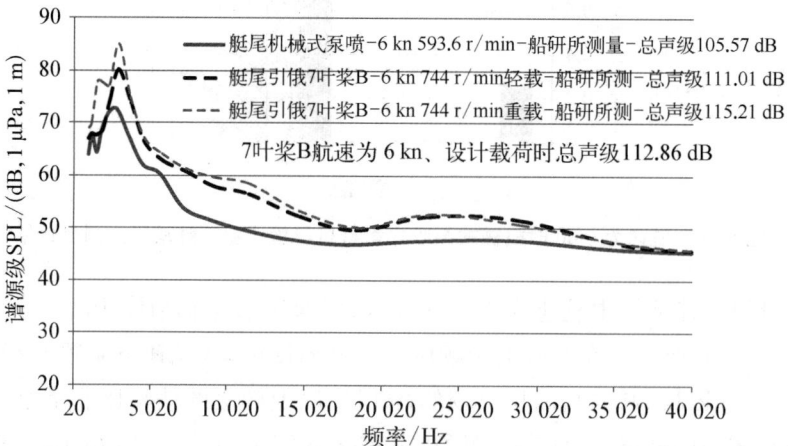

图 8.91　航速为 6 kn 时标模艇尾实尺机械式泵喷与 7 叶桨 B 的噪声谱源级曲线对比

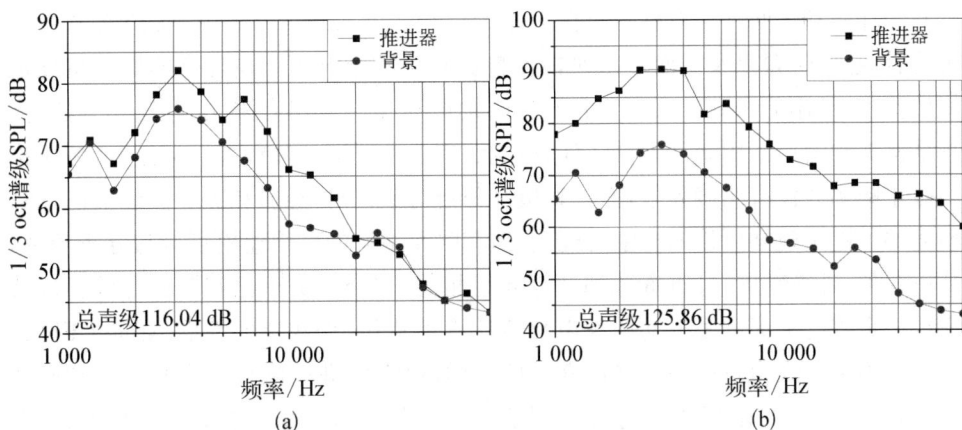

图 8.92　空化初生对机械式泵喷噪声谱的影响测量结果

（a）无空化噪声谱；（b）空化初生噪声谱

8.5　泵喷非定常力激励轴系艇尾结构振动噪声分析

8.5.1　结构模态数值计算的可信性校验与分析

柱壳和锥壳是典型的艇壳结构,其自由振动特性直接关系到艇内机械设备振动和桨轴系统耦合振动所辐射的声学特性。分析壳体结构自由振动特征时,常用的方法有解析法、数值计算方法和模型试验测量。在假定各向运动同步以及轴向和周向模态振型在空间独立的条件下,解析法以轴向和周向模态数、自振频率以及系数矩阵来描述壳体结构的形变位移,进而确定模态振型。依据系数矩阵的不同,解析法又进一步细分为不同的壳体理论,如 Flugge 理论、Donnell 理论、Reissner 理论等。参考文献[70]在分析简支边界柱壳自振特性时,与试验值比较分析了以 Flugge 和 Donnell 理论为代表的十种壳体理论的预报精度。结果表明 Flugge、Reissner、Soedel、Love、Arnold、Sanders 和 Vlasov 理论的精度相当,与试验值吻合较好,Kennard 理论次之,而 Donnell 和 Houghton 理论的精度再次。正是由于解析解求解便利的特性,基于壳体理论形成的不同理论求解方法正逐步应用于单舱以及多舱壳体结构的振动特性研究,如基于 Flugge 理论的幂级数法用于分析水中环肋锥壳的振动特性、波动法用于分析多舱段柱壳的自由振动及强迫响应特性、解析子结构法用于分析锥-柱组合壳体结构的振动特性等,为解析法的深入应用奠定了基础。与解析法发展并驾齐驱的是数值计算法,且以有限元/边界元方法求解为主,特别是大型有限元商用软件的快速升级,如 ANSYS 和 NASTRAN,为数值计算法的工程应用拓展起到了推波助澜的作用,如 Obied 等[71]应用 ANSYS 软件分析不同环肋和纵肋结构对柱壳自振频率的影响,Ustundag[72]应用 ADINA 软件分析肋骨数量、位置以及截面形状对柱壳自振频率的影响等。在现有的振动特性数值计算中,常用的研究方案如下:低频结构振动噪声采用有限元/边界元方法、高频结构振动噪声采用统计能量法计算,能够有效地保证计算精度。但是,低频所指的截止频率并没有明确界限,而且直接与分析对象、分析经验相关。保证数值计算精度的关键是建立可信的有限元模型,但有限元平台的可信建模直接与分析频率、分析对象、计算精度、计算资源和计算耗时相关,完全取决于已有分析经验。该特征在一定程度上促进了振动和噪声数值计算规范化、程式化的发展,如同 CFD 计算领域中正在大力发展的不确定度分析一样,也需要进行校验(validation)和确认(verification)。与解析法相比,数值计算法最大的优势在于能够分析大尺度、复杂组合壳体结构的自由振动、强迫振动以及辐射噪声特性,特别是分析单边有水以及双边有水情况下的流固耦合振动特征,在概念设计和方案设计阶段中具有重要作用。

作为轴系艇尾结构振动噪声数值预报的关键一步,柱壳和锥壳结构的自由振动特性数值计算的精度评估及其影响因素分析关乎全局,特别是摸清不同边界条件、环肋、纵肋以及流体载荷对自由振动特征的影响效果,对于结构声学设计来说至关重要。基于此,本节以拥有试验数据或解析解的典型柱壳与锥壳结构为对象,着重分析壳体结构在空气中、单边有水以及双边有水情况下的自由振动特征,一方面用于评估计算精度,另一方面总结典型壳体结构在常见约束条件下的振动响应特征的计算方法,以用于泵喷脉动力激励艇体的强迫振动响应和辐射噪声计算分析。

8.5.1.1 壳体结构自由振动特征分析的理论模型

典型薄壁柱壳的运动方程为

$$
\begin{bmatrix} L_{11} & L_{12} & L_{13} \\ L_{12} & L_{22} & L_{23} \\ L_{13} & L_{23} & L_{33} \end{bmatrix} \begin{Bmatrix} u(x,\theta,t) \\ v(x,\theta,t) \\ w(x,\theta,t) \end{Bmatrix} = \begin{Bmatrix} 0 \\ 0 \\ 0 \end{Bmatrix} \tag{8.7}
$$

式中,L_{ij} 为关于柱坐标变量 (x,θ,t) 的微分算子;u、v 和 w 分别为轴向、周向和径向位移。在假定轴向和周向模态振型空间独立的情况下,位移变量与轴向和周向波数以及自振频率的函数关系为

$$
\begin{cases} u(x,\theta,t) = A\mathrm{e}^{mx}\sin(n\theta)\cos(\omega t) \\ v(x,\theta,t) = B\mathrm{e}^{mx}\cos(n\theta)\cos(\omega t) \\ w(x,\theta,t) = C\mathrm{e}^{mx}\sin(n\theta)\cos(\omega t) \end{cases} \tag{8.8}
$$

式中，m 和 n 分别为轴向和周向波数；A、B 和 C 为常系数；ω 为自振圆频率。将式(8.8)代入式(8.7)后，可得壳体结构的自振均相运动方程为

$$\begin{bmatrix} C_{11} & C_{12} & C_{13} \\ -C_{12} & C_{22} & C_{23} \\ -C_{13} & C_{23} & C_{33} \end{bmatrix} \begin{Bmatrix} A \\ B \\ C \end{Bmatrix} = \begin{Bmatrix} 0 \\ 0 \\ 0 \end{Bmatrix} \tag{8.9}$$

式中，系数矩阵 $|C_{ij}|$ 为波数 m、n 和量纲一的频率 Ω 的函数，与壳体半径和材料属性相关。Ω 定义为

$$\Omega^2 = \frac{(1-\upsilon^2)\rho}{E}\omega^2 R^2 \tag{8.10}$$

式中，E、υ 和 ρ 分别为壳体材料弹性模量、泊松比和密度；R 为柱壳半径。与柱壳结构相比，锥壳结构存在半锥角 α 的影响，当 $\alpha = 0$ 时退化为柱壳结构。在 Flugge 壳体理论中，系数矩阵描述为

$$C_{ij}$$

$$= \begin{bmatrix} \Omega^2 + m^2 - (1+k)\dfrac{1-\upsilon}{2}n^2 & -\dfrac{1-\upsilon}{2}nm & \upsilon m - km[m^2 + (1-\upsilon)n^2] \\ \dfrac{1+\upsilon}{2}nm & \Omega^2 - n^2 + (1+3k)\dfrac{1-\upsilon}{2}m^2 & n\left(1 - \dfrac{3-\upsilon}{2}km^2\right) \\ -\upsilon m + km[m^2 + (1-\upsilon)n^2] & n\left(1 - \dfrac{3-\upsilon}{2}km^2\right) & \Omega^2 - (1+k) - k[(m^2-n^2)^2 - 2n^2] \end{bmatrix}$$

$$\tag{8.11}$$

无阻尼模态分析是经典的特征值和特征向量求解问题，与式(8.7)对应的运动方程为

$$(\mathbf{K} - \omega^2 \mathbf{M})\mathbf{x} = 0 \tag{8.12}$$

式中，$\mathbf{K}$ 和 $\mathbf{M}$ 分别为刚度和质量矩阵；$\mathbf{x}$ 为位移矩阵。当存在静流体载荷作用时，流体与固体之间的耦合作用主要体现在对刚度和质量阵的影响上。

8.5.1.2 柱壳结构在空气中的自由振动计算与校验

校验对象一为空气中两端简支约束的封闭圆柱壳，长为 732.663 mm，半径为 252.476 mm，板厚为 3.048 mm。壳体材料属性：弹性模量为 2.068×10^{11} Pa，泊松比为 0.29，密度为 7 830 kg/m³。模态试验布置如图 8.93 所示，试验测量由美国凯特林大学研究人员完成。

图 8.93　柱壳模态试验测量布置

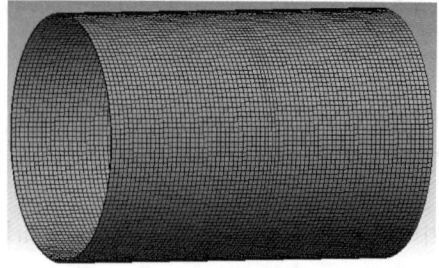

图 8.94　柱壳有限元网格 G1 分布

　　自行数值计算时着重分析网格密度对计算精度的影响。参照现有的有限元网格划分经验,网格节点大小 $\Delta = 25\sqrt{h_{min}/f}$ (h_{min} 为最小板厚,f 为分析截止频率),采用典型的 3 套结构化网格 G1~G3 来离散柱壳,分别对应为密、中、疏三种壳单元网格,网格单元尺寸分别为 $\Delta/4$、$\Delta/2$ 和 Δ,网格节点数分别为 1.2 万、0.5 万和 0.3 万个,在同等计算资源条件下计算耗时依次减小。网格 G1 如图 8.94 所示。

　　计算得到柱壳在空气中的自振频率如表 8.12 所示。表中同时给出了美国凯特林大学研究人员采用商用软件 NASTRAN 分析同一对象的计算结果。可以看出,密网格计算精度控制与 NASTRAN 分析结果相当,主要自振频率的计算误差小于 5.5%。当网格密度增加一倍时,计算精度提高 1%~1.5%,说明采用常用网格离散经验的 2 倍网格密度时,即能较好地满足计算精度需求。柱壳模态振型与试验值及 Nastran 计算值比较如图 8.95 所示。可以看出,模态振型均与试验值吻合较好,表明有限元网格离散和自由振动分析能够有效捕捉到柱壳自身的振动响应特征。

表 8.12　柱壳干模态频率计算校验

模态数 n,m	试验值 /Hz	Nastran	Nastran 误差/%	G1/Hz	G2/Hz	G3/Hz	G1 误差 /%	G2 误差 /%	G3 误差 /%
4,1	269	282.2	4.907 1	282.1	283.67	284.82	4.869 9	5.453 5	5.881
5,1	315	323	2.539 7	323.06	326.33	328.76	2.558 7	3.596 8	4.368 3
3,1	327.1	366.8	12.137	366.39	367.36	368.08	12.011 6	12.308 2	12.528 3
6,1	420.8	431.7	2.590 3	431.77	438.49	443.53	2.606 9	4.203 9	5.401 6
7,1	—	577.9	—	577.87	590.46	599.98	—	—	—
6,2	573	586.6	2.373 5	588.36	596.52	602.57	2.680 6	4.104 7	5.160 6

续　表

模态数 n, m	试验值 /Hz	Nastran	Nastran 误差/%	G1/Hz	G2/Hz	G3/Hz	G1 误差 /%	G2 误差 /%	G3 误差 /%
5,2	568.4	599.3	5.436 3	599.13	604.83	609	5.406 4	6.409 2	7.142 9
2,1	—	652	—	651.39	652.09	652.6			
7,2	657.5	670.2	1.931 6	673.63	686.96	696.97	2.453 2	4.480 6	6.003
4,2	634.1	746	17.647 1	744.36	749.18	752.7	17.388 4	18.148 6	18.703 7
8,1	736	751.8	2.146 7	751.74	773.48	790.08	2.138 6	5.092 4	7.347 8
8,2	797.8	814.5	2.093 3	819.41	841.46	858.25	2.708 7	5.472 5	7.577 1
7,3	—	—	—	885.64	902.63	915.32			
6,3	—	—	—	894.6	907.86	917.67			
9,1	—	—	—	950.49	985.7	1 012.7			

校验对象二为经典的 Koval - Cranch 两端固支钢制圆柱壳,长为 304.79 mm, 直径为 152.4 mm,板厚为 0.254 mm。壳体材料属性:弹性模量为 2.06×10^{11} Pa, 泊松比为 0.27,密度为 7 850 kg/m³。参照前述壳单元网格离散经验,自行数值计算得到该柱壳在空气中的自振频率与实验值比较如表 8.13 所示,典型模态振型如图 8.96 所示。可以看出,即使截止频率达到 2 kHz,远高于目前最为关注的几百赫兹内的低频段,在网格密度满足要求的情况下自振频率计算误差也能够控制在 8% 以内,可以应用于工程实践。模态振型无实验值,未给予校验。

表 8.13　Koval - Cranch 圆柱壳自振频率计算校验

m	n	6	7	8	9	10	11	12
1	实验值/Hz	525	592	720	885	1 095	1 310	1 560
	计算值/Hz	539.51	602.3	734.88	913.94	1 129.3	1 377.8	1 658.9
	误差/%	2.763 8	1.739 9	2.066 7	3.270 1	3.132 4	5.175 6	6.339 7
2	实验值/Hz	980	856	900	995	1 140	1 365	1 578
	计算值/Hz	1 037.7	922.19	930.53	1 034.6	1 208	1 433.1	1 701.1
	误差/%	5.887 8	7.732 5	3.392 2	3.979 9	5.964 9	4.989 0	7.801 0
3	实验值/Hz	1 650	1 395	1 350	1 278	1 325	1 465	1 690
	计算值/Hz	1 754.3	1 463.6	1 320.7	1 304	1 392	1 561.9	1 795.6
	误差/%	6.321 2	4.917 6	−2.170 4	2.034 4	5.056 6	6.614 3	6.248 5

凯特林大学有限元仿真	试验值	数值计算值
	4,1	
	5,1	
	3,1	
	6,1	
	— 7,1	
	6,2	

凯特林大学有限元仿真	试验值	数值计算值
	 5,2	
	- 2,1	
	 7,2	
	 4,2	
	 8,1	
	 8,2	

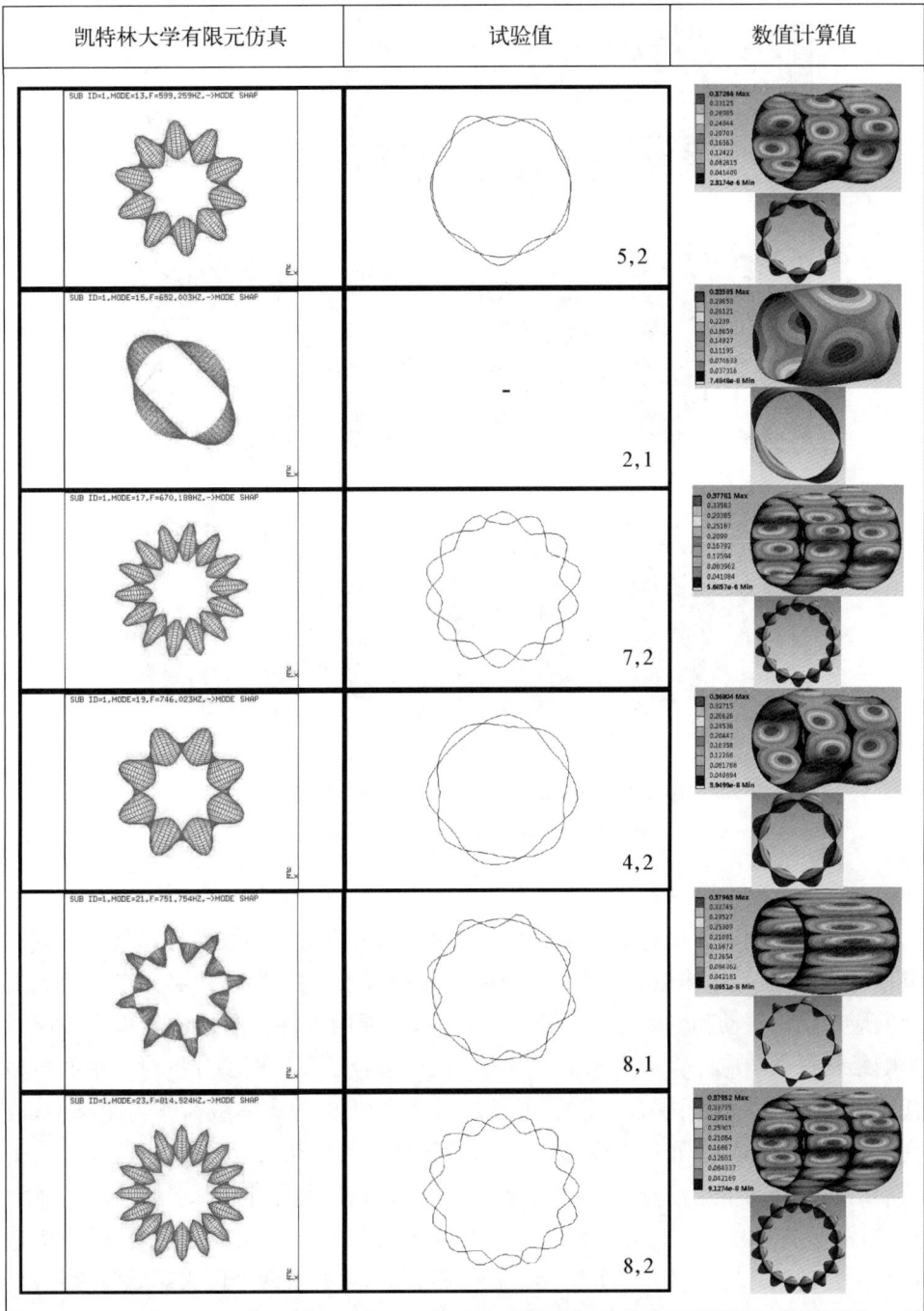

图 8.95　柱壳干模态振型计算校验

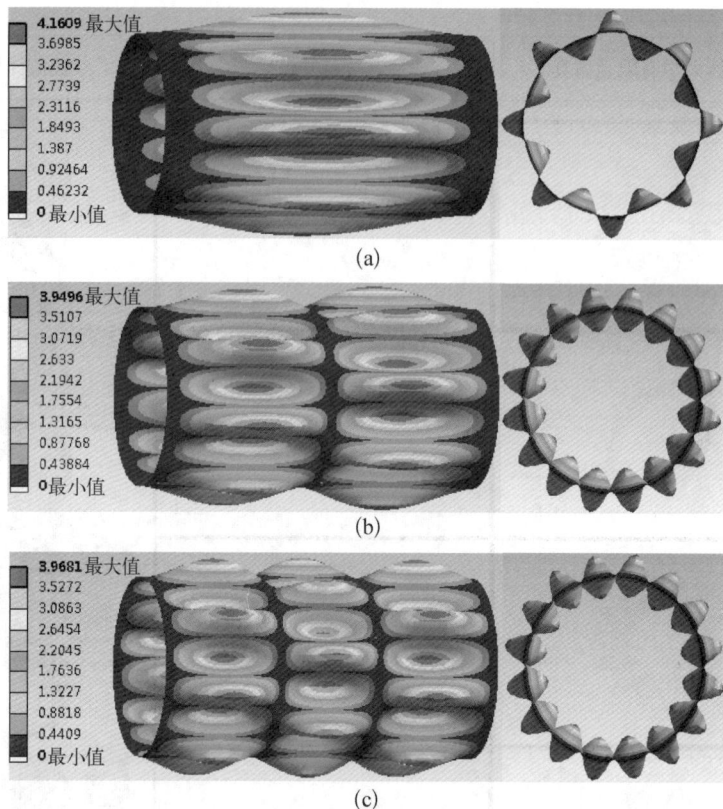

图 8.96　Koval‑Cranch 圆柱壳典型模态振型

(a) 模态 8,1;(b) 模态 8,2;(c) 模态 8,3

8.5.1.3　柱壳在单边及双边有水情况下的自由振动计算与校验

前文计算阐述了柱壳结构在空气中自由振动分析时能够兼顾计算精度的截止频率,但实际艇壳结构振动发声时始终存在单边有水的物理条件,必须考虑流固耦合效应对结构振动和辐射噪声的影响。同时,需要明确评估考虑流固耦合效应时影响结构振动响应计算精度的相关因素。流固耦合是多物理场分析对象中的典型代表,通常所述的流固耦合多指单向耦合,即结构表面的流体载荷作为激励源,改变了结构自身的质量阵和刚度阵,进而改变了结构的振动响应,但由于流体载荷引起的结构形变的量通常较小,结构表面形变对流体流动控制方程求解的影响非常小,通常不予考虑。对于大尺度、刚度较大的舰艇结构振动响应分析而言,该假定通常是合理的。应用该方法分析结构振动特征时,主要有两个因素影响计算精度:一是流固耦合面的网格节点匹配和数据传递;二是附连水质量的区域大小,即附连水质量的大小。当附连水区域过大时,网格节点数迅速增加,严重影响计算耗时;过小时,弱化了流体载荷效应,会降低结构振动的计算精度。因此,有必要分析柱壳结构在单边有水以及更为复杂的双边有水情况下的自由振动特征,以此来摸索内在规律。

当柱壳双边有水时,需要引入两个流固耦合交界面进行数据传递。此时,能否采用常规的壳单元离散的分析思路仍没有统一的说法。当前,在经典 ANSYS 结构分析中有两种思路解决该问题:一是在几何建模时将柱壳描述为实体结构,然后以实体单元来离散柱壳,进而控制双面流固耦合;二是仍将柱壳描述为指定厚度的壳体结构,并以壳单元进行离散,但指定两次流固耦合交界面时需要首先将壳单元网格节点全部复制,然后进行两次赋值。第一种方法不仅大大增加了几何建模的工作量,而且使得进行结构化网格离散时难度增加,网格节点数也明显增加,加重了计算负担,特别是对于加肋柱壳复杂结构而言更是如此。第二种方法中柱壳自身的网格离散相对于空气中自由振动分析时并未改变,在计算资源一定的情况下,可以将主要精力集中于流体网格实体节点和流固耦合交界面的求解上,分析策略更为合理,但是该分析方法的计算精度尚无明确结论,尚需进行校验。因此,本案例的研究目的一方面是摸索单边有水及双边有水情况下流固耦合振动响应的计算方法,另一方面是摸清流固耦合交界面数据传递和附连水区域大小对计算精度的影响。

校验对象三为两端封闭的简支钢制圆柱壳,长为 1 284 mm,外半径为 180 mm,板厚为 3 mm。壳体材料属性如下:弹性模量为 2.07×10^{11} Pa,泊松比为 0.29,密度为 7 750 kg/m³。该对象浸没于水深为 1.6 m 的水池中的湿模态响应试验测量由西伦敦大学和皇家海军学院联合完成,试验测量现场如图 8.97 所示。

图 8.97　柱壳单边有水时湿模态测量试验布置

自行数值计算时,首先,以实体单元来离散柱壳几何参数,并且分析柱壳在内部充满水情况下的湿模态响应。该计算设置的考虑在于期望避开流体区域大小对计算精度的影响问题,而且无须引入无穷远处声吸收面边界条件。在考虑流固耦合效应前,首先也需要校核柱壳干模态的计算精度。但是,与前 2 个分析对象中计算设置不同的是,将柱壳内部空间设定为空气区域,并且引入流固耦合交界面,用于分析气-固耦合作用下的壳体自由振动特征。在此基础上,只需将流体域的介质参数由空气变为水,即可分析柱壳在单边有水情况下的湿模态特征。柱壳和内部空气域的实体单元离散如图 8.98 所示。网格尺寸按前述经验取为 $\Delta/2$,网格节点数为 16.7 万个。

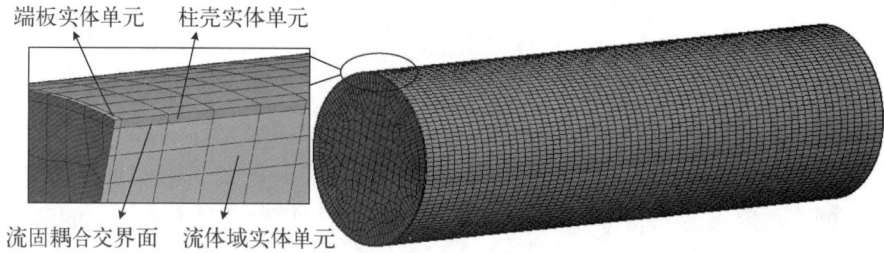

图 8.98　柱壳实体网格单元离散时有限元网格布置

　　计算得到柱壳干模态和湿模态频率与试验值的比较如表 8.14 所示。可以看出,流固耦合效应已经体现在结构振动方程求解的结果中。当内部流体介质为空气时,柱壳自振频率的最大计算误差为 3.6%;当流体介质为水时,柱壳湿模态频率的最大计算误差为 5.2%,满足当前工程精度要求。此时,在流体静载荷作用下,柱壳自振频率减小,湿模态频率与干模态频率之比约为 0.6,而且模态振型排列次序发生了改变。计算得到的柱壳干模态振型与皇家海军工程学院研究人员的有限元计算结果比较如图 8.99 所示,柱壳湿模态与干模态振型比较如图 8.100 所示。可以看出,干模态振型能够与第三方解吻合一致,湿模态振型也能够清晰再现柱壳的自由振动特征。

表 8.14　柱壳实体单元离散时干、湿模态频率计算校验

模态数	试验模态频率/Hz		皇家海军工程学院理论解模态频率				实体单元离散柱壳数值计算自振频率			
m, n	空气	水	空气/Hz	误差/%	水/Hz	误差/%	空气/Hz	误差/%	充满水/Hz	误差/%
1,2	194	96	198	2.062	98	2.083	196.17	1.119	98.649	2.759
1,3	198	107	199	0.505	109	1.869	202.56	2.303	112.47	5.112
1,4	336	199	342	1.786	204	2.513	347.95	3.557	209.18	5.116
2,3	387	214	391	1.034	215	0.467	389.32	0.599	217.98	1.860
2,4	403	239	405	0.496	241	0.837	410.47	1.854	247.91	3.728
1,5	537	—	545	1.490	346	—	554.57	3.272	354.51	—
2,2	—	338	660	—	329	−2.663	—	—	324.94	−3.864

模态数	试验模态 频率/Hz	皇家海军工程学院 理论解模态频率				实体单元离散柱壳 数值计算自振频率			
3,4	565	341	571	1.062	340	−0.293	572.98	1.412	348.47	2.191
2,5	—	—	—	—	—	—	582.17	—	373.21	—

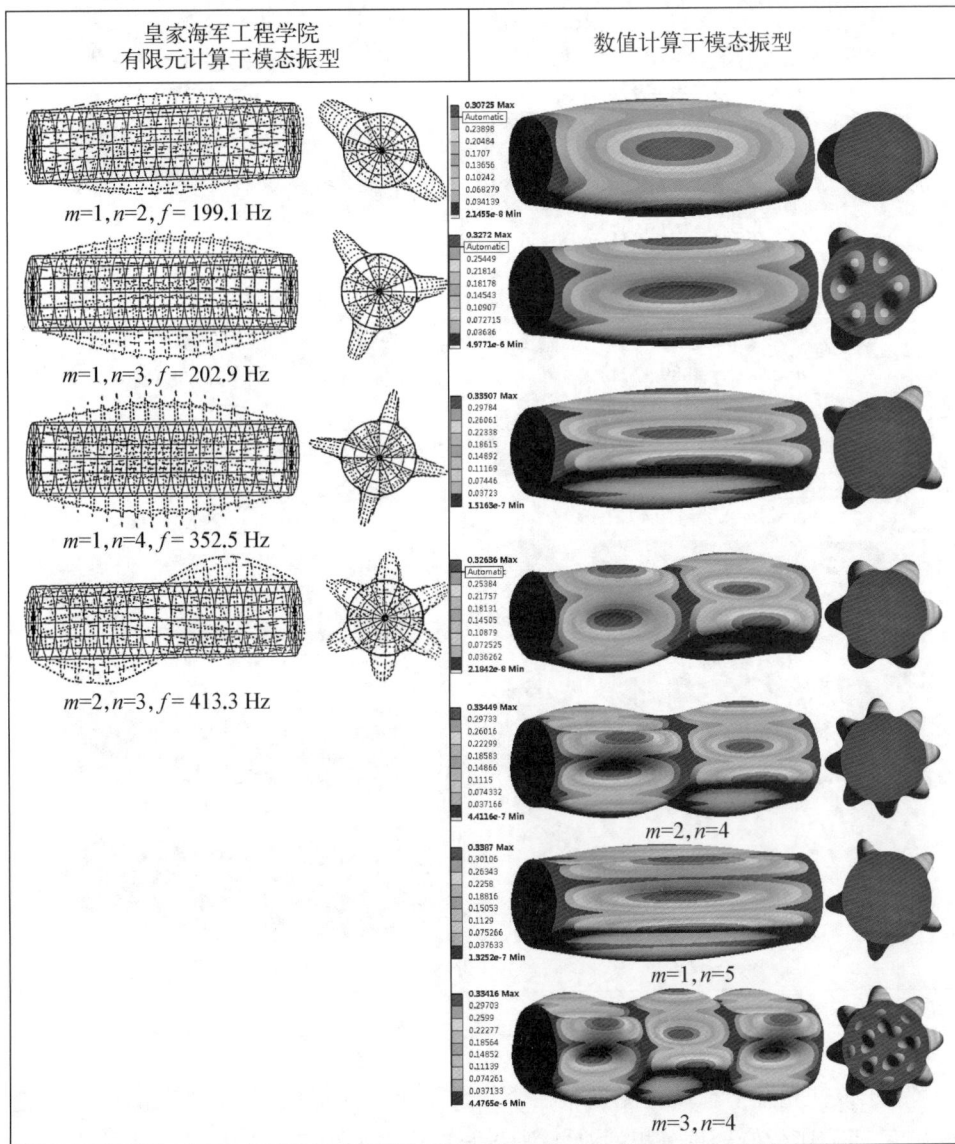

皇家海军工程学院 有限元计算干模态振型	数值计算干模态振型
 $m=1, n=2, f=199.1$ Hz $m=1, n=3, f=202.9$ Hz $m=1, n=4, f=352.5$ Hz $m=2, n=3, f=413.3$ Hz	 $m=2, n=4$ $m=1, n=5$ $m=3, n=4$

图 8.99　柱壳实体网格单元离散时干模态振型计算校验

数值计算干模态振型	数值计算湿模态振型

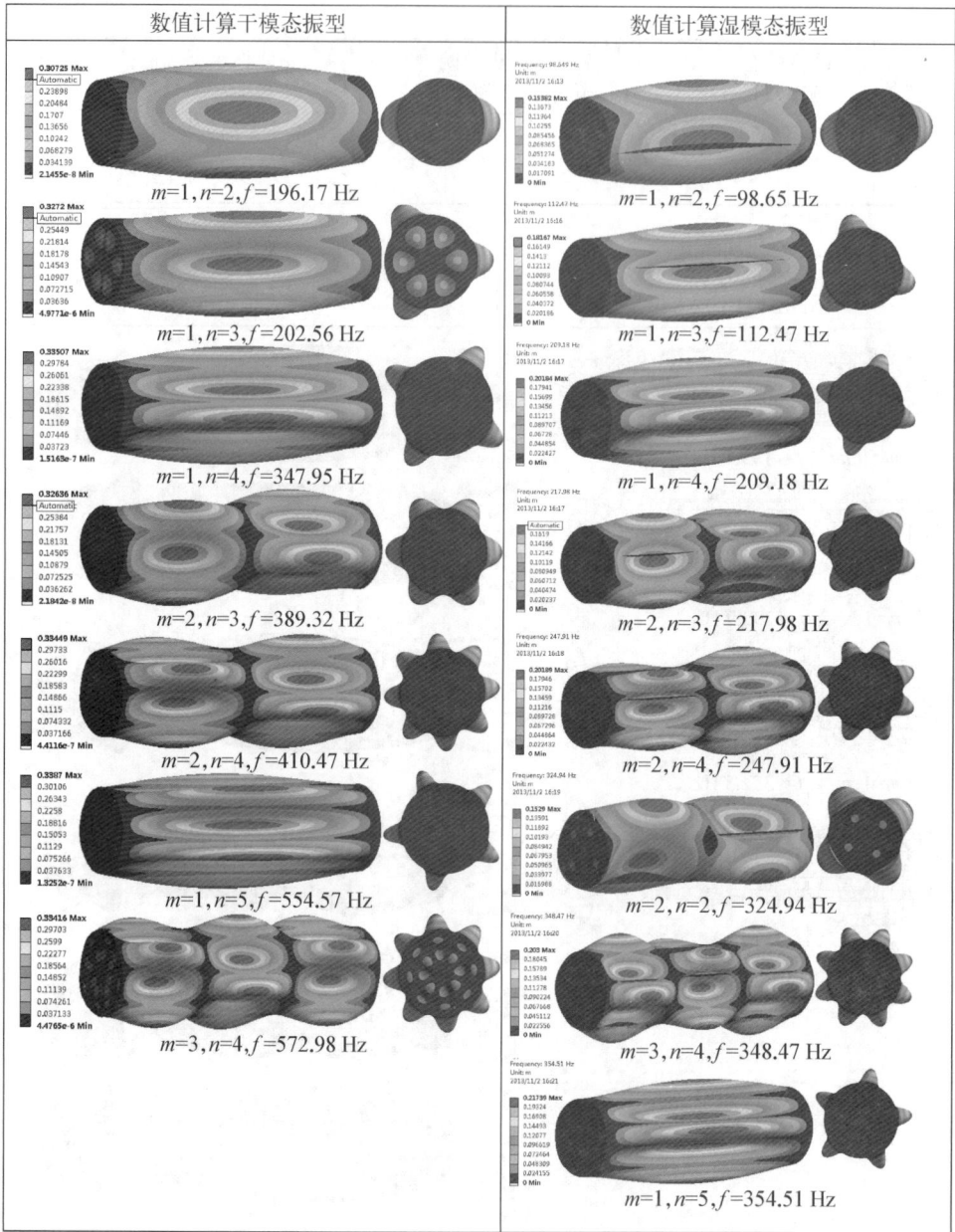

$m=1, n=2, f=196.17$ Hz　　　　$m=1, n=2, f=98.65$ Hz

$m=1, n=3, f=202.56$ Hz　　　　$m=1, n=3, f=112.47$ Hz

$m=1, n=4, f=347.95$ Hz　　　　$m=1, n=4, f=209.18$ Hz

$m=2, n=3, f=389.32$ Hz　　　　$m=2, n=3, f=217.98$ Hz

$m=2, n=4, f=410.47$ Hz　　　　$m=2, n=4, f=247.91$ Hz

$m=1, n=5, f=554.57$ Hz　　　　$m=2, n=2, f=324.94$ Hz

$m=3, n=4, f=572.98$ Hz　　　　$m=3, n=4, f=348.47$ Hz

$m=1, n=5, f=354.51$ Hz

图 8.100　柱壳实体网格单元离散时湿模态与干模态振型比较

　　鉴于该柱壳湿模态试验测量是在全浸没于水中完成的,与水接触的面为柱壳外表面,而上述数值计算分析的对象为柱壳内部充满水,与水接触的面为柱壳内表面,两者略有差异,需要进一步讨论该转换分析思路的合理性。为此,进一步分析柱壳全浸没于水中的自由振动特征,此时柱壳内部为空气介质。参照现有螺旋桨流固耦合振动分析时附连水区域通常取 5 倍桨叶直径的分析经验,分别在柱壳外围建立大、小两个水体区域,水体径向直径分别为 $4D$ 和 $2.2D$(D 为柱壳直径),同样采用结构化实体网格单元来离散柱壳和水体区域,两者网格节点数分别为 26.88 万个和 17.48 万个,对应为 G1 和 G2。计算时,除引入柱壳外表面与水接触的流固耦合交界面外,还引入水体外围吸声边界条件,声速为 0,以模拟无穷大水域情况。计算得到柱壳在全浸没于水中时的自振频率与试验值的比较如表 8.15 所示。可以看出,当附连水区域大小增加约 1 倍时,柱壳一阶自振频率计算值的变化幅度达到了 2.8%,其余主要自振频率变化量约为 1%,由此表明:当分析对象尺寸较大、计算资源难以满足要求时,有效考虑流固耦合振动响应的外围径向水域大小至少应为特征直径的 2 倍。当取为 3 倍特征直径大小时,基本能够满足计算精度要求,比现有经验中的 5 倍水体直径略小。此时,计算得到的柱壳湿模态频率与全充满水条件下的结果几乎重合,既说明了采用实体单元有限元离散柱壳以求解其自由振动的有效性,也证明了前述转换分析思路的合理性。

表 8.15　柱壳浸没于水中时湿模态频率计算校验

模态数	试验模态频率/Hz		实体单元离散柱壳数值计算自振频率					
m, n	空气	水	全充满 f_1/Hz	误差 /%	G1_全浸没 f_2/Hz	f_2/f_1	G2_全浸没 f_3/Hz	f_3/f_1
1,2	194	96	98.649	2.759	98.371	0.997	95.578	0.969
1,3	198	107	112.47	5.112	111.98	0.996	111.31	0.990
1,4	336	199	209.18	5.116	207.74	0.993	207.31	0.991
2,3	387	214	217.98	1.860	219.19	1.006	215.43	0.988
2,4	403	239	247.91	3.728	248	1.000	246.8	0.996
1,5	537	—	354.51	—	352.25	0.994	351.54	0.992
2,2	—	338	324.94	−3.864	330.79	1.018	325.02	1.000
3,4	565	341	348.47	2.191	350.84	1.007	350.77	1.007
2,5	—	—	373.21	—	372.07	0.997	371.56	0.996

在此基础上,将柱壳内部空气介质改为水,以考虑柱壳双边有水情况下的流固耦合振动响应,外围水体径向大小取为 $3D$,分析时同时考虑网格密度对计算精度的影响。建立密、疏两套结构化有限元网格,网格节点数分别为 23.93 万个和

14.47 万个,分别对应为 G3 和 G4。两套网格的差异体现在柱壳周向和轴向网格单元数同时减小,G4 基本满足网格单元尺寸为 Δ 的要求。计算得到柱壳双边有水时的湿模态频率与单边有水模态频率试验值的比较如表 8.16 所示,湿模态振型与全浸没时振型的比较如图 8.101 所示。可以看出,在网格节点数增加约 10 万个时,自振频率几乎不变。双边有水相对于单边有水而言,自振频率进一步减小,平均约为单边有水自振频率的 76%。在排除附连水区域大小和网格密度影响的情况下,取 G1 和 G3 网格计算结果,得出结论如下:① 采用实体网格单元离散的方法来分析柱壳单边以及双边有水条件下的流固耦合振动响应是可行的;② 柱壳单边有水情况下的自由振动分析可以转换为分析内部充满水的情况,与全浸没于水中时自振频率相同,模态振型也相同;③ 柱壳双边有水相对于单边有水而言,自振频率减小为约 76%,模态振型不变。

表 8.16　柱壳双边有水时湿模态频率计算分析

模态数	试验模态频率/Hz		实体单元离散柱壳数值计算自振频率					
m, n	空气	水	充满水 f_1/Hz	误差/%	G3_内、外满水 f_4/Hz	f_4/f_1	G4_内、外满水 f_5/Hz	f_5/f_1
1,2	194	96	98.649	2.759	72.642	0.736	72.644	0.736
1,3	198	107	112.47	5.112	84.6	0.752	84.602	0.752
1,4	336	199	209.18	5.116	159.85	0.764	159.98	0.765
2,3	387	214	217.98	1.860	164.64	0.755	164.65	0.755
2,4	403	239	247.91	3.728	189.9	0.766	190.03	0.767
1,5	537	—	354.51	—	275.01	0.776	275.2	0.776
2,2	—	338	324.94	−3.864	243.2	0.748	243.21	0.748
3,4	565	341	348.47	2.191	267.85	0.769	267.98	0.769
2,5	—	—	373.21	—	289.96	0.777	290.16	0.777

　　需要注意的是,以内部充满水的物理条件来分析壳体单边有水时的流固耦合自由振动特征时,无法考虑小水深条件下的声自由液面影响。为了解决这一问题,进一步分析柱壳半充满水和半浸没于水中的自由振动特征,以找出两者之间的内在联系。分析时柱壳仍以实体单元进行离散。当内部半充满水时,内部同时存在水和空气两种流体介质,存在两个流固耦合交界面,需要引入声压为 0 的声自由液面边界。当柱壳半浸没于水中时,同样存在气-固和水-固两个流固耦合交界面,需

柱壳全浸水湿模态振型	柱壳充满水的同时全浸水湿模态振型
$m=1, n=2, f=98.371$ Hz	$m=1, n=2, f=72.642$ Hz
$m=1, n=3, f=111.98$ Hz	$m=1, n=3, f=84.6$ Hz
$m=1, n=4, f=207.34$ Hz	$m=1, n=4, f=159.85$ Hz
$m=2, n=3, f=219.19$ Hz	$m=2, n=3, f=164.64$ Hz
$m=2, n=4, f=248.0$ Hz	$m=2, n=4, f=189.9$ Hz
$m=2, n=2, f=330.79$ Hz	$m=2, n=2, f=243.2$ Hz
$m=3, n=4, f=350.84$ Hz	$m=3, n=4, f=267.85$ Hz
$m=1, n=5, f=352.25$ Hz	$m=1, n=5, f=275.01$ Hz

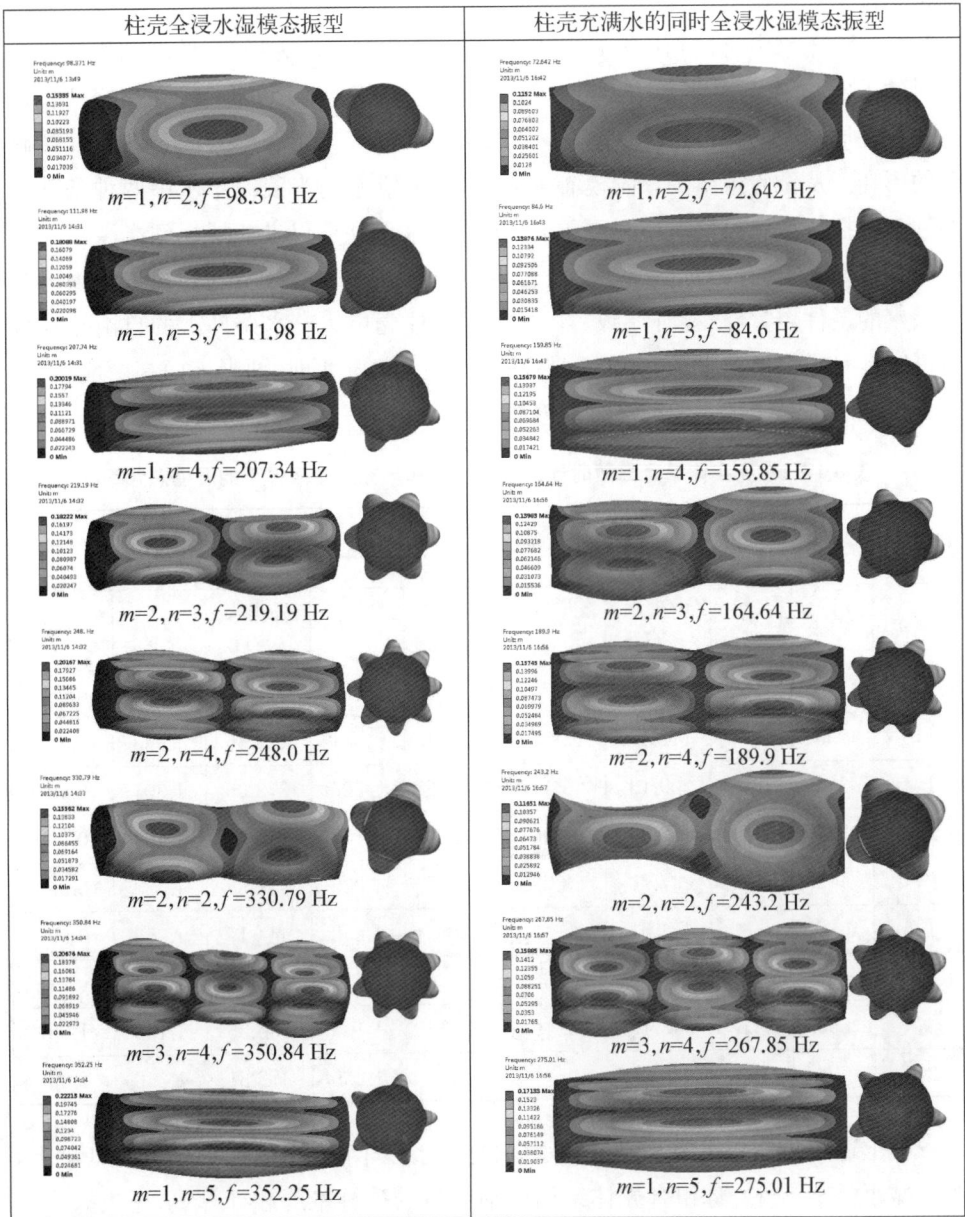

图 8.101　柱壳单边有水和双边有水时湿模态振型比较

引入声自由液面和水体外围吸声边界条件。此时,计算域网格节点分布完全与 G4 相同,节点数仍为 14.47 万个。计算得到两种条件下柱壳自振频率如表 8.17 所示,两种条件下模态振型比较如图 8.102 中所示。可以看出,与全充满水相比,半充满水和半浸没于水中时柱壳自振频率均增加,且变化幅度较为稳定,约增加为全充满水时的 1.2 倍,模态振型基本不变,但局部振型排列次序发生改变。此时,柱壳模态振型在周向上的对称特征被弱化,与水接触面的变形量并不等同于与空气接触面的形变。从试验得出的 8 阶模态数来看,半充满水与半浸没于水中两种条件下的柱壳自振频率和模型振型几乎重合,半充满水条件下仅未能捕捉到半浸没于水中时表现出的第(2,2)阶模态。由此表明,半浸没时自由振动分析也可以转换为半充满水的条件,与全浸没时一致。由此表明:柱壳单边有水条件下的自由振动分析可以针对内部填充水来完成。由浸没水转换为填充水时,两者液面高度应相等,且部分充满水时同样要考虑声自由液面影响。

表 8.17 柱壳实体单元离散时计算半浸没水和半充满水条件下的湿模态频率

模态数	试验模态频率/Hz		实体单元离散柱壳数值计算自振频率						
m, n	空气	水	内满水 f_1/Hz	误差/%	内半水 f_6/Hz	f_6/f_1	外半水 f_7/Hz	f_7/f_1	f_7/f_6
1,2	194	96	98.649	2.759	117.53	1.191	116.17	1.178	0.988
1,3	198	107	112.47	5.112	121.61	1.081	119.56	1.063	0.983
1,4	336	199	209.18	5.116	273.02	1.305	272.09	1.301	0.997
2,3	387	214	217.98	1.86	241.2	1.107	241.03	1.106	0.999
2,4	403	239	247.91	3.728	328.37	1.325	327.89	1.323	0.999
1,5	537	—	354.51	—	445.85	1.258	444.17	1.253	0.996
2,2	—	338	324.94	−3.864	—	—	423.42	1.303	—
3,4	565	341	348.47	2.191	383.42	1.100	386.25	1.108	1.007
2,5	—	373.21			473.5	1.269	473.31	1.268	1.000

在上述解决柱壳单边及双边有水条件下的流固耦合自由振动分析的基础上,为了减小复杂锥-柱-球组合壳体结构振动分析的计算难度和计算量,还应探索柱壳在壳单元离散时流固耦合振动计算的可行性,并进一步扩展到加肋柱壳和加肋锥壳的自由振动特征分析上来。柱壳壳单元离散时较实体单元离散更为简单,网格单元尺寸仍取为 $\Delta/2$。内部充满水时,网格节点总数为 20.47 万个,与前文分析相

半浸没于水中湿模态振型	半充满水湿模态振型
$m=1, n=2, f=116.17\,\text{Hz}$	$m=1, n=2, f=117.53\,\text{Hz}$
$m=1, n=3, f=119.56\,\text{Hz}$	$m=1, n=3, f=121.61\,\text{Hz}$
$m=2, n=3, f=241.03\,\text{Hz}$	$m=2, n=3, f=241.2\,\text{Hz}$
$m=1, n=4, f=272.09\,\text{Hz}$	$m=1, n=4, f=273.02\,\text{Hz}$
$m=2, n=4, f=327.89\,\text{Hz}$	$m=2, n=4, f=328.37\,\text{Hz}$
$m=3, n=4, f=386.25\,\text{Hz}$	$m=3, n=4, f=383.42\,\text{Hz}$
$m=1, n=5, f=444.17\,\text{Hz}$	$m=1, n=5, f=445.85\,\text{Hz}$
$m=2, n=5, f=473.31\,\text{Hz}$	$m=2, n=5, f=473.5\,\text{Hz}$

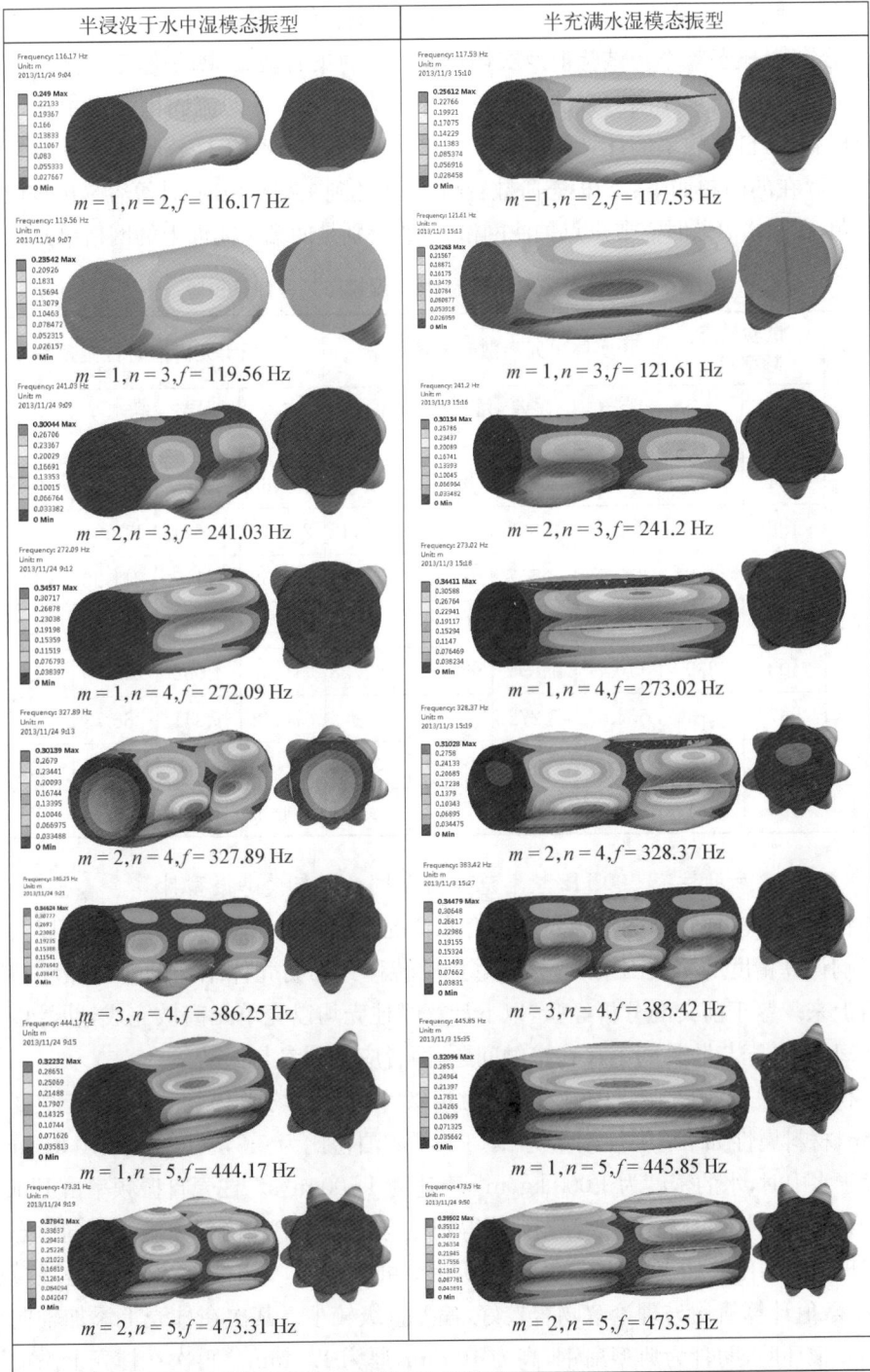

图 8.102　柱壳实体单元离散时半充满水与半浸没于水时的湿模态振型比较

当。柱壳壁面采用结构化网格分布,流固耦合面计算设置与前述相同。计算得到该柱壳干、湿模态频率与试验值及实体单元离散时的计算结果的比较如表 8.18 所示。可以看出,壳单元离散方法对于柱壳单边有水情况下的流固耦合自由振动分析同样有效,自振频率的计算精度较实体单元离散时下降约 1%,收益是计算耗时减小。存在的问题如下:当模态阶数较高、频率达到中高频段时,计算容易出现收敛性问题,在网格离散时需要重点关注网格质量,特别是两端封闭面上的网格单元。

表 8.18 柱壳壳单元离散时干、湿模态频率计算校验

模态数	试验模态频率/Hz		实体单元离散时自振频率				壳单元离散时自振频率			
m, n	空气	水	空气/Hz	误差/%	满水 f_1/Hz	误差/%	空气/Hz	误差/%	满水 f_8/Hz	误差/%
1,2	194	96	196.17	1.119	98.649	2.759	196.65	1.366	99.08	3.208
1,3	198	107	202.56	2.303	112.47	5.112	205.17	3.621	112.9	5.514
1,4	336	199	347.95	3.557	209.18	5.116	356.52	6.107	211.96	6.513
2,3	387	214	389.32	0.599	217.98	1.860	392.98	1.545	219.64	2.636
2,4	403	239	410.47	1.854	247.91	3.728	419.37	4.062	250.79	4.933
1,5	537	—	554.57	3.272	354.51		576.42	7.341	366.73	—
2,2	—	338			324.94	−3.864			333.97	−1.192
3,4	565	341	572.98	1.412	348.47	2.191	584.09	3.379	355.16	4.152

8.5.1.4 加肋柱壳 500 Hz 频率范围内自振频率与模态振型计算

在前文解决柱壳结构单边及双边有水情况下的自由振动特征分析方法以及归纳影响计算精度的相关因素后,分析重点应转移到加肋壳体结构的自由振动特征分析上来。鉴于前文的分析经验,以下计算时柱壳均以壳单元离散完成,肋骨以梁单元离散,柱壳与肋骨间不存在接触问题,两者应共同参与振动。

校验对象取为两端封闭柱壳,长为 1 200 mm,平均半径为 400 mm,厚度为 3 mm,材料属性如下:弹性模量为 2×10^{11} Pa,泊松比为 0.3,密度为 7 850 kg/m³,浸没于水中时,水的密度为 1 000 kg/m³,声速为 1 500 m/s。柱壳自振频率由 Flugge 和 Donnell 两种理论解完成。首先计算得到柱壳在空气中和内部充满水时的模态频率与理论解的比较如表 8.19 和表 8.20 所示。可以看出,无论是干模态还是湿模态频率,数值计算值均与理论解吻合较好,偏差量级较小。其次在柱壳上添加轴向均布的 3 根环肋,肋骨是典型扁钢,高为 10 mm,厚为 1.2 mm。再次在柱壳上添加周向均布的 4 根纵肋,肋骨几何参数不变。最后在柱壳上同时添加 3 根环肋和 4 根纵肋,以综合分析肋骨结构对柱壳自由振动特征的影响。加肋柱壳结构的网格尺寸控制与前述相同,肋骨梁单元与壳体壳单元网格节点相交于壳体几何中面。计算得到环肋和纵肋柱壳干模态频率与无肋柱壳自振频率的比较如表 8.21 所示。可以看出,增加环肋后,柱壳自振频率增加,且模态振型呈现错序排列,错序后低阶振型与柱壳湿模态振型对应。增加纵肋后,柱壳自振频率仅略有增加,模态振型排列次序与无肋柱壳相同。在环肋和纵肋的共同作用下,柱壳自振频率在环肋增加频率的基础上继续小幅增加,频率增加幅度与纵肋对单纯柱壳的影响相当,模态振型排列次序与环肋柱壳完全相同。由此可知,相对于纵肋而言,环肋是影响柱壳自振频率和模态振型的主要因素,计算分析时尤其要重点关注,与文献[73]中得出的"环肋主要以增加刚度的形式作用于壳体,使壳体峰值对应的固有频率增高,且约束壳体振动,减小振动响应幅值"结论一致。在此基础上,使柱壳内部充满水,以考虑加肋壳体在单边有水情况下的流固耦合振动,网格离散时需保证壳体壳单元、肋骨梁单元和水体实体单元的网格节点匹配,较前文所述无肋柱壳流固耦合分析时要求更高。计算得到单边有水情况下环肋和纵肋柱壳的自振频率如表 8.22 所示,模态振型如图 8.103 所示。可以看出,静流体载荷作用对无肋柱壳自振频率和加肋柱壳自振频率的影响效果相当,与文献[73]中得出的"流体负载以附连水质量、阻尼形式作用于壳体,使固有频率降低、振动响应幅值减小"结论一致。环肋使柱壳模态振型呈现错序排列,流固耦合效应也使柱壳模态振型呈现错序排列,纵肋对柱壳模态振型阶次无影响,而当环肋、纵肋与流固耦合效应同时存在时,柱壳模态振型阶次的排列基本与环肋柱壳相同。

表 8.19　柱壳壳单元离散时干模态频率计算校验

模态数 m, n	1,5	1,4	1,6	1,3	1,7	2,6	2,7	1,8	2,5	2,8
Donnell 理论解	142.9	145.7	176.7	210.4	230.1	281.1	290.8	296.3	321.3	334.5
Flugge 理论解	139.1	143.4	172.4	209.5	225.6	278.1	286.9	291.7	319.3	330.1
数值解_Berot	139.7	144.1	172.6	210.4	226.0	280.9	288.4	291.8	322.9	331.5
数值解_自己	140.51	143.16	174.78	203.16	229.6	280.65	292.03	298.13	316.94	337.78

表 8.20　柱壳壳单元离散时湿模态频率计算校验

模态数 m, n	1,4	1,5	1,3	1,6	1,7	2,6	1,2	2,7	2,5	1,8
Donnell 理论解	66.4	69.9	88.5	91.8	125.8	148.8	149.7	161.1	161.6	169.1
Flugge 理论解	65.4	68.1	88.1	89.6	123.4	147.2	149.7	158.9	160.6	166.5
数值解_自己	66.39	70.81	85.94	94.25	131.6	154.14	132.27	169.64	163.72	—

表 8.21　加肋柱壳壳单元离散时干模态频率计算

模态数 m,n	1,5	1,4	1,6	1,3	1,7	2,6	2,7	1,8	2,5	1,2	2,8
柱壳_Donnell 理论解	142.9	145.7	176.7	210.4	230.1	281.1	290.8	296.3	321.3	—	334.5
无肋柱壳_数值_自己	140.51	143.16	174.78	203.16	229.6	280.65	292.03	298.13	316.94	—	337.78
环肋柱壳_数值_自己	160.4	150.71	208.1	203.64	276.45	301.85	330.01	358.45	324.5	344.92	391.76
纵肋柱壳_数值_自己	141.19	143.25	175.85	203.49	232.82	282.16	295.57	303.08	318.66	347.08	342.75
环肋和纵肋柱壳_数值解	161.28	150.84	209.54	204.01	280.6	303.72	334.6	364.87	326.27	345.04	397.98

表 8.22　加肋柱壳壳单元离散时湿模态频率计算

模态数 m,n	1,4	1,5	1,3	1,6	1,7	2,6	1,2	2,7	2,5	1,8
柱壳_Donnell 理论解	66.4	69.9	88.5	91.8	125.8	148.8	149.7	161.1	161.6	169.1
柱壳_Flugge 理论解	65.4	68.1	88.1	89.6	123.4	147.2	149.7	158.9	160.6	166.5
无肋柱壳数值解_自己	66.39	70.81	85.94	94.25	131.6	154.14	132.27	169.64	163.72	—
无肋柱壳湿/干模态频率比	0.464	0.504	0.423	0.539	0.573	0.549	—	0.581	0.517	
环肋和纵肋柱壳数值解_自己	69.68	80.90	85.42	113.16	161.08	165.42	129.53	193.02	166.28	222.2
环肋和纵肋柱壳湿/干模态频率比	0.462	0.502	0.419	0.540	0.574	0.545	0.375	0.577	0.510	0.609

8.5.1.5　锥壳结构在单边有水情况下的自由振动计算与校验

柱壳结构自由振动特征的计算结果表明,借助当前的数值计算平台,能够建立起可信的加肋柱壳结构的有限元数值平台,在低于 500 Hz 频率范围内,能够进一步用于分析其强迫振动响应和辐射噪声特征。在此基础上,采用同样的计算方法分析加肋锥壳结构的自由振动特征。因加肋锥壳结构对应为艇尾舱段,较为敏感,试验数据非常稀少。校验对象取为拥有理论解的加肋圆锥壳模型,大端半径为 3.5 m,小端半径为 1.75 m,圆锥壳轴线长度为 10.8 m,壳体厚度为 0.016 m,均匀布置矩形截面的 17 根内环肋,环肋高度为 0.25 m,厚度为 0.014 m,锥壳和环肋均采用钢材料,弹性模量为 2.1×10^{11} Pa,泊松比为 0.3,密度为 7 800 kg/m³。

柱壳干模态振型	环肋柱壳干模态振型

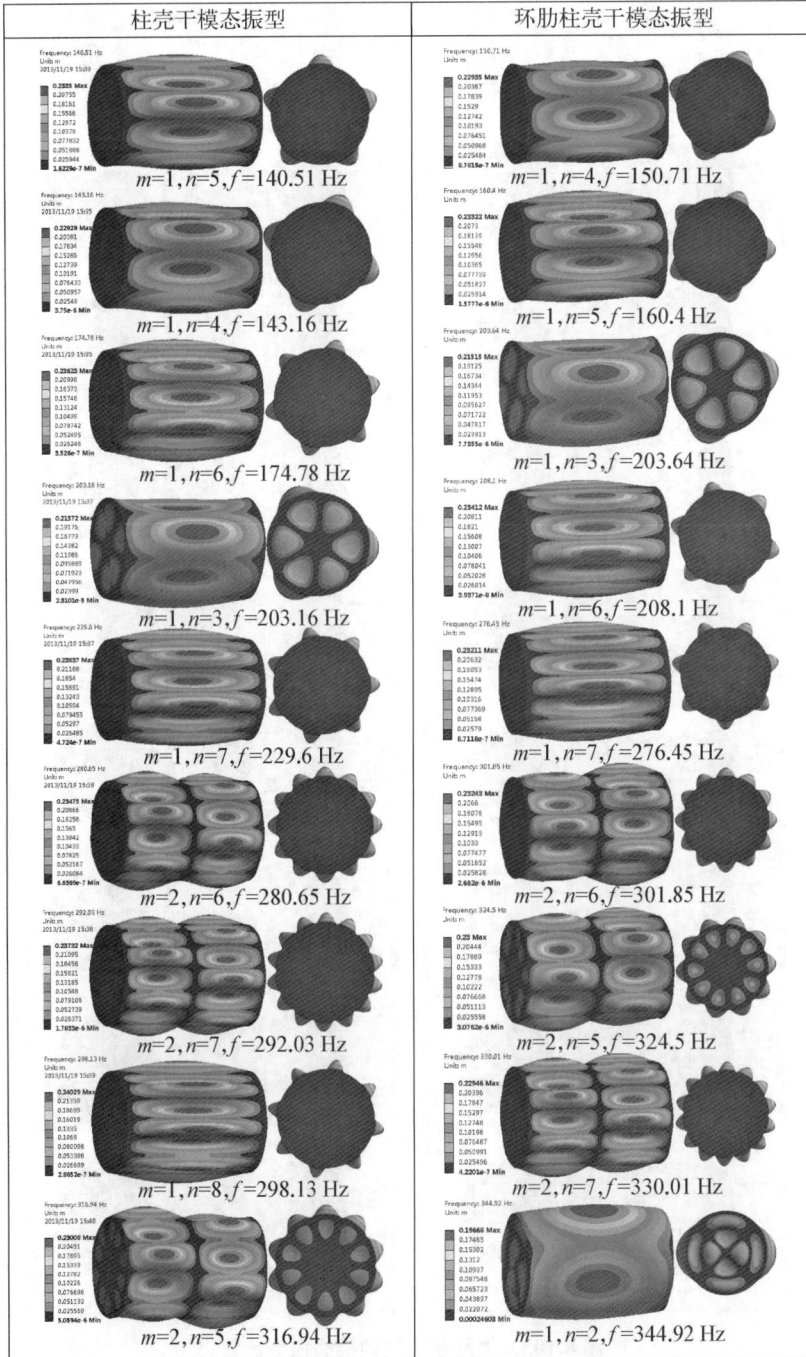

$m=1, n=5, f=140.51\ \text{Hz}$

$m=1, n=4, f=143.16\ \text{Hz}$

$m=1, n=6, f=174.78\ \text{Hz}$

$m=1, n=3, f=203.16\ \text{Hz}$

$m=1, n=7, f=229.6\ \text{Hz}$

$m=2, n=6, f=280.65\ \text{Hz}$

$m=2, n=7, f=292.03\ \text{Hz}$

$m=1, n=8, f=298.13\ \text{Hz}$

$m=2, n=5, f=316.94\ \text{Hz}$

$m=1, n=4, f=150.71\ \text{Hz}$

$m=1, n=5, f=160.4\ \text{Hz}$

$m=1, n=3, f=203.64\ \text{Hz}$

$m=1, n=6, f=208.1\ \text{Hz}$

$m=1, n=7, f=276.45\ \text{Hz}$

$m=2, n=6, f=301.85\ \text{Hz}$

$m=2, n=5, f=324.5\ \text{Hz}$

$m=2, n=7, f=330.01\ \text{Hz}$

$m=1, n=2, f=344.92\ \text{Hz}$

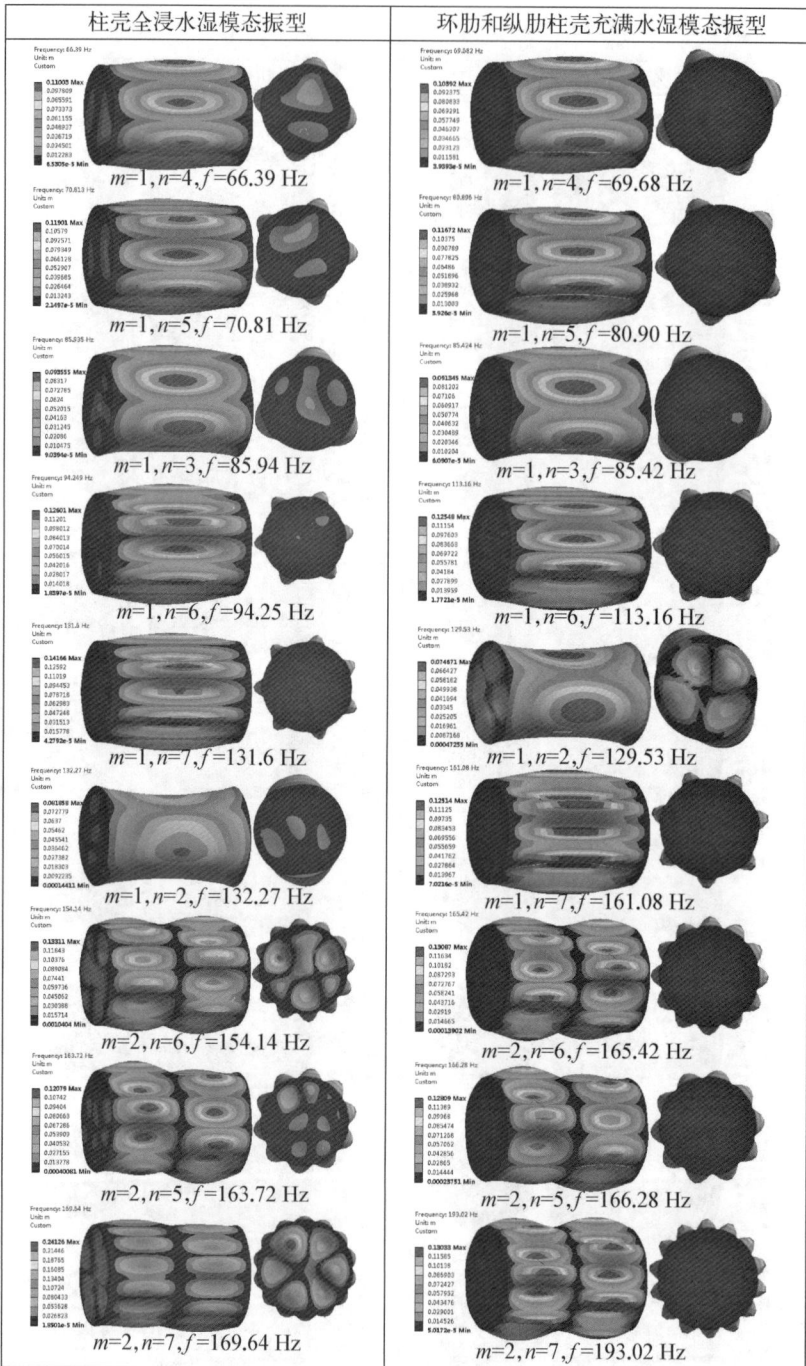

图 8.103　加肋柱壳结构模态振型比较

锥壳同样以壳单元进行离散,肋骨梁单元与壳单元相交于锥壳几何中面。网格单元尺寸仍取为 $\Delta/2$,内部充满水时,网格节点总数为 38.8 万个。流固耦合自由振动分析在 24 核、CPU 主频 2.4GHz、24G 内存的工作站上计算,耗时约 5 h。计算得到两端简支、两端固支和两端自由三种典型边界条件下的加肋锥壳结构自振频率与理论解比较如表 8.23~表 8.25 所示。可以看出,对于典型的简支和固支边界条件而言,环肋锥壳自由振动频率与解析子结构法理论解之间的偏差小于 6%。当锥壳内部充满水时,计算得到两端简支边界条件下的环肋锥壳自振频率如表 8.26 所示,环肋锥壳干、湿模态振型比较如图 8.104 所示。可以看出,湿模态频率与理论解之间的偏差控制在 8% 以内。静流体载荷作用对环肋锥壳自振频率的影响幅度较环肋柱壳要小,并且对模态振型排列秩序的影响程度也更小,仅有局部模态振型呈现错序排列。由上述分析可以得出以下四点结论:

(1)当前使用数值研究工具能够建立起可信的典型加肋柱壳和锥壳结构的有限元数值分析平台,空气中振动响应分析的截止频率可以达到 2 kHz,单边及双边有水情况下的流固耦合自由振动分析在 500 Hz 频段范围内可以有效保证计算精度。

(2)壳体结构流固耦合自由振动分析时可以采用实体单元离散,也可以采用壳单元离散的方法。前者精度略高,能够有效保证求解收敛的频带范围更宽,但工作量更大。

(3)单边有水情况下的壳体结构流固耦合振动分析可以转换为分析壳体内部填充水时的自由振动特征,转换时应保证两者流固耦合湿表面积相等,如半浸水和半充满水,以此有效减小计算量。

(4)环肋和静流体载荷对壳体结构自由振动特征的影响明显,环肋使柱壳自振频率增加,静流体载荷使柱壳自振频率减小且影响幅度更大,两者均会使得柱壳模态振型呈现错序排列。流固耦合效应对无肋柱壳和环肋柱壳自振频率的影响效果相当。柱壳双边有水相对于单边有水情况而言,自振频率进一步减小,模态振型基本不变。流固耦合效应对环肋锥壳自振频率和模态振型的影响幅度较对环肋柱壳要小。

表 8.23　两端简支加肋锥壳结构干模态频率计算

模态数 m, n	1,2	1,3	1,1	2,3	2,2	1,4	2,4	1,5	2,1	2,5
解析子结构法理论解	37.761	59.502	67.479	87.285	88.916	91.270	115.892	128.468	138.123	148.628
简支环肋锥壳_数值解	36.985	57.828	67.461	85.056	88.166	89.025	113.14	126.04	129.91	—
偏差/%	−2.055	−2.813	−0.027	−2.554	−0.843	−2.460	−2.375	−1.890	−5.946	—

表 8.24 两端固支加肋锥壳结构干模态频率计算

模态数 m, n	1,2	1,3	1,1	2,3	2,2	1,4	2,4	1,5	2,5	2,1
解析子结构法理论解	50.586	64.363	84.100	89.246	94.182	94.192	116.362	130.085	148.839	152.155
固支环肋锥壳_数值解	49.45	62.724	83.564	87.224	93.515	92.011	113.97	127.77	147.6	155.55
偏差/%	−2.246	−2.546	−0.637	−2.266	−0.708	−2.315	−2.056	−1.780	—	2.231

表 8.25 两端自由加肋锥壳结构干模态频率计算

模态数 m, n	1,2	2,2	1,3	1,4	2,3	1,5	2,4	1,6	1,1	2,5
解析子结构法理论解	14.611	31.676	37.134	63.630	65.542	90.107	97.445	105.853	131.438	133.780
自由环肋锥壳_数值解	14.157	30.193	36.145	62.257	63.689	88.982	95.061	106.21	—	131.43
偏差/%	−3.107	−4.682	−2.663	−2.158	−2.827	−1.249	−2.447	0.337	—	−1.757

表 8.26 两端简支加肋锥壳结构湿模态频率计算

模态数 m, n	1,2	1,3	1,1	2,2	2,3	1,4	2,4
解析子结构法理论解	14.929	25.925	27.235	37.474	40.614	40.724	56.271
简支环肋锥壳_数值解	14.179	24.303	25.051	35.729	37.81	40.001	54.411
偏差/%	−5.024	−6.257	−8.019	−4.657	−6.904	−1.775	−3.305
湿/干模态频率比	0.383	0.420	0.371	0.405	0.445	0.449	0.481

8.5.2　泵喷非定常力激励壳体振动和辐射噪声计算与分析

因结构振动与结构布置和材料属性强性关,根据某艇整艇结构的三维几何模型,将各个部件分别存储为 *.xt 中间格式文件,然后在 ANSYS 软件平台中对各个部件分别进行有限元建模,再合成得到完整的有限元模型,如图 8.105 所示。为保证网格质量,所有面网格和体网格尽量采用规则四边形、六面体映射网格进行剖分。其中,有限元单元总数为 642 万个,有限元节点总数为 148 万个。泵喷轴向非定常力的时域脉动特性及频谱如图 8.106 所示,可知,该轴向力具有较明显的周期特性,其中最主要的两根线谱分别为 30 Hz 和 60 Hz,对应的激振力幅值达到了近 400 N,占设计航速下泵喷总时均推力的 1.3‰。

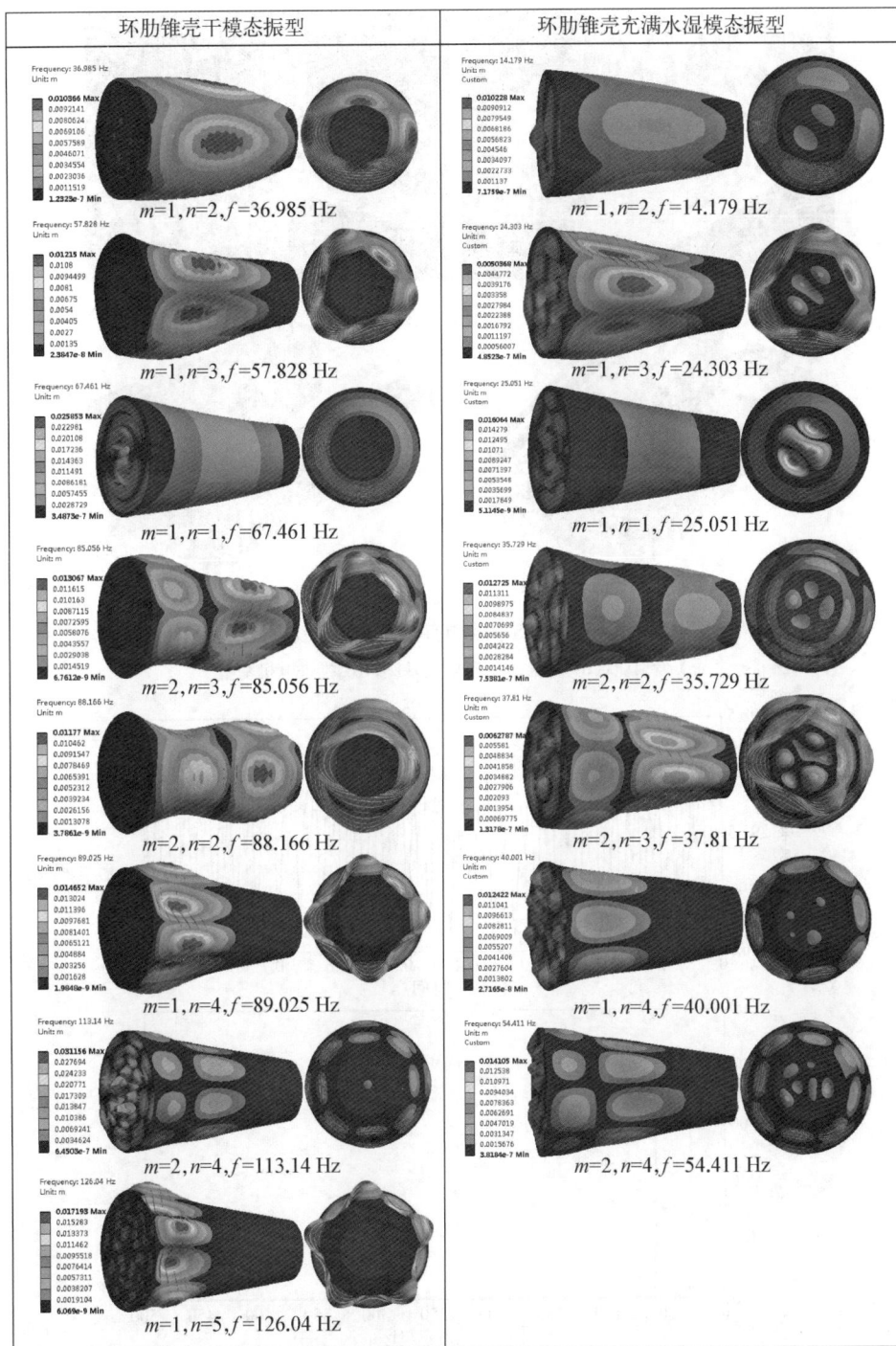

图 8.104　环肋锥壳干模态与单边有水时湿模态振型比较

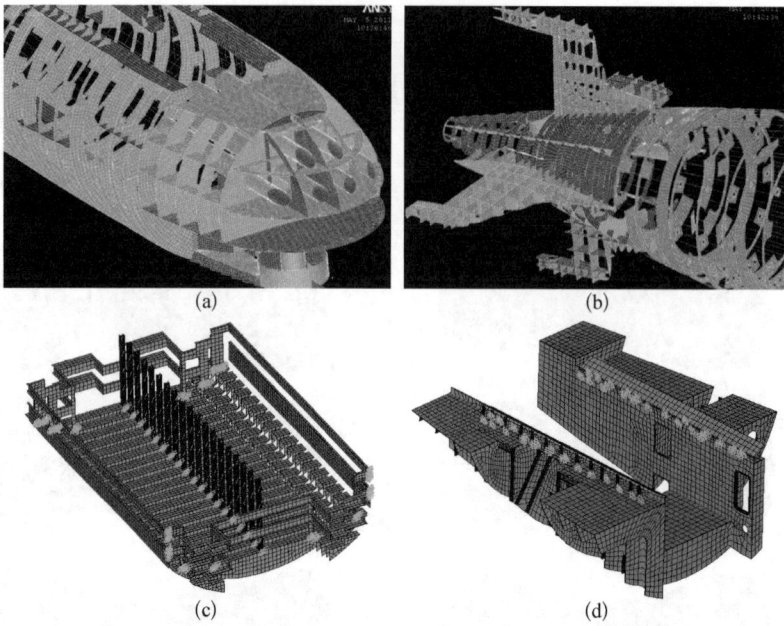

图 8.105　结构有限元模型

（a）发射舱；（b）尾舱；（c）蓄电池基座；（d）推进电机基座

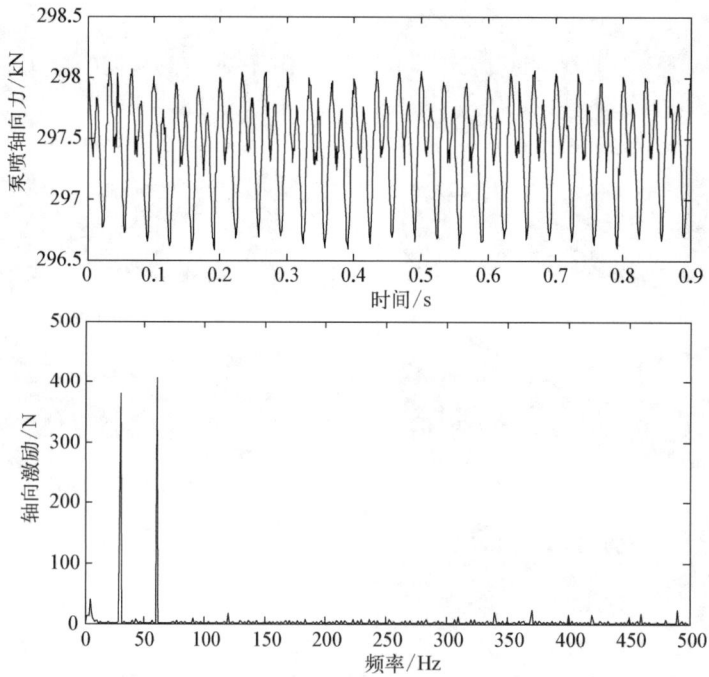

图 8.106　泵喷轴向激振力时域和频域信息

　　结构有限元计算时艇体外部结构不施加任何约束。将 CFD 计算得到的泵喷轴向激振力作为集中力施加到潜艇推进轴系尾端,采用有限元方法计算潜艇的振动位移,并将位移转移为振动速度边界条件,通过建立声学边界元模型,预报泵喷推进器-轴系-艇体耦合振动及水下辐射噪声。强线谱 60 Hz 处的耐压壳体、推进轴系、推力轴承基座和尾部轻壳体的振动响应云图如图 8.107 所示。可知,在 60 Hz 强线谱处,泵喷轴向激振力激起了潜艇耐压壳体较丰富的模态,且推进轴系尾轴端出现了局部共振,轴系匹配设计时需引起重视。对于轻壳体而言,主要表现为尾部的局部振动。

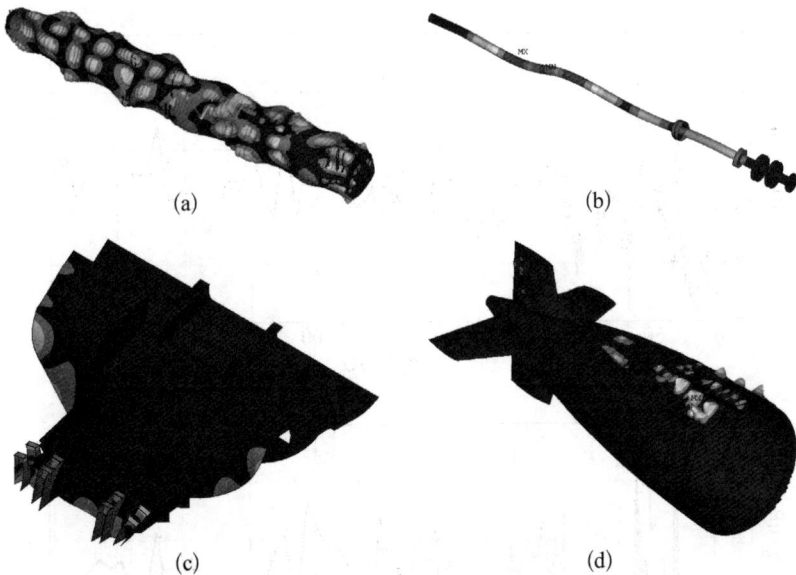

图 8.107　60 Hz 频率下典型结构部位的振动响应云图

(a) 耐压壳体振动响应;(b) 推进轴系振动响应;(c) 推力轴承基座振动响应;(d) 尾部轻壳体振动响应

　　直接提取潜艇轻壳体有限元模型的单元、节点作为边界元模型,边界元单元总数为 18.5 万个,节点总数为 9.3 万个,声场点取水平面进行分析。因声网格节点数量过多,计算时采用快速多极边界元技术对实尺度大规模声场进行噪声预报。噪声计算时,提取轻壳体湿表面的振动位移,将其转化为法向振动速度作为边界元模型的边界条件,根据 Helmholtz 声学积分方程对潜艇表面声压、空间声场进行数值计算。计算得到测点位于艇首、艇尾、左舷侧和右舷测点时的声源级曲线如图 8.108 所示。可知,结构噪声声压级曲线在 30 Hz、60 Hz 频率处出现了两根强线谱,且来源于泵喷轴向力线谱,其中最强声压在 60 Hz 处达到了 150 dB。当频率高于 60 Hz 时,声压级曲线总体在 130 dB 以下。

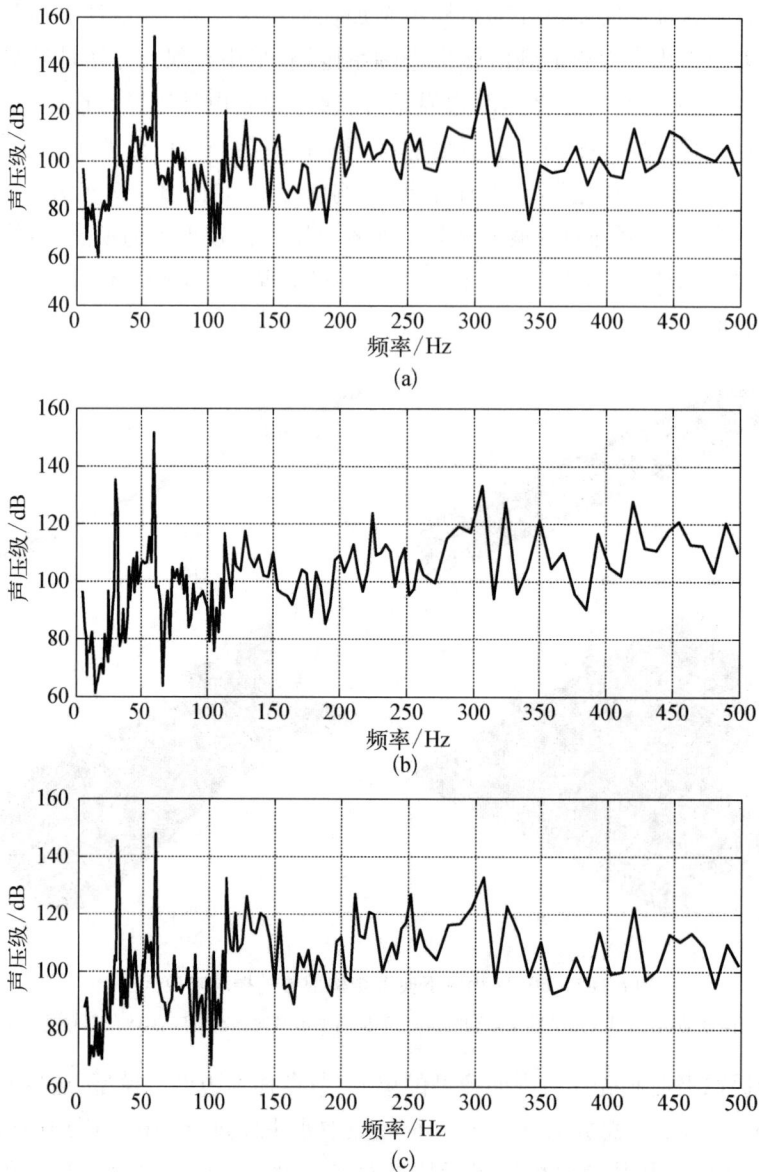

图 8.108 水平面典型测点位置处的声源级曲线

(a) 艇首测点声源级；(b) 艇尾测点声源级；(c) 艇体右舷测点声源级

进一步对两个 30 Hz 和 60 Hz 处强线谱的空间辐射声场进行声指向性分析。计算得到水平方向和横剖面（船中剖面）内的声指向性分布如图 8.109 所示。可知，水平面内 30 Hz 线谱处的声指向性在 30°～60°方位的声压级略强于其他方位，而 60 Hz 对应的声指向性在 90°～270°方向声压级略强于其他方位，并在艇前方呈现为瓣状。横剖面内，30 Hz 对应的声指向性整体辐射较均匀，60 Hz 对应的声指向性上方的声辐射明显强于下方的声辐射，且在 225°、315°方向呈现为向内凹的瓣状。

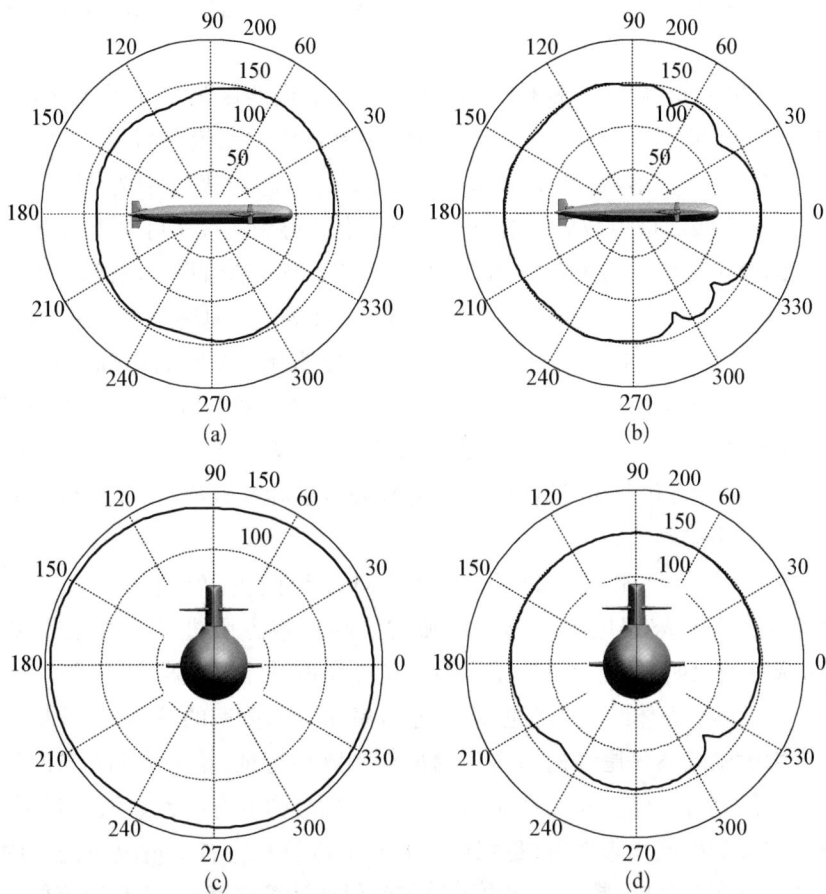

图 8.109　强线谱在艇体典型空间方位的声指向性分布

（a）水平面内 30 Hz 线谱；（b）水平面内 60 Hz 线谱；（c）横剖面内 30 Hz 线谱；（d）横剖面内 60 Hz 线谱

8.6　本章小结

泵桨辐射噪声对比的关键有二，一是确定用于比较的 7 叶桨对象，并给出可信的辐射噪声结果，二是完成泵喷设计后选定合理的噪声对比测量环境，定量评价两者的直接辐射噪声大小，获得泵喷相比于 7 叶桨的降噪效果，主要结论如下：

（1）欧洲文献公开的标模 SUBOFF 潜艇 7 叶桨 E1619 在航速 5.35 kn、自航转速 563.3 r/min 工况下，艇尾伴流场中 7 叶桨在 500 Hz～16 kHz 频段内的总声级为 118.96 dB、1～16 kHz 频段内的总声级 118.77 dB,可作为泵桨噪声比较对象之一。

(2) 首次提出的星形翼艇尾构型,从减小艇尾桨盘面伴流不均匀度和湍流速度脉动量的角度来看,星形翼要略优于木字形翼,且同时适用于机械式泵喷和无轴泵喷。

(3) 1～40 kHz 频段内,标模 SUBOFF 潜艇推进匹配后的 7 叶桨 B,在空泡水筒内测量得到航速为 6 kn 时星形翼假尾伴流场中的桨模(缩尺比 1∶1.09)轻载(推力系数 0.1)和重载(推力系数 0.184)工况下总声级分别为 114.74 dB 和 110.26 dB,总声级随推力载荷的增加而增加。换算得到实尺 7 叶桨 B 在轻载和重载工况下的总声级分别为 115.21 dB 和 111.01 dB,进而插值得到设计载荷(推力系数 0.13)下实尺 7 叶桨 B 的总声级为 112.86 dB,直接用于艇尾泵喷噪声对比。

(4) 参数化三元逆向设计标模 SUBOFF 潜艇机械式泵喷后,数值预报其定子导管静止部件的零推力点位于 $J=0.8$ 处,与敞水试验测量结果相同;预报设计点 $J=1.2$ 时敞水效率为 0.642,较敞水试验测量结果偏差小于 2%;预报其推进性能、空化性能、非定常力和低频线谱噪声后,定量分析了叶片数组合、伴流分布和侧斜要素对泵喷噪声的影响。

(5) 泵桨噪声对比结果如下:1～40 kHz 频段内、航速为 6 kn 时,标模 SUBOFF 潜艇星形翼假尾伴流场中机械式泵喷比俄方引进某 7 叶桨模 B 降噪 7.29 dB,降噪效果明显,充分证明了泵喷叶型低噪声设计的成效。

(6) 校核典型壳体结构固有振动模态频率和模态振型的基础上,分析泵喷轴向非定常力激励轴系艇尾结构所产生的振动和噪声特征,结果表明:当前使用数值研究工具能够可信建立起典型加肋柱壳和锥壳结构的有限元数值分析平台,空气中振动响应分析截止频率可以达到 2 kHz,单边及双边有水情况下的流固耦合自由振动分析在 500 Hz 频段范围内可以有效保证计算精度;环肋和静流体载荷对壳体结构自由振动特征的影响明显,环肋使柱壳自振频率增加,静流体载荷使柱壳自振频率减小且影响幅度更大,两者均会使得柱壳模态振型呈现错序排列;流固耦合效应对无肋柱壳和环肋柱壳自振频率的影响效果相当;柱壳双边有水相对于单边有水情况而言,自振频率进一步减小,模态振型基本不变;流固耦合效应对环肋锥壳自振频率和模态振型的影响幅度较对环肋柱壳要小。施加泵喷轴向非定常力后,推进轴系尾端振动较为强烈;非定常力的线谱频率在水听器测点的噪声谱曲线中同样体现,且在横向垂向空间平面内的声指向性分布各有不同。

参 考 文 献

［1］ 杨琼方，王永生.泵喷推进器的低噪声设计机理与设计应用［M］.武汉：华中科技大学出版社，2016.

［2］ Lavis D R，Forstell B G，Purnell J G. Advanced compact waterjet propulsion for high-speed ships［C］//9th International Maritime Design Conference，Ann Arbor，Michigan，2006.

［3］ Blizzard C R，Colantonia K，Jones V，et al. Ballistic missile defense submarine SSBMD design report［R］. Ocean Engineering Design Project，AOE 4066 Spring 2008，Virginia Tech Team 1，2008.

［4］ Lavis D R，Forstell B G，Purnell J G. Compact waterjets for high-speed ships ［C］//Proceedings of 5th International Conference on High Performance Marine Vehicles，Australia，2006.

［5］ Banks S，Fowler J O. Submersible propulsion unit：US8147284B2［P］. 2012-4-3.

［6］ Carlton J S. Marine propellers and propulsion［M］. 2nd ed. Netherlands：Elsevier，2007.

［7］ Hanson D B，Parzych D J. Theory for noise of propellers in angular inflow with parametric studies and experimental verification［R］. NASA CR-4499，Technical Reports，1993.

［8］ Morris S C，Mueller T. Experimental and analytical study of the hydroacoustics of propellers in rigid ducts：N00014-04-1-0193［R］. Notre Dame：University of Notre Dame，2006.

［9］ Bulten N. A breakthrough in waterjet propulsion systems ［C］//Doha International Maritime Defense Exhibition and Conference，DIMDEX 2008，Qatar，2008.

［10］ Brenner C E. Hydrodynamics of pumps［M］. Vermont：Concepts ETI，Inc. and Oxford University Press，1994.

[11] Allisin J L. Marine waterjet propulsion[J]. The Society of Naval Architects and Marine Engineers Transactions，1993，101：275－335.

[12] Brewer W H. On simulating tip-leakage vortex flow to study the nature of cavitation inception[D]. Starkville：Mississippi State University，2002.

[13] Suryanarayana C，Rao M N，Raju P N，et al. Troque balance and cavitation studies on underwater vehicle propulsion system[J]. International Journal of Innovative Research and Development，2012，1(10)：62－73.

[14] Suryanarayana C，Satyanarayana B，Ramji K. Performance evaluation of and underwater body and pumpjet by model testing in cavitation tunnel[J]. International Journal of Naval Architecture Ocean Engineering，2010，2：57－67.

[15] Bulten N. Numerical analysis of a waterjet propulsion system［D］. Netherlands：Library Eindhoven University of Technology,2006.

[16] Ross D. Mechanics of underwater noise［M］. New York：Pergamon Press,1976.

[17] 靳栓宝.高性能喷水推进器与泵喷推进器的设计与性能分析[D].武汉：海军工程大学,2013.

[18] Michael T J，Schroeder S D，Becnel A J. Design of the ONR AxWJ－2 axial flow water jet pump：NSWCCD－50－TR－2008/066[R]. Naval Surface Warfare Center Hydrodynamics Department，West Bethesda，2008.

[19] 常书平.基于三维理论和CFD方法的喷水推进泵水力设计与试验验证[D].武汉：海军工程大学,2012.

[20] Takai T. Simulation based design for high speed sea lift with waterjets by high fidelity urans approach[D]. Ames：University of Iowa，2010.

[21] 王立祥,蔡佑林.喷水推进及推进泵设计理论和技术[M].上海：上海交通大学出版社,2018.

[22] Brandner P A，Walker G J. An experimental investigation into the performance of a flush waterjet inlet[J]. Journal of Ship Research，2007，51(1)：1－21.

[23] 董世汤,王国强,唐登海,等.船舶推进器水动力学[M].北京：国防工业出版社,2009.

[24] 杨琼方,王永生,张志宏.改进空化模型和修正湍流模型在螺旋桨空化模拟中的评估分析[J].机械工程学报,2012,48(9)：178－185.

［25］ 杨琼方,王永生,张明敏.不均匀伴流场中螺旋桨空化的黏性流数值模拟和低频噪声预报[J].声学学报,2012,37(6)：583－594.

［26］ 杨琼方,王永生,张志宏,等.伴流场中对转桨空化初生的判定与辐射噪声预报和校验[J].声学学报,2014,39(5)：589－604.

［27］ Boswell R J, Cox G G. Design and evaluation of a highly skewed propeller for a cargo ship：AD－777－038[R]. Naval Ship Research and Development Center Report, 1974.

［28］ Bodger L, Helma S, Sasaki N. Vibration control by propeller design[J]. Ocean Engineering, 2016, 120：175－181.

［29］ Andersen P, Kappel J J, Spangenberg E. Aspects of propeller developments for a submarine[C]//First International Symposium on Marine Propulsors, Trondheim, Norway, 2009.

［30］ Kamiirisa H. The effect of water quality characteristics on cavitation noise ［C］//First International Symposium on Cavitation, Pasadena, CA, USA, 2001.

［31］ McCormick B W. On cavitation produced by a vortex trailing from a lifting surface[J]. Journal of Basic Engineering, 1962, 84：369－370.

［32］ Ozden M C, Gurkan A Y, Ozden Y A, et al. Underwater radiated noise prediction for a submarine propeller in different flow conditions[J]. Ocean Engineering, 2016, 126：488－500.

［33］ Liefvendahl M, Troeng C. Computation of cycle-to-cycle variation in blade load for a submarine propeller using LES［C］//Second International Symposium on Marine Propulsors, Hamburg, Germany, 2011.

［34］ Chase N. Simulations of the DARPA suboff submarine including self-propulsion with the E1619 propeller[D]. Ames：University of Iowa, 2012.

［35］ Chase N, Carrica P M. Submarine propeller computations and application to self-propulsion of DARPA suboff［J］. Ocean Engineering, 2013, 60：68－80.

［36］ Ozden Y A, Ozden M C, Celik F. Numerical investigation of submarine tail form on the hull efficiency[C]//Fifth International Symposium on Marine Propulsors, Espoo, Finland, 2017.

［37］ Shen Y T, Strasberg M. The effect of scale on propeller tip vortex cavitation noise：NSWCCK－50－TR－2003/057［R］. Naval Surface

Warfare Center Report，2003.

[38] Seol H，Cheolsoo P. Numerical and experimental study on the marine propeller noise ［C］//19th International congress on Acoustics，Madrid，2007.

[39] Alin N，Fureby C，Svennberg S U，et al. 3D unsteady computations for submarine-like bodies［C］//43rd AIAA Aerospace Sciences Meeting and Exhibit，Reno，2005.

[40] Sheng C，Taylor L，Whitfield D. Multiblock multigrid solution of three-dimensional incompressible turbulent flows about appended submarine configurations［C］//33rd AIAA Aerospace Sciences Meeting and Exhibit，Reno，1995.

[41] 鹿麟.泵喷推进器设计与流场特性研究[D].西安：西北工业大学,2016.

[42] 刘业宝.水下航行器泵喷推进器设计方法研究[D].哈尔滨：哈尔滨工程大学,2013.

[43] 饶志强.泵喷推进器水动力性能数值模拟[D].上海：上海交通大学,2012.

[44] 刘小龙.水下航行体泵喷推进器非定常水动力预报的面元法研究[D].上海：上海交通大学,2006.

[45] 姜汉.泵喷推进器激振力特性数值分析[D].哈尔滨：哈尔滨工程大学,2017.

[46] 夏琨.轮缘式泵喷推进器的水动力性能分析[D].哈尔滨：哈尔滨工程大学,2017.

[47] 杨琼方.泵喷推进器水下辐射噪声性能预报及其参数化声学设计：91005144[R].国家自然科学基金青年基金,2011~2013.

[48] 鹿麟,潘光.泵喷推进器非定常空化性能数值模拟分析[J].上海交通大学学报,2015,49(2)：262-268.

[49] Suryanarayana Ch，Satyanarayana B，Ramji K，et al. Experimental evaluation of pumpjet propulsor for an axisymmetric body in wind tunnel [J]. International Journal of Naval Architecture Ocean Engineering，2010，2：24-33.

[50] Huyer S A，Dropkin A，Beal D. Pre-swirl maneuvering propulsor：part 1 computations ［C］//Proceedings of 28th AIAA Applied Aerodynamics Conference，AIAA 2010-4958，Chicago：Curran Associates，Inc.，2010.

[51] Farnsworth J，Amitay M. Pre-swirl maneuvering propulsor：part 1 experiments ［C］//Proceedings of 28th AIAA Applied Aerodynamics

Conference, AIAA 2010 - 4959, Chicago: Curran Associates, Inc., 2010.

[52] Bonaiuti D, Zangeneh M, Aartojarvi R. Parametric design of a waterjet pump by means of inverse design, CFD calculations and experimental analyses[J]. Journal of Fluids Engineering, 2010, 132(2): 1 - 15.

[53] Goto A, Zangeneh M. Hydrodynamic design of pump diffuser using inverse design method and CFD[J]. Journal of Fluids Engineering, 2002, 124: 319 - 328.

[54] Zangeneh M, Daneshkhah K. A fast 3D inverse design based multi-objective optimization strategy for design of pumps[C]//Proceedings of the ASME 2009 Fluids Engineering Division Summer Meeting, FEDSM2009, Colorado: American Society of Mechanical Engineers, 2009.

[55] Zhu T, Carolus T H. Experimental and unsteady numerical investigation of the tip clearance noise of an axial fan[C]//Proceedings of ASME 2013 Turbine Blade Tip Symposium, TBES2013, Germany: International Gas Turbine Institute, 2013.

[56] Westra R W. Inverse design and optimization methods for centrifugal pump impellers[D]. Netherlands: University of Twente, 2008.

[57] Geerts S. Experimental and numerical study of an axial flow pump [D]. Belgium: Vrije Universiteit Brussel,2006.

[58] Yu S, Wei L, Tianyu L. Numerical investigation on noise reduction mechanism of serrated trailing edge installed on a pump-jet duct[J]. Ocean Engineering, 2019, 191: 106489.

[59] Han L, Qiaogao H, Guang P, et al. Transient prediction of a pre-swirl stator pumpjet propulsor and a comparative study of bybrid RANS/LES simulations on the wake vortices [J]. Ocean Engineering, 2020, 203: 107224.

[60] Shuanbao J, Yingsan W, Junquan C, et al. Design of novel shaftless pump-jet propulsor for multi-purpose long range and high speed autonomous underwater vehicle[J]. IEEE Transactions on Magnetics, 2016, 52(7), 7403304.

[61] Haiting Y, Ningyuan D, Hongxing H, et al. Propulsion performance and unsteady forces of a pump-jet propulsor with different pre-swirl stator parameters[J]. Applied Ocean Research, 2020, 100: 102184.

[62] Han L, Guang P, Qiaogao H. Transient analysis of the fluid flow on a pumpjet propulsor[J]. Ocean Engineering, 2019, 191: 106520.

[63] Shirazi A T, Nazari R, Manshadi D. Numerical and experimental investigation of the fluid flow on a full-scale pumpjet thruster[J]. Ocean Engineering, 2019, 182: 527 - 539.

[64] 熊紫英,陈奕宏,黄红波,等.循环水槽中推进器模型非定常力测试试验研究. 第十二届船舶水下噪声学术讨论会论文集,北京:中国造船工程学会,2009: 351 - 356.

[65] Morris S C, Mueller T. Experimental and analytical study of the hydroacoustics of propellers in rigid ducts: N00014 - 04 - 1 - 0193[R]. Arlington: Navy Office of Naval Research, 2006.

[66] Tweedie S. Experimental investigation of flow control techniques to reduce hydroacoustic rotor-stator interaction noise [D]. Blacksburg: Vigginia Polytechnic Institute and State University, 2006.

[67] Kallman M, Li D Q. Waterjet propulsion noise[C]//RINA International Conference of Waterjet Propulsion 3, Sweden, 2001.

[68] Heydari M, Sadat-Hosseini H. Analysis of propeller wake field and vortical structures using k - ω SST Method[J]. Ocean Engineering, 2020, 204: 107247.

[69] Kinns R, Thompson I, Kessissoglou N, et al. Hull vibratory forces transmitted via the fluid and the shaft from a submarine propeller [C]// Proceedings of 5th International Conference on High Performance Marine Vehicles, Australia, 2006.

[70] Farshidianfar A, Oliazadeh P. Free vibration analysis of circular cylinder shells: comparison of different shell theories[J]. International Journal of Mechanics and Applications, 2012, 2(5): 74 - 80.

[71] Obied H H, Shareef M. Free vibration analysis of stiffened cylinder shell [J]. International Journal of Energy and Environment, 2015, 6 (3): 273 - 286.

[72] Ustundag B. On the free vibration behavior of cylindrical shell structures [D]. Cambridge: Massachusetts Institute of Technology, 2011.

[73] 陈美霞,邓乃旗,张聪,等.水中环肋圆锥壳振动特性分析[J].振动与冲击, 2014,33(14): 25 - 32.

索　引

伴流系数　10,39,46－49,52,53,56－58,89,184,185,266,267,319

背景噪声　174,268－270,273－275

泵桨混合推进系统　4

泵类推进器　1－4,9,15－18,21,24,37,47,58,59,153,205,319

泵类推进系统　1,18,20,46－50,53,63,66,88,94,128,205

泵喷　1－4,7－19,21,22,24,46,56,153,154,162,168－171,177,203－207,252－254,257－261,329,355,356,358－362,389,390

泵喷声学设计　18,177

泵喷水力效率　191,202,214,229,248,252,319

泵喷推进器　1－3,11,16,17,31,153,203,387

比转速　4,5,30－33,39,40,44,312,314

标模潜艇　261,313

不确定度分析　111,362

侧向力　132,137,210,355,356

侧斜度　132－135,145,316,329,334,335,338,341,355,356

侧斜分布规律　134,139

侧斜角　91,131－135,139,142,143,145,148,152,155,288－290

长高形流道　187

敞水效率　20,21,26,150,262,358

敞水性能曲线　27,169,265,317－319,358,359

尺度适应模拟　203

船体脉动压力　130－133,139,143,145,152

船尾上扬角　64,78－81,83,86,95

大侧斜螺旋桨　130,134

低频线谱噪声　3,4,17,19,210,261,284,328,335,390

调距桨　3,4,145,270,271,273－275,288,290

短矮形流道　187

非定常力　3,16,17,24,130,155,156,177,203,329,355,390

分离涡模拟　203

辐射噪声谱源级　262,264

辅推　7,242

负载噪声　18,210,211,278,283

复合材料叶片　287

功率密度　6,10,12,20,22,31,39,50－53,60,112,114,117,212,226

功率系数　32,33,59,120,121,148,150,152,160,228

环量分布规律 3,157

汇聚式进水流道 87,231,236,241,259

机械式泵喷 7,9,17,24,145,153,203,242,261,311,327,358 - 361,390

激振力 17,130,131,133,384,387

集成电机转子环 162,211 - 213,219,223,227,244

结构模态 361,382

进口能量损失系数 47 - 49,52,53,85,89

进水流道 1,16,24,46 - 49,56,57,60,76 - 95,180,231,242,249,252,257,259,260

进速比 43 - 47,49,56,62,66,74,76,89,91,92,94,194,195,200,201,217,236

浸没式喷泵 1,2,10,15,24,61,74,85 - 87,94,95

精细载荷控制 15

净正吸头 37 - 40,44,51,52,59,61,88,117,122,158

抗空化性能 5,7,30,62,67,139,143,170,197,260,288,358

抗鸣边设计 132

可视空化初生 155,170,192,326

空化 2,3,30,34,37,53,67,108,117,139,143,167 - 174,270,278,285,313,316,358,360

空化崩溃性能 122,125

空化初生 3,15,34,36,43,51,118,139,167,168,170 - 174,192,274,360

空化初生临界航速 139,145,147,148,152,153,155,160,167,172,176,326

空化初生形态 96,164,170,176

空化斗 3,139,143,170,172

空化面积 34,36,122,125,126,155,160,186,192,194,202,252,326,327

空化模型 108,112,117,118,122,128,129,153,155,160,186,192,201,252,326

空化数 3,29,30,34,39 - 41,44,59,74,76,108,117,118,122,125,126,129,133,167,168,170,172,176,192,193,233,236,237

空泡水筒 153,162,163,168,170,176,275,284,285,390

宽带谱噪声 4,17,18,210,211,328

临界航速 7,20,22,41,155,158,160,167,172

临界水深 192,195,227,248,254

临界转速 50,270,274,288

流道进口面积 47

流道进流面积 47

流道倾角 43,63,64,66 - 70,73,74,76 - 78,80 - 83,85,86,88,89,95,232

流道下壁面 74,76 - 78,82,83,85,87,95

流道效率 47,62,89,90,95

流量系数 32,33,41,44,51,52,56,59,111,112,117,118,120 - 122,127,160,228,230

螺旋桨无空化噪声　278,283

马蹄涡　301,303,309,325

脉动推力系数　50,210,262,263,284,313,322,327,329

脉动压力　3,17 - 19,34,112,131 - 133,143,147,152,203,205 - 207,211,268,279,282,283,313,358,359

模态振型　361,362,364,365,368,370,372,374,376,378,379,383,390

模型试验测量　2,29,160,163,167,286,335,356,361

内置式无轴泵喷　71,186,188,195,197,200 - 209,211 - 214,219,221,223 - 226,233,236,237,239

喷口面积　47,48,55,89

喷口能量损失系数　10,40,47,48,53,89

喷口下倾角　64,78,80,81,85,89,90

喷口中心高度　39,47,55,78,89

喷射效率　47,48

喷水推进器　1,2,4,10,17,24,186,187

喷速比　10,40,44 - 49,54,55,58 - 60,89,180,181,313,314

平进口式进水流道　63,64,66,68,69,74,76,78,79,81,82,89,95

潜器　4,177,227,231 - 233,236,237,241,242,244,245,248,257 - 261

全三元设计理论　9,312

全消声水池　268 - 272,278

梢涡精细流场　96,99,105,128,153

梢涡空化　34,35,37,44,59,96,112,133,147,164,170,217

声类比理论　283

声学边界元　210 - 212,260,282,387

声指向性规律　270

湿模态振型　370,374,375,377,379,383,385

数值自航试验　266

水力参数　10,55,56,180,181,311,313,314

水力效率　89,160,252,319

瞬态非定常求解　219

速度不均匀度　62,88,91,94,126,187,195,200,204,219,247,251,257

随边堆叠角　157,158

艇尾构型　9,16,292,293,295,303,309,390

湍流速度脉动量　101,103,108,184,195 - 197,200,217,221,228,229,233,303,309

推进泵　1,24,25,125,127 - 129,153,185,186,200,227,312,328

推力减额系数　9,10,47,48,53,89,94,265 - 267,314,319

推力密度　20,24,39,50,60

推力效率　160,241,247,248,251 - 254,257,259,260,314,319

网格节点空间分布规律　111,295,319

网格质量　295,378,384

尾翼附体　9,46,242,292,329

艉板式喷泵　1 - 4,6,9,10,12,15,24,61,94

无轴泵喷　7 - 9,153,203,210 - 212,247 - 255,257 - 261,285,358,360,390

吸口比转速　39,40,44,52,54,55,58,59,82,314

悬挂式无轴泵喷　242

旋向　91,217,244,248,249,254,257,264

选型设计　2,5,9,10,14－17,20－25,27,30－33,39,40,44,49－51,53

扬程系数　32,33,41,45,51,59,111,112,114,120,121,125,126,160,228

叶片负载分布　122,156,181,182,317

叶片载荷　156,157,176,212,225

叶频线谱　131－134,137,139,206,207,211,212,226,258,260

叶梢间隙流动　17,96,105,107,108,117,128

叶梢泄漏涡空化　3,37,44,59,108,114,122,128,153

叶梢卸载　131

叶型优化设计　155

有效截止频率　268,269

振动和噪声控制　1,17,18,287

正则度系数　91,187,194,195,200,204,219,236,241,260

直接辐射噪声　18,19,96,169,261,268,278,284－287,327,359,389

轴面几何　28,156,182

轴面投影　24,26－28,86,115,129,153,155,182,197,313,314

主推　7,9,22,59,145,153,227,242,261,292

转子效率　184,191,204,214,215,219,223,358

转子叶片载荷分布　158,159

自航转速　262,264,266,267,286,389

自由振动　361－364,368－370,373,374,376,378－380,383,390

自振频率　361,362,364,365,370,373,374,376,378,379,383,390

总推进效率　22,47－49,54,58,60－63,66,67,89,94,313,319

最优前沿解　158,159

叶型低噪声设计要素　329,334

叶型三元设计　153,182

内嵌深度　242,248